Werner Jentsch
ERNSTFÄLLE

Werner Jentsch

# Ernstfälle

## Erlebtes und Bedachtes

Brendow Buch Kunst Verlag

Der Familie, den Freunden und
den jungen Menschen

Die Deutsche Bibliothek – CIP-Einheitsaufnahme

**Jentsch, Werner:**
Ernstfälle: Erlebtes und Bedachtes /
Werner Jentsch. – Moers: Brendow, 1992
(Edition C : C ; 358)
ISBN 3-87067-468-7
NE: Edition C / C

ISBN 3-87607-468-7
Edition C, Reihe C 358

Einbandgestaltung: Kommunikations-Design
Michael Buttgereit, Haltern am See
Gesamtherstellung: Ebner Ulm
Printed in Germany

# INHALT

# VORWORT

„Auch die Schöpfung hat ihre Buchhalter; eines jeden Zeit wird sanft und unauffällig unter Soll und Haben verteilt. Die Leitz-Ordner des Daseins sind prall gefüllt." So heißt es bei *Siegfried Lenz*. Dieser Schriftsteller ist der Meinung, daß die Erzählung steht und fällt mit der Existenz eines Zeugen. „Was keinen Zeugen findet, Daniel, ist nicht geschehen", lesen wir in seinem Roman „Stadtgespräch". Daran muß ich denken, wenn ich jetzt meine Erfahrungen im Dritten Reich, im Krieg und in der Gefangenschaft weitergebe. In all diesen Bereichen bin ich das, was man heute einen Zeitzeugen nennt. Ich habe miterlebt, d. h. erst mitgemacht und mitgedacht, aber dann auch unter dem System mitgelitten und gegen das System mitgekämpft: In jedem Falle bin ich mitverantwortlich. Seit vielen Jahren haben mich Freunde, Kollegen und Schüler gebeten, meine Erfahrungen aus dieser Zeit und im späteren Lebensgang niederzuschreiben. Nach längerem Zögern glaube ich mich der Herausforderung stellen zu müssen.

Bei der Verwirklichung meines Vorhabens waren zwei *Probleme* zu bedenken. Die erste Frage betrifft den *äußeren Zeitpunkt*. Vornehmlich aus gesundheitlichen Gründen, aber auch wegen wissenschaftlich-literarischen Verpflichtungen erscheinen die Erinnerungen ziemlich spät. Oder gar zu spät? Wen interessiert das überhaupt, etwa die zwölf Jahre Drittes Reich gegenüber den vierzig Jahren DDR? Das mag bei einigen aus der Folgegeneration zutreffen, unter den Enkeln aber ist ein neues Fragen nach dem wirklichen Geschehen der Jahre zwischen 1933–1945 zu registrieren. Hat doch im NS-System die Erstbegegnung der Deutschen mit einem totalitären Regime bzw. der ursprüngliche Bruch mit dem geistigen Erbe unseres Volkes stattgefunden. Manche Züge im Bild der DDR, z. B. Parteiherrschaft, Überwachungsstaat und Kollektivdenken, erscheinen wie Fortsetzung und Folge. Der relativ späte Zeitpunkt der Niederschrift bringt sogar gewisse Vorteile mit sich. Im Abstand sieht man manches sachlicher, nüchterner und klarer. Außerdem war ich damals nicht Schlüssel-, sondern Randfigur. Zuweilen sieht man von der Seite und von unten mehr als in der Mitte und von oben. Auf die Perspektive kommt es an.

Das hat Günter Grass an der Gestalt seines zwergwüchsigen „Blechtrommlers“ zu zeigen gewußt.

Die zweite Frage, die mich beim Schreiben umgetrieben hat, bezieht sich auf den *inneren Rechtsgrund.* Bin ich es mit meinem kleinen Leben überhaupt wert, Gegenstand einer Selbstdarstellung zu werden? Ich habe keine strahlende Karriere zu bieten, sondern stand eher im zweiten oder dritten Glied. Vor allem aber war und bin ich mir meiner persönlichen Schuld bewußt, privat wie politisch. Ich kenne meine Grenzen. Deswegen hat mir auch der bei Selbstbiographien unvermeidbare Ich-Stil zu schaffen gemacht. Wenn ich es gleichwohl wage, dieses Buch zu veröffentlichen, so liegt das daran, daß ich im Lauf der Zeit immer mehr gelernt und besser verstanden habe, was die Christen „Führung“ und „Gnade“ nennen. Einmal bin ich Wege und Umwege geführt worden, die mich trotz gesundheitlicher Belastungen geistig und geistlich weiterarbeiten ließen. Um mit O. F. Bollnow zu sprechen: Ich habe gemerkt, daß der Mensch „ein Wesen“ ist, „das durch Rückfälle vorankommt“. Und dann habe ich eine andere unendlich größere Erfahrung gemacht. Ich bin der Freiheit begegnet, jener Freiheit, die das Evangelium gewährt. Danach gilt die Vergebung im Namen Jesu allen, auch denen, die für andere über sich selbst schreiben. Gott hat mich zwar nicht gebraucht im Sinne von „benötigt“, aber er hat mich ungeachtet meiner Fehler und Schwächen benutzt, sei es auf dem Missionsfeld unter jungen Menschen, im Kämmerlein des seelsorgerlichen Einzelgesprächs oder auch am Schreibtisch. Mir ist geholfen worden, und ich durfte anderen helfen. Das schien und scheint mir ein fundamentaler Grund zum Danken, und zwar schriftlich wie öffentlich. Die Schriftlichkeit liegt mir, der Öffentlichkeit bin ich es schuldig. So ist das vorliegende Buch entstanden. Es ist kein Star- und Vorbildbuch, sondern es findet seine sachliche Ermöglichung und seine innere Notwendigkeit als zur Sprache gebrachter Dank, als eine Dank-Sagung.

Die Erinnerungen erscheinen in zwei Bänden: „Ernstfälle“ (I) und „Grenzgänge“ (II). Der gemeinsame Untertitel lautet: „Erlebtes und Bedachtes.“ Im Zeichen des *Erlebten* soll einfach erzählt werden. Dabei scheue ich das Mittel der Story nicht. Ausgewählt und nicht ausgeschmückt, gehört sie zu dem Bericht über die Wirklichkeit eines gelebten Lebens hinzu. Unter dem Gesichtspunkt des *Bedachten* (vgl. Speners „Bedenken“) habe ich exemplarisch die Gedanken zu Papier gebracht, die mich zu meinen Schriften und Vorträgen geführt haben. Mit diesem Begriff meine ich das von mir Durchdachte, d. h. das Vordenken der Entwürfe und das Nachdenken über die Erträge. Das Bedachte umfaßt beides, die Reflexion des Denkens und die Meditation des Glaubens. Sie bilden ein ganzheitliches Zeugnis.

Im *1. Band „Ernstfälle"* liegt der Akzent auf dem, was mein Leben *geprägt* hat. Wenn man so will, bin ich eine Art „unregelmäßiges Verbum" im Reich Gottes. In meinem Leben ging es wenig „normal" zu. Das Auf und Ab des Geschehens und die Vielseitigkeit des Erlebten und Bedachten machten eine bestimmte *Anlage* der Darstellung erforderlich. Aus diesem Grund verwandte ich in den Erinnerungen überhaupt und besonders im ersten Band in etwa das sogenannte *„panoramatische"* Verfahren (von Panorama), das der mir nahestehende und viel zu früh verstorbene Klaus Günter Just in seiner Darstellung der Geschichte der modernen deutschen Literatur konzipiert hat. Hier stellt sich der Autor „nicht mehr zeitfern über" seinen Gegenstand, sondern „zeitnah vor" ihn. Dazu gehört Distanz, die aber jederzeit, gerichtet auf einzelne Punkte hin, verringert werden kann, so daß „Ausschnittvergrößerungen" entstehen.

Die *Bezeichnung* „Ernstfälle" will sagen, daß es nach meiner Meinung einen *Plural von Ernstfälle* gibt. Gewiß hat es einen Sinn, wenn man vom „Ethos *des* Ernstfalles" spricht, aber es besteht dabei auch die Gefahr, *„den* Ernstfall" überzubewerten und zu ideologisieren. Der Ernstfall würde dann zu einer Art Hypostase. Mein Leben hat mich anders belehrt: Ich habe mich noch vor mehrere Ernstfälle gestellt gesehen; mancher Ernstfall hat sich in immer wieder neuen Variationen wiederholt. Weiter möchte ich von vornherein ein Mißverständnis abwehren, als ob Ernstfälle immer etwas Trauriges oder Tragisches, Lebensrisiko oder Todesnähe bedeuteten. Gerade Glücksfälle können zu Ernstfällen werden. Nicht zuletzt haben Einfälle im geistigen Bereich diese Tendenz zu Wende, Umbruch, Neuanfang, d. h. zum Ernstfall hin. Hinter einem Zufall steckt nicht selten insgeheim ein Ernstfall. Ernstfälle sind Eindrücke, Zeichen des Lebens, die Kerben hinterlassen, den Betroffenen auf die Probe stellen und ihn zur Entscheidung rufen, zu bleiben oder sich zu verändern.

Was den *Inhalt* angeht, so berichten die „Ernstfälle" zunächst über Kindheit, Schulzeit und Studium des Verfassers und dann über die evangelische *Jugendarbeit* im Dritten Reich, wie er sie in Mittel- und Ostdeutschland erlebt und mitgestaltet hat. Ein vielseitiges Panorama bietet dann das *Berlin*-Kapitel, in dem der Autor seine Tätigkeit als nebenamtlicher *Standortpfarrer* für die Einheiten der Luftwaffe und seinen Dienst in Lazaretten und Wehrmachtsgefängnissen schildert.

So lernt er, der junge Anfänger, sich auf dem Parkett bei hohen Militärs und Politikern zu bewegen, aber auch sich in der seelsorgerlichen Betreuung von zum Tode Verurteilten zu bewähren, wenngleich im letzteren Falle etwas vorgeprüft; saß er doch als Seminarleiter des Evangelischen Jungmännerwerks und als Angehöriger der Bekennenden Kirche noch vor dem Kriege im Alex in Gestapo-Untersuchungshaft, um später in Danzig landesverwiesen zu werden. Schriftsätze an höchste Stellen zu Ernstfällen der Standortseelsorge sowie Predigten an Schicksalstagen werden hier erstmals auszugsweise veröffentlicht. Schließlich erfährt der Leser etwas von dem stillen Wirken der kirchenfreundlichen Frauen im Dritten Reich (Emmy Göring, Marianne v. Weizsäcker, Eva v. Schröder). Nach etwa 3½ Jahren verlor der Verfasser sein Amt und kam als Sanitätsdienstgrad in ein Fallschirmjägerlazarett nach *Italien*. Schon damals inoffiziell als „Betreuer" Verwundeter eingesetzt, erhält er nach Kriegsende – nun im Status des Kriegsgefangenen – durch die Ökumene (YMCA) und die Engländer den großen Auftrag zum Aufbau und zur Leitung der *YMCA-Kriegsgefangenenhilfe* für ganz Italien. Hier erfolgte die Gründung des Theologischen Seminars Rimini. CVJM-Gruppen hinter Stacheldraht werden gebildet. Erste Bruderschaften entstehen. Nach der Entlassung trifft ein neuer Ruf des Weltbundes der YMCA zu einer „ökumenischen Mission" in *Großbritannien* ein.

Der Verfasser, inzwischen Zivilist geworden, geht für ein Jahr freiwillig als Leiter des Religious Department der YMCA-Kriegsgefangenenhilfe und als Vertreter des deutschen CVJM nach England. Sammelpunkt wird hier das neue Jugendleiter-Seminar in *Norton Camp*. In und nach dem Kriege nahmen die Verpflichtungen zu einer *„politischen Seelsorge"* zu. Noch nicht publizierte Quellen bzw. brisante Dokumente wie die gewagte Denkschrift für Kriegsdienstverweigerer aus religiösen Gründen an das Reichskriegsgericht in Berlin, die Vorlage einer psychologisch-seelsorgerlich fundierten Untersuchung von Gedanken und Träumen junger Kriegsgefangener an das War-Office in London, Eingaben an den Weltkirchenrat in Genf sowie an das Internationale Militärgericht in Nürnberg werden vermutlich Interesse finden. Manches mag sich spannend lesen, anderes nachdenklich machen. Das hängt von der jeweiligen Thematik ab. Daraus erklärt sich auch die relative Ausführlichkeit der beiden Gefangenschaftskapitel (VI und VII). Es ist der gewiß unzulängliche, aber bisher ungeschriebene zusammenhängende Bericht über eine religiöse Bewegung hinter Stacheldraht in Italien und England, abgefaßt von einem, der dabei war. Einige Einzelheiten mehr dokumentarischer, aber deshalb nicht weniger wichtiger Art sind in den *Anmerkungen* (Anhang) festgehalten).

Der geplante *2. Band*, der weitaus geringeren Umfang haben wird und den Titel „*Grenzgänge*" führen soll, wird stärker den Charakter der *Auswirkungen* dessen tragen, was mich zuvor geprägt hat. Natürlich ist der Prozeß der Formung auch weitergegangen. In dem zweiten Lebensabschnitt, ungefähr von 1949 ab, ist mir der hohe Stellenwert der „Grenze" aufgegangen, der beides ist: Trennung und Brücke, Absperrung und Übergang. In meinem Falle geht es um die Grenze zwischen Theorie und Praxis, zwischen Großstadtarbeit und Leiterschulung (Jugendarbeit), zwischen Weltbund und Ortsgemeinde (Ökumene), zwischen Evangelium und Bildung (Akademie), zwischen Schülerkatechetik und Erwachsenenkatechismus (Religionspädagogik), zwischen Lehramt und Schreibtisch (Fachhochschule) und zwischen Seelsorge und Psychotherapie (Briefseelsorge). Selbstverständlich ruht hier der Ton auf dem Bedachten, aber durch die Hintergrundstories und die erregende Vielfalt der Gesprächspartner kommt auch das Erlebte nicht zu kurz.

Dem *Brendow Verlag* bzw. dessen Leiter, Herrn Hans Steinakker, der sich seit vielen Jahren um das Manuskript bemüht und mich dazu ermutigt hat, gebührt aufrichtiger Dank für die freundliche Aufnahme, die sorgfältige Herstellung und die fachkundige Beratung des Buches. Einen besonderen Dank schulde ich dem Christlichen Jugenddorfwerk Deutschlands und seinem Präsidenten Dr. Christopher Dannenmann für die so freundliche Förderung des Buches. Seine Entstehung haben treue Helfer begleitet. Ihnen allen möchte ich herzlich danken: Ehemalige Kollegen und Schüler haben mir Auskünfte und Vorlesungsnachschriften zur Verfügung gestellt. Herr Dr. theol. Peter Zimmerling hat die Korrekturen des Tonbanddiktats gelesen und als Lektor wertvolle Vorschläge zur Textgestaltung gemacht. Wegen meiner Sehbehinderung ist mir meine Frau durch das Entziffern der alten handgeschriebenen Texte und das Vorlesen von Dokumenten eine große, unentbehrliche Hilfe gewesen. Die ausgezeichnete Nieder- und Reinschrift des gesamten Manuskripts hat Frau Helga Schnetter engagiert und exakt besorgt. Schließlich haben mir Frau Pfarrerin Christa Leuze und Frau stud. rel. päd. Ute Schuller liebenswürdigerweise die Mühe des Korrekturlesens und der Registerherstellung abgenommen.

Ich widme meine Erinnerungen der Familie, den Freunden und den jungen Menschen.

Nun schicke ich das Buch auf die Reise. Möchte mein Blick zurück für andere zu einem Blick nach vorn werden.

München, im Mai 1992 *Werner Jentsch*

# I. HERKUNFT UND ENTWICKLUNG

Woher ich komme und wie ich ich selber wurde – davon soll zunächst die Rede sein. Zu meinen Anfängen gehören erste und kleine Anfechtungen. Sie waren bedingt durch das Schicksal meiner Familie und durch die Zeit, in der die Entwicklung stattfand. Kindheit, Jugend und junges Erwachsenenalter fielen in die spannungsvolle Periode zwischen Erstem Weltkrieg und Drittem Reich. Erziehung und Bildung erhielten so eine eigene Note.

## 1. Kinderjahre: Spiel und Ernst

### *Geburt und Tod: Vater und seine Familie*

Es begann mit einem Ernstfall.

An der Haustür hatte es geklingelt. Der Postbote war da. Der Korridor muß sehr lang gewesen sein. Jedenfalls ist er mir so in Erinnerung geblieben. Mutter ging hin und nahm das Telegramm oder den Feldpostbrief entgegen. Ob ich mitgelaufen bin, weiß ich nicht mehr. Aber an die Szene im blauen Salon, wie wir die gute Stube nannten, erinnere ich mich gut. Die Mutter kniete an einem der im Jugendstil gehaltenen und blau überzogenen Mahagonisessel nieder und weinte bitterlich. Mein *Vater* war in der Somme-Schlacht als Hauptmann in einem Reserve-Infanterie-Regiment bei Guillemont gefallen. In der Todesanzeige hieß es: „Nachdem er dreimal in der Champagne dem Feinde tapfer gewehrt." Dann kam der Nachlaß. Sein Bild in Uniform, seine Orden – man hatte ihm das Eiserne Kreuz, den Militär-St.-Heinrichs-Orden und das Albrechts-Kreuz I. und II. Klasse verliehen – und schließlich das Foto seines Grabes hielten sein Gedächtnis bei mir wach. Was das Grab anbetrifft, so gibt es das längst nicht mehr. Vater wurde später in ein Massengrab umgebettet. Richtig erlebt habe ich ihn eigentlich nie. Der Tag, an dem der Ernstfall eintrat, war der 23. 7. 1916. Ich war damals erst 3¼ Jahre alt. Gleichwohl oder gerade deswegen hat sich der Vorgang im blauen Salon bei mir tief eingeprägt. So bin ich praktisch ohne Vater aufgewachsen und nur von meiner Mutter erzogen worden. Ich hatte immer nur Vizeväter. Dieser Umstand sollte für mein Leben noch bedeutsam werden.

Die Sache mit dem ersten Ernstfall in meinem Leben fand im Amtsgericht von Ehrenfriedersdorf statt. Ehrenfriedersdorf ist eine Kleinstadt im Erzgebirge. Sie liegt in der Nähe der Greifensteine, in deren Bereich wir spazierengegangen sind und als Kinder gerodelt haben. Berühmt und heute noch sehenswert ist die Stadtkirche St. Nikolai, die im 14. Jahrhundert entstanden ist. Der herrliche Schnitzaltar mit sechs Flügeln ist ein Hauptwerk von Hans Witten. Der Mittelschrein stellt die Marienkrönung dar. Die Predella zeigt die Auferstehung Jesu. Geboren bin ich aber nicht in Ehrenfriedersdorf, sondern in *Chemnitz* (3. 4. 1913). Von dieser Zeit weiß ich natürlich nichts. Man hat mir immer nur gesagt, daß ich auf der Neefe-Straße das Licht der Welt erblickt hätte. Vor seiner Tätigkeit in Chemnitz war Vater in Plauen am Landgericht beschäftigt gewesen. Dort wurde meine ältere Schwester Ruth geboren.

Ein ganz wichtiges Datum ist aber für mich mit der Stadt Chemnitz verbunden: Ich bin dort getauft. Die Urkunde ist auf den 18. Mai 1913 ausgestellt: Die Feier fand in der St.-Pauli-Gemeinde statt. Der Taufspruch war Sprüche 16,9: „Des Menschen Herz erdenkt sich seinen Weg; aber der Herr allein lenkt seinen Schritt“ (nach der alten Luther-Übersetzung: „. . . aber der Herr allein gibt, daß er fortgehe“). Erst als Primaner habe ich entdeckt, was der Tauftag für einen Sinn hat und wieviel Kraft und Trost für einen werdenden und angefochtenen Glauben in dem kurzen Satz liegt: „Ich bin getauft.“ Gerade der Reformator Luther hat in den Stunden der Verzweiflung sich an das „baptisatus sum“ gehalten. Was den Inhalt betrifft, so wird er mir heute erst ganz klar. Wie oft haben andere für mich Pläne gemacht, wie oft mußte ich selbst Dispositionen treffen. Und dann kam alles ganz anders. Gottes wunderliche Führung ist eben inkalkulierbar. So könnte das Wort die Überschrift meines ganzen Lebens sein: „Des Menschen Herz erdenkt sich seinen Weg; aber der Herr allein lenkt seinen Schritt.“

Was war mein *Vater* für ein Mensch? Da ich zu seinen Lebzeiten noch so klein war, kenne ich ihn nur vom Hörensagen und von Fotos. Aber das reicht, um sich ein ungefähres Bild zu machen. Beruflich muß er etwas gekonnt haben, sonst hätte man ihm nicht in relativ jungen Jahren schon die Leitung eines ganzen Amtsgerichtes anvertraut. In meinem Zimmer hängt heute noch ein Teller aus kostbarem Meißener Porzellan, der die Initialen des sächsischen Königs Georg und das Datum vom 19. 6. 1902 trägt. Vater hat sein Vaterland geliebt und den Wettinern treu gedient. Am 1. 4. 1903 promovierte er an der Universität Leipzig zum Doktor beider Rechte. Es geschah unter dem damaligen Rektor Prof. Adolf Wach, dem Vater meines späteren Freundes Joachim Wach.

Mein Vater muß sich sehr für Geschichte interessiert haben. Noch im März 1916, kurz vor seinem Tode, bekam er vom Verein für Chemnitzer Geschichte eine Ehrenurkunde ausgestellt. Vater ist sehr kinderlieb gewesen. Regelmäßig hat er Feldpostbriefe an meine Schwester Ruth geschrieben. Sie war ja, als er fiel, schon fast sechs Jahre alt. Stets hat er den kleinen Bruder grüßen lassen. Gelegentlich kam auch einmal eine Karte an mich zum „Einkleben" in das Album. Am 18. 1. 1915 ist eine Karte mit der Ansicht von der schneebedeckten St.-Nikolai-Kirche in Ehrenfriedersdorf datiert. Dort heißt es erschütternderweise: „Kennst Du das Kirchel auf umstehendem Bilde? Hoffentlich kann ich dann später bald wieder mit Mutti hingehen, und Du machst inzwischen mit Werner am Fenster: ‚Winke'!" Von den Verwandten wurde mir immer wieder erzählt, Vater sei rhetorisch begabt gewesen und habe ausgezeichnet reden können. Trotz der Schwere der Zeit konnte er fröhlich sein. Einige wollten in meinem Lachen seine „Lache" wiedererkennen. Als junger Mensch konnte ich zuweilen hell, lange und nicht gerade leise lachen.

Im übrigen sind die Jentschs eine ganz interessante Familie[1]. Sie stammt aus der sächsischen Oberlausitz und war im Textilbereich tätig. Der Ur-Ur-Großvater Johann Gottfried Jentsch ist 1785 in Salzhennersdorf geboren. Der Ur-Großvater Christian Gottlieb Jentsch (1815–1892) war Webereibesitzer in Salzhennersdorf. Der Großvater Julius Moritz Jentsch (1842–1909) war Prokurist in Groß-Schweidnitz. Hier ist auch mein Vater Curt Arno am 14. 1. 1879 geboren. Da er bereits 1916 fiel, ist er nur 37 Jahre alt geworden. Er hatte zwei Schwestern (Dora und Frieda) und einen Bruder (Arthur). Deutlich zeigt sich seine musikalische Begabung. Arthur Jentsch war Direktor einer Musikschule in Charkow (Rußland). Er heiratete eine russische Polin, die Pianistin war. Meine Kusine Lore wurde Tänzerin und hatte später in Berlin eine Tanzschule. Mein Vetter Julius wurde russischer Dolmetscher. Meine Kusine Thea, die Tochter meiner Patentante

Dora Schulze, wurde Organistin. Mein Vetter Kurt Günther wurde bekannt als Soloflötist im Radio-Symphonieorchester, erst in Dresden, später in Hamburg. Die Großmutter Emma Auguste Jentsch war eine geborene Kneschke aus Löbau. Sie lebte noch bis zum Jahre 1922 in Gottleuba. Da wir nach dem Tode meines Vaters von Ehrenfriedersdorf nach Bautzen zogen, ist auch für mich die Oberlausitz – wenigstens für eine Zeitlang – zur Heimat geworden. Noch heute erinnert eine Gedenktafel in dem Erbbegräbnis der Familie Kneschke in Löbau an meinen Vater. Wir wissen nicht, wo er begraben liegt, aber ich glaube fest, daß er in Gottes lebendigen Armen ruht.

### *Forsthaus Oberholz: Mutter und ihre Familie*

Die Beziehungen zu meiner *Mutter* waren naturgemäß enger, persönlicher und lebendiger. Hier habe ich eigene und gute Erinnerungen. Verdanke ich ihr doch meine ganze Erziehung in der Kindheit und habe ich doch – von einigen Ausnahmen abgesehen – bis in meine ersten Berufsjahre in Berlin mit ihr zusammengelebt. *Johanna Natalie Berthold* ist am 20. 5. 1879 geboren, war also genauso alt wie mein Vater. Ihr Geburtsort ist das Forsthaus Oberholz bei Liebertwolkwitz im Süden von Leipzig. Mein Großvater, Traugott Feodor Otto Berthold, war damals „Universitäts-Oberförster". Die Universität hatte ein eigenes Forstrevier, für das der Großvater zuständig war. Er mußte schon früh und auf tragische Weise sterben. Im Dienst ist er von Wilderern erschossen worden. Sein Vater, also mein Urgroßvater, Johann Traugott Berthold (1804–1859), ist Pastor in Pohla (bei Bischofswerda) gewesen. Die Ehe des Forstmanns mit Anna Franziska Lindner (1847–1913) war mit fünf Kindern gesegnet. Mutters Bruder Walther starb schon mit 12 Jahren. Die beiden anderen Brüder machten ihr Glück im Ausland. Mein Onkel Martin gründete in Akron/Ohio eine Elektromaschinenfabrik. Der andere Bruder, mein Patenonkel Gotthard Berthold, lernte zunächst als Lithograph in München und ging dann ebenfalls nach Amerika, wo er u. a. eine Farm für Schäferhunde ins Leben rief. An diesem Onkel, der immer zu kleinen Späßen aufgelegt war, hing ich sehr. Er kehrte wieder nach Deutschland zurück und betätigte sich in München als Spezialfotograf für Höhenaufnahmen. Er liebte seine Berge über alles und kraxelte noch im hohen Alter in den Tiroler Felsen. Es hat mich immer beeindruckt, daß er Freunde wie Louis Trenker hatte, nichts aus sich machte, dafür aber etwas konnte. Wir verdanken ihm großartige alpine Aufnahmen.

Zurück zur Großmutter mütterlicherseits, zu jener Anna Berthold geb. Lindner. Ich bin ihr nie begegnet. Sie starb kurz vor meiner Geburt in Bautzen, wo sie ein kleines Pensionat für Schülerinnen einer Haushaltsschule leitete. Ihre Schützlinge stammten aus Landfamilien (z. T. Rittergüter), die ihre Kinder in der Stadt etwas für die Ehe lernen lassen wollten. Mutters Schwester Margarete Berthold, die wir immer Tante Gretel nannten, gab eine Art Schneiderstunde für die jungen Mädchen, später auch für Erwachsene, meine Mutter betreute das Handarbeiten. Die Großmutter Anna stammte aus einer Pfarrerfamilie, die in der schlesischen Oberlausitz beheimatet war. Ihr Vater, d. h. mein Urgroßvater *Moritz Lindner* (1818–1894), war 43 Jahre Oberpfarrer in Linda (bei Lauban). Hier begegnen wir einem Phänomen des evangelischen Pfarrhauses, das es in dieser Art heute kaum noch gibt. Dieser Mann hat 43 Jahre kontinuierlich und treu dieselbe Pfarrstelle betreut. Er wurde nur von seinem Vater Karl Gottlob Lindner (1769–1852) übertroffen, der sage und schreibe 48 Jahre Oberpfarrer in derselben Gemeinde Linda gewesen ist. Auch dessen Vater, ein Balthasar Lindner, ist Pastor gewesen. Von ihm wissen wir nur noch das Todesjahr 1790. Man kann also wohl mit Fug und Recht sagen, daß ich von mütterlicher Seite sowohl von den Bertholds als auch von den Lindners her theologisch „versippt" bin. Mein Urgroßvater Moritz Lindner hatte offenbar historische Interessen. Er verfaßte eine Chronik seiner Kirchengemeinde. Sie trug den Titel „Orts- und kirchengeschichtliche Nachrichten aus der Parochie Linda mit Heidersdorf". Er wollte mit dem 1890 erschienenen Buch einen „Beitrag zur Oberlausitzer Dorf- und Parochialgeschichte" geben. Das seiner Enkelin Johanna Berthold, meiner Mutter, gewidmete Exemplar, das ich einsehen konnte, hat über manches Aufschluß gegeben. U. a. hat mich die Tatsache fasziniert, daß hier Vater und Sohn zusammen hintereinander 91 (!) Jahre dieselbe Gemeinde als Pastoren betreut haben. Das klingt wie „heile Welt". Aber auch in dieser Welt gab es mehr als genug Ernstfälle.

Da wurde gelitten und gestritten, gemordet und gestorben. Die Chronik enthält bewegende Beispiele. Der Urgroßvater teilt ausdrücklich mit, daß er 1½ Jahre schwer krank und „dem Tode nahe" gewesen ist. Von den Lindners stammt offenbar die Liebe zum Detail, das sich in meiner Familie beobachten läßt. Der Vater des Chronisten,

Karl Lindner, war erst Hauslehrer, ehe er eine Pfarrstelle bekam, hat viele Jahre nebenher „fremde Zöglinge“ unterrichtet, war sprachkundig (wendisch) und erwarb sich einen guten Ruf als Fachkundiger in Sachen Botanik. Die Einzelangaben des Chronisten Moritz Lindner sind beeindruckend. Die ganze wissenschaftliche Genauigkeit des 19. Jahrhunderts spricht aus diesem Buch. Es ist im Ruhestand geschrieben worden, den der Urgroßvater in Liebertwolkwitz im Hause meiner Großmutter verbrachte, die so zeitig Witwe geworden ist. Aus den Andeutungen meiner Mutter weiß ich, daß er als eine Art „Ersatzvater“ ein liebevolles, aber strenges Regiment geführt hat.

Noch eins ist nachzutragen: Der Urgroßvater Moritz Lindner war mit *Natalie de Charpentier* verheiratet. Sie stammte aus einer französischen Hugenottenfamilie. Auch sie ereilte ein früher Tod. Starb sie doch 1879 mit erst 51 Jahren. Die Linie der Charpentiers kann man noch ein wenig ins vorhergehende Jahrhundert zurückverfolgen. Der Vater der Urgroßmutter war Kanzleidirektor in Dresden (gest. 1829), dessen Vater Johann Caspar de Charpentier trug die Berufsbezeichnung „General-Assist“, was immer das sei. Er ist als Hugenotte eingewandert. In den Zügen meiner Mutter, die dunkelhaarig und manchmal temperamentvoll war, konnte man diesen kleinen Tropfen französischen Blutes ahnen.

Da ich von väterlicher Seite her möglicherweise einen slawischen Tropfen Blutes geerbt habe – der Name „Jentsch“, der sich in Sachsen und Schlesien findet, könnte dafür sprechen –, habe ich manchmal gedacht, ich sei gleichsam ein „Ost-West-Konflikt“ in Person. Die einen, die Jentschs, kommen aus dem Osten unseres Vaterlandes. Einer von ihnen hat sogar in Rußland sein Arbeitsfeld gefunden. Die anderen, die Bertholds, stammen mütterlicherseits in einer Linie aus dem Westen. Das Stichwort „Hugenotten“ spricht für sich selbst.

Zwei Bertholds sind noch weiter westlich, über den Atlantik, nach Nordamerika gezogen. Ich darf und will nicht unnötig weiter spekulieren. Es fällt mir aber bei diesem Rückblick gleichwohl auf, daß ich da manches von den Vätern und Müttern mitbekommen habe, was in mir teils unausgeglichene, teils fruchtbare Spannungen hervorgerufen hat: so etwa das gleichzeitige Interesse für das Schuldproblem in juristischer Sicht und für die Vergebungsfrage unter theologischem Aspekt, die Liebe zu den kleinen Dingen und zum einzelnen Menschen sowie die geistige Neugier im Blick auf die weite Welt, die Lust zum Musischen in der Stille und die Freude an der öffentlichen Rede, schließlich das lebenslange, aber konstruktive Hin und Her zwischen dem Willen zur Praxis und der Neigung zur Wissenschaft. Offenbar bot die erzieherisch-seelsorgerliche Struktur meines Lebensweges den geeigneten Boden, um diese zum Teil ererbten und zum Teil erworbenen Elemente aufzunehmen und umzusetzen. Auf der anderen Seite aber hatte ich es nicht immer ganz leicht mit mir. Die genannten Spannungen verursachten manche Nöte und haben dazu geführt, daß ich Fehler machte. Aber ich habe keinen Grund zum Klagen, im Gegenteil, ich habe viel mehr Grund zum Danken. Gott hat mich an den Konflikten reifen lassen. Ich durfte mein Leben tiefer leben, als es bei einer einfacheren Sachlage und einer spannungsloseren Psyche womöglich der Fall gewesen wäre.

### *Geliebtes Bautzen: Die Schwester als Spielgefährtin*

Wie gesagt, nach dem Tode meines Vaters siedelten wir nach *Bautzen* über. Nie habe ich eine Stadt mehr geliebt als das alte Budissin. Das „sächsische Nürnberg“ mit seinen Türmen und Kirchen, seinen Giebeln und Gäßchen, mit dem Schloß Ortenburg und nicht zuletzt mit der schönen Spree hatte es in sich. Am schönsten wirkte der Stadtblick, wenn man in der Mitte der damaligen „Kronprinzenbrücke“ stand. Ich hatte ein lebhaftes Interesse für die Entwicklung dieser Stadt, jenem Mittelpunkt der wendischen Kultur und jener Stätte einer wechselvollen Geschichte, in der der Ungarnkönig Mathias Corvinus eine wesentliche Rolle spielte. Eines Tages wünschte ich mir die dickleibige Geschichte der Stadt Bautzen, die ich leidenschaftlich studierte, obwohl ich nicht alle Einzelheiten verstand, weil ich zu jung war. Ernst und Spiel reichten sich hier die Hände. Während ich von Ehrenfriedersdorf nur weiß, daß ich mit dem dortigen Pfarrerstöchterlein im Sandkasten gespielt und einen Schubkarren gefahren habe, tauchen die Bilder vom gemeinsamen Spiel in Bautzen konkreter wieder auf. Der ernste Hindergrund wurde uns Geschwistern damals noch nicht recht bewußt. Wir ahnten nur von ferne etwas von dem unglücklich ausgehenden Krieg, der politischen Revolution und der beginnenden Inflationszeit. Meine 2½ Jahre ältere *Schwester Ruth* und ich mochten uns gegenseitig. Wir spielten einträchtig zusammen und entwickelten dabei ungeheuere Phantasien. Als Spielbereich bot sich für beide Partner die „Puppenstube“. Dort gestalteten wir ein lebhaftes Familienleben und ließen in unserer kindlichen Phantasie ganze Lebensschicksale ablaufen. Besonders genau erinnere ich mich an den Puppenstubenvater, einen ständig schwarz gekleideten kleinen Mann mit einem Schnurrbart. Zum Teil wirkte er wie ein Kellner, zum Teil begegnet er mir heute noch manchmal im Geiste – wenn ich einen jüngeren Mann mit „Schnauz“ sehe, der sich in moderner Nostalgie einen ähnlichen Bart stehen läßt. Der einzige Unterschied ist der: Unser Puppenstubenvater hatte eine glattgeschniegelte Frisur mit einem entsetzlichen Mittelscheitel. Sein heutiges Abbild dagegen hat oft eine wallende und zuweilen gelockte Haartracht. Wir begleiteten unser Spiel mit einer Fülle von erklärenden Worten, in Gestalt von Monologen und Dialogen, von Selbstgesprächen und Zwiegesprächen. Besonders aufregend war es, wenn eine unserer Puppen krank wurde und geheilt werden mußte. Ich selber hatte ein besonderes Ressort in diesem Puppenhaushalt zu betreuen. Das war der Pferdestall. Eines Tages schenkte man mir eine blauseidengefütterte, elegante Kutsche. Sie diente nicht nur den Ausfahrten der Puppenfamilie, sondern auch einem sehr profanen Zweck. Wir würden heute von Müllbeseitigung sprechen. Wie einer von den modernen Müllmännern holte ich den Abfall in der Puppenstube ab und beförderte ihn, wer weiß wohin, auf jeden Fall in die Nähe des Pferdestalls.

Schon damals begeisterte ich mich für alles, was mit Eisenbahn zusammenhing. Erst später bekam ich eine richtige Eisenbahn geschenkt, allerdings eine von bescheidenem Umfang. Wir waren ja praktisch „arme Leute“. Da mein Vater so jung gefallen war, bekam meine Mutter nur eine ganz kleine zivile Pension und eine noch bescheidenere Witwenzahlung für Vaters Dienst als Reserveoffizier. Wir konnten uns also wirklich nichts leisten. Ich sehe mich heute noch auf dem Boden unserer Wohnstube sitzen und mit dem Rade eines umgekippten Puppensportwagens spielen. Zu meinen Füßen lagen ehemalige Generalstabskarten von Vater, auf denen ich die jeweilige Eisenbahnlinie gleichsam abfuhr. Mit der rechten Hand setzte ich rhythmisch das Rad in Bewegung; dabei brachte ich regelmäßig Phf- und Scht-Geräusche hervor. Sie sollten die Vorstellung einer fahrenden Dampflokomotive ermöglichen. Gelegentlich kam ich dabei außer Takt, um anzudeuten, daß der Zug jetzt über eine Weiche fuhr. Die Tatsache, daß ich sorgsam auf den Haltepunkten stoppte, die der Zug bei seiner Fahrt in die Lausitzer Berge südlich von Bautzen passierte, und ich mich auch in den Strecken nördlich von Bautzen auskannte, zeigt, daß ich auf der Landkarte und im Fahrplan lesen konnte. Wann das Eisenbahnspiel angefangen hat, kann ich nicht sagen, aber es hat mich lange Zeit bis in meine Schuljahre hinein begeistert.

## *Der Freund und die Tante*

In diesem Zusammenhang muß noch eines Jungen gedacht werden. Das war der *Freund von gegenüber.* Wir wohnten in der Jägerstraße 19, im Parterre. Es war ein Mietshaus mit einem Vorgarten, in dem ich ein besonderes Beet zu verwalten hatte. Uns gegenüber wohnte die Familie Z. Der Vater war Werkmeister in der dahinterliegenden großen Fabrik. Der Sohn hieß *Bernhard* und wurde mein erster richtiger Freund. Durch ihn lernte ich am Rande die Welt von Industrie und Technik kennen. Ich begann zu ahnen, was es um die Welt der Werktätigen und der Arbeitnehmer war, ohne doch das alles ganz zu verstehen. Gewiß, der eine war der Sohn eines Mannes aus der Arbeitswelt, der andere der Sohn eines Akademikers. Aber wir spielten eben zusammen, und das machte uns glücklich. Das Haus der Familie Z. hatte auch einen Vorgarten. Der zur Straße liegende Zaun bestand aus Eisenstäben, die in Steinsockeln verankert waren. Alle paar Meter wurde die lange Reihe der Eisenstäbe durch eine Säule unterbrochen. Das brachte uns auf einen schlauen Gedanken unserer knabenhaften Phantasie: Wir ernannten kurz und sachlich den ganzen langen Gartenzaun zu einem Eisenbahnzug, der in Waggons eingeteilt war. Wir sprangen auf den „fahrenden" Zug auf, und wenn er in die Station einfuhr, sprangen wir wieder mit kühnem Sprung ab, riefen die Stationsnamen aus, forderten die Leute zum Einsteigen auf und signalisierten die Abfahrt des Zuges mit einer nicht gerade leisen Trillerpfeife, wobei der Signalstab feierlich hochgehoben wurde. Einen Heidenspaß hat uns das Hangeln von Waggon zu Waggon anhand der Eisenstäbe gemacht. Wir hatten das bei den Reichsbahnzügen beobachtet und machten das nun auf unsere Weise nach. Daß dieser „Zug" unerschütterlich stand und sich keinen Zentimeter nach vorn bewegte, machte uns nichts aus. Für uns „fuhr" er und legte manchmal ein ganz gehöriges Tempo vor.

So gingen die Jahre der frühen Kindheit dahin. Es waren glückliche Jahre innerhalb einer ernsten Zeit. In guter Weise habe ich die Sonntage im Gedächtnis, die den Alltag der Woche unterbrachen. Da gingen nämlich die Mutter und die beiden Kinder zu *Tante Gretel*, Mutters Schwester und meiner Patentante, die in der Moltkestraße wohnte. Fräulein Berthold, wie die ledig gebliebene Tante allgemein genannt wurde, war nicht nur eine Meisterin des Zuschneidens – die Muster lagen oft noch auf dem Tisch ausgebreitet –, sondern auch eine ausgezeichnete Köchin. Die von ihr gekochten „grünen Klöße" wurden unser Leib- und Magengericht. An anderen Sonn- und Feiertagen kam die Tante zu uns nach Hause, auch hier wieder emsig in der Küche um uns bemüht. Sie hielt ihre Weißnähstunde weiter, und sie hatte viele Kunden, die sich von ihr anlernen ließen, weil man damals bei dem knappen Gelde gut daran tat, selbst zu schneidern oder etwas zu verändern. Unter ihren Damen befand sich auch ein Fräulein „Nachtweh", was uns Kinder begreiflicherweise sehr erheiterte. Im Laufe der Zeit wurde die Tante eine Art „Vizemutter". Sie nähte auch meine Kinder- und Schüleranzüge. Wenn ich aus einem Anzug herausgewachsen war, kam sie immer noch auf eine Idee zur „Änderung", damit nichts Neues gekauft werden mußte. „Abtragen", das war damals die Parole. Im übrigen ist mir die Tante bis ins hohe Alter als ein Musterbeispiel der uneigennützigen Kinderliebe erschienen. Natürlich gab es auch einmal Spannungen zwischen den beiden Schwestern – zwei Frauen in einer Küche! –, sie waren eben auch Menschen und hatten verschiedene Temperamente. Die Tante dachte so sehr an das Recht der anderen, daß sie manchmal, fast ein wenig versponnen und hartnäckig, zu Hause blieb, damit die Mutter mit den beiden Kindern allein spazierengehen konnte. Unsere Beschwörungen, sie möge doch mitkommen, lehnte sie ab. Lieber kroch sie zurück in ihr Schneckenhaus; das war fast schon Altruismus. Im Grunde ihres Herzens aber meinte sie es wirklich gut mit uns.

## 2. Jugendjahre: Schüler mit der Bibel

### *Von der Grundschule zum Gymnasium in der Inflationszeit*

Menschen werden nicht nur durch die Familie, sondern auch durch die Schule geprägt. Jeder von uns hat eine eigene Lerngeschichte. Das gilt auch für Christen und nicht zuletzt für Seelsorger. Die Grundschulzeit absolvierte ich in der damals sogenannten Volksschule, die in Bautzen den anspruchsvollen Namen *Pestalozzischule* trug. Eingeschult wurde ich mitsamt Zuckertüte im Jahr 1919. Offenbar ist mir die Schule nicht schwer geworden. Im Abgangszeugnis steht, daß ich den Platz 1 unter 40 Schülern eingenommen hätte. An Lehrer *Flössel* denke ich gern zurück. Er muß ein ausgezeichneter Grundschulpädagoge gewesen sein. Auf seinen Vorschlag wurde ich zusammen mit dem Sohn des „Amtshauptmanns“ (damals = Landrat) vorzeitig in das *Gymnasium* überwiesen. Ich mußte also das sogenannte vierte Schuljahr überspringen. Das war ein Privileg und von unserem Lehrer Flössel sicher gut gemeint. Ich konnte mich rascher geistig entwickeln und bekam manchen Impuls für mein Leben, der mir einen Jahrgang später vielleicht versagt geblieben wäre. Auf der anderen Seite ist mir das Ganze nicht nur gut bekommen. Was die Entwicklung zur Persönlichkeit anbetraf, die damals sogenannte Reifung bzw. die heute sogenannte Identitätsfindung, habe ich ein Verlustgeschäft gemacht. Eine Jugendentwicklung braucht seine Zeit, und die Einordnung in eine gleichaltrige Jahrgangsklasse hat auch etwas für sich. Ich erfuhr manche Dinge zu zeitig, die ich besser ein Jahr später hätte kennenlernen sollen. Während die Mitschüler einen Lehrvortrag ruhig zur Kenntnis nahmen, fing ich etwa an der falschen Stelle an zu lachen. Einen pädagogischen Unglücksfall würde ich das Überspringen der vierten Klasse nachträglich nicht nennen. Es hat mir auch Vorteile gebracht, für die ich zeitlebens dankbar bin. Wenn ich heute dieselbe Frage noch einmal entscheiden müßte – ich war ja damals 9 Jahre, und es wurde für mich entschieden –, würde ich jedoch eine solche künstliche Akzeleration nicht empfehlen. Im übrigen bekam ich nun die Konkurrenz der Mitschüler zu spüren. Im Laufe der Zeit landete ich im Zweierbereich, und abgesehen von Geschichte waren noch keine besonderen Interessen zu erkennen. Ich hatte gute Freunde, wie z. B. einen Pfarrerssohn, der leider später im Kriege geblieben ist. Natürlich gab es auch weniger gute Klassenkameraden. Wir waren wohl eine ganz muntere und auch lernwillige Schar.

Gefährlich wurde es nur in den Ausnahmesituationen. Lausejungen im Alter von 11 bis 12 Jahren können ja manchmal grausam sein und dem Lehrer das Leben zur Hölle machen. So erging es unserem Erdkundelehrer. Er war ein älterer Oberstudienrat, der sich emsig bemühte, uns die Welt, die nähere und die fernere, nahezubringen. Ein wenig professoral, vielleicht sogar ängstlich. Wir hatten einen Instinkt für Lehrerschwächen und beschlossen, ihm eines Tages besondere Angst zu machen. In die Landkarte wurden alte Apfelstückchen mit Grammophonnadeln vermischt hineingelegt. Wenn er die Karte aufhängen würde, mußte er sich ekeln und stechen. So geschah es. Als er sich teils entsetzt, teils zornig umdrehte, sah er 25 ihm entgegengerichtete aufgeklappte Taschenmesser, die wie aufgepflanzte Bajonette wirken mußten. Wir hatten sie auf Kommando herausgezogen. Wie das böse Abenteuer ausging, weiß ich nicht mehr. Wahrscheinlich haben der Klassenlehrer und der Rektor des Gymnasiums eingegriffen und uns – mit Recht – gehörig bestraft. Wir waren übermütige Jungen, die nicht recht wußten, was sie taten. Mir tut der Lehrer heute noch leid. Solche Erscheinungen im Übergangsalter darf man nicht allzu ernst nehmen. Die Jungen sind da zu allerlei Streichen aufgelegt. Man ärgerte jemanden oder kritisierte ihn, wann und wo immer sich Gelegenheit bot. Ich wurde einfach mit hineingezogen, weil ich im Grunde genommen noch ein Jahr zu jung für die Klasse war. So wurde auch ein Mitschüler, der wegen seines schwachen Rückens ein Korsett trug und im übrigen eine neurotische Platzangst hatte, gern veralbert, wenn er die Treppe herunterging, oder dadurch verunsichert, daß man ihm mit einer Nadel von der hinteren Bank her in die Rückseite stach. Kurz, wir unternahmen manche Streiche. Wenn man uns zur Rede stellte, meldete sich keiner – es lebe der Klassengeist! Richtige Sadisten waren wir nicht, wohl aber gelegentlich rechte „Flegel", die manchmal keine Grenzen kannten. Übrigens gehörten auch ein paar Mädchen zu der Klasse. Eine gefiel mir besonders; leider roch sie aus dem Munde, die Arme! Genähert habe ich mich ihr allerdings nicht; das war damals noch tabu, und außerdem wußten wir noch nicht recht, wie wir mit den jungen Partnerinnen des anderen Geschlechts umgehen sollten. Einerseits erschienen sie uns wie „Gänse", andererseits begann man sie schon nach den Kategorien „nett" oder „unnett" einzuteilen. So hielt man am besten Distanz.

Das alles spielte sich in den Jahren zwischen 1922 und 1925 ab. Die ersten Kabinette der Weimarer Republik wechselten sich ab, und wirtschaftlich kam es zu dem Niedergang der *Inflation*. Meine Mutter ging mit uns beiden Kindern in regelmäßigen Abständen nach Auritz, einem Dorf in der Nähe von Bautzen. Dort wohnte eine Frau aus dem Nähkreis meiner Tante, die mit einem Landwirt verheiratet war. Auf dem Bauernhof gab es immer irgend etwas zu hamstern. Vor allem die wichtigen Kartoffeln, aber auch etwas Butter und Eier. Für mich waren diese Touren an einem kleinen Bach entlang, der mit Weiden bepflanzt war, immer ein willkommenes Abenteuer. Eine Weide hatte ich mir als geheimen Wohnsitz erkoren. Die zarte Gesundheit der Schwester brachte es mit sich, daß ich auf die Butter verzichten mußte und auf Margarine und Marmelade angewiesen war. Das „stank" mir zuweilen. Was die Mutter seinerzeit aus den ständigen Kartoffelgerichten, dem vielen Quark und den dünnen Suppen alles hervorgezaubert hat, ist mir heute noch unfaßbar. Abgesehen von den normalen Kinderkrankheiten und einer Blinddarmoperation, die allerdings gefährlich wurde, weil schon das Bauchfell durchgebrochen war, habe ich die Zeit gesundheitlich gut durchgestanden. Nur einmal bin ich in ein Kindererholungsheim „verschickt“ worden.

Am Rande habe ich mitbekommen, wie nahe wir in finanzieller Hinsicht dem totalen Zusammenbruch gewesen sind. So naschte ich gerne Kokosflocken mit Schokolade. Von meinem Taschengeld habe ich mir einmal für 2 Billionen Reichsmark ein Viertelpfund auf der Kaiserstraße erstanden. Das habe ich nie vergessen. Aber es hat den damaligen kleinen Gymnasiasten nicht umgeworfen. Der interessierte sich viel mehr für die Einführung eines Omnibusses, der für den Stadtverkehr in Bautzen vorgesehen war. Er wurde im Volksmund bald der „rasende Moses“ genannt. Ich übertrug meine frühere Eisenbahnbegeisterung auf diesen Bus, mit dem zum Rathaus zu fahren ein unbeschreiblicher Genuß für mich war.

### *Ein Junge wie jeder andere („Armee“, Musikzeitschrift, erste „Liebe“)*

Wenn ich es recht bedenke – ich war ein Junge wie jeder andere in diesen Jahren auch. Und so blieb es nicht aus, daß man sich in einem Kameradenkreis fand, dessen Glieder entweder in derselben Wohngegend lebten oder sich sonst gut miteinander verstanden. Unsere kleine Gruppe war von drei Merkmalen gekennzeichnet: Einmal waren wir eine Art „Street corner society“, dann spielten wir gern „Indianer“, wie schon viele Generationen (bis heute!), seit es den „Lederstrumpf“ und die „Karl-May-Romane“ gibt. Schließlich zahlten wir ganz unbewußt unseren Beitrag an den Zeitgeist: Offenbar angeregt durch die nationalen Erneuerungsbewegungen, wie Jungdeutscher Orden, Wehrwolf, Freikorps, Stahlhelm – die Hitlerei war uns noch unbekannt –, und wohl auch beeinflußt durch das Soldatenschicksal unserer Väter gründeten wir eine *„Armee“*, die eher ein Freikorps in Miniformat genannt werden müßte. An der Spitze stand ein General, der Sohn eines Rechtsanwalts. Dann gab es noch einen Major, dessen Vater ein Kolonialwarengeschäft hatte und der deswegen angeblich nach Käse roch. Möglicherweise stimmte das gar nicht, sondern wir verbanden das eben mit dem „Laden“ unseres Klassenkameraden. Ich muß in dieser Zeit ausgesprochen duftempfänglich und kritisch gewesen sein! Schließlich gab es da noch 2 oder 3 Mann bzw. „Gemeine“. Zu dieser Kategorie gehörte ich. Eines Tages kam es zu einem regelrechten Bandenkrieg. Eine andere Jungenbande hatte auf einer großen Wiese einen Steinhaufen erobert. Der Konflikt war da, die Steinfestung mußte erobert werden. Unsere Ausrüstung war einzigartig: Wir kämpften mit Speeren, d. h. mit zugespitzten Stangen, aber auch mit selbstgebasteltem Pfeil und Bogen. Da war also eine indianische Komponente. Aber auch Schilde führten wir mit uns. Ich erinnere mich, daß ich ein altes, von der Mutter abgelegtes Kaffeetablett benutzte. Das war so schön metallisch. Ich bohrte zwei Löcher hinein, zog einen Strick durch, so daß ich ihn gut halten konnte, um meine gefährdete Heldenbrust zu schützen. Hier spielte wohl die Vorstellung einer Ritterrüstung im Sinne der Heldensagen, die wir so gerne lasen, eine Rolle. Aber nicht genug damit: Das tollste kommt noch. Wir machten die Freikorpskämpfer nach, indem wir uns Windjacken anzogen und Wickelgamaschen trugen. Militaristen waren wir nicht, wohl aber richtige Jungen, die ihre frisch erwachten ersten Kräfte miteinander messen wollten. Die Anregungen zu der dreidimensionalen Uniform kam aus der Umwelt, in der wir lebten. Offenbar muß ich mich bei der Erstürmung des Steinhaufens besonders hervorgetan haben. Jedenfalls wurde ich anschließend zum Feldwebel befördert und bekam das Eiserne Kreuz I. Klasse. Selbstverständlich war das Kreuz nicht aus Eisen, sondern aus Pappe – nicht ein EK I, sondern ein PK I! Ich zeichnete es mir ab nach dem Vorbild des Ordens, der am Bilde meines Vaters in der Wohnstube hing, malte das Kreuz schwarz an und schrieb die Insignien in Deckweiß darauf. Es dauerte nicht lange, dann geriet die Armee in eine Krise. Unser General kam eines Tages mit einer ganzen Brust voller Tanzstunden- oder Faschingsorden an. Vermutlich wollte er dem hohen Rang seiner Verantwortung ganz unbefangen Ausdruck verleihen. Wir übrigen Armeemitglieder aber verdächtigten ihn eines bösen Spiels. Hatte er etwa in die Armeekasse gegriffen und dafür beim Kaufmann die Orden erstanden? Vielleicht waren wir anderen aber auch nur neidisch oder wollten gar selber an die „Macht“. Heute kann man über so etwas nur schmunzeln – wenn ich es erzähle, so nur, weil es entwicklungspsychologisch ein aufschlußreiches kleines Dokument ist. Wieder sind Ernst und Spiel nahe beieinander!

Mein rastloser Eifer, mich irgendwie zu betätigen, fand nach dem Untergang unserer „Armee“ neue Nahrung. Diesmal verzichtete ich auf die Freunde und versuchte, selber etwas auf die Beine zu stellen. Belastet oder beschenkt mit der musikalischen Begabung meiner Vorfahren, lernte ich Klavier spielen und brachte es da zu gewissen Fertigkeiten. Spätere Bemühungen mit einer Violine führten nicht zu dem gleichen Erfolg. Mit Interesse las ich die Opernauszüge für Klavier, die noch vom Vater stammten. Manche Passagen habe ich selber gespielt, so weit mir das technisch möglich war. Andere Hefte habe ich nur gelesen. Das alles aber reichte, um eine ganze *„Musikzeitschrift"* zu gründen. Sie erschien mangels Papier und Vervielfältigungsmöglichkeit nur in einem einzigen Exemplar! Um mir die Vorstellung zu erhalten, daß es sich um eine wirkliche Zeitschrift für ein Leserpublikum handelte, kam ich auf den Gedanken, auf der letzten Seite Platz zu lassen, so daß ein Leser durch Leistung seiner Unterschrift eine Mehrzahl von Abonnenten zu erkennen gab. Natürlich mußten meine Mutter, meine Tante und andere, z. B. Mitschüler, daran glauben. Es mag sein, daß die Zeitschrift es so immerhin auf zehn Leser brachte. Inhaltlich benutzte ich die Einleitung der einzelnen Opernhefte für meine „Artikel". Aus dieser Zeit stammt auch der Entwurf eines ganzen Schauspiels, das auch das Libretto einer Oper hätte sein können. Es trug den aufregenden Titel „Kuno von Katzenstein" und war bei den einzelnen Akten mit ausführlichen Regieanweisungen und kleinen Bühnenskizzen versehen.

Während der Bautzener Schülerjahre verspürte ich auch einen *ersten Hauch* von scheuer und zarter *Liebe*. Das kam so. Meine Schwester schwärmte für ihre Turnlehrerin. Sie war damals in den entsprechenden Jahren, aber nicht sie allein, die ganze Klasse schwärmte für Fräulein Marianne Sch. Als ich mal ein Foto der ganzen Klasse mit der Lehrerin in dem damals noch sehr züchtigen Sportdreß sah, war es um mich geschehen. Auch ich begann zu schwärmen. Und tatsächlich, ich stand der Schwester nichts nach. Zum Gipfelpunkt der Verehrung kam es, als Mutter die Lehrerin einmal zu einer Tasse Kaffee einlud, anscheinend um der Schwester Ruth eine besondere Freude zu machen. Dabei wurden Apfelsinen gegessen. Offenbar hatte Fräulein Sch. ein großes pädagogisches Talent. Sie erwiderte die Zuneigung der Schülerin mit verständnisvoller Zuwendung und weiser Zurückhaltung. So ertrug sie auch mit Humor die Gefühle des jüngeren Bruders; sie nannte mich „Steppke". Als sie nach dem Kaffeenachmittag ging, stibitzte ich die Apfelsinenschalen, die sie hinterlassen hatte. Ich trocknete sie und steckte sie in eine Blechschachtel. Daran heftete ich ein Blatt Papier, einen Zettel mit der Notiz: „Diese Schalen stammen von einer Apfelsine, die ‚Mannie' (das war der Spitzname der Lehrerin) am Soundsovielten bei uns gegessen hat. Gezeichnet: Werner Jentsch." Diese Blechschachtel hütete ich wie einen geheimen Schatz. In gewissen Abständen machte ich die Schachtel auf und schrieb jeweils ein:

„Gesehen. W. J." und das Datum hinzu. Wahrhaftig, eine stille, lange und tiefe Art einer ersten kleinen Knabenliebe.

### *Schülerbibelkreis und Jungmännerverein*

Mitten hinein in diese Jahre kam es zu einer neuen, für mich entscheidenden Begegnung. Nicht in erster Linie mit einem Menschen. Das auch. Es war der junge Pfarrer *Rudolf Siegemund.* Was die neue Erfahrung auszeichnete, war die Tatsache, daß es zu einer Begegnung mit einem Buch kam, mit der Bibel. Gewiß hatte ich auch vorher schon mit dem Thema Religion, Christentum und Kirche zu tun gehabt. Wenn man so will, die „religiöse Sozialisation", wie man heute zu sagen pflegt, hatte längst begonnen. Ich bin in einer gutbürgerlich-christlichen Familie aufgewachsen, habe den Religionsunterricht in der Schule und den Kindergottesdienst in der Maria-Martha-Kirche besucht. Ich war sogar „Inquiliner", d. h. Mitglied des aus Gymnasiasten bestehenden Schülerchors, der die Gottesdienste bzw. die Liturgie im Petridom betreute. Von der Empore aus hatte man ein imposantes Bild der vierschiffigen Kirche, die eine jener seltenen Simultankirchen ist, die es in Deutschland seit der Reformation gibt. Fast in der Mitte macht der gewaltige Bau einen Knick nach Süden. Aber das ist nicht so entscheidend wie das „Gitter", das den katholischen Chor (ein Drittel) von dem evangelischen Langhaus (zwei Drittel) abtrennt. Hier wird also seit 1530 so etwas wie Ökumene vor Ort geübt. 1921 wurde der katholische Teil zur Kathedralkirche des neugegründeten Bistums Meißen. Alle diese Erfahrungen riefen aber nicht das hervor, was mir durch den Eintritt in eine evangelische Schülergruppe widerfuhr. Es fing übrigens alles ganz „weltlich" und gar nicht „geistlich" an. Einer meiner Mitschüler wirkte bei einer Aufführung der Gruppe mit: Eberhard Sch. verkörperte eine Frauenrolle und trug Zöpfe. Das imponierte mir ungemein. Das mußte ich mir ansehen, und da blieb ich hängen. Der Leiter, Pfarrer Siegemund, verstand es, mit den Jungen, die als Gymnasiasten die blaue Mütze trugen, und den Oberrealschülern, die eine rote Mütze hatten, erzieherisch und seelsorgerlich umzugehen. So wußte er uns geistig zu interessieren. Sein wissenschaftliches Grenzgebiet waren die Naturwissenschaften, und so verdanke ich ihm die ersten Einsichten in das Problem des Verhältnisses von Naturwissenschaft und Glaube. Übrigens gehörte damals zu uns der Oberrealschüler Hans Gödan, der später als Buchautor, Lic. theol. und Dr.

med. bekannt gewordene Internist. Organisatorisch gehörte unser *Schülerbibelkreis* als *„BK"* zu dem Bund deutscher Bibelkreise. Von den großen Namen in der „Reichsleitung", wie etwa Philipp Killinger und Gustav Kertz, merkten wir noch wenig. Erst später, als ich schon Primaner war, beeindruckte mich der neue „Reichswart" Pastor *Udo Smidt.* Wer jemals den Bubenroman „Gottfried Kämpfer" oder die lebendige Schilderung eines BK gelesen hat, wie ihn Udo Degenfeld unter dem Titel „Jesus in unserem Schülerleben" schrieb, der kann sich vorstellen, welcher Geist in unserem kleinen Kreis herrschte. Es war eine frohe Jungengemeinschaft, die durch das Studium der Bibel bewegt und zusammengehalten wurde. Dazu kamen die Ferienlager, die nicht wenig zur menschlichen Verständigung und zur geistlichen Vertiefung beitrugen. Mit „Speerschlachten" lieferten wir uns mehr oder weniger sportliche Wettkämpfe. Die sogenannten Speere bestanden aus Bambusstäben, die eine kugelförmige Stoffkuppe hatten, damit sich keiner verletzte. Kein Wunder, daß sich ein Junge wie ich über so etwas begeisterte. Ein Erlebnis wird mir unvergeßlich bleiben: die gemeinsame Bibellese in der Karwoche. Pfarrer Siegemund lud uns Schüler ein, jeden Tag in der *Karwoche* vor Schulbeginn in seine Wohnung zu kommen, um mit ihm gemeinsam den Tagestext zu lesen und zu beten. Dadurch wurde mir klar, wie innig der Glaube mit dem biblischen Text verbunden ist und was die Person Jesu für mich bedeutete.

Ganz nebenbei vollzog sich noch ein Schritt, der für meinen weiteren Weg von großem Gewicht werden sollte. Pfarrer Siegemund, der später Studiendirektor des Predigerseminars in Lückendorf bei Zittau wurde, beschränkte sich nicht auf die höheren Schüler und die jungen Intellektuellen, sondern dehnte seine kirchliche Arbeit an der Jugend auch auf die Heranwachsenden in der Volksschule und die jungen Berufstätigen aus. Ein *Evang.-luth. Jungmännerverein* bildete den äußeren Rahmen. Ich trat ein und wurde so frühzeitig Mitglied in der Jungmännerbewegung, die dann später „Evangelisches Jungmännerwerk" hieß und heute unter dem allgemeinen Namen „CVJM" läuft. Diese frühe Doppelmitgliedschaft ist mir gut bekommen. Ich lernte von Anfang an, in weiteren sozialen Horizonten zu denken und igelte mich nicht in einem intellektuellen Klub christlicher Provenienz ein. Verständlicherweise lag der Akzent in jenen Jahren auf dem Schülerbibelkreis (BK). So sehr ich ein richtiger Junge war und kein Spinner, stand mein junges Leben damals im Zeichen des silbernen Kettchens, das als Symbol der BK-Bewegung diente. Ich wollte ein Glied in dieser Kette sein, nicht mehr, aber auch nicht weniger.

## *Auf der Fürsten- und Landesschule in Meißen*

Ostern 1926 trat ein einschneidendes Ereignis in meiner langen Geschichte ein. Ich wechselte vom Gymnasium in Bautzen in die Fürsten- und Landesschule St. Afra in Meißen. Diese Schule war mit einem Alumnat verbunden. Ich wurde also Internatsschüler. Ich stand mitten in der beginnenden Pubertät. Meine Mutter hatte es erzieherisch sicher nicht leicht. Ich entsinne mich, daß sie mich einmal, als ich die Unwahrheit gesagt hatte, mit einem Rohrstab, der zu einem Federballspiel gehörte, schlug und dabei vor lauter Verzweiflung weinte. Mir haben diese Schläge nichts geschadet. Im Gegenteil, mein Gewissen wurde dadurch doppelt wach. Aber es sind nicht nur die Erziehungsprobleme gewesen, die meine Mutter veranlaßten, den Jungen, der keinen Vater mehr hatte, einer männlichen Internatserziehung anzuvertrauen. Es mögen auch finanzielle Gründe mitgespielt haben. Ich bekam eine *Freistelle* der Stadt *Pirna*, so daß meine Mutter der äußeren Sorgen weithin enthoben wurde. Die Fürstenschule in Meißen ist eine jener drei in der Reformationszeit gegründeten Landesgymnasien, die sich einer langen und pädagogisch hochqualifizierten Tradition erfreuten. Es waren Schulpforta, St. Augustin in Grimma und eben St. Afra in Meißen. Diese Tradition wird in moderner Form heute fortgeführt in der Landesschule zur Pforte in Meinerzhagen. Die „Fürstenschulen" hießen nicht so, weil dort Fürsten ausgebildet wurden, sondern sie wollten als vom Kurfürst gestiftete evangelische Lehranstalten Söhne des Landes, die einen bestimmten Begabungsstandard hatten, in besonderer Weise fördern. Die Schule setzte erst mit der Untertertia ein und hatte nur etwa 130 bis 150 Schüler. Bei uns in Meißen wurde besonders die Erinnerung an die früheren Schüler Lessing und Gellert gepflegt, deren große Gipsdenkmäler die Eingangshalle schmückten.

Von der Konzeption her gesehen stand die Fürstenschule im Zeichen von *Reformation* und *Humanismus.* Herzog Moritz (1521 bis 1553), der spätere Kurfürst, kam auf die geniale Idee, aufgelöste Klöster und deren Pfründen für den Aufbau von „Gelehrtenschulen" zu verwenden, die Luther in seinen Schulschriften gefordert hatte und die geistig wie pädagogisch von Männern wie Melanchthon und Johannes Sturm (Straßburg) geprägt wurden. Der zweite Rektor von St. Afra, Georg Fabricius, war ein Schüler von Sturm. Schon in der „Neuen Landesordnung" von 1543 heißt es, daß „die Jugend zu Gottes Lobe und im Gehorsam erzogen, in den Sprachen und Künsten und dann vornehmlich in der Heiligen Schrift gelehret und unterweiset" werden solle, „damit es mit der Zeit an Kirchendienern und anderen gelahrten Leuten in unseren Landen nicht Mangel gewinne". Und so korrekt und intensiv die alten Sprachen getrieben wurden und so streng die Bräuche waren, so schärft doch die Schulordnung von 1580 die pädagogische Tugend der „Billigkeit" ein: „Jeder Lehrer solle täglich einen Knaben allein vor sich fordern, ihm freundlich zusprechen und ihn vermahnen, daß er fromm sei und fleißig lerne, ihm auch Weisungen in Anstandsfragen geben." Die lateinische Losung der Schule hieß: „Sapere aude" – „Wage zu wissen". Damit wurde auf das Engagement von Lernen und Wissen hingewiesen. Wer diese Schule besuchte, mußte früher oder später merken, daß Glauben und Denken zutiefst aufeinander bezogen sind. Da wurde jeder Schüler persönlich gefordert. Es ging weniger um Selbstverwirklichung als um geistige Selbständigkeit. Sie schloß das Suchen und Finden der eigenen Identität und die Entfaltung der persönlichen Gaben des einzelnen ein. Was heute „Schülermitverwaltung" heißt, wurde in dieser Schule schon lange geübt. In der Oberprima (13. Klasse) amtierten Inspektoren, um die Disziplin der Schüler aufrechtzuerhalten. Die *„Inspektoren"* und der „Primus inspectorum" wurden gewählt. Die Wahl erfolgte durch die eigene Klasse. Diese Inspektoren hatten eine gewisse Strafgewalt, das habe ich selber zu spüren bekommen. Wenn man unpünktlich war, die Hände in die Hosentaschen steckte usw., mußte man aus der Sammlung der deutschen Gedichte von Echtermeyer kürzere oder längere Gedichte auswendig lernen und dann vortragen. Nicht zuletzt habe ich auf der Fürstenschule geradesitzen gelernt. Die Haltungsschäden unserer heutigen jungen Generation sind nicht nur gesundheits- und ernährungsmäßig bedingt, es fehlt einfach auch an Leuten, die so etwas vormachen oder gelegentlich anmahnen, ohne in „Zack-Zack" zu machen bzw. autoritär zu sein.

Etwas von diesem Geist der afranischen Erziehung habe ich mitbekommen. Gern denke ich an unsere *Stuben- und Tischgemeinschaft* zurück. Sie war sehr überlegt strukturiert: Früher oder später gab es so etwas wie „Ehen", d. h. Freundschaften, die dann dazu führten, daß die beiden Tische je einen Tischoberen hatten, den „Vater", einen Oberprimaner, und die „Mutter", einen Unterprimaner. Ich fühlte mich in dieser Großfamilie wohl, geborgen und angeregt. Um es ganz konkret zu sagen: Mein „Vater" war ein späterer Zahnarzt, meine „Mutter" ein späterer General und mein älterer Nachbar ein späterer Pfarrer. So war ich gut aufgehoben. Die Schule verstand es, Feste zu feiern. Beim Schulfest wurden sogar „Laubhütten" gebaut. Ein gemeinsamer Ausmarsch mit klingendem Spiel hin zu einem hochragenden Felsen kam hinzu. Unvergeßlich ist mir die sogenannte „Experzernacht", in der die jüngeren Schüler, die „Perzer", aus dem Novizenstande in der Hierarchie der Schule zu höheren Weihen gelangten. Jeder von uns Schülern besorgte sich vorher heimlich eine Pulle Wein, gemeinsam wurde dann in der Nacht geweckt und in jungenhafter Fröhlichkeit getrunken. Von den Gefahren des Alkohols hatten wir noch keine Ahnung. Ich selber hatte mir eine Flasche spanischen Südwein zugelegt. Diese Flasche Malaga schmeckte erst ganz gut, als dann aber ein Mitschüler – aus ihm wurde einmal ein bedeutender Arzt und Professor – sich aus dem Fenster des 2. Stocks über meinen Oberarm und in Richtung Schulhof erbrach, war es um mich geschehen; ich tat das gleiche.

Wie sich leicht begreifen läßt, brachte der erneute Schulwechsel auch neue Probleme. Wenn man die Fürstenschule auch nicht einfach als Eliteschule betrachten darf, verlangte sie doch mehr als andere Gymnasien von ihren Schülern. Die „Konkurrenz" hinsichtlich der Leistungen wurde also noch härter. Darüber hinaus machte mir wieder mein Alter zu schaffen. Ich trat Ostern 1926 in den Schülerjahrgang 1925 ein, lag also ein Jahr zurück. Meine Mitschüler hatten sich an die Pensen und Postulate der Fürstenschule gewöhnt und waren bereits zu einer Klassengemeinschaft zusammengewachsen. So war ich wohl am Anfang etwas allein und verloren. Jedenfalls taucht in meinem Gedächtnis ein Studienrat auf, der die Angewohnheit hatte, während des Unterrichts mit dem Rücken zur Dampfheizung zu stehen, aber ein grundgütiger Mensch war. Er entdeckte mich einmal in dem „Großen Zwinger", dem Park, der zum Schulgelände gehörte, wie ich vereinsamt dastand, und fragte: „Na, Kleiner, mit dir spielt wohl keiner!" Im Laufe der Zeit aber faßte ich Fuß, besonders in unserer kleinen „sprachlich-geschichtlichen Abteilung". Hier drückte ich zusammen mit Peter von Zahn, dem späteren Fernsehjournalisten, die Schulbank. Später bekam ich noch eine kleine Aufgabe, die mir Freude machte: Ich betreute ein Beet in dem *Nutzgarten* der Schule. Da konnte man privat etwas Gemüse anpflanzen, z. B. Radieschen. Das großzügig angelegte Gelände wurde von einem Schüler inoffiziell betreut, der im afranischen Volksmunde „Nutzgarten-Rülps" hieß, vielleicht weil er manchmal Anweisungen geben mußte. Wie ich in einem Vierteljahresblatt der damaligen Zeit nachgelesen habe, waren die Schüler nicht einseitig materialistisch: es wurden mehr Blumen gepflanzt als Gemüse angebaut.

Über der ganzen Schule schwebte der *Rektor.* Zu meiner Zeit der hochverdiente *Dr. Otto Hartlich,* Altphilologe und Humanist im besten Sinne des Wortes. Er schwebte eigentlich nicht, sondern er herrschte. Nicht ohne Grund nannten wir ihn heimlich „Zeus“, den Göttervater. Dabei hatte er ein gutes Herz und nahm sich auch des einzelnen jungen Menschen an. Er mißbrauchte seine pädagogische Macht nicht. Ihm verdanken wir „Ehemaligen“ viel; so die wissenschaftlich fundierte Einführung in die Haupttexte der griechisch-römischen Kultur, die er mit philosophischen Denkanstößen zu verbinden wußte. Vor dem ständig im schwarzen Gehrock erscheinenden *Oberstudienrat Winter* (Altphilologe) habe ich mich manchmal gefürchtet. Er brachte zum Beginn seiner Stunde immer, bis in die Oberprima hinein (!), sogenannte „Zettel“ mit, auf denen lateinische oder griechische „Formen“ standen, die wir bestimmen mußten. Bei diesen Zetteln habe ich oft geschwitzt, aber auch etwas dabei gelernt. Da ich von Mathematik wenig verstand und auch nicht viel davon hielt, war ich den Mathelehrern auf Gnade und Ungnade ausgeliefert. Zeitlebens werde ich dem Studienrat *Dr. Lorenz* dankbar sein, weil er mich „X-Brett“ ertragen und mir in großer Liebe und Geduld nachgeholfen hat. Mein Interesse galt den Sprachen, besonders Griechisch und Hebräisch. Jeder Schüler hatte einen *„Tutor“*, dem er persönlich anbefohlen war. Der für mich ausgesuchte Lehrer meinte es sicher gut, aber was den pädagogischen Bezug anbetraf, hatte ich mit ihm kein Glück. Ein besonderes Vertrauensverhältnis zwischen uns beiden entwickelte sich nicht, obwohl ich so etwas gebraucht hätte. Aber da war ein anderer da, ein Pfarrer, der die Lücke nicht nur ausfüllte, sondern der sogar mein „Pflegevater“ wurde. Wie es dazu kam? Nun, ich hatte ja in Bautzen die Begegnung mit der Bibel gehabt. Das war sicher nicht eine plötzliche „Bekehrung“, die mein Leben von einem Tag zum anderen verändert hätte. Ich würde eher sagen, daß ich, geistlich gesehen, eine schrittweise Entwicklung durchgemacht habe. Ich habe mehrere Anstöße zum Glauben empfangen. So kam ich in religiöser Hinsicht nicht einfach als unbeschriebenes Blatt nach St. Afra, aber die Entfaltung dieses Blattes und die Hinzufügung anderer Blätter – das alles geschah in der Zeit zwischen 1926 und 1931 in Meißen. Zunächst nahm alles seinen normalen, man könnte auch sagen „volkskirchlichen“ Verlauf.

### *Konfirmation und Hebräischunterricht*

Ich besuchte die *Konfirmandenstunde* beim *Afrapfarrer Doerne*, dem Vater des bekannten Theologen Martin Doerne, der später mein Lehrer und Freund werden sollte. Wie einst im Petridom, so sang ich auch in der Afrakirche auf der Empore mit. Auch da – „ein Junge wie jeder andere“: Während der Predigt las man notfalls Karl May mit gesenktem Kopf, damit es niemand sehen konnte. Pfarrer Doerne predigte zuweilen gewaltig vor dem Herrn: mit lauter Stimme und überaus eindrucksvollen „Zeichen“. Er war auf seine Weise ein Modell für „anschauliche Verkündigung“. Ob er es tatsächlich gemacht hat oder ob es nur von ihm lustig erzählt wurde, weiß ich nicht mehr, aber ich bringe den Vorgang mit seiner Person in Verbindung: Bei der Stelle „über ein Kleines, so werdet ihr mich nicht sehen“ verschwand er im Talar unter der Kanzelbrüstung, um dann fortzufahren: „und abermals über ein Kleines, so werdet ihr mich sehen“ (Joh 16,16), wobei er sich wieder zu seiner vollen Größe erhob. Ganz genau aber erinnere ich mich an eine aufregende Erntedankfestpredigt, bei der er mit der Hand auf die mitgebrachten Dankesgaben der Gemeinde am Altar wies und dabei ungefähr folgendes sagte: „Liebe Erntedankfestgemeinde! Am heutigen Sonntag wollen wir Gott ehren und ihm danken. Da liegen am Altar die Gaben aus der diesjährigen Ernte. Der runde und saftige Kürbis (dabei mit beiden Händen eine große Kugel wie einen Globus zeichnend), die schönen langgewachsenen Ähren (dabei zog er von der Kanzelbrüstung bis zur Kanzeldecke eine lange Linie) und die herrlichen Hackfrüchte (dabei trommelte er mit beiden Händen auf das Kanzelpult).“ Kurzum, dieser alte Pfarrer Doerne war ein Original. Nach alter Sitte wurde in St. Afra am Himmelfahrtstage konfirmiert. Meine Nerven waren auf das äußerste gespannt, da ich an diesem Tage zum ersten Mal in meinem Leben eine lange Hose tragen durfte. Wie meine anderen Mitschüler auch, habe ich die Hose unter die Matratze gelegt, damit nur ja nicht die Bügelfalte litt. Meinen Konfirmationsspruch habe ich damals kaum verstanden, er hat mir aber für mein späteres Leben sehr geholfen. Er steht im 2. Korintherbrief, Kapitel 4,16: „Darum werden wir nicht müde; sondern ob unser äußerlicher Mensch verdirbt, so wird doch der innerliche von Tag zu Tag erneuert.“

In der Zeit nach der Kofirmation muß es zum Entschluß gekommen sein, einmal nach bestandenem Abitur Theologie zu studieren. Jedenfalls meldete ich mich als Obersekundaner mit 15 Jahren 1928 zum Wahlfach *Hebräisch*. Unser Lehrer war wiederum Pfarrer Doerne. Dieser Unterricht war eine einzigartige Chance, wurde er doch von einem Mann erteilt, der sich meisterlich auf die hebräische Sprache und das Alte Testament verstand. Sein Studierzimmer war mit vielen Regalen bis an die Decke voll von Büchern. Es roch nach kaltem Rauch, und man fühlte sich wie in einer alten Klosterbibliothek. Manchmal fand der Unterricht im Pfarrgarten statt, von wo aus wir den Meißener Dom und die Frauenkirche sehen konnten. Drei Jahre lang haben wir diesen Unterricht genossen. Wenn man heute die Kurzkurse für das Hebraicum an unseren Hochschulen damit vergleicht, kann man erahnen, daß wir am Ende dieser Fachausbildung tatsächlich etwas von der hebräischen Sprache verstanden. Zudem waren wir nur acht „Hebräer". Von Antisemitismus merkte man keine Spur!

### *Der BK St. Afra*

Im übrigen lief das Schulleben weiter „wie gehabt". Meißens 1000-Jahr-Feier 1929 brachte Abwechslung, und ein Foto zeigt mich staunend, direkt gegenüber dem großen Husaren, Feldmarschall von Mackensen, der seinen Eindruck auf den Jungen, der seinen Vater im 1. Weltkrieg verloren hatte, nicht verfehlte. Eine wesentliche Bedeutung bekam für mich wieder der „BK". Das Thema: „Schüler mit der Bibel" hatte mich nicht losgelassen. Zusammen mit *Walter Backmann*, der vom Jugendbund für Entschiedenes Christentum (EC) kam, und *Gottfried Illing*, der aus Freiberg stammte und als älterer schon etwas Erfahrung mitbrachte, baute ich den Schülerbibelkreis „St. Afra" auf. Wir ließen uns ein Klassenzimmer mit Klavier reservieren und kamen dort zu gemeinsamer Bibelarbeit und Gebet, aber auch zu fröhlichem Spiel zusammen. Es gab Diskussionen, Wanderungen und gemeinsame Ferienfahrten. Wir nahmen „diplomatische Beziehungen" mit unserer Schwesternschule in Grimma auf. Auch die dortigen Schüler hatten einen Schülerbibelkreis gegründet, für den vor allem der spätere Freund *Albert Böttrich* verantwortlich zeichnete. Tolerant wie die Schulleitung war, duldete sie dieses unser Treiben, das man wahrhaftig nicht einfach als „außerschulische Jugendarbeit" bezeichnen konnte; so sehr waren wir in unser Internat integriert. Leidenschaftlich engagierten wir uns in der Werbearbeit, wenn ein neuer Jahrgang auf der Bühne erschien. Kleine Andachten wurden selbständig vorbereitet. Es gab sogar erste Versuche zur „Seelsorge", nicht von oben herab, sondern auf derselben Ebene zwischen Schüler und Mitschüler. Wir versuchten auf unsere Weise mit dem Apostelwort Ernst zu machen: „Einer trage des anderen Last, so werdet ihr das Gesetz Christi erfüllen." Als äußeres Symbol hatten wir einen eigenen Wimpel, der uns bei unseren Fahrten und auswärtigen Begegnungen lustig voran flatterte. Er trug die weiß-grünen Landesfarben, die auch gleichzeitig unsere Schulfarbe war. Damals war ich stolz auf meine Schülermütze, die ein schönes Grün aufwies und von einem schmalen silbernen Band eingefaßt war.

Dazu kam ein Glücksfall: Pfarrer *Max Schröder* wurde der Theologe, der sich unseres Schülerbibelkreises annahm. Wir gingen in seine Predigten und ließen uns von ihm in unseren Denk- und Glaubensfragen beraten. Der Mann hatte unser Vertrauen. Selbstverständlich war das nicht. Im Gegenteil, wir waren kritische Jungen und hatten ein waches Auge für die Schwächen der Pfarrer. So war bekannt, daß zwei Pfarrer, die an derselben Kirche wirkten, durch langjährige Meinungsverschiedenheiten nicht mehr miteinander sprachen, sondern nur noch schriftlich miteinander verkehrten. Sie vereinbarten auch ihre Predigtpläne auf dem Weg über den Briefkasten. Wenn so wenig Amtsbruderschaft geübt wurde, war es verständlich, daß wir einem solchen Pfarrer die Predigt über die Bruder- und Nächstenliebe nicht mehr so abnahmen, wie es sein sollte, auch wenn der Betreffende sonst ein tüchtiger Theologe und Pastor war. Beim Domprediger Schröder hatten wir solche Probleme nicht. Er war ein sensibler und gutmütiger Mensch, dabei ein versierter Theologe und ein begnadeter Prediger.

### *Domprediger und Pflegevater: „Onkel Schröder"*

Kein Wunder, daß es früher oder später zwischen ihm und mir zu einer engeren Beziehung kam. Ich war wohl unbewußt auf der Suche nach einem verlorenen Vater, und er hatte einen Blick und ein Herz für den vaterlosen Jungen. Jedenfalls nahm er mich nicht nur in seine persönliche Betreuung, sondern auch in seine Familie auf. Ich wurde sein *Pflegesohn* und er mein *Pflegevater*. Ich verließ das Internat und wurde ein sogenannter externer Schüler, der von außen den Unterricht besuchte. So wenig ich es heute bereue, daß ich einmal die afranische Internatserziehung genossen habe, so froh war ich damals, wieder eine eigene Stube zu haben und in Ruhe ohne die Gegenwart anderer arbeiten zu können. Schon in Bautzen hatte mir meine Mutter diese Chance gegeben, indem sie mir ein kleines Zimmer, das ein Fenster zu den rückwärtigen Gärten unserer Straße hatte, einräumte. Vielleicht war ich doch nicht auf die Dauer zum Internatsschüler prädisponiert. Bis zum heutigen Tage dünkt mich die Stille und einsame Arbeit am Schreibtisch eins der schönsten Geschenke unseres Gottes zu sein. Bei „Onkel Schröder" durfte ich sogar *zwei kleine Zimmer* benutzen, da die Söhne bereits beruflich auswärts waren. Das eine Zimmer, in dem ich schlief, ging auf den Platz vor der Frauenkirche. Hier hörte ich täglich mehrmals das wunderbare Glockenspiel aus Porzellan. Am 1. Mai bliesen die Bläser mit schöner Regelmäßigkeit „Der Mai ist gekommen". Das rückwärtige Zimmer ging in den Garten hinaus; hier hatte ich meinen „Schreibtisch", an dem ich in Ruhe lesen, nachdenken und schreiben konnte. Unvergeßlich sind mir die Einzelgespräche, die ich mit dem Onkel führen durfte. Er wurde mir bald zum *Seelsorger*, ja zum Beichtvater. Durch ihn erfuhr ich ganz persönlich, was es um die Vergebung der Schuld im Namen Jesu ist. Er fühlte sich in die Probleme meines Jungenlebens ein, nahm sie ernst und brachte mir das Evangelium ganz konkret nahe.

Vom Pflegevater habe ich auch das Verständnis für den *Gottesdienst* und den Sinn für das *Liturgische* bekommen. Er dachte hoch von der Kirche. Zwischen dem Pfarrhaus an der *Frauenkirche* und dem Meißener *Dom* konnte man auf einer schier endlosen Treppe steigen, bis man zu der Höhe kam, auf der die Fürstenschule lag. Dann ging es durch Gassen zwischen mittelalterlichen Häusern zu dem großen Platz der Albrechtsburg, auf dem der herrliche Dom stand, der das ganze Elbtal und Stadtbild beherrschte. Ich muß es mir hier versagen, die künstlerischen Werte dieses Gebäudes zu schildern, die ich viele Sonntage bewundern durfte, oder von dem feierlichen Auftritt der Domherren des Domkapitels zu berichten, das dem Ganzen eine schlichte Würde verlieh. Max Schröder predigte biblisch und seelsorgerlich. Jedesmal, wenn er in der Predigt einen Absatz anfing, der mit „Lieber Mensch" begann, horchte man unwillkürlich auf. Das klang wie: „Das geht dich an!" Im Laufe der Zeit ergab es sich, daß ich den Domprediger auf dem Wege in den Dom und wieder zurück zur Frauenkirche begleitete. Er behielt immer den Talar an, während ich ihm die heiligen Bücher, die Bibel und die Agende, trug. Ich fühlte mich wie ein „lutherischer" Ministrant. Er hielt auf äußerste Sauberkeit und Ordnung. Mit den Altartüchern (den Paramenten), den Kerzen und den Büchern, in denen als Buchzeichen Bänder in den Farben des Kirchenjahres gelegt waren, mit all dem Schönen, das die Liturgie der

Kirche einbegreift, wollte er dem Herrn der Kirche, Jesus Christus, selber dienen. Seine Theologie war biblisch-reformatorisch. Er hatte noch bei *Martin Kähler* in Halle studiert und in Leipzig von den lutherischen Theologen viel gelernt. Die Dogmatik mußte bei ihm stimmen, sonst taugte die Predigt nichts. Er ist nie müde geworden, an sich und seiner Predigt zu arbeiten. Nach einem Gottesdienst sagte er mir einmal: „Werner, wenn du auf die Kanzel steigst und dein Herz nicht mehr puppert, dann ist es aus. Dann bist du ein Routinier. Dann hast du auch keine geistliche Vollmacht mehr!" Er schämte sich seiner Ängste nicht, sondern setzte alles auf das Wehen des Heiligen Geistes. Die Predigten fingen immer mit einem Einleitungssatz an, den ich dann selber übernommen habe: „Herr, tue meine Lippen auf, daß mein Mund deinen Ruhm verkündige."

Von nichts kommt nichts. Onkel Schröder fuhr jedes Jahr, das Gott werden ließ, nach *Neuendettelsau*, dem Sitz der berühmten Diakonissenanstalt von Wilhelm Löhe, unweit Ansbach und Nürnberg gelegen. Er wollte sich dort gesundheitlich erholen und geistlich erneuern lassen. Der Dorfpfarrer Löhe war ja ein heimlicher Bischof. Er ist der große Wiederentdecker der lutherischen Liturgie im 19. Jahrhundert. Dabei wahrte er die guten und bleibenden Elemente der katholischen Messe und der in der Alten Kirche gepflegten täglichen Gebete. Er tat dies alles im Lichte des reformatorisch verstandenen Evangeliums. Jedesmal kam mein Onkel erfüllt von diesem heiligen Ort im Frankenlande nach Meißen zurück. Er erzählte mir von allem, und so wuchs ich in diese Dinge als Primaner ganz von selbst hinein. Ich liebte Neuendettelsau mit Wilhelm Löhe, ohne es gesehen zu haben. Das sollte erst nach dem Kriege in einer eigentümlichen Weise geschehen. Am Samstag arbeitete Onkel Schröder an einem Stehpult mit brennender Kerze in seinem Studierzimmer. Wenn er die Predigt fertig hatte, holte er mich herein und tauschte mit mir Gedanken über den Text oder eine besondere Frage aus. Im Winter nahm er dann eine Schaufel mit glühenden Kohlen und streute darauf ein paar Körner Weihrauch, den er sich im Sommer in Neuendettelsau besorgt hatte. Das war nicht nur ein Stückchen liturgische Romantik, sondern eine Atmosphäre, in der ich Seelsorge unter dem Wort erfuhr und zu lernen begann, was es um das „mutuum colloquium", das wechselseitige geistliche Gespräch, ist, von dem Luther in den Schmalkaldischen Artikeln geredet hat.

Die Folgen lagen auf der Hand. Schon als Primaner richtete ich mir in meinem kleinen Schlafzimmer eine Art Hausaltar ein. Auf einem weißen Tischtuch lag die aufgeschlagene Bibel mit den bunten

Bändern des Kirchenjahres. Links und rechts hatte ich zwei Leuchter, und an der Wand hing eine Wiedergabe des Isenheimer Altars von Matthias Grünewald. Da las der Schüler mit der Bibel die Schrift und betete mit seinem Herrn, der ihm in diesen Jahren so nahegekommen war. Am Familientisch hielten wir die tägliche Morgenandacht. Schröders verstanden etwas von Meißener Porzellan. Sie hatten fast alle Muster. Eines Tages war ein besonders kostbares Muster aufgelegt, und ein Glas Wein wurde zusätzlich gereicht. Verwundert fragte ich meinen Onkel, was denn das bedeuten solle, ob jemand Geburtstag habe? Lächelnd erklärte er mir: Nein, heute sei sein Tauftag und den zu feiern sei für ihn mindestens ebenso wichtig, wenn nicht noch wichtiger als sein Geburtstag. Damals habe ich das erste Mal nachgeschaut, an welchem Tage ich getauft war und welcher Taufspruch über meinem Leben steht. So übte der begnadete Erzieher ein Stück funktionale Seelsorge. Auf einmal erschloß sich die Doppelformel vom „Wort und Sakrament". Daß alles bei mir so ankam, lag letzten Endes an der inneren Geschlossenheit der Familie. Die Frau, *Johanna Schröder*, wurde zu einer echten neuen Vizemutter; Luischen, die vielleicht 10 Jahre ältere Pflegeschwester, zu einem guten Anschauungsbild für eine junge Frau, die ganz im Dienst der Gemeinde aufging.

Möge nun nicht das Mißverständnis entstehen, daß ich damals ein Musterschüler oder Musterchrist gewesen wäre. Weder das eine noch das andere ist der Fall. Meine schulischen Leistungen waren nicht einfach Glanz und Gloria. Ich hatte auch Schwächen und mußte kämpfen. Das Abitur bestand ich am 10. 3. 1931. In meinem jungen Christsein entdeckte ich mich immer wieder als Versager, ob es nun meine Zweifel waren oder die Anfechtungen, die mit dem Jugendalter verbunden sind. Durch Klavierstunden versuchte ich mich ein wenig an dem Tasteninstrument zu vervollkommnen. Mit der Violine hatte ich weniger Glück. Die Tanzstunde hätte ich vielleicht doch besuchen sollen. Ich ging aber ganz in unserem Schülerbibelkreis auf, was mit einem Schuß unbewußten Puritanismus verbunden gewesen sein mag. So war ich den Mädchen gegenüber anfänglich etwas scheu. Nur einmal entflammte das Primanerherz, nämlich für die ältere Kusine Lore Jentsch, die in Dresden einen Tanzabend gab, was für mich überwältigend war. Sie lud mich auch zum Kaffee ein, war aber „sonst" nicht zugänglich. Bewaffnet mit einer Fotokarte, die die dunkelhaarige Schönheit aus dem Osten darstellte, zog ich wieder meine Straße.

In der Oberstufe unseres Füstenschulgymnasiums stand schließlich ein Problem im Vordergrund, das mich lange und in immer neuen Formen bewegt hat, nämlich das Verhältnis von Humanismus, Idealismus und *Christentum.* Der Religionslehrer, der theologisch und religionswissenschaftlich kenntnisreich war und als gebildeter Lehrer galt, suchte uns die christliche Überlieferung und die fremden Religionen nahezubringen. Wahrscheinlich hat er sich manchmal zu sehr um „Objektivität" bemüht, so daß der Religionsunterricht auf mich zu neutral und unverbindlich wirkte. Es kam mir zuweilen so vor, als ob uns hier auf dem Teetablett verschiedene Weltanschauungen angeboten würden, ohne daß da einer gewesen wäre, der sich mit einem persönlichen Zeugnis deutlich genug für die christliche Religion engagiert hätte. Ich will meinem Lehrer nicht nachträglich Unrecht tun. Vermutlich hat der damalige Schüler den damaligen Lehrer nicht immer richtig verstanden. Von seinen Voraussetzungen her wollte wohl der Religionspädagoge auf die persönliche Stellungnahme des Schülers abzielen und ihn nicht falsch beeinflussen. Bei mir aber kam das nicht so an, wie es offenbar gut gemeint war. Ich wollte mehr existentiell herausgefordert werden.

Ein ganz anderes Verhältnis hatte ich zu dem Deutschlehrer, einem *Studienrat Hesse*, der mir damals zwar nicht an Christus, sondern eher an Goethe zu glauben schien, der aber ein eigentümliches Charisma didaktischer Art besaß: Er diskutierte mit uns Schülern und nahm mich trotz meines jungen Glaubenseifers, der ihm vielleicht als schwärmerischer Pietismus erschienen sein mag, ernst. Durch einen Aufsatz, in dem ich meine Meinung ziemlich unverblümt gesagt hatte, stand ich mit ihm auf „Kriegsfuß". Wahrscheinlich hatte die Arbeit auch stilistische und andere Schwächen. Aber der Konflikt brachte uns einander näher, so daß ich zum Schluß in Oberprima ihn einfach „mochte", wie ein Schüler seinen Lehrer nur mögen kann. Er ist auch der einzige Lehrer der Fürstenschule gewesen, dem ich nach dem Abitur eine Leinenkarte mit persönlichen Dankesworten geschrieben habe. Leider fiel der begabte Mann im Zweiten Weltkrieg.

Als ich später die Evangelische Akademie in Hofgeismar leitete, öffnete ich unsere Tagungsstätte dem „Verein ehemaliger Fürstenschüler" für ihre Jahres- bzw. Studientagungen. Der erste Rektor der neuen Landesschule in Meinerzhagen, Prof. Dr. Christian Hartlich (der Sohn meines früheren Rektors), der Senatspräsident Wolfgang

Schöne und der Kirchengeschichtler Prof. Dr. Martin Schmidt waren hier die Brückenbauer. Diese neuen afranischen Gespräche über „sola fide“ (allein durch den Glauben) und „Paideia“ (Erziehung/Bildung), über die die Hofgeismarer Zeitschrift „Anstöße“ ausführlich berichtet hat, haben nicht nur die Besucher bewegt, sondern auch weit darüber hinaus auf andere gewirkt. Der gute Geist von St. Afra wurde dabei wieder lebendig. Was die Fürstenschulerziehung für mein Leben bedeutet hat, habe ich anläßlich der Paideia-Tagung in einer *Predigt „Die erziehende Gnade“* über Titus 2,11–14 zur Sprache zu bringen versucht. Am Ende der Predigt findet sich ein Bekenntnis, das ich mit einer kleinen Erzählung verbinde; sie zeigt, in welcher Grenzsituation ich mich in jenen Jahren befunden habe, aber auch was ich meiner Schule positiv verdanke. Das wörtliche Zitat soll deswegen den vorstehenden Abschnitt über den „Schüler mit der Bibel“ beschließen. Der Predigt lag die folgende Disposition zugrunde: „Die erziehende Gnade. 1. sie meint den Menschen, 2. sie zeigt sich in der Zeit, 3. sie verlangt Verwandlung.“ Nach Entfaltung dieses Gedankenganges hieß es dann:

„Ein persönliches Bekenntnis mag die Predigt schließen: Noch in Obersekunda, auf die Unterprima zugehend, wurde ich, ein Jahr zu jung für meine Klasse, irre an der humanistischen Paideia meiner Schule. Ich las über dem Eingang die große Leitüberschrift: *‚Christo-patriae-studiis‘* (Christus, dem Vaterland und der Wissenschaft gewidmet). Das stand da ohne Interpunktion, nebeneinander. Der junge Schüler hatte damals einiges von Karl Barth gelesen. Natürlich hatte er diesen großen Theologen nur ‚angelesen‘ und nicht ‚verdaut‘. So wollte er abgeben und sozusagen *‚Prophet‘ werden.* Er fuhr nach Hause, und sein väterlicher Freund, der damalige Seelsorger der Frauenkirche, fuhr ihm nach. Er überzeugte ihn, daß ein Christ, der missionieren wolle, zwar getrost ‚am ersten nach dem Reiche Gottes trachten‘ solle, aber nicht vergessen dürfe, daß die Botschaft von diesem Reiche Gottes uns in der griechischen Sprache übermittelt sei. Er solle *erst einmal richtig Griechisch lernen.* Nur zögernd gab der junge Mann nach. Er wollte sich in seiner Unreife und Schwärmerei nicht allzugern dieser Paideia stellen. Dann geschah es. Er hat es nicht bereut. Die damals verborgene Paideia hat sich inzwischen immer wieder neu entborgen. Später hat der zweifelnde Schüler in seiner Arbeit über das ‚Urchristliche Erziehungsdenken‘ einen verstohlenen Dank an St. Afra abzustatten versucht, und heute ist der Prediger glücklich darüber, die platonischen Dialoge studiert zu haben, wo er doch an einer

Stätte des Gesprächs und der Begegnung tätig sein muß. Ich glaube, daß die erziehende Gnade in ihrer Verborgenheit auch diese antike griechische Paideia benützt. Es gehört eben zur Barmherzigkeit Gottes, daß er uns mit diesem Weltverständnis und mit diesem Bildungsaspekt konfrontiert. Je ernsthafter wir das Humanum dieser Paideia nehmen, um so offener werden wir dann für die Frage werden, wie denn das Humanum eigentlich gemeistert werden soll, ja, vielleicht auch für die Antwort, die uns im Evangelium geschenkt wird und die da lautet: ‚Die Gnade ist erschienen und erzieht uns, daß wir verleugnen, leben und hoffen sollen.'"[2]

## 3. Zwischen Studium und Jugendarbeit

### *Die Leipziger Fakultät: Oepke-Famulus*

1931 zog die Familie nach Leipzig. Wir wohnten an der Ecke Rosentalgasse in dem Hause, in dem früher Professor Rudolf Kittel, der bekannte Alttestamentler, dem wir die „Biblia Hebraica" verdanken, gewohnt hatte. So hatten wir einen wunderbaren Auslauf in dem großen Rosental. Die Theologische Fakultät wies zwar verschiedene Richtungen auf, trug aber im ganzen einen ziemlich geschlossenen theologischen Charakter. Ihr gehörten namhafte Gelehrte an. Der junge stud.theol., der mit dem 1. Semester begann, landete nicht von ungefähr bei dem Professor des Neuen Testaments, *Albrecht Oepke.* Wie der sächsische Landesbischof Prof. Ihmels, dessen markante Züge unmittelbar den Friesen erkennen ließen, stammte er aus Norddeutschland. Als früherer Dozent am Leipziger Missionsseminar hatte er sich eingehend mit den theologischen Problemen der Äußeren Mission, insbesondere mit dem Verhältnis von Indien und dem Christentum beschäftigt. Gleichzeitig war er ein anerkannter Fachmann für die Exegese des Neuen Testamentes. Mit seiner wichtigen Untersuchung „Die Missionspredigt des Apostel Paulus" (1921) erschloß er historisch-philologisch und nicht zuletzt theologisch das Kernstück der paulinischen Verkündigung. Als überzeugter Lutheraner und genauer Kenner der indischen Mystik hatte er gewagt, Parallelen zwischen der Dialektischen Theologie und der Mystik zu ziehen bzw. das Haupt dieser Schule, Karl Barth, anzugreifen. Wie man munkelte, hatte der große Baseler ironisch darauf reagiert: „Da ist in Leipzig ein kleiner Professor, der will mich mit dem Holzschwert erschlagen!" Nun, so wurde man diesem Mann nicht gerecht. Oepke war ein Meister der „Biblischen Theologie". Er kannte sich in der jüdisch-rabbinischen Umwelt des Urchristentums aus wie kaum ein anderer. Im Unterschied zu *Johannes Leipoldt*, dem anderen Neutestamentler dieser Zeit, der ein Experte für die griechisch-hellenistische Umwelt und für die Mysterienreligionen war, d. h. vornehmlich religionsgeschichtliche Interessen hatte, legte Oepke mehr Wert auf die theologische Durchdringung der neutestamentlichen Texte, ohne dabei die exakte Wortbedeutung und den Vergleich mit der Umwelt zu vernachlässigen. Bezeichnend für seine Einstellung ist die Schrift „Geschichtliche und übergeschichtliche Schriftauslegung". Schon früh erkannte er also den Stellenwert der „Hermeneutik" (Wissenschaft von der Auslegung eines Textes) im Bereich der Theologie. Was er theologisch wirklich konnte, hat er einerseits in seinem Hauptwerk „Das neue Gottesvolk" (in Schrifttum, Schauspiel, bildende Kunst und Weltgestaltung), andererseits in einem Kommentar zum Galaterbrief und in seinen meisterhaften wissenschaftlichen Artikeln zu einzelnen Begriffen des Neuen Testamentes in dem von Gerhard Kittel, später von Gerhard Friedrich herausgegebenen „Theologischen Wörterbuch zum Neuen Testament" bewiesen. Immer wieder schlug er die Brücke zum Alten Testament und zum Glaubenszeugnis Israels. Bei Albrecht Oepke lernte man gesamtbiblisch denken. In seinen Seminaren begegnete ich ihm persönlich.

So kam es, daß ich eines Tages sein *Famulus* wurde. Das war ein unbeschreibliches Glück, ein Stück Gnade. Habe ich doch auf diese Weise die wissenschaftliche Kleinarbeit der neutestamentlichen Exegese sozusagen am Stück trainieren können, insbesondere in bezug auf die Wortgeschichte und das Sachverständnis biblischer Begriffe. So durfte ich bei den Artikeln zum Theologischen Wörterbuch die Korrekturen lesen und sogar auch einmal eine Anregung für die Formulierung geben, etwa für die Interpretation der Äonenlehre des Paulus. Die Anfertigung von schriftlichen Seminararbeiten machte mir regelrecht Freude. Beispielsweise fertigte ich in diesem Zusammenhang Studien über das Verhältnis von Rechtfertigung und Auferstehung Jesu nach Röm 4,25 und über den Begriff der „Diakonie" bzw. über die Beziehung von „Amt und Charisma" an, wobei ich die Aussagen des Neuen Testamentes über das Amt mit der Ämterlehre Wilhelm Löhes verglich. Das letztere Thema zeigt, wie die Anregungen, die ich von meinem Onkel Schröder in Meißen empfangen hatte, nachwirkten und nun im Horizont des neuentdeckten Neuen Testamentes weiterreflektiert wurden. Das starke Interesse für die Exegese, das Oepke bei mir geweckt hatte, hätte vielleicht dazu führen können, daß ich Neutestamentler geworden wäre. So habe ich ja schließlich auch bei Albrecht Oepke promoviert. Indes, das neben meinem Studium herlaufende Engagement in der praktischen Jugendarbeit hat meine theologische Entwicklung anders geführt, nämlich an die Grenze zwischen Theorie und Praxis. Aber darüber später.

Einen starken theologischen und geistlichen Einfluß hat auch der Professor für Systematische Theologie, *Ernst Sommerlath,* auf mich ausgeübt. Sommerlath war ein unmittelbarer Schüler und Nachfolger von Landesbischof Ihmels, der in Leipzig nicht nur ein Hort, sondern auch ein eigenständiger Fortführer der Erlanger Theologie des Luthertums gewesen ist. Sommerlath selber war es ebenso um die biblische Verwurzelung seiner lutherischen Dogmatik zu tun. Er hatte über das Verständnis des „Neuen Lebens" bei Paulus gearbeitet und suchte die reformatorische Lehre vom Sakrament zu erneuern, indem er auf die Möglichkeit der Gegenwart Christi in Brot und Wein abhob (Realpräsenz). Der im hohen Alter als Onkel der schwedischen Königin Sylvia bekannt gewordene Gelehrte erschien immer im schwarzen Anzug und mit schwarzer „Fliege". Er verkörperte also die Würde des Amtes, ohne dabei einer unguten Ideologie allzu hochkirchlichen Denkens (es gibt auch eine gesunde Art, hoch von der Kirche zu denken!) zu verfallen. Dazu war er viel zu schlicht, gütig und herzlich. Auf einer Studentenfreizeit sprach er so anfaßlich und tröstlich über die lutherische *Privatbeichte*, daß ich mich kurzerhand entschloß, dieses sein Angebot anzunehmen. Ich vertraute ihm meine damaligen Fragen und Nöte an. Er hieß mich niederknien, das Schuldbekenntnis sprechen und erteilte mir dann mit Handauflegung die persönliche Absolution. Noch nie war mir die Vergebung meiner Schuld so „greifbar" geworden wie in dieser Handlung. Nach der lutherischen Agende fragt der Pfarrer: „Glaubst du auch, daß die Vergebung, die ich dir zuspreche, Gottes Vergebung ist?" Der Beichtende antwortet: „Ja". Darauf legt der Beichtiger dem Beichtenden die Hand auf und spricht: „Wie du glaubest, so geschehe dir. Denn kraft des Befehls, den der Herr seiner Kirche gegeben hat, spreche ich als verordneter Diener des Wortes dich frei, ledig und los: Dir sind deine Sünden vergeben. Im Namen des Vaters und des Sohnes und des Heiligen Geistes." Die

Formel „als verordneter Diener des Wortes“ hat mich damals sehr gepackt. Für mich sprach sie nicht der Professor Sommerlath, auch nicht der sympathische Mensch Sommerlath, das alles auch, aber entscheidend für mich war, daß hier der Träger des Amtes redete. Er handelte im Auftrag Gottes bzw. im Namen Jesu und als ein von der Gemeinde anerkannter und bevollmächtigter Seelsorger.

Dankbar bin ich auch für die Begegnung mit dem Alttestamentler *Gerhard von Rad.* Er war damals junger Privatdozent und betreute eine Freizeit der Fakultät, die für die Erstsemester eingerichtet war. Wir trafen uns in einer schönen Umgebung in Dresden (Hellerau). Noch höre ich seine schlichte und vornehme, sensible und doch manchmal energisch klingende Stimme, die das in seiner fränkischen Heimat langausgesprochene „a“ in: *A*ndacht oder *A*nfechtung – so unverwechselbar machte. Abends las er uns bei Kerzenschein die Novelle „Die letzte Seele“ von Otto von Leixner vor. Ein andermal sprach er über Spenglers „Untergang des Abendlandes“; den Mann mußte man ja mögen. Als Wissenschaftler stand er damals noch im Schatten seines großen Lehrers *Albrecht Alt,* dem wir nicht nur die wegweisende Untersuchung über den „Gott der Väter“, sondern auch maßgebende Einsichten über die Geschichte Israels und sein Rechtsleben verdanken. Alt, der längere Zeit als Propst und Forscher in Jerusalem gewirkt hatte, erschien uns manchmal wie ein Beduinenscheich. So wie ich meinen Lateinlehrer, Oberstudienrat Winter, in Meißen eine Zeitlang „gefürchtet“ habe, so konnte man, wenn er einen bei einem Übersetzungsfehler oder einem voreiligen Gedankenschluß ertappte und dann seine Kritik hart und deutlich zur Sprache brachte, vor ihm im Grunde seines Herzens erzittern. Ein Leben lang habe ich seine Mahnung im Kopf behalten: „Meine Herren, das Wort ‚irgendwie‘ gibt es in der Wissenschaft nicht!“ Dabei war er ein grundgütiger Mensch, der auch mit einer guten Portion Humor versehen war. War Alt der zwar fromme, aber nüchterne Historiker, so erschien uns von Rad als subtiler Forscher, theologischer Interpret und Systematiker des Alten Testamentes. Er ist es gewesen, der mir die Schöpfungsgeschichte aufschloß, die theologische Eigenart der verschiedenen Quellen nahebrachte und mir half, mich in die Gedankenwelt des Deuteronomikers, der Propheten Hesekiel, Sacharja und Jona und nicht zuletzt in den Prediger Salomonis einzufühlen. Man konnte nicht nur die Texte, sondern auch sich selber neu verstehen. Hat mich Albrecht Alt gelehrt, geschichtlich zu denken, so verdanke ich Gerhard von Rad eine lebenslange Liebe zum Alten Testament, das so realistisch vom Menschen und so anschaulich von Gott spricht, das die Bibel unseres Herrn Jesus Christus war und das den besten Kommentar für das Neue Testament bietet, wie umgekehrt das Neue Testament der Schlüssel zu einem sachgemäßen Verständnis des Alten Testamentes gibt.

Ich kann nicht über alle meine Lehrer referieren. Es sei aber doch erwähnt, daß ich viel von *Horst Stephan* gelernt habe, der, anders als sein Kollege Sommerlath, von einer mehr „liberalen" Überlieferung herkam. In seiner theologischen Ahnenreihe standen Namen wie Schleiermacher, Ritschl, W. Herrmann u. a. Charakteristischerweise nannte er seine Dogmatik „Glaubenslehre" mit dem Untertitel „Der evangelische Glaube und sein Weltverständnis". Stephan war ein ausgezeichneter Experte für die Gedankenwelt des deutschen Idealismus. In seinen Seminaren lernte man streng systematisch denken. Mir ging dabei die weite und tiefe Welt eines Herder, Fichte und Schelling auf. Erst später sollte ich den Weg zu Goethe, Schiller, Hölderlin und Kleist finden. Aber Horst Stephan hat unbewußt bei mir eine Vorbereitungsarbeit dazu geleistet. Gerade weil ich für die Anliegen der Dialektischen Theologie, bei aller Bejahung der lutherischen Kritik, aufgeschlossen war, bildete die Begegnung mit dem „Kulturprotestanten" (im besten Sinne des Wortes) Stephan eine wichtige und fruchtbare Korrektur.

In der *Kirchengeschichte* erlebte ich noch den geistig weit- und hochgebildeten *Hanns Rückert*, Holl-Schüler und Luther-Forscher. Dann saß ich unter dem Katheder von *Heinrich Bornkamm*, ebenfalls Holl-Schüler und Luther-Kenner. Er ist später als Präsident des Evangelischen Bundes auch weiteren Kreisen bekannt geworden. Natürlich mußte ich mich als angehender Theologe auch mit philosophischen Fragen auseinandersetzen. Hier hat mich die überragende Gestalt des Philosophen und Pädagogen *Theodor Litt* begeistert. Schon äußerlich trat er wie ein Geistesfürst auf. Er brachte immer nur einen ganz kleinen Zettel, offenbar mit Stichworten versehen, auf das Lehrpult und sprach die ganze Zeit völlig frei. Eine glänzende rhetorische Leistung, wie sie wohl der griechisch-römischen Kultur als Ideal vorschwebte. Hier erhielt ich den Zugang zu Kant und Hegel. Zweier Dozenten an der Universität Leipzig muß ich noch besonders gedenken. Sie waren nicht nur meine akademischen Lehrer, sondern sind auch zu persönlichen Freunden geworden; ich meine Joachim Wach und Martin Doerne.

## *Bildungsreise mit Wach und Lutherstudium bei Doerne*

*Joachim Wach* stammt aus der bekannten Mendelssohn-Bartholdy-Familie. Als sein Vater Rektor war, hatte mein Vater, wie schon angemerkt, in Leipzig promoviert. Wach war Religionswissenschaftler und hatte versucht, ein neues systematisches Prinzip in die *Religionswissenschaft* einzubringen, nämlich das des geisteswissenschaftlichen Verstehens. Philosophisch kam er von dem großen Hermeneuten Wilhelm Dilthey her. Obwohl er Theologe war, hatte er bezeichnenderweise einen Lehrstuhl in der Philosophischen Fakultät. Wachs wissenschaftliche Meisterleistung bildet seinerzeit das große dreibändige Werk „Das Verstehen", in dem er interdisziplinär das Verstehensproblem in den Geisteswissenschaften des 19. Jahrhunderts aufarbeitete, also nicht nur in der Theologie und Philosophie, sondern auch in der Geschichtswissenschaft, in der Rechtswissenschaft usw. Zwar ist seine Sicht noch nicht bestimmt von der modernen existenzphilosophischen Hermeneutik, wie sie die Philosophen Heidegger und Jaspers und die Theologen Bultmann und Fuchs entwickelt haben. Gleichwohl bilden Wachs Denkansätze schöpferische und wesentliche Gesichtspunkte, die man nicht einfach übergehen darf, wie das der sonst so große H.-G.Gadamer mit leichter Hand getan hat, sondern in ihrem eigentlichen Gehalt wiederentdecken sollte. Joachim Wach hatte einen Blick für das „Phänomen" in den fremden Religionen und vermochte es, in systematischer Weise das „Klassische", den „Typus" herauszuarbeiten, etwa den des Priesters oder den der Gruppe. Als ein pädagogisch interessierter Student hat mich im Anfang besonders die Abhandlung über „Meister und Jünger" interessiert. Das Spezialgebiet Wachs war übrigens der Mahayana-Buddhismus mit seinem besonderen Erlösungsgedanken. In Wachs Seminar trafen sich interessante Köpfe aus mehreren Geistesgebieten, z. B. der Physiker *Carl Friedrich v. Weizsäcker* und der jüdische Religionswissenschaftler *Hans-Joachim Schoeps*. Hier herrschte eine weitgespannte religiöse, kulturelle, philosophische, musische und kosmopolitische Atmosphäre. Es war ein kleinerer Kreis von Studenten, die mich geistig eminent forderten und die mir Anstöße zum Denken gaben. Eigentlich paßte ich da gar nicht so richtig hinein. Schließlich kam ich ja aus einer Ecke mit lutherischer Dogmatik und aus einer Jugendarbeit, an der ein kräftiger Tropfen Pietismus hing. Überraschenderweise aber nahm mich der Religionswissenschaftler und Philosoph ernst, und wir hatten gute Gespräche, die mir in meiner geistigen Entwicklung weiterhalfen.

Nicht genug damit. Joachim Wach vermittelte mir die einzigartige Chance einer „Bildungsreise“, die es damals schon kaum mehr gab, aber die gewiß auch heute manchem jungen Menschen, der für geistige Anstöße offen ist, nützlich wäre. Mir hat diese Reise jedenfalls gutgetan. Wir besuchten zunächst in Marburg den Religionswissenschaftler *Rudolf Otto*, der mit der Herausarbeitung der Kategorie des „Numinosen“, das als ein „tremendum“ und als ein „fascinosum“ erscheint, neben Karl Barth eine überragende Bedeutung für die Entwicklung einer theozentrischen Theologie bekommen hatte. Wir ahnten nicht, welches tragische Ende er einmal finden würde. In Berlin galt der Besuch zwei großen Gelehrten. Zunächst führte mich Joachim Wach bei dem Kirchenhistoriker *Hans Lietzmann* ein. Er war mir bekannt durch seine Forschungen auf dem Gebiet der Patristik und als Exeget mit dem von ihm herausgegebenen „Handbuch zum Neuen Testament“.

Die Sternstunde der Bildungsreise war natürlich die Begegnung mit *Eduard Spranger*, der damals schon einen internationalen Ruf als Philosoph und Pädagoge hatte. Der bedeutende Kopf mit den durchdringenden klaren und gütigen Augen steht noch heute vor mir, als ob ich ihn gestern erst gesehen hätte. Nun konnte ich die berühmte „Psychologie des Jugendalters“, die dieser Meister des Verstehens schon 1924 geschrieben hatte und die zahllose Auflagen erlebt hat, noch ganz anders begreifen. Gewiß ist manches, was in dieser Jugendpsychologie steht, längst überholt, aber die Einfühlung in die Eigentümlichkeit jugendlichen Werdens und ihre Deutung ist und bleibt ein klassisches Dokument der Entwicklungspsychologie. Schon bei Spranger kann man nachlesen, daß „das Entscheidende aller seelisch-geistigen Entwicklung die Herausbildung dieser totalen Sinngebungen und Sinnerfahrungen im persönlichen Leben“ ist. Nur die wenigsten bezeichneten das als „Religion“ oder ahnten auch nur, daß sich alles in ihnen um diesen letzten Zentralpunkt drehe: „Menschwerdung ist immer nur möglich in der Berührung mit dem Göttlichen!“ Gewiß war Spranger ein Idealist und paßte nicht immer in meine Dogmatik. Aber er hatte doch dem jungen Theologen etwas für seinen geistlichen Auftrag am jungen Menschen zu sagen, wenn er schrieb: „Es genügt nicht, daß ein ‚Evangelium‘ in der Welt ist: Die Botschaft muß auch verkündet werden, und Verkündigung ist mehr als Lehren oder Predigen: es fordert ein Sein und eine erweckende Kraft.“ Der Rest der Bildungsreise führte in die Schweiz, wo die Wachs ein Sommerhaus hatten. Auf der Rückreise kehrten wir bei Carl-Friedrich von Weizsäckers Vater ein, der seinerzeit deutscher Gesandter in Bern war. Wach versuchte mir während der erholsamen Tage das Schachspielen beizubringen, ohne dabei großen Erfolg zu ernten. Vielmehr interessierte mich die Kunst, so die schwindelerregende Besteigung des Straßburger Münsters. Was war die Frucht dieser Bildungsreise? Ich konnte meinen geistigen Horizont erweitern und lernte Persönlichkeiten kennen, die für mein Denken und Erziehen wichtig wurden, meinen Glauben auf die Probe stellten und mich in jedem Fall nach vorn brachten.

Wach ist es auch gewesen, der mich anregte, einen ersten wissenschaftlichen Aufsatz zu veröffentlichen. Es war eine ausführliche Besprechung der Religionsphänomenologie G. van der Leeuws. Ich durfte dabei nicht nur meine Meinung so sagen, wie ich es als junger Theologe zu verantworten glaubte, sondern konnte auch einen kleinen pädagogischen Gedankengang zufügen. Ich war der Auffassung, daß der christliche Religionswissenschaftler und der Theologe „in einer Front der Hingabe an den Anderen um Christi willen" stünden. Es gälte hier im Sinne von 1. Kor 9, 20, „den Juden ein Jude", also auch „dem Bruder einer fremden Religion Bruder einer fremden Religion zu werden". Der Aufsatz erschien 1936 in der Zeitschrift für Missionskunde und Religionswissenschaft. Der eben zitierte Satz bekam damals noch eine erschütternde Bedeutung. Joachim Wach war, wie es in der NS-Sprache hieß, ein „Viertel-Jude" oder „zu 25 % Nichtarier". Also verlor er seinen Lehrstuhl und mußte nach den USA emigrieren. Er war erst in Providence, dann in Chicago als Professor tätig. In der Neuen Welt schrieb er dann sein zweites wissenschaftliches Hauptwerk, die „Religionssoziologie". Sie ist später ins Deutsche übersetzt worden. Als er nach dem Kriege endlich rehabilitiert und auf den Lehrstuhl Rudolf Ottos in Marburg berufen worden war, ereilte ihn auf der Rückfahrt in die Heimat ein Herzinfarkt. Ich hatte zwar noch brieflichen Kontakt, soweit das möglich war, habe ihn aber nie wiedergesehen. Eine Zeitlang hat mich der Gedanke beschäftigt, ob ich nicht bei ihm über den „religionspädagogischen Aspekt in der Religionswissenschaft" promovieren sollte. Ich bin diesem Mann zu großem Dank verpflichtet. Nicht zuletzt habe ich an ihm zum ersten Mal erlebt, daß eine Lehrer-Schüler-Beziehung, die später den Charakter einer bildenden Freundschaft annahm, plötzlich zum tödlichen Ernstfall wurde. Es ist die Tragik im Leben von Joachim Wach, daß die deutsche Theologie den Dank, den sie ihm schuldete, nicht mehr im vollen Sinne des Wortes abstatten konnte. Aber er ruht ja im Frieden seiner Hände.

Der andere Leipziger Lehrer, der mir zum Freund wurde, ist *Martin Doerne*, der Sohn meines Meißener Afra-Pfarrers, der uns Primanern das Hebräisch beibrachte. Er war Praktischer Theologe. Ähnlich wie Wach war er Mitte Dreißig, als ich ihm begegnete. Er war ein ganz anderer Typ als der Religionswissenschaftler. Während Wach weltoffen und kontaktfreudig war, erschien Doerne mehr als ein reflektierender Theologe. Er war zwar politisch sehr interessiert und hatte Anstöße von der nationalen Erneuerungsbewegung Anfang der zwanziger Jahre mitbekommen, aber im übrigen wußte er sich als ein Mann der Kirche im engeren Sinn. *Paul Althaus* war sein theologischer Lehrer, und Doerne verdanke ich die Bekanntschaft mit dem Erlanger Gelehrten, der noch mehr als einmal in mein Leben eingreifen sollte. Ein wenig nach innen gekehrt, manchmal sogar etwas scheu, war Doerne ein grundgescheiter Mann, ja ein messerscharfer Denker. Er hielt es mit der Philosophie und sah mir – mit Recht – an diesem Punkt auf die Finger. Ich hatte damals wohl noch etwas Nachholbedarf und bin ihm zeitlebens verbunden, daß er mich hier auf die richtige Spur gesetzt hat. In einem Punkte fühle ich mich ihm verwandt. Er brauchte lange Zeit, um herauszubekommen, ob er besser ein Systematiker oder ein Praktischer Theologe werden sollte. Nach dem Kriege hatte er in Rostock einen Lehrstuhl für die Systematik, bis er dann endlich in Göttingen seine Laufbahn wieder als Praktischer Theologe beschloß.

In Leipzig hatte er den Lehrstuhl von *Otto Frenzel* übernommen, der neben Alfred Dedo Müller, dem Homiletiker (von ihm später), seinerseits die Katechetik betreute. Frenzels Verdienste um die Erforschung der kirchlichen Unterweisung von der Reformation bis zum 18. Jahrhundert habe ich erst bei meinen eigenen Bemühungen um die Geschichte der Jugendseelsorge richtig würdigen gelernt. Während des Studiums hatte er mehr als praktischer Didaktiker auf mich gewirkt. Bei den allerersten kleinen Unterrichtsversuchen, die wir machen mußten, fiel mir die Aufgabe zu, über die Aggregatszustände zu unterrichten. Die Kinder machten damals aufmerksam mit. Sie wurden anschließend mit Kaffee und Kuchen bewirtet bzw. für ihre „Mühsal“ entschädigt. Irgendwann im Unterricht hatte ich ganz unbefangen gesagt: „Wenn ich jetzt den Schwamm nehme und herunterschmeiße!“ – Daraufhin verwies mich Frenzel des schlechten Ausdrukkes, denn das Tätigkeitswort „schmeißen“ sei der Würde des Unterrichts nicht angemessen.

Aber zurück zu Doerne: Er war zuerst Studiendirektor am sächsischen Predigerseminar in Lückendorf gewesen und kam 1934 nach

Leipzig als Professor für Praktische Theologie, d. h. in einer Zeit, als ich eigentlich schon beinahe mit dem Studium fertig war. Stark beeinflußt haben mich seine grundlegenden Beiträge zur damals sogenannten Evangelischen Pädagogik, insbesondere die „Bildungslehre evangelischer Theologie" (1932) und das Reformbuch „Neubau der Konfirmation" (1936).

Nähergekommen sind wir uns aber auf einem besonderen Gebiete, das gar nicht unmittelbar mit seiner theologischen Disziplin zusammenhing, nämlich im Bereich der *Luther-Forschung*. Es gab eine Arbeitsgemeinschaft, die sich mit dem Studium von Luther-Schriften befaßte, die Doerne mit einem außerordentlich hohen Sachverstand, mit einem leidenschaftlichen und überzeugenden Engagement für die Person des Reformators und nicht zuletzt mit einem großen didaktischen Geschick zu leiten wußte. Diese Verbundenheit setzte sich über das Studium bis in meine Vikariatszeit fort. Jedenfalls lernte ich in Leipzig Luther lesen, lieben und lehren, besonders seine Schulschriften (Doerne) und seine Briefe (Rückert). All diese Erfahrungen haben mir nicht nur den Zugang zu wichtigen Luther-Schriften geöffnet, sondern auch zur theologischen Klärung von schwierigen Themen der Theologie wie Kirche, Rechtfertigung, Evangelium und Gesetz, Abendmahl, Erziehung unter dem Evangelium u. a. verholfen. Durch die Begegnung mit der Person Luthers wurde mein Luthertum dynamischer. So wurde ich – abgesehen von meiner praktischen Tätigkeit in der Jugendarbeit – davor bewahrt, in einer einseitigen und erstarrten Orthodoxie steckenzubleiben. Doerne war ein überzeugter Lutheraner, aber kein lutherischer Konservativist.

Dazu kam noch ein Zug in der Theologie des mir so freundschaftlich zugewandten Lehrers, der sich mir erst in den Jahren nach dem Krieg ganz enthüllte. Doerne war mit seinem Kopf ein theologischer „Intellektueller", aber im Grunde seines Herzens war er eher ein *musischer* Mensch. Nur so erklären sich seine schönen Studien über Dostojewski, Thomas Mann und Blaise Pascal. Weiten Kreisen in der Pfarrerschaft ist Doerne übrigens noch durch seine *Predigtmeditationen* bekannt geworden. Sie gehören zu dem Besten, das je auf diesem Gebiete erarbeitet wurde, sowohl was die theologische Textdurchdringung anbetrifft als auch im Blick auf die praktische Gestaltung einer verstehbaren Verkündigung.

Während des Krieges und danach sind wir uns immer nähergekommen. Er litt sehr unter dem Dritten Reich. Es gab Jahre nach dem Krieg, in denen er sich nur mühsam gesundheitlich durchhalten konnte. Er bot mir das brüderliche Du an und wurde im wahrsten Sinne des Wortes ein *seelsorgerlicher Freund.* Ich verdanke ihm hier unendlich viel. Unvergeßlich ist mir das tröstliche Luther-Wort: „Anfechtungen sind Umarmungen der Liebe Gottes", das er mir einmal in einem seiner vielen, mit eigener Hand getippten Briefe schrieb. Umgekehrt ließ er sich aber auch von dem jüngeren Bruder einmal einen geistlichen Dienst tun. Mit ihm konnte ich nicht nur theologisch diskutieren und über die schöne Literatur sprechen, sondern auch einmal gemeinsam die Hände falten. In der Festschrift zu seinem 70. Geburtstag („Fides et communicatio") durfte ich ihm noch einmal mit meiner kleinen Studie über „Beraten und Bezeugen" einen bescheidenen Dank abstatten. Bald darauf im September 1970 ist er auf dem Wege zum Göttinger Briefkasten, als er ein schriftliches Gutachten über Lesepredigten einwerfen wollte, gestorben, ein nachdenklicher und überzeugender Bote seines Herrn. Im „Ecce" der Fürstenschüler habe ich einen längeren Nachruf geschrieben.

So viel von Leipzig.

### *Die Berliner Fakultät: Abschluß in Leipzig*

Die Theologische Fakultät der sächsischen Universitätsstadt hat mich natürlich am meisten geprägt. Aber ich bin doch dankbar, daß ich noch eine andere Fakultät und andere Professoren kennengelernt habe. Das hat meinen theologischen Horizont erweitert, Vergleiche ermöglicht und zu einer eigenen Stellungnahme angeregt. Im Sommersemester 1934 ging ich im Zusammenhang mit meiner Tätigkeit in der evangelischen Jugendarbeit nach Berlin. Zwar wurde mir nachträglich liebenswürdig bescheinigt: „Bei seiner Arbeit waren grundsätzlich die Vormittagsstunden frei für das Studium. In diesen Vormittagsstunden hat er regelmäßig die Kollegs besucht und ist eifrig seinem Studium nachgegangen." Aber so intensiv, wie ich die Theologie in Leipzig betrieb, konnte ich das bei meinem vielfältigen Einsatz in der sogenannten „Reichshauptstadt" nicht fortsetzen. Immerhin kam ich theologisch einen wesentlichen Schritt voran. Das verdanke ich wiederum nicht zuletzt meinen Lehrern.

Neben dem Neutestamentler *Adolf Deißmann*, dem bedeutenden Kenner der orientalischen Umwelt („Licht vom Osten"), der sich auch um die Förderung der ökumenischen Bewegung verdient gemacht hat, dem Systematiker *Wilhelm Lütgert*, der als Nachfolger von Martin

Kähler in Berlin die „Biblische Theologie" vertrat und in 4 Bänden die „Religion des Idealismus und ihr Ende" untersucht hatte, und dem schon erwähnten *Hans Lietzmann*, der sich sowohl als Interpret des Neuen Testamentes wie als Darsteller der „Geschichte der Alten Kirche" (4 Bde) internationalen Ruf erworben hat, machte mir begreiflicherweise der Praktische Theologe *Leonhard Fendt* einen nachhaltigen Eindruck. Zu ihm bekam ich auch eine persönliche Beziehung. Fendt war gerade 1934 auf den Berliner Lehrstuhl berufen worden. Ursprünglich Professor für Katholische Dogmatik in der Theologischen Hochschule Dillingen, hatte er nach seiner Konversion (1918) in der Evangelischen Kirche zusehends an Einfluß gewonnen. Er war eben Prediger und Professor zugleich. Alles an ihm hatte Hand und Fuß. Auf der Kanzel konnte er mit einer ungewöhnlichen Direktheit, Knappheit und Klarheit seine Hörer gewinnen. Man ging gern zu ihm in den Gottesdienst. Er war kein Intellektueller, aber er verstand es, mit seiner urwüchsigen, manchmal knorrigen, manchmal humorvollen Art auch und gerade die Intellektuellen anzusprechen. Erst nach meiner Zeit erschienen seine für mich wichtigen Bücher, wie die Katechetik (1937) und der Grundriß der Praktischen Theologie (1938). Ich besuchte sein Katechetisches Seminar und konnte dabei manchen theologischen und praktischen Wink für den Religions- und Konfirmandenunterricht lernen. Mir gefiel nur eins nicht: Alles blieb noch zu sehr im Bereich des Akademischen stecken. So nahm ich mir ein Herz und sprach ihn ähnlich an, wie er mich angesprochen hatte. Ich fragte, warum es denn nicht möglich sei, daß Kinder bzw. Jugendliche selber in das Seminar kämen, damit die Studenten das Unterrichten vor Ort lernen könnten. Wir entwarfen, referierten und diskutierten nämlich unsere Katechesen nur unter uns Studenten bzw. Seminarteilnehmern. Fendt lächelte und fragte, woher er denn die Jungen nehmen sollte, ob ich ihm welche beschaffen könnte. Da ich damals an leitender Stelle in der Berliner Jugendarbeit tätig war, versprach ich umgehend Abhilfe zu schaffen. Gesagt, getan. Die nächste Probe-Katechese hielt ich selber vor einer Gruppe Berliner Jungen, die frisch und fröhlich in die berühmte Universität eingezogen waren und auch auf dem akademischen Parkett keinerlei Hemmungen zeigten.

Den Rest des theologischen Studiums absolvierte ich wieder in Leipzig. Dort habe ich auch 1936 das *1. Theologische Examen* gemacht. Ich wollte in den Dienst der Evang.-Luth. Landeskirche Sachsens treten. Leider habe ich den ehrwürdigen Landesbischof *Ludwig Ihmels* nicht mehr unmittelbar erlebt. Er war schon 1933 gestorben.

Seine Theologie der „Heilsgewißheit“ war uns durch Ernst Sommerlath nahegebracht worden. Ihmels war ein seelsorgerlicher Professor und Bischof. Von ihm wurde die nette Story erzählt, er habe bei einem Empfang der Examenskandidaten zu den jungen Theologen gesagt: „Meine Herren, wenn Sie ein persönliches Problem haben, kommen Sie zu mir. Ich wohne in Dresden, Ammonstraße, Vers 4.“ Gern hätte ich unter diesem gesegneten Zeugen Jesu gedient. Inzwischen aber hatte es die verhängnisvolle politische Wende in der Landeskirche gegeben. Es war ein Geschenk, daß das 1. Examen noch fest in der Hand der Fakultät war. Ich hatte mich zwar während des ganzen Studiums gern und intensiv der Sache der Theologie gewidmet und auch bei der Vorbereitung der Prüfung angestrengt. Da ich aber sehr viel Zeit und Kraft auf die nebenherlaufende Jugendarbeit (von der letzten Zeit abgesehen) verwandt hatte, war ich dann doch freudig überrascht, als ich ein mich beglückendes Zeugnis in den Händen hielt. Aber das ist nicht wichtig. Entscheidend war und ist für mich, daß ich damals eine größere wissenschaftliche Hausarbeit im Fach Neues Testament erarbeiten durfte. Ihr Thema lautete: „Die Begriffe ‚Bekennen‘ und *‚Bekenntnis‘ im Neuen Testament*“. Hier kam mir meine bescheidene Mitwirkung beim Korrekturlesen des Kittelschen Wörterbuchs zugute. Ich ging der Wortgeschichte in der griechischen und alttestamentlichen Umwelt nach, analysierte die einzelnen Texte der neutestamentlichen Schriften, arbeitete die Eigentümlichkeiten des Sünden-, Lob- und Christus-Bekenntnisses heraus und entdeckte dabei einige mir damals neue und in der Literatur sonst noch nicht eingehend behandelten Aspekte. So wurde mir klar, daß die Sache des Bekenntnisses und die Tätigkeit des Bekennens eng zusammengehören, daß das christliche Bekennen ein Bekennen „ad hominem“ (auf den Menschen hin) ist und daß das Bekennen eine pädagogische Dimension hat. So leistete ich, ohne es zu wissen, ein kleines Stück Vorarbeit für die weitere theologische Diskussion[3]. Erschien doch der Artikel über die Wortgruppe „Bekenntnis, Bekennen“ („homologeo“) erst 1954 im Theologischen Wörterbuch. Daß die Fragestellung der Prüfungsarbeit und mein Antwortversuch in einem engen Zusammenhang mit der damaligen Lage der Kirche stand, braucht nicht besonders betont zu werden. Ich selber vertrat die Anliegen der Bekennenden Kirche. Es war ein Examen im Ernstfall.

Nun muß ich aber gleichsam noch einmal zurückblenden auf den Anfang des Studiums 1931. Wie schon angedeutet, verliefen meine Studentenjahre in engem Kontakt mit Aktivitäten in der *evangelischen Jugendarbeit*. Das geschah aus einer gewissen Zwangslage heraus, aber auch und vor allem aus persönlicher Überzeugung. Meine Mutter bekam nur eine ganz kleine Pension. Es ist mir heute noch schleierhaft, wie sie von den paar hundert Mark im Monat uns beide Kinder hat studieren lassen können. Meine Schwester wurde im Lette-Haus Berlin als Kunstbuchbinderin ausgebildet und hatte es da schon zu schönen Fertigkeiten gebracht. Noch heute bewundere ich ihre sorgfältig und originell hergestellten Ledereinbände. Das war richtige Filigranarbeit. Ich selber mußte nebenher etwas verdienen, und zwar nicht nur als Werkstudent während der akademischen Ferien, sondern unmittelbar neben dem Vorlesungsbetrieb her. Zwei Gemeinden suchten einen Jugendwart, in der Innenstadt die jüngst durch die Friedensgebete in der DDR-Zeit bekannt gewordene *St.-Nikolai-Gemeinde* und die Gemeinde in *Leipzig-Reudnitz*. Es waren beides Kreise, die zum Evangelischen Jungmännerwerk (heute CVJM genannt) gehörten bzw. in seinem Sinne arbeiteten, aber wie das in vielen Landeskirchen der damaligen Zeit üblich war, auf Gemeindebasis. Das spannungsvolle Verhältnis zwischen Kirche und freiem Werk war seinerzeit noch kein Problem, weder in Sachsen noch in vielen anderen Landeskirchen.

In St. Nikolai wie in Reudnitz entfalteten wir ein ganzes Programm christlichen Jugenddienstes mit Bibelarbeit, Vortrag, Diskussion, Spiel, Fahrten und Lager. Wenn man die Fotos von damals betrachtet, entdeckt man mich in recht verschiedenen Gewandungen: Als ich das Studium begann, erschien die Parole „schwarz, schwärzer, am schwärzesten". Mit meinen beiden Freunden aus den Schülerbibelkreisen von Meißen und Grimma (Walter Backmann und Albert Böttrich) trat ich äußerst würdig auf: schwarzer Anzug, schwarzer Schlips und schwarzer Hut. Kein Wunder, daß wir bald den Spitznamen trugen: „Die drei Apostel." Später sieht man den Jugendwart äußerst jugendgemäß mit kurzer Hose „Marke kniefrei bis zum Hals" und bündischem Fahrtenhemd. Eine Zeitlang auch etwas zeitgemäß mit Breecheshosen und Gamaschen. Die „Kluft" des Jungmännerwerks wie meine anfängliche „schwarze Welle" waren gutgemeinte, teils nette und jugendliche, teils unzulängliche und unglückliche Ausdruckshandlungen. Wir wollten zeigen, wozu wir gehörten und daß wir zusammengehörten.

Nach nicht allzu langer Zeit rückte ich eine Treppe höher und wurde *„Kreisjugendwart"* für das Evangelische Jungmännerwerk in Leipzig. In dem von einem Diakon Stiehm geleiteten Kirchlichen Jugendamt fungierte ich als eine Art studentischer Hilfsarbeiter, hatte aber doch schon eine ziemliche Verantwortung, wenn man bedenkt, daß ich 1933 bescheidende 20 Lenze alt war. Mitten in dieser aufblühenden Jugendarbeit trat nun der Ernstfall ein. Kaum machte ich meine ersten Erfahrungen als Jugendleiter auf einer regionalen Ebene, wurde ich, selber noch ein junger Mensch und junger Christ, auf eine harte Probe gestellt.

Das Dritte Reich war da.

Wie die meisten meiner Altersgenossen hatte ich am Anfang Hoffnungen, ja, als am *30. Januar* die Massen in Berlin aufbrachen und man im Radio den Marschschritt der Männer und den Jubel der Bevölkerung hörte, jubelte ich mit. Das Deutschland-Lied ging mir nahe. Ich leugne meine nationale Begeisterung von damals nicht. Dabei hatte ich mit der Nationalsozialistischen „Partei" nichts im Sinn, wie ich mir überhaupt aus Politik seinerzeit nicht viel machte. Ich war mit Leib und Seele bei der evangelischen Jugendarbeit. Das war alles. Was die Parteienfrage betraf, so stand ich eher auf der Linie der Deutschnationalen Volkspartei. Besonders der „Stahlhelm" hatte es mir angetan. Sicher wirkte hier das Bild des gefallenen Vaters, den ich nie bewußt erlebt hatte, irgendwie weiter. Ich stammte aus einer Familie mit „bürgerlicher Tradition" und „nationaler Gesinnung". Wenn die Deutschnationalen mit den Nationalsozialisten einen Bund eingingen, mußte doch etwas daran sein. Dazu kam die Person Hitlers. Mit seinen Reden und seinen Erfolgen zog er uns Jüngere einfach in seinen Bann. Nach den leitbildlosen Jahren der späten Weimarer Zeit sehnten sich viele Jüngere von uns nach jemand, der etwas konnte und wagte. Für uns war dieser Mann eben ein emotionales Ersterlebnis. Wenn unsere Kinder und Enkel meine Generation nicht verstehen, so kann ich das heute gut begreifen. Inzwischen ist ja Hitlers Katastrophe Geschichte geworden. Hinterher ist man immer klüger. Wenn man heute seine Reden auf Tonband hört, wie er schreit und beschwört, dann wirkt das abstoßend oder sogar komisch. Aber er redete manchmal so, daß er die Menschen seiner Zeit ansprach, die unter einer Wirtschaftskrise und Arbeitslosigkeit litten und nach vielen Jahren der Erniedrigung Deutschlands auf eine nationale Erneuerung hofften. Wir dachten sicher manche idealen Vorstellungen in ihn hinein, die er in Wirklichkeit gar nicht erfüllte. Wir 20jährigen jener Wendezeit waren im übrigen nicht zu selbständigem politischem Denken erzogen worden, besaßen keine langjährigen Erfahrungen und konnten auch nicht langfristig nach vorn denken. So erlebten wir einfach eine Stunde des Aufbruchs, nach dem wir uns bewußt oder unbewußt heimlich gesehnt hatten. Nun war die Stunde da. Keiner von uns Jungen aus den bürgerlichen Kreisen ahnte damals etwas von Konzentrationslagern, Judenverfolgung, Kriegsplanung und totalitärem Staat.

Eine kurze Zeit hatte ich sogar Fühlung mit einer Studentengruppe der „Deutschen Christen", weil einige mir nahestehenden Kommilitonen dort hingingen und hier in neuer Weise das Thema der „Volksmission" angeschlagen wurde, das mir als einem Mitarbeiter des missionarischen Jungmännerwerks am Herzen lag. Übrigens gehörte dazu auch ein junger Privatdozent, *H. E. Eisenhuth*, der über die „Heilsgewißheit" bei Karl Heim promoviert hatte und als ungeheuer gescheit galt. In seiner Antrittsvorlesung sprach er im Heidegger-Stil vom „Seinserstehen des Sinns des Seins des Daseins" oder so ähnlich. Beim Herausgehen bemerkte ein Professor (war es Albrecht Alt?) leise zu einem anderen: „Haben Sie das verstanden, Herr Kollege?" Worauf der Angesprochene nur den Kopf schütteln konnte. Ich habe aber einmal ein Eisenhuth-Seminar über Thomas von Aquin besucht und dabei viel von ihm gelernt. Auch er verfolgte bei aller Fehlorientierung gewiß eine gute Absicht. Nach dem Krieg hat er ganz schlicht der Thüringischen Kirche gedient und das Thema der Seelsorge theologisch verdeutlicht („Der Christ in der Gemeinschaft. Zurüstung für den seelsorgerlichen Dienst").

Aber diese Fühlungnahme mit einem kleinen DC-Ableger geschah sozusagen nur nebenbei und war ein ganz kurzer Traum. Spätestens nach der skandalösen Sportpalast-Kundgebung der Deutschen Christen in Berlin mußte eigentlich jeder Idiot wissen, wohin die Reise dieser Glaubensbewegung ging, nämlich in den Abfall vom Evangelium und in den Verrat in der Sache Jesu hinein. Sicher gab es einige Pfarrer und Mitarbeiter des Evangelischen Jugendwerkes, die im ersten Jahr des Dritten Reiches glaubten, daß bei den DC eine echte Chance für die Evangelisation unseres Volkes läge. Nach dem Eklat in Berlin aber folgten bei vielen Christen ein jähes Erwachen und die Abkehr von jedem Versuch, die Kirche im völkischen Sinne zu politisieren. Wie es in meinem Herzen während der ersten Monate des Dritten Reiches aussah, geht aus der Tatsache hervor, daß ich einen Artikel für eine nicht mehr greifbare Aufsatzsammlung beisteuerte, die unter dem Thema stand „Jugend bekennt sich zu Christus und Nationalsozialismus". Mein kleiner Aufsatz hieß: „Ein Junge fragt nach Dir." Meinen Freunden und mir ging es damals wirklich um den Herrn und Heiland Jesus Christus. Es hieß ja auch glücklicherweise nicht „zu Hitler und Christus". Wir wollten Jesus bezeugen und meinten, uns konkret in der eingetretenen nationalen Erneuerung engagieren zu müssen. Das Hauptanliegen war ein missionarisches und nicht ein politisches. Bezeichnenderweise machte der Artikel auf die missionarische und seelsorgerliche Herausforderung aufmerksam, die ich schon damals dem einzelnen Jugendlichen gegenüber verspürte. Im Sturm der Begeisterung litt die theologische Reflexion. Uns war noch nicht aufgegangen, daß das Verbum „bekennen" nicht im gleichen Atemzug gegenüber einem politischen Anspruch und dem Absolutheitsanspruch Jesu als des Herrn der Welt gebraucht werden konnte.

Um meine unausgereifte und jugendliche Position zu revidieren, brauchte es nicht der Sportpalast-Kundgebung. Schon sehr bald merkte ich als Kreisjugendwart von Leipzig, was auf uns in den christlichen Jugendwerken und Bünden zukommen würde, wenn erst einmal die Hitlerjugend erstarkt wäre und der Totalitätsanspruch der Hitler-Bewegung sich bis hinein in die Kirchenleitungen durchgesetzt hätte. Unvergeßlich wird mir der letzte große *Aufmarsch* der Evangelischen Jugend in Leipzig am *1. Mai 1933* sein. Wir boten damals alles auf, um unsere Jugendlichen zu mobilisieren und sie in einem großen Zug vom Rosental bis zum Platz vor dem Reichsgericht zu führen. Tausende von jungen Menschen waren unterwegs. Ich zog an der Spitze des Zuges, gefolgt von einem Fahnenwald mit den schwarzen Eichenkreuzbannern und den Wimpeln der einzelnen Bünde und schließlich von den vielen Gruppen, die freiwillig gekommen waren. Noch einmal nutzten wir die Chance, um in aller Öffentlichkeit unseren Glauben zu demonstrieren. Der sprachgewaltige Leipziger Jugendpfarrer *Konrad Richter* stellte sich auf die Stufen des Reichsgerichtes und hielt eine bewegte, ja erweckliche Ansprache. Der tapfere Mann sprach über das Thema: „*Christus ante portas.*" Die Losung „Christus vor den Toren" (der Stadt) ließ aufhorchen und bewegte unsere Herzen. Instinktiv fühlten wir, daß da noch ein anderer vor den Toren der Stadt wartete, um sie bzw. uns einzunehmen, der Geist bzw. der Ungeist des Nationalsozialismus. Ich sage „einzunehmen", besser wäre es zu formulieren „einzugliedern". Denn die *Eingliederung* der Evangelischen Jugend in die Hitlerjugend stand unmittelbar bevor.

Am 19. Dezember 1933 ist es dann soweit gewesen. Nach monatelangen Verhandlungen wurde der Delegation des Evangelischen Jugendwerkes, die nach Berlin gekommen war, um noch einmal mit Reichsbischof Ludwig Müller zu sprechen, nach einem Herzanfall Müllers kurzerhand mitgeteilt, daß dieser den Vertrag mit der Hitlerjugend auch gegen den Willen des Jugendwerkes unterschreiben werde. In Wirklichkeit hatte er ihn schon unterschrieben.

Trotz mehrfacher und nachhaltiger Proteste von seiten der Evangelischen Jugend und der zu Bibel und Bekenntnis stehenden Landeskirchenleitungen blieb es angesichts der politischen Machtverhältnisse bei dem Vertrag. Man mußte versuchen, mit ihm zu leben. Der Begriff der „Mitgliedschaft" wurde entformalisiert und auf seinen eigentlichen geistlichen Gehalt ausgerichtet. Da man gegen die von der HJ angestrebte „Doppelmitgliedschaft" schwerwiegende Bedenken trug, wurde die Doppelmitgliedschaft freigestellt bzw. der Entscheidung des einzelnen überlassen, oder man entließ einfach die jungen Menschen unter 18 Jahren aus der Mitgliedschaft. Das Festhalten der Mitgliedschaft für über 18jährige brachte eine unerwartete Chance. Es erfolgte nämlich eine Rückbesinnung des Jungmännerwerks auf den klassischen Auftrag des CVJM, „Mission von jungen Männern an jungen Männern" zu treiben. Gleichwohl war das Ganze ein harter Schlag für das gesamte Werk. Es ist ein Wunder Gottes vor unseren Augen, daß die christliche Jugendarbeit durch das Dritte Reich hindurchgetragen werden und sich dabei sogar geistlich erneuern konnte.[4]

Die Konsequenzen, die ich aus allem zog, lagen auf der Hand. Ich wandte mich immer mehr der *Bekennenden Kirche* zu und trat am 9. 5. 1935 auch äußerlich der BK bei. Die noch immer in meinem Besitz befindliche rote Karte der „Evangelisch-lutherische Bekenntnisgemeinde" trägt die Nummer 20 747. Sicher haben für diese Entscheidung auch die Vorgänge in Dresden mitgespielt. Dort war es zu einer Art „Machtübernahme" im Konsistorium der sächsischen Landeskirche gekommen, wobei der spätere Oberlandeskirchenrat Klotsche in SA-Uniform mit vorgehaltener Pistole aufgetreten war. Als Nachfolger von Ihmels regierte nun der neue „Führer" Landesbischof Coch. Aber diese innerkirchlichen Umstände haben nur mitgespielt. Die eigentliche Wende bei mir wurzelt in der Erfahrung, die ich mit dem „Ernstfall" der Eingliederung, d. h. mit dem Kampf der Evangelischen Jugend um ihre Existenz vor Gott und Menschen gemacht habe.

Kehren wir zurück zur der Tätigkeit des jungen Theologiestudenten in der Jugendarbeit. Während der Leipziger Semester, in denen ich als Kreisjugendwart eingesetzt war, lernte ich verschiedene leitende

Persönlichkeiten des Evangelischen Jungmännerwerkes kennen. Durch die Empfehlung des sächsischen Bundes in Dresden durfte ich in dem Ausschuß mitarbeiten, der für die Jungschararbeit der unter 14jährigen zuständig war und der von *Dr. Karl Otto Horch* geleitet wurde *(Reichsjungscharamt)*. Der „Jungscharonkel" Horch war ein begnadeter Erzähler, dem die Jungen auf das äußerste gespannt zuhörten, wenn er das Schnarchen nachmachte oder den Ton einer Säge erklingen ließ. Über seine launige Art, mit der er positiv beantwortete Fragen der Bibelkunde mit Bonbons oder gar Taschenmessern belohnte, kann man streiten. Bei den Jungen jener Zeit kam sie jedenfalls an. Erste Kontakte mit dem leitenden Mann des Jungmännerwerks, dem Reichswart D. Erich Stange, fallen in diese Jahre. Besondere Verbindung bekam ich zu Pfarrer *Arnold Dannenmann*, der als *„Reichsjungvolkwart"* den Dienst an den 14- bis 18jährigen Jungen leitete. Er war im württembergischen Pietismus großgeworden, gehörte aber zu jenem besonderen Typus der Schwaben, der weltzugewandt, führungsfähig und schöpferisch ist. Er begeisterte damals die Jungen, die in der Pubertät und Adoleszenz waren, aber auch die jungen Mitarbeiter. Nicht zuletzt mich. In der weltanschaulichen Kampfzeit und angesichts der Unsicherheiten, denen das Jungmännerwerk ausgesetzt war, brauchten wir einen verläßlichen Halt und ein konkretes Leitbild. Dannenmann paßte genau in diese Lücke, mißbrauchte unser Vertrauen nicht, sondern suchte die Jungenschaften und ihre jungen Mitarbeiter zu dem zu führen, dem auch sein Leben gehörte, zu Jesus Christus. Schon damals dachte er in großen Linien und war ein Mann von raschen Entschlüssen. Während andere sich mit Sorgen herumquälten, fiel ihm etwas ein, was er gleich in die Tat umsetzte. Inzwischen war Dannenmann Bundespfarrer des „Ostdeutschen Evangelischen Jungmännerwerks" geworden, dessen Zentrale in Berlin war. Neben dem Westbund war der Ostbund die größte Gliederung des Reichsverbandes. Er umfaßte Berlin, die ehemals preußischen Provinzen Brandenburg, Sachsen, Pommern, Ostpreußen, Danzig und Warthegau nicht zu vergessen. Mit dem schlesischen Werk bestand enge Kooperation. Durch den Arbeitsplatz in Berlin ergab es sich von selbst, daß Arnold Dannenmann auch in die Verhandlungen um die Zukunft der Evangelischen Jugend einbezogen wurde, die von deren Führerrat mit Kirche, Staat und Hitlerjugend geführt wurden. Da er außerdem noch Verhandlungsgeschick hatte, besaß der Reichsverband der Jungmännerbünde in ihm einen wichtigen Verbindungsmann in der Reichshauptstadt. Sein Angebot, zu ihm nach Berlin zu kommen, war für mich verlockend. Ich liebte die Theologie und stand nun schon einige Semester in der Spannung zwischen Hochschule und Jugendarbeit. Unter der Bedingung, daß ich in Berlin weiterstudieren durfte, sagte ich schließlich zu.

Bevor ich über die Berliner Tätigkeit berichte, sei noch etwas nachgetragen. Unter welchen nervlichen und geistlichen *Belastungen* ich seinerzeit stand, geht aus einer Erklärung hervor, die ich nach dem Kriege vor den britischen Behörden abgab, und aus einer Erinnerung, die ich nicht mehr genau chronifizieren kann, die sich mir aber um so nachdrücklicher eingeprägt hat. Die Tätigkeit des jungen Mannes, der in Leipzig Theologie studierte und sich gleichzeitig öffentlich, ja führend in der „konfessionellen" Jugendarbeit einsetzte, konnte den kritischen Augen der *Gestapo* nicht verborgen bleiben. In der erwähnten Erklärung ist ausdrücklich von Leipziger „Vernehmungen, die nach einer *Haussuchung* stattfanden", die Rede. Damals wurden zum ersten Mal „Jugendbriefe seelsorgerlichen Inhalts beschlagnahmt, die ich nie wiedergesehen habe". Seitdem war ich ein „Fall" für die Staatspolizei. Wie ernst dieser Ernstfall war, ahnte ich damals noch nicht, sollte es aber später um so deutlicher erfahren. Die genannte Erinnerung greift auf zwei Vorfälle in *Dresden* und Leipzig zurück. Sie müssen sich in der Zeit vor dem Berliner Semester oder danach ereignet haben; ich vermute eher das erstere.

Eines Tages mußte ich zu einer Sitzung des Jungscharamtes in die sächsische Landeshauptstadt. Die Diskussionen hatten länger gedauert, als geplant war. So hatte ich es wie immer eilig. Um den Zug noch zu erreichen, nahm mich ein Mitarbeiter auf dem Rücksitz seines *Motorrades* mit zum Bahnhof. Unterwegs gab es ganz plötzlich einen Zusammenstoß. Ich flog so unglücklich, daß ich mir den Knöchel eines Fußes brach. Die Folge war ein wochenlanges Krankenlager. Gott nahm mich mitten im „Einsatz" aus der „vordersten Linie" heraus. Ich war frei vom Streß, aber auch eine Zeitlang der Verantwortung ledig. Mit einem Male hatte ich unfreiwillig die Muße zum Nachdenken. Mühsam und unter Schmerzen lernte ich wieder laufen. Kaum genesen, stürzte ich mich wieder in die Doppelarbeit von Studium und Jugendarbeit. Ich meinte, daß ich die Gruppe gerade in ihrer kritischen Situation nicht allein lassen dürfte. Aber wahrscheinlich hatte ich noch nicht genug gelernt. Kurze Zeit darauf passierte es wieder: Ich war zu einem Gruppenabend in Leipzig mit dem *Fahrrad* unterwegs in den Leipziger Süden. Aber ich kam nicht zum vorgesehenden Ziel. Wie aus heiterem Himmel blieb ich plötzlich mit dem Vorderrad in einer Straßenbahnschiene stecken, stürzte und brach mir erneut den kaum geheilten Knöchel. Nun schien alles aus zu sein. Es sei ehrlich eingestanden: Der jetzt abverlangte zweite Verzicht ist mir schwergefallen.

Ich begann zu grübeln: *Warum das Ganze mir und gerade jetzt?* Hatte ich mich zu sehr in den Vordergrund gespielt? Drängte ich zu sehr? Oder war ich gar zu ehrgeizig? Die Bemerkung einer meiner Lehrer, der nach Durchsicht einer meiner ersten theologischen Versuche sagte: „Herr Jentsch, Sie wollen zuviel", hatte mich sichtlich getroffen. Oder hatte ich mit der Kombination von Studium und Jugendarbeit den Bogen überspannt bzw. Gottes Geduld überstrapaziert? Oder war es noch eine andere Schuld? Die Gewissensnöte waren groß, bis mir endlich die Augen aufgingen. Ich entdeckte auf einmal, daß ein Christ „Gehorsam lernen" muß. Aber ich spürte auch, was für eine Hilfe es bedeutete, wissen zu dürfen, daß da einer war, der mich verstand und nicht allein ließ, weil er das alles aus eigener und unendlich größerer Erfahrung kannte – Jesus: „So hat er, wiewohl er Gottes Sohn war, doch an dem, was er litt, Gehorsam gelernt" (Hebr 5,8). Mir wurde unmißverständlich klar: Im Augenblick werde ich gar nicht gebraucht. Ich bin ersetzbar. Nur nicht sich so viel einbilden, als ob es nicht ohne mich ginge. Nein, Gott selber nimmt meine Sache in die Hand. Der macht das viel besser als ich. Ich konnte geistliche Revision machen, begann zu meditieren und im Wort Gottes zu studieren, bekam wieder intensiveren Kontakt mit meinem Herrn und Stille zum Gebet. Ich wurde im wahrsten Sinne des Wortes aufs Kreuz gelegt und kam durch diesen demütigen Schritt zurück in meiner geistlichen Entwicklung einen gehörigen Schritt nach vorn. Angesichts einer Jugendarbeit im Ernstfall konnte der junge Theologe eine echte „Erfahrung" machen: „Ich habe dich einen kleinen Augenblick verlassen, aber mit großer Barmherzigkeit will ich dich sammeln" (Jes 54,7).

### *„Gauwart" und STAG-Obmann in Berlin: Bei Arnold Dannenmann*

Das Unternehmen „Berlin" war natürlich wieder ein Wagnis, um nicht zu sagen ein Abenteuer.

Gottes gnädige Führung hat es geschenkt, daß die Sache nicht danebenging oder in der politisch so gefährdeten Lage scheiterte. Ich hatte gerade sechs Semester Theologie studiert und zählte gerade 21 Lenze. Man kann sich das heute kaum noch vorstellen. Auch Pastor Dannenmann war erst 26 Jahre alt! Wir lebten 1934 in einer Zeit, für die die Parole galt: „Jugend muß durch Jugend geführt werden." Aber das war nicht allein der Grund, warum so junge Menschen im kirchlichen Bereich zu führenden Stellungen gelangten. Es fehlte einfach an Mitarbeitern, die noch ungebunden, frei und flexibel waren, um ein solches Risiko einzugehen. Die missionarische Aufgabe in der Großstadt reizte mich. Ich wollte etwas für meinen Herrn und die von mir so geliebte Evangelische Jugend tun. So wurde ich als „Gauwart des Jungmännerwerkes Berlin" eingesetzt und mußte auch noch „stellvertretend Gauarbeit innerhalb des Jungmännerwerkes der Provinz Brandenburg" versehen. Wie es in dem Abschlußbericht heißt, handelte es sich „durchweg um Neuaufgaben", „da nach der Eingliederung der Evangelischen Jugend in die Hitlerjugend in Berlin-Brandenburg fast die gesamte evangelische Jugendarbeit zerstört war". Der etwas hochtrabende Titel „Gauwart" (später „Landeswart") entsprach dem Klima der Zeit. Diese Schuhe waren an sich zu groß für mich. Aber auch die Berliner Jungen erwarteten jemand und etwas, an den und an das sie sich halten konnten. Außerdem mußte ich plötzlich der Partner von soundso vielen und manchmal auch schwierigen Pfarrern sein. Hier kamen mir die Leipziger Erfahrungen zugute.

Ich besuchte die kleinen Resthäuflein, bemühte mich, sie entsprechend aufzurichten, und versuchte, neue Gruppen aufzubauen. Schulungs- und Lagerarbeit war zu leisten. Neben der Mitarbeiterbetreuung widmete ich mich vor allem der *„Jungenbibelarbeit"*, die seit dem Eingliederungsvertrag ganz besonders wichtig geworden war. Hier konnte uns niemand hereinreden. So begann ich mit den ersten Experimenten, biblische Texte in die *Sprache* und *Problemwelt* junger Menschen umzusetzen. Obwohl ich praktisch nur ein halbes Jahr in der Berliner Arbeit stand, lernte ich eine ganze Reihe von Jugendleitern, Pfarrern und Laienpersönlichkeiten kennen, die meine Menschenkenntnis erweiterten und von deren Können ich profitieren durfte. U. a. begegnete mir damals *Gustav Adolf Gedat*, der aktiv im Ostwerk mitarbeitete und dessen Name bald durch sein Buch „Ein Christ erlebt die Probleme der Welt" fast in aller Munde sein sollte. Er stammte selber aus der Jugendarbeit, hatte sich als Selfmademan in den USA durchgesetzt und daraufhin die ganze Welt bereist. Sein Buch erreichte eine so hohe Auflage, daß es ernsthaft zur Konkurrenz für Alfred Rosenbergs NS-Schlager „Der Mythos des 20. Jahrhunderts" zu werden drohte. Da Gedat eine ausgesprochen evangelistische Gabe hatte, erreichte er viele Menschen innerhalb und außerhalb der Kirchen und tat damit indirekt dem Jungmännerwerk bzw. dem CVJM einen unersetzbar guten Dienst. Weil ich angeblich etwas von Theologie verstand, mußte ich das Manuskript des Buches vorher durchlesen und erlaubte mir dabei sogar, ein paar kleine Korrekturvorschläge zu machen.

Die Großstadt Berlin wurde mir durch die vielen Besuche in den Gemeinden bald bekannt wie meine Westentasche. Gewohnt habe ich zuerst in der „*Sophienstraße*", dem Büro des Ostwerks (während der DDR-Zeit Zentrale des Kirchlichen Jungmännerwerkes, heute wieder Sitz des CVJM). Ich hatte ein ganz kleines Zimmer, ein Kabuff, direkt neben dem Klosett. Es diente als Archiv bzw. Abstellraum der Bibliothek. Das Fenster ging nach dem „Berliner" Hof hinaus. Es war alles recht primitiv, aber ich fühlte mich wohl. Ich hatte einen kleinen Raum für mich allein, konnte lesen und arbeiten und war gleichsam ständig „vor Ort" und zur Stelle. Eine Zeitlang habe ich dann zur Untermiete bei einer Familie in Steglitz und wieder eine Zeitlang in der Wohnung meines „Chefs" Arnold Dannenmann, der gerade geheiratet hatte, gewohnt. Seine „Käthe" war eine lebhafte, gutaussehende junge Frau, die sich rührend um die studentischen Mieter (z. B. Heiner Damm, Kassel) kümmerte. Wer hätte ahnen können, daß ich dieselbe Käthe Dannenmann einmal beerdigen müßte, als sie schon mit 50 Jahren bei einem schweren Autounfall tödlich verunglückte.

Noch eine besondere Aufgabe fällt in meine erste Berliner Zeit. Pastor Dannenmann beauftragte mich in seiner Eigenschaft als Vorsitzender der „*Studentenarbeitsgemeinschaft*" *(STAG)*, die Funktion eines „Obmanns" wahrzunehmen. Dadurch bekam ich Kontakt mit den verschiedenen Hochschulen im Reichsgebiet. In der STAG wurden Studenten gesammelt, die aus der Arbeit des Jungmännerwerks kamen und deren Interesse für einen praktischen Dienst in der christlichen Jungen- und Jungmännerarbeit während des Studiums geweckt werden sollte.

Wenn ich heute meine Situation von damals überdenke: Ich war im Grunde genommen überfordert. Aber es waren ungewöhnliche Zeiten, die ungewöhnliche Maßnahmen notwendig machten. Schon damals spürte ich etwas von dem Konflikt, der bei mir zwischen Studium und Jugenddienst eingetreten war. Während einer Freizeit in Wernigerode faßte ich den Mut und „beichtete" dem „A. D.", meinem „Vorgesetzten", der nun auch mein älterer Bruder und Freund geworden war, die Lasten, unter denen ich litt, und die Probleme, die ich im Blick auf mein Studium hatte. Ich sehe noch heute den Balkon vor mir, auf dem die Aussprache stattfand, wie mir überhaupt in meinem Leben Orte im

Gedächtnis haftengeblieben sind, an denen es lebensentscheidende Gespräche gab und Ernstfälle sich ereigneten. Es kam heraus, daß ich doch gewisse Komplexe hatte, weil ich fühlte, daß ich auf die Dauer den großen und vielfältigen Anforderungen, die die Berliner Arbeit an mich stellte, nicht gewachsen wäre. Mein Gegenüber hörte sofort die Minderwertigkeitsgefühle heraus und konterte sie geschickt und geistlich begründet mit einem Satz, den ich behalten habe: „Werner, du darfst mit deinen 21 Jahren nicht Dinge von dir verlangen, die du erst mit 41 Jahren leisten kannst." Das hat mir damals in meinem Ernstfall geholfen, und ich habe diesen Gedanken inzwischen schon manchem jungen Mann, der unter seinem Ehrgeiz und seinem Versagen litt, weitergegeben. Derart versachlicht, vereinbarten wir dann doch für November 1934 den Abbruch des Berlin-Einsatzes. Ich kehrte nach Leipzig zurück.

Wieder in der heimatlichen Universitätsstadt angelangt, konzentrierte ich mich nun auf das Studium, ohne doch völlig den Kontakt zur Jugendarbeit abzubrechen. Auch in *Leipzig* kam es zur Gründung einer STAG-Gruppe. Ich sah darin keinen Widerspruch zu der *„Deutschen Christlichen Studentenvereinigung" (DCSV)*, der ich von Beginn meines Studiums an angehört hatte. Mit den „Deutschen Christen" hatte die DCSV übrigens nichts zu tun, im Gegenteil, sie sammelte die Studenten, die aus dem BK, dem CVJM, dem EC usw. kamen. Ihre geistlichen Wurzeln lagen in der Erweckungsbewegung des ausgehenden 19. Jahrhunderts. Bei aller Aufgeschlossenheit für die wissenschaftliche Diskussion und die Probleme zwischen Glauben und Denken hatte sie ein biblisches Fundament und verstand sich als eine missionarische Bewegung unter den Studenten. Die nach dem Krieg gegründete „Studentengemeinde" hat nur zum Teil an die Tradition der DCSV angeknüpft, da sie sich zunehmend besonders in politischen und sozialen Fragen engagierte. Erst neuerdings gibt es wieder Studentengemeinden, die sich stärker biblisch-reformatorisch orientieren. Ganz bewußt hat dagegen die „Studentenmission in Deutschland" (SMD) den inneren Anschluß an die DCSV gesucht. Sie will Studenten für Christus gewinnen und im Glauben zurüsten. Auch den direkten Kontakt mit dem Jungmännerwerk am Ort gab ich nicht auf.

In einem *„Werk-Ring"* wurden die Mitarbeiter des Jungmännerwerks gesammelt. In all diesen Versuchen zur wechselseitigen Begegnung und Beratung bildeten sich freundschaftliche Beziehungen, die, in schwerer Zeit entstanden und im Ernstfall abrupt geprüft, für das ganze Leben hielten. Besonders eng befreundet war ich mit *Curt Kölling* (Cukö), dem ausgeglichenen und feinfühligen Leiter der Jugendarbeit in *St. Andreas*, und mit *Erich von Törne*, dem dynamischen Balten, der aus seiner östlichen Frömmigkeit lebte, aber auch Krakowiak tanzen und Balaleika spielen konnte. Der letztere verlobte sich mit meiner Schwester. Als der neue Schwager Pfarrer in Hammerunterwiesental wurde, kehrte sie in das schöne Erzgebirge zurück.

*Predigerkolleg St. Pauli und Luther-Gesellschaft Sachsen*

Nach dem 1. Examen wurde ich Mitglied des *Predigerkollegs St. Pauli* und „Nachmittagsprediger" an der Universitätskirche in Leipzig. So blieb ich in dem vertrauten Gelände unserer Hochschule, die mir so liebgeworden war. Sie war vom Rosental her leicht mit dem Fahrrad zu erreichen (damals fuhren Studenten noch nicht im Auto!). Ich kannte die speziellen Seminarbüchereien und die großen Bibliotheken. Der Direktor des Predigerkollegs war der Praktische Theologe Prof. *Alfred Dedo Müller.* Der relativ kleine Mann mit dem großen Kopf war ein begabter Prediger. Er dachte laut auf der Kanzel, war präzis in der Wortwahl, stellte sich aktuellen Themen und beteiligte den Hörer am Predigtgeschehen. Sein diszipliniertes, fast asketisches Auftreten brachte ihm den Namen „Felsenmann" ein. Er kam theologisch von Paul Tillich her und hatte sich der Berneuchener Bewegung geöffnet. So gab es in der Universitätskirche auch Meditationsübungen für die Kandidaten. Nicht zuletzt für den Predigtvortrag konnte man viel von ihm lernen. Mir selbst hat er einmal bescheinigt, daß ich in meiner Predigtweise an einen französischen Abbé erinnere. Dankenswerte Anstöße habe ich dadurch erfahren, daß Dedo Müller uns in das Institut für Psychologie brachte. Damals war Leipzig die Hochburg der Ganzheitspsychologie unter der Ägide von Felix Krüger. Seine beiden Mitarbeiter waren *Albert Wellek*, später der führende Kopf der deutschen Charakterologie („Polarität im Aufbau des Charakters"), und *August Vetter*, später Präsident der Deutschen Gesellschaft für Psychologie, der eine eigene „Anthropognomik" entwarf, etwas von jungen Menschen verstand und als Kierkegaard-Interpret besonders auf theologische Grenzfragen ansprechbar war. Diese Denkanstöße, die ich 1936 in Leipzig erhielt, haben mich dann dazu geführt, daß ich in den folgenden Jahren, insbesondere nach dem Kriege, anfing, die Humanwissenschaft auf eigene Faust und eingehend zu studieren. Dedo Müller vergaß seine Leute nicht. Noch mit 80 Jahren, aus der DDR kommend, hat er mich in München besucht und mir das Du angeboten.

So kam es, daß ich beiden Praktischen Theologen der Universität menschlich so nahegekommen bin, meinem brüderlichen Freunde Martin Doerne und dem in mancherlei Weise so anders geprägten Dedo Müller. Die Verbindung zu *Doerne* intensivierte sich damals zusehends. Als Schüler des Erlanger Systematikers Paul Althaus, der lange Jahre Präsident der *Luther-Gesellschaft* gewesen ist, hatte er es übernommen, eine *Landesgruppe Sachsen* der Luther-Gesellschaft ins Leben zu rufen. Dazu brauchte er einen *Geschäftsführer* zur Einrichtung der Organisation, zum Aufbau von Studienkreisen und nicht zuletzt zur Werbung. In den beiden sächsischen Kirchenblättern schrieb ich Aufsätze über Wesen und Ziel der Luther-Gesellschaft. Es galt, Luther und seine Schriften in den Gemeinden und bei den geistig Interessierten bekannt zu machen und sie als eine „Ewigkeitsantwort" auf „alle Zeitfragen" zu interpretieren. Als Beispiel führte ich wieder das pädagogische Problem im Lichte Luthers an. In Leipzig selbst hatten wir den sehr fruchtbaren Studienkreis mit jungen Theologen. Wir lasen Luthers Schriften zu Themen wie den unfreien Willen, Staat und Kirche, Sakrament u. a. Wir wollten keine Kirchenpolitik machen, aber uns auch nicht in einen theologischen Elfenbeinturm zurückziehen. Es ging uns um Luther und seine Bedeutung für die Gegenwart. Diese Gegenwart war voll von siedendheißen Anfragen an Theologie und Kirche. Deshalb verstanden wir uns als „eine Arbeitsgemeinschaft in der Kirche und für die Kirche, da das Wort und die Tat der lutherischen Reformation grundsätzlich sich auf eine Erneuerung der Kirche beziehen".

Man wird vielleicht fragen, wie ich zu den anderen großen und größeren Theologen der dreißiger Jahre stand, die damals die theologische Diskussion bestimmten und die noch Jahrzehnte weiter gewirkt haben. Ich habe sie bisher nicht erwähnt, weil ich nie Vorlesungen bei ihnen „gehört" habe. Erst später hatte ich das Glück, besser gesagt die Gnade, den meisten dieser „Säulen" der Theologie des 20. Jahrhunderts persönlich zu begegnen. Erst las ich sie, und dann traf ich sie, Karl Heim und Paul Althaus noch vor dem Kriege, Karl Barth, Emil Brunner, Rudolf Bultmann, Paul Tillich und Helmut Thielicke nach dem Kriege. Doch davon soll im einzelnen noch die Rede sein. Ein besonderes Studiengebiet möchte ich nicht zu erwähnen vergessen: Prof. Oepke hatte mich angeregt, die *rabbinischen* Schriften näher kennenzulernen, da sie für das Verständnis des Neuen Testamentes so wichtig wären. Ich ließ mir das nicht zweimal sagen und besuchte die Übungen des berühmten Institutum Judaicum, dessen Direktor der ehrwürdige *D. von Harling* war und das später nach dem Zusammenbruch des Dritten Reiches in Münster/Westf. weitergeführt wurde. Hier habe ich viel gelernt, nicht zuletzt bei dem Assistenten des Instituts, *Hans Kosmala*. In den Räumen des Instituts roch es immer nach kaltem Rauch. Das kam daher, daß die Leiter und Teilnehmer des Instituts während ihrer Studien stundenlange „Rauchopfer" brachten. Der Rauch legte sich dann auf die alten Folianten. Mitten im Dritten Reich lernte ich hier Frömmigkeit und Theologie, Schrifttum und Kultur des Judentums kennen und lieben. Besonders im Blick auf meine Forschungen zur pädagogischen Umwelt des Urchristentums hat mir diese stille und verborgene Arbeit in dem längst zerstörten Institut unschätzbare Dienste geleistet.

1936 war, wie man sieht, ein ungeheuer gefülltes Jahr. Im Blick auf Kirche und Jugend hatte ich den Ernstfall vor Augen. Dabei ergaben sich merkwürdige und fruchtbare Begegnungen. Das Ringen um einen geistigen Standort angesichts einer Ideologie, die Christen wie Nichtchristen zu überwältigen drohte, gingen Menschen aufeinander zu, die sonst nie miteinander geredet hätten. Eines Tages machte mich Joachim Wach auf eine Gruppe der verbotenen *Bündischen Jugend* aufmerksam, die sich im Keller einer Familie auf dem Grimmaischen Steinweg traf. Er kannte die Mutter des Gruppenleiters persönlich. Offenbar waren die Jungen an religiöse Grenzfragen gestoßen, mit denen sie alleine nicht mehr fertig wurden. Da schien der junge Vikar, der Erfahrungen mit jungen Menschen hatte, ein geeigneter Gesprächspartner. Der Kellerraum war mit Kerzen erhellt. Man saß auf Baumstümpfen, die mit Fellen überkleidet waren. An den Wänden hingen überkreuzte Degen, Wimpel und andere Insignien aus der bündischen Welt. Die Gruppe gehörte zum „Grauen Korps", einer Absplitterung der bekannten „d.j.1.11"-Bewegung. Der Nationalsozialismus hatte der bündischen Jugend schon 1933 den Garaus gemacht. Trotzdem oder vielleicht gerade deswegen hielten diese jungen Menschen an ihren Idealen fest und gewannen neue Jungen dafür. Mir wurden keine direkten Fragen vorgelegt, wohl aber indirekt eine entscheidende Frage gestellt. Die Jungen trugen sie mir dadurch vor, daß sie ein selbstgeschriebenes Stück „König und Mönch" vorführten. Unausgesprochen stand dahinter die Thematik, die der Dichter Reinhold Schneider in seinem Roman „Las Casas vor Carl V." zur Sprache gebracht hat. Es war das ewige Thema von Macht und Ohnmacht, Gewalt und Liebe. In irgendeiner undefinierbaren Form schien ich den „Mönch" zu verkörpern. Man wollte mich zu einer Stellungnahme herausfordern. Ich blieb die Antwort nicht schuldig. Sie solidarisierte sich mit den Zweifeln und Fragen der Jungen, aber sie legte auch Zeugnis ab von Jesus und seinem Evangelium, etwa in dem Sinne des Pauluswortes: „Wenn ich schwach bin, so bin ich stark" (2. Kor 12,10). Aus diesem Abendgespräch erwuchs eine lebendige Beziehung. Es kam zu seelsorgerlichen Gesprächen und Briefen. Einer der Jungen von damals, Klaus Harder, später Gymnasiallehrer im Ausland, wurde der Patenonkel meiner Tochter, während ich die Patenschaft über seinen Sohn übernahm.

Damit kein Mißverständnis entsteht, als ob der junge Vikar sich nur im Jugendbereich und in akademischen und elitären Zirkeln bewegt hätte, sei ausdrücklich angemerkt, daß er schon in dieser frühen Zeit auch mit dem bitteren Alltag der Erwachsenen konfrontiert wurde. Von befreundeter Seite wurde ich auf eine Dame in den mittleren Jahren hingewiesen, die seit dem 18. Lebensjahr gelähmt und gekrümmt war. Ich besuchte sie in regelmäßigen Abständen. Sie konnte mich nur sehen, wenn sie ausgestreckt lag. Sie hieß mit Vornamen Cäcilie; wir nannten sie kurz *Ceci*. Sie bedurfte dauernder Pflege. Die Gespräche hatten hohes Niveau, und sie forderten mir innerlich viel ab. Erfreute ich mich damals doch jugendlicher Gesundheit und stand nun vor einem erschütternden Schicksal, das mich irgendwie an Hiob gemahnte. Da lag ein Mensch, dem mit noch nicht 20 Jahren plötzlich zum Bewußtsein kam: Du bist zwar noch jung, aber du bist lahm, ja krank. Noch hatte ich keine seelsorgerliche Erfahrung am Krankenbett, und Clinical-Training war mir während der Ausbildung nicht zuteil geworden. So kam es zu einem „learning by doing". Statt Ceci zu beseelsorgen, erfuhr ich durch sie ein Stück Seelsorge. Statt sie zu trösten, wurde ich getröstet. Aus dem Regelfall eines Hausbesuchs wurde der Ernstfall einer Begegnung mit einem Menschen und vor Gott.

# II. EVANGELISCHER JUGENDDIENST IM DRITTEN REICH

## 1. Im Ostdeutschen Evangelischen Jungmännerwerk

Des Bleibens in Leipzig war nicht lange. Wieder erreichte mich durch Arnold Dannenmann ein Ruf aus Berlin, diesmal als eine Art Jugendpfarrer für eine längere, aber um so schwerere Zeit. Die Jungen- und Jungmännergruppen in Berlin, Mittel- und Ostdeutschland hatten sich inzwischen nach der fast tödlichen Krise von 1934 etwas gefangen und stabilisiert. Dafür hatten sich die politischen Gefahren verschärft. Neue Angriffe, ja erste „Verfolgungen" standen ins Haus. So hieß es nach wie vor: in der Öffentlichkeit missionarisch anpacken und privat dem einzelnen seelsorgerlich nachgehen. Insbesondere war nun die Aufgabe einer Mitarbeiterschulung gegeben. Inzwischen 23 Jahre alt, mit einem abgeschlossenen theologischen Studium und mit praktischen Erfahrungen in der Jugendarbeit, gerade in dem Berliner Semester, schien ich der Leitung des Ostwerkes (= Ostdeutsches Evangelisches Jungmännerwerk) dafür der geeignete Mann. So siedelte ich nach Berlin über. Die Mutter aus Leipzig und ihre Schwester, meine Tante „Gretel" aus Bautzen, zogen nach. In der Nähe der Sophienstraße, dem Sitz des Ostwerkes, und nicht weit entfernt vom S-Bahnhof Börse fanden wir eine Wohnung in einem der Häuser, die der Sophienkirche gehörten, nämlich auf der Großen Hamburger Straße.

### *Hindenburgs Neues Testament*

Meine Erinnerungen setzen ein mit dem November 1936. Bekanntlich war das das Jahr der Olympiade in Berlin. Die evangelische Jungmännerarbeit bzw. der CVJM profitierte damals von der Tatsache, daß im Weltbund der CVJM/YMCA Nationalverbände waren, die eifrig Sportarbeit trieben, insbesondere die Vereinigten Staaten von Amerika. So stammte der farbige Nordamerikaner Jesse Owens, jener legendäre Sprinter und Goldmedaillengewinner, aus einem amerikanischen YMCA. Daher ging man von Regierungsseite relativ höflich und freundlich mit dem deutschen Partnerverband um. Einige deutsche Sportführer wußten zudem, welche Verdienste sich der deutsche CVJM in seiner Eichenkreuz-Sportbewegung jahrzehntelang um die körperliche Ertüchtigung der deutschen Jugend erworben hatte.

Im Zusammenhang mit der Olympiade war auch der Attaché der chinesischen Olympiamannschaft, *Mr. Sung* aus Hankow, nach Deutschland gekommen. Hauptberuflich war er Generalsekretär des YMCA in seiner Heimatstadt. Die Hälfte seiner chinesischen Olympiamannschaft bestand aus Gliedern dieses christlichen Jugendwerkes. Bereitwillig hatte er sich in den Dienst unseres Werkes gestellt und in Pommern Vorträge gehalten. Eine meiner ersten Funktionen bestand darin, daß ich ihn bei solchen Vorträgen begleitete. Er berichtete von dem Ringen seines Volkes mit der Christusbotschaft, ich sprach über den Weg unserer Evangelischen Jugend in Deutschland. Natürlich mußten wir auch unsere Honneurs bei offiziellen Stellen machen, z. B. beim pommerschen Konsistorium. In Stettin fand ein großer Empfang in dem Hotel „Preußenhof“ statt. Die Reise ging von Stralsund bis Greifswald. Als wir den Rektor besuchten und Mr. Sung sich ins Gästebuch der Universität eintragen wollte, wurde „Fehlanzeige“ konstatiert. Es war keins da! Der Pedell mußte gleich in die Stadt laufen und eins besorgen. Als erster schrieb nun Sung mit seiner schönen chinesischen Schrift hinein.

Das „größte Erlebnis 1936“ aber, von dem ich zwei Jahre später in meinem Büchlein „Das scharfe Wort“ berichtete, hatte ich auf der Insel Rügen, wo wir in Putbus *Frau von Brockhusen*, die älteste Tochter Hindenburgs, besuchten. Da Sung einen nordchinesischen Dialekt sprach, für den es in Deutschland keinen Dolmetscher gab, wurde englisch gesprochen. Ein uns befreundeter Dolmetscher half bei der Übersetzung. Der kleine Chinese mußte in einem großen Lehnsessel Platz nehmen, auf dem Hindenburg immer gesessen hatte. Frau von Brockhusen zeigte uns Bilder, wertvolle Gemälde, die an den Wänden hingen, u. a. ein Bild, das den historischen Moment darstellte, in dem Hindenburg 1914, von Hannover kommend, gegenüber der Marienburg in Ostpreußen steht und die vielen vorüberziehenden ostpreußischen Flüchtlinge sieht, als deren Retter er einige Tage später auftreten wird. In diesem Augenblick schilderte der Dolmetscher dem Chinesen die Schlacht bei Tannenberg auf englisch. Auch einer, der nicht Englisch konnte, merkte an den Handbewegungen, wie plastisch er das Einkreisungsmanöver des bedeutenden Feldherrn dem Mann aus dem fernen Osten darstellte. In einem anderen Raum wurde uns das Bett des Präsidenten gezeigt, das in Berlin stand. Über dem Bett hing ein Kruzifix. Dann gingen wir hinaus in den Park und sahen einen langgezogenen Gang, der von einer grünen Hecke umwachsen war. Schon damals war es ein historisches Stück Erde. Hier hatte 1866 Bismarck, als Gast des Putbuser Fürsten auf und ab gehend, die Pläne für das deutsche Kaiserreich von 1870/71 entworfen.

Zum Abschluß bat uns Frau von Brockhusen wieder herein. Sie ließ uns eine Weile allein und erschien dann mit einem kleinen schwarzen Büchlein in der Hand. Mit sichtlicher Bewegung händigte sie es uns aus: Es war das *Neue Testament Hindenburgs*, das er im 1. Weltkrieg benutzt hatte. Wir waren die ersten, die es sehen durften. Auf der ersten Seite stand in großen wuchtigen Schriftzügen des Marschalls geschrieben: „In schwerer und großer Zeit dankbar benutzt. v. Hindenburg." Bei manchen Bibelstellen fanden sich nun Bleistiftstriche und Jahreszahlen am Rande. Es waren die Stellen, die Hindenburg in stillen und dunklen Stunden gelesen hatte und worüber er wohl auch gebetet hat. Vor allem die Psalmen hatten es ihm angetan. Ich habe sie mir notiert: Psalm 3, 13, 18, 23, 25, 27, 31, 62, 91, 118, 121, 143, 144. Eine Stelle ist mir damals besonders aufgefallen: Psalm 118,13: „Man stößt mich, daß ich fallen soll, aber der Herr hilft mir." Am Rande stand die Jahreszahl 1914/15, also genau die Zeit, in der die Schlacht von Tannenberg stattfand. Gemeint war hier nicht irgendein Herr, nicht irgendein Gott, sondern der Gott, der uns in Christus nahegekommen ist und den angefochtenen Menschen im finsteren Tal, d. h. im Ernstfall, durchträgt. Man hat später Hindenburg kritisiert, weil er in Potsdam den Bund mit Hitler geschlossen hat. Wie immer das endgültige Urteil der Geschichte über den Feldmarschall lauten wird, eins steht fest, daß er sein Vaterland geliebt hat, ihm zur Zeit der Not helfen wollte und im Grunde seines Herzens ein frommer Mann war. Uns hat jedenfalls, von den Voraussetzungen des Jahres 1936 her gesehen, die Begegnung mit diesem historischen Dokument einen guten Dienst getan. Für mich war das damals eine Glaubensstärkung, und außerdem konnte ich davon anderen weitererzählen. Gerade junge Menschen, die durch den nationalsozialistischen Staat so verunsichert waren, konnten eine solche Rückenstärkung gebrauchen.

*Probelauf vor Ort: Moabit und Wedding*

Im vorstehenden Abschnitt ist von „Jugendpfarrer" die Rede. Genauer betrachtet stimmt das nicht ganz, jedenfalls nicht für die ersten beiden Jahre, in denen ich dem Status nach noch „*Vikar*" war. Erst 1938 machte ich das 2. Examen und war damit auch offiziell Pfarrer. Was ich aber in diesen beiden ersten Jahren tun mußte, entsprach mehr oder weniger praktisch der Funktion eines Jugendpfarrers, der seinen Dienst in einem freien Werk, nämlich dem Evangelischen Jungmännerwerk tut. Insofern ist das Wort „Jugendpfarrer" als Sammelbegriff zu verstehen. Für den Aufbau einer institutionalisierten Ausbildung von Jugendleitern im Ostwerk war die Stunde noch nicht reif. So begann ich zunächst in zwei Berliner Gemeinden als Jugendwart zu arbeiten. Pastor Dannenmann, der Leiter des Ostwerks, hatte sicher richtig entschieden: Ich sollte erst einmal die Atmosphäre vor Ort kennenlernen und mich auf Gemeindeebene in der Jugendarbeit praktisch bewähren, ehe ich auf relativ hoher Ebene wieder von Mittel- und Ostdeutschland, vor allem aber in Berlin Jugendleitern und Pfarrern Denk- und Praxishilfen für den Dienst am jungen Menschen gab.

In der Gemeinde *Moabit*, ganz in der Nähe des bekannten Kammergerichts, war der zuständige Pfarrer ein Superintendent namens *Hitziggrath*. Er machte seinem Namen Ehre. Geschäftig und leidenschaftlich, hatte er Tempo drauf und vertrat geradlinig die Theologie des Evangeliums.

Im *Wedding* gehörte der mir anvertraute Jungmännerkreis der Dankeskirche an. Der zuständige Pfarrer war ein stillerer Typ. Als ich meinen Antrittsbesuch machte, fiel mir auf dem Sofa ein Kissen auf. Es trug die fast symbolische gestickte Inschrift: „Nur ein Viertelstündchen!" Mein Vorgänger in der Dankeskirche, später ein leitender Mitarbeiter des Werkes, der sich in Verwaltungsfragen und Finanzdingen auskannte, *Hermann Prahl*, ein äußerst disziplinierter Mensch, der schon äußerlich durch seine schmalen, fast zusammengepreßten Lippen und eine exakte Sprechweise auffiel, war ein Jugendführer, wie er im Buche steht. In seiner männlichen Art konnte er junge Leute begeistern. Ihm nahm man es auch ab, wenn er das Evangelium bezeugte. So hatte ich keinen einfachen Stand, um im Schatten meines Vorgängers Profil zu gewinnen und mit den Jungen vom Berliner Wedding fertig zu werden. Wir sammelten uns im 3. Hinterhof eines Hauses in der Müllerstraße. Hier herrschte noch das, was man früher ein „Proletariermilieu" genannt hatte. Zille hätte gute Motive gefunden. Die

Jungen waren prachtvolle junge Arbeiter, Angestellte und Schüler, gewitzt und flink sowohl im Denken wie im Sprechen, kurz, so wie eben Berliner Jungen früher waren und heute noch sind. Langsam gewann ich ihr Vertrauen, sei es durch einen interessanten Vortrag über Graphologie oder auch durch eine anfaßliche Bibelarbeit. Wir gingen auf Fahrt und Lager, soweit das nach den Bestimmungen noch möglich war. Mit einzelnen Jungen kam ich auch in seelsorgerliche Gespräche. Wertvolle Hilfe leistete mir dabei ein Freund, den ich als Kommilitonen während meines Berliner Semesters kennengelernt hatte, *Alfred Leuschner.* Er wohnte selber im Wedding, kannte das „Milieu" und konnte mir manchen Wink geben oder verstand wenigstens etwas von den Problemen, die ich ihm erzählte. Auch Zuhören ist ja schon ein brüderlicher Dienst. Jedenfalls erfuhr ich in Moabit und im Wedding auf eine eigentümliche und mich überwältigende Weise, was „Treue" ist. Mit einer unbändigen Treue besuchten die Jungen die Gruppenstunden, gewöhnten sich an den neuen Leiter, der von außen kommend ihnen vor die Nase gesetzt wurde und hielten fest an ihrem Glauben, nachdem sie einmal ganz persönlich, sei es bei der Bibelarbeit, einer Freizeit oder in einem Gespräch unter vier Augen die Sache Jesu als für ihr eigenes Leben bedeutsam erfahren hatten.

Was dazu gehörte, kann an einem Beispiel deutlich werden, das ich nicht mehr genau datieren kann, ob es schon 1934 stattfand oder mir erst nach 1936 widerfuhr. Das tut auch nichts zur Sache. Die Situation war mehr oder weniger dieselbe. Es muß in *Hohenneuendorf* nördlich von Berlin gewesen sein, wo ich im Jungmännerkreis einen Vortrag hielt. Allem Anschein nach war die Presse da. Am nächsten Tag stand ein Artikel in der Zeitung mit der Überschrift: *„Niedriger hängen, Herr Kandidat!"* Ob wir Leiter eines Kreises waren oder ob es sich um junge Menschen handelte, die als „Glieder" zu einer christlichen Jugendgruppe gehörten, immer waren wir Leute vom Jungmännerwerk Gegenstand heimlicher Beobachtung oder öffentlicher Kritik. So etwas konnte ins Auge gehen. Wenn irgendwo, so hat sich hier ganz „funktional" ein Stück bekennende Gemeinde in der jungen Generation gebildet. Mußten doch gerade die Jugendlichen in Schule, Büro und Betrieb ihren Mann stehen. Ein junger Christ sein, war in diesen Jahren keine Kleinigkeit. Im Ernstfall hieß es Farbe bekennen.

Das Ostwerk war inzwischen stärker ausgebaut. Neue und gute Mitarbeiter waren gewonnen worden. Mit dem Bundespfarrer Arnold Dannenmann hatte sich ein festes Team von Gau- bzw. Landeswarten gebildet. Wir waren eine Art verschworene Gemeinschaft, die wußte, was die Stunde geschlagen hatte. Von Gebiet zu Gebiet halfen wir einander durch Jugendevangelisationen, Freizeiten und Mitarbeiter- Zurüstungen. Für Groß-Berlin war Pastor *Martin Hiller* zuständig, ein ehemaliger Marinepfarrer, der bei den Berliner Jungen gut ankam und den man auch bei offiziellen Stellen „vorzeigen" konnte; er hatte einen gepflegten Stil des Auftretens, war ein männlicher Mann und stand für das Evangelium ein. Leider starb er an einer schmerzhaften und unheilbaren Krankheit viel zu früh. In Brandenburg operierte *Walter Schinzer*, Fachmann für Jungschararbeit, ein begabter Erzähler, der sich später auch als Schriftsteller einen Namen machte. In Vorpommern arbeitete *Erich Breitsohl*, der aus der Brüdergemeinde stammte, immer etwas Distanz hielt, aber gleichwohl junge Menschen anzog. Er ist später als Leiter des Kreuz-Verlags in Stuttgart weiten Kreisen bekannt geworden. Mit zarterer Gesundheit, aber zäh im Einsatz war *Ewald Hundhausen* in Hinterpommern tätig. In seinem Bereich war noch ein Stück Erweckungsfrömmigkeit lebendig, doch mußte er sich auch dort gegen den Widerstand der Partei durchsetzen. Ich habe gerne mit ihm in Stolp zusammengearbeitet. Auf Danzig muß ich noch näher zu sprechen kommen. Hier hatte Diakon *Martin Hülsekopf*, geladen mit Energie und mit missionarischer Zielrichtung, etwas aufgebaut, was sich sehen lassen konnte. Ich besitze noch die Predigt, die ich Pfingsten 1936 beim Reichstreffen des Evangelischen Jungmännerwerks in der Elisabethkirche über 1. Kor 12,3–7 gehalten habe. Da sage ich in der Einleitung ausdrücklich von der Gemeinde: „So sehen wir auch dich als eine Schar, als eine Verwandte, wo wir uns zu Hause fühlen." Ganz unbefangen konnte ich von dem Heiligen Geist als einem „tätigen Geist" Zeugnis ablegen; seine Taten seien das Bekenntnis, die Gaben und nicht zuletzt die Kirche. Die Predigt endete mit einem Appell an die jungen Menschen und die Gemeinde:

„Sie (die Leute) wollen mehr ‚sehen'. Gebt ihnen etwas zu sehen!"

In Ostpreußen lernte ich den unvergessenen, später gefallenen *Werner Koschel* kennen. Geistigen Problemen besonders aufgeschlossen, arbeitete er eng mit der Bekennenden Kirche zusammen und suchte sein Gebiet missionarisch zu durchforsten. An eine dieser großen Jugendevangelisationen erinnert ein Foto, auf dem ich mit einem Riesenpelzmantel erscheine. Man hatte mir bei der Eiseskälte diesen Mantel „verpaßt“ – ich konnte ihn auch gebrauchen. In einem der ostpreußischen Dörfer fror ich so entsetzlich, daß mir der Pfarrer, wie selbstverständlich, anschließend an den Vortrag einen Grog verordnete, der sich gewaschen hatte. Ich mußte teuer dafür bezahlen, und es brachte nichts ein, da das Klo nur über den kalten Hof zu erreichen war. An einem Evangelisationsabend widerfuhr mir etwas, was ich bis heute nicht wieder erlebt habe: Ein altes Mütterchen kam auf mich zu, wie ich die Kanzeltreppe herunterging, und küßte mir die Hand. So hoch dachte man im lutherisch geprägten Ostpreußen vom Amt der Kirche. Im damaligen Warthegau hatte Diakon *Herbert Hennersdorf* die Arbeit aufgebaut und in diesem problemgeladenen Gebiet, in dem Deutsche und Polen zusammenwohnten, gediegene Gruppen ins Leben gerufen sowie Pfarrer neu für den Dienst gewonnen. Da wir beide zu den Jüngsten des Teams gehörten, verstanden wir uns von Anfang an recht gut miteinander. Herbert Hennersdorf ist nach dem Kriege in der Zentrale des kirchlichen Jungmännerwerks der DDR und besonders für die Berliner Jungmännerarbeit mit einer verantwortlichen Aufgabe betraut worden. Zusammen mit den leitenden Pfarrern hat er aus seiner geistlichen Funktion zwischen den Zonen etwas gemacht, als Vermittler, Bewahrer und Anreger.

Von Breslau aus betreute *Oskar Schnetter* das große eigenständige schlesische Jungmännerwerk. Schon früh zeigte er strategische Fähigkeiten, die er dann nach dem Kriege als Generalsekretär im Reichsverband und schließlich als Gründer und Direktor der Evangelischen Buchhilfe auf anderer Ebene entfalten konnte. Viele haben ihn durch den „Gelben Monatsspruch“ kennengelernt, einem jener schöpferischen Gedanken, auf die er immer wieder neu kam. An tausend und abertausend Wänden hing er, in Kirche, Gemeinde und Familie. Mancher Junge richtete nach diesem Wort sein Leben Monat für Monat aus. Dieser Spruch wurde zum missionarischen Leitspruch und zur seelsorgerlichen Anrede. Neben der Missionsarbeit in den schlesischen Gemeinden gab er auch kleine Handreichungen für die Werkspraxis heraus. In seiner Bildblattreihe „Deutsche Christuszeugen“, die seit 1938 erschienen und Gestalten der Kirchengeschichte nahebringen wollten, habe ich selber mitgearbeitet, indem ich die Artikel über Landesbischof Ludwig Ihmels und den Gründer von Neuendettelsau, Pfarrer Wilhelm Löhe, schrieb. Bald spielten wir uns gegenseitig die Bälle zu und sind dann für das ganze Leben enge Freunde geworden.

Schließlich muß noch des Landeswarts in der Kirchenprovinz Sachsen gedacht werden. Diakon *Fritz Hoffmann* hatte ein besonderes Geschick, junge Menschen zu großen Jugendtagungen zusammenzurufen. Er war einer der rührigsten Mitarbeiter unseres Kreises, aber auch in seiner späteren Arbeit als leitender Mann der Volksmission und führender Evangelist der DDR. Er war gleichsam ein Leben lang „dauernd unterwegs für das Reich Gottes". Auf der Kanzel habe ich versucht, bei den großen Tagungen im Bereich von Sachsen und Anhalt mitzuhelfen. 1937 ging es in Dessau um das „DU aber" von Lukas 9,60. Wir durften nicht stagnieren. Je schwieriger die Lage für die junge Gemeinde im Dritten Reich wurde, um so mehr galt das Jesuswort: „Gehe du aber hin und verkündige das Reich Gottes!" Ein Jahr später, 1938, sprach ich auf dem Landesposaunenfest in Stendal und suchte den jungen Männern Mut zu machen, ein klares „Ja" zu dem Christus von gestern, heute und morgen zu sprechen und zu leben. Zufällig fand ich beim Wiederlesen des Manuskriptes den Satz, mit dem ich Jesus schilderte: „Und Tausende hingen damals schon an seinen Lippen, Arier und Nichtarier gehörten zur Urgemeinde. Sie glaubten an ihn, weil sie in ihm Vergebung der Sünden erfuhren. Zu diesem geschichtlichen Jesus sagen wir ja." Jeder wußte in jener Zeit, was gemeint war.

Neben G. A. Gedat spielte auch *Georg Wichmann* eine wichtige Rolle im Stab des Ostwerkes. Er war unser „Evangelist". Im Laufe der Zeit hatte er seine Gabe der erwecklichen Verkündigung bemerkenswert entwickelt. Dabei half ihm das von ihm redigierte Verteilblatt „Für alle". Wie groß die „religiöse" Bedarfslage und wie reif die Stunde für eine missionarische Verkündigung war, erlebten wir beim Weihnachtsmarkt, der jährlich im Berliner Lustgarten stattfand. Der Bestseller, der am Stand des Ostwerkes verkauft wurde, war Georg Wichmanns kleines Heft „Wer ist Jesus?".

So viel zum Stab der Sophienstraße. Im Büro halfen uns prachtvolle Sekretärinnen, die aus Liebe zur Sache ihre Zeit und ihre Kräfte einsetzten, z. B. Ella Bösel, Ilse Wulff und Else Wiechert, meine persönliche Sekretärin, damals ein strahlender junger Mensch, der später an einer heimtückischen Krankheit sterben mußte. Ich kann hier nicht alle Namen aus der Buchhandlung, der Verwaltung, in den Landesstellen und den einzelnen Gemeinden und Gruppen aufzählen. Viele wurden durch den Ernstfall des Dritten Reiches zum Zeugnis herausgefordert, haben in jenen Jahren ihre Prägung für das Leben erhalten. Um exemplarisch nur noch einen Namen zu nennen: *Willi Reschke*, ein junger Diakon aus der Provinz Sachsen, fiel schon damals auf und konnte dann später im Jugenddorfwerk und im Gesamtverband leitende Aufgaben übernehmen. Er wurde übrigens ein begabter Schriftsteller.

## 2. Das Seminar für evangelische Jugendarbeit

### *Seminarkurse und Seminarwochen*

Der Reisedienst, die Verkündigung auf den Kanzeln und die Einzelseelsorge an jungen Menschen haben mir viel Freude gemacht. Zweifelsohne bin ich daran gereift. Meine Hauptaufgabe aber wurde das Berliner „*Seminar für evangelische Jugendarbeit*", das ich aufbauen und leiten durfte. Es sollte der Ausbildung von ehrenamtlichen Mitarbeitern und der Weiterbildung von hauptamtlichen Jugendwarten und Pfarrern dienen. Im Gemeindehaus der Sophienkirche wurde es feierlich eröffnet. Generalsuperintendent *Otto Dibelius* stellte sich mit einem Vortrag persönlich zur Verfügung. Das gab einen guten Start für die Öffentlichkeit. Dibelius war nicht nur eine der großen Leitfiguren der Bekennenden Kirche, sondern ist nach dem Kriege als Bischof von Berlin der ganzen Welt bekannt geworden. Ich erinnere mich noch genau, daß er in einem schwarzen Winterpelz erschien, vom Scheitel bis zur Sohle wirkte er wie eine Art protestantischer Fürstbischof. Er sprach auch so. Hinter seiner Rede, der man den öffentlichen Klang abspürte und die mit druckreifen Sentenzen gespickt war, stand ein aufrechter Christuszeuge, der keine Angst hatte, sondern sagte, was er dachte und glaubte. Für den Start unseres Seminars war seine Anwesenheit bzw. seine Ansprache eine bischöfliche und brüderliche Hilfe zugleich.

Die *Seminarkurse* wurden in erster Linie von den Berliner Mitarbeitern besucht. Nun konnte ich meine ersten theologischen Erkenntnisse und meine frühen Erfahrungen im praktischen Jugenddienst in Schulungsarbeit und Dikussion umsetzen. Aber damit nicht genug.

Wir zogen in die Lande und veranstalteten in den Provinzhauptstädten ganze *Seminarwochen.* Inzwischen waren nämlich die sogenannten „Evangelischen Wochen" verboten worden. Nun konnten wir die eingetretene Lücke füllen, und das Jugendthema war wie immer aktuell. Die Dozenten, die der Seminarleiter vermittelte, waren zum Teil bedeutende Professoren, Kirchenführer, Dichter und Praktiker aus allen Teilen Deutschlands. Die vielfältige Organisationsarbeit und die Leitung der Diskussionen haben mich unbewußt auf meine spätere Rolle in der Evangelischen Akademie vorbereitet. So gingen wir nach *Breslau*, wo Bischof Zänker und der bekannte Schriftsteller *Joseph Wittig* sprachen. Noch Anfang 1939 kam es zu Spitzentagungen in Ostpreußen und Berlin. Der Star der *Königsberger* Seminarwoche war der Dichter *Rudolf Alexander Schröder*, der über „Luthers Lied" referierte. Eine kostbare Erinnerung an diese Tagung ist eine Widmung, die der Dichter mir in sein Buch „Ein Lobgesang" hineinschrieb. Der Kursus stand unter dem Generalthema „Junges Leben unter dem Anspruch Gottes". Die Bibelarbeit hielt der dann durch sein Jesus-Buch vielen vertraut gewordene Neutestamentler Günther Bornkamm. Ich sprach zu dem Thema „Die wirkliche Kirche und der wirkliche Junge (Besinnung und Wegweisung)".

Unvergeßlich ist mir das Gespräch unter vier Augen, das Prof. *Martin Doerne* und ich auf der langen Bahnfahrt von Berlin nach Königsberg hatten. Doerne hatte das Thema „Die Taufe und die christliche Jugenderziehung" zu behandeln. So kamen wir unwillkürlich auf die damalige Lage zu sprechen. Schon zogen die Gewitterwolken am Horizont des Dritten Reiches auf. Der „Anschluß" Österreichs an das „Reich" war im letzten Jahr erfolgt. Der Einmarsch in die Tschechoslowakei stand bevor. Im selben Jahr sollte noch der 2. Weltkrieg beginnen. Wir hatten fast apokalyptische Gefühle. Mein Freund Doerne war kein Gegner der Volkskirche, im Gegenteil, er hatte sich mit ernsthaften theologischen Gründen für dieses Modell der Gemeinde Jesu engagiert. Angesichts der bedrohlichen Lage aber stellte er die Fragen, die in meinem Gedächtnis und Gewissen haftengeblieben sind: „Wie wird das einmal mit dem Totalitätsanspruch dieses Staates enden? Wird es dann noch eine Kirche geben, wie sie heute verfaßt ist? Wird es dann noch kirchliche Organisationen und Veranstaltungen geben? Wird die Kirche vielleicht dann nur noch wieder in kleineren Gruppen von Menschen existieren, die mit Ernst Christ sein wollen, so wie das einmal in den Gemeinden der frühen Christenheit angefangen hat?" Es kommt hier nicht auf den Wortlaut an, aber so ähnlich war sein Gedankengang. Wenn Doerne ihn meinte aussprechen zu sollen, so wollte das etwas heißen. Konnte er doch sonst ironische Bemerkungen über diejenigen machen, die in schwärmerischer Weise mögliche Entwicklungen der Kirche vorwegnehmen bzw. rückdatieren wollten. Da mich ein Leben lang die Gestalt der Kirche, das „Kirchentum" angefochten hat, sind mir diese Fragen des Lehrers und Freundes in guter Erinnerung und bewegen mich heute noch.

Die Seminarwoche in *Berlin* für die Kirchenprovinzen Groß-Berlin, Brandenburg und Grenzmark konnte vom 26. 2. – 1. 3. 1939 durchgeführt werden. Hier boten wir an Referenten auf, wen wir nur bekommen konnten. Vom Gelingen oder Mißlingen dieser Tagung hing viel für die weitere Entwicklung von Kirche und Jugendwerk ab. Schon ein Blick in das damalige Programm, das ich in meinen Akten fand, zeigt unter den Referenten: *Karl Heim*, den, wenn man einmal von den Schweizern Karl Barth und Adolf Schlatter absieht, wohl seinerzeit bekanntesten deutschen Theologen, die Alttestamentler *Gerhard von Rad* und *Claus Westermann*, schließlich der Fachmann für rabbinische Theologie, *Karl-Georg Kuhn*. Das Thema des letzteren war nicht wenig aktuell: „Die Judenfrage in Vergangenheit und Gegenwart." Noch konnten wir uns eine solche Veranstaltung leisten, obwohl die konfessionelle Jugendarbeit nun schon seit Jahren unter dem Beschuß der Hitlerjugend stand und ich persönlich die ersten Konflikte mit der Gestapo, von denen noch die Rede sein wird, hinter mir hatte. Entweder hatten die staatlichen Stellen den zunehmenden Erfolg der Seminarwochen noch gar nicht bemerkt, oder sie tolerierten die Tagungen, weil sie wissenschaftlicher Natur zu sein schienen und ein *Seminar-Kuratorium* dafür verantwortlich zeichnete, das sich in der Öffentlichkeit sehen lassen konnte. Zu ihm gehörten übrigens u. a. der *Feldbischof D. Dormann*, *Professor Doerne* und der Direktor des Burckhardthauses, Pastor *Otto Riethmüller*.

Man kann die Ereignisse im Bereich der evangelischen Jugendarbeit während des Dritten Reiches nicht in einem feinsäuberlichen Nacheinander schildern. Sie liefen oft überkreuz, manchmal nebeneinander her, manchmal vorwärtsstürmend, dann wieder verhalten oder, gar umgekehrt, zurückfallend, als ob nichts gewesen wäre. Das gehörte zu der verwirrenden Taktik der anderen Seite, war aber auch mitbestimmt durch den immer wieder neu erstarkenden Widerstandswillen der jungen Bekennerschar.

Einer der dramatischen Höhe- oder, besser gesagt, Tiefpunkte geschah bei dem letzten *Reichstreffen* des Jungmännerwerks am Pfingstfest 1938 in Siegen. Es wurde von der Geheimen Staatspolizei aufgelöst. Einige von uns waren zum Predigtdienst bestellt. Mir war die Gemeinde in *Kaan* zugewiesen worden. Als einer, der aus Mittel- und

Ostdeutschland kam, war ich nicht verwöhnt durch eine geistliche Unterstützung des Pfarrers von seiten des Kirchenvorstandes. Um so mehr war ich überrascht, als vor Beginn des Gottesdienstes in der Sakristei einige Presbyter auf mich zukamen und mit mir eine Gebetsgemeinschaft halten wollten. So stieg ich, wenn auch ein wenig zitternd, so doch getragen von der Fürbitte der Gemeinde auf die Kanzel. Oben angelangt, verging mir jede Art von etwa noch vorhandener falscher Selbstsicherheit. Wenn ich in das Kirchenschiff des überfüllten Gotteshauses sah, blickten mich zahllose Augen erwartungsvoll, aber auch prüfend an: Wird der junge Prediger auch wirklich Gottes Wort sagen oder nur sich selber predigen? Aber man hatte doch für mich gebetet, und es war ja Pfingsten. Der Geist weht, wann und wo er will. Er konnte auch meine Unzulänglichkeit benutzen. Ich gab mir Mühe, den Monatsspruch auszulegen: „Sehet, welch eine Liebe hat uns der Vater erzeigt, daß wir Gottes Kinder sollen heißen" (1 Joh 3,1). Wieder schlug die Stunde des Bekennens. Die Predigt sprach das Problem der „Konfessionszugehörigkeit" an. Das Thema lautete: „Du, es gibt einen evangelischen Namen!" Der Gedankengang lief darauf hinaus, daß diese Tatsache zum Staunen mit dem Auge, zum Annehmen mit der Hand und zum Weitersagen mit dem Mund sei.

Der Ernstfall der evangelischen Jugendarbeit im Dritten Reich ereignete sich nicht nur in der Öffentlichkeit, auf Tagungen und in jedermann zugänglichen Gottesdiensten, er fand auch seinen Niederschlag in der Stille. Er hatte eine *Dimension der Verborgenheit*, die im *Gebet* zur Sprache kam. Jetzt trugen die Impulse, die ich bei meinem Pflegevater, dem Meißener Domprediger Schröder, empfangen hatte. Wie schon erwähnt, hatte es ihm der liturgische Beter Wilhelm Löhe angetan. Ich verschaffte mir eine Neuauflage von Löhes „Taschenbüchlein für evangelische Christen", das unter dem Titel „Samenkörner des Gebets" schon 1839 erschienen war. Dieses Gebetbuch wurde für mich zur Quelle der Kaft und zum Mittel der Fürbitte. Ich gewann eine Reihe von Mitbetern, die sich, wenn ich mich recht erinnere, am Samstagabend in einer unsichtbaren Kette des Gebetes fanden. Neben Freunden und Mitarbeitern beteiligten sich u. a. der Leipziger Professor Ernst Sommerlath, aber auch katholische Freunde an dieser Gemeinschaftsaktion des Gebets. Durch die gemeinsame Liebe zu einer liturgischen Erneuerung des Luthertums standen mir seit dem Studium Mitglieder der Hochkirchlichen Vereinigung nahe (Albrecht Volkmann u. a.). Durch sie erhielt ich auch den Zugang zu zwei jungen *Dominikanermönchen* in Berlin, mit denen ich Freundschaft schloß. Sie luden mich eines Abends in das Refektorium ihres Klosters ein. So eng rückten wir angesichts des Druckes, der auf uns allen lag, zusammen. Ohne noch direkten Kontakt zur Ökumene zu haben, erfuhr ich hier die wunderliche, sich immer wiederholende Tatsache, daß der *Ernstfall ökumenische Wirkungen* auslöst. In meiner kleinen Schrift notierte ich auf der letzten Seite meiner Bibel eine längere Fürbittenliste und verteilte die Namen der jungen Menschen, mit denen ich seelsorgerliche Einzelgespräche geführt hatte, genau verteilt auf jeden Wochentag. Darüber hinaus dachte ich natürlich an die Verwandten, die Freunde und die großen Gebetsanliegen für Kirche und Welt. Am Samstag stand ausdrücklich der ökumenische Dienst als Gebetsgegenstand an. In diesen dunklen Jahren habe ich den Segen des gebundenen Gebetes der Kirche schätzengelernt. Durch meinen vielschichtigen Dienst kannte ich schon zuviel Menschen, um für jeden einzelnen immer die richtigen Worte zu finden. Manchmal war ich auch schon zu sehr gehetzt, als daß ich es Gott so sagen konnte, wie ich wollte. Zuweilen dachte ich auch zu sehr an eigene Wünsche, statt an die Nöte des anderen Menschen und den Auftrag Gottes. So wurden die liturgischen Gebete zu einer heilsamen Korrektur meines Gebetslebens. Ich wurde an die Aufgaben erinnert, die der Herr Christus seiner Kirche und dem einzelnen Jünger gestellt hat. Auf diesen vorformulierten Gebeten lag ein jahrhundertelanger Segen. Da war gediegene geistliche Erfahrung, die ich selber noch gar nicht haben konnte. Die Glieder unserer Gebetskette bekamen eine kleine Handreichung, die ich aufgrund der *„Samenkörner“* zusammenstellte. Sie sollten mit dazu helfen, sich in dem 450 Seiten starken Buch zurechtzufinden und die Verbindung untereinander zu ermöglichen.

### *Eine „Luftblase“ im Stollen: Unser Schrifttum*

Obwohl Ende der dreißiger Jahre unsere Zeitschriften verboten und CVJM-Gebäude in den Großstädten beschlagnahmt wurden, blieben durch Gottes freundliche Führung immer noch Leerräume, gleichsam *Luftblasen* im verschütteten Stollen eines Bergwerkes, offen, in denen wir weiterarbeiten konnten; manche Türen gingen sogar neu auf. Zu diesen irrationalen Möglichkeiten gehörte z. B. das Schrifttum. So konnten wir im Ostwerk-Verlag unter dem Titel *„Evangelium und junges Volk“* eine „Schriftenreihe vom Jugenddienst der Kirche“ herausbringen. Hier wurden Grundsatzfragen und praktische Arbeitshilfen für die christliche Jugendarbeit behandelt. Als Herausgeber zeichneten Arnold Dannenmann und ich. Erfreulicherweise gelang es, namhafte Autoren für die kleinen Hefte (30–40 Seiten) zu gewinnen, so die Professoren Martin Doerne und Karl Heim, Bischof Otto Zänker und Lic. Ernst Kinder, den späteren Systematiker von Neuendettelsau und Münster. Die Reihe wurde von mir mit einem etwas merkwürdigen Spezialthema eröffnet: *Der Dienst der Frau an der Jungmannschaft der Kirche.* Da man sich nicht ohne weiteres darunter etwas vorstellen konnte, machte es offenbar neugierig. Das Heft erreichte innerhalb kurzer Zeit zwei Auflagen. Dahinter stand eine bestimmte Situation bzw. ein neues Aufgabenfeld. Eine Dame aus den sogenannten besseren Kreisen war durch G. A. Gedats Evangelisation für die Reichsgottesarbeit gewonnen worden. Sie wollte irgendwie im Jungmännerwerk mitarbeiten. Pfarrer Dannenmann, um neue Ideen nicht verlegen, kam auf den guten Gedanken, sie für eine neue Variante der Elternarbeit einzusetzen, nämlich für einen Mütterdienst an der christlichen Jugend. Ich selber mußte sozusagen die Theorie oder Theologie dazu liefern, außerdem ein paar praktische Anregungen für die Verwirklichung dieses Dienstes geben. *Marie-Sophie Thilo*, die neue Mitarbeiterin, schrieb das Geleitwort, ich selber widmete im Vorwort das Heft meiner Mutter, der ich so viel zu danken hatte. Die Grundidee des Ganzen bestand in einer Interpretation der Rolle, die der *Frau als Glied in der Kirche* als dem Leibe Christi zukommt. Kirche wurde verstanden als „Kirche der Handreichung“: Die evangelische Frau sei angesichts der gegenwärtigen Lage der Jungen und jungen Männer in ihrem „erzieherischen Amt“ herausgefordert. Ihre Mitarbeit im Jungmännerwerk sei willkommen, ja erwünscht. Da den Lesern und Leserinnen nun gesagt werden mußte, was denn das Jungmännerwerk auf sich habe und wolle, ergab sich eine gute Gelegenheit, ein paar Dinge über das Wesen der evangelischen Jugendarbeit und die Praxis seiner Arbeitsfelder mitzuteilen. So bot sich unversehens die Möglichkeit zu einer kleinen „Programmschrift“. Am Schluß wurden Anregungen gegeben, etwa daß eine „Frauenhilfe“ in der Gemeinde dazu beitragen solle, einen Jungen- und Jungmännerkreis vor Ort ins Leben zu rufen oder zu unterstützen, etwa finanziell, durch Bereitstellung eines Heims, durch Elternabende, Hausbesuche, Mithilfe bei der Vorbereitung von Familienabenden, Fürbitte usw. Ganz kühn heißt es am Schluß: „Jede Mutter und Frau schickt ihren Jungen in den Evangelischen Jungendienst. Sie soll ihn natürlich nicht zwingen, aber werben und ihn dazu anhalten, das darf und kann sie.“ Die anderen Hefte handelten über Themen wie: „Luthers Wort zur Jugenderziehung", „Die Erfordernisse des geistlichen Amtes", „Das Verständnis der Kirche", aber auch ganz praktische Handreichungen für die Gemeindejugendarbeit im Alltag.

In dem Sammelband *„Die Kirche des jungen Deutschen"* versuchten wir, d. h. die Landeswarte und Mitarbeiter des Ostwerk-Stabes, junge Menschen in Wesen und Wirklichkeit der Kirche einzuführen[5].

Mich hat dieses Problem der sachgebundenen und zeitgerechten Verkündigung biblischer Texte durch meinen täglichen Dienst am konkreten jungen Menschen immer wieder neu umgetrieben. Schon 1936 heißt es in einem Aufsatz der „Pastoralblätter" (*Recht und Grenze der Situation* im Evangelischen Jugenddienst): „Die Jungensprache hat also nur eine diakonische Funktion an der Verständlichmachung des Wortes Gottes." Damit wollte ich ein Ausrufezeichen setzen. Nebenbei darf man wohl auch die Frage stellen, ob unsere modernen Formulierungsversuche immer besser und unpolitischer sind, wenn wir z. B. von Selbstverwirklichung, Selbstbefreiung, antiautoritär, aggressiv, solidarisieren, provozieren usw. sprechen (von den Fremdwörtern ganz abgesehen).

Eine Sammlung von eigenen Übersetzungsversuchen habe ich dann 1938 in dem Büchlein *„Das scharfe Wort"* vorgelegt. Es trug den Untertitel „Biblische Wegweiser für deutsche Jungen". Die Titelwahl zeigt deutlich, wie „biblisch" ausgerichtet unsere Jugendarbeit war. Die Bibelarbeit stand wirklich im Mittelpunkt, sie war nicht nur ein Anhängsel an interessante Diskussionen oder unterhaltsame Spiele. Bis in unser Schrifttum hinein fragten wir radikal, was denn das biblische Wort für die Lebensfragen unserer Jungen bedeutete. Im ersten Artikel knüpfte ich an Hitlers idealistische Definition des „ganzen Kerls" an. „In unseren Augen, da muß der deutsche Junge schlank und rank sein, flink wie Windhunde, zäh wie Leder und hart wie Kruppstahl." Sicher war diese Wesensbestimmung einseitig, aber wenn man sich um ein faires Urteil bemüht, gar nicht so schlecht formuliert, es sei denn, man unterschiebe jedem hier genannten Prädikat eine speziell nationalsozialistische Ideologie. Ich gestehe, daß mir die Definition in jenem Jahr doch ein wenig imponiert hat. Das Dumme ist nur, daß das Wort von Hitler stammt, und wenn wir das nicht wüßten, würden wir vielleicht heute mit unseren Zensuren etwas barmherziger sein. Wie dem auch sei, bei meinen potentiellen jungen Lesern war das Wort längst angekommen und angenommen. Wenn ich diesen Jungen etwas vom Evangelium her dazu sagen wollte, mußte ich noch radikaler weiterdenken und gegenfragen. So lautete meine entscheidende Frage: „Wie wird man so ein stahlharter Junge?“ Ich sprach das Gewissen des jungen Menschen an und stellte es mitsamt dieser Frage in den Horizont des biblischen Wortes: „Das Wort Gottes ist das scharfe Wort schlechthin.“ In Anlehnung an Hebr 4,12 f. („schärfer denn kein zweischneidig Schwert“) führte ich dann zu der guten Nachricht, daß „das scharfe Wort Gottes zugleich das kräftige Wort schlechthin“ sei, nenne die Bibel es doch „lebendig und kräftig“. Ohne noch eine Ahnung von Tillich und seinem Prinzip der „Korrelation“ zu haben, wagte ich wechselseitige Verbindungslinien zwischen der Welt des jungen Menschen und christlichen Aussagen zu ziehen, z. B. Karfreitag, Ostersamstag, Ostersonntag („Freitag, Samstag, Sonntag“), zur Konfirmation (Konfirmationsschein: „Schriftlich eingeladen . . .!“) und zu Mt 18,20 („Dreierzelle“). Andere Artikel versuchten direkter mitzuteilen, worum es ging. Eine Überschrift lautete z. B. „Die Bibel zur Mädelfrage“.

In diesem Zusammenhang darf auf eine Veröffentlichung hingewiesen werden, die charakteristisch ist für die zunehmende *Katechetisierung* der evangelischen Jugendarbeit im Dritten Reich. Je „kirchlicher“ wir ansetzten, um so eher boten sich Möglichkeiten, von den „Herrschenden“ relativ unbehelligt die Botschaft an den Mann zu bringen. Was „katechetisch“ klang, war „kirchlich“ – und das war es ja auch tatsächlich! –, also mußte man es tolerieren. Man war ja für das „praktische Christentum“, und „kirchlicher Unterricht“ gehörte zu den Tätigkeiten von „Wortverkündigung und Seelsorge“, deren Ausübung man ausdrücklich vertraglich zugesichert hatte. So konnte noch 1941, d. h. im Kriege, die 100 Seiten starke Broschüre *Katechetische Bausteine* gedruckt werden. Das Heft ist ein Paradebeispiel für die bibelorientierte Jugendarbeit, wie wir sie unter Ausnützung aller denkbaren Möglichkeiten durchzuhalten suchten. Reichswart Erich Stange hatte es unternommen, das Jahresprogramm unter Anlehnung an die tägliche fortlaufende Bibellese an vier Grundelementen auszurichten. Das geschah dadurch, daß Monatsspruch, Monatslied, Monatsthema und Katechismuslehrstück miteinander als „Werkplan“ kombiniert wurden. Der württembergische Landesjugendfarrer *Manfred Müller* und ich wurden beauftragt, eine praktische Handreichung im Detail auszuarbeiten. Während Müller Vorschläge für die Bibelarbeit, die Auslegung des Monatsspruchs, die Einführung in das Monatslied und den Begleitstoff aus der Äußeren Mission machte, fiel mir die Aufgabe zu, den ganzen Werkplan auf die beiden Hauptaltersstufen, die 10- bis 14jährigen und die 14- bis 18jährigen, umzusetzen.[6]

*Gewagtes Erstbuch: „Das Jugendwerk der Kirche“*

Eine eigene Geschichte ist mit dem Entstehen, dem Erscheinen und der Nachwirkung meines ersten größeren Buches „Das Jugendwerk der Kirche“ verbunden.

Der Anlaß des Buches wird im *Vorwort* angedeutet. Seit 1933 befand sich die kirchliche Jugendarbeit in einem „Strukturwandel“. Die einen wollten sich ganz an die nationalsozialistische Revolution anpassen. Die anderen nahmen zwar die politische Wende ernst, wollten aber bei der Durchführung des evangelischen Jugenddienstes auf dem Boden von Bibel und Bekenntnis bleiben. Das erklärt den Untertitel des Buches „Wege und Irrwege des Evangelischen Jugenddienstes“. So ergab sich von selbst, daß das Buch eine Programm-, aber auch eine Streitschrift werden mußte. Joachim Wach, der Leipziger Lehrer und Freund, hatte noch vor seiner Emigration gewarnt: Ein solches Buch könne man nur entweder am Anfang seines Lebensweges als „Entwurf“ schreiben oder am Ende dieses Weges als „Ertrag“. Jung und unbefangen, wie ich mit meinen 23 Jahren war, setzte ich 1936 auf „Entwurf“. Das Risiko war groß, gegenüber dem Staat, aber auch im Blick auf die Kirche. Die Formulierungen mußten sorgfältig abgewogen werden, damit das Buch überhaupt erscheinen konnte. Gleichzeitig aber mußte die Sache stimmen, nämlich vor Gott und der christlichen Gemeinde. Das Buch war so oder so theologisch zu verantworten. Ich fragte also „nach den theologischen, bekenntnismäßigen, biblischen Möglichkeiten“ einer evangelischen Jugendarbeit. Es sollte von einer Jugendarbeit die Rede sein, die wußte, „daß Christus ‚der‘ Weg ist“. Sie hatte sich „vor allen Irrwegen zu hüten“. Eine Vorbemerkung des Buches, die den theologischen Ansatz deutlich erkennen läßt, sei wörtlich zitiert: „In der Spannung zwischen dem ewigen Auftrag und der zeitlichen Situation fällt die Entscheidung der glaubenden Kirche. Allerdings nicht als ein Kompromiß zweier gleichwertiger Gesichtspunkte; Auftrag und Situation liegen ja auf ganz verschiedenen Ebenen und können gar nicht vergleichend ‚gewertet‘ werden. Die Entscheidung ist prinzipiell von dem ewigen Wort Gottes her bestimmt. Sie fällt nur in einer bestimmten geschichtlichen Stunde und gegenüber bestimmt strukturierten Menschen – gegenüber der Jugend.“

Man wird leicht begreifen, daß ich mich bei dieser gefährlichen Publikation in irgendeiner Form „absichern“ mußte. So betont das Vorwort, daß die Untersuchung eine „private Arbeit des Verfassers“ sei und „keinerlei offizielle Stellungnahme irgendeiner Gruppe des Evangelischen Jugendwerkes darstelle“. In erster Linie legte ich das Manuskript dem Reichswart Erich Stange vor, der es Ende 1936, Anfang 1937, unterwegs zu der damals (!) noch genehmigten YMCA-Weltkonferenz nach Mysore in Indien, und zwar auf der Fahrt durch den Suez-Kanal, las. In seinem Bericht „Die Losungen reisen nach Indien“ (1937) hat er diese Fahrt beschrieben. So reiste auch das Manuskript mit seinen 240 Seiten mit nach Indien. Weder das Jungmännerwerk noch die Jugendkammer der Bekennenden Kirche konnten sich mit dem Buch einfach identifizieren. Das verstand sich von selbst. Ganz allgemein aber habe ich von Stange, Riethmüller, Dannenmann und Doerne für die Grundsatzfragen gelernt. Unter denen, die mir durch Beratung und Kritik halfen, nannte ich im Vorwort auch noch mit Namen Doerne, Stange, Dannenmann, den bayerischen Landesjugendpfarrer Riedel, den Stiftsvorsteher des Berliner Johannesstiftes, Philipps, und Pastor Westermann vom Burkhardthaus, den späteren Heidelberger Alttestamentler.

Inhaltlich schickte ich der Darstellung „Prolegomena“ (Vorüberlegungen) über eine *gesunde Theologie* voraus, wobei das biblische Wort zu Erziehung und Jugend, aber auch die Bekenntnisschriften befragt wurden. Im Hauptteil wurde die jugendliche Situation analysiert und das Problem einer „evangelischen“ Erziehung unter den Bedingungen des damaligen (totalitären) Staates angesprochen. Ein Kapitel war allein dem *Kirchenbegriff* gewidmet. So fair wie möglich wurde die im Dritten Reich gängige Vorstellung vom „deutschen Jungen“ skizziert, aber auch gesagt: „Kein Junge ist dem Zugriff der Sünde entnommen. Das soll nicht geleugnet werden.“ Ähnlich verfuhr ich mit der Konzeption der „nationalpolitischen“ Erziehung, vertrat aber auch klar die These: „Es gibt keine pädagogische Provinz, vor deren Eigengesetzlichkeit das Evangelium haltmachen könnte.“ Fast noch deutlicher redete ich vom Verständnis der Kirche, weil dieser Begriff für die Auseinandersetzung mit den politischen Stellen und deutschchristlichen Kritikern von solch entscheidender Bedeutung geworden war: „Kirche ist also bekennende und missionierende Kirche, oder sie verdient den Namen ‚Kirche‘ nicht.“ Bei der Interpretation dessen, was wir abgekürzt „*Kirchliches Jugendwerk*“ nannten, legte ich Wert auf das Ineinander von Erziehungs- und Verkündigungsdienst sowie auf das Ineinander von Glaubens- und Lebensgemeinschaft. Das Ganze lief auf die *Definition* hinaus: „Das Evangelische Jugendwerk ist die Glaubens-, Lebens- und Missionsgemeinschaft der Jugend und für die Jugend im Raum der Kirche." Von diesen Voraussetzungen her mußte ich mich gegen „Irrwege" in der Gestaltung der kirchlichen Jugendarbeit absetzen. Einmal gegen die „Entrechtung der jugendlichen Lage" und dann gegen „unmögliche Kirchenbegriffe", die entweder zu weit gespannt waren (Überbetonung der Volkskirche und Parochie) oder zu eng eingeschränkt wurde (Vereinsideologie und „überchristliche" Bedingungen). Eine etwas „polemische" Auseinandersetzung mit Vertretern eines Parochiealismus, eines Über-Pietismus und eines völkischen Kirchentums (DC) ließ sich nicht vermeiden. Besonders kitzlig war für mich die Verhältnisbestimmung von *Kirchenjugend* und *Staatsjugend.* Als Lutheraner vertrat ich eine biblisch-reformatorische Theologie, stand aber in der Realität einer übermächtigen, vom Totalitätsanspruch des Staates gedeckten Hitlerjugend gegenüber. Sicher ist mir das alles nicht ganz gelungen. Auch habe ich an ein paar Stellen Formulierungen gebraucht, die nicht nur überholt, sondern auch sachlich bzw. theologisch und politisch auf Irrtum beruhen. Nachdem ich seit dem Zusammenbruch des Dritten Reiches klüger geworden bin, möchte ich mich ausdrücklich noch einmal (ich tat es schon früher) davon distanzieren.

Daß man sich nicht so einfach und unreflektiert zu Christus „und" Nationalsozialismus „bekennen" konnte, wie ich das Ende 1933 noch versucht hatte, habe ich längst eingesehen. In diesem ersten größeren Entwurf einer theologischen Interpretation der christlichen Jugendarbeit ging es mir vor allem darum, die unhaltbare Vermischung von Evangelium und Nationalsozialismus herauszuarbeiten. Das war jedenfalls die Grundintention des Buches, die noch heute ihre Geltung hat. Da kann man zwar nicht die selbstkritisch erwähnten Formulierungen einfach billig entschuldigen, wohl aber lassen sie sich besser verstehen, wenn man bedenkt, daß sonst vermutlich das Buch nie hätte gedruckt werden können. Vor der Veröffentlichung hatte ich auch den Rat eines Juristen aus der Bekennenden Kirche eingeholt, weil es um die „Vermeidung unnötiger Anstöße" ging. Nur im Rahmen gewisser „Akkomodationen" war es überhaupt möglich, die Zensur zu passieren. So ist der eine oder andere Passus, der „positiv" zu den damaligen Verhältnissen Stellung nimmt, mit Recht zu kritisieren. Andererseits kämpfte eben das Buch ganz unverblümt und eindeutig gegen die „dämonische Parallele", mit der manche Theologen die kirchliche

Jugendarbeit der völkischen Jugendarbeit gleichschalten wollten. Auch vor „falschen Hoffnungen“ wird gewarnt, wenn man daranging, von seiten der Kirche immer weniger von der Jugend zu fordern. Ein radikales Nein galt der „Parallelschaltung von Bibelwort und politischem Wort“, wie er von den „Thüringer Deutschen Christen“ vorgenommen wurde. Im praktischen Teil ging ich auf die Aktivitäten ein, die der evangelischen Jugendarbeit im Dritten Reich noch verblieben waren, so auf die Jugendbibelarbeit, die Jugendseelsorge, die Bibelfreizeit und die Amtsträgerausbildung. Schon hier findet sich ein Abschnitt über die Briefseelsorge, die 40 Jahre später noch einmal eine so große Rolle in meinem Leben spielen sollte.

## 3. Unter dem Zugriff der Gestapo

*Berlin Alex Zelle 153*

An dieser Stelle muß ich den Bericht über die Entstehungsgeschichte und den Inhalt meines Buches „Das Jugendwerk der Kirche“ unterbrechen. Ich habe zwangsläufig dem Gang der Dinge ein wenig vorgegriffen, damit man auf den folgenden Seiten überhaupt weiß, wovon die Rede ist. Es wäre jedenfalls ein Mißverständnis anzunehmen, daß eine geradlinige Entwicklung von den Anfängen mit dem Manuskript im Jahre 1936 und der endgültigen Veröffentlichung im Jahre 1938 stattgehabt hätte. Davon kann keine Rede sein. Im Gegenteil, dazwischen liegen fast dramatische Vorgänge. Sie möchte ich jetzt erzählen bzw. in die Buchgeschichte einblenden. Dazu müssen wir das Rad des geschichtlichen Prozesses gleichsam etwas zurückdrehen auf die kirchenpolitischen Ereignisse des Jahres 1937. Auf der Bekenntnissynode von 1934 hatten die verantwortlichen Männer und Frauen der BK das sogenannte „*Barmer Bekenntnis*“ abgelegt. Im Laufe der Zeit hatte sich Pfarrer *Martin Niemöller* aus Berlin-Dahlem, der Mann des Pfarrer-Notbundes, als Leitfigur der Bekennenden Kirche immer stärker durchgesetzt. Charakteristisch für sein Wesen ist das Urteil Karl Barths: „Kirchenkampf hieß und heißt exemplarisch: Pfarrer Niemöller in der Gemeinde Dahlem!“ 1934 war seine Selbstbiographie unter dem Titel „Vom U-Boot zur Kanzel“ erschienen. Manche witzelten damals, der Titel müsse eigentlich heißen: „*Mit* dem U-Boot zur Kanzel"! Ich entsinne mich noch an meinen Besuch bei ihm in Dahlem, als ich noch die evangelische Jungmännerarbeit für Groß-Berlin betreute. Ich wollte mich als neuer Landeswart vorstellen und Fragen der Zusammenarbeit mit der Dahlemer Gemeinde besprechen. Er saß mir auf einem Schaukelstuhl gegenüber, mit dem er wippte, dabei eine Zigarette rauchend. Der Mann hatte Format und forderte Respekt heraus. Mit dem Willen zur radikalen Wahrhaftigkeit bestritt er die Forderung des totalitären Systems, die gerade für den Christen geltende „Mitverantwortung für Volk und Staat" auf eine andere Instanz zu „übertragen". So war es nicht zu verwundern, daß es früher oder später einen Konflikt mit dem Führer-Staat geben mußte. Am 1. 7. 1937 erfolgte Niemöllers Verhaftung.

Bald darauf rief die Bekennende Kirche von Berlin ihre Pfarrer und Vikare mit der Gemeinde zu einem *Fürbittgottesdienst* in der *Dahlemer Kirche* auf. Als Mitglied der BK gab es für mich keinen Zweifel: Ich mußte und wollte daran teilnehmen. Hier war ein Bruder in Gefahr, der sich mit seiner ganzen Person für das Bekenntnis eingesetzt hatte; folglich mußte auch ich Farbe bekennen. Später nach dem Kriege habe ich mehr als einmal Anlaß gehabt, Niemöllers Haltung, die etwas einseitig nach dem Osten zu tendieren schien und pazifistisch war, zu kritisieren. Aber es kann kein Zweifel darüber bestehen, daß seine letzten Motive geistlicher Art waren, ob er nun als Leiter des Kirchlichen Außenamtes, als hessischer Kirchenpräsident, als Mann der Ökumene oder einfach als politisch aktiver Christ sprach. Bezeichnend für ihn ist sein Bekenntnis: „Es hat mich Jahre meines Lebens gekostet, um zu begreifen, daß Gott nicht der Feind meiner Feinde ist ... er ist nicht einmal der Feind seiner Feinde." Aber 1937 wußte ich von alle dem noch nichts. Damals ging es um einen wirklichen „Status confessionis". So packte ich denn mein Köfferchen, setzte mich in die U-Bahn und fuhr gen Dahlem. Es war aufregend, wie viele „dunkle" Gestalten in demselben Zug und in dieselbe Richtung mitfuhren. Sie alle trugen ihr Talarköfferchen. Als wir vor der Christuskirche in Dahlem ankamen, befand sich da schon eine ziemliche Menge von Leuten, die für ihren Pfarrer bzw. ihren Amtsbruder beten wollten. Aber das ging nicht. Die Polizei hatte die Eingänge zur Kiche besetzt, wir konnten nicht hinein. Was tun? Die leitenden Brüder entschieden, daß wir zu Fuß geschlossen in die Dahlemer Dorfkirche St. Annen ziehen sollten. So bildete sich ein langer Zug. Auf die Sicherheitsorgane des Staates wirkte das wie eine Provokation. Das war nicht bloß ein Pilgermarsch, sondern schon eher ein Demonstrationsmarsch. Wie ernst der Ernstfall war, merkten wir unterwegs. Da fuhr plötzlich ein offener LKW vorbei, auf dem, von Polizei bewacht, Pfarrer im schwarzen Talar saßen. Ihre weißen Beffchen flatterten nicht gerade lustig im Wind. Es war schon ein groteskes Schauspiel. Langsam landeten wir am U-Bahnhof Dahlem Dorf, wo die schöne alte Kirche lag, die wir benutzen wollten. Aber auch dort war die Welt mit Brettern vernagelt oder, konkreter gesagt, von Polizisten besetzt. Der Unmut der Gemeindeglieder und der Berliner Pfarrer, die doch nur gekommen waren, um für ihren inhaftierten Bruder zu beten, wuchs zusehends. Kurzerhand entschloß man sich nun, wenigstens das gegenüberliegende Gemeindehaus zu diesem Zweck zu benutzen. So rannte der Haufen zielklar und sturmfest auf das Haus zu. Jedoch die Polizei war schneller und verriegelte das Tor. Damals habe ich im stillen gedacht, die Christen sollten doch mehr Sport treiben. Jedenfalls waren sie nicht so gut trainiert wie die Polizisten.

Nun schien alles verloren; unschlüssig stand die Menge auf dem Vorplatz und in den angrenzenden Straßen. Da geschah etwas Unvorhergesehenes. Plötzlich fing eine Frau an laut zu singen: „Ein feste Burg ist unser Gott." Unwillkürlich stimmte die Menge ein. Ich auch. Wo aber in der Großstadt Berlin 1000 Menschen auf der Straße singen, da kommen bald andere 1000 Menschen dazu, um, hellhörig und neugierig, wie die Berliner sind, wenigstens herauszufinden, was da los sei, warum die singen und was die singen. Ich möchte nicht nachträglich meine persönliche Motivation in idealisierender Weise hochpunkten. Sicher war ich für die Sache der Evangelischen Jugend und der Bekennenden Kirche engagiert, gleichwohl waren bestimmt auch ein Stück Neugier und Abenteuerlust dabei. Jedenfalls ging ich auf die andere Straßenseite. Das war mein Verhängnis. In diesem Moment kreuzten plötzlich 2–3 offene große Polizeiwagen auf. Die Polizisten waren bewaffnet. Die Wagen stoppten, die Polizisten sprangen herunter und riegelten sofort einen Teil der Straße ab, ausgerechnet jenen, in dem ich mich befand. Wen immer sie bekommen konnten, „verluden" sie auf die Wagen. Unter anderem waren die Töchter von Bischof Dibelius dabei. Ich befand mich also in guter Gesellschaft. Dann setzten sich die offenen Wagen in Bewegung, und wir fuhren bis zur Gestapo-Zentrale auf dem Alexanderplatz durch ganz Berlin, einige im Talar, andere in Zivil. Alle eskortiert von Polizeibeamten, so als ob man uns mit aufgepflanztem Bajonett zur Richtstätte bringen müßte. Was sich die Berliner, die das damals gesehen haben, gedacht haben mögen, weiß ich nicht. Es mag ihnen nicht nur komisch vorgekommen sein. Es war eben einer von jenen Ernstfällen, auf die diejenigen gefaßt sein mußten, die „mit Ernst Christ sein wollten".

Am „Alex" angelangt, stiegen wir aus und wurden registriert und später in Einzelzellen inhaftiert. Man nahm uns die Hosenträger und evtl. Taschenmesser ab, damit wir uns nicht aus Angst oder Verzweiflung selbst etwas antun konnten. Wenn ich mich recht erinnere, bekam ich die Zelle 153. Sie befand sich in einem oberen Stockwerk.

Da „saß" ich nun, ein richtiger Insasse! Als Häftling der Gestapo mußte ich all die Prozeduren über mich ergehen lassen, die zur Feststellung und Festschreibung der Personalien dienten. Man nahm mir mit einem schwarzen Farbkissen die Fingerabdrücke ab und setzte mich auf den berühmten „Stuhl", damit die fotografischen Aufnahmen gemacht werden konnten: Vorderansicht, Profil, mit und ohne Hut! Der Hut war im wahrsten Sinne des Wortes ein „Speckdeckel", den vor mir wohl schon manche Landstreicher und Diebe aufgehabt hatten. Mein Freund Alfred Leuschner, ein engagierter Christ, war damals „Kommissar vom Dienst" auf dem Alex. Er hat dann später einmal in das „Verbrecheralbum" hereingeschaut. Er war offenbar entsetzt. Als wir uns nach längerer Zeit einmal wiedertrafen, erzählte er mir, daß ich verheerend ausgesehen hätte. Nun ja, wie soll auch ein jüngerer Mann von 24 Jahren, der sich nicht rasiert hat und in Ungewißheit über sein weiteres Gefangenenschicksal war, schon aussehen? Wie ein Apoll gewiß nicht.

Die Zeit verging nur quälend langsam. Wir bekamen Suppe, Brot und Marmelade. Der Geruch in der Zelle war muffig und stickig, um nicht andere Worte zu gebrauchen. Schließlich stand ja in einer Ecke das Klo, und außerdem roch alles nach Gefängnis, d. h. nach billigem Bohnerwachs und ungelüfteten Räumen. Das Fenster der Zelle gab zwar einen Blick in den Himmel frei, war aber, wie üblich, so hoch gelegen, daß man sich kein Bild von der Umgebung machen konnte. Man sah keine Wiesen, sondern nur Wände. Das einzig Gute war, daß man einmal am Tag „raus" aus der Zelle kam. Ich entsinne mich von fern an die Stellung „Kopf gegen die Wand gelehnt". Dabei erfuhr ich, daß einer der Mitgefangenen, ein älterer Pfarrer, einen Herzschlag bekommen hatte. So war schon ein Todesopfer zu verzeichnen.

Die Lage von uns Inhaftierten war bestimmt nicht beneidenswert. Als Grund der Verhaftung wurde mir mitgeteilt, daß ich angeklagt sei, das Gesetz des Reichspräsidenten „Zum Schutze von Volk und Staat" verletzt zu haben, weil ich auf offener Straße unangemeldet an einer

Kundgebung und demonstrativ singend teilgenommen hätte. Wer bei der Gestapo in Untersuchungshaft kam, mußte mit allem rechnen. Entweder bekamen wir ein ordentliches Gerichtsverfahren, oder wir wurden in ein Konzentrationslager überwiesen, oder wir wurden freigelassen. Ich gestehe, Angst gehabt zu haben. Wenn in Dahlem ein Stück Neugier und Abenteuerlust dabeigewesen sein mögen, so war jetzt beides völlig vergessen. Der Ernstfall stand mir unmittelbar vor Augen. Ich bat den Schließer darum, mir eine Bibel auszuhändigen, was mir aber verweigert wurde.

Da machte eine unerwartete Entdeckung dem Grübeln und Sorgen ein Ende. In meiner Unruhe fing ich an zu rechnen. Ich zählte die Karos meiner blaukarierten Bettdecke. Später las ich in dem einzig bedruckten Papier, das es in der Zelle gab, nämlich das neben der Abortschüssel liegende „Klopapier". Unter anderem fand ich einen regelrechten *Fahrplan für die S-Bahn-Züge.* Vor lauter Verzweiflung studierte ich die Fahrzeiten. Schon als Junge hatte ich ja, wie berichtet, gern mit der Eisenbahn gespielt. Dabei stellte ich nun fest, daß die Fahrzeiten zwischen S-Bahnhof Friedrichstraße und S-Bahnhof Karlshorst auf der Hin- oder Rückfahrt differierten. Einmal fuhr die Bahn länger, das andere Mal kürzer. Das hat mich eine Weile abgelenkt, aber mir nicht geholfen. Eines Tages aber wurde mir klar, daß es in dieser Zelle noch etwas zu lesen gab, nämlich die Inschriften und *Kritzeleien* der Zellenwände. Da hatten manche lange gesessen, das konnte man jedenfalls den Strichlisten entnehmen, die in Fünfereinheiten angelegt waren. Jeweils nach fünf Tagen bekamen die Striche einen Querstrich. Bei genauem Hinsehen fand man Namen, Daten, auch Flüche und Bekenntnisse. Erschüttert hat mich ein Satz „Mein Bubi holt mich ab, denn sie ist mein Gott". Dieser Häftling klammerte sich nur an eine Hoffnung, an seine Freundin, die für ihn zum Ersatzgott geworden war. Plötzlich nahm ich fünf große Buchstaben wahr, die mit dem Daumennagel eingeritzt worden waren: J, E, S, U, S. Da war das Signal: *„JESUS!"* Da schien mich einer, der vorher hier gesessen hatte, mit einem Erkennungszeichen zu grüßen. Auf mich wirkte das wie eine Mahnung, aber auch wie eine Hilfe. Ich war nicht allein, hier war schon ein Bruder, der es mit Jesus hielt. Von dieser Stunde an hörte ich auf zu rechnen und begann zu beten. Mit dem Wort an der Wand und dem Christus im Herzen bestand ich die letzten Tage. Zwar hörten die Ängste nicht einfach auf, aber ich hatte jetzt wieder einen festen Halt in meinem Herrn und Heiland. So konnte ich besser ertragen, was mir doch sehr zu schaffen gemacht hatte, nämlich die Geräusche bzw. das Herannahen eines Schließerbeamten, der mit seinen festen Tritten, die anderen Zellentüren auf- und zuschließend, an meine Zellentüre herankam. Niemals wußte ich genau, was jetzt passieren würde, ob man mich herausführen oder abholen würde. Ebenso unheimlich war das wachsame Glasauge in der Mitte der Tür, durch das der Beamte jederzeit nachsehen konnte, was der Häftling machte. Er brauchte nur von außen einen kleinen Deckel zu verschieben.

Eines Tages war es dann so weit. Ich wurde in ein Vernehmungszimmer geführt. Dort erwartete mich ein Amtsrichter, der sehr freundlich mit mir umging. Er hielt mir nochmals meine gesetzwidrige Handlung vor, schaltete dann aber um und legte mir eine bereits vorbereitete schriftliche Erklärung zur Unterschrift hin. Der Text war so ausgezeichnet formuliert, daß es mir nicht schwerfiel, die gewünschte Unterschrift zu leisten. Ohne es zu sagen, wollte mir der Mann offenbar helfen. Ich vermute heute noch, daß dieser Richter auf unserer Seite stand oder zumindest im stillen tolerante Gefühle gegenüber der Evangelischen Jugend und der Bekennenden Kirche hegte. Allerdings kassierte ich eine schwere Hypothek ein. Ich bekam nunmehr ein „Sondergerichtsverfahren" angehängt. Mit dieser Hypothek mußte ich leben, jederzeit konnte es eröffnet bzw. durchgeführt werden. So mußte ich mich außerordentlich vorsehen. Das Verfahren ist dann später einer Amnestie zum Opfer gefallen. Nach der Unterschriftsleistung ließ man mich sofort frei. Draußen am Gitter wartete meine Mutter; wir fielen uns in die Arme.

Ob jemand von der Kirche oder von anderer Seite interveniert hatte, weiß ich bis heute nicht. An sich war ich nur etwa eine Woche im Alex gewesen. Aber diese politische Untersuchungshaft der Gestapo hat mir gereicht. So jung ich war, so hatte mich doch dieser Ernstfall etwas geschockt und innerlich aufgeregt. Daher bekam ich von Pastor Dannenmann einen Sonderurlaub nach *Saarow*, um mich zu erholen. In jenen Tagen fand in diesem schön gelegenen Erholungsheim auch eine Konferenz der *Landeswarte* des Ostwerkes statt. Die Ruhe des Ortes und die Begegnung mit den Brüdern haben mich bald wieder regeneriert. Außerdem ereignete sich ausgerechnet in der Saarower Zeit etwas, was für mein weiteres Leben von entscheidender Bedeutung wurde: Ich fand dort eine gutaussehende und hingebungsvoll tätige junge *Säuglingsschwester* und verliebte mich spontan und unsterblich. Sie ist dann meine Frau geworden. Eine Zeitlang hatte ich meine Freiheit verloren, um unmittelbar darauf den Menschen zu finden, der mit mir ein Leben lang zusammen wandern sollte und der mich glücklich machte. Alle Versuche, näher mit ihr Kontakt aufzunehmen, scheiterten. Die „Kollegen“ merkten natürlich etwas und zogen mich durch den Kakao. Als die Familie, in der die Schwester das Kind betreute, wieder nach Berlin zurückfuhr, stand ich in der ersten Etage hinter dem Vorhang und hatte im wahrsten Sinne des Wortes das „Nachsehen“. Ein Schweizer Konsul, der sich ebenfalls in dem Heim zur Erholung aufhielt und dem ich mich anvertraut hatte, tröstete mich scherzend, indem er mir nach der Abfahrt des Wagens ein Frottierhandtuch reichte, damit ich meine „Tränen“ trocknen könnte. Zurückgekehrt nach Berlin, gelang es mir dann endlich, die besagte Schwester – sie hieß *Hildegard Strohmeyer* – zu einem Treffen zu bewegen. Ich lud sie zu einem Konzert der „Donkosaken“ ein oder zu einem Spaziergang um den Schlachtensee. Der letztere Plan kam dann zur Ausführung. Wir verstanden uns nach dem langen Fußmarsch eigentlich sehr rasch und gut. In aller Unbefangenheit zeigten wir uns beim Kaffeetrinken die Fotos unserer Angehörigen. Auf der Rückfahrt von Schlachtensee in die City erreichten wir gerade noch – der Zug wollte schon abfahren – den letzten sogenannten Gepäckwagen der S-Bahn. Noch wahrten wir natürlich die gebotene Distanz. Gleichwohl mußte ich doch ein wenig lachen, als ich das Schild über der Bank las, auf der wir saßen: „Feuerlöscher unter dem Sitz!“

### *In Danzig landesverwiesen*

Zurück zu der Erzählung von meinem Buch „Das Jugendwerk der Kirche“! Nicht lange nach der bedrängenden Erfahrung im Alex war eine neue Ernstsituation zu bestehen. Für 1937 war in *Danzig* eine *Seminarwoche* des Ostwerkes geplant. Sie war für die Pfarrer und Jugendwarte in Danzig und im Warthegau gedacht. Danzig war damals noch eine „Freie Stadt“, sie stand aber schon unter nationalsozialistischer Regierung. Frau *M. S. Thilo,* die Beauftragte unseres Mütterdienstes, nahm mich in ihrem Wagen, einem Adler-Kabriolet, mit. Auf der Hinfahrt durch den polnischen Korridor geschah nichts Bemerkenswertes. Wir übernachteten im „*Christlichen Hospiz*“, in dem auch die Seminartagung stattfand. Das Hospiz gehörte dem Ostwerk. Es war ein großes, mit Komfort ausgestattetes und gediegen geführtes Hotel, auf das die „Herrschenden“ schon ein interessiertes oder gar begehrliches Auge geworfen hatten. Das Danziger Hospitz hatte seit einiger Zeit einen ungewöhnlichen „Geschäftsführer“: Es war niemand anderes als unser Evangelist und Mitarbeiter *Gustav Adolf Gedat.* Nach seinen Bucherfolgen („Ein Christ erlebt die Probleme der Welt", „Auch das nennt man Leben", „Christentum – für Minderwertige?") hatte er Reichsredeverbot bekommen. So erhielt er eine neue, einerseits unauffällige, andererseits aber repräsentative Funktion, der er sich auf Anhieb gewachsen zeigte. Ja, man mußte sagen: Dieser „Job" saß ihm wie angegossen. Er hatte ja als Weltreisender auch Welterfahrung. So brauchte er sich nur in Schale zu werfen, sich um die Gäste zu kümmern, Verhandlungen zu führen und ein Auge auf das Personal zu werfen. Dabei ergaben sich dann doch kleine Gelegenheiten für den einen oder anderen beiläufigen Dienst seelsorgerlicher Art.

Als Tagungsleiter hielt ich eins der Hauptreferate über das Verhältnis von „Kirchenjugend und Staatsjugend", das damals natürlich brandaktuell war. Als Unterlage benutzte ich ein Kapitel aus dem eben fertiggestellten Manuskript meines Buches über das kirchliche Jugendwerk. Während des Referats schob mir ein Freund einen warnenden Zettel auf das Katheder: „Vorsicht, Gestapo!" Unter den Zuhörern war offenbar einer, der da nicht ganz hineinpaßte. Ein Lauscher, ein Agent. Das Signal kam zu spät. Ich sah mich zwar für den Rest des Referates vor, hatte aber offenbar schon zuviel gesagt

Am Sonntag sollte der Praktische Theologe von Leipzig, Prof. *Alfred Dedo Müller,* von dem ich schon erzählt habe, den Gottesdienst in der Marienkirche halten. Selbstverständlich wollte ich daran teilnehmen. Als ich mit dem Fahrstuhl nach unten fuhr und aus der Tür in das Vestibül trat, sah ich die Bescherung: Zwei Männer in den bekannten dunkelbraunen Ledermänteln nahmen mich gleich in Empfang, stellten meine Personalien fest und transportierten mich in die Danziger Gestapo-Zentrale. Sie befand sich im Polizeipräsidium. Ich erinnere mich noch genau an das Schild an der Tür des Vernehmungszimmers. Groteskerweise stand da zu lesen: *Teuffel – Sachbearbeiter für kirchliche Angelegenheiten.* Der Kommissar fragte nach Einzelheiten der Tagung und nach meinen persönlichen Verhältnissen. Wie zu erwarten, standen das Referat und einige Jugendbriefe im Mittelpunkt des Verhörs. Schon damals interessierte ich mich besonders für das Wesen und die Gestalt des Jugendbriefes, weil ich einmal später eine größere wissenschaftliche Untersuchung zum Thema der Seelsorge an jungen Menschen machen wollte. So sammelte ich Briefe, die mir Jungen und junge Männer geschrieben hatten. Einige davon hatte ich als exemplarische Fallbeispiele mit nach Danzig genommen, um meinen Hörern anschaulich deutlich zu machen, wie man mit dem einzelnen in der kirchlichen Jugendarbeit umgehen könne und solle. Das „Urteil" war rasch gesprochen. Der Kommissar verlangte die sofortige Abreise. Ich wurde von Danzig aus „landesverwiesen". Das Manuskript meines Buches und auch die Jugendbriefe wurden beschlagnahmt. Es war übrigens nicht die erste Erfahrung dieser Art, die ich gemacht habe. Schon während meiner Tätigkeit als Kreisjugendwart in Leipzig war mir ja ähnliches widerfahren. Das Beicht- und Briefgeheimnis stand in jener Zeit nur noch auf dem Papier.

Sofort nach Beendigung des Verhörs setzte ich mich mit Frau Thilo in Verbindung. Wir packten unsere Sachen und fuhren Hals über Kopf fort. Am Sonntag waren die Geschäfte geschlossen. Zur Beruhigung und zur Stärkung diente ein Schluck Danziger Goldwasser im Handschuhfach. Sonst hatten wir wohl nur noch Obst. Die Reise war lang und nicht ungefährlich. Unterwegs nahm Frau Thilo noch einen Bauernjungen mit, dessen Erziehung und Ausbildung sie vorbereitet hatte. Das Ziel war Berlin. Die abenteuerliche Flucht durch den polnischen Korridor werde ich nicht vergessen. Schließlich landeten wir sicher in der Privatwohnung dieser mütterlichen Frau, die sich so sehr um das Jungmännerwerk verdient gemacht hat und nach schwerer Krankheit viel zu früh heimgegangen ist. Ich mußte sehr vorsichtig sein, da ich mit einer erneuten Verhaftung zu rechnen hatte. Schließlich war ich ja erst kürzlich aus der Gestapo-Haft im Alex entlassen worden. So wechselte ich kurz in der Hamburger Straße bei meiner Mutter die Wäsche und fuhr so schnell ich konnte in eine Stadt der Provinz Sachsen, um mich dort auf dem Bahnhof mit Pastor Dannenmann zu treffen, der gerade in dieser Gegend zu tun hatte. Wir vereinbarten, daß ich zunächst einmal 14 Tage in der Wohnung von Frau Thilo inkognito bleiben sollte. Man werde dann weitersehen und weiter entscheiden. Glücklicherweise ließ man mich in Ruhe. Niemand fragte nach mir, und ich fragte auch nicht nach der Gestapo. Die Idee, eine Weile lang auf „Tauchstation" zu gehen, schien sich gelohnt zu haben. Sollte ich noch einmal davongekommen sein?

Den Plan mit der Veröffentlichung des „Jugendwerks der Kirche" gaben wir nicht auf. Aber das Manuskript war unerreichbar. Es ist anzunehmen, daß darin auch schon Korrekturen bzw. Verbesserungsvorschläge enthalten waren, die ich inzwischen von D. Stange und anderen erhalten hatte. Außerdem mußte ich nun doppelt vorsichtig sein, um nach den beiden Gestapo-Erfahrungen das Buch überhaupt noch publizieren zu können. So hieß es praktisch das ganze Manuskript oder wenigstens größere Teile davon neu zu bearbeiten. An die Einzelheiten kann ich mich nicht mehr erinnern. Ich schätze, daß ich damals das ursprünglich handgeschriebene Manuskript und einen etwa in Berlin verbliebenen Durchschlag des in Danzig beschlagnahmten Originals benutzen konnte, aber es war eben nicht wenig umzuarbeiten. Der Text mußte noch einmal auf alle Möglichkeiten und Gefahren hin abgeklopft werden. Außerdem mußte der Verlag ein sauber geschriebenes Schreibmaschinenexemplar haben. Dazu war das 2. Theologische Examen in Sicht, für das ich das Buch als „wissenschaftliche Hausarbeit“ einreichen wollte. So blieb dem Sekretariat des Ostwerkes nichts anderes übrig, als das Ganze noch einmal neu zu schreiben.

Inzwischen hatte sich das Verhältnis zu der Kinderschwester, der ich in Saarow begegnet war, verdichtet. Wir gewannen uns lieb und wollten heiraten. Wir hatten uns in einem Ernstfall kennengelernt und wollten nun den Ernstfall der Ehe wagen. Ich entsinne mich an einen Tag Ende September 1937 – es war wohl der Geburtstag meines späteren Schwiegervaters –, als wir vom Bahnhof Frohnau nach Hennigsdorf wanderten. Hildegard bzw. Hil, wie ich sie bald nannte, weil mir der Vorname zu lang war, wollte mich ihren Eltern vorstellen. Ich hielt um die Hand der Tochter des Hauses an. Am. 17. 4. 1938 feierten wir *Verlobung*. Die Berliner Mitglieder des Ostwerk-Stabes nahmen teil und freuten sich mit uns.

Die Familie von *Otto Strohmeyer* stammte aus Berlin. Nach seiner kaufmännischen Ausbildung war der Schwiegervater in die Weltfirma AEG, deren Zentrale in Frankfurt lag, eingetreten. Er heiratete Charlotte Briesemeister, mit der er schon als Kind in Berlin gespielt hatte. Meine Frau wurde in Griesheim bei Frankfurt 1915 geboren. Ihre Schwester Elfriede, die später den Ingenieur Achenbach heiratete, war etwas jünger. Der fertig ausgebildete und bewährte junge Industriekaufmann wurde dann in die Lokomotivfabrik der AEG nach Hennigsdorf bei Berlin versetzt und hat dort als Leiter der Abteilung für das Rechnungswesen bzw. Organisationswesen eine verantwortliche Tätigkeit in der AEG-Verwaltung ausgeübt. In der gleichen Eigenschaft kam er nach dem Kriege zur Turbinenfabrik in Berlin. In beiden Filialen hat er hohe Anerkennung durch die AEG-Direktion und ein bleibendes Vertrauen seiner vielen Mitarbeiter gefunden. Ich weiß noch, wie schöpferisch er bei den großen Revisionen mit seinen Verbesserungsvorschlägen war und wie gern man seinem Rat folgte. Vater Strohmeyer war von hochgewachsener Gestalt, hatte ein scharfgeschnittenes Profil und gute, klare Augen. In seinem Wesen verkörperte er die alte preußische Tugend der Korrektheit. Er spielte gern Tennis und war immer sorgfältig gekleidet. Nächst seiner charakterlichen Geradheit hat mich am meisten die Gütigkeit beeindruckt, die er ausstrahlte. Sie äußerte sich nicht zuletzt in einer vorbildlichen Kinderliebe, die mit einer gehörigen Portion Humor verbunden war. Unsere Kinder haben immer gern mit ihm gelacht. Seine Frau Charlotte, die ihm die beiden Kinder schenkte, hat es mit ihrem Leben nicht immer leicht gehabt. Sie war herzkrank, starb frühzeitig und hinterließ die beiden Kinder in einem Alter – Hildegard war damals 10 Jahre –, in dem sie die Mutter so nötig brauchten. Wie ein Geschenk des Himmels fand Vater Strohmeyer dann eine neue Lebensgefährtin in Else Rudolph, die aus Hamburg stammte und auch in der AEG tätig war. Diese zweite Ehe wurde besonders glücklich. Die neue Mutter Strohmeyer verstand es ganz ausgezeichnet mit den beiden Mädchen und hat sie in den entscheidenden Jahren erzogen. Sie war nicht nur eine Ersatzmutter, sondern eine wirklich mütterliche Frau. Beide Töchter haben an ihr bis ins hohe Alter sehr gehangen. Sie ruderte und zeltete mit ihnen und hatte darüber hinaus ein verständnisvolles Herz für die Probleme der heranwachsenden jungen Mädchen. Einen bleibenden Eindruck hat mir auch die Großmutter meiner Frau hinterlassen, die Oma Briesemeister. Sie hat zwei Jahre lang nach dem Heimgang ihrer Tochter die Mutterstelle vorbildlich ersetzt. Sie war eine stille und bescheidene Frau. Kein Wunder, daß die Enkel sie verehrten und liebten.

## 4. Berufliches und Privates: Das doppelte Ja

Zwischen 1938 und 1939 kam es in meinem Leben zu einem doppelten Ja. Beidemal sprach ich das Ja in der Berliner Sophienkirche. Einmal war es das Ja zum Amt in der Ordination. Dann war es das Ja zur Ehe in der Trauung. Die beiden Jaworte standen in einer tiefen inneren Wechselbeziehung. Ich war mir zwar meiner Schuld und meiner Schwächen bewußt, aber ich wollte „mit Gottes Hilfe" ein verheirateter Pfarrer sein und eine christliche Ehe führen. Die Voraussetzung dafür war die Ablegung des zweiten Examens. Das galt nicht nur für die reguläre Erlangung der Ordination, sondern war auch der verständliche Wunsch des Schwiegervaters.

### *Examen in Wolfenbüttel*

Im Sommer war es dann so weit. Am 23. 6. 1938 bestätigte mir das Landeskirchenamt der Evang.-luth. Landeskirche *Braunschweig*, daß ich das 2. Theologische Examen bestanden hätte. Wie war ich dorthin gekommen? Nun, eine Rückkehr in die sächsische Landeskirche war mir als Mitglied der Bekennenden Kirche gewissensmäßig nicht möglich. In Dresden hatte sich die DC-Kirchenregierung durchgesetzt, und so wandte ich mich an den „Lutherischen Rat“, dessen Vertreter damals Oberkirchenrat *Dr. Hanns Lilje*, der spätere Landesbischof von Hannover, war. Ich kannte ihn von der DCSV her, dessen Generalsekretär er lange Jahre war. Mit ihm hatte ich auch über eine Zusammenarbeit zwischen DCSV und STAG, der Studentenarbeitsgemeinschaft des Jungmännerwerks, verhandelt. Um mich vor der prekären Situation einer Prüfung durch ein DC-Kirchenregiment in Dresden zu bewahren und um mich in einer lutherischen Kirche zu behalten – die Brandenburgische Provinzialkirche war ja uniert –, entsandte er mich in die Braunschweigische Landeskirche, die damals als „noch intakt“ galt.

Bevor ich zur mündlichen Prüfung nach Wolfenbüttel, dem Sitz des Landeskirchenamtes, fuhr, kam es noch zu einer aufregenden Störung. Die Gestapo bestellte mich schriftlich zu einem Verhör. Ich mußte befürchten, daß die dramatische Entwicklung vom Alex über Danzig nun fortgesetzt werden würde. Deshalb bat ich um eine Verschiebung des Verhörs, weil ich erst mein 2. Examen ablegen wollte. Verblüffenderweise ging man darauf ein.

In Wolfenbüttel ging alles relativ gut, nur in einem Fach mußte ich mehr oder weniger passen. Oberkirchenrat Röpke fragte mich nämlich nach der braunschweigischen Friedhofsordnung. Nun hatte ich mich zwar ein wenig mit dem Kirchenrecht befaßt und verstand wohl auch etwas von der Predigt am Grabe, aber als Sachse und Gast-Berliner hatte ich natürlich keine Ahnung von den speziellen Regeln der Friedhofsverwaltung in Braunschweig. Glücklicherweise änderte dieses negative Ergebnis nichts am Gesamturteil. Doch ließ mich mein Gestapo-Trauma auch in Wolfenbüttel nicht in Ruhe. Als ich am letzten Tage mittags in mein Hotel kam, sagte mir der Hoteldirektor, es sei ein „Wachtmeister“ dagewesen und habe nach mir gefragt. Sofort klingelte es bei mir. Ich packte, traf mich mit einem anderen Examenskandidaten, der mir im Ernstfall helfen wollte, schrieb für alle Fälle nach Hause und rüstete mich auf die letzte Nachmittagsprüfung. Ich gestehe, daß ich auf das äußerste erregt war und mit allem rechnete. Jetzt fahndeten die Leute schon bei einer Prüfung und waren bis nach Braunschweig hinter mir her. Ich beriet mich mit dem Conexaminanten, vertraute ihm meine ganze Situation an und bat ihn, sich meiner anzunehmen, falls mir etwas zustoßen sollte. Ich wollte in jedem Falle noch die Prüfung über die Bühne bringen. Trotz der nervösen Spannung gelang das tatsächlich, ohne daß die anderen es merkten. Noch heute bin ich für diese freundliche Führung Gottes dankbar. Hinterher stellte sich nämlich heraus, daß die ganze Angst umsonst gewesen war. Der besagte „Wachtmeister“ war gar nicht von der Polizei, sondern ein junger Vikar, der bei der Flak-Artillerie seine Übung gemacht hatte und sich bei mir erkundigen wollte, wie denn so ein 2. Examen verliefe. Da er im Unteroffiziersrang war, galt er für den Hoteldirektor als „Wachtmeister“.

Glücklich schrieb ich dann vom Bahnhof aus an meine Verlobte, daß ich bestanden hätte. Vorerst schien alles vergessen. Aber die Gestapo ließ mich nicht los. Ich mußte mich ja noch einmal zum Verhör in der Prinz-Albrecht-Straße melden. Dort bekam ich zu meiner großen Überraschung das Manuskript des „Jugendwerks der Kirche“ ausgehändigt. Die ganze mühsame Arbeit, das Manuskript noch einmal zu überarbeiten und neu zu schreiben, war umsonst gewesen. Freilich, eine Einschränkung muß ich machen: Die Gestapo behielt das Kapitel „Kirchenjugend und Staatsjugend“ sowie die Jugendbriefe. Obwohl ich wegen Verletzung des Brief- und Beichtgeheimnisses dagegen protestierte, blieb es bei der Beschlagnahme. Im übrigen gab man mir nur Ermahnungen auf den Weg und ließ mich laufen.

### *Ordination und Trauung in der Sophienkirche*

An meinem kirchlichen Status und der Aufgabe im Ostdeutschen Jungmännerwerk änderte sich durch die Prüfung in Wolfenbüttel nichts. Zwar hatte ich im Dom zu *Königslutter* meine Examenspredigt gehalten, aber das gehörte zum Prüfungsgeschehen. Ich war nun nicht Predigtamtskandidat der Landeskirche in Braunschweig und mußte auch dort keine Hilfspredigerstelle übernehmen. Im Einvernehmen mit dem Lutherischen Rat bzw. Hanns Lilje setzte ich meine Tätigkeit in der Sophienstraße fort. Allerdings gab es noch ein Nachspiel. Das Ostwerk arbeitete ja offiziell mit dem Oberkirchenrat der sogenannten „Altpreußischen Union" und damit auch mit der *Brandenburgischen Provinzialkirche* zusammen. Diese Verbindung galt es zu wahren, zumal ich ordiniert werden sollte und wollte. Eine solche Ordination aber wurde nur möglich, wenn man vom Konsistorium als *Vereinsgeistlicher* beim Jungmännerwerk anerkannt war. Nicht genug damit: Für diese Anerkennung mußte ich ein *Kolloquium* ablegen, das mir ein Oberkonsistorialrat (Nagel ?) abnahm. Am 7. Dezember 1938 bin ich dann schließlich in der Sophienkirche ordiniert worden. Im Auftrag des evangelischen Bischofs nahm *Präses Zimmermann* die *Ordination* vor. Dabei assistierten mein Pflegevater, Domprediger Max Schröder aus Radebeul, und der Leiter des Ostwerkes, Pfarrer Arnold Dannenmann. Aber auch jetzt war der langwierige und komplizierte kirchenrechtliche Prozeß noch nicht zu Ende. Die Leitung des Ostwerkes sah im Brandenburgischen Konsistorium Kräfte am Werk, die sich dem nationalsozialistischen Regiment so sehr verpflichtet fühlten, daß durch meine Aufnahme in die Pensionskasse der Brandenburgischen Kirche Gefahren für den gesamten Dienst des Ostwerkes entstanden wären. Es wäre so ein leichtes gewesen, die Arbeit des Jungmännerwerks schärfer zu kontrollieren, als das bisher der Fall war. So bekam ich vom Ostwerk eine private Lebensversicherung bei der Frankfurter Allianz bezahlt, was mich zwar finanziell absichern konnte, mich aber als Mitglied der Bekennenden Kirche gleichzeitig in einen kirchenrechtlichen Schwebezustand versetzte. Aber diese Unsicherheit nahm ich in Kauf. Der missionarische Dienst schien mir wichtiger. Welchen Schwierigkeiten ich nach dem Kriege dadurch begegnen würde, konnte ich damals noch nicht ahnen.

Am 5. August 1939 haben wir geheiratet. Die *Trauung* fand in der mir so liebgewordenen Sophienkirche statt. Die Sophienkirche hat ihren Namen von der Königin Sophie Louise, sie ist 1713 eingeweiht worden und hat einen imponierenden barocken Turm mit einem Säulenaufbau aus zwei Geschossen und einer geschweiften Haube. Auf dem die Kirche umgebenden Friedhof liegen der bekannte Historiker Leopold von Ranke und der Komponist Carl Friedrich Zelter, ein Freund Goethes. Mein Schwager, Pfarrer Erich von Törne, vollzog die Trauung und sprach über Gal 6,2: „Einer trage des anderen Last, so werdet ihr das Gesetz Christi erfüllen." Anschließend feierten wir im heute zerstörten Admiralspalast, in der Nähe des Bahnhofs Friedrichstraße, wo uns Vater Strohmeyer ein festliches Essen bereitet hatte. Eine neue Wohnung hatten wir auch schon, nämlich in der Albrechtstraße 6, die ebenfalls am Bahnhof Friedrichstraße gelegen ist und die in einer Fußgängerbrücke über die Spree zum Bahnhof hin ausmündet. In der Großen Hamburger Straße blieben meine Mutter und die Tante zurück. In der alten Wohnung hatte ich viel Schönes, aber auch nicht wenig Ernstes erlebt. So wurde hier z. B. ein junger Theologiestudent, den ich in der bündischen Gruppe in Leipzig kennengelernt hatte und der bei uns wohnte, verhaftet und nach wochenlanger Haft in die Tschechoslowakei abgeschoben. Hier hatte ich das Manuskript meines ersten größeren Buches geschrieben. Hier hatten wir fröhlich gefeiert, z. B. an einem Silvesterabend, als die Familien Jentsch und Strohmeyer einander nähergekommen waren.

Noch am Nachmittag des Hochzeitstages begann unsere kleine Hochzeitsreise. Es wurde eine Reise in die Vergangenheit. Ich wollte meiner jungen Frau die Welt zeigen, aus der ich kam. So ging es zunächst nach Bautzen, wo wir im Hotel Gude am Bahnhof übernachteten und am nächsten Tag die Schönheit der mittelalterlichen Stadt und unsere frühere Wohnung in Augenschein nahmen. In Radebeul bei Dresden trafen wir die Familie Schröder und besonders meinen Pflegevater, den „Onkel Schröder". Ein Abstecher ins Erzgebirge brachte uns nach Ehrenfriedersdorf. Schließlich landeten wir in Leipzig. Dann ging es wieder zurück nach Berlin.

So fing unsere Ehe an. Daß sie gelungen ist, haben wir beide nur Gott, dem Schöpfer und Versöhner, zu danken, der uns zusammengeführt und zusammengehalten hat. Menschlich konnten wir uns gut ergänzen, vielleicht weil wir in manchen Dingen verschiedene Naturen waren. Meine Frau hatte sozusagen alles das, was ich nicht hatte. Sie war still und stetig, zart, aber auch zäh, geduldig und behutsam. Daß sie herrlich trösten konnte, wenn man einmal niedergeschlagen war, und daß sie unendlich kinderlieb war, habe ich später erst erfahren. Das alles war nicht nur so, sondern ist auch bis heute so geblieben. Nicht zuletzt half und hilft sie mir durch ihre Art von unauffälliger, aber tiefer Frömmigkeit. Auf dem Weg dahin hat ihr ein Aufenthalt in der Villa Seckendorf in Cannstatt, einer Bibelschule der Chrischona-Mission, geholfen. Ich selber bin, jedenfalls in meinen jüngeren Jahren, motorisch gewesen und mußte aufpassen, daß ich nicht zuviel Tempo drauflegte, ich hätte sonst oberflächlich werden können. Oft sah ich auch neue Perspektiven – ich war nicht gerade ohne „Initialzündungen". Meine Gefahr bestand darin, das vorgestern noch Angefangene unfertig liegenzulassen. Ich bin andererseits zeitlebens ein sogenannter „gründlicher“ Mensch gewesen. Ich wollte es immer genau wissen und fahndete dann zeitraubend nach Belegen, um meine These zu erhärten. Dabei konnte es schon vorkommen, daß andere, mehr pragmatische Pflichten zu kurz kamen. Schließlich hatte ich zuweilen Mühe, meinen Hang zu Einzelheiten mit meiner Freude am weitausgreifenden Handeln zu verbinden. Hier hat meine Frau mich rührend treu ertragen und mir beim fruchtbaren Verknüpfen der in mir spannungsvoll streitenden Gegensätze geholfen.

Im August 1939 verdunkelte sich der Horizont in der weltpolitischen Lage. Es lag etwas in der Luft. Wir wußten nur noch nicht, was. Plötzlich entdeckten wir, daß wir nur 3½ Wochen vor dem Ausbruch eines Weltbrandes geheiratet hatten. Am 1. September marschierten die deutschen Truppen in Polen ein. Der Zweite Weltkrieg hatte begonnen.

# III. STANDORTPFARRER BERLIN II LUFTWAFFE

## 1. An der Alten und Neuen Garnisonkirche

Der in der Renaissance spielende Roman „Der Großtyrann und das Gericht“ von Werner Bergengruen beginnt mit einer Erklärung: „Es ist in diesem Buche zu berichten von den Versuchungen der Mächtigen und von der Leichtverführbarkeit der Unmächtigen und Bedrohten. Es ist zu berichten von unterschiedlichen Geschehnissen der Stadt Cassano, nämlich von der Tötung eines und von der Schuld aller Menschen. Und es soll davon auf eine solche Art berichtet werden, daß unser Glaube an die menschliche Vollkommenheit eine Einbuße erfahre. Vielleicht, daß an seine Stelle ein Glaube an des Menschen Unvollkommenheit tritt, denn in nichts anderem kann ja unsere Vollkommenheit bestehen als in eben diesem Glauben.“ An diese Sätze muß ich denken, wenn ich in folgendem erzähle, was ich als Seelsorger der Standortgemeinde Berlin im Ernstfall des Zweiten Weltkrieges erfahren habe. Durch die Vermittlung von Erich Stange bin ich dem Dichter einmal persönlich begegnet. Dieser Balte, der eine Neigung zum Mystischen hatte, ist mir mit seinem nach Innen gewandten Blick und dem hageren Gesicht in Erinnerung. Er hatte ein tiefes Verständnis für Themen wie: Macht und Ohnmacht, Gericht und Gnade, Schuld und Vergebung. Hinter der Einleitung zum „Großtyrann“ steht also ein überzeugter Christenmensch. Durch eine merkwürdige Führung Gottes bin ich in einen verantwortungsvollen Dienst an vielen jungen Männern und ihren Offizieren in der Luftwaffe geraten. Dabei begegnete ich manchen führenden Persönlichkeiten, die damals unseren Staat repräsentierten. Ich war aber auch bei denen in den dunklen, einsamen Zellen, die ihren Prozeß abwarteten, nicht zuletzt bei solchen, die sich auf den letzten Gang zurüsteten. So habe ich in Berlin das Parkett und das Schafott des Dritten Reiches gleichzeitig kennengelernt.

Das kam so.

Als der Krieg 1939 ausbrach, stand ich, ohne es zu wissen, auf der *Reserveliste* der Wehrmachtspfarrer für den Ernstfall, und zwar als Standortpfarrer im Nebenamt für den *Sprengel Berlin II.* Es gab damals nur Heeres- und Marinepfarrer. Die *Luftwaffe* wurde durch Heerespfarrer mitbetreut. Da aber in Berlin so viele Einheiten der Luftwaffe lagen, wie das Reichsluftfahrtministerium, das Luftgaukommando, das Luftwaffenlazarett Reichssportfeld, das Regiment General Göring usw., wurde ich extra für die Einheiten der Luftwaffe abgestellt und war so praktisch der erste und einzige „Luftwaffenpfarrer", den die Wehrmacht gehabt hat. Die hauptamtlichen Militärgeistlichen bzw. „Wehrmachtspfarrer" befanden sich als Divisionspfarrer im Feld. Der *Feldbischof D. Dohrmann* kannte mich persönlich, da er Mitglied des Kuratoriums in unserem Seminar für evangelische Jugendarbeit war. Es war bekannt, daß der Feldbischof auf der Seite von Bibel und Bekenntnis stand. Er agitierte zwar nicht öffentlich, ihm lag vielmehr die biblisch orientierte Predigt am Herzen. Aber er baute in aller Stille personalpolitisch und als Seelsorger von Seelsorgern einen Kader von geistlichen Mitarbeitern auf, um den ihn mancher Bischof einer Landeskirche beneiden konnte. Das war auch eine Form des Bekennens, wie es eine kirchenleitende Tätigkeit innerhalb eines totalitären Staates erforderlich machte. Weiten Kreisen ist Feldbischof Dohrmann durch sein seelsorgerliches Verhältnis zum alten Reichspräsidenten von Hindenburg bekannt geworden. Als der Feldmarschall starb, hat er die Beerdigungsansprache in Tannenberg gehalten. Meine Freunde und ich konnten uns die plötzliche Berufung nur so erklären, daß Dohrmann in dem Jugendpfarrer des Ostwerkes jemand sah, der etwas von jungen Menschen verstand, theologisch richtig lag und predigen konnte.

### *Zu Kriegsbeginn auf der Kanzel Emil Frommels*

Am 1. September 1939 brach der *Krieg* aus. Kaum war er „erklärt" worden, da erschien der Küster der Alten Garnisonkirche bei mir in der Großen Hamburger Straße. Als Verwaltungsbeamter der Wehrmacht im Range eines Obersekretärs trug er die Schulterstücke eines Oberleutnants. Der „Herr Standortpfarrer" möchte doch die Lieder für den Sonntagsgottesdienst angeben. Schon am dritten Tag des Krieges fiel mir die schwierige Aufgabe zu, den ersten Standortgottesdienst zu halten. Ich schlug einige Lieder vor, fand aber damit nicht den Beifall des Küsters. Er erklärte mir liebenswürdig, aber deutlich, daß man bei den Wehrmachtsgottesdiensten nur etwa 10–20 Lieder zu singen pflege, weil die vielen anderen den meisten Wehrmachtangehörigen völlig unbekannt seien. Also mußte ich umschalten, habe aber doch wohl das Lied durchgesetzt: „Wenn wir in höchsten Nöten sein und wissen nicht, wo aus noch ein, und finden weder Hilf noch Rat, ob wir gleich sorgen früh und spat, so ist dies unser Trost allein, daß wir zusammen insgemein dich anrufen, o treuer Gott, um Rettung aus der Angst und Not.“ Ich bereitete mich gründlich, so gut ich konnte, vor.

Die *Alte Garnisonkirche* gibt es heute nicht mehr. Sie stand zu meiner Zeit an der Neuen Friedrichstraße, die in DDR-Zeiten den Namen Littenstraße bekam. Sie hat eine wechselvolle, ja dramatische Geschichte. Ursprünglich 1701 bis 1703 gebaut, wurde sie durch eine Explosion des Pulvermagazins im Spandauer Torturm zerstört und 1722 wieder aufgebaut. Am Giebel befanden sich eine Krone und der Namenszug Friedrich Wilhelm I. Zweimal im Laufe des 19. Jahrhunderts wurde die schlichte Kirche umgebaut. Erst 1900 bekam sie einen kleinen Glockenturm. 1908 brannte die Kirche erneut ab. Ein Jahr später wurde sie in alter Gestalt wieder aufgebaut. Eindrucksvoll und wuchtig war die Orgel. Sie besaß einen Mechanismus, durch den die Engelfiguren und die beiden Adler bewegt werden konnten. In Erinnerung ist mir noch, daß sich im Keller Särge mit hohen Offizieren aus der Zeit der Freiheitskriege befanden. Als man aus historischem Interesse einmal einige Särge öffnete, waren die Uniformen wohl durch die Eigenart der (bleihaltigen?) Luft noch bemerkenswert gut erhalten. Wenige Monate nach Beendigung meines Dienstes ist die Alte Garnisonkirche im November 1943 durch Bomben zerstört worden. Nach dem Kriege haben die Behörden 1949 die Ruinen gesprengt. Im Märkischen Museum befinden sich noch der Taufstein und einige Grabsteine.

Ich predigte über den vorgeschriebenen Text *Römer 3,21–24*. Eine schwierigere Epistel hätte man sich nicht auswählen können. Aber als diese Texte beschlossen wurden, ahnte noch kein Oberkirchenrat, daß am 3. September 1939 Krieg sein würde. Auf diesen paulinischen Versen beruht Luthers Turmerlebnis. Ich erlaubte mir nur insofern eine kleine Korrektur, als ich mich auf die beiden Kernverse 23 und 24 konzentrierte: „Denn es ist hier kein Unterschied: Sie sind allzumal Sünder und mangeln des Ruhmes, den sie bei Gott haben sollten, und werden ohne Verdienst gerecht aus seiner Gnade durch die Erlösung, die durch Christus Jesus geschehen ist.“ Die Niederschrift dieser und auch anderer Berliner Predigten konnten über den Krieg gerettet werden. Nicht alles von meiner kleinen Schrift ist noch zu lesen. Manche zeitbedingte Sätze und Begriffe würde ich natürlich heute nicht mehr sagen. Interessant ist es aber zu beobachten, wie ich mit dem Text und der unten sitzenden großen Gemeinde umging. Es waren einige Mannschaften und Unteroffiziere, nicht wenige Offiziere und viele Angehörige da; u. a. wurden auch Generäle und ein Staatssekretär gesehen. Die Predigt begann mit folgenden Worten: „Die heutige Predigt trägt den Charakter einer Antwort. Wenn einmal, dann ist in diesen entscheidenden Tagen die Kirche gefragt, was sie denn zur Lage zu sagen habe. Der Mann auf der Kanzel ist Rechenschaft schuldig, und der Mensch unter der Kanzel erwartet am ersten Sonntag eines Krieges etwas von der Institution, die das Christentum verkörpert." Ich fuhr fort: Gerade heute habe die Kirche das Beste weiterzugeben, das sie besitze, nämlich „allerhärtestes geistliches Rüstzeug". Ich griff die bekannte Redensart von der „Beurteilung der Lage" auf und steuerte dann auf das Thema und die drei Teile zu: „*Das Wort zur Lage* von seiten der Kirche lautet: Unsere Lage ist unterschiedslos von Gott bestimmt. Sie ist 1. unterschiedslos vor Gott ungenügend, 2. unterschiedslos durch Gott in Ordnung gebracht und 3. unterschiedslos mit Gott zu meistern."

Gewiß gab es da in der Predigt ein paar „vaterländische" Klänge, warum auch nicht. Ich hatte ja mein Volk lieb und wollte zu meinen Kameraden stehen. Aber der Prediger durfte von seinem Auftrag nicht abgehen, er mußte sich so oder so dem harten Brocken dieses Textes stellen. So nannte ich den „Ernstfall" der Lage beim Namen: „Der Tod lebt, und das Leben stirbt." Es mußte deutlich werden, daß wir angesichts des Todes vor Gott alle in *einem* Boot sitzen, unterschiedslos ohne Ruhm und Ehre: „Man kann eine 4-Millionen-Stadt verdunkeln, aber man kann sich selber nicht vor Gott verdunkeln." Es sei nun wirklich „Ernstfall". Der „heutige Sonntag" müßte eigentlich zum „Bußtag" werden. Aber die Predigt versuchte nun auch das Evangelium hörbar zu machen. Unsere Lage sei nun auch unterschiedslos durch Gott in Christus wieder in Ordnung gebracht worden. Der Blick auf den Nachbarn und Kameraden, der jetzt ähnlich Schweres zu ertragen hätte, genüge nicht: „Dieser Auch-so-Trost verfängt nicht!" Deshalb verwies ich auf den eigentlichen Trost im Wort und in der Tat Jesu. Ob das, was da der junge Theologe auf der Kanzel über das unerhört neue Verhältnis von „Recht" und „Gnade" ausführte, bei den Hörern angekommen ist, mag bezweifelt werden. Aber den Satz werden sie verstanden haben: „Das Evangelium ist kein Rechenexempel oder eine amtsgerichtliche Entscheidung, sondern Leben. Gewiß ein richterliches Urteil: Gott vergibt. Aber er gibt auch." Im letzten Teil wurde unterschiedslos zum Glauben aufgerufen. Am Schluß zitierte ich einen Hauptmann, der mir vor ein paar Tagen gesagt hatte: „Wir haben nichts zu verlieren, wir haben nur in den Himmel zu kommen." Jetzt gelte es, die „geistlichen Nerven" zu behalten.

Als ich die Kanzeltreppe herunterkam, erwartete mich in der Sakristei der Feldbischof persönlich in voller Uniform. Die damaligen Wehrmachtspfarrer trugen keine Schulterstücke oder Rangabzeichen, sie waren nur durch ein schlichtes Kreuz charakterisiert. Die einzige Ausnahme machte der Feldbischof selbst, er mußte einen Mantel mit violetten Aufschlägen (wie ein General!) tragen, und seine Mütze hatte goldene Litzen. Die wenigen Worte, die der Bischof an mich richtete, klangen wie eine Manöverkritik. Die Sprache war knapp, der Ton bestimmt, das Verhalten alles in allem preußisch. Etwa so. „Bruder Jentsch, zum Positiven Ihrer Predigt wäre nichts zu sagen. Das versteht sich bei uns von selbst. Kritisch möchte ich folgendes anmerken: Sie stehen auf der Kanzel *Emil Frommels* (bedeutender Hof- und Garnisonprediger, begnadeter Volksschriftsteller, 1828–1896). Das heißt etwas. Wir haben Sie hierhergeholt, weil Sie sich theologisch ausgewiesen haben. Kurz, Sie müssen Ihre Worte wählen. Bestimmte Formulierungen, die bei Ihren jungen Männern gut und richtig sein mögen, sind hier nicht immer angemessen. Sie haben sich im liturgischen Teil des Gottesdienstes jeweils beim Gebet zum Altar gewendet: Das lassen Sie in Zukunft bleiben. Ihre liturgische Gymnastik (oder sagte er: „Turnübungen"?) können Sie zu Hause machen. Am Altar stehen Sie klar und ruhig mit Kopf geradeaus zur Gemeinde. Nun wünsche ich Ihnen Gottes Segen für die weitere Arbeit. Auf Wiedersehen!" Sprach's, gab mir die Hand und ging. Da hatte ich es. Ich mußte noch viel lernen. Ich war ja auch erst 26 Jahre alt und stand plötzlich in einer solchen Schlüsselposition. Zwar hatte ich mein Manuskript wörtlich ausgearbeitet, aber wahrscheinlich war mir doch unversehens eine Äußerung entschlüpft, die dem hohen geistlichen Herrn nicht gefiel. Der Mann hatte recht. Eine Predigt in der Garnisonkirche von Berlin war nicht mit einer Jugendevangelisation unter freiem Himmel zu verwechseln. Den anderen Einwand mit meinem liturgischen Stil mußte ich erst einmal hinunterschlucken. Sollte denn das, was ich mühsam bei den Professoren Sommerlath und Dedo Müller in liturgischer Hinsicht gelernt hatte, alles falsch und umsonst sein? Langsam lernte ich, daß ich im nüchternen soldatischen Bereich tätig war und daß Berlin zu einer Unionskirche gehörte, die Lutheranern und Reformierten gleichzeitig gerecht werden wollte. Später habe ich das alte, gute kirchliche Brauchtum wiederaufgenommen. Es hat schon seinen guten Sinn, wenn der Pfarrer zusammen mit der Gemeinde sich im Gebet Gott zuwendet. Für mich und viele meiner Freunde im Pfarrerstand bedeutete diese Kehrtwendung: Jetzt kommt ein Gespräch in neuer Richtung.

Berlin hatte zwei Garnisonkirchen. Während die Alte Garnisonkirche in der Nähe vom Bahnhof Börse und Alexanderplatz lag, befand sich die *Neue Garnisonkirche* im Bereich Kreuzberg. Sie hieß nach dem Kriege „Kirche am Südstern". Sie stammt aus dem Jahr 1896 und ist im neugotischen Stil errichtet. Mit Richtung zur Gneisenaustraße steht der sechsundachtzig Meter hohe Turm. Die Kirche hat drei Schiffe und eine geräumige Sakristei. Nach außen ist das Gebäude mit schlesischem Sandstein verkleidet. Die Kirchenbesucher kamen aus den im Süden Berlins gelegenen Wehrmachtseinheiten, es nahmen aber auch viele Zivilisten, die in der Nähe wohnten, an den Gottesdiensten teil. Heute dient die Kirche einer charismatischen Gruppe „Christliches Zentrum Berlin e. V.".

Als Standortpfarrer II war ich verpflichtet, im regelmäßigen Wechsel auch in der Neuen Garnisonkirche zu predigen. Dazu war aus dem Norden immer eine lange Anfahrt nötig.

### *Predigttexte und -themen in schwerer Zeit*

Wenn ich die Berliner Predigten im Kriege nachträglich betrachte, fällt mir auf, daß ich damals schon versucht habe, den biblischen Text so unmittelbar wie möglich zur Sprache zu bringen, wobei es mir aus seelsorgerlich-missionarischen Gründen darum ging, lage- und hörerbezogen zu sprechen. Diesem Ziele dienten eine aktuelle Thematisierung des Textes, eine klare, behaltbare Gliederung, manche anschauliche Bilder bzw. Begriffe und nicht zuletzt einige Zitate, die verdeutlichen und aufmerksam machen sollten. Ähnlich ging ich in der gutbesuchten *Bibelstunde* vor, die sich bald zu einem Kernkreis entwickelte. Nur wurden hier die Texte, z. B. die Offenbarung, versweise interpretiert und anschließend auch diskutiert. Die Predigten waren reine Ansprachen. Ein paar Themen und Texte sollen illustrieren, was für die Kanzelreden des jungen Standortpfarrers charakteristisch war.

Schon die zweite Predigt über Joh 11,1–11 am 17. 9. 1939 gebraucht das Bild von der „*Treppe*", wie es mir an der Ost-West-Achse begegnet war. Zur Siegessäule konnte man nur indirekt durch eine Treppe hinunter, durch einen Schacht hindurch und dann wieder durch eine Treppe hinaufgelangen. An diesem Gleichnis suchte ich den Passionsweg Jesu, die Nachfolge der Jünger im Kriege zu veranschaulichen (Joh 11, 1–11: „Zwei heilige Treppen"). 1940 waren es die „*Finger Jesu*" von Mk 7,31–37, die mich packten und die ich den Hörern in der Garnisonkirche „zeigen" wollte: „Sie nehmen besonders, beten, machen hellhörig, öffnen den Mund, gebieten Schweigen und bahnen den Weg zu Gott." Anhand von Lk 17,11–19 wurde die „*Statistik der Dankbarkeit*" erläutert. 1941 suchte ich im Sinne von Lk 5,3–5 die „*Furchen des Leides*" als Saatträger großen Stils nachzuzeichnen (Saat auf Geduld, Erfahrung, Hoffnung, Ehre). Im Sommer desselben Jahres stellte der Prediger im Lichte von Lk 5,1–11 „*Betrachtungen am Ufer*" an, wobei er die Gemeinde im Geiste an das Spreeufer in Berlin versetzte (Das Wasser ruft. Ich werde es versuchen. Die See ist voller Wunder. Ich kann mich nur schämen. Das andere Wasser ruft. Ich will zu neuen Ufern). Eine schöne Gelegenheit zu einer meditativen Predigt gab 1. Thess 4,11.12. Hier ging es um die Thematik „*Mehr Stille im Lande!*" (Ruhe ist die erste Christenpflicht. Stilles Schaffen und schaffende Stille. Der Ringkampf um die Stille). Mit dem Thema „*Der Zentimeter der Liebe*" wollte eine Predigt anhand eines neuen Filmes der alten Geschichte von der Nächstenliebe nahekommen (Lk 10,23–37). Erregend schien mir der Text von Mt 21,28–32. Ich stellte ihn unter den Leitgedanken „*Moment und Glaube*" (Die Zeitigen, Die Späten, Wir). Diese Verkündigung geschah schon 1942. Das Gleichnis vom Pharisäer und Zöllner (Lk 18,9–14) wurde umgesetzt als eine „*Skizze vom Rechner und Beter*". Als ob ich etwas von meiner späteren Tätigkeit als Direktor einer Evangelischen Akademie geahnt hätte, reflektierte ich in einer Jubilate-Predigt „Das Ende der Frage" im Horizont von Joh 16,16–23. Eine der letzten Predigten in der Alten Garnisonkirche wurde über das Evangelium Mt 7,13.14 gehalten. Das Thema lautete: „*Der Feldweg des Glaubens*" und wurde ganz schlicht disponiert: 1. Er hat einen schmalen Eingang. 2. Er wird nur von wenigen entdeckt. 3. Er führt ins Leben schlechthin. Die genannten Themen und Texte bilden nur eine kleine Auswahl aus einer großen Serie von sogenannten „Kriegspredigten". Das ist übrigens ein Ausdruck, den ich gar nicht recht mag. Die eigentliche Intention dieser Predigten war: unmißverständlich und anschaulich dem Hörer jener Zeit zu sagen, was die Frohe Botschaft im Ernstfall meint. Ich habe in jenen Jahren gelernt, was es heißt, eine „seelsorgerliche" Predigt zu halten.

Themen und Dispositionen alleine machen es nicht. Deshalb möchte ich etwas ausführlicher auf zwei Predigten eingehen, die durch eine besondere Situation gekennzeichnet sind. Die erste wurde am 22. 6. 1941 in der Neuen Garnisonkirche gehalten, also am Tage des *Kriegsausbruchs mit Rußland.* Nur die Grundgedanken und einzelne Sätze habe ich aufgeschrieben. Offenbar fehlte es mir an diesem Wochenende an der äußeren Zeit und der inneren Konzentration. In der Einleitung heißt es bezeichnenderweise: „Wochen der Spannung liegen hinter uns. Die schlimmsten Gerüchte schwirrten herum. Allerlei Sorge bewegte uns. Im Juni mußte das Ereignis kommen. Es war so, wie es Werner Bergengruen in seinem Roman ‚Am Himmel wie auf Erden' schildert. Ich griff zu diesem Buch, weil es viele von uns gelesen hatten. Es war damals gerade erschienen. In diesem Schlüsselroman der Angst vor dem Nichts hatte der Dichter die Probleme unserer damaligen Gegenwart bzw. die Kriegsängste von 1940 zurückversetzt in das Berlin vom Jahr 1524, für das man einen Weltuntergang vorausgesagt hatte." Deshalb fuhr die Einleitung fort: „Die Menschen in Berlin erwarteten ein astronomisches Ereignis. Der Kurfürst Joachim erläßt Gesetze. Der Kammerjunker schafft seine Braut weg. Er und ein anderer werden hingerichtet. Der Franziskanermönch predigt das gewaltige ‚Fürchtet euch nicht!'. Sogar der Kurfürst fällt zum Schluß um. Er zieht aus Angst vor der Sintflut auf die Höhe des Kreuzbergs. Die Aussätzigen fördern noch die Weltuntergangsstimmung." Mit alledem wollte ich zu dem Predigttext Mt 9,9–13 hinführen: „Auch heute sind manche von uns mit Minderwertigkeitskomplexen belastet, mit echten und unechten Sorgen." In einem angesichts des Rußlandfeldzugs von Ängsten geschüttelten Berlin erschien der Jesus, der den Zöllner Matthäus in seine Nachfolge ruft, wie einer, der von Komplexen befreit, wie *der „Erlöser vom Minderwertigkeitskomplex"* schlechthin. Ohne weiter auf die damaligen Zeitumstände einzugehen, entfaltet die Predigt dann den biblischen Text rein seelsorgerlich. Sie spricht von den Jüngern Jesu als einer *„Gefolgschaft der Unwichtigen"*, die im Lichte ihres neuen Meisters eine Umwertung aller Werte erfahren und plötzlich wichtig werden. Weil der Prediger meinte, an diesem Sonntag ein seelsorgerliches Wort sagen zu müssen, kam es ihm besonders darauf an, im Mittelstück den Ruf Jesu an die Sünder und Zöllner deutlich zu machen: Jesus wolle von uns *Buße* und keine *Minderwertigkeitskomplexe.* „Der Minderwertigkeitskomplex ist ichhaft und kommt nicht in den Sach-Raum. Buße allein macht sachlich." Der Schluß der Predigt versuchte eine „*Brücke zu den Unsympathischen*" zu bauen. Die Gemeinde bekam eine „Hausaufgabe" mit. In ihrer Niedergeschlagenheit mußten die Leute etwas zu tun bekommen. Wenn Jesus sich mit den Sündern und Zöllnern, also mit den „Unsympathischen", an einen Tisch setzt, dann hätten wir daraus die Konsequenzen zu ziehen: „Wir müssen hier im eigenen Hause anfangen, so schwer es uns oft fällt. Wir müssen mit ihnen essen." Gemeint waren die schwierigen Familienmitglieder.

In der anderen Predigt, die am 7. 3. 1943 in der Alten Garnisonkirche gehalten wurde, steht oben im Manuskript eine Angabe in Klammern „*nach der Bombardierung Berlins*". Sie hatte auch meine Familie schwer betroffen; wir alle waren tief erschüttert. Beeindruckt durch die aufwühlenden Vorgänge brach ich aus der liturgischen Ordnung aus und wählte wohl zum ersten Mal völlig freie Texte. Es würde zu weit führen, den ganzen Wortlaut wiederzugeben. Da die Predigt aber charakteristisch ist für die Art und Weise, mit der ich in jenen Kriegsjahren versuchte, das Evangelium mit den ängstlichen und zweifelnden, suchenden und hoffenden Menschen der Standortgemeinde ins Gespräch zu bringen, seien deshalb die Einleitung und die Disposition wörtlich wiedergegeben.

„Liebe Gemeinde! Die Engländer haben uns am letzten Montag vieles genommen. Hunderte von Menschenleben sind tot oder verwundet. Häuser sind zerstört, Werte vernichtet. Aber sie haben uns nicht alles nehmen können. Das tägliche Brot ist zwar gefährdet worden, aber der Mensch lebt ja nicht vom Brot allein, sondern vom Worte Gottes. Und das Wort Gottes, das ist geblieben. Wie ein Gleichnis hat es mich berührt, was ich in jener Nacht erlebte: Mein Haus in der Albrechtstraße ist von Brandbomben getroffen worden. Meine Wohnung ist total abgebrannt und eingestürzt. Noch am Dienstag brannte die ganze Bibliothek lichterloh ab – aber ausgerechnet meine Bibel ist erhalten geblieben. Etwas verräuchert und durchgeweicht war sie schon. Ein Mädchen aus dem Hause hatte sie in einem Haufen auf der Straße gefunden. Strahlend drückte sie mir das Buch in die Hand. Vieles ist mir genommen worden, aber das Letzte für Leben und Sterben durfte ich behalten. Was trauere ich meinen Büchern nach! Wenn ich nur dieses Buch habe, frage ich nicht mehr nach Himmel und Erde. Noch nie habe ich eine Predigt so ohne Bücher vorbereitet wie heute. Aller Ballast mit Einleitungen und Zitaten fällt weg. Dabei habe ich eines gelernt: den Segen des Kommentarlosen, des Elementaren im Hören auf das Wort und im Verkündigen des Wortes. Diese Predigt muß also eine unerhört sachliche Predigt werden. Es tut euch und mir gut, wenn wir von den Nebensachen auf die Hauptsache gelenkt werden. Als ich in meiner zerfetzten Bibel blätterte, suchte ich nach einem Wort Gottes über die Stadt. Seit Montag geht ein großes Fragen durch Berlin. Eine Stadt fragt nach Gott. Wo wir hinhören, murmelt, munkelt, ringt und kämpft man um eine Sinndeutung dieses Geschehens. Wie von einem elektrischen Schlag getroffen, ist alles aufgeregt. Wir sind in Berlin wie ein gestörter Ameisenhaufen. Es ist etwas geschehen. Berlin hat Geschichte erlebt, und Gott hat Geschichte gemacht. Drei Bibelworte habe ich gefunden. Sie nehmen unsere Frage auf und geben Antwort. Der Leitgedanke der Predigt sei deshalb:

*Eine Stadt fragt nach Gott:* 1. *Was sollen wir denn jetzt tun?* ‚Wo der Herr nicht die Stadt behütet, so wacht der Wächter umsonst' (Ps 127,1). 2. *Hat der letzte Montag einen Sinn?* ‚Ist auch ein Unglück in der Stadt, das der Herr nicht tue?' (Amos 3, 6). 3. *Hat Berlin noch eine Zukunft?* ‚Wir haben hier keine bleibende Stadt, sondern die zukünftige suchen wir' (Hebr 13,14)."

## *„Daneben" Jugendarbeit und Promotion*

Fast vier Jahre habe ich den Predigtdienst in den beiden Berliner Garnisonskirchen ausüben dürfen. Zur Funktion des Standortpfarrers gehörte aber natürlich nicht nur das Predigen. Auf die anderen Dienste und die in Verbindung damit stehenden Begegnungen werde ich noch zu sprechen kommen. Zunächst sind noch ein paar Zwischenbemerkungen notwendig, damit die ganze *Komplexität* meiner Arbeit in den Berliner Jahren einigermaßen verständlich wird. Vor allem muß noch einmal ausdrücklich festgestellt werden, daß es sich um einen *Standortpfarrer* „im Nebenamt" handelte. Dem Hauptamt nach war ich wie bisher Jugendpfarrer bzw. Seminarleiter im Ostdeutschen Jungmännerwerk. Im Verlauf der Kriegsjahre verschob sich nur der Akzent. Aus dem Nebenamt wurde unausgesprochen ein Hauptamt. Manchmal konnte ich mich nicht retten vor den Verpflichtungen in der Wehrmachtseelsorge, so daß nur noch ein bescheidener Teil an Zeit und Kraft für die Jugendarbeit übrig blieb. Eine Überprüfung der erhalten gebliebenen Amtskalender von 1939 und 1940 ergibt aber, daß ich trotz allem noch zahllose Dienste im Jugendwerk durchführen konnte. Heute wundert man sich, daß das trotz der Bedrängung durch den NS-Staat möglich war. Die Evangelischen Jugenddienste in den verschiedenen Gemeinden hatten ein zähes Eigenleben; sie wurden durch den Ernstfall des Krieges erst recht zu einer regen Aktivität motiviert. So habe ich in dieser Zeit in vielen *Gruppen* des Ostwerks in allen Stadtteilen von Groß-Berlin Stunden gehalten. Zum Teil behandelte ich dabei reine Jugendfragen, zum Teil erzählte ich von meiner Arbeit als Standortpfarrer. Auch die *Seminarkurse* gingen weiter. Auf dem Programm standen Einführungen in biblische Texte, Handreichungen zur Jugendbibelarbeit, aber auch spezielle theologische Fragen, so Gespräche über die Grundgedanken von Sören Kierkegaard („Ironie und Glaube") und aktuelle Themen wie „Zufall, Schicksal, Führung". Auch Jugendmissionstage konnten noch zum Teil gehalten werden. Aus den Notizen geht hervor, daß ich mitten zwischen Beerdigungen, Lazarettbesuchen, Verhandlungen in Ministerien, Seelsorgegesprächen mit einzelnen Gliedern der Wehrmachtgemeinde mehrmals nach *„draußen"* fuhr und in Städten des Ostwerkgebietes wie Halle, Breslau, Schneidemühl, Rathenow usw. referiert oder evangelisiert habe. Dazu kamen die *Konferenzen* mit den Landeswarten, den Jugendpfarrern, den kirchlichen Behörden. Demgegenüber stand der Alltag des Standortpfarrers mit seinen vielfältigen Verpflichtungen wie Amtshandlungen, Konfirmandenstunden, Lazarett- und Gefängnisbesuchen sowie die mancherlei unvorhersehbaren, aber um so wichtigeren seelsorgerlichen Gespräche und Aktionen. Es war wirklich nicht leicht, das alles unter einen Hut zu bringen, ohne dabei vor die Hunde zu gehen. Damals war ich jung, unverbraucht und bei voller Gesundheit. Außerdem hatte mir der freundliche Gott offenbar eine gewisse Wendigkeit mit in die Wiege gelegt, so daß ich es nicht allzu schwer hatte, auf mehreren Klavieren gleichzeitig zu spielen.

Zu alledem kam eine weitere Belastung. In aller Stille hatte ich nämlich noch vor dem Kriege an einer *Promotion* zum Lizentiaten (Lic. theol.) gearbeitet. Das Thema war aus meiner beruflichen Arbeit im Dienst am jungen Menschen einerseits und aus meiner durch *Prof. Oepke* geweckten Liebe zur Exegese des Neuen Testamentes andererseits entstanden. Es lautete: *„Paideia Kyriu – Das neutestamentliche Erziehungsdenken im Rahmen seiner Umwelt."* Das Manuskript der verhältnismäßig großen Untersuchung war fertiggestellt und in meiner Heimatuniversität eingereicht. Man hatte das Rigorosum dieser „Kriegsprüfung" für den 11. November in der Theologischen Fakultät Leipzig angesetzt. So hieß es, heimlich in jeder freien Minute noch für diese mündliche Prüfung zu pauken. Sie fand unter dem *Dekanat* von

*Prof. D. Dr. Beyer* statt und wurde an dem besagten Termin bestanden. Laut einer Bescheinigung war ich berechtigt, den Titel *Lic. theol.* (später umgewandelt in Dr. theol.) zu führen, mußte aber in einer angemessenen Zeit „nach dem Friedensschluß" die Arbeit „gedruckt" vorlegen. Erst dann sollte mir das endgültige Diplom ausgehändigt werden. Kein Mensch konnte damals ahnen, wie lange der Krieg und eine eventuelle Kriegsgefangenschaft noch dauern würden. Nach der Rückkehr aus dem Dienst an den Kriegsgefangenen in Großbritannien konnte das Manuskript der Dissertation für die Vorlage bei der Fakultät und für den Druck beim Verlag C. Bertelsmann (heute G. Mohn) etwas überarbeitet und ergänzt werden. Es erschien dann 1951 als Buch unter dem Titel „Urchristliches Erziehungsdenken. Die Paideia Kyriu im Rahmen der hellenistisch-jüdischen Umwelt". Einzelheiten zum Thema und zur Anlage meiner Dissertation können hier vorerst übergangen werden. Ich komme darauf zurück, wenn ich von meinen Erfahrungen in der Nachkriegszeit berichte.

### *Dienstliches und Familiäres*

Noch ein Wort zur Struktur der damaligen Wehrmachtseelsorge in der Reichshauptstadt. Wie stand es um das sogenannte „*Dienstliche*"? Neben dem Feldbischof amtierte als sein Stellvertreter der Feldgeneralvikar *Naether*, mit dem ich mich gut verstand. Sein Nachfolger wurde später der Feldgeneralvikar *Münchmeyer*. Als ich im September 1939 anfing, stand ich als erster nebenamtlicher Standortpfarrer allein auf weiter Flur. Der Bischof konnte sich nicht um jede Kleinigkeit kümmern, da er für die ganze Wehrmacht und seine vielen Divisionspfarrer und die Standortpfarrer an anderen Orten zuständig war. So mußte ich vieles einfach selber wagen, ausprobieren, aus Fehlern lernen und meistens kurzfristig planen. Es tut einem jungen Pfarrer gut, wenn er einmal dienstlich und geistlich von der Hand in den Mund leben muß. Natürlich ging das auf die Dauer nicht so weiter. Die Arbeit wuchs und wuchs und wuchs. So wurde zunächst (1940) mein ziviler „Chef", Pfarrer *Arnold Dannenmann*, der Leiter des Ostwerks, mit der nebenamtlichen Wahrnehmung des Standortpfarramtes Berlin I beauftragt, da alle aktiven Wehrmachtpfarrer draußen an der Front waren. In seinen Geschäftsbereich fielen die Einheiten von Heer und Marine. Ich selber behielt die vielen Einheiten der Luftwaffe und setzte meinen Dienst in den Lazaretten und Wehrmachtgefängnissen fort. Im Laufe der Zeit kamen noch die folgenden Berliner Geistlichen hinzu: Pfarrer *Hans Dannenbaum*, der Direktor der Berliner Stadtmission, Pfarrer *Joachim Braun*[7], der später als Evangelist weiten Kreisen bekannt geworden ist, Pfarrer *Dr. Harald Pölchau*, der bereits längere Zeit hauptberuflich ziviler Gefängnispfarrer in Tegel war, und Pfarrer *Hans Dannenberg* aus Berlin-Reinickendorf. So waren wir schließlich insgesamt sechs. Alle waren mehr oder weniger älter als ich. Wenn sie auch auf militärseelsorgerlichem Gebiet neu waren und nicht in dem Maße die theologischen Interessen hatten wie ich, konnte ich doch von ihrer praktischen Erfahrung im Pfarramt und ihrer ausgereifteren Persönlichkeit manches lernen. Kirchlich und geistlich unterstanden wir der Dienstaufsicht von Feldbischof Dohrmann. Militärisch gesehen war der Berliner Stadtkommandant, *General von Hase*, unser Vorgesetzter. Damit war ich nicht nur eingebunden in die soldatische Diszipin, zu der es z. B. gehörte, über Dienstgeheimnisse absolutes Stillschweigen zu bewahren, sondern empfing dafür auch die Vorteile eines gewissen Status, zumal die Wehrmachtpfarrer Offiziersrang besaßen. Als Standortpfarrer befand ich mich ungefähr in der Position eines Majors. Das alles hat mir einen gewissen Schutz gewährt, so daß ich von der Gestapo nicht mehr unmittelbar bedroht schien, wenn ich mir nicht etwas Außergewöhnliches gegen die Interessen von Staat und Partei leistete.

Nicht zuletzt haben mich natürlich während der Berliner Jahre das Familiäre bzw. die Dinge im eigenen Hause bewegt. Unsere junge Ehe wurde mit einem turbulenten Tagesablauf, den vielen Menschen, die mich dienstlich oder seelsorgerlich aufsuchten, durch das Unruhige und Unerwartete, das meiner damaligen Tätigkeit anhaftete, und nicht zuletzt durch die Angst und Sorge, die wir beide auch persönlich hatten, belastet. Meine Frau hat das alles trotz der Schwierigkeiten, die ich ihr zumutete, und mitten in wochenlangen Erkrankungen nervlich und geistlich durchgestanden. Sie nahm mich an, wie ich war und wie ich dienstlich sein mußte, und war mir auf diese Weise eine tägliche und tiefe Hilfe, direkt und indirekt, zuweilen durch ihr bloßes Dasein und ihre Fürbitte. Dafür habe ich ihr zeitlebens zu danken. Am 18. 5. 1940 schenkte sie mir unser erstes Kind, ein Mädchen, das wir *Kristin* nannten. Sie wurde übrigens an dem Tag geboren, als ich selber Tauftag hatte, was mir Anlaß zum Nachdenken gab. Sie wuchs gesund heran, hatte aber am meisten von unseren Kindern unter den Nöten des Krieges zu leiden. Am 4. 4. 1942 wurde meine Frau von einem Jungen entbunden. Wir hatten so sehr auf den kleinen *Stefan* gehofft, aber der Junge war leider nicht lebensfähig und starb bereits sechsunddreißig Minuten, nachdem er das Licht der Welt erblickt hatte. In aller Stille und Schlichtheit haben wir das Kind auf dem Mariendorfer Friedhof beerdigt. In seiner Ansprache fing *Arnold Dannenmann*, der Freund und Bruder, unsere Trauer und Ratlosigkeit seelsorgerlich mit dem schönen Jesuswort aus Mt 18,14 auf: „Also ist's auch bei eurem Vater im Himmel nicht der Wille, daß eins von diesen Kleinen verloren werde." Unter den paar Menschen, die das kleine Särgchen begleiteten und mit uns am Grabe standen, war auch ein *Dr. Peter.* Wie er unser Geschick erfahren hatte, weiß ich nicht mehr. Jedenfalls war er da, genauso treu, wie er regelmäßig meine Gottesdienste besuchte. Er stand den Quäkern nahe, war körperbehindert und konnte nur mit Schwierigkeiten sprechen. Nach der kleinen Feier kam er auf mich zu, drückte mir die Hand und sagte etwas, was für uns damals ungemein tröstlich war: „Herr Pfarrer, jetzt sind Sie auch schon verankert in der Ewigkeit." Das war eine glaubwürdige Seelsorge an Seelsorgern.

Hinter dem Dienstlichen und Familiären traten damals andere „private", etwa literarische Dinge zurück. Das konnte gar nicht anders sein. Wenn etwas geschah, dann flackerte es wie ein kleines Feuer auf, um bald wieder zu verlöschen. So habe ich zuweilen noch etwas geschrieben und veröffentlicht, solange das die Gestapo zuließ. Die „*Katechetischen Bausteine*", die Handreichung zum Werkplan 1941, habe ich schon erwähnt. Dazu kamen Artikel bei den *Deutschen Christuszeugen* (Gestalten der Kirchengeschichte), Auslegungen von biblischen Texten zur täglichen „Morgenwache" und sogar einmal ein Weihnachtsartikel in der damals vielgelesenen „Deutschen Allgemeinen Zeitung" (DAZ), den mir der Journalist Hans Eberhard Friedrich vermittelt hatte. Es war der letzte, der noch von kirchlicher Seite geschrieben werden konnte. Auch in der *Luther-Gesellschaft* habe ich weiter mitgearbeitet, übrigens zusammen mit Pfarrer *Link.* Die Arbeit der LG in Berlin-Brandenburg lag mir besonders am Herzen. Auch an Erfahrungsberichte über die Wehrmachtseelsorge, die ich in Zeitschriften veröffentlichte, erinnere ich mich. Als dann das Papier knapp und schließlich ganz blockiert wurde, war auch diese Seite der theologischen und seelsorgerlichen Kommunikation zu Ende.

## 2. Plötzlicher Kontakt mit Emmy Göring

Die im folgenden geschilderten Vorgänge fanden zeitlich und räumlich nicht nacheinander statt, sondern waren ineinander verwoben und miteinander verknüpft. Allerdings muß ich schon am Anfang eine Ausnahme machen, weil ich ein Ereignis zu berichten habe, das schon in den ersten Wochen des Krieges eintrat und für die ganzen dreieinhalb Jahre symbolische Bedeutung erhalten sollte.

### *Soldatenheime? Anfrage an und Rat von Marianne v. Weizsäcker*

Als der Krieg ausbrach, erinnerten wir Mitarbeiter des Evangelischen Jungmännerwerks uns unwillkürlich an den Dienst der *„Soldatenheime"*, den der Christliche Verein Junger Männer (CVJM) im 1. Weltkrieg 1914–1918 an der Front und in der Heimat geleistet hatte. Er bekam seinerzeit nationale und internationale Bedeutung und wurde bis in die höchsten Stellen des Kaiserreichs hinein anerkannt und gefördert. Pfarrer Dannenmann, als Leiter des Ostwerkes, zögerte nicht lange, sondern ergriff die Initiative, da das Ostwerk in Berlin lag, und machte bereits Pläne, wie es so seine Art war. Bald wurde es ihm und uns klar, daß wir ohne eine offizielle Förderung von seiten des Staates so etwas nie in die Wege leiten konnten. Deshalb kam der Gedanke auf, die Gattin des Staatssekretärs im Auswärtigen Amt, *Marianne Freifrau von Weizsäcker*, zu bitten, das Protektorat über das neue Projekt „Soldatenheime" zu übernehmen. Da ich mit ihrem Sohn Carl Friedrich, dem späteren Physiker und Philosoph, seit den Leipziger Studientagen befreundet war und sie selber persönlich kannte, wurde ich beauftragt, an sie zu schreiben und die Vermittlung zu übernehmen. Sie war eine einmalige Frau, eine geborene v. Graevenitz, überzeugte Christin, nicht nur die Frau eines Diplomaten, sondern selber eine Diplomatin, die sich auf dem politischen Parkett zu bewegen wußte. Trotz ihrer konservativen Einstellung hatte sie sich am NS-Hof eine beachtenswerte Stellung erworben. Sie beherrschte mehrere fremde Sprachen und konnte bei den Empfängen von ausländischen Potentaten repräsentieren, da Hitler nicht verheiratet war und die übrigen Damen aus der ersten Garnitur des Reiches nicht diese Sprachbegabung besaßen.

Die Antwort, die ich bekam, fiel negativ aus. Aber ganz so enttäuschend war sie auch nicht. Im Gegenteil, sie erschloß uns eine neue Perspektive und hieß uns hoffen, obwohl wir das kaum glauben konnten. Frau von Weizsäcker sagte mir nämlich, daß sie selber für die ihr zugedachte Aufgabe immer noch eine Nummer zu klein sei. Wenn schon, dann müßten wir noch eine Etage höher gehen. Kurz, sie schlug mir vor, einen neuen Brief zu schreiben und ihn an Frau *Emmy Göring*, die Gattin des damaligen Generalfeldmarschalls und Oberbefehlshabers der Luftwaffe, zu richten. Auf meine Einwendung, wie ich je an diese für damalige kirchliche Verhältnisse unvorstellbare und unerreichbare Adresse gelangen sollte, antwortete sie verständnisvoll lächelnd: „Das lassen Sie mal meine Sorge sein, Herr Jentsch." Sie war der Meinung, daß Frau Göring eine mütterliche und hilfsbereite Frau sei und eben deshalb für die ihr zugedachte Schirmherrschaft über die geplanten Soldatenheime die geeignete Persönlichkeit wäre. Außerdem hätte sie eine entsprechende Stellung. Sie war immerhin die erste Dame des Reiches. Frau von Weizsäcker schien ihrer Sache ziemlich sicher, offenbar hatte sie die Angelegenheit auch mit ihrem Mann, dem Staatssekretär, besprochen.

### *Einladung nach Carinhall*

Gesagt, getan. Ich verständigte Pfarrer Dannenmann und die Mitarbeiter. Wir warteten im übrigen ab, wie die Sache weitergehen würde. Großen Illusionen gaben wir uns freilich nicht hin. Das alles passierte schon in den ersten Tagen des Krieges. Jedenfalls findet sich in meinen Notizen am 6. und 7. September der Name „v. Wzs.". Vermutlich muß dann in der nächsten Woche (12. 9. ?) das Ereignis eingetreten sein, das mich völlig umwarf. Meine Frau und ich saßen gerade beim Mittagessen in der Albrechtstraße, als das Telefon klingelte. Ich war solche Störungen gewohnt und nahm den Hörer routinemäßig ab. Plötzlich wurde ich hellwach, als ich am anderen Ende die Stimme einer Frau hörte: „Heil Hitler! Hier spricht Frau Göring." Das Ganze war so ungewöhnlich, daß in meinem Kopf sofort alle möglichen Gedanken zu wirbeln begannen. Nicht nur die kleinen Zellen im Gehirn, sondern auch die Membrane des Gewissens bekamen plötzlich etwas zu tun. Frau Göring fuhr dann ungefähr folgendermaßen fort: „Herr Jentsch, Sie haben mir da einen Brief geschrieben, der die Einrichtung von Soldatenheimen für die Wehrmacht anregt, und mich gebeten, mich dafür einzusetzen. Ich habe mit meinem Mann heute früh am

Bahnhof, ehe er zum Führerhauptquartier fuhr, über die ganze Sache sprechen können. Mein Mann findet die Idee gut, meint aber, daß so etwas nicht Angelegenheit der Kirchen sein könne, sondern daß das die Aufgabe der NSV (Nationalsozialistische Volkswohlfahrt) sei." Ich schaltete so schnell, wie ich konnte: Frau Göring hatte als Mitglied der Evangelischen Standortgemeinde, als die ich sie angesprochen hatte, verstanden, worum es ging. Sie hatte auch den Mut gehabt, sofort und direkt mit ihrem Mann über unseren Plan zu sprechen, und das auch noch in einer Situation, als Göring zu Hitler fuhr. Mutig hatte sich diese Frau über die Ansprüche der Partei hinweggesetzt und ihrem Mann etwas vorgeschlagen, was in diesem Stadium der Entwicklung des Nationalsozialismus nicht nur ungewöhnlich, sondern auch gefährlich war. Die zurückhaltende, zwar verständnisvolle, aber letzten Endes negative Antwort des Marschalls signalisierte, wo wir geschichtlich standen. Schon 1939 vermochte sich ein Göring nicht mehr gegenüber der Parteileitung durchzusetzen. So konnte die „christliche" Idee ausgenutzt werden, um sie in neuer Weise von einer Parteistelle umgeformt zu verwirklichen.

Ich war enttäuscht, aber ich gab nicht auf. Ob es nun die Unbefangenheit des 26jährigen, die persönliche Impulsivität oder der Mut der Verzweiflung war, was ich jetzt tat, ich weiß es nicht. Vielleicht war es ein Stück plötzlicher Vollmacht von oben her – der Heilige Geist weht ja bekanntlich, wann und wo er will –, daß ich die Freiheit hatte, darauf ungefähr diese Sätze zu antworten: „Ich danke Ihnen sehr herzlich, gnädige Frau, daß Sie sich so freundlich für unser Anliegen eingesetzt haben. Natürlich bedauere ich die Entscheidung sehr, verstehe aber auch die Situation. Doch da kommt mir ein Gedanke. Wenn ich Sie schon einmal ‚an der Strippe' (!) habe, möchte ich mir erlauben, eine große Bitte auszusprechen: Seit Jahren ist der Kontakt zwischen der Kirche und den führenden Persönlichkeiten des Staates abgebrochen. Die Zeit ist ernst genug, könnte ich Ihnen nicht doch einmal die Probleme und Sorgen vortragen, die wir jetzt in der Kirche haben? Sie gehören zu unserer Evangelischen Standortgemeinde." Was dann geschah, war mehr als überraschend. Frau Göring sagte: „Warum nicht? Ach, wissen Sie, am besten kommen Sie mal mit Frau von Weizsäcker zusammen nach Carinhall zu einer Tasse Kaffee. Ich schicke Ihnen meinen Wagen. Setzen Sie sich mit Frau von Weizsäcker in Verbindung." Ich stammelte meinen Dank und kriegte gerade noch die zweite etwas verwegene Bitte heraus, ob ich Pastor Dannenmann, meinen damaligen „Chef" in der Jugendarbeit, mitbringen könne. Der wisse über manches besser Bescheid. Ich habe keine Antwort in Erinnerung, da Frau Göring aber nicht nein sagte, nahm ich das als Zusage. So hatte ich wenigstens einen Zeugen und erfahrenen Mitstreiter.

### *Der Besuch und seine Nachwirkung*

Am Dienstag, dem 19. September, 15.30 Uhr. Wir waren Gott dankbar und ergriffen ohne langes Zögern die uns gebotene Chance. Der Wagen von Frau Göring stand tatsächlich vor der Villa des Staatssekretärs im Auswärtigen Amt. Frau von Weizsäcker setzte sich nach vorn, wir beiden Pfarrer nahmen im Fond des offenen Mercedes Platz. Es war wunderbares Wetter. Die Schorfheide gab ihr Bestes. Nach einer längeren Fahrt langten wir bei einem Schlagbaum an, der den engeren Bereich des Sommer- und Jagdgrundstücks abgrenzte. Der Posten salutierte und ließ uns herein. Carinhall war 1935 im Stil eines schwedisch-englischen Landhauses errichtet worden. Es trug den Namen der schon 1931 verstorbenen ersten Frau Görings. Das Haus diente nicht nur der Familie als Wohnstätte, sondern auch dem Staat als ein offizielles Gebäude für Repräsentation und Empfänge. Ich erinnere mich noch an den Bamberger Reiter, dessen Kopie eine Ecke des Hauses schmückte und mich damals, mitten im Walde, doch beeindruckte. Geschickte Verwendung von Stein und Naturholz mit schweren großen Balken strahlten Würde und Geborgenheit zugleich aus.

Wir wurden freundlich empfangen. Da die beiden Damen sich gut kannten, kam das Gespräch auch ohne weiteres in Gang. Schon im Anfang wurde es durch den Auftritt der kleinen Edda unterbrochen. Sie erschien mit ihrer Kinderschwester. Großes Hallo! Sie bestieg ihr Schaukelpferd und ritt uns eine Runde vor. Wenn es noch eines Beweises bedurft hätte, so hatten wir ihn jetzt „vor Ort" erlebt. Frau Göring war tatsächlich eine „mütterliche Frau". Sie gab sich ganz einfach, ungezwungen und liebenswürdig. Die Behauptung, die man manchmal hörte, sie sei unnahbar und ließe sich mit „hohe Frau" anreden, stimmte nicht. Obwohl sie eine ehemalige gute Schauspielerin war, spielte sie uns nichts vor; sie war sie selbst.

An die Einzelheiten unseres Gesprächs kann ich mich nicht mehr entsinnen. Nur soviel weiß ich, daß wir von den Freuden und Nöten unserer evangelischen Jugendarbeit berichtet haben, insbesondere von den jungen Männern, die uns anvertraut waren. Am Beispiel unseres Vorschlags mit den Soldatenheimen war unserer Gastgeberin unmittelbar deutlich geworden, welche spezifische Verantwortung die Kirche für ihre jungen Männer im Ernstfall des Krieges trug. Ich selber habe aus den ersten Erfahrungen in der Standortseelsorge an den Einheiten der Luftwaffe berichtet. Vermutlich haben wir das alles an konkreten Beispielen erläutert. Auf diese Weise konnten wir auch die Sorge zur Sprache bringen, die wir im Blick auf das unbefriedigende Verhältnis zwischen der Staatsführung und der Gesamtkirche empfanden. Der Kontakt war seit Jahren abgerissen. Frau Göring sollte spüren, daß es außer der „deutsch-christlichen" Seite der Kirche, die ihr „offiziell" begegnete, auch noch einen anderen, viel größeren, lebendigen und aktiven Teil der Evangelischen Kirche gab, der sich in den Gemeinden der Bekennenden Kirche und in den Gruppen des Evangelischen Jugendwerks sammelte. Indirekt boten wir unsere seelsorgerliche und soziale Mitarbeit an und bekundeten unser aus der geistlichen Mitverantwortung kommendes Interesse an der Wiederaufnahme des Gespräches zwischen Kirchenführung und Staatsführung, und zwar mit den „richtigen" Leuten auf beiden Seiten. Recht bemerkenswert war es, daß Frau Göring uns die Tatsache anvertraute, daß sie es vor allem gewesen sei, die sich mit all den ihr als Frau zur Verfügung stehenden Mitteln dafür eingesetzt hätte, daß ihre Ehe kirchlich eingesegnet und ihre Tochter christlich getauft wurde. Bekanntlich geschah das damals durch den deutsch-christlichen Reichsbischof Ludwig Müller, dessen Anschauungen sie im Anfang des Dritten Reiches noch nicht durchschaut hatte. Sie hat in unserer Gegenwart nur verächtlich und kritisch von dem sogenannten „Reibi" gesprochen.

Geduldig hat sich Frau Göring all unsere Bedenken angehört. Wir befanden uns damals in dem ursprünglichen und kleineren Wohngebäude von Carinhall. Während unseres Gespräches schallte für eine kurze Zeit der Unterbrechung das Zeitgeschehen laut, deutlich und unüberhörbar in das Wohnzimmer herein. Wir hörten Marschkolonnen, Marschtritte, Marschmusik und nicht zuletzt laut jubelnde Massen. An diesem Tage und genau zu dieser Zeit marschierte Hitler in die Freie Stadt Danzig ein, die wieder dem Großdeutschen Reich eingegliedert worden war. Die Deutschen waren zwar durch den plötzlichen Polenfeldzug und die ersten Todesnachrichten von der Front geschockt, aber sie ahnten damals nicht, was an Schrecklichem noch folgen sollte: ein Weltkrieg, der Millionen von Toten forderte, die Judenverfolgungen und die Bombardierung unserer Städte. An diesem Tage freute man sich in Deutschland über die Wiederbefreiung Danzigs.

Das Gespräch ging schneller zu Ende, als wir erwarteten. Frau Göring war eine gute Zuhörerin. Sie konnte uns natürlich nicht auf alle unsere Fragen gleichsam stellvertretend für die Regierung und die Parteileitung antworten oder sogar Versprechungen geben. Wir durften aber glauben, daß sie auf ihre Weise ihrem Mann und anderen das weitergeben würde, was sie gehört hatte.

Gleichwohl war ich immer noch nicht ganz zufrieden. Ich wollte auf Nummer Sicher gehen. Deshalb wagte ich einen letzten Anlauf bei der Verabschiedung: „Es könnte sein, gnädige Frau, daß ich wieder einmal etwas auf dem Herzen habe: für die Standortgemeinde, die Dinge um Kirche und Jugend oder in einem besonderen Fall. Darf ich mich dann wieder bei Ihnen melden?" Ob ich noch hinzugefügt habe: „Wie kann ich Sie erreichen?", weiß ich nicht. Jedenfalls gab sie mir darauf von sich aus spontan ihre *geheime Telefonnummer* und riet mir außerdem, die in dem Gespräch behandelten Probleme einmal Reichsminister *Kerrl*, dem zuständigen Minister für die kirchlichen Angelegenheiten, vorzutragen. Erstaunt fragte ich zurück. „Ja, gern, aber wie soll ich jemals an ihn herankommen? Wie stellen Sie sich das vor?" Die Antwort war ganz klar und bestechend: „Rufen Sie einfach beim Ministerium an, und sagen Sie, daß Sie den Minister in meinem Auftrag sprechen möchten." Bewegt fuhren wir wieder nach Hause. Etwas zu der Zeit höchst Ungewöhnliches war geschehen. Eine erste, wenigstens indirekte Kontaktaufnahme zwischen jemand aus dem zweiten bzw. dritten Glied im Bekenntnisflügel der Kirche und der Führungsspitze des Reiches war erfolgt. Wohin würde das führen? Zu einer Revision oder gar Regeneration der Beziehungen zwischen Staat und Kirche oder zu einer erneuten Frustration, die dann in einem noch stärkeren Widerstand und schließlich in einem endgültigen Bruch enden könnte? Soviel vorläufig zu einem Geschehen, das für meine Tätigkeit in der Berliner Standortseelsorge zu einem (nicht zu „dem"!) Schlüsselerlebnis werden sollte.

## 3. Seelsorge im Lazarett

### *„... die Seele wider den Strich bürsten?"* (*Heereslazarett Tempelhof*)

Gleich zu Beginn des Krieges wurde mir die Betreuung des großen Heereslazaretts in Berlin-Tempelhof und des neuen Luftwaffenlazaretts im *Reichssportfeld* übertragen. Als ich dem Chefarzt bzw. leitenden Sanitätsoffizier in *Tempelhof* meinen Antrittsbesuch machte, bekam ich sofort zu spüren, welche Luft hier herrschte. Der Mann mußte offenbar schlechte Erfahrungen mit aufdringlichen und übereifrigen Pfarrern gemacht haben. Jedenfalls sagte er: „Herr Standortpfarrer, Sie können hier Ihrer seelsorgerlichen Tätigkeit frei nachgehen. Ich werde Sie unterstützen. Aber eins bitte ich mir aus: ‚Bürsten Sie die Seele nicht wider den Strich!'" Mit dieser Ermahnung meinte er es als verantwortlicher Offizier und als Arzt auf seine Weise gewiß gut: Nur keine unnötige Aufregung! Was ich darauf geantwortet habe, ist meinem Gedächtnis entfallen. Natürlich konnte ich es nicht vermeiden, neben dem Trost des Evangeliums auch einmal das „Ärgernis des Kreuzes" zu bezeugen .Aber ich war nicht dazu da, im Lazarett Kirchenpolitik zu betreiben oder den Verwundeten Angst vor dem Tode einzujagen. Hier ging es letzten Endes nur um die Sache Jesu sowie um das Heil und Wohl des Nächsten, dem ich hier begegnete. Diese wollte ich auf eine seelsorgerliche Weise kommunizieren, in verstehenden und helfenden Einzelgesprächen, aber auch in Ansprachen und Diskussionen. Erfreulicherweise wurde mir sogar gestattet, regelrechte *Kasernenstunden* zu halten, wie damals bezeichnet wurde, was heute etwa unter dem Namen „berufsethischer Unterricht" läuft. Hier konnten Glaubens- und Lebensfragen besprochen werden, die die jungen und älteren Soldaten bewegten. Wie von selbst ergab sich dadurch die Möglichkeit, die jeweils auftauchenden Probleme auf die christliche Botschaft zu beziehen und von daher Antworten zu erarbeiten. Unwillkürlich bildete sich ein Interessentenkreis für die Lazarettgottesdienste. Außerdem ergaben sich Anlässe für *Einzelgespräche*. Im übrigen ging ich in die einzelnen Stuben und hier von Bett zu Bett. Sicher kam es auch einmal zu *Gruppengesprächen*. Der Schwerpunkt aber lag, wie es nun einmal zum Wesen der Seelsorge gehört, im Einzelgespräch.

In dem großen Lazarettbereich ging es manchmal zu wie in einem Bienenhaus. Verwundete kamen und gingen. Die einen kamen wieder an die Front oder nach Hause, die anderen starben. Ärzte, Schwestern und Sanitätspersonal taten ihr Bestes. Auf dem Flur begegnete ich eines Tages einer Rot-Kreuz-Schwester namens *Magda Goebbels*. Als ich sie traf, trug sie gerade ein Nachtgeschirr weg. Das also war die Frau des bekannten und berüchtigten Propagandaministers. Sie suchte auf ihre Art zu helfen. An der Lazarett-Weihnachtsfeier nahm sie teil und hörte dabei auch meine Ansprache. Wer hätte gedacht, daß sie einmal auf solch selbstmörderische Weise mit der Vergiftung ihrer eigenen Kinder im Führerbunker kurz vor dem Einmarsch der Russen enden würde.

Eine Predigt im Lazarett zu halten war keine Kleinigkeit. In einer Predigt zum Jahresbeginn 1941, bei der die Hörer noch unter dem Eindruck einer Silvesterfeier mit Humor und Umtrunk standen, setzte ich mit einer kleinen Betrachtung über das Verhältnis von „Prosit" und „Gebet" ein: „Man kann im Lazarett dem Kranken nicht nur mit Witz begegnen, sondern auch mit dem, was stärker ist als Witz, der Wirklichkeit Gottes selbst." Die kleine Erzählung von Paul Alverdes „Die Pfeiferstube" half mir als Brücke zu dem Text von Psalm 121,7, der dann plötzlich angesichts von so viel Elend, Einsamkeit und Sterben im Tempelhofer Lazarett eine ganz neue Bedeutung und Kraft bekam. Die zentrale Mitteilung lautete hier: „Du bist nicht allein." Im einzelnen hieß das: „Einer ist immer dabei. Er behütet dich vor allem Übel." – „Du hast einen ganz behutsamen Gott: Er behütet deine Seele." – „Wir dürfen beten und segnen."

### *Adventsfeier mit und ohne Prominenz (Luftwaffenlazarett Reichssportfeld)*

Das andere große Lazarett befand sich im Bereich des Reichssportfeldes. Es war ein repräsentatives Projekt der Luftwaffe. Hier halfen außerdem eine ganze Reihe von Damen der Hautevolee mit, insbesondere aus den Kreisen der Luftwaffe selbst. Diese Frauen spielten sich nicht in gönnerhafter Weise auf, sondern packten hart an. Sie sahen plötzlich das ganz andere, gräßliche Gesicht des Krieges und stellten sich ihm. Da öffnete sich manches Ohr für das, was der Pfarrer zu sagen hatte. Einer Frau muß ich besonders gedenken. Sie hat das meiste getan, um mich in meiner seelsorgerlichen Arbeit zu unterstützen. Als engagierte Christin bereitete sie die Gottesdienste vor, vermittelte Gespräche und besorgte Aufgaben, die im Alltag einer Lazarettseelsorge entstehen. Ich meine die Oberschwester *Erna Schröder*, Ehefrau des damaligen Generalarztes Dr. Schröder und Mutter eines meiner treuesten Konfirmanden Hans Schröder. Daneben sei u. a. *Olga Riegele-Göring*, die Schwester des Reichsmarschalls, genannt, die mir in besonderen Grenzfällen bei den Kontakten mit dem Zentrum der Macht zur Seite stand. Auch hier kam vieles auf den Gottesdienst an. Wer dem Tode so ins Auge geschaut hatte, wie viele der meist jungen Verwundeten, entdeckte plötzlich, daß es eine Stelle gab, die „Gute Nachrichten" mitzuteilen hatte. Eine besonders fruchtbare Hörersituation entstand bei den Advents- und Weihnachtsfeiern. Unter Anknüpfung an die Meditation von Romano Guardini über die Kerze und anhand des Verses „Lasset eure Lichter brennen und seid gleich den Menschen, die auf den Herrn warten" (Mt 5,16) sprach ich über den Adel des „*Wartens*", und zwar im Sinne von *Abwarten, Erwarten und Zuwarten.* Solche Andachten lösten manche Rückfragen und Einzelgespräche bei den Verwundeten und beim Personal aus.

Im Laufe der Jahre wuchs die Arbeit mehr und mehr. Ich konnte sie beim besten Willen nicht mehr alleine bewältigen. So löste mich Pfarrer Hans Dannenbaum in Tempelhof ab. Das Reichssportfeld behielt ich selber. Im ganzen gedenke ich an den Lazarettdienst dankbar zurück. Oft gab es überraschende Begegnungen, auch mit Menschen, die ich schon kannte. U. a. traf ich auf *Hans-Joachim Kraus*, der damals blutjung mit einem schweren Kopfschuß dalag. Er wurde später zu einem der bekanntesten Alttestamentler. Beide waren wir Schüler von Gerhard von Rad. Damit hatten wir sofort einen guten Gesprächsansatz. Tiefer eingezeichnet hat sich mir die Begegnung mit *Achim Zellermayer*, dessen Bein amputiert werden mußte. Er stammte aus der Berliner Hotellerie. Die Mutter war die Chefin des bekannten Hotel Am Steinplatz. Eine Zeitlang betreute er das Künstlerlokal „Volle Pulle". Gleichzeitig war er ein begabter Bildhauer. Später habe ich seine Arbeiten in dem Atelier bewundern können, das hoch über den Dächern der Stadt Berlin lag. Mich bewegte nicht nur seine Verwundung, sondern auch sein persönliches Schicksal, das er als Teilbetroffener im Zeitalter des Rassismus meistern mußte. Wir hatten viele und gute Gespräche. Er war offen für die Fragen des Glaubens, und ich interessierte mich für die Grenzfragen der Kunst. Durch ihn bekam ich Kontakte mit Künstlern und Schriftstellern. Er arbeitete später auch in der Kirche bzw. in der Telefonseelsorge mit. In seinem Hause konnte ich nach dem Kriege eine ökumenische Konferenz durchführen. Er ließ sich von mir trauen. So wurde aus einer seelsorgerlichen Begegnung eine Freundschaft für das ganze Leben, die schließlich auch meine eigene Familie umgriff.

## 4. Kasualien (Amtshandlungen) als Ernstfälle

In der modernen Religionssoziologie werden die Amtshandlungen wie Taufe, Trauung und Beerdigung als Dienste der Kirche in den Lebensabschnitten des „Lebenszyklus" verstanden. Dabei wird ihnen eine bestimmte situationsseelsorgerliche Bedeutung zugesprochen. Daran ist gewiß etwas Richtiges. Im Horizont eines Krieges, wo es täglich um Tod und Leben geht, tritt das Zyklische, das Regelmäßige, zurück und das Einmalige und Endgültige macht sich geltend. Das kleine Kind wird mit der Taufe in eine ungewisse, ja drohende Zukunft geschickt. Das Brautpaar hört den üblichen Nachsatz „bis daß der Tod euch scheidet" mit ganz anderen Ohren als in relativ sicheren Friedenszeiten. Im Falle der Beerdigung schließlich hatte es ein Militärpfarrer auch und gerade an einem Standort wie Berlin meistens mit Soldaten zu tun, die einer Verwundung oder einer schweren Krankheit im Dienst erlegen waren. In diesem Sinne wuchs die geistliche Verantwortung des Pfarrers, der die fallbezogene Amtshandlung, eben die „Kasualie", vollzog. Der normale Glücks- oder Trauerfall wurde zum Ernstfall im wahrsten Sinne des Wortes.

### *Verbürgte Hoffnung (Taufen)*

Die Taufen wurden gewöhnlich *nach dem Gottesdienst* in der Alten oder Neuen Garnisonkirche angesetzt. Sie konnten schon deswegen nicht in den Gottesdienst eingebaut werden, weil für den Besuch des Gottesdienstes nur eine begrenzte Zeit eingeräumt wurde. Ich habe jedesmal eine kleine Ansprache gehalten, weil diese Sakramentsfeier eine wunderbare Gelegenheit bot, missionarisch-seelsorgerlich an Eltern, Paten und andere Familienangehörige heranzukommen und angesichts des Krieges die Taufe als eine verbürgte Hoffnung zu bezeugen (Mk 16,16). Da ich ein Anfänger war, hatte ich manche Not mit den Namen der Täuflinge, vor allem wenn es mehrere waren.

Oft wurde ich zu einer *Haustaufe* gebeten. Natürlich weiß ich als Theologe, daß die Taufe grundsätzlich in einen kirchlichen Raum hineingehört. Die außerordentlichen Umstände des Krieges machten mir jedoch bald klar, daß man dieses Ansinnen nicht mit engherzigen, dogmatischen und liturgischen Argumenten zurückweisen durfte. Es gab echte Argumente, die dafür sprachen. Gewöhnlich wurden die Haustaufen zu einem Zeitpunkt erbeten, wenn der betreffende Vater von der Front her Urlaub hatte. Da war jede Stunde kostbar. Die Standortgemeinde war ja keine Parochie im üblichen Sinne. Die Gemeindeglieder wohnten nicht um die Kirche herum, sondern in der ganzen Region von Groß-Berlin. So mußte man die lange Anfahrtsstrecke und Rückfahrtsstrecke berücksichtigen. Außerdem bot eine Haustaufe dem Pfarrer die einzigartige Gelegenheit zu persönlichen Gesprächen bzw. zu kleinen zwanglosen Gruppendiskussionen. Da es zum guten Ton gehörte, den Pfarrer nach der Feier zum Kaffee einzuladen, kam der Kontakt mühelos zustande. Die Familienmitglieder und Gäste benutzten die Begegnung, um dem Pfarrer Fragen zu stellen über Gott und die Welt, den Krieg und die Kirche. Dabei wurden heikle Themen nicht ausgeklammert. In einzelnen Fällen und mit manchen Teilnehmern wurde das Gespräch ein andermal unter vier Augen fortgesetzt. Die Formen dieser Gespräche mögen in einer sehr „weltlichen" Atmosphäre stattgefunden haben, geistlich gesehen waren sie von unersetzbarem Wert. Was den Inhalt der Taufansprachen betrifft, sind sie im Laufe der Zeit immer „seelsorgerlicher" geworden.

Gleich am ersten Kriegssonntag, nach der bereits erwähnten Predigt, über die sich der Feldbischof in der Sakristei geäußert hatte, mußte ich taufen. Der Text war Apg 2,38: „Tut Buße und lasse sich ein jeglicher taufen auf den Namen Jesu Christi zur Vergebung eurer Sünden, also werdet ihr empfangen die Gabe des Heiligen Geistes." Wie ich auf den Text gekommen bin, weiß ich nicht. Die Ansprache klingt noch ein wenig dogmatisierend. Ich lehrte einfach, was ich über die Taufe gelernt hatte. Aber ich stand auch schon unter der Herausforderung der Situation des Krieges. So weist die Einleitung auf die Paradoxie von *„Krieg und Sterben"* einerseits und von *„Kind und Leben"* andererseits. Gleichwohl deutet sich schon ein appellatives Moment an. Natürlich habe ich bezeugt, was Gott uns in der Taufe durch Christus und seinen Geist schenkt. Andererseits wollte ich der Taufgemeinde etwas von dem Aufrufcharakter der Taufe deutlich machen. Deswegen heißt es „Tut etwas: *Taufe ist eine Tat.* Ihr habt sie begehrt. Das ist eine Tat heute. Wer aber so etwas tut, muß wissen, was er tut." Dann folgt die angedeutete lehrhafte Information. Am Ende suchte ich zusammenzufassen. Da die Taufansprachen immer sehr kurz sein mußten und ich durch die Jugendarbeit gelernt hatte, bei unseren Verkündigungen immer auch an die pädagogisch-didaktischen Momente zu denken, schloß ich mit dem knappen Satz: „Taufen ist ‚gut‘, glauben ist ‚besser‘, wer aber getauft ist ‚und‘ glaubt, der wird selig.“ Nun, der erste Teil dieses Satzes ist etwas gewagt formuliert, darüber läßt sich theologisch leicht streiten. Heute würde ich das so nicht mehr sagen. Vielleicht aber haben die Leute damals doch das eine mitbekommen, daß die Taufe, die damals nicht mehr selbstverständlich war und die sie tapfererweise erbeten hatten, Mut macht und etwas abfordert.

In den späteren Ansprachen habe ich stärker die *Gabe* (Indikativ) und die *Aufgabe* (Imperativ) der Taufe herausgestellt. Sehr oft wurde auf den Tauftag und seine jährliche Erinnerung hingewiesen. Mein Onkel Schröder in Meißen hatte ihn nicht umsonst gefeiert. Daß Taufansprache zur Taufseelsorge wurde, zeigte sich schon an der Auswahl der Bibelworte, die als Taufsprüche dienten. Die Eltern konnten sich einen Spruch wählen, aber viele überließen mir selbst die Auswahl. Vor dem Hintergrund des Krieges bekamen diese Worte einen neuen Stellenwert. Sie sagten im Ernstfall einer todbedrohten Welt etwas, was sonst weder der Seelsorger noch die Taufgemeinde herausgehört hätten. Das Sakrament schien die Hoffnung zu verbriefen. Es sei nur auf zwei Beispiele hingewiesen. An einem Ostertag hieß der Text: „Ich lebe, und ihr sollt auch leben“ (Joh 14,19). In einem anderen ernsten Zusammenhang bekam ein Wort aus den Klageliedern des Propheten Jeremia (3,57) einen ganz frischen und uns alle anrührenden Ton: „Du nahest dich zu mir, wenn ich dich anrufe, und sprichst: ‚Fürchte dich nicht!‘“ Taufe im Krieg war verbriefte Hoffnung.

Zuweilen geschah es auch, daß mitten im Ernstfall der Taufhandlungen ganz menschliche, ja fröhliche Dinge passierten, die uns ein Lächeln abzwangen, das uns der liebe Gott bestimmt nicht übelgenommen hat. So mußte ich aufgrund einer langjährigen Tradition immer die Taufen im *Kaiserin-Auguste-Viktoria-Krankenhaus* halten. Dort sammelte man die Täuflinge einer ganzen Woche, zum Teil von sogenannten alleinstehenden Müttern. Das hatte nichts mit der Wehrmachtgemeinde zu tun, sondern war zwischen dem Roten Kreuz und der Militärseelsorge vereinbart. Irgendein Berliner Pfarrer mußte sich ja um diese armen kleinen Würmer und die dazugehörenden Frauenschicksale kümmern. Da schien der Standortpfarrer der richtige Mann dafür zu sein. Ob ich allerdings der richtige Typus für diese Aufgabe gewesen bin, mag füglich bezweifelt werden. Ich selber machte anfangs halbe Höllenqualen durch, weil ich mit dem schwierigen Problem der Säuglingsschreierei nicht fertig wurde. Immerhin waren es zwischen zehn und zwanzig Säuglinge, die sich mir darboten, und zwar manchmal laut und vernehmlich. Erst habe ich natürlich den normalen Fehler gemacht und habe meinerseits versucht, noch lauter zu sprechen, um nicht zu sagen zu „brüllen", als es die kleinen Kinder schon taten. Meistens fing ein Kind an zu wimmern, dann zu schreien, bis schließlich der ganze Chor in diesen einmaligen und unüberhörbaren Gesang einstimmte. Ich versuchte, eisern die Nerven zu behalten und meine Rede bis zu dem endlichen Amen durchzuziehen. Aber die jungen Schreier schrien immer lauter. Die Mütter und Schwestern bekamen nichts mit, und ich verstand mein eigenes Wort nicht mehr. Es fiel wirklich schwer, an die Verheißung des Bibelwortes zu glauben: „Aus dem Munde der Unmündigen und Säuglinge hast du Lob zugerichtet" (Mt 21,16). Da plötzlich schaltete ich um und sprach ganz leise, teils aus Erschöpfung, teils aus Berechnung. Da geschah, was einzutreten pflegt, wenn Pfarrer auf der Kanzel zu leise und langweilig sprechen: Die Leute schlafen ein. Hier verstummten die Säuglinge. Plötzlich hatte ich das erreicht, was ich wollte. Ich konnte den betroffenen Menschen das Evangelium sagen. In einer Lautstärke, die etwa einem mezzoforte entspricht, führte ich die Taufrede zu Ende. Ich habe viel daraus gelernt.

Ein anderes Erlebnis anläßlich einer Haustaufe gab viel Anlaß zum Schmunzeln und konnte als nette Story bei Tischreden weitererzählt werden. Ich hatte gerade die Taufhandlung beendet und ging in meinem Talar in ein anderes Zimmer, um mich dort für den anschließenden Gästekaffee und das Gespräch umzuziehen. Als ich herauskam, hatte ich meinen Lutherrock an, den ich damals bei dienstlichen und festlichen Anlässen trug. Die eigentlich noch vorgeschriebene violettweiße Armbinde habe ich weggelassen. Die Leute wußten ja, welches Amt ich wahrnahm. Als nun das kleine Schwesterchen des Täuflings mich in der neuen Gewandung erblickte, rief sie ganz erstaunt aus: „Mutti, der *Taufonkel* ist ja nicht nur *außen schwarz*, sondern auch *innen schwarz*!" Wir Standortpfarrer hatten also einiges zu tun, um den im Dritten Reich öfter begegnenden Eindruck zu widerlegen, daß die Pfarrer zu den „Dunkelmännern" gehörten, wie sie Alfred Rosenberg beschworen hatte. Aber dazu bedurfte es keines Kleiderwechsels und auch keiner großen Diskussionen apologetischer Art. Unser bestes Argument war unser Verhalten und Auftreten, daß unser Christentum die Sache Jesu meint, der nicht ohne Grund gesagt hat, er sei das „Licht der Welt" schlechthin.

### *Tragfester Bund (Trauungen)*

Der Trauungen gab es viele. Viel zu viele! Manche Ansprachen konnte man deshalb nicht so gründlich vorbereiten, wie sie es verdient hätten. Auch das Traugespräch vorher ließ nicht genügend Zeit, um seelsorgerlich eine Etage tiefer zu steigen. Zuweilen schob sich das „Technische" in den Vordergrund. Die Verantwortung gegenüber den Trauungen, die unmittelbar vor einem Fronteinsatz oder während eines kurzen Urlaubs stattfanden, war eminent. Über alle Hochzeitsfreude hinaus mußte doch bedacht werden, daß es sich um eine Trauung im Ernstfall handelte. Da galt es gewiß, den beiden auf den Stühlen vor dem Altar menschlich nahezukommen, aber auch das Evangelium im Ernstfall des Krieges zu sagen. Ich gestehe, daß mir das nicht immer leicht gefallen ist. Viel zu oft wollten die Brautpaare, daß ich über Offenbarung 2,10 „Sei getreu bis in den Tod, so will ich dir die Krone des Lebens geben" spräche. Gerade hier konnte nicht verschwiegen werden, daß es sich bei diesem Spruch um eine „Verheißung" und nicht um eine „Versicherung" handelt. Deutlich war nicht nur von der Treue der Gatten oder des Soldaten zu sprechen, sondern von der Treue Gottes und von der Treue des Christen. So verstanden war die Ehe ein tragkräftiger Bund, gleichsam trennfest. Ähnlich stand es mit dem anderen Lieblingstext der Standortgemeinde, einem Vers aus 1. Kor 13. Ich bevorzugte den 8. Vers „Die Liebe höret nimmer auf" und versuchte, sie dann von der Christusbotschaft her als eine Liebe auszulegen, „die sich nicht in Worte fassen läßt, die kein Ende hat und die immer wieder einen neuen Anfang macht".

Mit dem zunehmenden Ernst des Krieges wuchs auch die Schwierigkeit der Aufgabe. Der tragfeste Bund half Trennungsprobleme meistern, wenn der Mann an der Front war. In einer Ansprache aus dem Jahr 1943 heißt es ausdrücklich: „Bei uns zerbricht manches jetzt im vierten Kriegsjahr. Der Glaube wackelt, aber wenn man durch Christus mit Gott verbunden ist, fühlt man sich auf Adelers Fittichen getragen. Die zerbrechen niemals." Hier hatte der Prophet Maleachi 3,20 geholfen: „Euch aber, die ihr meinen Namen fürchtet, soll aufgehen die Sonne der Gerechtigkeit und Heil unter ihren Flügeln." Bei Angehörigen der Marine und der Luftwaffe zitierte ich gelegentlich den früh gefallenen Kapitänleutnant *Schepke*, der U-Boot-Kommandant und Eichenlaubträger war: „Die See ist wie die Hand Gottes – in stetem Wechsel liegt ihre zwingende Größe. Sie schlägt uns, damit wir hart werden, sie wärmt uns zum Lohn, wenn wir hart sind. Wir lieben die See . . ." Diese Zeilen klingen zwar etwas idealistisch und mögen zeitbedingt sein, aber sie waren nicht so gemeint. Sie dienten vielmehr dazu, für den damaligen Augenblick oder für später das Wort des Propheten Hosea zu verstehen: „Kommt, wir wollen wieder zum Herrn; denn er hat uns zerrissen, er wird uns auch heilen; er hat uns geschlagen, er wird uns auch verbinden."

Daß bei einer Trauung Pannen eintreten können, hat sich inzwischen herumgesprochen. Sie fordern auch in schweren Zeiten meistens ein mildes, verständnisvolles Lächeln heraus, gerade wenn es besonders schön werden soll. Zuweilen verkehrt sich das Feierliche in etwas Komisches. Das widerfuhr uns durch unseren verdienten und verehrten Organisten. Er holte aus der großen Orgel Bach, Mozart und Reger heraus, daß es nur so eine Lust war. Seine Vorspiele waren berühmt; also nichts gegen ihn und seine Leistung! Nun war er inzwischen älter und auch etwas schwerhöriger geworden. In der Tradition der preußischen Garnisonkirche geschult, hielt er auf absolute Pünktlichkeit. Unsere Predigten durften nicht eine Minute länger dauern als vorgeschrieben. Er saß während des Predigtvortrages auf der Orgelempore, blickte ins Schiff, hörte geduldig die Ansprache an, bis er sich plötzlich unübersehbar und unüberhörbar erhob, zur Orgelbank hinging, sich setzte, die Register zog und sich unerbittlich zu spielen anschickte, ob der Prediger „Amen" gesagt hatte oder nicht. Dieser liebe Mann war einmal zu lieb gewesen. Ein junger Marineoffizier hatte von ihm erbeten, daß er beim Auszug aus der Kirche den lustigen Matrosensong (mit Heinz Rühmann u. a.) „Das kann doch einen Seemann nicht erschüttern" intoniere. Wie der freundliche alte Herr dazu gekommen ist, in diesen etwas frivolen und geschmacklosen Vorschlag einzuwilligen, weiß ich nicht. Jedenfalls passierte die Katastrophe, daß er mit der Orgel diese Melodie tatsächlich beim Herauszug eines Brautpaars nach einer von mir gehaltenen Trauung paraphrasierte, nur wollte es das Unglück, daß er die Trautermine verwechselt hatte. Unser Bräutigam war nicht bei der Marine, sondern beim Heer! Das Unbehagen, den Aufruhr und die Beschwerde kann man sich denken. Am Schluß aber haben alle doch großmütig verzeihend gelacht. Was blieb uns Kirchenleuten übrig, als einfach mitzulachen. Fazit: So etwas kam nicht wieder vor.

*Glaubwürdige Zusage (Beerdigungen)*

Ein schier endloses Thema waren die *Beerdigungen*. Wie oft ich vom Bahnhof Börse bis nach Neukölln in die Hasenheide gefahren bin, wo der große Standortfriedhof lag, der immer größer und größer wurde, läßt sich nicht mehr ausmachen. Dazu kamen die Beerdigungen auf anderen Friedhöfen der Stadt. Das war besonders dann schlimm, wenn ich an einem einzigen Tage mehrere Beerdigungen zu halten hatte, was gar nicht selten geschah. Man sieht es noch den verblichenen Manuskripten auf schlechtem Kriegspapier an, unter welchem Streß der Standortpfarrer für die Einheiten der Luftwaffe gestanden hat. Das Gekrakel meiner Handschrift zeigt, daß ich mir die Notizen für die Ansprache manchmal unterwegs im Auto auf den Knien gemacht habe. Zuweilen war gar keine Zeit für eine Vorbereitung vorhanden. Obwohl ich den Ehrgeiz hatte, immer eine neue Ansprache zu halten, mußte ich schließlich aus Verzweiflung und unter Zeitdruck doch denselben Text und denselben Gedankengang wählen. Gleichwohl habe ich die Trauergemeinde in dem konkreten Fall persönlich angesprochen. Das hat dem jungen Pfarrer viel abverlangt, menschlich und geistlich.

Die Schar der Toten war bunt. Manchmal trugen wir Generäle, dann wieder Gefreite zu Grabe. Ich stand an den Särgen von hohen Militärs und einfachen Landsern, von Wehrmachtbeamten und Ehefrauen aus den Familien der Standortgemeinde. An einem Tage stand der Pfarrer vor einem Mann, der noch den Ersten Weltkrieg mitgemacht hatte, am nächsten Tag war es unter Umständen ein blutjunger Rekrut, der noch vor kurzer Zeit die Schulbank gedrückt hatte. Sehr bald wurde mir klar, wie wichtig die Wahl des Beerdigungstextes war. Ich habe viel in meiner Bibel gesucht, nicht zuletzt in der Konkordanz, bis ich den richtigen Spruch fand. Die Angehörigen waren nur zum Teil behilflich, da sie oft sogenannte 08/15-Worte vorschlugen, die sie noch aus ihrem volkskirchlichen Konfirmandenunterricht behalten hatten. Aber die Seelsorge am Grab beginnt schon mit der Wahl des Wortes. Manche begannen für mich, aber auch für die Trauergemeinde neu zu sprechen. Viel habe ich aus den starken und *glaubwürdigen Zusagen* der *Offenbarung* gelernt. Auch die prophetischen Worte taten das ihre, um uns zu helfen, wenn wir in einer Verlegenheit waren. Ich erinnere mich an die Wirkung des Wortes aus Offb 2,8.9: „Das sagt der Erste und der Letzte, der tot war und ist lebendig geworden: Ich weiß deine Trübsal." Es galt einem alten U-Boot-Fahrer. Umgekehrt war es bei einem jungen Leutnant mit dem knappen Satz aus Jes 28,16: „*Wer glaubt, der flieht nicht.*“ Er traf bildlich auf das Leben und Sterben des jungen Mannes zu, machte aber auch den Hinterbliebenen vom Evangelium her Mut. In bestimmten Fällen nannte ich die Sache, die mir am Herzen lag, ohne lange Vorrede ungeniert beim Namen: etwa bei einem Feldwebel, der den Spruch bekam: „Ich habe dich je und je geliebt, darum habe ich dich zu mir gezogen aus lauter Güte“ (Jer 31,3). Die drei Merksätze, mit denen ich eine solche Ansprache entfaltete und zum Schluß noch einmal zusammenfaßte, lauteten hier: „*Jesus läßt nicht links liegen – Jesus ist lauter Güte – Jesus braucht uns hier.*“

Besonders nahe ging es mir immer, wenn am Grabe ein junger Mensch aus der Familie stand. Wenn es der Fall nahelegte und die Zeit reichte, kümmerte ich mich dann in der Zeit danach um den einen oder anderen. So vertraute mir eine Witwe ihren Jungen an, mit dem ich dann mehrere Gespräche seelsorgerlicher Art hatte. Um noch einmal auf die Wahl der Worte zurückzukommen: Im Laufe der Zeit entdeckte ich, wie fruchtbar die Gegenüberstellung von zwei Worten etwa aus dem Alten und dem Neuen Testament sein konnte. So habe ich bei einer Beerdigung über das Bild vom „*Schritt*“ nachgedacht, über den Schritt geradeaus, den Schritt vom Wege, den Schritt Gottes in die Zeit (durch Christus) und den Schritt der Menschen in die Ewigkeit (durch den Glauben). Das alles hatte seinen Grund und bekam seine Kraft durch die Gegenüberstellung der beiden Verse „So wahr deine Seele lebt, es ist nur ein Schritt zwischen mir und dem Tode“ (1 Sa 20,3) und „Der Herr ist nahe“ (Phil 4,5).

Die zunehmende *Bombardierung* Berlins forderte ihre Opfer, Junge und Alte, übrigens auf beiden Seiten, d. h. unter Deutschen und Engländern. In Gegenwart des Stadtkommandanten, General von Hase, mußte ich vier „gute Kameraden“ aus dem Wachbataillon der Reichshauptstadt beerdigen. Zwei junge Männer, ein evangelischer und ein katholischer, waren im Leben die besten Freunde und blieben nun auch im Tode vereint. Dazu kamen zwei ältere Urlauber; der eine befand sich auf dem Stettiner Bahnhof und wollte gerade nach Hause. Noch ein fünfter Soldat, der mir unbekannt war, wurde mitbestattet. Wieder band die Ansprache zwei Worte zusammen, diesmal aus der Offenbarung: „Da wird keine Nacht sein“ (21,25) und „Selig ist, der da wacht“ (16,15). Die große Soldatengemeinde und die teilnehmende Öffentlichkeit sollten erfahren: Trotz allem besteht Grund zu einer großen Hoffnung. Der auferstandene Christus gibt uns die Gewißheit, daß es eines Tages keine Nacht, auch keine Berliner Bombennächte, mehr geben wird. Aber die biblische Botschaft erwartet auch etwas von uns: „Der Christ lebt hier und heute. Und jetzt ist die Zeit, wo es noch Nächte gibt, da heißt es wachen, ja wachen auch und gerade im Glauben. Die Gabe des ewigen Lebens bedeutet Aufgabe. Die Verheißung des Tages wird zum Signal in der Nacht." Das war am 7./8. Oktober 1940. Am 19. November desselben Jahres, wenige Wochen später, findet sich eine Notiz im Amtskalender: „11 Uhr Beerdigung, vier Flieger der englischen Luftwaffe." Der Blutzoll mußte also von beiden Seiten entrichtet werden.

Gespenstisch war die Szene, als wir in einer großen Menge von ratlosen und hilflosen Berlinern vor den sechs aufgebahrten Särgen standen, in denen die ersten sechs jungen *Luftwaffenhelfer* lagen, die in Deutschland gefallen waren. Die tödlichen Salven und Bomben aus der Luft hatten sie auf den Dächern der großen Stadt getroffen. Selbst der Reichspropagandaminister und Gauleiter von Berlin, *Dr. Joseph Goebbels*, mußte daran teilnehmen und sich meine Ansprache anhören. Da hieß es im Anfang: „Der Tod im Krieg bringt uns näher an Gott heran und läßt uns eng zusammenrücken. Ich rede also auch im Namen meiner katholischen und gottgläubigen Kameraden. Vor dem Tod und vor Gott sind wir alle gleich ... Als evangelischer Standortpfarrer stehe ich sonst an den Gräbern von Männern. Heute sind es sechs Jungen. Sie traten als Knaben ein und starben, über Nacht gereift, als Männer."

Diesen *sechs sechzehnjährigen* „Soldaten" als Pfarrer den letzten Dienst zu erweisen, war nun wirklich Seelsorge im Ernstfall. Ich bin wohl an jeden Sarg herangetreten, habe den betreffenden jungen Toten beim Namen genannt, ganz wenige Sätze dazu gesagt und dann mit einem Schriftwort geschlossen. Das alles geschah in atemloser Stille. Ich war tief bewegt. Damit diese Jungen nicht vergessen werden, nenne ich hier ihre *Namen* und dazu die Bibelworte:

Heinz Cramer (einziges Kind, katholisch, er wollte Mediziner werden): „Niemand hat größere Liebe denn die, daß er sein Leben läßt für seine Freunde" (Joh 15,13).

Klaus Sickinger (künstlerisch begabt, evangelisch, Bismarcks Konfirmationsspruch): „Alles, was ihr tut, das tut von Herzen als dem Herrn und nicht den Menschen" (Kol 3,23).

Günther Geleng (stiller Poet, gottgläubig): „Niemand wird gekrönt, er kämpfe denn recht" (2 Tim 2,5).

Detlev Schulz (strahlend bekannte er, der „jüngste Soldat der Armee“ zu sein, sterbend erhielt er noch das EK II): „Sei getreu bis an den Tod, so will ich dir die Krone des Lebens geben“ (Offb 2,10).

Ludwig Rüsch (norddeutscher Bauernsohn, ein tapferes Kind): „Wer glaubt, der flieht nicht“ (Jes 28,16).

Jochen Stengel (naturliebend, aufrichtig, vor einer Woche sechzehn Jahre alt geworden): „Die auf den Herrn harren, kriegen neue Kraft, daß sie auffahren mit Flügeln wie Adler“ (Jes 40,31).

Die notgedrungen kurze Ansprache faßte am Schluß das Ganze unter dem Leitgedanken von Offb 16,15 zusammen: *„Selig ist, der da wacht.“* Ausgehend von dem Bild des Wachdienstes auf den Dächern Berlins versuchte ich die erregende Tatsache zu bezeugen, daß hier der Wächter eine Seligpreisung erhalte. Im Lichte des großen Wächters Jesus verstehe der Glaube das Wachen als ein *„vor* jemand wachen“ und *„für* jemand wachen“. Als ich zum „Vaterunser“ aufforderte, mußte auch Goebbels die Mütze (den Parteihut) abnehmen. Alle Jungen bekamen nachträglich das Eiserne Kreuz verliehen, aber das machte sie, so gut es gemeint war, auch nicht wieder lebendig.

Soviel zu den Amtshandlungen des Standortpfarrers im allgemeinen und zu den Beerdigungen im besonderen.

Wir wollen ehrlich bleiben, vor allem in Angesicht des Todes: Ich habe nicht nur an „Heldengräbern“ gestanden. In manchen Lebensläufen war viel Menschliches, Allzumenschliches. In den Särgen wurde mit manchen Toten auch deren Verzweiflung und Versagen zu Grabe getragen. Die Zeit war ernst genug. Nicht jeder war einer aussichtslosen Lage gewachsen gewesen, sei es, daß er zartbesaitete Nerven hatte oder unter psychischen Konflikten litt. So gab es mehrere *Selbstmordfälle*, sei es durch Erschießen oder durch Erhängen. Bereits am dritten Tage meines Dienstes, d. h. unmittelbar nach Kriegsbeginn, mußte ich einen Reservisten beerdigen, der sich das Leben genommen hatte. Aus der Wahl des Wortes spricht meine eigene Ratlosigkeit: „Mein Herz hält dir vor dein Wort: ‚Ihr sollt mein Anlitz suchen!‘ Darum suche ich auch, Herr, dein Antlitz“ (Ps 27,8). Immer wieder hatte der Pfarrer zu betonen, daß wir an einem solchen Grabe „nicht zu richten“, aber auch „nicht entschuldigen“ könnten, nein, wir hätten „zu beten“. Niemand nahm dem jungen Prediger die seelsorgerliche Aufgabe ab; er sollte doch trösten. Wie gut, daß es bei derartigen Anfechtungen die *Psalmen* gab! Verse, die schon verbraucht schienen, bekamen einen neuen, wirklich tröstlichen Akzent. So ließ sich das „alte“ Wort „Befiehl dem Herrn deine Wege und hoffe auf ihn“ (37,5) nicht nur als eine „Bestellung“, sondern auch als eine „Einladung" deuten. Zuweilen war es eine Gnade, daß der Tote sein Geheimnis mit ins Grab nahm. Vielleicht war es gut, daß wir es nicht wußten. Die Aufgabe der Seelsorge hieß nicht analysieren und nochmals analysieren, sondern vielmehr, das Unverstandene „Gott anbefehlen". Wo nichts mehr zu hoffen schien, war es doch noch erlaubt, auf „Ihn, den lebendigen Herrn" zu hoffen.

Wie der Kenner weiß, bleibt auch der Friedhof nicht verschont von Überraschungen, wo sich der Ernst des Todes mit ganz menschlichen Dingen überschneidet, die zuletzt sogar noch ein Lächeln abverlangen. Das *Tragische* und *Komische* hängen oft miteinander zusammen. So war es in einem besonders krassen Fall, in dem ich von der Kommandantur beauftragt wurde, einen Selbstmörder zu bestatten. Ich bekam nur eine etwas magere Information mit, der Mann sei am Vorabend seiner Hochzeit unter den Rufen: „Vorsicht, die Franzosen kommen!" aus dem Fenster gesprungen. Er wollte sich offenbar die Beine brechen, brach sich dabei aber den Hals. Näheres wurde nicht mitgeteilt. Als ich am Standortfriedhof Hasenheide ankam, sah ich einen Riesenaufmarsch von Männern in einer etwas ungewöhnlichen Uniform vor mir. Der Verstorbene war bei der Straßenbahn gewesen.

Die vielen Kollegen in Berlin wollten ihm das letzte Geleit geben. Ich bahnte mir den Weg durch die Menge bis hin zu dem kleinen Verwaltungsgebäude des Friedhofs. Dort war eine dramatische Auseinandersetzung im Gange. Die Frau, die der Mann heiraten wollte, also sozusagen die Witwe, beschwerte sich laut und deutlich darüber, daß kein Zug für den Ehrensalut erschienen sei und daß auch die Musikkapelle fehle, die das Lied vom „Guten Kameraden" zu spielen pflegte. Ich versuchte, die Frau zu beruhigen, aber es gelang mir nicht. Mir blieb nichts anderes übrig, als noch einmal mit dem zuständigen Offizier bei der Stadtkommandantur in Berlin zu telefonieren und mich nach den Hintergründen zu erkundigen bzw. eine Änderung der negativen Verfügung zu erwirken. Als ich glücklich den Major sprechen konnte, sagte dieser klipp und klar, daß es so bleiben müsse, wie es vom Kriegsgericht entschieden worden sei. Offenbar habe sich der Mann das Bein brechen wollen, um sich dem Wehrdienst zu entziehen. Dabei sei das Unglück eingetreten. Ich selber war angesichts dieses Falles nicht in der Lage, die Sache anders zu beurteilen oder gar etwas Entgegengesetztes zu verfügen. Ob es nun ein wirklicher Freitod war oder ein Versuch, sich dem Wehrdienst zu entziehen – in jedem Falle war es nach den damaligen Vorschriften nicht möglich, einen Ehren- und Musikzug zu stellen. Als Kompromiß hatte man von der Kommandantur angeordnet, daß sechs Mann in Uniform den Sarg begleiten und zum Grabe tragen sollten.

Ich teilte das Ergebnis der Frau mit, aber die schrie und heulte nur noch schlimmer. Ich war verzweifelt. Da wurde der Friedhofswärter, ein alter „Zwölfender" (Unteroffizier, der zwölf Jahre Dienst gemacht hatte), zum Retter in der Not. Er erschien immer im schwarzen Gehrock mit Zylinder und war ein prachtvoller Mann von altem Schrot und Korn. Als sich die Frau ewig nicht beruhigen konnte und endlos jammerte, wurde es ihm zu bunt. Im Berliner Dialekt griff er ein und sagte: „Nun ist Schluß, liebe Frau: jetzt wird beerdigt!" Sprach's mit Donnerstimme, und sofort trat absolute Stille ein. Die Frau ließ sich dieses Männerwort gefallen, ich nahm sie an den Arm, und wir zogen gemeinsam in die kleine Kapelle, wo die anderen Trauergäste schon lange warteten. So laut ich konnte, habe ich dann die Ansprache gehalten. Die Kapelle war viel zu klein für die Riesenmenge der Straßenbahner. So aufgeregt ich war, habe ich mich nicht aus der Ruhe bringen lassen, sondern, so gut ich das unter den vorliegenden Umständen konnte, das Evangelium vom Auferstandenen auch in dieser Stunde und an diesem Sarg bezeugt.

Dann zogen wir in einem langen Zug von der Kapelle bis zum Grabe. Alles war still, man hörte nur den gleichmäßigen Marschtritt der kommandierten Soldaten, denen sich die Abordnungen der Berliner Verkehrsbetriebe, der sogenannten BVG, anschlossen. Auch am Grabe geschah nichts. Ich vollzog die Funeralien und sprach das Vaterunser. Dann stieg der leitende Mann der Ehrenabordnungen (eine Art „General" der Straßenbahn mit Samt und Gold) auf den Grabhügel und hielt eine große Ansprache, in der er die „Verdienste" des Verstorbenen mit starken Worten hervorhob. Er muß wohl ein Parteimann gewesen sein. Ob das Wort „Walhalla" fiel, kann ich mich nicht mehr entsinnen, aber die Rede stand in einem eklatanten Widerspruch zu den schlichten und vorsichtigen Sätzen, die ich als Seelsorger meinte sagen und beten zu müssen. Als der Redner fertig war, kam es wieder zu dem betretenen Schweigen. Kein Schuß, kein „Guter Kamerad", nichts! Anscheinend hatte man inzwischen dem Redner klargemacht, welche Hintergründe der Fall hatte. Er kam auf mich zu und sagte nur verlegen: „Wenn ich das gewußt hätte . . ."

Nachdem sich alles verzogen hatte, ging ich zusammen mit meinem treuen Friedhofswärter zurück zum Friedhofsbüro. Lange Zeit gingen wir schweigend nebeneinander her. Dann platzte er plötzlich heraus: „Herr Standortpfarrer, wenn ick der Mann jewesen wär und hätte diese Frau jehabt, ick wär och jesprungen!" Das sagte alles. In dem Gebäude angekommen, zog ich mich um, ging zu meinem Wagen und wollte nach Hause fahren. An dem Parkplatz stand ein Omnibus, der möglicherweise den Angehörigen zur Verfügung gestellt worden war. Hier machte mir die „Braut" noch einmal eine gehörige Szene: „Sie haben mich ja so beleidigt. Sie haben immer vom ‚Bruder' gesprochen, und ich bin doch die ‚Braut'!" Erst war ich verdutzt, dann begriff ich das makabre Mißverständnis. Bei dem vorgeschriebenen Text der Aussegnung hatte ich in der Tat sagen müssen: „Nachdem unser ‚Bruder' aus diesem Leben geschieden ist, legen wir seinen Leib in Gottes Acker. Erde zu Erde, Asche zu Asche, Staub zum Staube. Seine Seele aber befehlen wir der Gnade Gottes, der in Christo die Welt mit ihm selbst versöhnt hat." Da die Frau wahrscheinlich kein Verhältnis zur Kirche hatte, fehlte es ihr an Verständnis für die „geistliche" und nicht verwandtschaftliche Bedeutung des Bruder-Begriffs. Meine Erklärungen verfingen natürlich nicht, und ich habe später lange über diese Szene nachdenken müssen, da sie die ganze Problematik unseres Volkskirchentums offenkundig machte.

## 5. Fröhliche und ernste Konfirmanden

Eine ganz andere Welt bildet der sogenannte Wehrmacht-Konfirmandenunterricht. So schien es zunächst, aber auch hier warteten die Ernstfälle auf mich. Es war eine fröhliche Schar, aber auch ein Kreis von selten ernsthaften Konfirmanden.

### *Konfirmandenstunde und Konfirmation*

Zum Unterricht kamen Söhne und Töchter der Offiziere, Beamten und Unteroffiziere, die zur Standortgemeinde gehörten. Vom Jahr 1940 an unterrichtete ich in zwei Konfirmandengruppen, bei den Vorkonfirmanden (Katechumenen) und den Hauptkonfirmanden. Ich habe sehr an diesen jungen Menschen gehangen. War ich doch ein „gelernter" Jugendpfarrer. Außerdem waren es die ersten Konfirmanden meines Lebens. Jeder Amtsbruder weiß, was das bedeutet. Obwohl ich nur ganz wenig Zeit hatte, um mich auf die Stunden vorzubereiten, war ich mit erzieherischem und seelsorgerlichem Engagement dabei. Umgekehrt bekam ich das, was ich an didaktischem Eifer investierte, doppelt zurück. Die Jungen und Mädchen schenkten mir ihr Vertrauen und nahmen zum Teil geradezu begeistert und treu am Unterricht teil.

Schon damals ahnte ich, wie wichtig bei der Konfirmandenstunde die *Konfirmandenseelsorge* ist. So bestellte ich die Jungen zum Kennenlernen und zur ersten Kontaktaufnahme in meine Wohnung. Die Mädchen suchte ich höflicherweise zu Hause auf, was mir gleichzeitig die Gelegenheit zu einem Elternbesuch verschaffte. In den Einzelgesprächen ging es um Schulprobleme, häusliche Schwierigkeiten, erste Erfahrungen und Enttäuschungen in Sachen Freundschaft, aber auch um echte Glaubensfragen. Da waren manche Zweifel aufzuarbeiten und Aussagen der Bibel zu erklären. Als Grundlage diente mir Luthers Kleiner Katechismus, dessen pädagogische Weisheiten ich seit dieser Zeit immer wieder bewunderte, auch wenn manchmal die altertümliche Sprache Schwierigkeiten machte. Aber da ließ sich ja übersetzen und diskutieren. Ein Junge quälte sich lange mit der Aussage „Auferstehung des Fleisches“ herum. Er hat dann bei der Konfirmationshandlung mit meiner Zustimmung einfach die beiden Worte „des Fleisches“ weggelassen. Inzwischen haben die evangelische und katholische Kirche in Deutschland anders übersetzt: „Auferstehung der Toten.“ Sicher habe ich in meinen seelsorgerlichen „Sturm-und-Drang-Jahren“ Fehler gemacht. Gerade wenn jemand anfing, für den jungen Pfarrer ganz bewußt ein wenig zu „schwärmen“, hätte ich noch mehr Distanz wahren müssen. Andererseits hätte ich diejenigen, die mir nicht so sympathisch schienen, noch treuer umsorgen sollen. Jedenfalls war die Welt der Konfirmandenstunde ein einzigartiges Kapital an jungen Menschen, die ich formen durfte und denen ich das Evangelium bezeugen konnte.

Das Unterrichtsklima war von unschätzbarem Wert. Einige brachten von Anlage und Familie her ein hohes intellektuelles Niveau mit. Sie rissen die anderen, die mehr schlichter und stiller waren, einfach mit, so daß daraus im Laufe der Zeit eine richtige kleine geistige Gemeinschaft wurde. Je und je mag es dann auch gekommen sein, daß nicht nur ein didaktisches „Aha-Erlebnis“ bzw. ein „fruchtbarer Moment“ eintrat, sondern daß der Heilige Geist selber sein Werk zu treiben begann, nämlich zu wehen, wann und wo es ihm gefiel, jenseits aller Grenzen und Ungeschicklichkeiten des Konfirmandenlehrers.

Als die kleine Saat zu wachsen begann, habe ich mich richtig gefreut. Ich ging immer gern in diese Stunden und mochte sie nicht missen. Nachträglich möchte ich sogar bekennen: Ich weiß nicht, wer von uns beiden mehr gelernt hat, die Konfirmanden oder der Konfirmator. Jedenfalls bin ich heute noch dankbar für das, was ich von meinen Berliner Konfirmanden empfangen habe. Sie haben mich für mein ganzes Leben gelehrt, was es um den jungen Menschen in den Übergangsjahren ist, was sie an erziehender Seelsorge und seelsorgerlicher Erziehung brauchen und was nicht. Ohne sie wäre ich nie der Vorsitzende der Katechismus-Kommission der Vereinigten Evangelisch-Lutherischen Kirche geworden. Nicht zuletzt haben mir die Konfirmanden während der schweren Berliner Jahre, wo es um Tod und Leben ging, geholfen, nicht nur ein fröhliches Gesicht zu behalten, sondern ein fröhliches Herz zu bekommen, wenn das Gesicht am Ende seiner Kräfte war.

Die Konfirmandenstunden fanden in dem Gebäude des Heeresgruppenkommandos I in der Kaiserallee statt. In der DDR-Zeit war hier das Bundeshaus der Bundesrepublik Deutschland. Die Straße heißt jetzt Bundesallee. Wenn ich mich recht entsinne, hatte die Heeresverwaltung uns ein Zimmer in der Mitte des ersten Stocks zur Verfügung gestellt. Gleich daneben lag das wichtige Sekretariat des leitenden Mannes im Heeresgruppenkommando, dessen Name dann später in die deutsche Geschichte eingegangen ist, *Generaloberst Beck*. Noch wußte ich nicht, daß er die spätere Zentralfigur der Bewegung des 20. Juli war. Die hohe militärische Dienststelle begegnete mir in dieser Zeit nur in der Gestalt von Freiin v. Hüllesem, der Sekretärin des Befehlshabers. In ihrer sensiblen, aber auch bestimmten, stets liebenswürdigen Art hat sie der Sache unseres Konfirmandenunterrichts bzw. mir selber und später auch meinen Kollegen rührend und tatkräftig geholfen. In ihrem Zimmer begegnete ich eines Tages einem prachtvollen jüngeren Offizier, *Henning von Tresckow*, der später General wurde. Ausgerechnet im letzten Monat, in dem mein Dienst als Standortpfarrer zu Ende ging, nämlich im März 1943, hatte er zusammen mit Fabian von Schlabrendorff zwei Sprengkörper in der „Führermaschine" gelegt, nachdem Hitler das Hauptquartier der Heeresgruppe Mitte besucht hatte. Verhängnisvollerweise detonierten die Bomben nicht. Der Mann war in höchster Lebensgefahr. Als auch das Attentat im Führerhauptquartier am 20. Juli, das Stauffenberg in die Wege geleitet hatte, scheiterte, hat sich Henning von Tresckow am 21. Juli im Frontbereich erschossen. Gerade hatte ihn noch der Wehrmachtbericht als einen der verdientesten Generäle lobend erwähnt. Man muß sich das vergegenwärtigen: In dem einen Zimmer waren 13- bis 14jährige Jungen und Mädchen, die so etwas wie eine Einführung in das Christentum erhielten und eine fröhliche Jugendgemeinschaft darstellten. In dem Zimmer daneben verkehrten Männer, die einen engen Kontakt zu der Verschwörergruppe hatten, die den einzigen großen Staatsstreich gegen das Dritte Reich vorbereiteten. In dieser Spannung habe ich gelebt, zum Teil als ein Wissender, zum Teil als ein Unwissender. Ich konnte den Kindern von den Problemen, die ich damals immer drückender zu spüren bekam, nichts sagen. Was mich damals hielt und durchtrug, war das biblische Wort, gerade auch gegenüber meinen Konfirmanden, etwa in dem Sinne von 2 Petr 1,19: „Wir haben desto fester das prophetische Wort, und ihr tut wohl, daß ihr darauf achtet als auf ein Licht, das da scheint an einem dunklen Ort, bis der Tag anbreche und der Morgenstern aufgehe in euren Herzen."

Mitten im Dritten Reich und angesichts des Krieges waren den Aktivitäten der Konfirmandenstunde natürlich bestimmte Grenzen gesetzt. Verglichen mit heute waren uns Einschränkungen auferlegt: Wir „durften" nicht alles! Gleichwohl war doch manches möglich, etwa Besichtigungen oder auch einmal ein ganzer Konfirmandennachmittag, der aussah wie Freizeitgestaltung mit Musik und Spiel, Kaffee und Kuchen usw. Besonders eindrucksvoll war die jeweilige Adventsfeier im Gemeindesaal der Kaiser-Wilhelm-Gedächtniskirche.

Eine Schlüsselfunktion nahm natürlich die *Predigt* am Konfirmationstage ein. Selten hatte man eine so große und aufmerksame Zuhörerschaft. Die Rede im März 1941 begann bezeichnenderweise mit dem Satz: „Ihr seid Kriegskonfirmanden! *Konfirmation im Ernstfall* bedeutet Not und Gnade." Viele Jungen und Mädchen mußten ohne den Vater auskommen. Diese Tatsache weckte und verstärkte das Bedürfnis nach Kameradschaft und Freundschaft. Hermann Hesse schien recht zu bekommen: „Leben ist Einsamsein." Der Prediger versuchte, vor der „Religion der Freundschaft" zu warnen. Das Leben werde weder mit noch ohne Freundschaft restlos gemeistert. Diese Überlegung bahnte den Weg zu dem Leitgedanken der Predigt *„Die größere Freundschaft"*, wie sie das Johannesevangelium 15,13.14 bezeugt. Hier ist die Rede von dem Jesus, der sein Leben für seine „Freunde" läßt und dann sagt: „Ihr seid meine Freunde, wenn ihr tut, was ich euch gebiete." Am Schluß heißt es, daß die Tatsache, „Freund Gottes" sein zu dürfen, ein „herrliches Konfirmationsgeschenk, aber auch ein heiliger Konfirmationsbefehl" sei. Die Frage „Was wird wohl bleiben?" wurde nicht ohne Grund hinzugefügt.

Wie ernst der Ernstfall einer Konfirmationsrede sein konnte, spürten wir alle am 21. März 1943. Da fand die *Konfirmation* ausgerechnet am *„Heldengedenktag"* statt. So mußte der Prediger an beide Hörergruppen denken, die Trauernden bzw. Angefochtenen, die einen Gefallenen zu beklagen hatten, und die jungen Konfirmanden, die teils fröhlich, teils erwartungsvoll den Weg ins Leben antreten wollten. Um beiden Anliegen gerecht zu werden, wählte ich zwei Worte: „Wer den anderen liebt, der hat das Gesetz erfüllt" (Röm 13,8) und „Mit meinem Gott kann ich über die Mauer springen" (Ps 18,30). Begreiflicherweise stand das Thema Konfirmation im Vordergrund der Ansprache. In der Einleitung ging ich auf eine Szene ein, die mir ein Konfirmand aus einem früheren Jahrgang mitgeteilt hatte. Er hatte gerade seine Offiziers-Anwärter-Prüfung für die Luftwaffe hinter sich gebracht. Nach schweren geistigen und sportlichen Strapazen mußten er und seine Mitbewerber, so oft, wie sie konnten, über die *Eskaladierwand.* Er hatte es zehnmal geschafft und war mit seinen Kameraden zum Umfallen müde. Da erklärte der Offizier: „Wenn ihr drei Jungen jetzt wüßtet, es ginge um Tod und Leben – was würdet ihr dann machen?" Da haben sich die drei selbst geholfen, so gut sie konnten. Auf der Schulter stehend, schwang sich der eine hinüber, und mit vereinten Kräften zogen sie sich dann gegenseitig der Reihe nach über die Eskaladierwand auf die andere Seite und schafften es zum elftenmal: „Und wie in diesem Augenblick ist es so oft im Leben. Leben im Ernstfall, das heißt: Ich muß, ob ich Mann oder Frau bin, über Mauern springen." So stand das Thema *„Der Sprung über die Mauer"* im Mittelpunkt der Ansprache; die Aufgabe, die Schwierigkeit und die Lösung dieses Sprunges wurden dann entfaltet. Der Prediger wollte den jungen Menschen zu der Entdeckung helfen: „Ich bin nicht allein auf der Welt, außer mir ist noch jemand da, der andere." Den komplizierten Begriff des „Gesetzes" bei Paulus galt es so verständlich wie möglich zu machen: „Die Grundbestimmung des Lebens lautet: füreinander sein. Ich darf nicht für mich sein." In der Welt müsse es so etwas wie Ordnung geben. „Ohne Gesetz würden wir vielleicht herumlungern, aber nicht leben." Die Konfirmationspredigt an einem Tag zum Gedächtnis der Gefallenen konnte den Gedanken an den Tod nicht ausschließen. Zum „Füreinander" gehört das „Füreinandersterben".

„Was wäre eine Liebe ohne ‚Blut'?! Ein mechanisches Ineinandergreifen von Zahnrädern, aber keine Liebe."

Als einer, der sich oft mit Argumenten und Gegenargumenten junger Menschen in Sachen Religion auseinandersetzen mußte, wußte ich, daß viele in der damaligen jungen Generation ihr Ideal darin sahen, selber mit den „Schwierigkeiten" des Lebens fertig zu werden, anstatt auf Hilfe von außen oder von oben, d. h. auf Glauben zu setzen. Wörtlich heißt es dazu in der Predigt: „Sind nicht Schwierigkeiten dazu da, überwunden zu werden? Genügt nicht der Hinweis jenes Oberstleutnants an der Eskaladierwand? Können wir nicht im Hinblick auf den Ernstfall heroisch alles aus uns herausholen? Jawohl – und trotzdem: Der ständige Hinweis auf den Ernstfall nützt sich allmählich ab. Eines Tages ist die Mauer da, und dann heißt es doch: Ich muß springen, muß hinüber, aber ich kann nicht. Es sind Grenzen, die sich der Mensch oder die Gott dem Menschen zieht. Das ist ja gerade das Verrückte, daß wir die Mauern, über die wir springen sollen, uns selbst bauen. Wir können über unser eigenes Ich nicht hinweg." Dann erinnert der Prediger an die vergangene Bombennacht in Berlin, in der man plötzlich mitten in der Hausgemeinschaft die Feigen, die Verzweifelten und die Ichhaften entdeckt hatte: „Und diese Leute waren doch auch Deutsche. Unsere Art schützt uns eben nicht vor dem, was wir in unserer Wehrmachtkirche, in der Alten Garnisonkirche, wo wir immer deutsch zu reden pflegten, deutsch beim Namen genannt haben: vor der Sünde."

Das Stichwort „Art" zeigt deutlich, wo ich als Mitglied der Bekennenden Kirche theologisch stand. Wenn dann aber so unverblümt und kritisch vom Wesen des Menschen gesprochen wurde, dann durfte und konnte man auch um so klarer, ja entschiedener das *Evangelium* beim Namen nennen. Bewußt oder unbewußt fühlte ich, daß das für manche eine der letzten Predigten sein würde und daß ich selber nicht mehr viel oder keine Gelegenheit mehr haben würde, auf dieser Kanzel zu stehen. Deshalb lesen wir in dem Manuskript: „Evangelium heißt frohe Botschaft. Die frohe Botschaft deiner Kirche über Gott lautet: Gott hat dich in Christus von Sünde, Tod und Teufel erlöst. Nun bist du unbeschwert. Du kannst als ein Entlasteter über die Mauer springen. Ich habe euch immer wieder im Konfirmandenunterricht auf den Glauben an Jesus verwiesen. *Warum sagen* wir als Menschen von 1943 *zu Christus ein ‚Ja'?* Ich habe darauf eine dreifache Antwort: 1. *Weil* Christus der einzige ist, der das Schuldproblem löst. Er sagt: ‚Mein Sohn, deine Sünden sind dir vergeben.' 2. Weil er der einzige ist, der das Schicksal gemeistert hat. Sein Apostel bekennt: ‚Ich vermag alles (nicht nur etwas) durch den, der mich mächtig macht: Christus.‘ 3. Weil er der einzige ist, der mit dem Tod fertig geworden ist. Er sagt: ‚Ich bin die Auferstehung und das Leben, wer an mich glaubt, der wird leben, ob er gleich stürbe.‘“

Am Schluß rief ich noch einmal den Ernst des Heldengedenktags ins Gedächtnis: „Heute ist es so, als ob die Schatten des alten Soldatenkönigs und der toten Helden, die hier unter der Kirche seit der Zeit des Alten Fritz und der Freiheitskriege ruhen, und derer, die im Osten gefallen sind, durch die Kirche huschen, und als ob der eisige Hauch der alten Fahnen uns umwehte. Vielleicht mögen die Schatten miteinander fragen und tuscheln, was denn aus euch und Deutschland werden soll. Sie legen uns das Gesetz ans Herz, das auch für sie galt: ‚Wer den anderen liebt, hat das Gesetz erfüllt.‘ Und dann mag es geschehen, daß ihre Blicke dem Christus am Kreuz begegnen und sie die Verheißung hören, unter der dieser ganze Tag für Tote und Lebendige steht: ‚Mit meinem Gott kann ich über die Mauer springen.‘“ Die Auszüge dieser Konfirmationsrede sind deswegen so ausführlich zitiert worden, weil sie charakteristisch sind für die Situation der Standortgemeinde in der beginnenden zweiten Hälfte des Krieges und für die Versuche, die wir als Seelsorger unternahmen, um das volle Evangelium den wirklichen Hörern in ihrer konkreten Situation nahezubringen. Die Predigt ist zeitbedingt wie alle Predigten, auch die, die heute gehalten werden. Sie hat gewiß ihre Grenzen und Schwächen. Sie soll keinesfalls als Vorbild dienen, wohl aber als Beispiel, wie 1943 versucht wurde, in der Standortgemeinde Berlin den aufgetragenen Text im vorgefundenen Kontext zu bezeugen.

Im Laufe der Jahre forderte der furchtbare Krieg auch die *ersten Opfer unter den Jungen*, die ich in den drei Kriegsjahren konfirmiert hatte. Jeder Tod hat mich schmerzlich berührt. Nicht alle Namen habe ich erfahren oder erhalten. Aber drei junge Männer – so müssen sie wohl genannt werden – sind mir im Gedächtnis geblieben, da ich auch noch ihre Bilder besitze. Sie mögen exemplarisch für alle stehen: *Gerd Fellgiebel*; er war der Sohn des Generals Fellgiebel, der als Chef des Nachrichtendienstes maßgeblich am Aufstand des 20. Juli 1944 beteiligt war. Er fiel noch 1945 als Luftwaffenhelfer mit einer Panzerfaust im Kampf um eine Brücke. Unwillkürlich denke ich heute dabei an Bernhard Wickis Film „Die Brücke“. *Helmut von Arnim*; er war der hoffnungsvolle Sohn eines religiös und kirchlich sehr engagierten Vaters. *Hans Schröder*; er starb an einer Sepsis im Lazarett und war der

Sohn des Inspekteurs des Sanitätswesens der Luftwaffe und seiner Frau, der Oberschwester im Reichssportfeld-Lazarett, die uns schon begegnet ist.

Noch ein Sonderfall sei hier berichtet, weil er sich in Berlin selbst ereignete.

Am 3. 9. 1943 fiel *Götz von Boltenstern*. Er verkörperte etwas von dem, was man in jener Zeit einen „feinen Kerl" nannte. Sein Äußeres entsprach dem Inneren. Das Zarte und das Harte bildeten bei ihm eine Einheit. Noch hatten wir ihn gut von einem Konfirmanden-Nachmittag in Erinnerung, bei dem er als Prinz auftrat. Sein Humor riß uns ständig mit fort. Wie der Vater, der General war, wollte er Offizier werden und zur Marine gehen. Das Ineinander von Fröhlichkeit und Ernst waren für ihn charakteristisch. Götz und sein Freund (E. Thiele?) spielten wie richtige Jungen im Hause des einen mit der Eisenbahn, und in dem Hause des anderen lasen sie gemeinsam das dunkelste Buch der Bibel, Hiob! Sie empfanden dabei keinen Widerspruch. Auch Götz ist ein Frühvollendeter gewesen. Er fiel bei einem britischen Fliegerangriff auf Berlin. Mit seinen 16¾ Jahren war er noch viel zu jung für den Einsatz, aber er hat mehr vom Tode gewußt als mancher Erwachsene. An seinem Todestag hat er noch früh geschrieben: „Heute nacht fällt vielleicht die Bombe, die allem ein Ende bereiten wird." In der Trauerrede, für die ich, damals schon eingezogen, Urlaub bekam, sprach ich über seinen Konfirmationsspruch Offb 2,10 von dem *Leben zum Tode*, dem *Leben unter dem Kreuz* und dem *Ewigen Leben*. Dabei half mir der Holzschnitt von Paul Weber, der den Tod schildert, wie er dem Soldaten im Nacken sitzt, dargestellt am Beispiel eines Essenholers, der von Granatloch zu Granatloch gebückt springt und bei jeder Bewegung von der parallelen Bewegung des Todes begleitet wird. Aber mit der Vergegenwärtigung des Todesproblems war es nicht getan. „Dieser um einen gefallenen Berliner Jungen trauernden Versammlung", zu der auch junge Luftwaffenhelfer gehörten, konnte „keine bessere Botschaft gesagt werden als die Christusbotschaft". So wurde das Zeugnis vom lebendigen Gekreuzigten zum Angelpunkt der Ansprache. Schließlich bemühte ich mich, die letzte Zeile des alten Liedes vom „Guten Kameraden" vom Sieg Christi über den Tod her zu interpretieren: „Bleib mir im ewigen Leben / ein guter Kamerad!" Diese Gewißheit eines ganz anderen Lebens wurde an einem Gebetsvers veranschaulicht, den ich bei vielen Beerdigungen gebetet habe und der mich auch selber oft getröstet, aufgerichtet und ermutigt hat: *„Fall ich, so fall ich in Gottes Arme; ich kann nicht tiefer* *fallen als einer großen Liebe in die Hände.*" Woher ich diese Zeilen habe, kann ich trotz Nachforschens nicht mehr sagen. Vielleicht habe ich es irgendwo gelesen. Möglicherweise sind auch zwei Lesefrüchte miteinander verbunden bzw. umformuliert.

Übrigens waren meine Konfirmanden „literarisch" nicht untätig. Sie standen in jenem Alter, in dem man seine ersten Gedichte schreibt. So bekam ich eine Reihe von jungen Versen, die nicht nur sprachliches Niveau hatten, sondern die sich auch dem Ernst der Zeit stellten, nicht zuletzt aus ihrem frühen Glauben heraus. Bei den Jungen spürte man zuweilen den Stil von Rilke und George durch. Andere konnten es wieder viel schlichter sagen. Ähnliche Zuschriften und dichterische Versuche bekam ich von den jungen Männern, die mir in der Jugendarbeit begegnet waren. Ein junger Mann, der Leid und Tod an der Front erlebt hatte, schrieb die einfachen Zeilen, die ich ebenfalls manchmal bei Beerdigungen mit den Trauernden gebetet habe: „*Frage nicht warum, / Gottes Mund bleibt stumm, / doch lernst warten du, / sagt dir Gott wozu.*"

### *Wehrmachtjugenddienst und Arbeitskreis*

Schon nach der ersten Konfirmation 1940 tauchte das Problem auf, was nun mit den Konfirmierten geschehen solle. Hier kam ich auf den Gedanken, einen „*Wehrmachtjugenddienst*" (WJD) der Evangelischen Standortgemeinde einzurichten. Der Name bürgerte sich schnell ein. Wir trafen uns zur Bibelarbeit und zur Aussprache über aktuelle Themen der jungen Menschen. Bei jedem Jahrgang setzte eine neue Werbearbeit ein. Auch die anderen Standortpfarrer halfen mit. Im Laufe der Zeit wurde mir deutlich, daß ich mich um den WJD zeit- und kräftemäßig nicht so kümmern konnte, wie ich wollte. Es waren gleichzeitig noch die Konfirmanden- und Vorkonfirmandenstunden zu halten, von dem großen Arbeitspensum der Standortgemeinde mit Gottesdiensten, Amtshandlungen, Seelsorgefällen, Lazarett- und Gefängnisdienst völlig zu schweigen. Deshalb kam ich zu dem Entschluß, aus den ersten beiden Konfirmandenjahrgängen ein paar Freiwillige zu einem *Arbeitskreis (AK)* zusammenzurufen. Die sollten sich als tätige Träger des WJD verstehen und als kleiner Mitarbeiterkreis auf ihre Weise an der missionarischen und seelsorgerlichen Aufgabe in dieser Jugendgruppe der Standortgemeinde sowie in der Gemeinde überhaupt teilnehmen. Der Plan fand ein engagiertes Echo. Die zehn jungen Männer und jungen Mädchen taten wirklich das Ihre. Es war beglückend, erleben zu dürfen, wie gut sie zusammenwuchsen und sich für andere einsetzten. Natürlich mag da eine gehörige Portion jugendlicher Begeisterung mitgespielt haben, aber die letzte Motivation in der Sache des Evangeliums war unzweideutig. Dazu trug schon der Ernst des Krieges bei, der auf uns allen lastete.

Als deutlich wurde, daß meines Bleibens in Berlin nicht mehr lange sein würde, setzten sie sich ganz selbständig zusammen und schrieben ein richtiges *Buch*. Es trug den schlichten *Titel „A. K.“*, war in Pergament mit Leder gebunden. Die Überschriften hatte man kunstvoll geschrieben, übrigens ebenfalls aus Pergament. In der Widmung heißt es: „Als wir das erste Mal allein zusammenkamen, bewegten uns verschiedene Fragen, und es entstand die Idee, sie zu Papier zu bringen und sie Ihnen in dieser Form zu sagen und Ihnen gleichzeitig eine persönliche Erinnerung an jeden einzelnen von uns zu geben.“ Das Thema im engeren Sinne – es hieß *Freundschaften im AK* – stand im Mittelpunkt und diente in erster Linie der Klärung ihres eigenen Wollens, kurz dem Selbstverständnis des AK. Mich hat diese Gabe damals mit tiefer Freude und Dankbarkeit erfüllt. Jeder Artikel war von zwei Mitgliedern verfaßt. Auf der ersten Seite des neuen Abschnittes sollten die Fotos in Größe von Paßbildern das Ganze schmücken. Damals waren sie noch nicht fertig. Es ist nie mehr dazu gekommen. Ich besitze aber noch die handgeschriebenen Zeilen auf den vierundachtzig Seiten und vor allem die Gedanken, die die jungen Menschen seinerzeit niedergelegt haben. Die einzelnen Kapitel handelten über folgende Themen: „Warum Gemeinschaft? – AK und WJD – AK und Umwelt (gemeint ist die Mitwelt) – AK und Pfarrer Jentsch – AK und Trennung.“ Die biblischen Belege sprechen für sich. Da ist etwas vom Konfirmandenunterricht hängengeblieben. Außerdem waren einige von den Schreibern regelmäßige Bibelleser. Öfter wird beispielsweise Mk 6,7 zitiert, wonach Jesus die Jünger „je zwei und zwei“ als „Doppelposten“ sendet, oder man weist auf Mt 18,20 hin, da dort den „zwei oder drei“ im Namen Jesu Versammelten dessen Gemeinschaft verheißen wird. Ein Beitrag beschwört die missionarische Aufgabe: „Geh du aber hin und verkündige das Reich Gottes“ (Lk 9,60). Ein anderer warnt mit einem Wort Jesu vor geistlicher Selbstüberhebung: „Ohne mich könnt ihr nichts tun“ (Joh 15,5). Natürlich können die jungen Schreiber besser sagen, was der Arbeitskreis nicht ist, als was er tatsächlich ist. Er ist nicht eine „Interessengemeinschaft“, nicht bloß eine „Vortragsreihe“, kein „Parlament“ und kein „Mönchstum“. Gewiß aber ist der Arbeitskreis der „*Kern*“ *des WJD*, sein „*Salz*“, eben ein „*Arbeits*“-Kreis. Wenn man dann näher und konkret fragt, was denn der Arbeitskreis „tun“ solle, dann erfolgen Antworten wie: „Aufgaben der Inneren Mission wahrnehmen“, „für Christus da sein, ihn hören und von ihm weitersagen“, andere für das Wort Gottes „hellhörig“ machen, „treue Jünger Jesu Christi sein“. Aber auch in der Gemeinde will man helfen, etwa im Lazarett singen oder durch einen Rundbrief die Verbindung zueinander pflegen.

Eine Idee bewegter werden die Schreiber, wenn sie das komplexe Problem der „Freundschaft“ im *engeren* Sinn des Wortes angehen.[8]

Durch das ganze Buch hindurch, vor allem aber im letzten Kapitel („AK nach Trennung“) zieht sich der Gedanke: Was wird nach der Zerstreuung in alle Lande, in der Heimat und an der Front, was wird mit unserem Kreis und mit mir selber? Einer aus der Gruppe wird schon zwei Jahre später nicht mehr unter den Lebenden sein. Wenn man, auch nachträglich betrachtet, einen solchen Kreis nicht idealisieren und in den Himmel heben darf – er konnte ja aus rein menschlichen und beruflichen Gründen, durch die persönlichen Lebensführungen und die politische Entwicklung gar nicht auf die Dauer zusammenbleiben –, so klingt doch das Bekenntnis eines Artikels für die damalige Situation glaubhaft: „Im übrigen glaube ich, daß wir ... schon jetzt eine feste Gemeinschaft um das Wort Gottes bilden, daß wir eine innere Trennung nicht befürchten brauchen.“

Soviel zu diesem Buch. 1943 wurde ich eingezogen und zum Einsatz in Italien kommandiert. Nach meinem Weggang nahmen sich die Pfarrer Braun, Dannenberg und Dannenmann sachkundig und seelsorgerlich meiner Konfirmanden und meiner bisherigen Arbeit im AK und im WJD an. Dafür war ich dankbar.

## 6 Zwischen Zelle, Schießplatz und Schafott: Gefängnisseelsorge

Ein eigenes und umfangreiches Kapitel in meiner Tätigkeit als Standortpfarrer bildete die Seelsorge in den Wehrmachtgefängnissen. Sie war verantwortungsvoll, stellte manchmal vor schier unlösbare Probleme, vermittelte aber auch segensreiche Erfahrungen.

Ein eigenes und umfangreiches Sonderkapitel in meiner Tätigkeit als Standortpfarrer bildete die Seelsorge in den Wehrmachtgefängnissen. Die Arrestanstalt in *Moabit*, die schon vor dem Kriege der Dienstaufsicht des Stadtkommandanten unterstellt war, reichte nach Ausbruch der Feindseligkeiten bei weitem nicht aus. So wurde das große Zivilgefängnis in Moabit hinzugenommen. Dazu kamen die Haftanstalten in *Tegel*, die nicht nur durch den Häftling Bonhoeffer, sondern auch durch die Widerstandskämpfer und Kriegsdienstverweigerer bekannt wurden, *Plötzensee* mit seiner Guillotine, *Buch, Spandau* und nicht zuletzt das berüchtigte Zuchthaus *Brandenburg*. Im Anfang lag diese schwere Last fast allein auf meinen Schultern. Ich konnte mangels Zeit und Erfahrung diesen Dienst nur exemplarisch, um nicht zu sagen nur sporadisch versehen. Erst später kam die große Entlastung dadurch, daß Pfarrer Dannenbaum von der Stadtmission das Gefängnis in Tegel und in Buch übernahm. Vor allem war für mich die Einberufung von Pfarrer *Dr. Harald Poelchau*, der schon länger ziviler Gefängnispfarrer in Tegel war, in den Kreis der Standortpfarrer eine Hilfe. Er war der einzige von uns, der hauptberuflich und fachlich Erfahrung im Umgang mit Gefangenen hatte.

Allerdings ganz „unbedarft“ war ich nicht. Immerhin war ich der Sohn eines Juristen und hatte für die Grenzfragen zwischen Theologie und Rechtswissenschaft Interesse. Insbesondere hat mich, seit ich das Evangelium verstanden hatte, das Schuldproblem gepackt und mich seitdem bis heute nicht mehr losgelassen. Dabei hatte ich nicht nur ein Auge für die kriminalpsychologischen Aspekte eines Falles, sondern mir ging es darum, einem in der Verlassenheit und Verlorenheit einer Zelle sitzenden Menschen zu helfen. Schließlich hatte ich es bei der Gestapo am Alexanderplatz selber erfahren, was das heißt, ein „Gefangener“ zu sein. Ich kannte die *Atmosphäre*. Insofern hatte ich den anderen Kollegen in der Standortseelsorge gegenüber sogar noch einen Vorteil.

Außerdem ergab es sich – ich komme darauf noch zurück –, daß mir schon zu Beginn des Krieges der Zugang zu einem der bedeutendsten *Jugendrichter* (nicht nur in Berlin, sondern auch in ganz Deutschland), dem Amtsgerichtsrat *Augustin*, vermittelt wurde. Er verband hervorragende Gesetzeskenntnis, richterliche Weisheit und Aufgeschlossenheit für den Horizont des christlichen Glaubens, wie das nur ganz selten vorkommt. Begreiflicherweise stand dieser Jurist während des Dritten Reiches selber in Spannungen, was das Verhältnis von Gesetz und Gnade, Gerechtigkeit und Liebe anbetraf. So war ihm der junge Theologe, der aus der praktischen Jugendarbeit kam und etwas von Pädagogik verstand, der aber auch als Berliner Standortpfarrer einen Status hatte und deshalb von den staatlichen und polizeilichen Behörden der NS-Zeit ernstgenommen werden mußte, gerade recht; als gelegentlicher Gutachter für schwierige Fälle und als Jugendseelsorger, der sich um junge Menschen, die in Untersuchungshaft saßen, persönlich kümmern konnte. Auslöser war damals die Betreuung eines Primaners, der wegen Homosexualität angeklagt war. Da der § 175 im Dritten Reich einseitig und zu hart ausgelegt wurde, was bekanntlich bis zur Abschiebung in das Konzentrationslager führen konnte, hatte man im allgemeinen wenig Verständnis für die Eigenart der entwicklungsbedingten Homosexualität, wie sie hier offenkundig vorlag. Es galt die Sozialisationsgeschichte des Primaners aufzuarbeiten und ihm in seinen akuten Kontaktstörungen zu helfen. Das mußte mit psychologischer Einfühlung und erzieherischer Kleinarbeit geschehen, aber auch seelsorgerlich vom Evangelium her. All die Grenzfragen zwischen echter Schuld und falschem Schuldgefühl tauchten damals schon auf. Natürlich blieb die seelsorgerliche Hilfe nicht auf das Sexualthema beschränkt. Man muß vielmehr das breite Spektrum jugendlicher Kriminalität in Rechnung stellen. Es hat sicher auch andere Themen gegeben. Nur kann ich mich an Einzelheiten nicht mehr erinnern. Aus den Unterlagen geht nur hervor, daß ich zweimal bei dem Gericht als Fachberater aussagen mußte. Welch großes Vertrauen Dr. Augustin in mich setzte, beweist die Tatsache, daß er offenbar für mich bürgen mußte, obwohl er meine theologische und kirchliche Einstellung kannte. Grundsätzlich durfte ich jedenfalls jede Woche einmal in das von SS-Männern kontrollierte Berliner *Jugendgefängnis* kommen, ohne Zeugen die Jungen sprechen, die mir der Leiter der Jugendhilfsstelle nannte, ein älterer Mann mit Brille, dessen Name mir entfallen ist. Ich möchte nicht wissen, was die Beamten des Jugendgefängnisses und die Mitglieder der Jugendstrafkammer des Landgerichtes gedacht haben, als sie mit dem Wehrmachtgeistlichen zu tun bekamen, so als ob das zu jener Zeit selbstverständlich gewesen wäre, was doch eine kaum vorstellbare Ausnahme war.

In dem Zusammenhang sei noch erwähnt, daß ich bei den zivilen Jugendsachen, aber auch bei dem Dienst in den Wehrmachtgefängnissen Verbindung zu dem bekannten Gerichtsmediziner Professor *Dr. Müller-Heß* hatte. Es gehört zu den freundlichen Führungen Gottes, daß es in der dunklen Zeit des NS-Regimes, insbesondere im Kriege, eine ganze Reihe Menschen gab, die ganz unauffällig, fast heimlich, in jedem Falle freiwillig zusammenarbeiteten, wenn es galt, einen Menschen zu retten oder ihm wenigstens ein unabwendbares Schicksal erträglicher zu machen.

Aber zurück zu der eigentlichen Seelsorge in den *Wehrmachtgefängnissen*, die ja 1939 für mich ein neues Arbeitsfeld war, die mich manchmal Tag und Nacht beschäftigt hat und die sich so nachdrücklich in meinem Herzen und Gewissen eingeprägt hat. In den kleinen blauen Pfennig-Heftchen, in denen ich die *Notizen* für die einzelnen Taufen, Trauungen und Beerdigungen zu machen pflegte, so daß sich mancher Fall nachträglich rekonstruieren läßt, finden sich keine oder nur verschwindend geringe Aufzeichnungen über die Gespräche bei den Zellenbesuchen oder in den Nächten vor der Vollstreckung eines Todesurteils. Nur ein paar Aktenzeichen aus den Prozeßakten tauchen auf. Sonst nichts. Entweder sind die entsprechenden Hefte verlorengegangen, oder ich habe bewußt nichts notiert, da man ständig mit Kontrollen zu rechnen hatte. Wenn ich nachstehend ein paar mehr Einzelheiten als sonst erzähle, so hängt das damit zusammen, daß ich schon unmittelbar nach Kriegsende freiwillig Erklärungen abgegeben habe, etwa den Engländern, oder später in Deutschland bei Verhören als Entlastungszeuge fungieren mußte. Außerdem habe ich die Dinge in kleinem Freundeskreis mehrmals erzählt oder auch in der Evangelisation ein Beispiel verwendet. Mit der Veröffentlichung von Teilgeschichten bin ich bewußt sparsam gewesen. Eine Gesamtdarstellung habe ich bis heute vermieden. Es versteht sich von selbst, daß die starken Eindrücke fest haftengeblieben sind, viel fester als manche Erinnerungen, die größere Dimensionen umgreifen wie etwa aus meiner Zeit in der Ökumene und in der Akademie.

Bei meinen regelmäßigen Besuchen in den einzelnen Haftanstalten meldete ich mich zunächst beim Wachhabenden. Dann wurde das Gitter zu den eigentlichen Gefängnisräumen aufgeschlossen und je nach Bedarf und Wunsch die eine oder andere Zellentür geöffnet. Das monotone Geräusch der *Schlüssel* war mir von meiner eigenen Haft in Erinnerung. Auch die *Luft* roch wie einst im Alex, verbraucht, nach Bohnerwachs und ungelüftet, wie nach Mahlzeiten mit verschlossenen Fenstern. Manchmal hatte ein Gefangener von sich aus den Wunsch, den zuständigen Standortpfarrer zu sprechen. Gelegentlich bekam ich vom Gericht, von der Einheit oder von einer anderen Stelle den Auftrag, mich um einen Häftling durch persönlichen Besuch zu kümmern.

Zuweilen ging ich „auf gut Glück“, und meistens wurde ich dankbar empfangen, von Ausnahmen abgesehen. Besonders interessierten mich natürlich junge Menschen, Kriegsdienstverweigerer und zum Tode Verurteilte. Die letzteren erkannte man daran, daß außen an der Zellentür Handfesseln angebracht waren. In diesen Häusern war viel Unglück, Schuld, Elend, Angst und Hoffnungslosigkeit zusammen. Vieles habe ich gar nicht erfahren, obwohl ich es hätte wissen sollen. Im Anfang ließ das übrige Pensum der Standortseelsorge eine eingehende Betreuung gar nicht zu. Durch den Einsatz der anderen Kollegen ist das später besser geworden, wenn auch gewiß nicht für alle befriedigend. Unter dieser Situation litten alle Beteiligten, die Gefangenen selber, die Schließer-Unteroffiziere und nicht zuletzt die Seelsorger.

Was die *Thematik* der Gespäche betraf, so war sie breit gefächert, wenn auch konkret bezogen auf das Verhalten in der Truppe, sei es an der Front oder in der Etappe, sei es im Alltag oder in einer schwierigen Grenzsituation, sei es auf den verschiedenen Ebenen der Mannschaft oder denen der Unteroffiziere und der Offiziere.

### *Der Maler mit den hängenden Köpfen*

Einer der ersten Grenzfälle, der mich seelisch besonders bewegte und seelsorgerlich belastete, war ein junger Künstler, der wegen mehrfacher Entfernung von der Truppe bzw. Fahnenflucht einsaß. Vermutlich war ich um diesen Besuch von außen gebeten worden, weil der junge Mann – wir wollen ihn *Rainer* nennen – mit einem erfahrenen christlichen Jugendführer bekannt war. Als ich in seine Zelle trat, sah ich lauter Bilder, meist Aquarelle, an den Zellenwänden hängen. *Rainer* malte; er war *Bühnenbildner* und hatte einen eigentümlichen Stil entwickelt. Die Figuren auf den Bildern sprachen Bände. Sie blickten alle nach unten, ließen die Köpfe hängen, lehnten sich an oder stützten sich auf. Später hat er mir einmal ein Foto von einer seiner größeren Arbeiten geschenkt. Das Bild zeigt in der Mitte einen senkrecht stehenden blanken Baum mit einer einzigen Gabel. Man könnte auch an einen Segelbaum denken. Zwei Paare von jungen Männern sind darum gruppiert, das eine stehend, wobei sich einer an den anderen anlehnt, das andere sitzend, aufgestützt, aber seltsam kontaktlos: Keiner blickt dem anderen ins Gesicht. Wieviel Sehnsüchte und Empfindungen und welche Depressionen und Ängste mögen hier Pate gestanden haben. Hier brauchte man nicht viel tiefenpsychologische Seelenforschung treiben. Die Bilder sprachen ohne Kommentar. *Rainer* war eingezogen worden, obwohl er eine strenge Disziplin und das Zusammenleben mit einer Gruppe mit seinem hochkomplizierten Nervensystem gar nicht verkraften konnte. Die Folge lag auf der Hand. Er riß einfach aus. Irgendwohin. Nicht in böser Absicht, um die Fahne zu verlassen. Er war schon dienstwillig, aber nicht dienstfähig. Da sich die Sache wiederholt hatte, kam er in Lebensgefahr. Bekanntlich stand auf Fahnenflucht die Todesstrafe. Ich weiß nicht mehr, wievielmal ich ihn besucht habe, mit wem ich alles verhandeln mußte und welche Menge von Erklärungen und Gesuchen abzufassen waren. Schon bei Rainer wurde mir klar, was alles auf mich zukommen würde, wenn ich mich um einen Fall etwas eingehender bemühte. Auch diese Erfahrung hat zu dem exemplarischen Vorgehen in der Gefängnisseelsorge geführt.

Schließlich hatten die zuständigen Richter ein Einsehen. Vielleicht ließen sie ihn deswegen so lange sitzen und warten, damit ein Teil einer eventuellen Strafe als verbüßt gelten konnte, oder um bessere Gründe für eine Krankschreibung zu finden. Endlich kam das Urteil: „Wehrdienstuntauglich!" Das war das Beste, was Rainer passieren konnte.

Aber waren damit alle Probleme gelöst? Keinesfalls, im Gegenteil. Nun fingen neue Bewährungsnöte an. Ich habe selten einen so von seinen eigenen Problemen geschüttelten und angefochtenen jungen Menschen kennengelernt wie Rainer. Wie schon seine Bilder zeigten, hatte er gleichgeschlechtliche Neigungen und wurde mit seinem Körper nicht fertig. Einmal kam er schweißtriefend früh bei mir an, nachdem er sich in der Nacht (nach eigenen Angaben mehrmals) kaputtgemacht hatte. Eine tragende Familie war nicht vorhanden. Die Schwester, damals eine junge Tänzerin, litt unter ähnlichen Anfechtungen. Sie konnte Rainer auch nicht helfen. Es war wie ein Verhängnis. So gut ich konnte, habe ich *Rainer* beraten und betreut. Er war auf die Sache Jesu ansprechbar und besaß großes Vertrauen zu mir.

Dann kam jener Tag, der mir unvergeßlich bleiben wird und noch heute auf meinem Gewissen lastet. Rainer war auf einem Tiefpunkt seiner Depressionen und Verwirrungen angelangt. Er brauchte unbedingt jemand, mit dem er sprechen konnte. Aber er fand niemand. In seiner Verzweiflung fuhr er an den Wannsee und ging dort ins Wasser. Augenzeugen berichten, daß er mit hocherhobenen Armen, im Angesicht der Sonne und wie in einem Trancezustand in den See herausgeschritten sei, bis er untersank. Nach geraumer Zeit fand man die Leiche. Die Polizei rief bei mir privat zu Hause an und bestellte mich in das Gerichtsmedizinische Institut. Ich sollte den Toten identifizieren. Bei ihm wurde ein Notizbuch gefunden, aus dem klar hervorging, daß ich in einem besonderen seelsorgerlichen Verhältnis zu ihm stand. An jenem Tage hatte er noch drei Telefonnummern angerufen, in der Hoffnung, noch einmal Kontakt mit einem Menschen zu bekommen. Es war vergeblich. Sein Arzt hatte keine Sprechstunde, seine Freundin, zu der er trotz seiner Einstellung noch eine lockere Beziehung hatte, war verreist. Und ich? Offenbar übermüdet von dem anstrengenden täglichen Dienst, hatte ich mich mittags hingelegt und das Telefon abgestellt. Der Anblick des aufgedunsenen Körpers, an dem noch Reste aus dem langen Aufenthalt im Wasser und an der Uferböschung zu sehen waren, hat mich erschüttert. Hier war das Schöne an seine äußerste Grenze gestoßen. Die in dem Notizbuch aufgezeichneten Telefonnummern waren wie letzte Grüße, aber unüberhörbare Rufe des „Bruders Abel". Wir konnten Rainer nur noch in die Hände seines Herrn befehlen, mit dem er in der Tiefe in einem angefochtenen Glauben verbunden war. Sein unruhiges Herz hatte nun endlich Frieden. Ich selber habe mich noch lange mit der Frage beschäftigt: Hätte ich den Anruf nicht doch abnehmen müssen? Das Christuswort aus der Offenbarung gewann eine neue Dimension: „Siehe, ich stehe vor der Tür und klopfe an" (Offb 3,20).

*Bei den zum Tode Verurteilten*

Und nun zu den dunklen Nächten, in denen ich die seelsorgerliche Begleitung von zum Tode verurteilten Männern wahrzunehmen hatte. Es waren zwar nur einige Fälle, aber sie haben sich tief in meine Seele eingegraben und mir das Problem des Sterbens menschlich und theologisch ganz intensiv bewußtgemacht. War eine solche Aufgabe dem unerfahrenen Pfarrer, der noch drei Jahre brauchte, um dreißig zu werden, überhaupt zumutbar? Ich hatte zwar theologisch verstanden, daß der Tod der Sünde Sold ist, und ich glaubte auch an Jesus, der gesagt hatte: „Ich lebe, und ihr sollt auch leben." Was es aber bedeutet, mit einem jungen und gesunden Menschen stundenlang zusammenzusitzen, um mit ihm auf seinen Tod am Schafott oder auf dem Schießplatz zu warten – davon hatte ich keine Ahnung. Etwas habe ich von Harald Poelchau gelernt. Aber seine Erfahrungen stammten noch aus dem Bereich der zivilen Kriminalität und aus der Vorkriegszeit, in der die Todesstrafe noch relativ selten verhängt wurde. Außerdem kann man den Umgang mit Todeskandidaten vor der Hinrichtung nicht theoretisch erlernen. Am Abend vor der Exekution wurde dem Häftling die Vollstreckung des Urteils, die in den frühen Morgenstunden stattfand, mündlich eröffnet. Die Kriegsgerichtsräte, die für den Prozeß und die Verurteilung zuständig waren, mußten zugegen sein. Der leitende Richter verlas das Urteil. Auch ich als Pfarrer hatte dabeizusein. Die Todeskandidaten wurden mit dieser Mitteilung überrascht. Sie ahnten zwar allgemein etwas, aber sie kannten den genauen Termin nicht. Man gab ihnen noch einmal ein gutes und kräftiges Essen. Sie durften ihre Abschiedsbriefe schreiben. Am Ende verwies der Gerichtsoffizier auf den Pfarrer, der für Gespräche zur Verfügung stünde.

Merkwürdigerweise kann ich mich an den *ersten Fall* einer Erschießung nur schwach erinnern. Es handelte sich um einen jungen Mann, der wegen Fahnenflucht zum Tode verurteilt worden war. Er erzählte mir seine gerade erst angefangene Lebensgeschichte. Irgendwie muß er den Halt verloren haben. Er vertraute mir sein kleines Tagebuch an, das ich aber nach dem Kriege nicht wiedergefunden habe. Nur ein Foto von dem Jungen besitze ich. Da steht er noch: jung, hoch aufgerichtet und unbefangen in die Welt schauend. Ich vermute, daß ich ihn beerdigt habe. Aber die Einzelheiten des letzten Gespräches sind wie weggeweht. Das mag daran liegen, daß ich bei diesem ersten Fall dem furchtbaren Geschehen gegenüber sprachlos wurde. Außerdem ist er dann in den Schatten der späteren Erlebnisse geraten, die mich noch mehr aufgewühlt haben. Das Wichtigste aber ist, daß dieser verlorene und vergessene junge Mann in Gottes freundlichen Händen ruht.

Was in diesen dunklen Nächten geschah, lastete auch auf unserer jungen Ehe. Treu und tapfer hat meine Frau die schweren Stunden mit durchgetragen, nicht zuletzt durch ihre Fürbitte. Das war eine große Hilfe für mich, aber auch für den Todeskandidaten. Ich entsinne mich, daß sie mir außerdem einmal eine Apfelsine für den einsamen Mann in der Zelle mitgegeben hat, die es damals nur selten und nur auf Marken für Mütter und Kinder gab. Das dankbare Echo des Empfängers brauche ich nicht näher zu schildern. Schrecklich war immer der Abtransport zum Schießplatz in der Jungfernheide oder anderswo. Auch dort ging nicht immer alles so, wie es sein sollte. Gewiß taten die jungen Soldaten des Schießkommandos ihre traurige Pflicht. Wer wollte sie hier nachträglich kritisieren. Sie konnten von sich aus nichts ändern. Einmal hat es mich aber besonders empört, als ich erfuhr, daß man junge Rekruten, die noch kaum das Schießen gelernt hatten, abkommandiert hatte. Wollte man etwa auf diese Weise eine Schießübung veranstalten? Als bei einem anderen Mal der leitende Offizier nach der Exekution bissig und verächtlich zu mir etwa so sagte: „Da haben wir wieder einmal einen von diesen Burschen erledigt!" – habe ich nichts gesagt, bin aber stehen geblieben und habe ihm längere Zeit schweigend und fest in die Augen gesehen. Ich glaube, daß er diese Art des Protestes beschämt verstanden hat. Jedenfalls hat er nichts mehr gesagt.

*Noch sieben Minuten*

Welche dramatischen Auswirkungen auch nur eine kleine Panne bei einer Exekution auslösen konnte, kann ich an einem Beispiel nachzeichnen, das mir auf dem Gelände des *Flugplatzes Schönwald* bei Berlin widerfahren ist. Ein junger Offizier – er sei mit „L" gekennzeichnet – sollte dort erschossen werden. Dienstlich zuständig war das Luftgaukommando. Als für die Einheit der Luftwaffe zuständiger Standortpfarrer hatte ich die Betreuung von L zu übernehmen. Ich traf ihn in einer Zelle an, die wohl zum Arrestgebäude der Flugplatzeinheit gehörte. Die Einzelheiten des Gespräches sind mir nicht mehr gegenwärtig, wohl aber der Tatbestand, daß der junge Mann sich aussprach und willig auf die letzte Stunde vorbereiten ließ. Deutlich weiß ich noch, daß er unentwegt Zigaretten rauchte, wohl um sich zu beruhigen. Den letzten Frieden hat er, soweit man das überhaupt sagen kann, dort gefunden, wo ihm die Christusbotschaft, wenn auch in aller Unvollkommenheit, begegnete. Wir beteten miteinander, und ich gab dem jungen Mann das heilige Abendmahl. Beim Abtransport in den frühen Morgenstunden fuhren wir in einem offenen LKW, in dem bereits das Stroh für den „Heimtransport" nach der Exekution ausgelegt war. Als wir auf dem Schießplatz ankamen, war bereits alles vorbereitet. Auch die zuständigen Offiziere und Richter waren anwesend. Entsetzlicherweise aber fehlte der Stabsarzt, der den Tod festzustellen hatte. Infolgedessen konnte nicht geschossen werden. Sieben furchtbare Minuten folgten. Ich weiß nicht, wem diese Minuten schwerer und länger wurden, dem Delinquenten oder dem Seelsorger, dem Exekutionskommando oder den Aufsichtsoffizieren. Sicher stand dem jungen Mann noch einmal alles vor Augen:

Nach seiner Erzählung und nach der Information durch den Luftgau hatte ich gehört, worum es ging. Der Hauptfeldwebel von L hatte Unregelmäßigkeiten in der Finanzverwaltung begangen. L wurde als zuständiger Offizier dafür verantwortlich gemacht. Es fehlte Geld (wohl 2000,– Reichsmark). In einer unsinnigen, zweifelsohne durch die Jugend des Betreffenden beeinflußten Verwirrung war er, L, mitsamt der Kasse und den Kompaniepapieren geflohen. Er wollte Selbstmord machen. Da aber die Pistole versagte, verlor er vollends die Nerven und begann für den Rest seines jungen Lebens eine abenteuerliche Fahrt durch Europa. Er gab an, Ritterkreuzträger zu sein, lernte ein Mädchen kennen, mit dem er Richtung Tschechoslowakei, Ungarn und Rumänien fliehen wollte. In einem Hotel wurde er durch deutsche Gestapo-Beauftragte festgenommen.

Das alles mag dem jungen Mann noch einmal zu Bewußtsein gekommen sein. Vielleicht hat er mir auch nicht alles gesagt, was er hätte sagen können. In jedem Falle waren es sieben entsetzliche Minuten, die ich in meinem Leben nie vergessen werde. Alles nur wegen des Zündschlüssels für das Motorrad des Herrn Stabsarztes! Er hatte ihn verlegt und konnte ihn am Morgen vor der Erschießung nicht rechtzeitig finden. Manche machten Witze über die „Zugabe" von einigen Lebensminuten. Andere waren ernst und schwiegen. Man hörte die Vögel zwitschern, und die Sonne brach durch das Gehölz, in dem der Schießplatz lag.

Endlich erschien der Stabsarzt. Die Kommandos ertönten. Die Schüsse fielen. Ich sprach ein Gotteswort und betete. Das Sterben dauerte länger als gewöhnlich. Ob das Kommando vor lauter Aufregung nicht richtig gezielt hatte? Der Arzt beruhigte uns, die Agonie dauere eben manchmal länger.

Wer wollte hier noch von Schuld reden? Sicher war Schuld da, aber noch größer war die Vergebung, und noch lebendiger waren die Hände des Auferstandenen, die den Toten in Empfang nahmen. Die sieben Minuten führten uns alle an die Grenze, auch den Seelsorger. In verlegenem Schweigen hatten wir nichts mehr zu sagen. Ein anderer sprach mit uns, mit den Richtenden und den Gerichteten, mit dem Sterbenden und mit den Zuschauern. Mir wurde klar, daß auch die, die leben blieben, nur von der Vergebung her weiterleben konnten. Unwillkürlich dachte man an die letzten sieben Minuten, die man selber einmal beim Sterben haben würde.

Wie eng sich Lebensanfang und Lebensende miteinander berühren können, weiß ich, seitdem ich *Hans* in der Todeszelle begegnet bin. Mit ihm habe ich auch wenige Stunden vor seinem Ende erlebt, was später der Schweizer Theologe E. Thurneysen in seiner nach dem Kriege erschienenen „Lehre von der Seelsorge" ein *„Kampfgespräch"* nennen sollte. Das kam so:

Es muß während einer der ersten Kriegswinter gewesen sein, als ich ihn in einem Wehrmachtgefängnis kennenlernte. Ich hatte vor seiner Tür gestutzt, weil dort die berüchtigten zwei Handfesseln hingen. Zeigten sie doch unmißverständlich an, daß hier einer saß, den sie zum Tode verurteilt hatten. Als ich die dicke Zellentür geschlossen hatte, sah ich einen Mann, der las, eben jenen „Hans". Auf Anfrage teilte er mir mit, es sei Alfred Rosenbergs „Mythos des 20. Jahrhunderts". Er lese diese Bibel des Nationalsozialismus abwechselnd mit dem griechischen Urtext des Neuen Testaments. Er wolle wissen, wer recht habe und wer ihm für seine schwierige Lage etwas sagen könne, der Chefideologe des Nationalsozialismus oder Jesus von Nazareth. Ich hatte es also mit einem sogenannten „gebildeten" Mann zu tun. Von Beruf war Hans akademischer Sportlehrer. Außerdem bekannte er, daß er ein begeisterter Anhänger der Weltanschauung des Dritten Reiches sei. Er ließ durchblicken, daß sein Glaube an den Mythos angesichts der drohenden Hinrichtung ins Wanken geraten war. Als ich erfuhr, welche tragischen Entwicklungen dahinter standen, konnte ich ihn gut verstehen.

Hans hatte einen Onkel, der über ein gewisses Vermögen verfügte. Als der junge Lehrer einmal in Geldverlegenheit geraten war, hatte er sich an diesen Mann gewandt, der auch sofort bereit gewesen war, ihm zu helfen. Hans hatte ihm nur gelegentlich aus seinen Erfahrungen beim Reichsarbeitsdienst berichten müssen. Der Verwandte schien sichtlich interessiert. So hatte der junge Mann ausgepackt, über Ausbildungsfragen und über die besonderen Verfügungen, die während des Krieges an den Reichsarbeitsdienst (RAD) ergangen waren. Dabei hatte er sich nichts gedacht. Um so überraschter war er, als nach Jahren das Reichskriegsgericht nach ihm fahndete und er schließlich zum Tode verurteilt wurde. Hans war, wie er sagte, ohne es zu wissen, in die Hände eines Spions gefallen. Als die deutsche Wehrmacht während des Polen-Feldzugs in Warschau einmarschiert war, wurde auch das polnische Außenministerium besetzt. Ungezählte Geheimakten fielen in die Hände des deutschen Siegers. Unter anderem fand man auch ein Schriftstück, aus dem hervorging, daß besagter Onkel als geheimer Agent der Polen eines Tages 600,– RM für gute Auskünfte an einen jungen Lehrer namens Hans X. ausgezahlt habe. Die Strafen für Landesverrat waren und sind in allen Ländern der Erde hart. Das Deutschland von gestern machte hier keine Ausnahme. Es kannte keine Gnade. Wäre Hans im Frieden verurteilt worden, hätte er mit Zuchthaus davonkommen können. So, mitten in einem Krieg auf Tod und Leben, war man unerbittlich. Hans wurde der Guillotine überantwortet. Nachdem ich den Fall studiert hatte, reichte ich sofort ein Gnadengesuch ein. Es blieb ohne Erfolg.

Ich nahm an der inneren Krise des Todeskandidaten lebhaften Anteil und besuchte ihn häufig. Ich war ja nicht aus Holz und Stein, sondern aus Fleisch und Blut. Mich hat das alles sehr mitgenommen. Hans rang um Klarheit, aber er konnte sie nicht finden. Er kam aus dem Spinnennetz der völkischen Religion nicht heraus. Die Person Jesu erschien ihm verehrungswürdig, aber mehr nicht. In einer ernsten Aussprache verpflichtete ich mich, Hans wenigstens in der letzten Stunde als Freund und Bruder beizustehen. Aus Zeitmangel sah ich ihn längere Zeit nicht, bis ganz unerwartet der entscheidende Tag uns beide mit seinem nackten Dasein überfiel.

Ein jungverheirateter Oberst, der spätere Generalmajor *Zierold*, hatte für diesen Tag um eine *Haustaufe* gebeten. Zierold war ein engagierter Christ. Er hatte sich von mir trauen lassen und Gespräche geführt, in denen es um Glaube und Kirche ging. Also sagte ich zu. Von dieser Taufe gibt es noch Bilder. Es war eine ernste, aber schöne Feier, in der ohne Hemmungen das volle Evangelium bezeugt werden konnte. Alle freuten sich über das Kind, das während der Ansprache an der Perlenkette seiner Mutter spielte, bis diese riß, so daß die Perlen auf den Fußboden kollerten. Wie so oft folgte auch an diesem Tage der eigentlichen Sakramentshandlung der festliche Taufkaffee mit einem zwanglosen Gespräch. Ich war bald gefordert, da niemand einen Pfarrer fünf Minuten am Tisch ertragen kann, ohne ihn auf seinen Beruf oder das Kirchenthema hin anzusprechen. Die kleine Gesellschaft hatte aufmerksam zugehört, das Gespräch über religiöse Fragen wurde recht intensiv. Gleichwohl blieb alles in einer angenehm ausbalancierten, gleichsam bürgerlichen Stimmung. Man saß in bequemen Fauteuils, einige rauchten, Kaffee und Cognac waren ausgezeichnet. Der Krieg schien vergessen. Es war, als ob er eine Pause eingelegt hätte. Die Gedanken flogen von Mund zu Mund. Es war eher anregend als aufregend. Man konnte so herrlich vom Sessel aus über Gott und die Welt philosophieren, notfalls sogar theologisieren. Es tat ja nicht weh.

Jäh wurde ich aus dieser Insellage, aus dem Parkett, herausgerissen. Das Telefon schrillte. Mein Name wurde verlangt. Es war ein Ferngespräch. Auf der anderen Seite meldete sich das Zuchthaus in Brandenburg. Ich hätte doch gewünscht, benachrichtigt zu werden. Heute nacht sollte Hans an die Reihe kommen. Man erwartete mich gegen 20 Uhr. Ich wurde blaß und sah mich auf einmal unvorbereitet wieder in die andere Seite der Wirklichkeit, in den Ernstfall, zurückversetzt. Nun gab es kein Zurück mehr. Ich verabschiedete mich rasch, irgendwelche Entschuldigungen stammelnd. Es war ja auch grotesk genug: *von der Kindertaufe zur Hinrichtung, vom Parkett zum Schafott*! Da war die Entdeckung, die ich oben schon angedeutet habe. Ich sah plötzlich, wie eng Werden und Vergehen, Geburt und Tod ineinanderliegen. Und noch niemals ist mir die Paradoxie zwischen der Naivität des Kindes und der mörderischen Welt der Erwachsenen, in die es hineinwachsen soll, deutlicher geworden. Ich fühlte mich nachträglich kritisch gefragt, ob ich in der Taufgesellschaft das Evangelium nicht doch zu harmlos gepredigt hatte.

In Windeseile raste ich nach Hause, packte das Nötigste und fuhr mit dem Dienstwagen nach Brandenburg. Es waren unheilschwangere Minuten. Mein Fahrer war im Zivilleben Taxichauffeur, ein wirklich guter Kamerad mit herrlichem Berliner Mutterwitz, im übrigen ein schlichter Christ, von dem ich viel gelernt habe. Er sagte oft, wenn ich einmal fröhlich in seinen Wagen stieg: „Herr Pfarrer strahlen ja wie ein Primeltöpfchen." Heute gab ich keinen Anlaß zu einer solchen Bemerkung. Mein Gesicht tat alles andere, nur strahlte es nicht. Pünktlich fuhren wir an dem großen Tor des Zuchthauses vor. Es war eine der komfortabelsten Anstalten dieser Art in Europa. Einige tausend Insassen beherbergte es, u. a. „Politische", von denen manche, wenn sie davonkamen, heute Rang und Namen haben, wie etwa der spätere Staatsratsvorsitzende der DDR Erich Honecker. Die Häftlinge wurden, zumal es kürzlich einen kleinen Aufstand gegeben hatte, mit allen Mitteln – modernen und mittelalterlichen – bewacht. Die Mauern waren mit MGs gespickt, und sollte es einmal Wagehalsigen gelungen sein, die Feuersperre zu durchbrechen, so endete er unterhalb der Mauer in einem Graben, in dem abgerichtete Hunde auf ihr Opfer warteten.

In jener Nacht waren es fünf, die ihrem Tod entgegensahen. In den letzten Kriegsjahren wurden es erschreckend mehr. Das Fallbeil schien, je länger das Völkerringen dauerte und je verzweifelter die Lage des Staates wurde, nicht genug bekommen zu können. Der Schuppen, in dem sich alles vollzog, gehört wie der entsprechende Raum in Berlin-Plötzensee zu den dunkelsten Kapiteln der neueren deutschen Geschichte, in der die Maßstäbe für Gut und Böse dämonisch verzerrt worden waren.

Wieder mußte ich, diesmal an der Zellentür von Hans, an der Verlesung des Vollstreckungsbefehls teilnehmen. Der zuständige Offizier schloß dann so: „Das Urteil wird morgen früh fünf Uhr und soundsoviel Minuten vollstreckt. Ein Seelsorger steht Ihnen zur Verfügung." Da stand ich nun, wenige Stunden vorher noch bei der fröhlichen Haustaufe und jetzt ein Seelsorger, der wenig Ahnung vom Leben, geschweige denn vom Tode hatte, vor einem im wahrsten Sinne des Wortes tödlichen Ernstfall. Die militärische Kommission verschwand, und die beiden Schließer-Unteroffiziere waren froh, sich drücken zu können. Ich blieb mit Hans allein. Er war blaß, aber es ging ein Leuchten über sein Gesicht, als er mich entdeckt hatte. Das erste Wort, was er sagte, war der Satz: *„Ich werde stehen wie eine 1."*

Wir setzten uns an das kleine Tischchen. Er begann, die „Henkerzigaretten" zu rauchen. Ich fragte ihn, wie er denn das machen wolle. Er antwortete: „Sehen Sie, ich glaube eben an die Idee der Bamherzigkeit. Das ist alles." Daraus sprach der heroische Optimismus eines jungen Lebens, wie er damals gelehrt und gelebt wurde. Hier konnte nur freimütig Glaube gegen Glaube gesetzt werden. Ich erwiderte also: „Wenn mir jemand fünf Minuten vor meinem Tode angesichts einer quälenden Schuld aus meinem Privatleben sagen würde, ich solle an die Idee der Barmherzigkeit glauben, so würde ich ihn vermutlich hinauswerfen. Wenn mein Gewissen spricht und ich mich in der Ewigkeit zu verantworten habe, will ich wissen, ob das mit der Barmherzigkeit Gottes auch wirklich stimmt. Ideen und ‚Gedanken' der Gnade helfen mir da nicht. Ich glaube nicht an die *Idee*, wohl aber an die *Gestalt der Barmherzigkeit Gottes!*" Ich meinte damit natürlich den gekreuzigten Christus. Hans versuchte, mich zu verstehen, aber er verstand mich nicht. Ich ließ ihn nach einer Weile allein, damit er seine Abschiedsbriefe an Frau und Kinder schreiben konnte und Gelegenheit zu stiller Besinnung bekam.

Der neue Tag zog bereits mit kühlem Morgenwind herauf, als ich wieder in die Zelle von Hans trat. Die Situation bekam für mich langsam etwas Unheimliches. Instinktiv schien der Mann meine Ängste zu ahnen, und da auch er – er mochte wollen oder nicht – in eine letzte Existenzangst getrieben wurde, kamen wir uns auf einmal ganz nahe, vielleicht nicht im Glauben, wohl aber in der Angst. Und ist nicht die Angst manchmal die dunkle Schwester des Glaubens?

Hans stellte kurz nach meinem Eintreffen eine Frage: „Was geschieht eigentlich mit mir, wenn ich gestorben bin und nicht an Christus geglaubt habe?"

„Das weiß ich wirklich nicht", erwiderte ich, „das weiß Gott allein. Ich weiß nur, oder besser gesagt, ich habe nur die Gewißheit, was mit *mir* wird. Ich bin des Glaubens, daß ich ohne die Vergebung des Christus in die letzte Gottesferne falle. Ich habe dann von Gott nichts anderes zu erwarten als sein Nein. Die Christen nennen diesen Zustand mangels anderer und besserer Vokabeln eine ‚Hölle', nicht um uns feiges Gruseln einzujagen, sondern um dem ganzen Ernst des ungewissen Gerichtes Ausdruck zu verleihen. Ich kann dir die Ostertatsache, die Botschaft von der Auferstehung, nicht beweisen. Sterben ist relativ leicht, man kann es notfalls ertragen wie die Narkose bei der Operation. Aber Totsein ist etwas Entsetzliches. Niemand kann mir die Garantie geben, ob ich dann ewig schlafen darf. Totsein heißt in einen Bereich des Ungewissen hineingehen; nur im Glauben an Christus kann ich sagen: Fall ich, so fall ich in Gottes Arme. Ich kann nicht tiefer fallen als einer großen Liebe in die Hände." Hans war sichtlich bewegt, aber er schüttelte den Kopf. Er könne nicht nach Jahren des Glaubens an sich selbst, an Blut und Volk, noch zum Schluß feige umfallen. Er fände das unanständig. Er möchte ja gern an Christus glauben, aber er könne seine Zweifel nicht loswerden. Entweder ganz oder gar nicht . . .

Da begann ich einfach, ihm die Geschichte von Jesus und dem Vater des epileptischen Jungen zu erzählen. Für die Seelsorge im Ernstfall habe ich in diesen dunklen Nächten etwas ganz Wesentliches gelernt: Vor dem Tode hilft nur noch das Evangelium selbst, das bloße Wort Gottes ohne menschliche „Bekleidung". Man kann die Geschichte in Mk 9,14–29 nachlesen. Hier wird berichtet, daß eines Tages ein Vater mit seinem kranken Jungen zu Jesus kommt. Die Jünger haben dem Fallsüchtigen nicht helfen können. Nun hofft der unglückliche Mann auf das Eingreifen des Meisters. Der sagt ihm auf den Kopf zu, was allein retten kann: „Alle Dinge sind möglich dem, der da glaubt." Da fällt der Vater auf die Knie und „schreit", wie es im Urtext heißt: *„Ich glaube, lieber Herr; hilf meinem Unglauben!"* Der Ruf des zweifelnden Glaubens bzw. des glaubenden Zweifels, das Gebet aus der Hölle der

Unsicherheit heraus, wird erhört. Jesus heilt den Jungen. Als ich geendet hatte, bekannte ich Hans ganz offen, daß es auch in einem Pfarrersleben Zweifel gebe. Luther habe gesagt, ein Christ sei nie im Gewordensein, sondern immer nur im Werden. Wenn ich im Apostolikum bete „Ich glaube an Jesus Christus", so sei mein Glaube nicht besser als der Glaube des Vaters von Mk 9, der seinem „Credo" („Ich glaube") gleich den Satz hinzugefügt habe: „Herr, hilf meinem Unglauben!"

Merkwürdig – auf diese dichte Erzählung hin sprang Hans auf: „Wenn das stimmt, wenn das Zweifeln so nahe beim Glauben ist, dann will ich glauben." Ich beruhigte ihn wieder und wieder. Der Zweifel sei der legitime Schatten des Glaubens. Zweifeln sei in einem tiefsten Sinne auch im Christentum erlaubt, wenn es nur im Angesicht Gottes geschähe. Aber Hans ließ nicht locker. Er stellte sich den letzten Moment auf dem Schafott vor. Zwischen der Aufforderung des Generalstaatsanwaltes an den Henker, seines Amtes zu walten, und dem Heruntersausen des Fallbeils lag nur die kurze Spanne von kaum mehr als dreißig Sekunden, eigentlich nur ein paar Augenblicke, für den Exekutierten aber eine Ewigkeit! Hans fragte, im Innersten aufgewühlt: „Wenn ich nun im letzten Moment doch noch zweifle und denke, ich habe nur aus Todesangst an Jesus geglaubt oder nur dir zuliebe – meinst du, daß mir Jesus diese Sünde vergibt?"

Ich zitterte sicher selbst am ganzen Leibe in dieser Stunde. Es war nicht nur äußerlich kalt in der Zelle. Gleichwohl überkam es mich angesichts dieser Herausforderung wie ein Stück Vollmacht, so daß ich antworten konnte: „Ja, auch diese ‚Sünde' vergibt er. In meiner Bibel steht jedenfalls der Satz: ‚Dem Aufrichtigen läßt es Gott gelingen!' An diese Verheißung darfst du dich halten. Zweifle nur deine Zweifel radikal mit Jesus zu Ende. Wenn es zur getrosten Verzweiflung kommt, dann erst schlägt die Stunde des Glaubens."

So endete damals das *Gespräch unter der Guillotine*, das Hans und ich führten. Und dann begann das andere Gespräch, das Er selber mit uns führte und das ich nie vergessen werde. Hans bat, daß seine Kinder getauft würden. Ich mußte ihm noch einmal seine Abschiedsbriefe holen, damit er diesen Wunsch noch nachträglich hinzufügen konnte. Dann bat er um das heilige Abendmahl. Nun wurde uns in diesen letzten Minuten die Kraft des Sakraments spürbar. Während ich ihm Brot und Wein gab – er kniete auf dem kalten Steinfußboden, man hatte ihm schon den Sterbekittel angezogen – und die frohe Kunde von der Vergebung und dem ewigen Leben las, gab es plötzlich Fliegeralarm.

Bald begann das dumpfe Geräusch der Guillotine hörbar zu werden. Vor Hans waren ja andere an der Reihe. Man hatte das furchtbare Empfinden, als ob nun zwei Tode, der eine aus der Luft und der andere im Keller, miteinander um die Vorhand kämpften. Wer würde eher sein Opfer haben? Uns hat damals der Blick auf das Kruzifix geholfen. Dieser Christus war stärker als die beiden Sensenmänner. Wir Menschen hatten uns nichts mehr zu sagen. Aber Er sagte uns: „Ich bin die Auferstehung und das Leben. Wer an mich glaubt, der wird leben, ob er gleich stürbe."

Als Hans die Stufen zum Schafott hinaufstieg, stand er tatsächlich wie eine 1. Er glaubte allerdings nicht mehr an sich selbst. Als man ihn aus der Zelle abholte, hatte er gerade zu seinem Heiland gebetet: „Denn dein ist das Reich, die Kraft und die Herrlichkeit in Ewigkeit. Amen."

Als alles vorüber war, war der ganze Bereich um das Schafott herum mit Blut bespritzt. Ein Helfer des Henkers kam mit einem Gartenschlauch und spritzte alles wieder sauber. Einem Offizier wurde dabei übel, er mußte den Raum verlassen. So endete das Kampfgespräch um den Glauben im Ernstfall. Es war gut, daß auch hier Gott das letzte Wort behielt. Wir fuhren still und bedrückt nach Hause. Dort wartete neue Arbeit für den Seelsorger. Ich hatte noch viel für Hans zu tun.

### *Trotz „Roter Kapelle" zur Erschießung begnadigt*

Eines Tages wurde ich noch in einen anderen Spionagefall verwickelt, der in die Geschichte des Dritten Reiches und der Widerstandsbewegung unter dem Namen „Rote Kapelle" eingegangen ist. Ein hoher Wehrmachtjurist, der spätere Generalrichter Dr. Manfred Roeder, bat mich kurzfristig und überraschend, mich noch in der Nacht um den jungen Oberleutnant Gollnow zu kümmern, ohne ihm etwas von der in den frühen Morgenstunden vorgesehenen Erschießung mitzuteilen.

Was war die *Rote Kapelle*? In der Widerstandsbewegung gab es zwei Flügel, einen mehr westlich und einen mehr östlich orientierten. Die einen setzten mehr auf England, die anderen mehr auf die Sowjetunion. Die meisten kennen nur die Leute des *Kreisauer Kreises* um Generaloberst Beck, den früheren Chef unseres Heeresgruppenkommandos in Berlin, wo wir unseren Konfirmandenunterricht hielten, und den Leipziger Oberbürgermeister Carl Goerdeler. Nach Westen waren auch die Theologen Dietrich Bonhoeffer und Eugen Gerstenmaier orientiert. Die Angehörigen der Roten Kapelle sind weniger bekannt.

Das Wort „*Rote Kapelle*" hat nichts mit einer Kapelle oder Kirche zu tun, es war vielmehr eine rein technische Bezeichnung der Gestapo. Es soll auch gelbe und schwarze Kapellen gegeben haben. Inhaltlich gesehen ist die „Rote Kapelle" ein komplexer Begriff. Hier heißt es zu differenzieren. Die eine Seite der Roten Kapelle ist die sowjetische Spionageorganisation in Europa, die andere Seite ist die marxistisch-leninistisch orientierte Gruppe der deutschen Widerstandsbewegung. Das Spionagenetz der Russen, verkörpert durch den „Direktor" in Moskau, stand in Europa unter der Leitung des „Grand Chef", des Spitzenagenten *Leopold Trepper*. Der deutsche Cheffunker war Johann Wenzel. Jahrelang hat diese Spionageorganisation militärische Geheimnisse nach Moskau gefunkt, auf die die Russen natürlich besonderen Wert legten. Als die deutsche Bewegung zusammenbrach, schlug auch die Stunde für die Gesamtorganisation. Ausgerechnet als der Grand Chef wegen Zahnschmerzen einen Arzt aufsuchen mußte, schnappte die Falle der deutschen Abwehr zu. Trepper wurde in der Praxis verhaftet und mit seinen Mitarbeitern unter Todesandrohung „umgedreht". Fortan funkte eine neue „Rote Kapelle", diesmal von der deutschen Gestapo gesteuert. Als die Russen immer zudringlichere Fragen stellten, ließ Feldmarschall von Rundsted dem Spiel mit den gefälschten Angaben ein Ende setzen.

Am *deutschen Kreis* der Roten Kapelle waren im Unterschied zur Bewegung des 20. Juli mit ihren ganz großen Militärs wie Generaloberst Beck oder ihren führenden Politikern wie Oberbürgermeister Goerdeler eher gescheite und geschickte Köpfe auf der mittleren Ebene beteiligt. Hier sind zu nennen: der organisatorisch begabte Oberleutnant im Reichsluftfahrtministerium *Harro Schulze-Boysen*, ein Großneffe des Admirals von Tirpitz und überzeugter Kommunist, und Oberregierungsrat im Reichswirtschaftsministerium *Dr. Arvid Harnack* (Neffe des berühmten liberalen Theologen Adolf von Harnack), ausgewiesener Wissenschaftler, mehr Ideologe, aber bis zur letzten Stunde Goetheverehrer, weiter der Dichter *Adam Kuckhoff* und der Nervenarzt und Psychotherapeut *John Rittmeister*. Um sie herum gruppierten sich eine ganze Reihe von Gesinnungsgenossen und Mitarbeiter aus allen Ständen, nicht zuletzt aus der jungen Generation. Schulze-Boysen und Rittmeister sammelten Diskussionskreise von jungen Erwachsenen, in denen sich intelligente und enthusiastische Teilnehmer beiderlei Geschlechts zusammenfanden, viele Studenten, Künstler, aber auch Angestellte und Arbeiter. Ihr Ziel war der Sturz des nationalsozialistischen Regimes und die Errichtung einer sozialistischen Gesellschaft im Sinne von Marx und Lenin.

Als die ganze Sache herauskam, bestimmte der „Führer" den Reichsmarschall Göring als Gerichtsherrn. Dieser ernannte den damaligen Oberkriegsgerichtsrat *Dr. Manfred Roeder* zum „Sonderbeauftragten beim Reichskriegsgericht". Er vertrat die Anklage. Göring erinnerte sich an die „gute Leistung" Roeders besonders bei der Aufdeckung der Hintergründe des Selbstmordes des Generalluftzeugmeisters Ernst Udet („Des Teufels General"). Ein überaus strenger, fast gnadenloser Prozeß begann. Vorsitzender des zuständigen II. Senats war Senatspräsident *Dr. Felix Kraell*, von dem noch später in anderen Zusammenhängen die Rede sein wird. Er suchte in dem Verfahren so gerecht wie nötig und so milde wie möglich vorzugehen. Um so schärfer und zielstrebiger suchte Roeder in seinen Plädoyers dem damals geltenden Recht zu dienen und den an ihn gestellten Erwartungen seiner Auftraggeber zu entsprechen. Der ganze Prozeß stand unter dem Verhängnis des totalitären Staatsverständnisses des NS-Regimes und der todernsten Situation des Kriegsfalls. Gleichwohl lassen die Zahlen erschrecken: Von den 76 Angeklagten wurden 46 zum Tode verurteilt, 15 bekamen Zuchthaus und 13 Gefängnis. Die Männer wurden gehenkt, die Frauen mit dem Fallbeil hingerichtet. Nur einer wurde erschossen.

Daß die Führer der Widerstandsgruppe schon wegen der Spionage, aber auch wegen ihrer umstürzlerischen Aktionen mit der Todesstrafe rechnen mußten, versteht sich von selbst. Aber da waren auch idealistische, vaterländische und wertgläubige Elemente dabei. Harald Poelchau hat als zuständiger ziviler Gefängnispfarrer die Verurteilten seelsorgerlich betreut und in seinem Büchlein über die „letzten Stunden" darüber bewegt und bewegend berichtet.[9] Es ist schwer, hier eindeutig zu unterscheiden. Bezeichnend für die trotzige Zuversicht des organisatorischen Kopfes der Gruppe ist die in der Zelle geschriebene „Botschaft" von Harro Schulze-Boysen: „Die letzten Argumente / sind Strang und Fallbeil nicht, / und unsere heut'gen Richter sind / noch nicht das Weltgericht." Um so tragischer ist das Schicksal der jungen Menschen, obwohl zum Teil nur Mitläufer und Flugblattverteiler, Diskussionsteilnehmer und Schulze-Boysen – oder Rittmeister-Schwärmer, die daran glauben mußten. Gewiß waren sie intelligent genug, um die Ziele ihrer Führer zu durchschauen, aber nicht alle wußten von der Spionage, geschweige denn, daß sie sich an dem Spionagegeschäft selbst beteiligt hätten. Bände spricht in diesem Zusammenhang eine Stelle aus dem Brief der jungen Cato Bontje van Beek, für deren Begnadigung sich Kraell, selbst Göring eingesetzt hatten. In dem Brief an die Mutter heißt es: „Traurig ist es nur, daß ich gar nicht weiß, wofür ich sterben soll. Mama, es ist kein besonders großer Ruhm, mit dieser Sache etwas zu tun zu haben."[10] Sie hatte offenbar die Schattenseite der Bewegung und die Sinnlosigkeit des Projekts eingesehen. Gefaßt ist sie in den Tod gegangen.

Das Kernproblem bei der Urteilsfindung war die Frage nach dem Verhältnis von *Spionage* und *politischer Protestbewegung*. Was war hier Mittel, und was war hier Zweck? Im Reichskriegsgericht wurde die Meinung vertreten, daß die Spionageorganisation der Kern und die Widerstandsbewegung das Mittel gewesen sei. Aber selbst wenn man in der Widerstandsbewegung den Kern und in der Spionage das Mittel sieht, ist festzuhalten: Spionage bleibt Spionage. Wer sich im Dritten Reich, mitten im Kriege, auf die Rote Kapelle bewußt einließ, mußte wissen, was er tat, und mit den Folgen rechnen. Den Männern des Reichskriegsgerichts waren Grenzen gesetzt. Hochverrat im Sinne der „Feindbegünstigung" und „Zersetzung der Wehrkraft" waren als Landesverrat abzuurteilen. Die Richter gerieten in schwere Gewissenskonflikte. Sie waren dem System verpflichtet, versuchten aber, soweit es der Fall (Mitläufer, weibliches Geschlecht, jugendliches Alter) zuließ, die Strafe zu mildern oder Gnadengesuche einzureichen. Dem Anklagevertreter, *Dr. Roeder*, wurden nach dem Kriege die schwersten Vorwürfe wegen seines harten und kompromißlosen Vorgehens gemacht. Mag er Fehler in der menschlichen Behandlung der Angeklagten und deren Angehörigen gemacht haben, „formaljuristisch" war nach dem Urteil von Fachleuten nichts dagegen einzuwenden. Außerdem ist es die Frage, ob dieser Sonderbeauftragte überhaupt einen Spielraum der Freiheit hatte und, wenn ja, wie groß er war. Schließlich haben die Richter das jeweilige Todesurteil mitverantwortet, und der „Führer" traf so oder so die Letztentscheidung.

*H. Höhne* hat in seiner lesenswerten Geschichte der „Roten Kapelle" dem Spionageunternehmen keine hohe und kriegsentscheidende Bedeutung militärischer Art zugebilligt, wohl aber ihren Teilbeitrag zum Widerstand gegen die NS-Diktatur bzw. ihren „politisch-moralischen" Aspekt anerkannt. Ja, er setzt sich warm für die oft jungen „unbefleckten Widerstandskämpfer" in dieser Protestbewegung ein. Aber er spart auch nicht mit Kritik, weil das alles mit einer regelrechten Spionageorganisation verbunden war. Am Schluß sagt er: „Eine solche Art des Widerstandes kann auch der demokratische NS-Gegner nur als eine bedauerliche Verirrung werten. Die Arbeit der Gruppe Schulze-Boysen/Harnack für den sowjetischen Geheimdienst hat denn auch dem Ansehen der deutschen Widerstandsbewegung mehr geschadet als genützt, denn kein Land erträgt es, daß sich seine politisch wachen Staatsbürger in die Abhängigkeit eines ausländischen Spionagedienstes begeben."[11]

Genug der Orientierung. Als mich in jener *Nacht* vom 11./12. Februar 1943 Dr. Roeder anrief, habe ich von dem Vorstehenden nichts gewußt. Der Anrufer deutete nur an, daß der zu besuchende junge Oberleutnant zur „Roten Kapelle" gehörte und Dienstgeheimnisse ausgeplaudert habe. Erst nach dem Kriege, sogar erst vor einigen Jahren beim Studium des Höhne-Buches sind mir die Augen ganz aufgegangen. Mir ist die Sache mit der „Roten Kapelle" deswegen so nahegegangen, weil sowohl der Vorsitzende Richter Kraell als auch der Ankläger Roeder ihre Kinder in meinen Konfirmandenunterricht schickten und ich ausgerechnet den einzigen Angehörigen der Organisation seelsorgerlich zu betreuen hatte, den Hitler zum Tode durch Erschießen „begnadigt" hatte.

Wie stand es speziell um den Fall *Herbert Gollnow*? Die Hintergründe und Einzelheiten kenne ich erst seit einigen Jahren. Vielleicht wäre es besser gewesen, ich hätte sie damals gewußt. Vielleicht war es aber auch gut so, weil ich dadurch unbefangener mit dem Todeskandidaten sprechen konnte. Herbert Gollnow war beruflich Konsulatssekretär im Auswärtigen Amt. Seine Absicht war es, in den diplomatischen Dienst zu treten. Er unterzog sich einem Selbststudium und bemühte sich um die Erlernung fremder Sprachen. Zu diesem Zwecke annoncierte er in der Zeitung und landete dadurch bei einer Privatlehrerin, und zwar ausgerechnet bei *Mildred Harnack*, der amerikanischen Frau des Oberregierungsrates Arvid Harnack, der ja einer der beiden führenden Köpfe der „Roten Kapelle" war. Mildred Harnack war eine hochgebildete und attraktive Frau. Gollnow war von ihr fasziniert. Die beiden verliebten sich ineinander. Wie viele seiner Generation war er ein „gläubiger Hitler-Jünger". Als Dr. Harnack sich im Gespräch skeptisch über den Endsieg äußerte, entgegnete ihm Gollnow optimistisch mit konkreten Argumenten und detaillierten Angaben. Er schien Bescheid zu wissen. In der Tat war er in der Dienststelle des Admirals Canaris Referent für Luftlandetruppe und Fallschirmspringer in der Sabotageabteilung der Abwehr. So war er über die Nacht-und-Nebel-

Einsätze an der sowjetischen Front bestens orientiert. Harnack konnte diese preisgegebenen Dienstgeheimnisse an den sowjetischen Spionagedienst weiterleiten und ließ ihn durch seine Frau systematisch aushorchen. Zehn der von Gollnow angegebenen Sabotagetrupps (zusammen etwa 36) wurden so Opfer des von der sowjetischen Armee vorbereiteten Hinterhalts. Gollnow hat das alles ohne Absicht des Verrats getan. Er hatte einfach fahrlässig gehandelt. Die Richter und Dr. Roeder waren gemeinsam der Auffassung, daß Gollnow ein „junger Mensch (war), der ohne bösen Willen in die Affaire hineingeschlittert war". Auch Mildred Harnack fand in dem Kraell-Senat zunächst eine verständnisvolle Verurteilung. Sie erhielt eine Zuchthausstrafe von 6 Jahren, da sie in der Gollnow-Affaire nicht mit Verratsabsicht, sondern nur aus Liebe zu ihrem Mann „Beihilfe" geleistet habe. Hitler aber verwarf das Urteil. Ein anderer Senat verhängte dann die Todesstrafe. Ihr letztes Wort vor der Hinrichtung lautete: „Und ich habe Deutschland so geliebt!"

Noch ein persönliches Wort zu dem Anklagevertreter Manfred Roeder, der mich in jener Nacht um einen seelsorgerlichen Einsatz bat. Er wollte damit bestimmt etwas Gutes tun. Ich betone das ausdrücklich, weil er nach dem Krieg in Nürnberg selbst angeklagt wurde. Er war in den Kreisen des Widerstandes als „Bluthund" verschrien. Gewiß war er ein recht kühler Jurist, er konnte ironisch und barsch werden. In meinen Begegnungen mit ihm ließ er aber gelegentlich hindurchspüren, daß dahinter sein Gewissen arbeitete. Jedenfalls war er christlichen Fragestellungen gegenüber aufgeschlossen. Wir sprachen vertraulich über die kirchenpolitische Lage, insbesondere über Recht und Grenze des Widerstandes im Fall Bonhoeffer. Wie mir bekannt wurde, hatte er sich für Bonhoeffer verwandt, solange dieser unter der Jurisdiktion des Kriegsgerichtes stand, und mit dafür gesorgt, daß ihm nichts passierte. Es kam sogar einmal vor, daß er mich beim Besuch Einblick in seine Akten nehmen ließ und meine Gegenargumente anhörte, um sie so oder so zu verwenden. Auch von sich aus suchte er einmal das Gespräch mit mir. Von Pfarrer Schmidt weiß ich, daß Roeder ihn, der wegen Zersetzung der Wehrkraft 1942 angeklagt war, weil er die Euthanasie-Predigten des Bischofs Graf Galen verteilt hatte, vor einer Gefängnisstrafe bewahrte und die Sache disziplinarisch erledigen ließ; man könne den Offizieren nicht verbieten, auch andere politische Auffassungen zu „erörtern".

Es gab auch Gegenstimmen, die Roeder scharf kritisierten, u a. der mir befreundete Gefängnispfarrer *Harald Poelchau.* Er warf mir vor, daß ich dem Nürnberger Gericht nach dem Kriege eine zu freundliche Auskunft schriftlicher Art gegeben hätte. Er habe gegenteilige Erfahrungen gemacht, deren Berechtigung bzw. Nichtberechtigung ich selber damals nicht beurteilen konnte. Ich schrieb ja mein Votum von England aus mitten in meinem Dienst hinter Stacheldraht. Poelchau veröffentlichte sein Buch erst 1949. Ich wußte außerdem aus meiner Erfahrung, daß die Richter des Reichskriegsgerichtes, besonders die Ankläger, nicht selten in schweren Gewissenskonflikten standen, gerade wenn es um Todesurteile und die Auseinandersetzung mit der Gestapo ging. Wie immer man über die Beschuldigungen Roeders („mangelnde Menschlichkeit") denken mag, ich selbst war sein zuständiger Standortpfarrer. Dieses mein Amt verpflichtete mich, so gut ich konnte, das Beste von meinem Nächsten auszusagen, ohne damit die Wahrheit zu verletzen.

Das mag zu diesem Anrufer genügen.

Nun zu dem Todeskandidaten dieser Nacht. Als ich in Oberleutnant Herbert Gollnows Zelle eingelassen wurde, zeigte er sich überrascht, fast bestürzt. Sein Gehirn muß damals computerhaft schnell gearbeitet haben. Er war sofort skeptisch und witterte in dem Besuch des Pfarrers eine Art Todesboten. Vermutlich habe ich versucht, ihn irgendwie zu beruhigen. Er ließ aber nicht locker und erkundigte sich nach dem Stand seines Gnadengesuches: War es abgelehnt worden, war etwas Neues zu berichten? Angesichts seiner Situation hat er wohl kaum große Hoffnungen mehr gehabt. Jedenfalls sagte er ausdrücklich, daß er keine Nachricht erhalten habe, und fragte mich, wie lange das noch etwa dauern könne? Da habe ich geantwortet: „So etwas kann in vier Wochen sein, in vierzehn Tagen, aber auch morgen." Gollnow verstand so, worum es ging. Ich befand mich in einem furchtbaren Dilemma. Ich durfte ihm nichts sagen, wollte aber auch nicht schwindeln, ich mußte schweigen, wollte ihm aber doch als Seelsorger helfen. Was wir im einzelnen noch bei diesem Abendbesuch gesprochen haben, ist mir nicht mehr in Erinnerung. Jedenfalls ließ ich ihn dann allein und verabschiedete mich.

Nach einem Zwischenaufenthalt zu Hause kam ich in den frühen Morgenstunden wieder. Damals war bereits die Zeit der Vorbereitung auf die Exekution verkürzt worden. Anstelle von acht Stunden hatte der Häftling nur noch zwei Stunden. Das bedeutete auch für den Seelsorger eine Reduktion seiner Möglichkeiten.

Den zweiten Besuch nahm ich genau zu Beginn dieser Frist wahr. Gollnow empfing mich dankbar. Ohne lange Vorbereitungen kamen wir in ein intensives menschliches und geistliches Gespräch. Er hatte die Stunden zwischen meinem ersten und dem zweiten Besuch benutzt, um seine Abschiedsbriefe zu schreiben. Außerdem übergab er mir eine bis in alle Einzelheiten ausgearbeitete Planung für seine Beerdigungsfeier. Die Lieder und die biblischen Texte waren genau ausgewählt. Er stand dem Evangelium näher, als ich, der ich ihn erst seit ein paar Stunden kannte, ahnen konnte. Er selber wußte natürlich auch nichts von den Einschränkungen, die uns Pfarrern bei der Bestattung von zum Tode Verurteilten auferlegt waren. Inzwischen hatte ich es mir angewöhnt, in der letzten Stunde und noch vor der Feier des Sakraments die einfachen und starken Worte der Schrift selber wirken zu lassen. So las ich gern langsam und halblaut längere Passagen wie ganze Kapitel des *1. Johannesbriefes* – auf ihn hatte mich Harald Poelchau aufmerksam gemacht – oder auch aus dem Römerbrief.

Nicht zuletzt das 8. Kapitel dieses Briefes (31–39) wurde so plötzlich transparent für Zeit und Ewigkeit. Es half beiden, dem sogenannten Delinquenten und seinem Seelsorger: „Ist Gott für uns, wer mag wider uns sein? Welcher auch seines eigenen Sohnes nicht hat verschont, sondern hat ihn für uns alle dahingegeben; wie sollte er uns mit ihm nicht alles schenken? Wer will die Auserwählten Gottes beschuldigen? Gott ist hier, der da gerecht macht. Wer will verdammen? Christus ist hier, der gestorben ist, ja vielmehr, der auch auferweckt ist, welcher ist zur Rechten Gottes und vertritt uns. Wer will uns scheiden von der Liebe Gottes? Trübsal oder Angst oder Verfolgung oder Hunger oder Blöße oder Fährlichkeit oder Schwert? . . . Aber in dem allen überwinden wir weit durch den, der uns geliebt hat. Denn ich bin gewiß, daß weder Tod noch Leben, weder Engel noch Fürstentümer, noch Gewalten, weder Gegenwärtiges noch Zukünftiges, weder Hohes noch Tiefes, noch keine andere Kreatur kann uns scheiden von der Liebe Gottes, die in Christus Jesus ist, unserem Herrn."

Wir hatten ja wirklich nicht viel Zeit. Alles Menschliche und Technische war besprochen. Am Sterben war nichts mehr zu ändern. So blieb nur noch in dieser letzten Stunde und in diesem letzten Gespräch die unmittelbare Kommunikation mit dem Gott übrig, der sein Gesicht und Herz in Christus gezeigt hat. Mein treuer Fahrer deckte wieder den schmutzigen, alten, kleinen Zellentisch mit einer weißen Decke, stellte die Geräte mit dem Kruzifix hin, die ich in meinem Abendmahlskoffer mitgebracht hatte, und zündete die Kerzen an. Auf einmal wurde es in dieser dunklen Zelle hell und festlich. Aus welchen Gründen auch immer hatte man Gollnow Fußfesseln angelegt. Sie klirrten beim Niederknien. Das Geräusch ist mir noch so im Gedächtnis wie das Umdrehen des Schlüssels in den Zellentüren, das von dem Wachpersonal des Gefängnisses verursacht wurde und das ich aus eigener Erfahrung kannte. Die letzte Spendeformel war gesprochen: „Nimm hin und iß, das ist das Blut unseres Herrn und Heilandes Jesus Christus, auch für deine Sünde vergossen, das stärke und bewahre dich im rechten Glauben zum Ewigen Leben. Amen." Wir fielen uns um den Hals, bestimmt durch den Gedanken: *„Jetzt sind wir doch Brüder."* Bis zu seinem letzten Atemzug haben wir uns mit dem brüderlichen Du angeredet. Tapfer ist er seinen Weg zu Ende gegangen. Ich habe ihn begleitet, mit ihm gebetet und ihn in Gottes treue Hände befohlen, bis der tödliche Schuß erfolgte.

Nach einer Pause suchte ich zusammen mit meinem Kraftfahrer die *Mutter* von Gollnow auf. Sie wohnte nicht weit weg von dem Gefängnis. Ich hatte dem Sohn versprochen, die Mutter persönlich zu benachrichtigen. Auch hier wieder ein Ernstfall, der den Seelsorger erwartete. Offenbar war die Frau nicht vorbereitet, so daß sie die Nachricht wie ein Schock treffen mußte. Obwohl ich mich bemühte, ihr alles so behutsam und liebevoll wie möglich zu machen und sie von der Botschaft her, die mir aufgetragen war, zu trösten, schlug alles fehl. Die Mutter bekam einen Nervenzusammenbruch und warf mit einer Blumenvase nach mir. Ihr angestauter verzweifelter Zorn entlud sich in diesem aggressiven Akt. Natürlich meinte sie nicht mich persönlich, sondern das „System", das ich zu verkörpern schien. Ihr in diesem Augenblick die Eigenständigkeit eines Seelsorgers im Unterschied zum Politiker oder Richter deutlich erklären zu wollen, war ein aussichtsloses Unterfangen. Das Mutterherz war tödlich getroffen und unfähig, so differenzierte Beurteilungen vornehmen zu können. Nur mühsam gelang es uns, die Frau zu beruhigen. Als dann die Leiche freigegeben worden war, hatte sie sich gefaßt. Im Kreis der allerengsten Familie habe ich die Beisetzung vollzogen. Es war eine stille Feier. Eine regelrechte Ansprache konnte nicht gehalten werden, aber das Wort Gottes hat seine eigenen Kanäle und Chancen, es kommt nicht leer zurück. Auch die Gestapo-Beamten im Hintergrund, die die Feier kontrollierten, waren gegen diese Gewalt des Wortes Gottes machtlos.

## 7. Um die Hinrichtung der religiösen Kriegsdienstverweigerer

Mein Amt als Seelsorger in den Wehrmachtgefängnissen Berlins brachte es mit sich, daß ich früher oder später auf den Problembereich der Kriegsdienstverweigerung aus religiösen Gründen stieß. Durch einen geheimen, sogenannten „Führerbefehl" wurden Wehrpflichtige, die sich weigerten, ihren Wehrdienst abzuleisten, mit der Hinrichtung auf dem Schafott bestraft. Die meisten stammten aus den „Friedenskirchen" – sie waren also Mitglieder der Quäker, Mennoniten, der Brüderkirchen usw. – oder von den „Zeugen Jehovas" (Ernste Bibelforscher). Leider erfuhr ich von diesen Todesurteilen und ihrer Vollstreckung nur ganz selten. Da sie nicht Angehörige der evangelischen Kirche und als aus der Wehrmacht Ausgestoßene „Zivilisten" waren, besaß ich hier keine Zuständigkeit. Ich konnte meine Seelsorge im Ernstfall hier nur „beiläufig" ausüben.

### *Bernhard, 19 Jahre, sieht den Himmel offen*

Eines Nachts mußte ich im Zuchthaus Brandenburg drei evangelische Wehrmachtangehörige betreuen. Einen davon kannte ich persönlich, er war mir besonders ans Herz gelegt worden. Der katholische Kollege diente fünf anderen, zusammen waren es neun. Es blieb also einer übrig, der weder evangelisch noch katholisch zu sein schien. Ich sah ihn, da seine Todeszelle halboffen stand. Auf meine Frage, wer das sei, antworteten die Schließer-Unteroffiziere, das wäre einer von den unbelehrbaren Bibelforschern. Es hätte wohl keinen Zweck, sich um ihn zu bemühen. In Wirklichkeit war er, wie ich erst Jahrzehnte später erfuhr, evangelisch. Ich ließ mich damals nicht abhalten und war tatsächlich der erste Militär-Seelsorger, der *Bernhard* im Gefängnis besuchte, und das nur wenige Stunden vor seinem Tode. Er rührte mich besonders an, weil er erst neunzehn Jahre alt war. Der Junge machte einen prachtvollen Eindruck, er war ruhig und gefaßt. Nur unmerklich zitterte etwas in ihm von der Erregung, die solchen todeskalten Nächten eigen zu sein pflegt. Er zeigte mir die Fotos seiner Angehörigen. Ich hatte ihn bei der Lektüre der Bibel überrascht. Das Gespräch konnte schnell zur eigentlichen geistlichen Mitte vorstoßen. Als überzeugter christlicher Kriegsdienstverweigerer ging es ihm um die biblische Begründung der Wehrdienstablehnung. Darüber hinaus suchte er wohl Halt und Trost in Gottes Wort. Wir verstanden uns bald. Laut kriegsgerichtlicher Maßnahme durfte er als Kriegsdienstverweigerer aus religiösen Gründen, notfalls noch in der letzten Nacht, einen Zettel schreiben und darauf seine Bereitschaft zum Kriegsdienst und zur Eidesleistung bekunden. Er hätte sein Leben retten können. Unser Gespräch war praktisch die letzte Chance, ihn umzustimmen. Wir haben Text um Text in der Heiligen Schrift durchgenommen. Er wollte sich alles noch einmal überlegen. Dann ließ ich ihn allein.

Als ich in den frühen Morgenstunden wiederkam, war er ganz klar: Er unterschrieb den Zettel nicht. Was blieb mir anderes übrig, als seine Entscheidung im Angesicht Jesu zu achten und ihn zum letzten Gang zu rüsten. Ich teilte zwar seinen Standpunkt nicht, ich verstand die Bergpredigt anders als er, aber ich war ihm doch in Christus ganz nahe verbunden. Es folgte eine Stunde innigster und todernster Bruderschaft. Wir feierten das heilige Mahl zusammen und beugten uns vor dem, der allein Sünde trägt und vom Tode erlöst. Wir vergaßen unsere Standpunkte und dachten nur noch an Ihn.

Als es dann soweit war, stellte man uns an die Spitze jenes Elendszuges von neun Menschen, die auf ihren Tod warteten. Der Henker war in der Nacht von Rostock herübergekommen und hatte dort abends noch etliche Plünderer (14?) mit dem Handbeil hinrichten müssen. Jetzt sollte er sein schauriges Handwerk an der mechanischen Guillotine verrichten. Kein Wunder, daß er dazwischen zum Cognac gegriffen hatte. In unserem Zuge wartete auch ein junger, hochgewachsener katholischer Theologe. Er hatte es abgelehnt, sich für „diesen Staat“ einzusetzen. Ich hatte davon gehört und ging kurz zu ihm hin, um ihm wenigstens Minuten vor dem Ende die Hand zu drücken und ihm ein Wort christlicher Bruderschaft zu sagen. Es ist mir noch heute unvergeßlich, wie dann alles kam: Als er tot war, paßte sein langer Körper nicht in die vorgesehene Holzkiste. So wurde sein abgeschlagener Kopf auf die Brust gepreßt und der Deckel darübergenagelt: groteske Szene aus dem Inferno jener Tage von gestern! Ich erschrak über das so furchtbar sprechende Gleichnis der Menschenverachtung.

Übrigens gab es da noch eine andere, völlig unvorhergesehene Begegnung in dem Todeskeller. Unter dem Kommando der Soldaten, die in dieser Nacht für die Hinrichtung abkommandiert waren, wohl um die „niederen Dienste“ zu leisten, entdeckte ich plötzlich einen Pfarrer, den ich persönlich kannte. Es war *Kurt Scharf*, der im Zivilberuf Pfarrer von Sachsenhausen gewesen war. Durch die Jugendarbeit im Ostwerk und als Präses der Bekennenden Kirche in der Mark Brandenburg war mir der spätere Berliner Bischof schon damals ein Begriff. Da sahen wir uns nun gegenseitig in recht verschiedenen Diensten wieder, und keiner konnte dem anderen helfen und seine Rolle abnehmen. Erst recht waren wir beide gegenüber den zum Tode Verurteilten rat- und hilflos. Da war nur einer, der uns verstand und durch diese bittere Nacht hindurchtrug, unser Herr.[12]

Bernhard kam als erster dran, weil er der Jüngste war. Er machte nun einen außergewöhnlich gefaßten Eindruck. Ich war beschämt von seinem jungen Jesusglauben. Vor der Stufe zum Schafott im Hinrichtungsschuppen mußten wir warten. Jede Minute schien wie eine Ewigkeit. Aus der angelehnten Tür leuchtete eine brennende Kerze. Das Dritte Reich hatte noch kein besseres „Brauchtum" erfunden. Das Kruzifix und die beiden Kerzen standen mit einer hartnäckigen Stetigkeit Donnerstag um Donnerstag auf dem Richttisch. Ungewollt behauptete der Gekreuzigte seinen Platz. Er grüßte die Sterbenden noch ein letztes Mal, eh der sausende Stahl den grausamen Schnitt vollzog. Als Bernhard das Licht der Kerze sah, leuchtete es in seinen Augen: „Sagen Sie bitte meinen Eltern, daß ich ruhig gestorben bin. *Ich sehe den Himmel wirklich offen über mir.*" Ich spürte, daß er wirklich mit Jesus sterben wollte, deshalb beteten wir mit gefesselten und gefalteten Händen: „So nimm denn meine Hände und führe mich bis an mein selig Ende und ewiglich. *Ich mag allein nicht gehen, nicht einen Schritt;* wo du wirst gehn und stehen, da nimm mich mit." Bernhard schritt die schwere Stiege ruhigen Schrittes hoch.

Sein Kopf fiel in einen Sägemehleimer. Er selbst war in den Armen seines Heilandes geborgen.

Nun darf nicht die falsche Vorstellung aufkommen, als ob ich immer nur mit äußersten Grenzsituationen im Gefängnis zu tun gehabt hätte. Es gab auch andere, scheinbar „gewöhnlichere" Vorgänge, obwohl für mich als Seelsorger letztlich jeder Fall ein Einzelfall war.

Vieles ist meinem Gedächtnis entglitten. Aber an die beiden *Mitgefangenen*, die in der Nacht von Bernhards Tod ebenfalls auf das Schafott mußten, kann ich mich noch etwas erinnern. Die Exekution des religiösen Pazifisten erfolgte im Kontext mit anderen. Vor allem denke ich an den jüngeren Mann, um dessentwillen ich eigentlich nach Brandenburg gefahren war. Der Name tut nichts zur Sache. Er litt an einem *pathologischen* Wandertrieb. Diese Erscheinung zeigte sich schon in den jungen Jahren, als er in der Schule und der Berufsausbildung war. Nirgendwo hielt er es lange aus. Derselbe Vorgang zeigte sich nun in der Wehrmacht. Dort setzte er sich auch wieder nach einer gewissen Zeit ab, so als ob er nicht zwischen seinem bisherigen Lebensstil und der militärischen Disziplin, die ihm speziell im Kriegsdienst auferlegt war, unterscheiden konnte. Er stammte aus ganz einfachen Verhältnissen. Die Mutter klagte mir mehr als einmal ihr Leid. Sie wurde einfach nicht mit ihm fertig. Für eine Erziehung war es natürlich schon zu spät. Vielleicht hätte ihm eine Therapie, wie wir das heute versuchen, noch helfen können. Alle meine Bemühungen, ihn von der harten Strafe freizubekommen, waren gescheitert. Offenbar traute man ihm doch mehr Möglichkeiten zu, eigene sittliche Entscheidungen zu fällen. Es mag auch sein, daß bis zu einem gewissen Ausmaß die Vorwürfe der Bequemlichkeit und Drückebergerei stimmten. In Friedenszeiten wäre er vielleicht noch einmal davongekommen. Im Krieg waren die Maßstäbe anders. Angesichts der eingetretenen Lage spürte ich meine ganze Ohnmacht, kurz, ich war unglücklich. So hatte ich der Mutter versprochen, dem Sohn in der letzten Nacht beizustehen. Ein großes Gespräch war nicht mehr möglich. Er weinte in sich hinein und aus sich heraus. Vielleicht hat ihn noch ein Strahl des Evangeliums getroffen. Niemand kann in das Herz eines Menschen während einer solchen Nacht schauen. Zumindest hatte er das Gefühl, nicht ganz allein zu sein. Der Gang zum Schafott war furchtbar. Er schrie, weil er nicht sterben wollte.

Dann war ein weiterer „Delinquent" jener Nacht als *Feldpostpäckchen-Dieb* eingeliefert worden. Der Kameradendiebstahl galt im Kriege als besonders gemein, und im äußersten Falle stand die Todesstrafe darauf. Der Mann war einsichtig und stand zu seiner Schuld. Um so mehr konnte ich ihm die Botschaft von der Vergebung mitteilen. Diese Vergebung tötete kein Tod. Sie galt und gilt auch jenseits des Schafotts. Er bat um das heilige Abendmahl und ging die letzte Strecke getröstet.

Schließlich war da noch ein sogenannter „*Volksschädling*", der unzählige Male straffällig geworden war. Das Gericht zog die verschiedenen Strafen zusammen und addierte sie so, daß sie zu einem Todesurteil reichten. Ob es dieser Mann war oder ein anderer bei einer anderen Gelegenheit, kann ich nicht mehr sagen. Aber wenn ich mich nicht irre, war es dieser in der Brandenburger Nacht. Er hatte in der letzten Stunde eine ganz seltsame Bitte. Obwohl er verschiedene schwere Straftaten begangen hatte, quälten diese ihn nicht, wohl aber ein relativ kleines Versäumnis. Es ging um ein *Fahrrad.* Er hatte es von seinem Bruder entliehen und reparieren lassen. Der Betrag machte ungefähr *vierzehn Reichsmark* aus. Diese paar Mark schuldete er seinem Bruder, und sie lasteten auf seinem Gewissen. Er bat mich, die Angelegenheit mit seinem Bruder zu erledigen. Ich versprach, ihn zu grüßen und die Sache in Ordnung zu bringen. Damals habe ich über das seltsame Phänomen des Gewissens gestaunt. Es reagiert wie eine Membrane, offenbar am ehesten, wenn konkrete Schuld vorliegt. Um so wichtiger ist es, daß wir Seelsorger auf die konkrete Schuld unseres Nächsten mit einer konkreten Vergebung antworten. Gewiß habe ich damals auch in dieser Richtung mit ihm so tröstlich wie möglich geredet.

### *Probleme: Der Brief an die Angehörigen und die theologische Beurteilung der Todesstrafe*

Als zusätzliche Aufgabe des Standortpfarrers kam nach solchen Nächten die Mitteilung an die Angehörigen hinzu. Nur zwei Korrespondenzen befinden sich noch in den geretteten Akten. In einem Brief aus dem Jahr 1942 schreibe ich an die Witwe: „Sie werden inzwischen die Nachricht vom Tode Ihres Gatten erhalten haben. Ich habe ihn in der letzten Nacht betreut und soll Ihnen nochmals sehr herzliche Grüße ausrichten. Ich empfinde aus tiefem Herzen das tragische Geschick, das Sie und Ihre Familie betroffen hat, und darf Ihnen meine aufrichtige Teilnahme aussprechen. Er hat die ganze Nacht tapfer durchgehalten und war für die seelsorgerliche Verkündigung selten offen. Seine ganze Liebe hat Ihnen allen gegolten. Es hat ihm furchtbar leid getan, daß er Ihnen all das Schwere hat zufügen müssen. Die kriegsbedingte Schärfe des Gerichtsverfahrens ließ aber einen anderen Ausgang nicht zu ... Ich habe mit ihm zum Schluß die beiden letzten Verse des Liedes ‚O Haupt voll Blut und Wunden' gebetet ... Er bat mich darum, seinem Jungen alles zu erzählen, wenn er etwa 18 Jahre alt ist und selbst in die Wehrmacht eintreten muß. Vorher wünscht er, daß über alles geschwiegen werden soll ... Sein letzter Wunsch war, daß die sterblichen Überreste in seiner Heimat beigesetzt werden möchten. Da von Ihnen aus kein Antrag vorlag, habe ich mich bemüht, in letzter Stunde noch nachts die Genehmigung dafür zu erwirken. Ich hoffe, daß es gelungen ist und Ihnen inzwischen die Urne vom Krematorium aus zugestellt worden ist." In einem anderen Fall schrieb mir die Mutter zwölf Jahre nach der Erschießung ihres Sohnes. Sie hatte mich damals (1943) in meiner Wohnung besucht. Sie wollte nochmals den genauen Grund der Verurteilung wissen. Offenbar konnte oder durfte ich ihr damals nicht alles sagen. Der Antwortbrief fehlt. Ich erwähne den Tatbestand nur, weil daraus hervorgeht, wie langwierig und belastend die Wirkungsgeschichte jener Nächte für die Angehörigen sein konnte.

Wer den vorstehenden Bericht über die Todesurteile, Erschießungen und Hinrichtungen, insbesondere die des religiösen Kriegsdienstverweigerers, gelesen hat, mag nun fragen, wie der Berichterstatter denn selbst zum *Problem der Todesstrafe* steht. Ich bin nie ein Freund der Todesstrafe gewesen. Wer könnte das auch sein! Offen gestanden, ich weiß auch heute nicht auf Anhieb und nicht so genau, ob der Staat von Gott her das Recht hat, eine Todesstrafe auszusprechen und zu vollziehen. Aber es gibt Akzentsetzungen in meinem Leben, für die ich als Christ und Theologe im Sinne einer Gewissensentscheidung eingestanden bin bzw. einstehe. Ich habe einen gewissen Horror vor allzu schnellen und unüberlegten Pauschalurteilen. Früher, d. h. bis zum Ausbruch des Krieges, neigte ich meiner theologischen Ausbildung nach zu einem positiven Akzent. Der paulinische Satz in Römer 13,4: „sie (die Obrigkeit, der Staat) trägt das Schwert nicht umsonst; sie ist Gottes Dienerin" und Luthers Ja zur Todesstrafe in der Reformationszeit schienen mir in eine bestimmte Richtung zu weisen. Danach konnte man dem Staat nicht grundsätzlich das Recht bestreiten, im äußersten Falle ein schweres Verbrechen mit dem Verlust des Lebens zu bestrafen. Natürlich hielten meine theologischen Lehrer und ich so etwas nur in ganz seltenen Ausnahme- und Grenzfällen für möglich; meine Zustimmung war also nur ein bedingtes Ja. Die Erfahrungen, die ich als Standortpfarrer in den Berliner Wehrmachtgefängnissen während des Zweiten Weltkrieges gemacht habe, sind an mir und meinem Gewissen nicht spurlos vorübergegangen. Langsam, aber deutlich hat sich der Akzent nach der anderen Seite verlagert. Weniger die Fälle von Fahnenflucht und Landesverrat, wohl aber die offenkundige Überhärte, mit der ein Feldpostpäckchen-Dieb oder ein „Volksschädling" bestraft wurden, haben mich damals erregt. Vor allem aber war es die Behandlung der Kriegsdienstverweigerer aus religiösen Gründen, die meine noch etwa vorhandene theologische Sicherheit erschütterte und mich völlig durcheinander brachte. Das konnte doch nicht gottgewollt sein. Hier mußte ich als Christenmensch, Bruder und Seelsorger Widerstand leisten. Das habe ich auch mit all den mir damals zur Verfügung stehenden Mitteln getan. Heute, nach den nationalsozialistischen Massakern, Gasöfen und Judenmorden, ja nach alledem, was ich im Zuchthaus Brandenburg und in Berlin erlebt habe, muß ich für uns Deutsche die Todesstrafe ablehnen. Mein Nein erfordert aber um der Wahrhaftigkeit willen einen Nachsatz: Ich bin mir nicht völlig „sicher", ob es einem Staat in einem äußersten Grenzfall (Ausnahmezustand, Krieg) grundsätzlich verwehrt ist, nach gründlicher Überprüfung und einem ordentlichen Gerichtsverfahren zu diesem letzten Mittel der Bestrafung zu greifen. Für die Deutschen *meiner* Generation kann ich mir das nicht mehr vorstellen. Gleichwohl möchte ich mich vor einer undifferenzierten Pauschalisierung des Urteils hüten. Also ein Nein mit Nachsatz. Vielleicht irre ich. Dann bitte ich Gott und den Leser um Nachsicht.

Es ist hier nicht der Ort, eine ausführliche theologische Analyse des Problems vorzulegen. Nur so viel sei angemerkt: Für Israel war die Todesstrafe selbstverständlich, auch bei Freveln, die nicht Mord waren. Zwar wußte sich das Gottesvolk dabei vor Jahwe verantwortlich, aber es blieb einseitig vom Vergeltungsdenken bestimmt („Auge um Auge, Zahn um Zahn", 2 Mose 21,24 f.). Auch im Neuen Testament muß man sich vor pseudobiblischen Begründungen hüten. Das Richtschwert von Römer 13 symbolisierte die staatliche Strafgewalt im allgemeinen und meint nicht allein das Schwert des Henkers. Außerdem darf man nicht vergessen, daß Jesus nach der matthäischen Überlieferung seinen Jüngern gebietet, das „Schwert in die Scheide zu stecken", von den gewaltkritischen Äußerungen des Bergpredigers völlig zu schweigen. Interessanterweise haben so biblisch und reformatorisch orientierte Theologen wie K. Heim, A. Schlatter, W. Künneth und D. Bonhoeffer die Todesstrafe bejaht. Ihre Argumente waren Schutzmaßnahme (Erhaltungsordnung), Vergeltungsrecht (Sühnegedanke) u. a. Andere Theologen – die heutigen fast alle! – haben Gegengründe aufgeführt, und zwar nicht nur die Gefühle der Humanität und Toleranz, die schon in der Aufklärungszeit vorgebracht wurden, sondern vor allem die Ehrfurcht vor dem Leben (W. Trillhaas), die Mitschuld der Gesellschaft (E. Brunner) und das christliche Selbstverständnis des Staates (man denke an die „Societas christiana" der Reformationszeit), wie die entsprechende Einsicht eines Mörders in die Schwere seiner Schuld, mit der er sein Leben verwirkt hat, die sogenannte „sühnende Annahme" (H. Thielicke).[13] Der Hamburger Theologe sagt ausdrücklich: „Für den säkularisierten Staat ist die Vollmacht, mit dem Tode zu strafen, erloschen." Er kennt nur im Grenzfall des Krieges die „Staats-Notwehr". Ansonsten gelte es, auch dem Mörder, etwa durch eine zum Schutz der Gesellschaft verhängte „lebenslängliche" Haft die

„Chance" der „Sühnung" einzuräumen, und zwar unter dem Bewahrungszeichen des Brudermörders Kain (1 Mose 4,13–15).

Noch eine Schußbemerkung sei gestattet: Manche leidenschaftlichen Gegner der Todesstrafe haben die Unmenschlichkeit dieses Sterbens angeprangert. Mit Recht! Aber die emotionale Argumentation allein sticht nicht. Aus meiner Erfahrung kann ich bezeugen, daß es mitten in diesem Unmenschlichen auch sehr Menschliches im guten Sinne des Wortes gegeben hat. Es gab Männer, die tapfer und aufrecht in den Tod gegangen sind. Das war, als ob der gesetzte Sterbetermin neue Energien entbunden hätte, und zwar nicht im Sinne eines psychoanalytisch verstandenen Abwehrmechanismus, sondern im Sinne einer ethisch überzeugenden Haltung. Manche konnten sich in der Kürze der zur Verfügung stehenden Zeit in bewundernswertem Ausmaße konzentrieren, nicht zuletzt im Blick auf die warme und liebevolle Fürsorge für die nächsten Angehörigen. Diese Stunden vor dem Schafott oder dem Schießplatz waren zuweilen regelrechte Segensstunden, in denen man spürte, daß Gott noch einmal am Wirken war. Ich sage das nicht, um damit die Todesstrafe zu entschuldigen. Ich habe sie gerade eben für mich und meine Generation abgelehnt. Es sollte nur noch einmal ganz deutlich werden, daß unsere Begründungen zum Für oder Wider nicht an der Oberfläche der Gefühle bleiben dürfen, sondern tiefer greifen müssen. Die Frage nach Recht und Grenze von Todesstrafe oder lebenslänglichem Freiheitsentzug (auch so etwas kann eine schleichende Todesstrafe sein!) darf nicht zur Ruhe kommen, weder vor Gott noch vor den Menschen.

### *Vorsprache im Reichskriegsgericht: Ein Bittgang und ein Angebot*

Das große Zivilgefängnis in Berlin-Moabit diente zum Teil auch als Untersuchungsgefängnis für Angehörige der Luftwaffe. Ein folgenreicher Besuch des für diese Einheiten verantwortlichen Standortpfarrers bedarf einer näheren Schilderung. Ob es Zufall war oder ob mich jemand, vielleicht sogar der Betroffene selbst um den Besuch gebeten hatte, ist nicht mehr auszumachen. Jedenfalls entsinne ich mich dunkel, daß mich die Person des Häftlings, den ich antraf, überraschte. Es war ein *Pfarrer* – der Deckname sei N. –, der angeblich wegen Verstoß gegen § 175 verhaftet worden war. Er gehörte zu einer besonderen Einheit der Luftwaffe und war deshalb hier gelandet. Natürlich ließ ich mir seine Geschichte erzählen. Er war eines Abends mit der S-Bahn in Berlin gefahren. Dabei fiel ihm ein junger Mann auf, der etwas verwahrlost war und offenbar Hunger hatte. Er nahm ihn mit in seine Wohnung, bereitete ihm ein Abendessen und ließ ihn bei sich übernachten. Das Ganze sei nur ein Akt sozialer Hilfsbereitschaft gewesen. Kurz darauf wurde der junge Mann verhaftet, weil er der Spionage im Auftrag des *französischen Geheimdienstes* verdächtigt oder sogar überführt worden war. Um sich herauszureden, hatte er – nach der Mitteilung von N. – Pfarrer N. beschuldigt, gleichgeschlechtliche Handlungen vorgenommen zu haben. Nun wurde N. seinerseits verhaftet und wartete jetzt auf seine Entlassung oder Verurteilung.

Auf Befragen beteuerte N. seine Unschuld. Selbstredend ging mir das nahe. Ich war sofort bereit, ihm kollegial bzw. brüderlich so gut zu helfen, wie ich es bei meinen Beziehungen nur irgend konnte. Ganz sicher war ich meiner Sache zwar nicht. So bot ich ihm noch einmal ausdrücklich an, mir die ganze Wahrheit zu sagen. Wenn er es wirklich getan hätte, dann solle er es mir ruhig anvertrauen. Ich würde dann unbedingt schweigen und das Beichtgeheimnis halten. Wenn er es aber nicht getan hätte und zu Unrecht einsäße, dann sei ich bereit, an der höchsten mir erreichbaren Stelle eine Revision des Verfahrens mit dem Ziel der Entlassung zu beantragen und zu befürworten. Da er an seiner Unschuldsbeteuerung festhielt, schlug ich ihm vor, ob wir nicht miteinander die Hände falten könnten. Ich vermöge mir nicht vorzustellen, daß er im Gebet vor Gott die Unwahrheit sage. Gott lasse sich nicht belügen. So geschah es, und wir beteten miteinander. Ich sicherte ihm zu, alles zu versuchen, was in meinen Kräften stünde. Natürlich konnte ich ihm keine Garantie geben.

Nach dem Besuch wandte ich mich an einen der führenden Wehrmachtjuristen, der ebenfalls seine Tochter bei mir im Konfirmandenunterricht hatte. Es war der spätere Oberreichskriegsanwalt *Dr. Felix Kraell.* Meistens ging ich erst zu dem Reichskriegsgerichtsrat *Dr. Rottka*, der ebenfalls seine Tochter im Konfirmandenunterricht hatte und dem ich besonders nahestand. Seine Frau gehörte zu den aktiven Gliedern unserer Wehrmachtgemeinde. Es kann also sein, daß ich Rottka als Mittelsmann zu Kraell benutzt habe. Jedenfalls war das Ergebnis dieser Verhandlungen ein unmittelbarer mündlicher Vortrag bei dem *Präsidenten* des Reichskriegsgerichtes, *Admiral Bastian.* Soweit hatte ich gar nicht zu hoffen gewagt. Die Chance dieses Direktgesprächs bei dem höchsten Richter der deutschen Wehrmacht war eine einzigartige Chance. Sie sollte sich sogar als besonders fruchtbar erweisen.

Zum ersten Mal gelang es einem von uns Pfarrern, zu diesem Herrn vorzudringen. Ich mußte den Weg über den Chef des Stabes gehen. Als ich am Türschild den Namen las, war ich doch einigermaßen schockiert. Er hieß nämlich Oberst *Henker.* Sicher konnte der Mann nichts für seinen Namen und er tat vermutlich seine Pflicht im besten Sinne des Wortes. Aber in diesem Augenblick war für mich sein Name vorübergehend wie ein Symbol. Ich gestehe, daß mein Herz etwas schneller schlug. Dann wurde ich von dem Präsidenten gerufen und erzählte ihm die ganze Geschichte, wie ich sie von Pfarrer N. persönlich erfahren hatte. Ausdrücklich führte ich das Gebet als Argument an. Ich könne mir nicht vorstellen, daß ein Pfarrer einen anderen Pfarrer im Angesicht Gottes belügen könne. Der Admiral hörte sich meinen Bericht und die Fürsprache geduldig an. Dann antwortete er behutsam und bestimmt etwa so: „Ich verstehe Ihre Gründe, begreife, daß Ihnen dieser Fall besonders nahegeht, weil es sich um einen Amtsbruder handelt. Wir haben die ganze Sache noch einmal überprüft. Die Indizien sprechen eindeutig gegen N. Ich muß also leider Ihren *Antrag ablehnen.*" Was aus N. geworden ist, ob er bestraft worden ist und ob sich meine Befürwortung wenigstens mäßigend ausgewirkt hat, entzieht sich meiner Kenntnis. Ich verlor bald nach diesem Gespräch mein Amt. Natürlich war ich nach dieser Auskunft von Admiral Bastian tief enttäuscht und sehr niedergeschlagen. Als ob er das geahnt hätte, machte er mir unmittelbar darauf ein überraschendes Angebot. Er sagte ungefähr: „Ich bedauere, daß ich Ihnen in dieser Angelegenheit nicht helfen kann, aber wenn Sie eine andere Sache haben bzw. einen anderen Fall befürworten wollen, dann will ich Ihnen gern helfen, soweit das in meinen Kräften steht."

Es versteht sich von selbst, daß ich mir das nicht zweimal sagen ließ. Wie ein Blitz aus heiterem Himmel durchfuhr es mich: Hier könntest du doch einmal an allerhöchster Stelle das Problem der Kriegsdienstverweigerer aus religiösen Gründen vortragen. Mit den Wehrmachtjuristen Dr. Rottka und Dr. Kraell hatte ich schon mehrmals über diesen Fragenkreis gesprochen und vertraulich erfahren, wie schwer sich die Reichskriegsgerichtsräte taten, die solche Prozesse nach dem Geheimbefehl Hitlers zu führen hatten. Man half sich zum Teil dadurch, daß man die Vollstreckung des Todesurteils künstlich hinauszögerte. Ich berichtete also Admiral Bastian über die Lage, wie ich sie als Seelsorger sah, und über die Versuche, die ich bisher gemacht hatte. Meine Bemühungen, auf dem Wege eines Resümees über den Reichsmarschall Göring und Großadmiral Raeder – davon später –

eine Änderung herbeizuführen, seien fehlgeschlagen. Ich hatte versucht, eine der durch das Konkordat den katholischen Priestern erwirkten Freistellung parallellaufende Behandlung oder einen Einsatz als Organisation-Todt-Bausoldaten an der Front bzw. als Sanitätsdienstgarde zu erreichen. Wenn ich es recht verstanden habe, so hatte Bastian der Idee mit der hinausgezögerten Exekution ausdrücklich zugestimmt oder sie wenigstens stillschweigend geduldet.

Reichskriegsgerichtsräte und Militärärzte setzten sich in dieser Gnadenfrist ein, um die Verweigerer umzustimmen. Dem, der die Erklärung zum Wehrdienst dann unterschrieb, winkte freilich nur eine Bewährungskompanie, d. h. ein „Himmelfahrtskommando".

Bei der weltanschaulichen, teilweise christentumskritischen Einstellung mancher Beamten schien mir eine genügende seelsorgerlich-brüderliche Beeinflussung der Verurteilten nicht gewährleistet zu sein. Ich machte daher dem Präsidenten einen konkreten *Vorschlag*. Ob es nicht möglich sei, einen längeren volkstümlich gehaltenen *Offenen Brief* zu erarbeiten, der *für* die Hand der *Häftlinge* bestimmt sein sollte. Außerdem sei es nötig, eine kurze religionspsychologisch-theologische *Einführung für die Juristen* abzufassen, damit sie einige Sachinformationen und Orientierungshilfen erhielten. Wer Bibelforscher und christliche Pazifisten beurteilen und verurteilen solle, müsse doch auch ausreichend Bescheid wissen über das, was die biblischen Texte zu dem Themenkreis Krieg und Frieden zu sagen hätten. Admiral Bastian gab seine freudige Zustimmung. So zog ich bedrückt und beglückt zugleich meiner Straße und machte mich an die Arbeit. Wie sich dieses Projekt weiterentwickelt hat, bleibt der späteren Darstellung der „Ernstfälle" vorbehalten.

## 8. Partner der Seelsorge auf politischem Parkett

Wir wenden uns nun einem anderen Abschnitt der Berliner Erfahrung zu, die die Begegnung des Standortpfarrers mit führenden Persönlichkeiten der Wehrmacht und des Dritten Reiches betreffen. Sie fanden im Kontext mit den vielfältigen seelsorgerlichen Begegnungen statt, die ich oben erzählt habe, zum Teil öffentlich, zum Teil heimlich. Dafür einige Beispiele.

Über das Erstgespräch mit Emmy Göring, der Gattin des Reichsmarschalls, ist schon berichtet worden. Die Unterredung im September 1939 blieb nicht ohne Folgen. Nachdem ich am 19. 9. in Carinhall gewesen war, saß ich bereits am 25. 9, früh 11 Uhr, *Reichsminister Kerrl* an seinem Schreibtisch gegenüber. Der Name „Frau Göring" hatte wie ein Zauberwort gewirkt. Die Telefonzentrale des Kirchenministeriums hatte mich auf die Mitteilung, daß ich im Auftrag der Gattin des Reichsmarschalls anriefe, prompt mit dem Minister verbunden. Kerrl trat unter den Ministern des Reichskabinetts wenig hervor. Sein Ministerium war 1935 gegründet worden und hatte in seinem speziellen Bereich, nämlich dem der Kirchen- und Religionsgesellschaften, gewisse Befugnisse. Er war ein schlichter Mann aus der Beamtenlaufbahn, konnte aber lebhaft sein und hatte den Ehrgeiz, eine Befriedung zwischen Kirche und Nationalsozialismus herzustellen. Er hat wohl nicht geahnt, in welches Wespennest er gesetzt wurde. Mit seinen starken Partnern, Pastor Niemöller oder Kardinal Graf Galen war nicht leicht auszukommen. Er wollte von sich aus zwischen Religion und Weltanschauung trennen, was aber damals gar nicht gelingen konnte, weil die nationalsozialistische Weltanschauung trotz ihres formalen Bekenntnisses zum praktischen Christentum eben doch eigene religiöse Elemente enthielt, die in eklatantem Widerspruch zur Botschaft des Evangeliums standen. Ich möchte damit kein hochmütiges und pharisäisches Urteil über alle Parteiführer und Parteimitglieder fällen. Aber Alfred Rosenbergs Mythos-Kult und Heinrich Himmlers Rassismus einerseits und die Entwicklung der Bewegung „Deutsche Christen" andererseits sprechen Bände. Hier war Kerrl, auch wenn er als Idealist nach seinem Verständnis das Beste gewollt hat, der delikaten und verantwortungsvollen Aufgabe seines Hauses nicht gewachsen. Bei den Querschüssen aus der eigenen Partei konnte er das gesteckte Ziel nicht erreichen. Sicher war er ein überzeugter Nationalsozialist, er hatte aber so etwas wie eine Antenne für die berechtigten Anliegen der in Opposition stehenden Kirchen. Obwohl er gerne mit Hitler über religiöse Fragen gesprochen hätte, empfing ihn der „Führer" nicht, sondern war nur bereit, sich von ihm in privaten und familiären Fragen ansprechen zu lassen, mit der Kirchenfrage müsse er selber fertigwerden. Kein Wunder, daß Kerrl sich gelegentlich bei den Görings über seine „Sorgen" aussprach. Die beiden Familien waren seit längerer Zeit persönlich befreundet. Frau Göring hat nach dem Krieg wörtlich erklärt: „Ich bin überzeugt, ohne Minister Kerrl wären die Kirchen wahrscheinlich einem viel größeren Druck ausgesetzt gewesen."

Nun saß ich diesem Mann gegenüber. Er war der erste Reichsminister, den ich überhaupt zu Gesicht bekam. Was ich im einzelnen mit ihm besprochen habe, habe ich nicht mehr in Erinnerung. Es verstand sich von selbst, daß ich ihm die Grundgedanken vorgetragen habe, die wir schon in Carinhall acht Tage zuvor erörtert hatten. Sie bezogen sich auf die Gesamtlage der Kirche, die besonderen Nöte der Evangelischen Jugend und die konkreten Fragen der Wehrmachtseelsorge. Immer wieder lag mir daran, gewiß auch in diesem Gespräch, daß der verlorene Kontakt zwischen der Staatsführung und der Kirchenführung auf hoher und höchster Ebene erneut aufgenommen wurde. Der Reichsminister hatte Verständnis für meine Anliegen und hat sie wohl auf seine Weise weitergeleitet oder im Rahmen seiner Möglichkeiten verarbeitet. Ein Ergebnis, eine Aktion oder gar eine schriftliche Antwort konnte ich unter den damaligen Umständen nicht erwarten. Es ist mir auch nicht erinnerlich, ob ich noch einmal, etwa schriftlich, den „Draht" zu Kerrl aufgenommen habe. Vielleicht war das wegen der besonderen Verbindung zu Frau Göring auch gar nicht mehr so nötig. Außerdem starb Kerrl bereits zwei Jahre später (1941).

Was aber in meinem Gedächtnis haftengeblieben ist, liegt in einer anderen Dimension. Zu meiner Verblüffung benutzte Kerrl die Gelegenheit, mir von seinen eigenen Problemen und Sorgen im Blick auf die Partei und Himmler zu erzählen. Er wollte damit auf die Hintergründe aufmerksam machen, die ihn hinderten, das Steuer der nationalsozialistischen Kirchenpolitik zugunsten der Kirche herumzureißen. Ohne es zu wollen, ließ er mich in sein „Kämmerlein" blicken. Was er damit riskierte, kann nur einer beurteilen, der selber die Beobachtungsmethoden und Gesprächsgefahren eines Systems kennt, wie es das Dritte Reich im Kriege war. Aus der Aussprache des Pfarrers beim Minister wurde eine Aussprache des Ministers beim Pfarrer. Die Altersunterschiede – ich war viel jünger als er – schienen keine Rolle zu spielen. Da mir diese überraschende und erregende „Offenheit" hochgestellter Persönlichkeiten während meiner Amtszeit mehrmals begegnet ist, könnte ich fast sagen: Diesen Leuten fehlte allem Anschein nach so etwas wie ein „Beichtvater". Kerrl setzte auf meine absolute Verschwiegenheit, ein Tatbestand, der für den Kredit sprach, den die Kirche in den Jahren immer noch bei einer Reihe führender Persönlichkeiten des Staates genoß. Es bewies auch den moralischen Einfluß, den die Ehefrau Görings ausübte. Wen sie schickte oder vermittelte, schien in Ordnung zu sein. Ich weiß, daß ich diesen Vertrauensvorschuß nur dem Einsatz dieser Frau verdanke.

Die Verbindung zu Frau Göring wurde im Laufe der Monate und Jahre nach dem ersten Besuch in Carinhall fester und tiefer, wenn man auch bedenken muß, daß alles in allem genommen die mündlichen und schriftlichen Kontakte nur selten, nämlich jeweils in Ausnahmefällen, stattgefunden haben. Eine wesentlich stärkere Rolle spielte die persönliche Bekanntschaft mit dem Chefdolmetscher des Reichsluftfahrtministeriums, Ministerialrat *Dr. jur. Leonhard Böttger.* Ich lernte ihn kennen, als er sich eine Abmeldung zwecks kirchlicher Trauung in Görlitz bei mir als seinem zuständigen Standortpfarrer holen wollte. Ich spürte sofort, daß es sich bei Dr. Böttger um einen Mann handelte, der eine wichtige Funktion ausübte und nicht wenige gute Verbindungen besaß. Aus diesem Grunde brachte ich ihm die Bescheinigung persönlich in das Ministerium. Aus dem Höflichkeitsbesuch wurde ein echtes Gespräch, ja eine ganz konkrete Zusammenarbeit für meine seelsorgerlichen Bemühungen in Ernstfällen. Schon bald verstanden wir uns in den entscheidenden Fragen des so problematisch gewordenen Verhältnisses zwischen Staat und Kirche. Weil er sich kirchlich trauen lassen wollte, bekannte er öffentlich, wes Geistes Kind er war. Wenn wir auch, jeder in seiner Weise, er als Wehrmachtbeamter und ich als Standortpfarrer, loyal unsere Pflicht gegenüber dem Staat zu erfüllen suchten, sprachen wir doch untereinander ungehemmt und vertraulich über die Beschwernisse der Kirche, die Grenzüberschreitungen des NS-Regimes und dringende Seelsorgefälle, für die er etwas tun konnte

Da meine Besuche und unsere Gespräche im *Ministeramt des Reichsmarschalls* auf die Dauer nicht verborgen bleiben konnten und er sich so nachdrücklich für kirchliche Belange einsetzte, holte er sich einen Verweis der Gestapo. Im Ministeramt wurde auf seine Veranlassung hin ein besonderes Referat für Kirchenfragen eingerichtet. *Judenangelegenheiten* hat er mehrfach beeinflußt. Ich entsinne mich einiger Telefongespräche in der Angelegenheit der jüdischen Brüder *Baliin*, die Göring 1923, als er beim Marsch auf die Feldherrnhalle in München schwer verwundet war, das Leben gerettet hatten. Auf meine Bitten hin half Böttger tatkräftig einem mit einer Jüdin verheirateten Mann namens *Spielcke*, Berlin-Steglitz, nachdem er angesichts der Judenverfolgung in berufliche Schwierigkeiten geraten war. Wir sprachen auch über die unbefriedigende Art und das geringe Ausmaß der *Luftwaffenseelsorge.* Die Berliner Lösung, durch die ein „nebenamtlicher" Standortpfarrer für die Einheiten der Luftwaffe abgestellt wurde, trug einen einmaligen Ausnahmecharakter. Worum es mir ging, war der Aufbau einer hauptamtlichen Luftwaffenseelsorge. Das Ganze war eine Grundsatzfrage, aber auch im Blick auf die Front eine dringliche Angelegenheit. Zweimal hat Dr. Böttger durch persönliche Vorträge bei seinen hohen Beziehungspersonen das Postulat einer hauptamtlichen Luftwaffenseelsorge befürwortet. Auch in einem anderen schweren Seelsorgefall, in dem es um KZ-Häftlinge ging, erwies er sich als Mittelsmann und Fürsprecher. Danach griff die Dienststelle Himmlers ein und machte mir die ungetrübte Fortsetzung unserer Beziehung unmöglich. Mir wurde das Betreten seiner Abteilung verboten. Dr. Böttger hat mich trotzdem heimlich weiter empfangen und mir geholfen, so gut er konnte. Ich bekam durch ihn den *Decknamen „Cohn II"*. Unter diesem Namen durfte ich ihn amtlich anrufen. Da Böttger im stillen zu der konservativen Opposition hielt, konnte ich mit ihm die Überlegungen austauschen, die in dem kleinen Kreis meiner Berater und Freunde angestellt wurden. Nicht vergessen sei an dieser Stelle auch die Rolle der Sekretärin von Frau Göring (Schulz?), die selbstverständlich über meine Rolle und meine spezifischen Anliegen Bescheid wußte. Sie hat mir durch die Vermittlung von Briefen und am Telefon manchen dankenswerten Dienst geleistet. Auch so etwas gehört zur Seelsorge im Ernstfall.

## *Frau Göring und der Fall des Kriegsdienstverweigerers Dr. Hermann Stöhr*

Es muß im April 1940 gewesen sein, als ich auf meine Bitte hin und durch die Vermittlung von Böttger einen Termin bei Frau Göring bekam, um ihr dringende Dinge vorzutragen. In meinem geretteten Amtskalender steht unter dem 7. April die Eintragung „Göring, Carinhall". Daran kann ich mich nicht mehr erinnern. Vielleicht war das ein geplanter Besuchsort in diesen Tagen. Faktisch hat aber ein persönlicher Empfang um diese Zeit in einer *Privatwohnung* der Görings in der *Wilhelmstraße* in Berlin stattgefunden. Ich war für den Nachmittag bestellt. Als ich klingelte, öffnete ein Butler, der mir mitteilte, daß die gnädige Frau gerade einen Tee-Empfang für die Damen des Reichskabinetts gäbe. Als ich beteuerte, Frau Göring habe mich ausdrücklich gebeten, hier und jetzt mich zu melden, vertröstete mich der Mann, ich müsse mich eben gedulden, und führte mich in einen großen

Empfangssalon. Hier versank ich in einen der repräsentativen Sessel und wartete. Es dauerte gar nicht lange, da erschien Frau Göring. Sie ließ einfach die Ministergattinnen oben allein sitzen und widmete sich ziemlich lange und intensiv dem Pfarrer ihrer Gemeinde, einem für die damaligen Maßstäbe unbedeutenden Mann aus dem dritten Glied der Gesellschaft. Sie begrüßte mich diesmal besonders herzlich und fragte: „Nun, Herr Jentsch, was macht die Arbeit?" Ich antwortete: „Allerlei Schönes und allerlei Ernstes." Sie reagierte sofort aufmerksam: „Dann erzählen Sie mir mal etwas Ernstes." Ich ließ mich nicht zweimal auffordern und erzählte, was ich gerade, wenn ich nicht irre, am selben Vormittag im Wehrmachtgefängnis in Berlin-Tegel erlebt hatte.

Da war ich vor einer Zellentür stehengeblieben, hinter der ein zum Tode Verurteilter saß. Die Handfesseln draußen waren ein untrügliches Zeugnis dafür. Drinnen traf ich einen Kriegsdienstverweigerer aus religiösen Gründen. Es war diesmal aber nicht ein Bibelforscher oder Vertreter der Friedenskirchen, sondern ein Mitglied der Landeskirche, d. h. der erste „Evangelische", dem ich unter den Verweigerern begegnete. Den oben erwähnten Bernhard traf ich wohl später. Wie ich später erfuhr, war der damals 42jährige *Dr. rer. pol. Stöhr* Sekretär im Deutschen Zweig des „Internationalen Versöhnungsbundes". Wir kamen in ein gutes und ernsthaftes Gespräch. Es hatte auch theologische Dimensionen.

Wie es sich von selbst versteht, hatte ich mit den Bibelforschern nicht nur exegetische Fragen und Mißverständnisse von Bibelstellen zu klären, sondern immer versucht, auf die christliche Verpflichtung gegenüber der Familie, den Eltern und Geschwistern hinzuweisen. Das 5. Gebot („Du sollst nicht töten") verbiete ja nicht nur negativ das Töten, sondern gebiete auch positiv das Am-Leben-Erhalten, im Grenzfall auch durch Gewaltanwendung. Im Lauf des Gespräches konnte ich dann gelegentlich tiefer ansetzen, indem ich den Verweigerer bat, mit mir die Funktion des Hinrichtungstodes zu reflektieren. Obwohl ich selber den Wehr- und Kriegsdienst als Christ bejahte, gab ich mir große Mühe, meinen jeweiligen Gesprächspartner mit seiner Ablehnung zu verstehen. Aber ich wagte auch, ihm die Fragwürdigkeit dieses Selbstopfers noch einmal vor Augen zu halten: Könne er denn wirklich diese Art von Freitod gegenüber seinen Allernächsten in der Familie und vor Gott verantworten, der das Selbstopfer Jesu Christi am Kreuz bereits angenommen habe? Genüge ihm der Versöhnungstod Jesu nicht, müsse er noch einen eigenen Versöhnungstod zusätzlich hinzusterben? Mit solchen Überlegungen und Fragen wollte ich meinem Gegenüber helfen, daß er nicht der Illusion einer falschen Selbstrechtfertigung erliege, sondern daß er mit der Rechtfertigung im reformatorischen Sinne getrost Ernst mache. Im Geiste dachte ich immer an den 4. Artikel des Augsburger Bekenntnisses: „Weiter wird gelehrt, daß wir Vergebung der Sünde und Gerechtigkeit vor Gott nicht durch unser Verdienst, Werk und Genugtun erlangen können, sondern daß wir Vergebung der Sünde bekommen und vor Gott gerecht werden aus Gnaden, um Christi willen, durch den Glauben . . ."

So habe ich es auch in dem Gespräch mit Dr. Stöhr versucht. Aber ich scheiterte. Seiner Überzeugung getreu und ruhig antwortete er etwa so: „Ich weiß, daß allein Jesus Christus mein Erlöser ist und daß ich nur durch seinen Tod gerechtfertigt werde. Mein Tod auf dem Schafott, den ich freiwillig sterbe, soll kein ‚gutes Werk', kein ‚Verdienst' sein, sondern nur als ein ‚Zeichen' dienen, und zwar als ein Zeichen für den Frieden und die Gewaltlosigkeit." Ich sah, daß ich ihn weder theologisch noch geistlich überzeugen konnte, und überreden wollte ich ihn nicht. Ich durfte ihn nicht drängen, geschweige denn christlich „vergewaltigen". So erklärte ich ihm, daß wir bei aller Verschiedenheit der Meinungen geistlich gesehen doch Brüder im Glauben seien. Ich bot ihm an, mit mir zu beten. Wir gingen auf die Knie und hielten in dieser Todeszelle Gebetsgemeinschaft. Dann drückten wir uns die Hände, und ich verließ die Zelle.

Etwa in dieser Form habe ich Frau Göring von dem Erlebnis am Vormittag berichtet. Sie war ganz aufgeregt, erschreckt und empört und sagte ganz offen: „Das ist ja entsetzlich. Das muß ich sofort Hermann erzählen." In diesem Augenblick rasten durch meinen Kopf eine ganze Reihe von Gedanken, wurden mir doch automatisch die Folgen klar, die eine solche Mitteilung an den Reichsmarschall haben würde. Ich bat also Frau Göring, das zu unterlassen. Es handle sich hier um einen speziellen Führerbefehl. Die Anordnung zur Hinrichtung von Kriegsdienstverweigerern aus religiösen Gründen sei eine *Geheime Kommandosache* (Gekados). Ich sei als Standortpfarrer zu strengstem Stillschweigen verpflichtet. Wenn der Reichsmarschall erfahren würde, daß ich ihr etwas davon gesagt hätte, würde ich das Risiko eingehen, mein Amt zu verlieren, und eben dieses Amt sei eine der ganz wenigen Möglichkeiten, solchen Todeskandidaten noch seelsorgerlich zu helfen, speziell in der Nacht vor der Hinrichtung. Aber Frau Göring ließ sich nicht abbringen. „Nein, das muß ich Hermann sagen, ich kann sonst heute nacht nicht schlafen." Es entstand ein regelrechtes „Gerangel" zwischen der ersten Dame des Reiches und dem jungen

Pfarrer. Schließlich beendigte Frau Göring das Hin und Her mit der beruhigenden Erklärung: „Also gut, ich werde es meinem Mann erzählen. Aber er wird nicht erfahren, von wem ich das alles erfahren habe." Was blieb mir anderes übrig, als dieses Angebot der großherzigen und tapferen Frau anzunehmen. Sie riskierte schließlich auch einiges, wenn sie so etwas tat. Wir beide stellten einen ausdrücklichen Führerbefehl kritisch in Frage. Jeder kann sich selbst ausmalen, was das 1940 mitten im Krieg bedeutete.

In gedrängter Kürze habe ich dann meine anderen Anliegen dienstlicher Art vorgetragen. Welcher Art sie im einzelnen waren, weiß ich nicht mehr. Der erste Teil des Gespräches hat sie in meiner Erinnerung verständlicherweise überschattet. Nur das weiß ich noch, daß sie sich nach meiner Frau erkundigte, die damals im Krankenhaus lag, wo sie wegen größerer Schwangerschaftsbeschwerden eingeliefert war. Kaum hatte das Frau Göring erfahren, ließ sie ein Paket mit schwer erhältlichen Nahrungsmitteln zusammenpacken und ordnete an, daß ich mit ihrem Privatwagen direkt von der Wilhelmstraße ins Krankenhaus gefahren wurde. Als dann unsere erste Tochter geboren wurde, schrieb sie meiner Frau und schickte ihr eine ganze Baby-Ausstattung, die wohl aus Schweden stammte. Sie liebte Kinder und konnte sich in die Seele einer Mutter einfühlen, auch wenn diese Mutter eine Pfarrfrau war.

Zwei Tage später wurde ich vom Ministeramt des Reichsmarschalls angerufen und dienstlich angewiesen, ein *Memorandum* zum Fall von Dr. Hermann Stöhr einzureichen, und zwar an den *Reichsmarschall* persönlich mit einer Durchschrift an den Großadmiral Raeder. Der Grund für die letztere Auflage war leicht zu erraten. Stöhr war nämlich im Ersten Weltkrieg mit 17 Jahren Kriegsfreiwilliger gewesen und Marineoffizier (Zahlmeister) geworden. Er wurde auch ausgezeichnet. Dieser Umstand machte die Verurteilung dieses Kriegsdienstverweigerers so delikat. Er war offensichtlich kein Feigling, sondern ein tapferer Soldat gewesen. Lag hier etwa eine Chance für eine andere Lösung des Problems?

Der Wunsch des Reichsmarschalls brachte mich in große Verlegenheit. Zum ersten Mal in meinem Leben mußte ich in einer ganz großen Sache Farbe bekennen, schwarz auf weiß und gegen eine Anordnung Hitlers. Auch wenn ich das Gnadengesuch noch so geschickt formulierte, war es doch praktisch eine „Auflehnung" gegen den „Obersten Befehlshaber der Wehrmacht". Wer konnte es wagen, einen Führerbefehl direkt oder indirekt zu kritisieren! Gut, daß ich noch so unbefangen und jung war. Wäre ich älter und erfahrener gewesen, hätte ich es mir vielleicht noch überlegt. Übrigens weiß ich bis heute nicht, wie Frau Göring das alles erreicht hat. Sie kämpfte eben mit den Waffen einer Frau. Zwar hatte sie mir zugesichert, daß Göring nichts von meinem Namen erfahren würde. Auf der anderen Seite aber rief das Ministeramt bei mir privat an. Also war mein Name doch aktenkundig geworden. Ich konnte aus dem fahrenden Zug nicht mehr aussteigen, ich mußte mich stellen.

Das habe ich auch getan. Aber unter welch schwierigen und schmerzlichen Umständen! Zuerst ging ich zu meinem Dienstvorgesetzten, dem *Feldbischof.* Wie jeder verstehen wird, suchte ich nach Denk- und Formulierungshilfen. *D. Dohrmann* verstand meine Lage, begrüßte die Möglichkeit der Eingabe, konnte aber wegen seiner eigenen hohen Verantwortung und gefährdeten Stellung nicht viel weiterhelfen. So machte ich noch einen letzten Versuch und bat den Landesbischof von Hannover, *D. August Marahrens*, um ein Gespräch. Er hatte eine wichtige Rolle im Kirchenkampf gespielt und war Vorsitzender der Kirchenführerkonferenz.[14]

Noch heute steht das Bild unseres Treffens vor mir. Es fand in den frühen Morgenstunden im Hospiz am Anhalter Bahnhof statt. Ich berichtete dem Bischof über die Lage und legte ihm meine Sorgen und Unsicherheiten aufs Herz. Die Antwort fiel anders aus, als ich erwartet hatte: „Bruder Jentsch, ich verstehe Ihre innere Not, aber ich kann Ihnen hier nicht helfen. Sie müssen das alleine machen. Seien Sie aber gewiß, ich werde für Sie beten." Auch er hieß die Möglichkeit eines solchen Memorandums willkommen und stimmte in der Sache mit mir überein. Ja, er wollte mich ermutigen und trösten, wenn er mich auch im Grunde genommen mit meinem Problem allein ließ. Fast hätte ich so reagiert, wie mancher junge Theologe nach den Studentenunruhen der Dutschke-Zeit, der die Strukturen der Kirche verändern wollte und dabei auf bremsende Bischöfe stieß: „Bloß Fürbitte? Dafür kann ich mir nichts kaufen . . ."

Die Gefühle meiner Enttäuschung und Auflehnung beruhigten sich bald. Ich hörte schließlich doch den Ton der Herausforderung an das eigene Gewissen heraus, setzte mich hin, machte die Eingabe fertig, unterschrieb und reichte sie beim Ministeramt des Reichsmarschalls mit einer Kopie für Großadmiral Raeder ein. Ob ich zu den Gesprächen schon einen Entwurf mitbrachte und wieweit ich mich in diesen Tagen noch mit Freunden beraten habe, weiß ich nicht. Der Text ist leider verlorengegangen. Inhaltlich schilderte es den Fall Dr.

Stöhr, bat um einen Gnadenerweis und schlug vor: Kriegsdienstverweigerer aus religiösen Gründen ähnlich wie die katholischen Priester freizustellen oder als O.T.-Frontarbeiter bzw. Sanitätsdienstgrade einzusetzen.

Das Memorandum wurde ein Erfolg und ein Fehlschlag zugleich. Am 21. Juni 1940 wurde Hermann Stöhr wegen „Zersetzung der Wehrkraft" hingerichtet. Harald Poelchau hat ihn als Seelsorger in der letzten Stunde betreut. Als einer, der dem religiösen Pazifismus nahestand, war er auch der richtige Mann dazu. Bis zum letzten Atemzug stand Stöhr zu den Prinzipien des 1914 gegründeten Versöhnungsbundes: „Die Liebe, wie sie sich im Leben und im Tode Christo offenbart, ist die einzige Macht, die das Böse bezwingen kann und die einzige dauernde Grundlage für die menschliche Gesellschaft. Um eine Weltordnung aufzurichten, die auf die Liebe sich gründet, müssen jene, die an dieses Grundgesetz glauben, es selbst völlig annehmen. Sie müssen die Folgen auf sich nehmen, die sich in einer Welt ergeben, welche die Ordnungen noch nicht anerkennt. Deshalb ist es uns als Christen verboten, Krieg zu führen." Noch existentieller klingt der Abschiedsbrief an den Bruder, den er in der Nacht vor der Hinrichtung geschrieben hat: „Da wir in dieser Gnade stehen, so muß uns auch dieser mein letzter Gang nicht erschrecken. Christus hat uns von aller und auch von dieser Furcht erlöst. Die Vollstreckung dieses Urteils ist mir Gottes Wille ... – Gottes guter und gnädiger Wille. Und im Gehorsam gegen Ihn will ich den letzten Gang gehen, Ihm entgegen. Grüße die Verwandten, und sei herzlich gegrüßt so, daß wir uns alle dort in der Ewigkeit wiedersehen. Werdet nicht traurig über diesen meinen Ausgang und Eingang; sondern freuet Euch mit, wie es uns 1 Petr 4, 13–16 nahelegt. Allen möchte ich zurufen: Auf Wiedersehen, auf Wiedersehen bei jenem Herrn, der uns zu einem ewigen Leben berufen hat."[15] Vor dieser Art Pazifismus habe ich mich immer gebeugt, so viel Glauben hat mich beschämt. Gerade als ein Christ, der im Interesse des Friedens den Wehrdienst bejaht, habe ich einen solchen Kriegsdienstverweigerer stets geachtet und mich für ihn, so gut ich konnte, voll eingesetzt. So denke ich auch heute noch.

Also doch nur ein Mißerfolg? Nein, durch eine Kleinigkeit erhielt ich den relativen Beweis dafür, daß das Memorandum nicht völlig vergeblich gewesen ist. Die Beamten und das Wachpersonal staunten, wenn ich mich recht erinnere, nicht wenig, als sich durch ein Geraune in dem Hinrichtungsgefängnis herumsprach, daß Adolf Hitler diesmal das Todesurteil persönlich und mit Tinte unterschrieben hätte. Bei der erschreckenden Fülle der Todesurteile war das sonst nicht üblich; da genügte ein Stempelabdruck mit dem Faksimile der Unterschrift. Daraus geht hervor, daß Göring persönlich mit Hitler über die Sache gesprochen hat. Der Reichsmarschall hat also die Eingabe befürwortet, der „Führer" aber hat sie eigenhändig abgelehnt. Dafür, daß der Antrag negativ beschieden wurde, konnte Frau Göring nichts. Es ist ihr aber hoch anzurechnen, daß sie mutig signalisiert hat, wo sie stand, und keine Ruhe gegeben hat, bis Hitler von dem Fall Stöhr erfuhr.

### *Pastorensöhne gegen Himmler: Kämpfe mit und zwischen den Behörden*

Noch ein anderer Vorgang ist berichtenswert. Er zeigt, wie ernst es um die Ernstfälle in der Seelsorge in jener Zeit werden konnte. An einem Vormittag kam der Stettiner „Pfarrer" *Heinrich Rendtorff* zu mir in die Albrechtstraße. Mit seinem Pfarrertitel hatte es eine besondere Bewandtnis. Dahinter verbarg sich der frühere Professor für Praktische Theologie und Neues Testament in Kiel, der zwischen 1930 und 1934 Landesbischof in Mecklenburg war und dem Druck der Deutschen Christen weichen mußte. Er war 1934 wieder in die Gemeinde gegangen und amtierte seit dieser Zeit als Pfarrer in Stettin. Er gehörte zum Bruderrat der Bekennenden Kirche. Der von der BK als „Reichsbischof" designierte D. von Bodelschwingh hatte ihn an mich verwiesen mit der Bemerkung, daß ich als Standortpfarrer noch einen „Draht" zu Frau Göring hätte. Die Situation, derentwegen D. Rendtorff kam, war auch wirklich zum Verzweifeln. Es ging um seinen Sohn Klaus.

In der Oberprima eines Stettiner Gymnasiums waren Bilder von Heinrich Himmler verteilt worden. Man wollte damit für den Verein für das Deutschtum im Ausland (VDA), dessen Protektor der Reichsführer SS war, möglichst anschaulich Reklame machen. Das Bild stellte ein etwas öliges und buntes Porträt von Himmler dar. Was machten die Jungen? Unbefangen, jung und übermütig, wie sie waren, hefteten sie das Bild an die Klassentür und veranstalteten ein „lustiges" *Messerwerfen* mit dem Taschenmesser. Vorher müssen sie unter das Bild die Worte geschrieben haben: „So ein Schuft!" Unter den Schülern war ein Verräter, der Sohn des Kreisleiters. Der Vorgang wurde angezeigt. Es gab ein großes Verhör. Allen Jungen in der Klasse geschah nichts, sie konnten wohl nach einer strengen Verwarnung wieder gehen. Ausgenommen die beiden Pfarrerssöhne *Rendtorff* und

*Reichmuth.* Beide wurden abgeführt und kamen ins Gefängnis. Nun hatten sich gerade diese beiden Pastorensöhne freiwillig zur Ableistung ihres Kriegsdienstes und als Offiziersbewerber gemeldet. Dieser Umstand sollte ihnen zunächst eine willkommene Hilfe sein. Ein Leutnant und ein Unteroffizier kamen in das Gefängnis und holten die beiden Primaner zur Ableistung ihres Wehrdienstes ab. Widerwillig mußte dem Verlangen der Wehrmacht nachgekommen werden. Den Stettiner Gestapo-Chef aber machte diese Niederlage wütend. Er wandte sich nun direkt an Himmler bzw. die Zentrale der Staatspolizei in Berlin. Jetzt war die Gestapo stärker. Sie holte die beiden Jungen mitten aus ihrer Rekrutenausbildung ab und steckte sie in ein Konzentrationslager. Die *Mutter* von *Klaus Rendtorff* sprach dann bei der Gestapo in Stettin vor und erklärte der zuständigen Stelle, ihr Sohn könne nichts für sein Handeln; sie habe ihn so erzogen. Darauf wurde sie in ein Frauenkonzentrationslager (Hohenlychen?) eingeliefert. Die kleine Schwester von Klaus, die den großen Bruder sehr liebte, war gefährlich erkrankt und starb wohl nicht zuletzt infolge der seelischen Aufregung.

Professor Rendtorff trug das alles still und gefaßt. Er wußte etwas von dem „Getrosten Wandern“, worüber er selbst ein Buch geschrieben hatte. Er war ein Zeuge Jesu, der mit seinem Bekenntnis im Ernstfall auch Ernst machte. Ich versprach, so gut ich konnte, zu helfen. Ging es doch um das Leben eines jungen Menschen. Durch die Vermittlung von Dr. Böttger und dem Sekretariat wurde Frau Göring schriftlich und mündlich unterrichtet. Sie hat sich rührend und inständig eingesetzt, und diesmal war ihren Bemühungen auch ein realer Erfolg beschieden. Die beiden Jungen kamen frei.

Allerdings hatte die Sache noch ein Nachspiel. Oft wurden Männer, die aus dem Gefängnis oder aus einem Konzentrationslager entlassen wurden, anschließend an die Front geschickt, etwa in eine Bewährungskompanie. Manchmal fielen sie dann wenige Wochen später. Etwas Ähnliches geschah in diesem Falle. Klaus Rendtorff kam an die russische Front. Am 14. 3. 1945 ist er gefallen. Das Tröstliche an diesem tragischen Ausgang ist die Tatsache, daß Klaus ein engagierter junger Christ war, der zur evangelischen Jugend hielt. Der junge Klaus Rendtorff war musikalisch. Nichts charakterisiert ihn treffender als der alte „Kreuzfahrerspruch“, den er 1942 im Polizeigefängnis Stettin als Kanon zu vier Stimmen komponiert hat: „Und ob das Herz auch klagt, ausharr ich unverzagt. Wer Gottes Fahrt gewagt, trägt still sein Kreuz.“ Nur wenige wissen von diesem jungen Mann.

Sein Name aber gehört zu denen, von denen der lukanische Jesus sagt, „daß sie im Himmel geschrieben sind" (10,20). Niemand kann sie aus Gottes Hand reißen.

### *Noch einmal in Carinhall: Trauriger Anlaß und Kurzbegegnung mit Göring*

Gewissermaßen einen Höhepunkt in dem Gespräch zwischen der Frau des Reichsmarschalls und ihrem Standortpfarrer bildete der zweite Besuch in Carinhall. Das genaue Datum läßt sich nicht mehr ermitteln. Es muß in jedem Fall nach dem 4. 4. 1942, dem Geburts- und Sterbetag unseres kleinen Sohnes Stefan gewesen sein. Die Tatsache, daß Gott unseren kleinen Jungen so bald wieder zu sich genommen hatte, war das auslösende Moment der Einladung. Gleichzeitig waren nämlich *Frau von Weizsäcker*, die Gattin des Staatssekretärs im Auswärtigen Amt, und *Frau Stumpf*, die Gattin des Generalobersten der Luftwaffe, gebeten worden. Natürlich galt die Einladung in erster Linie den beiden Damen (noch einer Dritten? Ich weiß es nicht mehr). Sie hatten beide ihren Sohn an der Front verloren. Bei Frau von Weizsäkker war das schon im Polenfeldzug geschehen. Dem diplomatischen Geschick und der fraulichen Einfühlungsgabe von Emmy Göring war es zu verdanken, daß sie den kleinen Trauerfall in unserer Familie mit dem schweren Schicksal der beiden Mütter in Verbindung brachte. Jedenfalls wurde der Hinweis auf die drei „*Trauerfälle*" zum verbindenden Moment und zum Argument für eine gemeinsame Einladung. Frau Göring kannte das große Paket meiner Sorgen und Anliegen. Sie wollte mir unbedingt eine Chance vermitteln, mich ihrem Mann vorzustellen. Ob und wie weit dahinter auch noch eine Vereinbarung mit Frau von Weizsäcker vorgelegen hat, kann ich nicht sagen. Jedenfalls hat die letztere mich immer gut beraten und unterstützt, wenn es um die Gespräche mit Frau Göring ging.

Wir fuhren wieder gemeinsam im Wagen in die Schorfheide. Inzwischen war Carinhall erweitert worden. Diesmal ging es nicht in die kleinen Privaträume der alten Wohnung, sondern in einen neuen Flügel. In dem großen Treppenhaus kam überraschend Reichsminister *Speer*, der bekannte Architekt und Rüstungsminister, die Treppe herunter. Offenbar hatte er dem Reichsmarschall gerade Vortrag gehalten. Wir befanden uns mitten im Rußlandfeldzug. Es gab eine kurze Begrüßung. Wahrscheinlich hat sich Speer über den Begleiter der beiden ihm bekannten Damen gewundert, erschien ich doch im Lutherrock. In dem oberen Stockwerk angelangt, wurden wir in Frau Görings Zimmer geführt, das einen schönen Ausblick nach draußen ermöglichte und eine gemütliche Sitzecke aufwies. Beim Kaffee entspann sich ein Gespräch über mehr persönliche und familiäre Dinge der Gäste. Man sprach auch über allgemeine Fragen, wobei mein „Bereich", nämlich der von Kirche und Christentum samt den Erfahrungen in der Standortseelsorge, zur Sprache kam. Es war unmöglich zu übersehen, daß ein Pfarrer am Tisch saß. Ich mußte vorsichtig sein, durfte nicht zu viel, aber auch nicht zu wenig sagen.

Plötzlich ging die Tür auf und *Hermann Göring* trat herein. Seine mächtige Gestalt war schon eindrucksvoll. Er trug ein grünes Gewand. Wie bekannt, legte er Wert auf die äußere Erscheinung und gute Formen. Diesmal kam er nicht in einer seiner Uniformen, sondern betont zivil in einer Art seidenem Hausrock. Die Damen wurden von Frau Göring eingeführt. Es gab jeweils ein kurzes Gespräch über den traurigen Anlaß des Besuches. Dann kam die Reihe der Vorstellung an mich. Ich stand auf und meldete mich in dienstlicher Form. Der ganze Auftritt Görings dauerte nur etwa zehn Minuten. Er setzte sich nicht einmal richtig hin. Man muß in der Beurteilung dieser kurzen Zeitspanne fair sein. Der Oberbefehlshaber der Luftwaffe stand damals in der Rußlandkrise unter allerhöchster Anspannung. So blieb für mich nur ein Minimum an Zeit übrig, um irgend etwas zu sagen. Da war kein Spielraum mehr für ein Grundsatzgespräch. So griff ich spontan zu einer pragmatischen Lösung und erlaubte mir eine Bitte auszusprechen, die sich auf die *Gefallenen* und *im Lazarett verstorbenen Berliner Soldaten* bezog. Die Leichen wurden damals in völlig unzulänglichen Abstellräumen aufbewahrt, ohne hygienische Maßnahmen und entsprechende Kühlung, was im heißen Sommer unter Umständen zu beschämenden Erscheinungen führte. Man konnte manchmal den Geruch in der ebenfalls kümmerlich kleinen Halle kaum ertragen. Da konnte es auch vorkommen, daß der Sarg bereits tropfte, was für die Träger schrecklich war. Eine neue feierliche Halle war geplant, die Grundmauern standen schon, aber der Weiterbau war infolge des Krieges abgebrochen worden. Auf diese schandbaren Zustände wies ich den Reichsmarschall hin und habe dann wahrscheinlich mit seiner Zustimmung eine Eingabe gemacht. Natürlich war diese *Friedhofsfrage* nur ein Nebenthema. Es schien mir aber in diesem Moment relativ geeignet für mein Gegenüber. An irgendeiner Stelle mußte ich ihn ja persönlich ansprechen. Jedenfalls durfte diese erste Unterredung nicht überfordert werden. Göring sagte in der ganzen Zeit nur wenig. Er wirkte wie ein Mann, der große Lasten trug und im Grunde genommen mit ganz anderen Problemen und Nöten beschäftigt war. Der vorausgegangene Besuch des Reichsministers Speer sprach Bände. Vielleicht war er auch ein wenig verlegen in der Rolle, die er auf Wunsch seiner Frau zu spielen hatte. Was soll man sagen, wenn man mit Müttern spricht, die ihren Sohn im Kriege verloren haben? Er ging dann wieder heraus, um nach einer Weile wiederzukommen, bepackt mit einer Menge von kleinen, aber guten Dingen, die es damals bei der Knappheit der Nahrungsmittel nicht gab.

Als er mit dem Verteilen fertig war, sagte er zu mir gewandt kurz und knapp: „Kommen Sie mit!" Ich folgte ihm durch einen langen Gang. Er sagte nichts, ich sagte nichts. Ein Gespräch war bei diesem Hintereinander gar nicht möglich. So marschierten wir bis zu einem Nebenraum, in dem sich ein großer Schrank mit Geschenk- und Verteilmaterial befand. Offenbar waren sie für Weihnachtsfeiern, Lazarette, Sonderfälle usw. bestimmt. Göring kam mir bei diesem zweiten Auftritt wie ein guter „Weihnachtsmann" vor, nur unterschied er sich von einem klassischen Nikolaus dadurch, daß er ganz ernst war, nichts sagte und den beiden Frauen sichtlich bewegt und eben etwas verlegen die Hand drückte. Als wir in dem kleinen Raum standen, erspähte er etwas und gab es mir: einen Rasierpinsel und Rasiercreme. Das war natürlich damals für mich eine Kostbarkeit. „Das ist für Sie!" lautete der Satz bei der Übergabe. Mir gelang nur noch eine kurze Bemerkung über den Ernst der *Lage*, seine hohe *Verantwortung* und das *Gebet.* Ich drückte ihm die Hände und sagte: „Diese Hände beten auch für Sie!" Dann war die Audienz beendet.

Vieles blieb damals unausgesprochen. Manches brauchte auch nicht noch einmal gesagt werden. Göring kannte mich durch die Erzählungen seiner Frau. Manches von den Fehlern, ja von den Verbrechen des Nationalsozialismus, die ich nach dem Kriege erst erfahren habe, war mir damals nicht bekannt. In mancher Hinsicht mag es zwischen den Gästen, bzw. mir und Göring so etwas wie ein nichtsprachliches (non-verbales) Verstehen gegeben haben. Gewiß frage ich mich, ob ich damals nicht hätte noch mehr sagen sollen, aber ich stand so unter Zeitdruck und war wohl durch den Respekt vor der hohen Stellung meines Gegenübers ein wenig gehemmt. Der Hauptgrund liegt wohl in dem Fingerspitzengefühl, das mich davor warnte, eine solche Erstbegegnung durch Ungeschicklichkeit zu mißbrauchen. Da hätte ich vielleicht mehr Porzellan zerschlagen statt zu helfen. Es war eine außerordentliche Grenzsituation, wenn ein junger Pfarrer ohne Auftrag und Rückendeckung seiner Kirche plötzlich mit einem der höchsten Repräsentanten des Dritten Reiches zusammentraf. Leider sind die erhofften weiteren Verhandlungen nie zustande gekommen, weil mein Dienst bereits im April 1943 endete. Sie hätten wahrscheinlich auch keinen Zweck gehabt, weil Görings Monopolstellung im NS-Staatsgefüge 1943 längst gebrochen war.

Noch eins sei abschließend hinzugefügt: Als Göring das Zimmer verließ und ich die drei Damen darauf aufmerksam machte, daß dies seit Jahren die ersten zehn Minuten gewesen wären, die ein so hoher Reichsminister ausgerechnet während eines Krieges auf Tod und Leben für Pfarrer übrig gehabt hätte, brach Frau Göring in Tränen aus. Dahinter stand wohl nicht nur die Freude darüber, daß ihr diese Begegnung gelungen war, sondern auch ein Stück tiefster Erschütterung über den Abgrund, in den das ganze System einschließlich ihres Mannes gesunken war. Auf uns allen, auch auf Frau Göring, lag die schwere Sorge um den Ausgang des Krieges. Wer nicht blind war, mußte mit einem bitteren Ende rechnen.

### *Geheimgespräch mit General Bodenschatz über Luftwaffenseelsorge*

Da ich nun einmal als Standortpfarrer im Nebenamt wenigstens einen kleinen Zugang zu dem Hause und dem Herzen von Frau Göring gewonnen hatte, habe ich mich mit allen Mitteln bei ihr für die Einrichtung einer hauptamtlichen Luftwaffenseelsorge eingesetzt. Ging es im Anfang um die allgemeine Seelsorge in der Luftwaffe überhaupt, so war Frau Göring im letzten Stadium sogar bereit, eine gefährliche Denkschrift zu vermitteln, die auf die Einführung einer hauptamtlichen evangelischen und katholischen Luftwaffenseelsorge abzielte. Gegen welche Mauern ich hier anrennen wollte, haben wir alle erst später erfahren. In diesem Zusammenhang bekam ich durch Frau Göring und Dr. Böttger einen einstündigen mündlichen Vortrag bei dem Generaladjutanten Görings, General *Bodenschatz*, vermittelt. Dieser relativ mächtige Mann hatte während des Krieges eine wichtige Schlüsselfunktion; er war nämlich der Verbindungsoffizier zwischen Führer und Reichsmarschall. Auch in dem Gespräch mit ihm fiel mir auf, wie rasch dieser Mann seine Karten auf den Tisch legte. Er sprach rücksichtslos offen über die Schwierigkeiten, mit denen er zu kämpfen hatte. Er meinte damit die wehrmachtkritischen Kräfte in Partei und

Gestapo, die auch Göring persönlich unter Beobachtung und Beschuß hielten. Dabei bekannte er ganz offen: „Niemand soll mich um meine delikate Aufgabe beneiden, ich habe nämlich zwischen diesen beiden Bildern zu vermitteln.“ Gleichzeitig wies er auf zwei große in Silber gerahmte *Fotoporträts von Hitler und Göring*, die auf seinem Schreibtisch standen. Es brauchte nicht viel Phantasie, sich vorzustellen, welche Spannungen und Kräche er zwischen diesen beiden Männern ertragen, überspielen und überwinden mußte.

Bodenschatz hatte vollstes Verständnis für meine Forderungen, machte mich aber von vornherein auf die Widerstände und Schwierigkeiten aufmerksam, die sich dem Projekt einer Luftwaffenseelsorge entgegenstellten. U. a. erzählte er mir vertraulich von einem Telefongespräch Martin Niemöllers, das die Gestapo abgehört und aufgezeichnet hatte. Danach soll *Niemöller* nach dem Empfang einer Delegation der Bekenntniskirche beim Reichspräsidenten von Hindenburg zu einem Gesprächspartner am Telefon gesagt haben: „Heute haben wir aber den alten Herrn eingeseift!“ Dadurch habe der Sprecher der Bekennenden Kirche an Glaubwürdigkeit verloren. Es war General Bodenschatz deutlich anzumerken, daß er in diesen ganzen Auseinandersetzungen auf der Seite der Kirche stand. Gleichwohl wollte er mit dieser Mitteilung andeuten, wie problembeladen, ja hoffnungslos der Versuch war, die Kontakte zwischen Staat und Kirche wieder in Gang zu bringen. Das Projekt einer eigenen Luftwaffenseelsorge segelte unter unguten Sternen.

Was kam bei der ganzen Geschichte heraus? Hermann Göring hat auf meine Eingabe zwecks Einführung einer hauptamtlichen Luftwaffenseelsorge durch seinen Chefadjutanten antworten lassen, er könne im Augenblick nichts tun, da Adolf Hitler sich in der Religionsfrage noch nicht endgültig entschieden habe. Er wünsche aber volle Glaubensfreiheit in der Luftwaffe, auch für die christlichen Konfessionen. Jeder Angehörige der Luftwaffe könne sich den Heeresgeistlichen oder Zivilpfarrer wählen, welchen er wolle. Das war gewiß nicht viel, aber es erneuerte Görings grundsätzlich positive Einstellung zur kirchlichen Seelsorge und enthüllte den eigentlichen Grund für die Ablehnung des Projektes. Der Grund war nicht er, sondern Hitler.

Weitere Einzelheiten über den Einsatz von Frau Göring für rassisch oder politisch Verfolgte sind mir nicht mehr erinnerlich. Sie hat noch manches andere getan, das mir erst nach dem Kriege bekannt geworden ist. Nur dies sei noch erwähnt: Sie nahm sich eines Vorstoßes in der Medienfrage an. Bei einem unserer Gespräche habe ich offen sagen können, was das totale Druckverbot für das *kirchliche Schrifttum* und die Publikationen der *evangelischen Jugend* bedeutete und welche Folgen die zunehmende Entchristlichung des Rundfunks auslöse. Ich habe damals zornig darauf hingewiesen, daß 1942 bei den Bahnhofs-Kiosken noch Kriminalromane und Nacktkultur-Zeitschriften frisch gedruckt auflagen, angeblich aber kein Papier mehr für den Druck von Bibeln vorhanden war. Gleichzeitig konnte ich bemerken, daß der Nationalsozialismus schrittweise den Rundfunk völlig in die Hand der NS-Propaganda stellte, so daß zum Schluß nur noch das Glockenläuten am Silvesterabend übrig blieb. Frau Göring hat mich bei diesen Ausführungen nicht nur angehört, sondern an ihrem Teile im Gespräch mit führenden Männern versucht, darauf hinzuwirken, daß es anders würde. Nochmals: Das negative Ergebnis spricht nicht gegen sie, sondern bestätigt nur ihr persönliches Engagement in Sachen Glaube.

Nicht zuletzt am *Konfirmationstag* der Standortgemeinde hat sie ihre christliche Einstellung öffentlich unter Beweis gestellt. Jedes Ostern ließ sie meinen ca. 75 Konfirmanden Fotografien von sich, Hermann Göring und dem Töchterchen Edda mit ihrer und ihres Mannes eigenhändiger Unterschrift verteilen. Ich durfte von der Kanzel aus die Glückwünsche der Görings zur Konfirmation aussprechen. Einmal ließ sie sogar für jeden Konfirmanden eine Bonbonniere verteilen. Noch heute erinnere ich mich an das plötzliche, laute Aah . . ., das aus dem Munde Hunderter Gottesdienstbesucher kam. Ein für die ehrwürdige Garnisonkirche höchst ungewöhnlicher Vorgang! Das alles geschah, obwohl Frau Göring wußte, welche kirchliche Position ich vertrat. Außerdem muß darauf aufmerksam gemacht werden, daß gerade in diesen Jahren von seiten der Partei und der Hitler-Jugend die Konfirmation heftig bekämpft wurde. Damals wurde bereits zu Ostern die sogenannte „Verpflichtung der Jugend" als eine Art politische Ersatz-Konfirmation im nationalsozialistischen Sinne abgehalten. Die christliche Gemeinde des Standorts Berlin hat dieses Bekenntnis von Frau Göring mit dankbarer Genugtuung aufgenommen. Wenn man bei den „Herrschenden" von damals überall ein Haar in der Suppe finden will, dann kann man natürlich auch eine solche Geste kritisieren und ins Lächerliche ziehen. Aber das kann ich nun wirklich bezeugen: Frau Göring wollte mit dieser Aktion deutlich und unmißverständlich zum Ausdruck bringen, daß sie zusammen mit ihrem Mann die Konfirmation bejahte. Das verstand sich in keiner Weise von selbst, sondern war eine Herausforderung an die antikirchlichen

Kräfte in der Partei. Die Sache mit der Schokolade war ihre eigene Idee, sie wollte damit einfach den jungen Leuten eine Freude machen, die bei ihnen ankam.

### *Eva v. Schröder, eine energische Helferin: Brücken zu Schlüsselpersonen*

Von welch außerordentlicher Bedeutung die Rolle der christlichen Frau im Dritten Reich und insbesondere während des Krieges gewesen ist, zeigt das Beispiel von Frau *Eva von Schröder.* Sie war die Leiterin des Amtes Soziale Wohlfahrt und Jugendfürsorge in der Reichsleitung der NSV (Nationalsozialistische Volkswohlfahrt) und Bearbeiterin von Bittgesuchen an Hitler. Ich lernte sie anläßlich eines Weihnachtsgottesdienstes kennen, den ich im Luftwaffenlazarett Berlin-Reichssportfeld hielt. Ein Gespräch im Anschluß daran ergab die Möglichkeit, sie öfter zu besuchen. So wurde es fast eine regelmäßige Gewohnheit, monatlich wenigstens eine halbe Stunde ihr meine kirchlichen Sorgen und Anliegen vorzutragen. Das geht auch aus den Notizen meines Amtskalenders hervor. Sie ist mit wirklichem Idealismus bei der NSV tätig gewesen und hat sich dabei stets zu ihrem evangelischen Glauben bekannt. Ihr Wesen bestand in einem „praktischen Christentum", das nicht nur im Parteiprogramm gedruckt stand, sondern aus Überzeugung gelebt wurde. Durch den Kontakt mit Frau von Schröder konnte ich in Ernstfällen der Seelsorge wirksam helfen. Außerdem bekam ich die Möglichkeit, einigen Schlüsselfiguren bzw. führenden Persönlichkeiten in Regierung, Wehrmacht und Partei unmittelbar zu begegnen. Solche Begegnungen konnten dann ihrerseits wieder zu seelsorgerlichen Ernstfällen werden. Davon sollen nun nachstehend einige Beispiele gebracht werden.

Ob es nun kleine oder große Leute waren, das kümmerte sie nicht. Sie half, wo Hilfe vonnöten war. So zum Beispiel im Falle des behinderten und bedürftigen *Dr. Peter.* Hier gab sie mir den entsprechenden Betrag, ohne nach den Gründen zu fragen. Wie schon an anderer Stelle bemerkt, war dieser Mann Quäker und damit Pazifist.[16]

Als ich sie auf unseren CVJM-Mitarbeiter, den Evangelisten und Schriftsteller *Gustav-Adolf Gedat* ansprach, der Rede- und Schreibverbot hatte, griff sie sofort ein. Einerseits vermittelte sie eine Audienz bei dem bekannten Berliner Polizeipräsidenten *Graf Helldorf.* Dieser Mann, seines Zeichens SA-Obergruppenführer, war in der sogenannten Kampfzeit 1933 ein maßgeblicher Aktivist für die Machtübernahme der Nationalsozialisten in Berlin gewesen und hatte sich nicht gescheut, auch mit Tumulten zu operieren, um das gewünschte Ziel zu erreichen. Daß er im Grunde seines Herzens letztlich doch eine „preußische" Gesinnung vertrat, hat er dann später, nämlich 1938, unter Beweis gestellt, als er sich der Widerstandsgruppe um den Generalobersten Halder anschloß. Halder war der Nachfolger des Generalobersten Beck als Chef des Generalstabes. Halder war im September jenes Jahres bereit gewesen, den militärischen Apparat der Wehrmacht für einen Aufstand zur Verfügung zu stellen, falls es zu einer Kriegserklärung kam. Standen die Dinge doch schon bei der Krise um die Tschechoslowakei auf des Messers Schneide. Gedacht war damals an einen Handstreich unter der Führung des Wehrkreisbefehlshabers von Berlin, General von Witzleben. Der Psychiater der Berliner Charité, Prof. Karl Bonhoeffer, sollte den zu verhaftenden Hitler für geisteskrank erklären. Der damalige Abwehrchef Oberstleutnant Hans Oster hatte den Berliner Polizeipräsidenten für die Aktion gewonnen. Graf Helldorf war also bereit mitzumachen. Joachim C. Fest hat in seiner Hitler-Biographie wohl nicht mit Unrecht gemeint, daß dieser Putschplan „gründlicher und mit offenbar größeren Erfolgsaussichten als jemals wieder" vorbereitet gewesen sei.[17] Es kam anders. Durch die Vermittlung Mussolinis hatte Hitler nochmals einem Kompromiß zugestimmt und die Konferenz in München einberufen. So mußte die Aktion abgeblasen werden. Kein Wunder, daß dieser gewandelte Graf Helldorf unser Mann war. Ich hatte von diesem ganzen Unternehmen keine Ahnung. Wie so vieles in der Widerstandsbewegung wurde angesichts der Gestapo-Fahnder auch diese Sache strikt geheim behandelt. Graf Helldorf hörte sich die Not Gedats an und nahm meine Befürwortung ernst. Erreicht hat er nichts, aber getan hat er viel. Darüber hinaus setzte Frau von Schröder ihre Mitarbeiterin, die Gräfin Colloredo, ein. Sie mußte im Propagandaministerium vorsprechen und grünes Licht für das neue Buch Gedats erbitten.

Eines Tages bat mich Frau von Schröder, mit *Heinz Goedecke* Fühlung zu nehmen. Der *Leiter der Wehrmacht-Wunschkonzerte*, dessen Stimme Millionen an der Front und in der Heimat kannten, habe seine *Mutter* verloren. Der Mann sei völlig fertig: Ich solle mich um ihn kümmern und möglichst auch die Beerdigung übernehmen. Das habe ich auch getan. Ich traf Goedecke, den Stimmungsmacher Nr. 1 der Nation, tatsächlich niedergeschlagen an. Dabei erfuhr ich, daß er seine Aufgabe, diese Konzerte vorzubereiten und durchzuführen, wirklich ernst nahm. Er wollte mit seinen Liedern und Sängern, mit den Musikstücken und Grüßen einen echten Dienst am Menschen tun. Politische Ideologien waren ihm fremd. Daß er diesen Dienst ausgerechnet im Rahmenverband des Propagandaministeriums von Goebbels tun mußte, war Tragik und Verantwortung zugleich. Er konnte diese Aufgabe nur so oder überhaupt nicht erfüllen – und wer hätte dann diese wichtige Funktion in die Hände bekommen!? Da Goedecke unter der ständigen Beobachtung des Ministeriums und der Partei stand, war es für ihn ein Wagnis, für die Mutter eine *kirchliche Beerdigung* durchführen zu lassen. Er mußte damit rechnen, daß bei der Feier nicht nur freundliche, sondern auch kritische Gäste teilnehmen würden. Wir kamen in ein gutes, menschliches und seelsorgerliches Gespräch. Offenbar gewann er Vertrauen zu dem Standortpfarrer, von dem er bisher nur gehört hatte. Ich machte aus meiner Einstellung kein Hehl, was auch die Wahl des Beerdigungstextes erklärt. Es war Jesaja 66,13: „Ich will euch trösten, wie einen seine Mutter tröstet." Dieses „Ich" ist Jahwe, der den Kindern des Neuen Jerusalem in der babylonischen Gefangenschaft eine unendlich mütterliche Zuwendung verheißt. Goedecke wollte ausdrücklich, daß dieser Spruch aus dem vom Nazismus verfemten Alten Testament auf dem Grabstein eingemeißelt wurde. Er hat es auch durchgesetzt.

Aus dem seelsorgerlichen Ernstfall ergaben sich noch weitere Gespräche, solange ich in Berlin war. Mir wurde bekannt, daß er bei der Durchführung der Wehrmacht-Wunschkonzerte mehrfach heftige Diskussionen mit den entsprechenden Kontrolleuren im Propagandaministerium hatte, gerade wenn es um die Beibehaltung religiöser Lyrik, christlicher Weihnachtslieder und evangelischer Musik in diesen Konzerten ging. Einmal wurde ich selbst im Rundfunkhaus Zeuge eines Telefongesprächs mit der Privatwohnung von Dr. Goebbels, in dem Goedecke in meiner Gegenwart sich für das Glockenläuten einsetzte, das in einer von ihm geleiteten Rundfunksendung ertönen sollte und das scheinbar nicht nach dem Geschmack des Herrn Propagandaministers war. Begreiflicherweise war das Stichwort „Weltanschauung" eines unserer wichtigen Gesprächsthemen. Goedecke gab auch in öffentlichen Gesprächen freimütig seiner Auffassung Ausdruck. Soweit es ihm möglich war, hat er jahrelang für die schwergeprüften Familien in der Heimat und die kämpfenden Männer an der Front die Programme so zusammengestellt, daß das christliche Gedankengut nicht zu kurz kam. Auf die Dauer war das freilich ein aussichtsloser Kampf. Die Entchristlichung des Rundfunks war beschlossene Sache. Sicher haben Goebbels und seine Leute den Schauspieler Heinz Goedecke für ihre Durchhalteparolen und propagandistischen Zwecke „benutzt". Wenn man überhaupt mitmachte, waren Fehler und Kompromisse kaum zu vermeiden. Es ist aber zu kurz geschlossen, wenn man in diesen Wunschkonzerten nur Kitsch und Polit-Werbung sehen wollte. Immerhin haben hier große Künstler, die noch heute Rang und Namen haben, mitgewirkt, auch das lustige Pfeifen der Ilse Werner und das gefühlvoll-schlichte Lied „Lilli Marleen" der Lale Andersen haben bei Freund und Feind ihren guten Dienst getan. So etwas muß auch einmal von den Christen gesagt und anerkannt werden. Übrigens hat mir Heinz Goedecke geholfen, wenn ich musikalische Unterstützung für meine kirchlichen Feiern brauchte. Mir bleibt unvergeßlich, welche seelsorgerliche Tiefenwirkung einmal von dem von ihm gestellten Kinderchor ausging.

Eva von Schröder war eine der tapferen großen Frauen, die mir begegnet sind. Wenn sie einen Ernstfall entdeckt hatte, ging sie sofort in die Offensive, und nichts, weder hohe und höchste Ebenen noch unvorhergesehene Schwierigkeiten, konnten sie an ihrem Hilfswillen hindern. Sie war so etwas wie eine „Eiserne Lady" auf sozialem Gebiet. Das gab ihrem Charakter einen bei aller Warmherzigkeit resoluten Zug. Für den jungen Standortpfarrer zahlte sich das aus. Da ich herausgefordert war, auch in größeren Perspektiven zu denken, konnte ich mit ihr über viele Probleme, die das Verhältnis von Staat und Kirche sowie die Luftwaffenseelsorge betrafen, sprechen. Manches ging in dieselbe Richtung wie die Gespräche mit Frau Göring. Da war die „Verstärkung" durch die NSV-Amtsleiterin eine wertvolle Unterstützung. Andere Themen trugen eine eigene Note und waren bei ihr besser aufgehoben. Eine nicht abzuschätzende Unterstützung der Seelsorge an den Einheiten der Luftwaffe vermittelte sie mir durch den stellvertretenden Chef des Reichsluftfahrtministeriums, Generaloberst *Rudel*. Durch Rudel bekam ich nämlich einen Dienstwagen. Was noch nie dagewesen war, geschah, das Reichsluftfahrtministerium der sonst angeblich so christentumsfeindlichen Luftwaffe mußte einem evangelischen Pfarrer täglich einen *Wagen* mit unbegrenztem Benzinverbrauch stellen. Ich bin jährlich damit fast 25 000–30 000 Kilometer gefahren und habe unendlich viele Besuche in den entlegenen Gefängnissen und Lazaretten der Reichshauptstadt machen können, von den Hausbesuchen bei Angehörigen der Standortgemeinde völlig abgesehen. Ohne den Wagen hätte ich nicht die Hälfte geschafft.

Als wahre Vorkämpferin für die Interessen von Kirche und Christentum erwies Frau von Schröder sich durch ihren pausenlosen Einsatz in Sachen *Papierbeschaffung*. Hier spielten wir uns sozusagen die Bälle gegenseitig zu. So vermittelte sie mir einen Brief an Dr. Goebbels, in dem ich um ein entsprechendes Kontingent an Papier für christliche Jugendliteratur bat. Nachhaltig verwandte sie sich für Publikationen des (kirchlichen) *Bayerischen Mütterdienstes*. Ein besonderes Anliegen war ihr die Neuauflage der Spruchsammlung „*Gedanken sind Kräfte*". Sie war ursprünglich von Maria March für ihre vier Söhne zusammengestellt worden, und zwar „aus der Sorge, daß uns die Rückverbindung zur Ewigkeit verlorengeht, wenn wir sie uns nicht immer neu geben lassen". Das kleine Buch war 1911 entstanden. 1916 hatte man es im Ersten Weltkrieg erneuert und schließlich 1941 wieder neu bearbeitet. Für jeden Tag war ein Bibelwort zusammen mit einem Prosazitat und einem Gedichtvers ausgewählt. Schon damals machte man sich Gedanken zu der „Korrelation" von Bibelwort und Dichterwort. Hier war also Papier lebensnotwendig, um diese kräftigen Gedanken in hoher Auflage an die Front schicken und in der Heimat verteilen zu können. Als Herausgeber zeichnete einer der Söhne, der bekannte Erbauer des Olympia-Stadions, Prof. *Werner March*. Mit einem anderen Sohn, dem Arzt und Psychotherapeuten Dr. *Hans March*, war ich nicht nur im Glauben, sondern durch gemeinsame Interessen verbunden. Da er sich besonders mit den Grenzfragen der Sexualerziehung und -beratung beschäftigte, habe ich viel für meine „Jugendseelsorge" gelernt.

Nach einiger Zeit machte mich Frau von Schröder mit Frau *Keitel*, der Gattin des Generalfeldmarschalls Keitel, bekannt. Mit ihr konnte ich während eines privaten Tees offen die gesamte weltanschauliche Situation in Staat und Kirche besprechen. Es kann sein, daß auch Frau *von Ribbentrop*, die Gattin des Reichsaußenministers, daran teilgenommen hat. Selbstredend war die eigentliche Adresse dieses Besuchs der Chef des Oberkommandos der Wehrmacht, Generalfeldmarschall *Wilhelm Keitel*. Er trug zwar den geheimen Spitznamen „Lakaitel" und befand sich in einer verhängnisvollen Abhängigkeit von Hitler, er wollte aber in seiner Weise das Beste für sein Vaterland und seine Soldaten. Aus der Perspektive von Frau von Schröder und mir gesehen war der ausschlaggebende Grund des angestrebten Teegespräches die Chance der Information. Keitel besaß immerhin gute Beziehungen und anscheinend auch ein hörbereites Ohr. Daß auch dieser Versuch nur ein Tropfen auf den heißen Stein war, war uns bewußt. Trotzdem wollten wir nichts unversucht lassen.

In diesen Kontext gehört schließlich auch das persönliche Gespräch, das mir Großadmiral *Erich Raeder*, der Oberbefehlshaber der Kriegsmarine, gewährte. Wenn ich meine eigenen Notizen überprüfe, könnte am 18. April 1940 ein Kontakt stattgefunden haben. Darauf weist meine Notiz mit den drei großen Buchstaben OKM (Oberkommando der Marine) hin. Dann wäre der Auslöser meine Eingabe an den Reichsmarschall in Sachen Dr. Hermann Stöhr gewesen. Wie schon bemerkt, war Stöhr ursprünglich Marineoffizier. Aber dabei könnte es sich auch um einen reinen Abgabetermin für die eingeforderte Kopie der schriftlichen Erklärung (Memorandum) handeln. Bei Raeders christlicher Grundeinstellung durfte ich am ehesten auf Verständnis hoffen. Mir ist in Erinnerung, daß ich mit Raeder über die Schwierigkeiten geredet habe, denen sich die Kirche, die Evangelische Jugend und die Evangelische Frauenarbeit wie z. B. der Bayerische Mütterdienst ausgesetzt sahen. Dahinter stand sicher Frau von Schröder, die jede Gelegenheit benutzte, die Großen des Reiches mit kritischen und konstruktiven Informationen zu versehen. Dann hätte das Gespräch zu einem späteren Zeitpunkt stattgefunden. Es ist vermutlich durch Staatssekretär v. Weizsäcker vermittelt worden, der Raeder persönlich nahestand. Ich weiß heute noch, daß ich von dem äußeren Anblick des Großadmirals beinahe enttäuscht war. Er war in Wirklichkeit viel kleiner, als ich ihn mir nach den Bildern der Wochenschau und der Presse vorgestellt hatte. Der lange blaue Dienstrock des höchsten Seeoffiziers ließ ihn künstlich größer erscheinen. Aber darauf kam es nicht an. Auf mich hat er einen überzeugenden Eindruck gemacht. Er strahlte Würde aus, konnte etwas und urteilte menschlich entgegenkommend, aber kühl-sachlich. Obwohl er Hitler zu einer Landeoperation in England riet und für einen verstärkten Einsatz der Marine im Nahen Osten stimmte, war er einer der wenigen, die im internationalen Militärgericht mit dem Leben davonkamen, während Keitel z. B. gehängt wurde.

Ein einziges Mal in meinem Leben bin ich in der Reichskanzlei gewesen. Das kam so: Der Leser wird sich entsinnen, daß mir Frau von Schröder den Zugang zu dem Berliner Jugendrichter Dr. Augustin und den Eingang in das Berliner Jugendgefängnis vermittelt hatte. So bekam ich das Privileg, mich seelsorgerlich um Grenzfälle der *Jugendkriminalität* zu kümmern. Dabei mußten heiße Eisen angegriffen werden. Manches, was unter den strengen Bestimmungen des Dritten Reiches als „kriminell" galt, war in Wirklichkeit unter Umständen nur ein Problem der *Entwicklungsstörung.* In zwei Fällen waren Gutachten erstellt und Gnadengesuche vorbereitet. Frau von Schröder verfügte über eine Unzahl von Beziehungen („Vitamin B"!); dazu gehörte auch der Chef der Präsidialkanzlei, Staatsminister *Dr. Otto Meißner*. Er hatte in der Vorbereitung der Machtübernahme eine wichtige Rolle in dem internen Ringen zwischen Hindenburgs „Lieblingskanzler" Franz von Papen und General Kurt von Schleicher gespielt. Ob man wirklich von einer „Kamarilla" der Papen, Meißner und (dem Sohn) Oskar v. Hindenburg sprechen kann, sei dahingestellt. Gewiß haben sie den greisen Hindenburg beeinflußt, und ihre Ratschläge sind nicht immer richtig gewesen. Auch sie suchten eine Lösung, die dem Vaterland angesichts der Machtentfaltung Hitlers so gut wie möglich dienen sollte. Aber sie waren überfordert, weil sie nicht die dämonischen Hintergründe und Zielsetzungen dieses „Führers" durchschauten. Alle strategischen und taktischen Überlegungen der Übergangspolitiker endeten jedenfalls ganz woanders, als die Träger jener Politik es sich gedacht hatten. Vielleicht hat Hindenburgs Sohn Oskar, der mit seiner Funktion als Ratgeber des Reichspräsidenten „in der Verfassung nicht vorgesehen war", eine stärkere Rolle gespielt als die anderen; jedenfalls in den letzten Tagen des Monats Januar 1933, als es zum Schwure kam.

Staatsminister Meißner empfing mich auf Bitten von Frau von Schröder in seinem Zimmer. Ich ging an den baumlangen SS-Wachen und den hohen Türen, die zu den offiziellen Räumen Hitlers führten, vorbei und landete in dem Dienstzimmer des Chefs der Präsidialkanzlei. Bei diesem außergewöhnlichen Gang war ich gedeckt durch den Ausweis als Standortpfarrer. Wieder kam ich aus dem Staunen nicht heraus, daß auch Meißner kein Blatt vor den Mund nahm, wenn er die Schwierigkeiten der Gesamtlage offen erwähnte und auch die Widersacher der Kirche beim Namen nannte. Solche Gespräche hätten ihn Kopf und Kragen kosten können. Das Klima des Gesprächs war ähnlich wie damals bei Reichsminister Kerrl. Es unterschied sich nur dadurch, daß mir hier ein Mann gegenübersaß, der unter drei Reichspräsidenten, nämlich Friedrich Ebert, Paul von Hindenburg und dem „Führer" Adolf Hitler als „rechte Hand" gearbeitet hat. Bei Hitler hatte er allerdings nur noch ein bescheidenes Ressort und ganz wenig Einfluß erhalten. Aber Gnadengesuche gehörten zu seinem Geschäft, er konnte bedingt zusagen, sich um die beiden Fälle im Sinne einer Überprüfung und einer eventuellen Begnadigung zu kümmern. Im übrigen bestand das Gespräch erneut aus der Analyse der Situation, wobei ich die bekannten „Gravamina" der Kirche vortrug.

Überdenke ich diese ganzen Besuche noch einmal, könnte ich theoretisch damals das Gefühl gehabt haben, gleichsam „herumgereicht“ zu werden, weil ich ein relativ unbefangener Sprecher unserer Anliegen schien. Ich habe aber dieses Gefühl nicht gehabt. Dazu war ich viel zu sehr erfüllt von meiner seelsorgerlichen Aufgabe. Auch wenn sich nur der Spalt einer Tür öffnete, bin ich hindurchgegangen. Es stand mehr auf dem Spiel als mein Status bzw. mein Selbstverständnis. In der Seelsorge von Ernstfällen ging es letzten Endes nur um den Auftrag unseres Herrn und um das Heil wie das Wohl des oder der anderen.

*Berater und Freunde*

Wenn man die im Vorstehenden referierten und reflektierten Erfahrungen im Rückblick betrachtet, wird man verstehen, daß ich, unversehens in die große Politik hineingeraten, die auf mich einstürmenden Probleme gar nicht allein bewältigen und die hohe Verantwortung nicht ohne väterlichen bzw. brüderlichen Rat durchstehen konnte. Leider wurde ich nicht selten mit meinem Gewissen allein gelassen. Es gab aber einige wenige, denen ich viel verdanke, wenn auch nicht die perfekte Lösung aller Fragen, so doch deren Beratung, daß ich eine eigene Entscheidung treffen konnte. Manchmal ist die Analyse bzw. die Diagnose schon eine ganz große Hilfe für den Christen, der Farbe bekennen oder in ein ungewisses Dunkel springen muß. Allen voran muß ich hier Pastor *D. Fritz von Bodelschwingh* in Bethel nennen. Er und Professor *D. Dr. Martin Doerne,* der Leipziger Lehrer, waren die Hauptberater. Zu Bodelschwingh hatte ich besonderes Vertrauen. Er war nicht nur der heimliche Reichsbischof der Bekennenden Kirche, der viele kircheninterne Verbindungen hatte und einen Überblick über die kirchenpolitische Wetterlage besaß, sondern vor allem ein geistlicher Mensch, der etwas von Seelsorge verstand. Als ich eines Tages von Berlin nach Bethel fuhr, etwas aufgeregt, motorisch und nervös, weil ich durch die Verbindung zu den Görings für das Gespräch zwischen Staat und Kirche Chancen sah und gleichzeitig Gefahren witterte, beruhigte er mich in seiner originellen Weise: „Nun setzen Sie sich erst einmal hin, lieber Bruder, und verpusten Sie. Dann können Sie mir ja in aller Ruhe erzählen.“ So ähnlich waren seine Worte, und dann drückte er mich in einen Sessel und sah mich mit seinen gütigen Augen an. Bei Vater Bodelschwingh fühlte man sich geborgen. Er hielt es mit Jesus, hatte Vollmacht und verstand etwas von seelsorgerlicher „Führung“. Da wurde nicht nur psychologisch eingefühlt und gescheit hin und her geredet, sondern da verband sich kluge Lebenserfahrung mit geistlicher Vollmacht zu Akten einer konkreten Beratung im Namen Jesu. Ich traf Bodelschwingh auch in der Berliner Albrechtstraße. Dort gab es ja zwei Hospize; das eine lag direkt neben meiner Wohnung, das andere, größere und bekanntere, befand sich gegenüber. Dort fanden die Beratungsgespräche mit Bodelschwingh und Doerne statt. *Martin Doernes* Gabe bestand in einer messerscharfen Analyse der Situation und in theologischen Denkhilfen, deren ich so dringend bedurfte. Obwohl ich machtmäßig nur ein „Würstchen“ war und theologisch gesehen höchstens ein kleines Lichtlein bedeutete, nahmen meine politischen und militärischen Gesprächspartner das, was ich sagte und schrieb, für bare Münze und als halboffizielle Äußerung eines Kirchenmannes.

Darüber hinaus möchte ich noch dankbar zwei Namen nennen. Einmal ist das Pastor *Arnold Dannenmann,* der Leiter des Ostwerkes und Kollege am Standortpfarramt. Da er ein ausgesprochener Praktiker war und ein seltenes Verhandlungsgeschick besaß, half er mir das Mögliche vom Unmöglichen zu unterscheiden. Nicht zuletzt bin ich dem Leipziger Studienfreund *Carl Friedrich Freiherr von Weizsäcker* verbunden. Schon damals hatte er nicht nur physikalische und philosophische, sondern auch politische Interessen. In seiner sachlichen und behutsamen Art vermochte er die anstehenden Probleme in ihrer Hintergründigkeit zu erhellen und gleichsam mehrdimensional zu beurteilen.

Ein Erlebnis aus den Anfangsjahren des Krieges mag das zuletzt Gesagte illustrieren. Weizsäcker hatte mir eine Einladungskarte zu einer großen, fast feierlichen Veranstaltung des *Kaiser-Wilhelm-Instituts* beschafft, bei der er den Vortrag zu halten hatte. Der Kreis der geladenen Gäste ließ erkennen, daß hier nicht nur die Vertreter der hohen Intelligenz, sondern auch die der politischen Macht versammelt waren. Einige erschienen in Uniform. Am Schluß dankte ihm Prof. Max Planck persönlich. Die Thematik war faszinierend, ging es doch um das Problem des Verhältnisses zwischen der *modernen Physik* zum *Ende der Welt.* Die Grundgedanken dieses bedeutenden Referats sind unter dem Titel „Die Unendlichkeit der Welt – eine Studie über das Symbolische in der Naturwissenschaft“ in Weizsäckers bekanntem Buch „Zum Weltbild der Physik“, das viele Auflagen erlebt hat, veröffentlicht worden. Der Referent wagte es, einer Zuhörerschaft, die zum

Teil an den Fortschritt der Wissenschaft oder an das Tausendjährige Reich der Nationalsozialisten glaubte, zum Teil aber in Sachen Wissenschaft ernüchtert war und eher an den Untergang des Abendlandes bzw. an eine deutsche Katastrophe dachte, die elementare Frage zu stellen: „Ist die Welt unendlich?" Schon in der Art der Argumentation zeigte sich hier der spätere Naturphilosoph. Weizsäcker wollte den Symbolgedanken der Naturwissenschaft zurückgeben, wie er einst von Kepler entwickelt worden war, jenem Naturforscher, der Gottes Schöpfungsgedanken nachzudenken versucht hatte. Dazu diente ihm ein Überblick über die Geschichte der Fragestellung; er reichte von dem antiken Glauben an den „endlichen Kosmos" über die mittelalterliche These von der „endlichen Schöpfung", der Überzeugung von einer „unendlichen Welt" als Symbol in den Übergangsjahren bis hin zu der sogenannten neuzeitlichen Physik, die erfüllt ist von dem Gedanken einer „Erweiterung der Grenzen der bekannten Welt". Die Darstellung gipfelte in einer Analyse des Einspruchs gegen die Unendlichkeitsvorstellung, wie er von der gegenwärtigen Physik erhoben wurde, d. h. von der Atomphysik, die Weizsäcker zusammen mit seinen Lehrern Bohr, Planck und Heisenberg vertrat. Besonders eindrucksvoll war das, was er anhand des zweiten Hauptsatzes der Thermodynamik entwickelte, nach der es in der Natur „unumkehrbare Vorgänge" gäbe. Sollte unsere Erde auch einmal dem „Wärmetod" entgegengehen und einmal „erstarren", wie das von den Gebilden unseres Milchstraßensystems und der Spiralnebel angenommen werde? Nun, ich hörte, wie auch andere Teilnehmer, den unterschwelligen Gedanken heraus, der uns gerade in dieser Kriegssituation beunruhigte und atemlos den weiteren Ausführungen lauschen ließ: Wenn die Welt einen Anfang hat, dann hat sie auch ein Ende. Man kann es zwar nicht berechnen und beschreiben, aber man muß damit rechnen, daß es ein Ende der Welt gibt! Wer sich anschickte, auf Grund des Denkanstoßes weiterzudenken, fragte sich unwillkürlich: Und wenn es nun nicht noch Milliarden Jahre dauert, sondern eher eintrifft, was macht das schon aus. Entscheidend ist doch, ob ich mit dem Gedanken des Endes Ernst mache oder nicht. Die biblische Rede vom „letzten Tag" und vom „Letzten Gericht" schien so unsinnig und unbegründet nicht zu sein. Weizsäcker verzichtete mit gutem Grund auf direkte theologische Folgerungen. Er meinte nur, daß der moderne Mensch sich gegen die Endlichkeit der Welt sträube, weil er aus seinem Leiden an der Welt einen Ersatzgott brauche, nämlich die Ideologie von der Unendlichkeit der Welt. Der Gedanke an eine noch so ferne Grenze sei für ihn tief beunruhigend. Schließlich machte er Mut, den Abgrund zu sehen, vor dem wir stünden, und ihn als „Aufforderung zu einer Entscheidung“ zu verstehen. Gerade als Naturwissenschaftler, der radikale Tatsachenforschung betrieb, konnte er es sich leisten, von unserer wirklichen Lage zu sagen: „Wir müssen wohl nur wissen, ob wir überhaupt Gott hören wollen, nicht da, wo wir ihn zu hören wünschen, sondern da, wo er wirklich zu uns spricht.“[18]

Es ist leicht zu begreifen, daß ich auf diesen Freund und dessen Meinungen hörte. Wir haben viele und gute Gespräche gehabt. Sie betrafen die Grundfragen des christlichen Glaubens, aber auch die politische Lage und die Verantwortung, die wir als Christen angesichts der äußersten Grenzsituation unseres Vaterlandes trugen. Alle möglichen Überlegungen wurden angestellt. Sogar der Gedanke, durch geeignete Vermittlung doch noch einmal zu Hitler durchzudringen – etwa zu dreien: ein Wissenschaftler, eine Frau, ein Pfarrer – und ihm die wirkliche Lage vorzuhalten bzw. an sein Gewissen zu appellieren, wurde erwogen. Aber keine von den in Frage kommenden Personen war ein „Prophet“, und zu solch einem Gespräch hätte die „Sendung“ gehört. Im übrigen waren alle Zugänge gesperrt, und sie blieben, wie wir heute wissen, alle verschlossen.

Berlin ist immer eine geistig lebendige Stadt gewesen. Da tat auch der Krieg keinen Abbruch, im Gegenteil, wer innerlich wach war, fand früher oder später Menschen, mit denen man diskutieren und sich gegenseitig konsultieren konnte. Solch ein informeller Gesprächskreis war z. B. die Gruppe um den Hauptmann *Henning.* Wie ich zu ihm stieß, weiß ich heute nicht mehr. Es mögen meine Predigten gewesen sein. Ich erinnere mich aber gern der lebhaften Gespräche, die wir über die politische, militärische, ökonomische und religiöse Lage hatten. Henning selber war ein sogenannter „Blutordensträger“; er hatte als junger Mensch den Marsch zur Feldherrnhalle in München mitgemacht. Bei aller Loyalität zur Wehrmacht und Regierung, war er jedoch beileibe kein „Nazi“ im üblichen Sinne des Wortes. Im Gegenteil! Seine Kritik am System war scharf. Religiös gesehen war er ein engagiertes Mitglied der Altlutherischen Gemeinde. In Sachen Evangelium gab es für ihn keine Kompromisse. An diesen Abenden habe ich eine ganze Reihe von Impulsen bekommen, die mir halfen, die Lage im Kriege sachgerechter zu interpretieren und gerade von Laien bzw. Nicht-Theologen Anregungen für das praktische Handeln von Kirche und Pfarrer zu bekommen. Henning zeichnete sich durch klare Analysen und anregende Vorschläge aus. U. a. nahmen ein Statistiker und ein Wirtschaftler an den Gesprächen teil. Auch Carl Friedrich von Weizsäcker hat den Kreis einmal besucht. Er war überhaupt bereit, auch praktisch an der Gemeindefront zu arbeiten, etwa in öffentlichen Diskussionen zusammen mit einer Verwandten, der Gräfin Eulenburg, die Diakonisse und Therapeutin zugleich war, und mir. Henning ist übrigens noch zum Einsatz gekommen und hat erschütternderweise beide Beine verloren.

Andere Gesprächspartner, die ich damals hatte, stammten aus der evangelischen Jugend oder aus den bündischen Kreisen, denen ich in Leipzig begegnet war. Besonders eng und vertrauensvoll gestaltete sich das Freundschaftsverhältnis zu *Alfred Leuschner,* der wegen schwieriger Familienverhältnisse sein Theologiestudium abgebrochen hatte. Er war in die Laufbahn eines Kriminalkommissars eingetreten. Durch ihn erfuhr ich manches, was nicht für meine Ohren bestimmt war. Übte er doch lange Zeit die Funktion eines „Kriminalkommissars vom Dienst" aus. Durch ihn wurde mir die Bekanntschaft mit *Hans Hoßbach* vermittelt, der als Kommissar verantwortlich in der Mordkommission von Berlin arbeitete. Er stammte aus der sogenannten „Tatgemeinschaft", einer engagiert christlichen Gruppe. Leuschner erklärte mir eines Tages sogar, er wolle die Schlüssel zum Alex zur Verfügung stellen, wenn es zum Umsturz käme. Auch ein Mann wie Amtsrat *Schuster,* der aus den Schülerbibelkreisen stammte und bei der Gestapo tätig war, verdient hier genannt zu werden. Ich erwähne das alles, um erneut die Tatsache ins Gedächtnis zu rufen, daß während des Dritten Reiches in der Polizei, in der Waffen-SS, in der Gestapo nicht alle destruktiv, nazistisch oder kriminell gewesen sind, sondern daß es eine ganze Reihe Leute gab, die mit Ernst Christ sein wollten und die innerhalb der Grenzen ihres Dienstbereiches sachlich ihre Pflicht taten und das Schlimmste zu verhüten suchten.

### *Die Widerstandsbewegung und das letzte Fest beim Stadtkommandanten General v. Hase*

Ich bin kein aktiver Widerstandskämpfer gewesen, weder in der „Roten Kapelle" noch in den Gruppen der Bewegung, die den *20. Juli* vorbereitet haben, aber ich stand manchen aus diesem letzteren Personenkreis menschlich oder seelsorgerlich nahe. Das fing schon bei den Konfirmanden-Vätern an: Der *General* der Nachrichtentruppe *Fellgiebel* hatte den großen Nachrichtenapparat der Wehrmacht für den

Aufstand zur Verfügung gestellt, scheiterte aber in letzter Minute. Dasselbe galt für Generalleutnant *Thiele,* der in dem gleichen Bereich tätig war. Beide schickten ihre Söhne in meinen Konfirmandenunterricht, beide Familien kannte ich zum mindesten durch einen Hausbesuch. Auch unser Stadtkommandant, Generalleutnant *von Hase,* ließ seinen Sohn Alexander durch den Standortpfarrer II konfirmieren. Alle drei Väter mußten ihr Engagement für den 20. Juli mit ihrem Leben bezahlen. Generalmajor *Stieff,* der Onkel eines anderen Konfirmanden, war jener Offizier, der im Führerhauptquartier bei einer Lagebesprechung eine Bombe zünden wollte, was aber schiefging, weil der Sprengkörper vorzeitig explodierte. Man greift sich wirklich an den Kopf, wenn man im nachhinein die vielen Pannen bedenkt, die das Gelingen des 20. Juli vereitelt haben. General Fellgiebel gelang es nicht, die Nachrichtenverbindung zum Führerhauptquartier zu blokkieren, so daß das Telefongespräch Hitlers mit Major Remer möglich wurde. General von Hase sollte Goebbels verhaften, der aber durch einen Zettel Wind bekommen hatte und es fertigbrachte, seinerseits den Stadtkommandanten zu verhaften. Es ist, als ob es nicht hätte sein sollen. Durch die Verbindung mit der Familie von Weizsäcker begegnete ich auch jenen jüngeren Diplomaten, die zu den Vertrauensleuten des Staatssekretärs gehörten und die durch seine Personalpolitik als Sprecher des Friedens und Erneuerungswillens der inneren Opposition dienen konnten. Mit einem von ihnen (der Name ist mir entfallen) bin ich einmal anläßlich eines Mittagessens, zu dem mich ein Freund eingeladen hatte, zusammengetroffen. Damals gab es ein vertrauliches Gespräch über die Lage. Ich wurde aber nicht in die Pläne der Bewegung eingeweiht, so daß sich keine Folgerungen ergaben. Dietrich Bonhoeffer kannte ich durch die Familie von Hase, Poelchau war mein Kollege.

Die genannten Personen sind nie an mich herangetreten, um mich für ihre Gruppen, denen sie angehörten und von deren Existenz ich nichts wußte, zu gewinnen. So war ich der Entscheidung pro oder contra aktiver Widerstand enthoben. Diese Männer schenkten mir auch so ihr Vertrauen, vermutlich weil sie meinten, daß ich in meiner Funktion als Seelsorger an der richtigen Stelle sei. In der Tat war ich zwar politisch interessiert, aber kein homo politicus im engeren Sinne des Wortes. Mir lag das eigentlich Seelsorgerliche mehr. Hier war ich vollkommen ausgelastet und schien für die anfallenden Ernstfälle tatsächlich gebraucht zu werden. Gesinnungsmäßig stand ich diesen Widerstandskämpfern selbstverständlich nahe. Mit ihren Methoden und

Plänen hätte ich mich aber wahrscheinlich nicht ohne weiteres identifizieren können.

Am Ende des Kapitels über die Berliner Jahre als Standortpfarrer soll ein Bild stehen. Ich denke an den großen *Empfang* in der Kommandantur, den der *Stadtkommandant* General von Hase anläßlich der Trauung seiner Tochter am 21. 3. 1942 gab. Vorausgegangen war die feierliche *Trauung* in der Alten Garnisonkirche. Das Brautpaar – die *Tochter* heiratete den baltischen *Baron Medem,* einen Landschaftsgestalter und Reserveoffizier – hatte sich den Text von der „Treue bis in den Tod“ (Offb 2,10) gewünscht. Die ganze Kirche war voll mit illustren Gästen aus Wehrmacht, Staat, Diplomatie und anderen Kreisen der damaligen High-Society. Hier kam es auf jedes Wort an. Ich war natürlich aufgeregt, hatte mein Manuskript etwas zu kompliziert angelegt, weil ich so vieles „unterbringen“ mußte, sprach mich aber doch frei. Die Ansprache beschwor zunächst den Geist des Hauses, des mit der Garnisonkirche so verbundenen Soldatenkönigs Friedrich Wilhelm I., der nach Jochen Klepper seine Bilder mit „In tormentis pinxit“ (unter Qualen gemalt) abzeichnete. Sie bahnte sich den Weg zu dem Kerngedanken von der „Linie der Zweisamkeit“. Ich griff das seinerzeit oft gebrauchte Symbol von der „Linie“ auf, das soviel wie Haltung, Grundeinstellung, Ethos umschreiben sollte. Von diesem allgemeinen Sprachgebrauch suchte ich etwas wie die „christliche“ Linie abzuheben, im Sinne des Textes von der Todestreue und der Lebenskrone. Die Ansprache richtete sich gleichzeitig an das Brautpaar wie an die „offiziellen“ Gäste: „Sie (die christliche Linie) ist eine gebrochene und dann erst eine gerade Linie. Es wäre uns sicher sympathischer, wenn sie nur gerade verliefe. Die Linie aber lautet: Treue-Tod-Leben, nicht einfach Treue-Leben, sondern ausdrücklich Treue-Tod-Leben.“ Von hier aus wurde die Treue Gottes als „beherrschende“ Linie entworfen: „Wir Christen nehmen diese Linie nicht als Naturgesetz oder philosophisches Prinzip. Solche Ideen versagen meistens im Ernstfall, denn dann hilft nur das Konkrete! Die evangelische Wehrmachtgemeinde glaubt an einen konkreten Gott, die Gestalt Gottes ist für uns Christus.“ In der Landschaft der Ehe soll *er* die beherrschende Linie darstellen. Die Trauansprache schloß mit Ausführungen über des Menschen Treue als die „dienende“ Linie.

Nach der Trauung folgte ein *festliches Hasen-Essen.* Der Glanz der ordengeschmückten Uniformen und Fräcke sowie das Glitzern der Roben und Pretiosen bei den Damen wetteiferten mit dem Licht der Kristalleuchter und Kerzen. Das Ganze wirkte wie ein gutes, altes

Gemälde aus der Zeit von Preußens Gloria. Oder doch nicht mehr so ganz?

Es waren verschiedene Teilnehmer unter den Gästen. Größer konnte man sich die Gegensätze kaum vorstellen. Manchmal knisterte es, wenn eine Tuchfühlung stattfand. So stand ich eine Weile zusammen mit dem *Stadtkommandanten der SS*, einem Herrn *von Jena.* Er in der bekannten Uniform und ich im Lutherrock. Das muß wohl irgendwie aufgefallen sein. Da er der Stadtkommandant von der „Konkurrenz“ war, mußte ich ihn grüßen und mich vorstellen. Es war unmöglich, ihn zu ignorieren. Der Wortwechsel kam über Allgemeinheiten und Höflichkeiten nicht hinaus, war kurz, aber immerhin lang genug, daß wir beide merkten, ohne es auszusprechen: „Man beobachtet uns wohl.“ Jedenfalls bin ich weitergegangen. Der Rundgang auf dem preußischen Parkett endete auf dem Sofa bzw. in einer Sitzgruppe, wo ich zusammen mit der Kronprinzessin *Cäcilie,* dem ungarischen Gesandten und dem bekannten Theologen *Dietrich Bonhoeffer* plaziert wurde. Naturgemäß kam es hier erst einmal nur zu einer Konversation über Aktuelles oder Prinzipielles. Man mußte sich bei solchen Empfängen immer vorsehen. Entweder hatten die Wände Ohren, oder es waren Personen untergemengt, die etwas mitbekommen wollten, was uns nicht lieb war. Gleichwohl kam es sicher zur Berührung von ernsteren Problemen. Dafür sorgte die Anwesenheit der beiden Theologen. Ich erinnere mich, daß ich beiläufig mit der Kronprinzessin die Möglichkeit eines Besuches von mir in Cäcilienhof erörterte. Es ist aus rein zeitlichen und technischen Gründen nicht mehr dazu gekommen. Unter den Gästen befand sich übrigens auch der Chefadjutant des „Führers“, Generalmajor *Schmundt,* der Vater einer meiner Konfirmandinnen. Welche Begegnungen!

Nicht lange danach hat sich das schöne und eindrucksvolle Bild gewandelt: Die Kommandantur steht nicht mehr; sie ist durch Kriegseinwirkungen völlig zerstört worden. Heute ist auf der von der DDR erneuerten und jetzt wieder gesamtdeutschen Prachtstraße „Unter den Linden“ davon (gegenüber dem Zeughaus) nichts mehr zu sehen. General von Hase ist nach dem Aufstand vom 20. Juli gehängt worden. Ich war ihm menschlich und geistlich besonders verbunden, hat er mir doch in meinem Standortpfarramt immer bereitwillig geholfen. Am 24. 7. 1941 schenkte er mir „Zur Erinnerung an den Tag der Einsegnung meines Sohnes Alexander“ das damals gerade erschienene große Buch von *Paul Schütz* „Das Evangelium. Den Menschen unserer Zeit dargestellt.“ Es ist für mich ein doppeltes Geschenk, daß gerade dieses

Buch aus Berlin gerettet werden konnte. Am 5. 4. 1943, kurz bevor ich Berlin verlassen mußte, ist *Dietrich Bonhoeffer* verhaftet worden. Er war 1935 Direktor des Predigerseminars der Bekennenden Kirche in Finkenwalde (Pommern). Später verlor er seine Dozentur an der Universität und übte nur noch Sonderaufträge der BK aus. Was Bonhoeffer in dem Wehrmachtgefängnis Tegel durchgemacht hat, wissen wir aus seinen „Tegeler Briefen", die unter dem Titel „Widerstand und Ergebung" von Eberhard Bethge herausgegeben worden sind. Diese Briefe haben nach dem Kriege einen hohen theologischen Stellenwert bekommen! Sie leiteten die Wende zur „nicht-religiösen Interpretation biblischer Texte" ein, zu der ich in meiner „Jugendseelsorge" Stellung genommen habe.[19] Die Militärabteilung des Tegeler Gefängnisses war General von Hase als dem Stadtkommandanten dienstlich unterstellt. Er hat dem dort einsitzenden Neffen in rührender und tatkräftiger Weise zu helfen versucht. Unter dem 30. 6. 1944 notiert Bonhoeffer: „Onkel Paul (von Hase) war da und ließ mich sofort herunterrufen und blieb . . . über 5 Stunden! Dabei ließ er vier Flaschen Sekt auffahren, was in den Annalen dieses Hauses wohl einmalig ist, und benahm sich so großzügig und nett, wie ich es ihm nie zugetraut hatte. Er wollte wohl ganz ostentativ deutlich machen, wie er mit mir steht . . ." Als der General im Gefängnis angemeldet wurde, mit dem ausdrücklichen Hinweis, daß er sich um Bonhoeffer kümmern wollte, schlug die Stimmung im Wachpersonal um. Bonhoeffer schreibt: „Es ist maßlos komisch, wie alles flügelschlagend herumläuft, wie sich – bis auf wenige rühmliche Ausnahmen – alles an Würdelosigkeit überbietet." Zuletzt half das alles nichts. Der Onkel starb noch vor dem Neffen. Bonhoeffer selbst ist am 9. 4. 1945 in Flossenbürg erhängt worden.

Um noch einen Gast zu nennen: General *Schmundt*, der auch an dem denkwürdigen Empfang teilgenommen hatte, war trotz der Tatsache, daß seine Tochter in meine Konfirmandenstunde ging, naturgemäß nie erreichbar. Zu ihm konnte ich keine persönliche Beziehung aufbauen. Gerade im Kriege war er dauernd weg. Das Führerhauptquartier war seine Wirkungsstätte. 1939 war er, ohne es zu ahnen, in die Geschichte eingegangen. Hat er doch die Notizen von der geheimen Besprechung Hitlers mit den Oberbefehlshabern der Wehrmachtteile über die Lage und die Ziele der Politik niedergeschrieben. Das Dokument enthüllt wenige Monate vor Kriegsbeginn (23. 5. 1939) die Pläne Hitlers: „Danzig ist nicht das Objekt, um das es geht. Es handelt sich für uns um die Erweiterung des Lebensraumes im

Osten . . . Der Krieg mit England und Frankreich wird ein Krieg auf Leben und Tod . . . Wir werden nicht in einen Krieg hineingezwungen werden, aber um ihn herum kommen wir nicht."[20] Welche Gewissenskonflikte muß der Mann durchgemacht haben. Bei dem Attentat auf Hitler am 20. Juli 1944 wurde er schwer verwundet, und am 1. 10. 1944 ist er seinen Verletzungen erlegen.

Das Bild von diesem letzten Fest auf dem Berliner Parkett vergesse ich nicht. Noch einmal – so scheint es mir heute – sammelte sich die „Crème de la crème" der guten Gesellschaft auf dem Parkett der Stadtkommandantur Berlins, darunter eine ganze Reihe wertvoller Menschen. Nicht lange danach waren viele von ihnen tot, manche wegen Krankheit, andere durch die Bombenangriffe, wieder andere an der Front oder im Lazarett und nicht zuletzt die, die erschossen, hingerichtet oder gehängt wurden. *Marcel Proust* hat in dem letzten Band seines großen Romanwerkes „Auf der Suche nach der verlorenen Zeit" den vielen Schilderungen der glanzvollen Empfänge auf dem Pariser Parkett eine schaurige, aber großartige Szene hinzugefügt. Da ziehen noch einmal die Freunde und Helden seiner Jugend bei dem Morgenempfang der Herzogin von Guermantes vorüber. Vom Baron Charlus heißt es: „Mit triumphierender Härte fast wiederholte er monoton, leicht stotternd und grabesdumpf: ‚Hannibal de Bréauté, tot! Antoine de Mouchy, tot! Charles Swann, tot! . . .' Das Wort ‚tot' schien dabei jedesmal auf diese Verstorbenen niederzufallen gleich einer besonders schwer beladenen Schaufel voll Erde, die ein Totengräber auf sie herunterwarf, der sie damit noch tiefer dem Grabe verhaften wollte." Der Unterschied zwischen dem Pariser Salon von Proust und dem Parkett der Stadtkommandantur von 1942 besteht darin, daß das erstere Bild ganz von Morbidität, von Vergänglichkeit bestimmt ist, während das letztere einerseits von Gewalt, Mord und Krieg und andererseits von Tapferkeit, Martyrium und Glaube gezeichnet ist. Bei Proust heißt es zum Schluß resigniert: „Die wahren Paradiese sind Paradiese, die man verloren hat." Wie tröstlich, daß bei dem anderen Bild ein Mann wie Bonhoeffer als Gast erscheint, der dann auf Grund seines Glaubens an den auferstandenen Christus im Todesgefängnis Tegel schreiben konnte:

„Von guten Mächten wunderbar geborgen,  
erwarten wir getrost, was kommen mag.  
Gott ist mit uns am Abend und am Morgen  
und ganz gewiß an jedem neuen Tag."[21]

Meine Zeit als Standortpfarrer – es waren immerhin drei Jahre und fast acht Monate – ging in den letzten Wochen rasch zu Ende. Die Ereignisse überstürzten sich. In der Nacht des 1. März 1943 erfolgte der schwere Bombenangriff der Engländer, der unser Haus in der Albrechtstraße mit Brandbomben zerstörte. Das große Haus mit dem Hinterhof brannte langsam lichterloh, und wir versuchten in der Eile zu retten, was zu retten war. Die Soldaten, die zur Hilfe herbeigeeilt waren, halfen unermüdlich, tapfer und treu. Sie versuchten sogar das schwere Buffet mit dem kostbaren Porzellan von dem dritten Stock, wo wir wohnten, herunterzubugsieren. Aber vergeblich! Als sie schon etwa die Hälfte geschafft hatten, ging plötzlich die Tür des Buffets auf. Das ganze Porzellan rollte auf die Treppenstufen. Noch heute höre ich das Krachen der schweren Soldatenstiefel, die sich treppauf treppab bewegten. Die Soldaten durften sich nicht erschüttern lassen, weil höchste Eile geboten war. Die Tassen und Teller wurden zertreten, das Gehäuse war gerettet. Aber das konnte ich noch verkraften. Schwerer ist mir gefallen, was ich in meinem Studierzimmer, das nach der Straße zu gelegen war, erlebte. Das schöne Klavier, das ich von meinem Vater geerbt hatte, stürzte in die Tiefe. Seitdem habe ich nie wieder richtig Klavier gespielt, obwohl ich angeblich davon etwas verstand. Dazu kam die Bibliothek. Schon damals hatte ich über tausend Bände. Nur ein geringer Teil konnte gerettet werden, manches wurde einfach auf die Straße geworfen. Da habe ich zum ersten Mal gemerkt, daß man Bücher nicht mit in den Himmel nehmen kann, weder die schönen noch die selbstgeschriebenen. Mit dem Luftschutzkoffer hatten wir wenigstens die Dokumente gerettet. Meine Frau wartete mit der dreijährigen Tochter und den Hausbewohnern im Luftschutzkeller. Sie trug unser zweites Kind unter dem Herzen, die zweite Tochter, die zwei Monate danach geboren werden sollte. Die Gefahr nahm immer mehr zu. Die ganzen Straßen unseres Viertels rund um das Deutsche Theater standen in Flammen. Bangen Herzens, fröstelnd und besorgt, harrten wir zum Schluß alle im Keller aus. Um Schlimmeres zu verhüten, ordnete der Luftschutzwart den Durchbruch der Kellermauer zum nächsten Hause an, bestand doch die Gefahr des totalen Verschüttetwerdens. Nachdem Entwarnung gegeben war, haben wir uns mühsam den Weg auf die Straße gebahnt und sind durch die brennenden Straßen mit dem Kind zur nächsten Notversorgungsstelle gelaufen. Wahrscheinlich sind wir bei meiner Mutter in der

Großen Hamburger Straße für den Rest der Nacht untergekommen. Das Kind hat den Eindruck nicht vergessen und träumte später noch manchmal unruhig davon. In der Albrechtstraße 16 konnten wir nicht mehr wohnen. Die neue Wohnung, die uns zugeteilt wurde, lag in der Nähe vom Bahnhof Bellevue, Krefelder Straße 10.

Um diese Zeit muß ich meinen *Gestellungsbefehl* als Soldat bekommen haben. Inzwischen waren der Reichsführer SS Himmler und der Leiter der Parteikanzlei Bormann immer mächtiger geworden. Der eine wurde später Befehlshaber des Ersatzheeres, der andere noch Reichsminister. Angesichts dieser Machtentfaltung waren die jüngeren Standortpfarrer im Nebenamt nicht mehr zu halten. Da ich unter 35 Jahre war, verlor ich mein Amt und mußte früher oder später an die Front. Als Termin war der 20. 4. 1943 vorgesehen.

Am Ende des Berichts über die Berliner Jahre angekommen, muß ich noch einmal zurückschauen und innehalten. Die *Erfahrungen,* die ich hier mit der Seelsorge im Ernstfall gemacht habe, lasten schwer auf mir. Bis heute. Ich habe nicht alles richtig und gut gemacht. Wie das Gewissen vieler Christen in jenen Jahren, so schlägt auch das meine. Wenn ich auch nicht viel wußte und nur wenig ahnte, so hatte ich doch in der Zelle am Alex und in Danzig am eigenen Leibe erfahren, in den Gesprächen mit den Führungspersönlichkeiten vertraulich gehört und in den Wehrmachtgefängnissen bzw. Todeszellen mit eigenen Augen gesehen, was es um die Rückseite des Nationalsozialismus war. Und die Konzentrationslager, die Judenverfolgungen? Wir wußten nichts Genaues, sondern waren auf Gerüchte angewiesen. Einmal sind meine Frau und ich an der Großen Hamburger Straße beim jüdischen Altersheim vorbeigegangen, als gerade einige Insassen in einen LKW verladen wurden. Das hat uns damals tief erschüttert. Das KZ war uns ein Begriff, nicht aber die Gaskammer mit den Massenmorden. Wir haben das, was geschah, nicht zu Ende gedacht. Es gab ein dumpfes Wissen um das „Daß" und von etwas Bösem, das geschah, nicht aber ein Wissen um das „Wie".

Ich will mich nicht entschuldigen, geschweige denn rechtfertigen. Der Schriftsteller Siegfried Lenz, dem ich seit meiner Zeit in der Evangelischen Akademie Hofgeismar persönlich verbunden bin, spricht mir in seinem Drama „Zeit der Schuldlosen" aus der Seele, wenn er dort seinen Helden, den Studenten, sagen läßt: „Wer zu handeln versäumt, ist noch keineswegs frei von Schuld. Niemand erhält seine Reinheit durch Teilnahmslosigkeit. Schuld ist etwas so Allgemeines wie eine Sonnenfinsternis: sie gilt für jeden. Die einzige Möglichkeit, ihr zu begegnen, liegt darin, sie anzuerkennen, sie zu übernehmen. Wir haben keine Wahl, als bestehende Schuld zu unserer eigenen Schuld zu machen; dann erst kann sie uns ändern."[22] Insofern muß ich dem „Stuttgarter Schuldbekenntnis" der Evangelischen Kirche vom Oktober 1945 zustimmen: „Wohl haben wir lange Jahre hindurch im Namen Jesu Christi gegen den Geist gekämpft, der im nationalsozialistischen Gewaltregiment seinen furchtbaren Ausdruck gefunden hat; aber wir klagen uns an, daß wir nicht mutiger bekannt, nicht treuer gebetet, nicht fröhlicher geglaubt und nicht brennender geliebt haben." Für mich persönlich lege ich das so aus: Ich habe in meinem Reden und Handeln, in meiner Predigt und Seelsorge, in meinen Gesprächen und Besuchen nicht genug getan. Ja, das ist es: nicht genug bekannt, nicht genug gebetet, nicht genug geglaubt, nicht genug geliebt!

Es wäre zum Verzweifeln, wenn es nicht den Versöhner und die Versöhnung gäbe. Als unser kleiner Stefan starb, schenkte ich meiner Frau – uns beiden zum Troste – die Landschaft mit dem Regenbogen von Caspar David Friedrich. Ich entdeckte damals den Maler der deutschen Romantik und begann ihn zu lieben, weil seine Bilder so deutlich sprachen, geradezu Zeugniskraft besaßen. Was die Entstehung des Bildes anbetrifft, erzählt man, daß der Maler eines Tages mit dem Boot von Stralsund nach Rügen übersetzte. Es muß ein furchtbares Unwetter gegeben haben. Ein Mann geht über Bord. Nur mit Not und Mühe erreicht der Maler das rettende Ufer. Als er dort beginnt, sich die Insel zu erwandern, tritt langsam Wetterberuhigung ein. Ja, die Sonne bricht durch die Wolken und taucht die Landschaft in neues Licht. Alles erscheint wie verwandelt. Die Farben treten deutlicher hervor, rein und durchscheinend: Das Blau des Himmels ist doppeltblau, das Weiß der Wolken ist doppeltweiß, und das Grün der Wiesen ist doppeltgrün. Über dem Ganzen aber wölbt sich der große Regenbogen mit seinen vielfältigen Farben. Es ist, als ob Gott sagen wollte: Der Bogen der Gnade und der Versöhnung ist weit gespannt. Ich stehe zu meiner Verheißung: „Einen Bogen habe ich in die Wolken gesetzt; der soll das Zeichen sein des Bundes zwischen mir und der Erde. Und wenn es kommt, daß ich Wetterwolken über die Erde führe, so soll man meinen Bogen sehen in den Wolken. Alsdann will ich gedenken an meinen Bund zwischen mir und euch" (1 Mose 9,13–15). Da setzt sich der Maler hin, holt die Farbpalette heraus und beginnt zu malen. Es wird eine unendliche Landschaft. Der Mensch spielt auf den Bildern Caspar David Friedrichs kaum eine Rolle. So auch hier. Viel wichtiger ist dem Maler die unendliche Landschaft, die der Mensch sieht. Deswegen malt er einen Menschen nur in der Rückenansicht oder von der Seite. Auch der Hirte, der etwas erhöht am rechten Bildrand steht, blickt auf das Meer und den Regenbogen. Auf diesen Bogen ist Verlaß. Das dürfen wir, das darf auch ich nach dem Gewittersturm des Dritten Reiches glauben. Diese Gewißheit gibt uns der Versöhner Jesus Christus. Die Landschaft mit dem Rügener Regenbogen begleitet uns heute noch. Wir haben sie damals aus dem brennenden Hause retten können. Das Bild hängt heute, etwas verstaubt, aber immerhin noch seine Botschaft bezeugend, an der Wand eines unserer Zimmer. Es macht immer wieder Mut zu neuen Anfängen.

# IV. EINSATZ IN ITALIEN

## 1. Ein eigenartiger Sanitätsdienstgrad

Die Lage war ernster geworden. Die Machtverhältnisse in Berlin und anderswo hatten sich geändert. Diese Entwicklung konnte nicht ohne Folgen für den Dienst der beiden Kirchen sein. Was noch am Anfang des Krieges an Freiheiten eingeräumt wurde, ließ sich in der Mitte des Völkerringens nur noch mit Abstrichen oder überhaupt nicht mehr verwirklichen.

### *Sani in Saalow*

Relativ sanft, aber deutlich landete ich in der Welt der Männer und jungen Männer, die ich bisher von der Ebene des Militärgeistlichen betreut hatte. Ich kam in die Ausbildungs- und Ersatzabteilung für das Sanitätswesen der Luftwaffe. Diese Einheit lag in Saalow. Der Berliner Mutterwitz hatte ihr im Blick auf das benachbarte Zossen und den Vorraum von Berlin bereits einen Spitznamen verliehen: „Saalowgrad bei Zossonowisce in der Nähe von Berlinskaja". Wer diese Ausbildung für mich ausgesucht hat, weiß ich nicht. Wahrscheinlich gibt es dafür eine ganz simple Erklärung: Da ich im Zivilberuf Pfarrer war, hatte man mich dort hingesteckt, wo man normalerweise die vom unmittelbaren Waffendienst befreiten katholischen Theologen unterbrachte, eben in der Sanitätstruppe.

So traf ich pünktlich in der Wachbaracke bzw. am „Kasernentor" von Saalow ein. Es war der 20. April 1943. Front und Heimat feierte diesen Tag als „Führers Geburtstag". Ich kam mit einer ganzen Reihe junger Mediziner und Apotheker zusammen. Auch wenn ich nicht Sanitätsoffizier werden konnte, hatte man mich offenbar absichtlich dem Lehrgang für die Ausbildung von künftigen Wehrmachtärzten zugeteilt. Unsere Schar sah schon etwas komisch aus. Beim näheren Zusehen und Zuhören entdeckte man, daß es sich um Akademiker handelte. Wir gebärdeten uns äußerst zivilistisch. Jeder hatte einen Koffer und einen Margarinekarton mit seinen Habseligkeiten. Insofern unterschieden wir uns von keinem Rekrutenlehrgang der Welt. Dem Status eines „Schützen A" entsprechend lautete unser Dienstgrad „Flieger A". Kommentar überflüssig! Um uns das Prekäre unserer Situation besonders deutlich zu machen, wurden wir mit ironischen Worten und provozierenden Auflagen begrüßt. „Ach, da kommt ja der Feldbischof zur Ausbildung!" lautete der Willkommensgruß des wachhabenden Unteroffiziers an meine Person. Offenbar hatte es sich zwischen Berlin und Saalow herumgesprochen, daß ich bisher Standortpfarrer für die Einheit der Luftwaffe gewesen war. Nachdem die Personalien aufgenommen worden waren, wurden wir herausgerufen und mußten auf Kommando mit einem improvisierten Paradeschritt an den grinsenden Unteroffizieren vorbeimarschieren und dann im Sprechchor mit erhobener Hand sagen: „Wir danken unserem Führer, daß wir Soldat werden dürfen."

Die Ausbildung war streng, forderte physisch den ganzen Mann und führte in elementarer Form in Theorie wie Praxis des Sanitätsdienstes ein. Etwas Kummer hat mir das Waffenreinigen gemacht, da ich technisch nicht sehr geschickt bin. Ich konnte so ein Ding notfalls auseinandernehmen, hatte aber Mühe, es wieder zusammenzusetzen. Natürlich wollte ich als Theologe nicht unangenehm auffallen und strengte mich bei den einzelnen Übungen im Gelände so eifrig an, wie ich nur konnte. Dabei geschah es dann: Wir mußten „mit Gewehr in Vorhalte" durch Sand und Gras auf ein bestimmtes Ziel zu „robben". Irgendwie muß dabei die Kuppe des rechten Mittelfingers verletzt worden sein. Jedenfalls schwoll der Finger an und schmerzte fürchterlich. Ich bekam ein regelrechtes Panaritium. Ein Wehrmachtarzt versorgte mich, schnitt aber nicht tief genug, so daß der Finger noch mehr anschwoll und der Eiterherd sich vergrößerte. Ein uns bekannter Berliner Chirurg entdeckte meine Misere während eines kurzen Urlaubsbesuches. Mit Kennerblick sah er, daß eine akute Gefahr der Blutvergiftung bestand. Kurzerhand packte er mich auf seinen Operationstisch, verpaßte mir, wie er sagte, einen „Rausch" und schnitt den Finger weit bzw. tief genug auf. Noch heute habe ich hier eine große Narbe, die als „besonderes Merkmal" bei Ausweisen angegeben werden kann. Noch heute aber bin ich auch dem prachtvollen Arzt dankbar, daß er mir, ohne viel Federlesens zu machen, so rasch und so gut geholfen hat. Nach Ablauf der Ausbildungszeit und bestandener Prüfung wurde ich dann der „Sanitäts-Gefreite Jentsch".

Die Lage in Berlin war unverändert ernst. Für meine Frau war sie besonders schwierig, da sie unser drittes Kind erwartete. Die britischen Flieger nahmen natürlich keine Rücksicht. Sie war den Bombennächten ausgesetzt, bis es dann am 18. Mai 1943 so weit war. An diesem Tage erblickte Anette das Licht der Welt. Die Freude war groß, wir hatten Gott viel zu danken. Auf die Dauer konnte die kleine Familie nicht in Berlin bleiben. Die Zeit der großen Evakuierungen stand an. Wir hatten uns kaum in der Krefelder Straße eingerichtet, als die Mutter und die beiden Kinder die Gelegenheit wahrnahmen, die sich uns durch die Verwandten in Sachsen bot. Wir haben uns eigentlich nie in der Wohnung wohl und heimisch gefühlt. Das kam nicht nur deswegen, weil wir nach kurzer Zeit spürten, daß die Wohnung verwanzt war und daß die kleinen Tiere trotz aller sofort eingeleiteten Kammerjäger-Maßnahmen uns weiter den Schlaf raubten, sondern auch weil uns das Schicksal der Menschen belastete, die vor uns darin gewohnt hatten. Waren es Leute, die noch rechtzeitig emigrieren konnten? Handelte es sich um politisch oder rassisch Verfolgte? Wir hatten damals keine Wahl. Total ausgebombt, brauchten wir ein Dach über dem Kopf. Die Behörde wies uns die leerstehende Wohnung zu. Wir mußten sie nehmen, ob wir wollten oder nicht. Nachdem wir in der Nachkriegszeit erfuhren, was alles Entsetzliches in den Konzentrationslagern geschehen ist, erscheint uns dieser kurze Zwischenaufenthalt in der zugeteilten Wohnung auf der Krefelder Straße wie ein Symbol der Mitschuld, die wir Deutsche damals halb bewußt oder unbewußt, direkt oder indirekt auf uns geladen haben –, eben weil wir nicht zu Ende dachten.

Es hat nicht lange gedauert, da wurde auch diese Wohnung durch Fliegerbomben zerstört. Ein Teil der Einrichtung konnte gerettet werden und wurde später in dem sächsischen Evakuierungsort untergestellt. Meine Frau fand mit den beiden Kindern eine neue Heimstatt in dem Pfarrhaus von Burg Gnandstein. Hier war mein Freund und früherer Mitarbeiter in der evangelischen Jugend Leipzigs, *Curt Kölling,* als Gemeindepfarrer tätig. Ihm und seiner Frau sind wir zu bleibendem Dank verpflichtet. Die Idee, dorthin überzusiedeln, legte sich durch die Tatsache nahe, daß in dem benachbarten Frohburg meine Schwester Ruth mit ihrer Familie lebte. Hier war mein Schwager Erich von Törne Pfarrer. Während des Krieges hatte man ihn als Sonderführer Z bzw. als Dolmetscher für Russisch an der Ostfront eingesetzt. Dort mußte er zum Teil hinter der russischen Front schwierige und gefährliche Spezialaufträge wahrnehmen. Er geriet in Grenzsituationen, die ihn seelisch und gesundheitlich schwer belastet haben. Meine Schwester hatte ein gastfreundliches Haus. Sie nahm meine Mutter in Berlin, die Mutter meines Schwagers und eine Tante aus der Törne-Verwandtschaft in die eigene Familie auf. Alle drei alten Damen hat sie bis zum letzten Atemzug gepflegt. Nur meine Tante Gretel Berthold blieb in Berlin zurück. Sie hütete unsere alte, meiner Mutter gehörende Wohnung in der Großen Hamburger Straße, die später durch Fliegerangriffe schwer beschädigt wurde.

Ein glücklicher Umstand ließ es zu, daß meine Frau mit den beiden Mädchen später in einem Filialdorf der Gnandsteiner Gemeinde, nämlich in Altmörbitz, eine kleine Wohnung erhielt. Sie gehörte zu einem Gutshof der Familie Rohte. Der Besitzer, ein Diplom-Landwirt, war sehr kirchenfreundlich und machte es auf diese Weise möglich, daß die evakuierte Familie ein Stückchen Eigenständigkeit und Geborgenheit erhielt. Natürlich war das alles etwas eng und äußerst einfach, aber die Familie hatte so etwas wie ein „Zuhause" im Kleinformat. Meine Frau hat dort in großer Treue und in liebevoller Fürsorge für die Kinder ausgehalten, nicht nur bis zum Ende des Krieges, sondern darüber hinaus bis zu meiner Rückkehr aus der Gefangenschaft.

### *Brief vom Oberreichskriegsanwalt und Besuch beim Sanitätsinspekteur*

Wie das beim Barras so üblich war, wurden die Dienstwilligkeit und Standhaftigkeit des neuen Sanitäts-Gefreiten mehr als einmal auf die Probe gestellt. Der besondere Reiz für die Vorgesetzten schien der Umstand zu sein, daß ich im Zivilberuf Pfarrer war und mich sogar einige Jahre in der Wehrmachtseelsorge betätigt hatte. Nun konnte man feststellen, was der Mann im Ernstfall wert war und wie weit er sich ausreizen ließ. Der Phantasie waren da offenbar keine Grenzen gesetzt. So mußte ich beim Reinigen der Toiletten die Urinreste in den entsprechenden Spülbecken mit den Fingernägeln abkratzen. Ein anderes Mal – später in Berlin – fiel mir die Aufgabe zu, im Dienstzimmer des „Spießes" nach einem Bombenangriff, die zahllosen Splitter, die von der kaputtgegangenen Fensterscheibe stammten, zu beseitigen, auf den Knien, mit dem Besen und den Händen. Eines Tages wurde ich in Saalow am Vormittag zum Gartendienst eingesetzt. Dem Abteilungskommandeur gehörten ein paar Beete. Einer mußte Mist fahren. Niemand schien geeigneter als der „Pfarrer". Zu meiner größten Überraschung wurde ich dabei zur Poststelle gerufen und bekam dort einen braunen Brief ausgehändigt. Der Absender mag im Geschäftszimmer schon Aufsehen erregt haben, und mir selber schlug das Herz schneller, als ich las: „Der Oberreichskriegsanwalt beim Reichskriegsgericht". Es waren nur wenige Zeilen, aber sie hatten einen bedeutungsschweren Inhalt. Unterzeichnet war der Brief mit „*Dr. Kraell*", der uns schon im Zusammenhang mit der „Roten Kapelle" begegnet ist, der der Vater einer meiner Konfirmandinnen war und nun das Amt des höchsten Anklägers beim Reichskriegsgericht ausübte. Leider findet sich dieser Brief nicht mehr. Ich entsinne mich aber deutlich an den Inhalt. Kraell schrieb etwa so: Man habe sich lange bemüht, meine neue Anschrift ausfindig zu machen. Die Behandlung der Problematik von Kriegsdienstverweigerern aus religiösen Gründen, die zum Tode verurteilt waren, habe an Ernst und Umfang zugenommen. Man sei nun mehr denn je an der Fertigstellung und Einreichung meiner Denkschrift interessiert. Er bitte um Nachricht, wie und wann das möglich sei.

Das war ein Donnerschlag mitten in meinen relativ ruhigen Dienst, von dem speziellen „Mistfahren" völlig zu schweigen. Meine Gedanken arbeiteten fieberhaft. Allein konnte ich hier gar nichts ausrichten. Ich brauchte unbedingt eine Unterstützung von „oben" her. Da kam mir eine rettende Idee. Unmittelbar neben der Ersatz- und Ausbildungsabteilung für das Sanitätswesen der Luftwaffe befand sich die aus dem Reichsluftfahrtministerium in Berlin ausgelagerte Dienststelle des *Inspekteurs des Sanitätswesens.* Diese wichtige Position lag damals in den Händen von Generaloberstabsarzt Prof. *Dr. Schröder.* Als Gatte meiner Oberschwester Erna Schröder im Luftwaffen-Lazarett Reichssportfeld, die mir schon so viel geholfen hatte, und als Vater eines meiner treuesten und aktivsten Konfirmanden Hans Schröder, hatte ich großes Vertrauen zu ihm. Persönliche Gespräche während der Jahre, die ich in der Standortseelsorge tätig war, hatten mir gezeigt, wie klar und entschieden dieser Offizier zu Christentum und Kirche stand. Mit einer kleinen List kam ich zu meinem Ziel. Ich ließ mich am nächsten Morgen zum Putz- und Reinigungsdienst in den Baracken der Sanitätsinspektion abordnen. Als ich in dem langen Gang mit Eimer und Besen eintraf, begegnete mir ein höherer Sanitätsoffizier. Wir stutzten beide, als wir uns erkannten. Es war zufällig der Adjutant des Inspekteurs. Etwas amüsiert fragte er mich: „Wie kommen Sie denn in dieser Aufmachung hierher?" Ich informierte ihn kurz über meine Einberufung zum aktiven Wehrdienst und fragte ihn, ob es irgendeine Chance gäbe, den Herrn Generaloberstabsarzt persönlich zu sprechen. Ich hätte eine dringende und vertrauliche Angelegenheit auf dem Herzen. Da mich der Adjutant von meiner früheren Funktion als Berliner Standortpfarrer her kannte und eine Antenne für meine eigentliche Mission hatte, schaltete er sofort: „Selbstverständlich! Kommen Sie mit!" Ich ließ mein Handwerkszeug stehen und folgte ihm bis zu dem Dienstzimmer des Inspekteurs. Kurz darauf stand ich vor meinem Ziel bzw. vor dem Mann, den ich unbedingt sprechen wollte.

Er war im Augenblick mein höchster Vorgesetzter. Die Situation war etwas verwirrend. Wie ich es gelernt hatte, „baute ich mein Männchen" und meldete mich mit Dienstgrad, Einheit und Anliegen. Dabei ließ ich es an „strammer Haltung" nicht fehlen. Auch der Generaloberstabsarzt nahm meinen Auftritt mit verständnisvollem Lächeln auf. Diese Montur kannte er an mir noch nicht. Er legte mir die Hand auf die Schulter und sagte: „Nun beruhigen Sie sich einmal. Am besten setzen Sie sich!" Er wies mir einen vornehmen Sessel an und bot mir einen Cognac an, nahm selbst einen und forderte mich auf, einfach zu berichten. Ich erzählte ihm mit der Bitte um strengste Verschwiegenheit von dem Brief, den Dr. Kraell aus dem Reichskriegsgericht an mich geschrieben hatte. Dabei mußte ich etwas weiter ausholen, damit der Ernst der Lage deutlich wurde. Schröder verstand sofort, worum es ging. Er versprach mir, über die Sache nachzudenken. Ich sollte meinen Dienst in aller Ruhe weiterleisten. Ich bekäme von ihm Bescheid.

Mir fiel ein Stein vom Herzen. Ich verrichtete meinen Putzdienst und meldete mich danach in meiner Abteilung zurück. Es dauerte nicht lange, bis ich wieder auf die Schreibstube befohlen wurde. Dort wurde mir eröffnet, daß ich ein Zimmer in der Offiziersbaracke zu beziehen hätte, um dort eine „*wissenschaftliche Arbeit für das Reichsluftfahrtministerium*" anzufertigen. Man kam mir plötzlich furchtbar freundlich entgegen, forschte anständigerweise nicht nach Einzelheiten und gab mir alle nur denkbaren Freiheiten, die ich für die Erledigung des Auftrages benötigte. Eingeschlossen waren Fahrten nach Berlin, um mir dort entsprechende Bücher zu besorgen und das Manuskript meiner früheren Sekretärin im Ostwerk zu diktieren. So durfte ich auch einmal für einen kurzen Urlaub nach Gnandstein fahren, um mir auf diese Weise Material aus meinen ersten Forschungsversuchen zu besorgen. Hatte ich doch schon nach dem grundlegenden Gespräch mit Admiral Bastian, dem Präsidenten des Reichskriegsgerichtes, das noch vor meiner Einberufung stattfand, mit der Untersuchung begonnen. Damals mußten die Lektüre der Fachbücher, der Entwurf des Ganzen und die Niederschrift der ersten Seiten abgebrochen werden. Jetzt konnte ich an diese Überlegungen anknüpfen. Besonders eindrücklich ist mir natürlich der Besuch in Frohburg bei meiner Frau in Erinnerung, zumal wir die Gelegenheit benutzten, um unser zweites Kind, die Tochter Anette, taufen zu lassen.

Im übrigen gestaltete sich das Projekt schwieriger, als es im ersten Augenblick erschien. Obwohl ich mich ein paar Wochen auf die Exegese der einschlägigen Bibelstellen und ihre Zuordnung zu den Fragen der Kriegsdienstverweigerer konzentrieren konnte, fehlte mir doch manches. Ich konnte nicht dauernd in eine Berliner Bibliothek fahren, um mich genauer zu orientieren. Vor allem machten mir die Bedingungen zu schaffen, unter denen ich die Untersuchung durchzuführen hatte. Es war Krieg, das Projekt mußte äußerst geheim gehalten werden, weil es letzten Endes die Berechtigung eines Führerbefehls grundsätzlich in Frage stellte, und zwar direkt und indirekt zugleich. Im übrigen mußte ich mit der Niederschrift praktisch von vorn anfangen. Was von dem bereits fertiggestellten Teilmanuskript nach der Bombennacht im März 1943 noch übriggeblieben war, weiß ich nicht mehr. So mußte ich mich an Notizen und Erinnerungen halten. Alles mußte, soweit die Zeit reichte und mein theologisches Einsichtsvermögen es zuließ, noch einmal überdacht und neu formuliert werden.

Die *handgeschriebene* Urfassung der Denkschrift konnte über den Krieg hinaus gerettet werden. Offiziell wurde dem Reichskriegsgericht natürlich eine mit der Schreibmaschine geschriebene Endfassung vorgelegt. Möglicherweise ist da einiges verbessert und verändert worden. Davon ist noch eine *Kopie in Teilstücken* vorhanden. Sie ist in den fünf Jahrzehnten stark ramponiert und mit zahlreichen Korrekturen versehen. Die Teile sind aus der Kopie herausgeschnitten. Ich habe diese Ausschnitte für mein erst 10 Jahre später (1952) abgefaßtes Buch „Christliche Stimmen zur Wehrdienstfrage" verwendet, selbstverständlich sachlich verbessert und neu formuliert. Ohne hier auf Einzelheiten der Denkschrift eingehen zu wollen, seien doch ein paar Dinge vermerkt, die von allgemeinem, sogar von „geschichtlichem" Interesse sind.

### *Die „Denkschrift" für die religiösen Kriegsdienst- und Eidverweigerer*

Die Denkschrift war keine „Denkschrift" im Sinne der neueren EKD-Denkschriften. Sie wollte einige Denkanstöße für die Betroffenen geben, und zwar in schriftlicher, ja ausdrücklich in „brieflicher" Form. Wie mein späterer Lebensgang zeigt, hat mir der „Brief" als Kommunikationsmittel der Seelsorge immer besonders gelegen. Bezeichnenderweise lautet der Titel: „*Von Kamerad zu Kamerad: Offener Brief an einen Kriegsdienst- und Eidverweigerer*". Im Untertitel hieß es: „*Eingabe an den Präsidenten des Reichskriegsgerichts vorgelegt von W. J.*". Der seelsorgerliche Tenor ist unverkennbar. Der Verfasser schreibt im Ich-Stil und redet den Adressaten im Du-Stil an. Bezeichnend dafür ist der Versuch, in der Einleitung mit dem Leser in ein persönliches Gespräch zu kommen. Da lesen wir:

„Lieber Kamerad! Vor kurzem habe ich gehört, daß Du aus religiösen Gründen den Kriegsdienst und den Eid auf den Führer (damalige Redeform!) verweigert hast. Du sagst, Du könntest Dich als Christ ausdrücklich auf die Bibel berufen, und Du wolltest lieber sterben, als Deine Überzeugung feige verraten. Seit ich Deinen Standpunkt kenne, läßt er mich nicht in Ruhe. Weiß ich doch ganz genau, was Dir bevorsteht, daß Du die Konsequenzen ziehen mußt, daß Du nach den harten Kriegsgesetzen unserer Tage (gemeint ist der besondere „Führerbefehl") einmal Deinen Kopf durchs Fallbeil verlierst, und was das alles für Deine Angehörigen bedeutet. Glaube mir, ich habe mit manchen Deiner Kameraden und Gesinnungsgenossen während der letzten Jahre im Wehrmachtgefängnis zusammengesessen, seine Fragen durchgesprochen, seine Kämpfe mit durchgerungen und seine Nöte mit durchgelitten. Ich weiß aus Erfahrung, was es um die Stunde der Hinrichtung ist . . . Ich glaube zu ahnen, wie es in Deiner Zelle aussieht, ja noch viel mehr, welch eine Hölle zur Zeit im Kämmerlein Deines Herzens tobt. Du hast Dir sicher Hunderte von Malen überlegt, ob Du Deinen Schritt verantworten kannst, und Hunderte von Malen hast Du Dich zusammengerissen: ‚Nein, ich will nicht umfallen.' Sie alle haben auf Dich eingeredet, die Angehörigen, die Herren des Kriegsgerichtes, der Rechtsanwalt, der Schließer-Unteroffizier, der Gefängnispfarrer und wie sie alle heißen. Am liebsten möchtest Du Dir die Ohren zuhalten und nichts mehr hören. Wie könnte mich Dein Schicksal nicht bewegen, wo ich doch selbst Christ bin; jedenfalls versuche ich es zu sein. Vielleicht habe ich den Heiland Christus genauso brennend lieb wie Du, und ich kenne kein anderes

Buch als die Bibel, was mir letzte Richtschnur für mein tägliches Handeln wäre. Wirklich, Deine Fragen sind meine Fragen, und Deine Schwierigkeiten sind meine Schwierigkeiten."

Dann folgen Erklärungen des Verfassers, er habe noch einmal die einschlägigen Stellen der Bibel im Fragehorizont des Lesers überprüft, und die Einladung, sie nun in einem gemeinsamen Gespräch zu erörtern. Ausdrücklich wird hinzugefügt: „Ich möchte Dich in keiner Weise drängeln. Nimm Dir Zeit zum Lesen! Du hast Zeit. Lies meinetwegen den langen Brief mehrmals und vielleicht immer nur mal ein paar Seiten! Im Laufe der Zeit werden wir uns schon verstehen. Verlier bei der Länge des Briefes nicht die Geduld. Die Hauptsache kann ich Dir erst am Schluß des Briefes sagen. Sie zu sagen ist mir aber erst möglich, wenn ich vorher ausführlich andere Fragen gestellt habe. Du sollst jedenfalls wissen, daß ich Deinen Standpunkt ernst nehme und Dir nur helfen möchte, vor Gott das Richtige und keine Sünde zu tun."

Sicher würde ich heute manches anders formulieren. War da ein wenig zu viel Emotion im Spiel? Sollte der Leser doch ein wenig mehr „belehrt" als „verstanden" werden? Der Schreiber war damals noch relativ jung und von der Sache bewegt. Der Leser befand sich in einer Grenzsituation und brauchte etwas „Gefühl", jedenfalls ein Einfühlen und Mitfühlen. Was die „Lehre" betrifft, stand der Verfasser vor der dringenden Aufgabe, einem aus religiösen Gründen zum Tode Verurteilten mitzuteilen, was die Schrift nach seiner Glaubensüberzeugung und nach seinem theologischen Sachverstand sagt. Er wollte nicht „belehren", aber er mußte „bezeugen". Daß ihm das nicht immer gelungen ist und daß der Brief seine Schwachstellen hat, sei gern eingeräumt.

Die Denkschrift bzw. der Brief hat zwei Teile. Der 1. Teil beschäftigt sich mit den *Texten* der Bibel, die direkt oder indirekt von Krieg und Frieden handeln. Der 2. Teil bringt *Überlegungen,* die dem Kriegsdienstverweigerer helfen sollen, seinen Standpunkt zu überprüfen. Im *1. Teil* geht der Verfasser von *„positiven"* Aussagen der Schrift aus, die von zum Glauben an Christus kommenden Soldaten erzählen, mit der Realität des Krieges rechnen und die gottgesetzte Aufgabe des Staates entfalten. Der Brief setzt mit Jesus-Texten ein und führt dann zu den Paulus-Briefen und anderen Schriften des Neuen Testaments. Es war die Absicht des Verfassers, zunächst einmal den *„Kontrast"* dieser Aussagen zu der *„negativen"* Entscheidung des Lesers aufzuzeigen. Dieser Abschnitt wirkt jedenfalls wie eine Herausforderung. In der Hoffnung, die Aufmerksamkeit des Lesers gewonnen und ihn wenigstens stutzig gemacht zu haben, wendet sich dann der Brief den „*kritischen Fragen*“ zu, die den Kriegsdienstverweigerer aus religiösen Gründen besonders bewegen. Er sucht die Probleme des Lesers zu problematisieren. Das vorwiegende Interesse gilt hier der Bergpredigt Jesu bzw. dem 5. Gebot.

In der Auslegung der Stichworte „nicht töten“, „dem Übel nicht widerstehen“, „Feindesliebe“ u. a., zeigt sich nicht allein, wieviel der Verfasser aus den ihm erreichbaren Kommentaren und Kittels großen Begriffslexikon, dem „Theologischen Wörterbuch zum Neuen Testament“ (4 Bände waren bereits erschienen) gelernt hat. Vielmehr wird auch ersichtlich, daß der Verfasser wenige Jahre vorher noch Schüler von Albrecht Alt und Gerhard von Rad gewesen ist, vor allem des letzteren, dem wir später die meisterhafte Interpretation des „Heiligen Krieges“ in Israel verdanken. Die Darstellung des 1. Teiles schließt mit einem Absatz über das Verständnis des Eides im Alten und im Neuen Testament. Soweit ich heute sehe, ist mir damals meine besondere Liebe zur neutestamentlichen Wissenschaft hilfreich gewesen. Von Albrecht Oepke hatte ich wertvolle Impulse für die Exegese empfangen, insbesondere für das, was man damals „geschichtliche und übergeschichtliche Schriftauslegung“ nannte. Natürlich spürt man im nachhinein auch, wie bei der Exegese, auch wenn sie noch so „objektiv“ sein möchte, immer auch ein Stück „Dogmatik“ mitschwingt. So schimmern zwischen den Zeilen auch Erkenntnisse mit, die ich in den Arbeitsgemeinschaften über Lutherschriften bei Martin Doerne gewonnen habe, der seinerseits wieder bei Paul Althaus studiert hatte. Das gilt vor allem für die Ausführungen über die „zwei Reiche“ und die „beiden Regimente“.

Der *2. Teil* geht noch einmal aufs Ganze. Er enthält eine Reihe von *Überlegungen* „allgemeiner christlich-religiöser“ Art. Hier trägt der Verfasser sein seelsorgerliches Hauptanliegen vor. Nach Abhandlung der einschlägigen Bibelstellen werden dem Leser im Sinne einer kritisch-konstruktiven Denk- und Glaubenshilfe fünf Gesichtspunkte vorgelegt, die ihm eine neue Besinnung ermöglichen sollen. Zuerst wird an die Mutter erinnert, die hier exemplarisch für Familie, Frau und Kinder steht (1). Der Leser wird gefragt, ob er das 5. Gebot überbewertet und dabei das 4. Gebot zu kurz kommen läßt. Ähnlich ist der andere Hinweis (2), auf den „Bruder Abel“ bzw. den Nächsten, den Mitmenschen, den Mit-Deutschen. Eine vermeintlich „christliche“ Entscheidung vertrage sich nicht mit Lieblosigkeit. Bei allem Verständnis dafür, daß der Leser mit Gottes Gebot Ernst machen will („damit hast Du mir das Herz abgewonnen"), wird der Leser gleichwohl vor der Illusion gewarnt (3), er könne sich aus dem zur sündhaften Welt gehörenden Krieg einfach heraushalten. Hier gelte Luthers „Sündige tapfer!". Das 5. Gebot heiße für den Soldaten letztlich „Du sollst am Leben erhalten!". Weiter sprechen die Überlegungen den zuweilen fanatischen Übereifer mancher Sektierer an, die durch demonstrative Aktionen, wie z. B. den freiwilligen Gang zum Schafott, das Reich Gottes bauen wollen: „Du *‚machst'* zuviel Christentum und Du läßt es zuwenig wachsen." Die Christenheit sei eine Gemeinde *unter* dem Kreuz. Schließlich stellt der Brief die kritische Frage (5), ob der Verweigerer nicht die Nebensache mit der „Hauptsache" verwechsle. Indem er sich auf ein einzelnes (nämlich das fünfte) Gebot versteife, verschiebe er die Mitte der biblischen Botschaft und verdunkle damit das Evangelium von Jesus Christus. Sei er mit dem Sühnetod Jesu am Kreuz denn nicht zufrieden, wolle er gleichsam zusätzlich noch einen eigenen Sühnetod sterben?

Für das Verständnis und die Beurteilung des „Offenen Briefes" sind die *„Anmerkungen"* zu der Eingabe wesentlich. Sie spiegeln den zeitgeschichtlichen Kontext und verdeutlichen das ganze Wagnis, das der Schreiber und seine Förderer im Reichskriegsgericht damals eingegangen sind. Wichtig ist schon die Zielangabe: die Eingabe hat einen doppelten *Zweck:* Sie soll 1. dem inhaftierten Kriegsdienstverweigerer in Briefform vom christlichen Standpunkt aus helfen, einen Stellungswechsel seiner Meinung vorzunehmen und 2. den an der Sache *interessierten* Juristen, Medizinern und Theologen, insbesondere den Herren Mitgliedern des Reichskriegsgerichtes eine Handreichung für ein Gespräch mit den „Delinquenten" geben. Ich war mir durchaus im klaren, worin meine eigenen Grenzen im Blick auf Alter, wissenschaftliche Leistung und praktische Erfahrung lagen. Ich war eigentlich noch nicht „dran". Aber einer mußte es damals machen. Deswegen heißt es in der Eingabe betont: „Der Verfasser ist sich der *Unzulänglichkeit* seines Versuchs sehr bewußt." Deutlich wird gesagt, daß es sich bei der Eingabe nicht um eine amtliche Verlautbarung der evangelischen Wehrmachtseelsorge handle, sondern um eine „Privatarbeit".

Da es sich bei den Kriegsdienstverweigerern aus religiösen Gründen meistens um *Ernste Bibelforscher* handelte, bin ich in den Anmerkungen zunächst auf diese Sekte, ihre Entstehung und ihre Grundsätze eingegangen. Hier nannte ich den gesetzlichen Biblizismus, die endzeitlichen Herrschaftsvorstellungen und den Mangel an christozentrischem Denken. Andererseits würdigte ich ihr ernsthaftes Interesse am Schriftstudium überhaupt (wie einst die Leute von Beröa in Apg 17,11) und das Ethos ihres Amtsverständnisses. Nach dem studienbedingten Stand meiner religionspsychologischen Kenntnisse versuchte ich schließlich einen „Typus des *religiösen Fanatikers* mit seinem formalistischen Einschlag" zu skizzieren. Wenn es sich bei den Bibelforschern meistens auch um einfache, kleinbürgerliche Leute handelte, war ihr geistiges Niveau beachtlich. Der ständige Umgang mit den biblischen Texten bestätigte bei ihnen die alte Erfahrung: Bibel bildet. So konnte der „Offene Brief" dem Leser denkmäßig durchaus etwas zumuten. Auch die Länge meines „Briefes" konnte ich so verständlich machen. Die Bibelforscher sind es gewohnt, mit Bibelstellen bzw. Zitaten und Belegen zu arbeiten. Wer mit ihnen kommunizieren wollte, mußte sich auf ihre Denkweise einlassen und Stelle für Stelle abhandeln. Freilich gab es bei den Gesprächspartnern manchmal regelrechte Blockaden des Verstehens, weil sie schlecht zwischen Wortsinn und Wortform unterscheiden konnten oder an einer unvorhergesehenen bestimmten Stelle des Gespräches ausrasteten und dann in die angelernte Argumentationsweise zurückfielen. Indessen, es mußte immer wieder neu versucht werden, und manchmal lohnte es sich. Der Begriff „Fanatiker" hat etwas Despektierliches. Wir würden heute besser von einem religiösen „Eifer" sprechen. Gewiß gab es beispielsweise bei den Bibelforschern hier und da pathologische Züge. Andererseits frappierten oft die Schlichtheit ihrer Gedanken und die Konsequenz ihres Verhaltens. Sie wollten auf ihre Weise dem Frieden dienen und exemplarisch an dieser Stelle mit der Bergpredigt Ernst machen. Deshalb betonte ich in den „Anmerkungen", daß der religiöse Kriegsdienstverweigerer „nicht egoistisch" sei: „Er würde sonst den Genuß des Lebens dem Sterben vorziehen." Er sei auch „nicht feige". Die Zeugen Jehovas würden sonst nicht den Mut haben, bis zum Gang auf das Schafott durchzuhalten. Sie wären sogar bereit, sich an der Front totschießen zu lassen. „Sie wollten nur keine Waffe gebrauchen."

Am Schluß der Eingabe schlug ich vor, die religiösen Kriegsdienstverweigerer in der Truppe als „*Sanitätsdienstgrade*" oder als „*Frontarbeiter*" bei der OT (Organisation Todt) einzusetzen.

Die Denkschrift hatte nur wenig Aussicht auf Erfolg. Aber ich wollte mithelfen, das Leben der Angeklagten zu retten und darüber hinaus die angefochtenen Richter beraten. So wählte ich, ohne Hitler und seinen „Führerbefehl" beim Namen zu nennen, einen verklausulierten Weg und schrieb am Ende der Eingabe: „Die verständlich strenge Zucht, die die Staatsführung und die Wehrmacht veranlaßten, die Todesstrafe für jeden Kriegsdienstverweigerer zu verhängen, bedarf bei einem religiösen Kriegsdienstverweigerer einer ergänzenden brüderlich-seelsorgerlichen *Beratung.*" Mit dem Hinweis auf den Wert der religiös motivierten Verweigerer für die Gemeinschaft des Volkes und den Einsatz an der Front wird dann das eigentliche Anliegen des Verfassers begründet: „Gerade deshalb bittet er, auf das menschliche *Recht des Angeklagten* aufmerksam machen zu dürfen: Der Bibelforscher hat den Anspruch darauf, echte *Zeichen* seelsorgerlichen *Verständnisses* für sein inneres Ringen zu erhalten. Der ‚Offene Brief' des Unterzeichneten will ein solches Zeichen sein. Er möchte nicht an der Sache, um die es geht, schuldig werden und ist mit allen an ihr Beteiligten wohl darin einig, daß, was das Verhalten der Richter, Ärzte und Pfarrer gegenüber den religiösen Kriegsdienstverweigerern in unserem Kriege anbetrifft, täglich neu um das Gottesurteil am Schluß der Geschichte in aller Unzulänglichkeit, aber auch mit aller Leidenschaft gerungen werden muß: ‚Sie haben getan, was sie konnten'."

Aus der vorstehenden Zusammenfassung der Denkschrift wird ersichtlich, was ich 1943 im Rahmen meiner Möglichkeiten zustande gebracht habe.[23] Heute würde man noch mehr vom Konzept des „Friedens" aus argumentieren, aber damals gab es noch keine weitverbreitete und anerkannte Friedensarbeit wie in unserer Zeit. Auch die Einbeziehung des nuklearen Aspekts fehlt. Die Atombombe von Hiroshima war noch nicht abgeworfen worden. Gleichwohl ist bemerkenswert, was sich gelegentlich im Hinter- und Untergrund des Dritten Reiches im Interesse des Friedens, zur Erhaltung des Lebens und für die Seelsorge der Kirche tat. Die Denkschrift hatte nicht den gewünschten Erfolg. Ich bin mit ihr gescheitert. Darüber später mehr. Die etwas ausführlichere Darstellung mag gerechtfertigt sein. Sie ist nicht ein Bericht vom Erreichten, aber ein Zeugnis des Versuchten. Dieses Zeugnis möchte nicht zuletzt ehrfürchtig und brüderlich der vielen Verweigerer gedenken, die damals den Tod auf dem Schafott gestorben sind, und nochmals den „Freunden unter den Richtern, Ärzten und Diplomaten" danken, die seinerzeit mein Anliegen an höchster Stelle so tapfer und verantwortungsbewußt unterstützt haben.

## 2. Die Rom-Fahrt

Nach Beendigung der Ausbildung und Fertigstellung der Denkschrift war noch eine Zwischenzeit bis zur Versetzung an die Front. Der nunmehr über meinen Fall orientierte Inspekteur des Sanitätswesens, Generaloberstabsarzt Dr. Schröder, hatte nicht nur den Auftrag zur Anfertigung der Denkschrift erteilt, sondern sich auch in meine Weiterverwendung und die entsprechende Abordnung an die Front eingeschaltet. Was hinter den Kulissen verhandelt worden ist, weiß ich nicht. Man kam mir jedenfalls in der Übergangszeit auf alle Weise entgegen. Ich durfte sogar Amtshandlungen in der Standortseelsorge Berlin durchführen. Dabei verdeckte unter Umständen der Talar nur notdürftig die Stiefel und die Uniform. Über das Luftgaukommando Berlin lernte ich dann meinen „Vorgesetzten", San.-Uffz. *Karl Krebs,* näher kennen. Er war ein temperamentvoller Pfälzer und von Beruf Kaufmann aus der Lebensmittelbranche. Er war ein gebildeter Mensch und engagierte sich in Sachen Christentum. Dabei besaß er einen köstlichen Humor. Wir waren nicht nur gute Kameraden, sondern wurden persönliche Freunde.

### *RLM-Kurier zum Botschafter beim Heiligen Stuhl*

Eines Tages erreichte uns der Versetzungsbefehl an die Front. Das letzte Ziel war das in Italien stationierte *Luftlandefeldlazarett der 1. Fallschirmjägerdivision.* Gleichzeitig erhielt ich, der Sanitätsgefreite, einen *Kurierauftrag des Reichsluftfahrtministeriums an den deutschen Botschafter beim Heiligen Stuhl,* um diesem ein Schreiben des Inspekteurs des Sanitätswesens und meine Denkschrift zu überbringen. Ich wurde wohl absichtlich nicht allein abkommandiert, sondern dem San.-Uffz. Krebs zugeordnet. Man konnte sich bei diesem Unternehmen fragen, wer wen begleitete. Wir waren natürlich glücklich, zusammen fahren und zusammen bleiben zu können. Ich empfand besondere Dankbarkeit, weil Krebs ein paar Jahre älter war und mehr soldatische Erfahrung hatte als ich.

Die Ereignisse in den beiden letzten Jahren des Krieges nahmen einen unerwarteten, zum Teil dramatischen Verlauf. Die Fronten gerieten in Bewegung, im Osten wie im Westen und nicht zuletzt in Italien, wo es um die Landung der Alliierten und deren Vorstoß nach

Norden ging. So wurde das Nachrichtenwesen überstrapaziert, und die Ersatzmaßnahmen gingen manchmal etwas durcheinander. Da war es kein Wunder, daß wir fehlgeleitet wurden. Man schickte uns nach *Paris,* aber da war die angegebene Dienststelle nicht mehr, sondern sie war nach *München* verlegt worden. Also: marsch, marsch! zurück nach Deutschland. Für eine Besichtigung der herrlichen Hauptstadt Frankreichs blieb keine Zeit. Dafür kam es zu einer kurzen Begegnung mit meinem Leipziger Freund Klaus Harder, der dort bei der Flak stationiert war. Der Aufenthalt in Bayerns Metropole bot mir die Chance, mich mit meinem Lieblingsonkel *Gotthardt Berthold,* dem Bruder meiner Mutter, zu treffen. Als Berufsfotograf machte er natürlich Aufnahmen von Karl Krebs und mir. Wir verbrachten mit diesem humor- und gemütvollen Mann einen zünftigen Abend. Dann ging es gen Süden, ausgerüstet mit neuen Marschpapieren und klarer Zielsetzung bei der Stadtkommandantur in Rom.

Den Zug konnten wir noch bis Verona benutzen, dann war Schluß mit Eisenbahnverkehr. Wir mußten sehen, wie wir mit Truppenfahrzeugen oder per Anhalter weiterkamen. Kaum aus der Stadt heraus, erlebten wir auf der Landstraße den ersten Jabo-Angriff. Die feindlichen „Jagdbomber" flogen niedrig, schnell und wendig. Im Geiste hörten wir das Kommando unseres Ausbilders „Hinlegen!". Wir warfen uns, wie wir es gelernt hatten, in den Straßengraben. Ich erinnere mich, daß mir doch etwas mulmig war. Aber es ging gnädig vorüber. Wir merkten langsam, was es heißt, an die Front abkommandiert zu sein. Unsere Rom-Fahrt war nicht ungefährlich. Vor allem mußte man auf die Partisanen aufpassen, die aus Baumwipfeln, Dachfenstern oder Scheunen schossen, wo immer sich eine günstige Gelegenheit bot. Wir zwei einsamen „Landser" boten ein willkommenes Ziel. Zwar befanden wir uns nicht auf einer Missionsfahrt, aber man konnte unwillkürlich an die Aussendung der Jünger „je zwei und zwei" in Mk 6,7 denken. Jedenfalls waren wir nicht völlig allein. Ein Dritter begleitete uns unsichtbar und hielt seine schützende Hand über uns. Wir waren Tag und Nacht unterwegs. In den einsamen Dörfern und den düsteren Bergstädtchen empfahl sich die Dunkelheit. In einer solchen Stadt – war es Perugia? – schien der abenteuerliche Marsch besonders riskant zu werden. Es war totenstill in den Straßen, kein Mensch ließ sich sehen. Uns blieb nichts anderes übrig, als mit einem Messer in der Hand leise zu schleichen und auf alles gefaßt zu sein. Aber auch das wurde geschafft. Schließlich sahen wir – wie Goethe – Rom, die Ewige Stadt, zu unseren Füßen liegen. Mein Marschbefehl mit dem Kurierauftrag zum deutschen Botschafter ließ uns alle Kontrollen gut passieren. Rom war damals eine „*città aperta*", eine „offene Stadt". Sie stand unter dem besonderen Schutz der deutschen Wehrmacht. Als Stadtkommandant fungierte ein General M., bei dem ich mich melden mußte. Mit klarer Zeitbegrenzung wurden wir an die deutsche Vatikan-Botschaft weitergeleitet, um danach zu dem für uns vorgesehenen Einsatzort, dem Luftlandefeldlazarett in Marsch gesetzt zu werden.

### *Mit Ernst v. Weizsäcker im Vatikan*

Die *Weizsäckers* empfingen uns mit großer Zuvorkommenheit und Herzlichkeit. Die Schlüsselfigur war wiederum Frau von Weizsäcker. Sie verstand, worum es ging und was auf dem Spiel stand. Sie hat wohl ihren Mann entsprechend unterrichtet. Im übrigen war die Dame des Hauses eine richtige Mutter und Hausfrau. Sie merkte sofort, was wir beide Landser brauchten: ein Bad! Dabei durften wir ein historisches Badezimmer benutzen. Die deutsche Botschaft beim Heiligen Stuhl war in der „Villa Bonaparte", dem *Palais* der *Prinzessin Pauline,* einer Schwester Napoleons, untergebracht. Dieses Mitglied der Bonaparte-Dynastie war eine lebenslustige Frau gewesen. Wie man erzählt, hatte sie für erotische Genüsse nicht wenig übrig. Dafür sprach auch die Einrichtung ihres Badezimmers. Die „Badewanne" war in Form einer großen Muschelschale angelegt. Wir genossen das reinigende und erquickende Wasser. Nach dem Bad fühlten wir uns wie neugeboren. Sehr bald merkten wir, daß wir Gäste eines Botschafters waren. Da ging es diplomatisch zu. Bei einem Essen waren ein hoher Offizier aus dem Stab des Feldmarschalls von Kesselring und ein italienischer Professor eingeladen. Der Sanitätsgefreite wurde als bisheriger Standortpfarrer für die Einheiten der Luftwaffe in Berlin vorgestellt, der jetzt seinen Wehrdienst in Italien beim Luftlandefeldlazarett ableiste. Mit diesem eleganten Kommentar hatte ich sofort eine gute Gesprächsebene. Natürlich kannte ich den Inhalt des Schreibens nicht, das Generaloberstabsarzt Schröder an den Botschafter von Weizsäkker gerichtet hatte. War die Denkschrift beigefügt? Hatte ich eine Kopie mitgebracht oder nur mündlich berichtet? Ich weiß es nicht mehr. Weizsäcker hatte sich inzwischen genau überlegt, was er als akkreditierter Vertreter des Deutschen Reiches beim Vatikan in dieser heiklen Angelegenheit machen sollte. Er übernahm damit in seiner hohen politischen Position und in seiner delikaten diplomatischen Funktion eine enorme Verantwortung. Es war Krieg, und der Vatikan galt als neutraler Staat. Er mußte sich mit dem konservativen und kirchenfreundlichen Sanitätsinspekteur und mit einem Pfarrer, der einmal in Gestapo-Haft gesessen hatte, solidarisieren bzw. sich kritisch-konstruktiv zu einem Führerbefehl äußern und gleichzeitig seinen Status als offizieller Vertreter Deutschlands wahren. Ich weiß nicht, wie er das im einzelnen zuwege gebracht hat. Wie alle Diplomaten war auch Ernst von Weizsäcker ein verschwiegener Mann. Um so aufregender war für uns der Vollzug. Wir wurden zunächst neu eingekleidet als Zivilisten. Karl Krebs bekam einen Anzug, ich einen anderen der beiden Söhne verpaßt. Damals ahnten wir noch nicht, daß diese Anzüge dem späteren Bundespräsidenten und dem international anerkannten Friedensphilosophen gehörten. Wir sahen schmuck, fast feierlich aus. Herr von Weizsäcker lud uns ein, mit seinem Dienst-Mercedes in den Vatikan-Staat zu fahren. Der Stander am Auto des Botschafters machte den Weg durch die Absperrung von Militär und Polizei frei. Vor dem Portal des Petersdomes empfing uns ein Bischof. Der deutsche Baron von Weizsäcker war dort natürlich wohlbekannt. Wir wurden höflich als Freunde des Hauses bzw. Angehörige der Mission – etwa nach der Melodie „Legationsrat Jentsch" und „Konsul Krebs" – vorgestellt. Der Botschafter selbst suchte in dienstlichen Angelegenheiten einen Kardinal auf, der vermutlich auch ein Ohr für das Anliegen der Denkschrift haben konnte. Wir beide durften uns in der Zwischenzeit das Innere des gewaltigen Petersdomes ansehen. Abgesehen von der riesigen Kuppel und dem prachtvollen Hochaltar hat uns am meisten Michelangelos Pietà beeindruckt. Dann trafen wir wieder mit dem Botschafter und dem Vertreter des Vatikans zusammen. Die Schweizer Garde erwies den Diplomaten die gebührenden Ehren. Stolz wie die Spanier stiegen wir in den Fond des Wagens, fuhren zurück zum Palais der Pauline und schlüpften dort wieder bescheiden in unsere Uniformen.

Was bei dem Gespräch Weizsäckers mit dem Kurienkardinal herausgekommen ist, entzieht sich meiner Kenntnis. Die Denkschrift war sicher nur ein Gesprächsthema unter anderen. Der Botschafter zeigte sich befriedigt. Vermutlich hat Weizsäcker die andere Seite über die Hintergründe der Denkschrift informiert – mit oder ohne Textvorlegung – und durch einen Denkanstoß das Interesse für irgendeine Art des Eingreifens zu wecken versucht. So wie die Dinge lagen und von heute aus betrachtet, war alles schon zu spät. Das NS-Regime war, von Ausnahmen abgesehen, über die ich im vorstehenden teilweise berichten konnte, taub für Forderungen der Humanität. Welche Kanäle dem Vatikan damals noch zur Verfügung standen, auch im Blick auf die Alliierten, ist schwer abzuschätzen. Jedenfalls war seitdem im Vatikan wieder einmal demonstriert, daß es noch ein „anderes Deutschland“ gab, das gegen Rechtsbeugung und Justizmord bzw. für die Freiheit der Meinung und den Schutz des Lebens einstand und alles versuchte, was unter den Bedingungen einer Diktatur machbar war.

## 3. Im Luftlandefeldlazarett der Fallschirmjäger

### *Auf der Malaria-Station in Molinella*

Die Zeit in Rom verging wie im Fluge. Es dauerte nicht lange, bis wir unsere Einheit gefunden hatten. Die 1. Fallschirmjägerdivision hatte den bekannten Kreta-Einsatz hinter sich. Nun standen die Abwehrkämpfe gegen die alliierten Truppen, die in Italien gelandet waren, bevor. Es braucht nur das Stichwort „Monte Cassino“ genannt zu werden, um den Ernst der Lage deutlich zu machen. Das Personal des Luftlandefeldlazarettes war eine kleine Truppe für sich. Ich fand schneidige und hilfsbereite Leute vor. Manche waren hochdekoriert, angefangen von den Sanitätsoffizieren bis hin zu dem Unteroffizierskorps und den Mannschaften. Unter den letzteren waren lauter junge Männer, die noch Abenteuerlust und Idealismus zeigten. Die junge Generation, der meine Berufsarbeit galt, erschien mir hier durchaus noch einmal in einem anderen Lichte.

Kaum angekommen, wurde ich einem Kommando zugeteilt, das einen Außeneinsatz zu tätigen hatte. Offenbar sollte ich gleich den Wind spüren, der hier wehte. Ich bekenne gern, daß mir anfangs der laute und ungemein lebhafte Ton und die unbefangene und zupakkende Lebensart etwas zu schaffen machten, so das harte, angriffige Vorgehen in einem Bauernhof, wo sich meine Kameraden das entsprechende Federvieh „organisierten“, das ihnen nicht nur den Hunger stillen, sondern auch den Appetit befriedigen sollte. Im Anhänger unseres LKW befand sich eine große Ladung Eierhandgranaten. Wozu diese bestimmt waren, habe ich vergessen. Vielleicht ging es um einen Sonderauftrag der Division. Wie wir so gemächlich auf der staubigen

Landstraße dahinfuhren, hörte man vom heiteren Himmel her ein verdächtiges Geräusch. Kurz darauf wußten wir Bescheid; Jabos stürzten mit rasender Geschwindigkeit auf uns herab. Das Fahrzeug hielt sofort an. Ein Kommando erscholl: „Los, runter vom Wagen, ins Feld!" Mit affenartiger Geschwindigkeit verschwanden wir in einem riesengroßen Maisfeld. So schnell bin ich noch nie gelaufen. Wir rannten um unser Leben. Wäre nur eine Maschinengewehrsalve oder gar eine Bombe auf die Eierhandgranaten gefallen, hätte es eine gigantische Explosion, ja eine Riesenkatastrophe gegeben. Wie durch ein Wunder blieb der Anhänger verschont. Die Tommys trafen mit ihren Salven einfach nicht. Wieder eine Bewahrung im Ernstfall, wie einst in der Nähe von Verona! Erschöpft und kreidebleich kehrten wir zu unserem LKW zurück. Die Fahrt wurde fortgesetzt.

In dem Städtchen *Molinella* fand das Lazarett für längere Zeit eine feste Unterkunft. Offenbar hatte man das große Schulgebäude zum Feldlazarett umfunktioniert. Meine Haupterinnerung an Molinella ist der Nachtdienst auf der *Malaria-Station.* Oberfeldarzt *Dr. Fischer,* der Chef des Luftlandefeldlazaretts, war ein hervorragender Internist und leitete deshalb die Innere Abteilung. Auch unter den anderen Sanitätsoffizieren gab es gute Ärzte. Vor allem der junge Chirurg, der die schwerverwundeten Fallschirmjäger wieder zusammenflickte, war eine Spitzenkraft. Als Nacht-Sani hatte ich Rundgänge zu machen und die einzelnen Patienten zu betreuen bzw. mit Medikamenten zu versehen. Bei einigen mußte besonders aufgepaßt werden. In Notfällen war der Arzt zu wecken. Im übrigen saß ich in meinem Dienstzimmer, um mich herum die italienische Nacht mit ihrem einzigartigen Zauber. Man hörte die Grillen zirpen, Blätter rauschen und Zweige knistern. Manches Nachtgetier schlich umher oder sprang auf ein bestimmtes Objekt zu. Über allem ragte und glitzerte der sternenklare Himmel. Im fahlen Mondlicht sah man die Umrisse von Zypressen, Pinien und Maulbeerbäumen. Diese Nächte waren besonders geeignet für das Hindenken an zu Hause, an Frau und Kind; man konnte Schriften lesen, Briefe schreiben oder sich einfach träumerischen Gedanken hingeben. Jetzt verstand ich mehr denn je die Nachtgedichte unserer Romantiker. In einer dieser Nächte muß es gewesen sein, daß mich jene Mücke stach, die mir später zum Schicksal werden sollte.

Die Zeit in Molinella verging wie im Fluge. Die militärische Lage wurde immer kritischer. Um so mehr achtete man auf die Einhaltung der Disziplin. Weil ich einmal nicht pünktlich war, mußte ich mit anderen zusammen zum Strafexerzieren. Einer meiner Kameraden, ein

Chemiker, der beruflich bzw. fachwissenschaftlich etwas konnte und im Labor verantwortlich tätig war, bekam eines Tages eine Auszeichnung. Als er den Orden vor versammelter Mannschaft in Empfang nehmen sollte, erschien er in Turnschuhen, was ein Verstoß gegen das soldatische Ritual war. Er bekam zwar den Orden, mußte aber ebenfalls zum Strafexerzieren. Immer wieder hatte ich gute Gespräche mit Karl Krebs, der im Geschäftszimmer tätig war. Ihm habe ich viel an Austauschmöglichkeiten und Zuspruch zu verdanken. Unser Verhältnis war durch gegenseitige Wertschätzung bestimmt. Der Kontakt zur italienischen Zivilbevölkerung war gut. Einige Zivilisten leisteten im Lazarett Hilfsdienste. Offenbar durch eine dieser Personen bekamen wir Kontakt mit den Verwandten des Inhabers der großen Spirituosenfabrik von Bologna. Die SS hatte ihn verhaftet, und man wandte sich vertraulich an uns, ob wir nicht helfen könnten. Was wir genau gemacht haben, ist in meinem Gedächtnis längst verschüttet. Offenbar hatte es Erfolg. Jedenfalls bekamen wir zur Belohnung drei dickbäuchige, dreieckige Flaschen Cognac der in Bologna hergestellten Marke „Vecchio Romagna".

*Der „Betreuer" vom Orologio in Abano Terme*

Unsere tapferen Soldaten an der Südfront leisteten erbitterten Widerstand. Gegen die erdrückende Macht der gelandeten Alliierten aber konnten sie auf die Dauer nichts ausrichten. Unser Feldlazarett hatte Hochkonjunktur. So mußten wir im Blick auf die vordringenden Gegner unsere Unterkunft zurücklegen und nordwärts in Oberitalien ein größeres und ruhigeres Domizil suchen. Übergangsweise war das Salesianer-Kloster in Monte Ortone unser Platz. Hier war eine Station der Inneren Abteilung, in der ich Dienst zu tun hatte. Später sollte ich zu diesem Orden ganz persönliche Beziehungen bekommen.

Schließlich landeten wir in dem bekannten Kurort Abano Terme, und zwar im renommierten Sanatorium „*Orologio*". Die dortigen heißen Quellen wurden schon vor fast 2000 Jahren von Cicero und Cäsar benutzt. Der Ort liegt zu Füßen des vulkanreichen Gebirges, das man die „*Euganeischen Hügel*" nennt. Das Wort „Orologio" bezeichnet das „Uhrtürmchen", das der großen schloßartigen Anlage mit seinen vielen Badekabinen und dem großen dampfenden Badeteich einen bestimmenden Mittelpunkt verleiht. Im Vorhof empfängt den Besucher eine großzügig angelegte Blumenuhr. Das schwefelhaltige Wasser war auch für unsere verwundeten und kranken Patienten eine therapeutische Hilfe vorzüglicher Art. Mir wurde nun eine besondere Aufgabe zuteil, nämlich die kulturelle und „soziale" (humanitäre) *Betreuung* der Verwundeten, Kranken und des gesamten Personals übertragen. Ich wurde dem Sanitätsoffizier zugeteilt, der für die „Wehrbetreuung", d. h. für die „weltanschauliche" Schulung, für Bildung und Unterhaltung, zuständig war. Ich wurde eine Art Allround-„Betreuer". Man ließ mir vollkommene Freiheit in der Gestaltung meines Dienstes, dessen Kernstück in der Betreuung der *Lazarettbibliothek* lag. Ich bekam Kontakte mit den einzelnen Kameraden, es ergaben sich *Gespräche* über Art und Inhalt der Bücher, über Familienangelegenheiten in der Heimat, die Lage an der Front, bis hin zu den spezifisch „religiösen" Themen, über Schicksal und Schuld, Krankheit und Tod. Dahinter lag offenbar eine mit der Berliner Sanitätsinspektion abgestimmte Idee. Da die Luftwaffe keine eigenen Wehrmachtpfarrer hatte, benutzte man den Sanitätsgefreiten Jentsch, der etwas vom pastoralen Handwerk verstand und sich als Seelsorger in dem großen Heimatstandort der Hauptstadt bewährt hatte, um aus dieser kleinen Funktion etwas Sinnvolles und Fruchtbares zu machen. Man kann es nicht hoch genug veranschlagen, daß man mir keinerlei politische bzw. nationalsozialistische Auflagen gemacht hat. So konnte ich mit den beiläufigen Gesprächen oder mit den gezielten Besuchen an dem Bett eines Verwundeten oder Kranken eine menschliche Kommunikation finden und unmittelbar oder mittelbar das Evangelium von Jesus Christus bezeugen, das mir als Christenmenschen und ordiniertem Geistlichen aufgetragen war.

Natürlich war das nicht immer einfach. Manche hänselten mich als Pfaffen. Andere verwickelten mich in *konfliktreiche Diskussionen* über den Absolutheitsanspruch des Christentums und über die angeblichen oder tatsächlichen Fehler bzw. Schwächen der offiziellen Kirche. Manchem Kameraden aber konnte ich in seinen persönlichen Nöten, Zweifeln oder Schmerzen ein wenig helfen, nicht zuletzt den Sterbenden in der letzten Stunde. Nachdrücklich ist mir die lebhafte Auseinandersetzung mit einem Berliner Unteroffizier in Erinnerung. Er hatte nur noch ein Auge und wohl manches durchgemacht. Als leidenschaftlicher Verfechter der nationalsozialistischen Weltanschauung fand er in mir ein geeignetes Objekt für Angriff und Verteidigung. Wie viele der jungen Männer in der Fallschirmdivision zählte er zu den ehrlichen Idealisten, die in dem „Führer" ihr Leitbild sahen, an nationale und soziale Werte glaubten und bereit waren, dafür zu kämpfen und zu sterben. In seinen aggressiven Gesprächsbeiträgen nahm er – offenbar an Nietzsche geschult – die Schwachstellen des Christentums, sprich: des christlichen „Bürgertums", aufs Korn. Ich hatte keinen leichten Stand, focht aber, so gut ich konnte. Wenn ich den jungen Kameraden bei ihrer Erstbegegnung mit einem Amtsträger der Kirche zunächst etwas unheimlich war und gelegentlich reaktionär oder sonstwie anstößig erschien, nahmen sie mich doch ernst und behandelten mich wie einen guten Kumpel. Ich fühlte mich letzten Endes wohl in diesem „Haufen" von Landsknechten, die meistens aus Abenteuerlust und Sportsmannsgeist freiwillig zu den Fallschirmjägern gegangen waren. Leute, die den dogmatischen Kurs der ehemaligen Hitlerjugend durchblicken ließen, bin ich nur selten begegnet.

Unter meinen Gesprächspartnern befand sich auch der damalige Kriegsberichterstatter („Narvik"), Journalist und Schriftsteller *K. W. Marek.* Abgesehen davon, daß ich ihm zuweilen die „Nachtvase" oder die berühmte „Bratpfanne" (Schüssel) reichen mußte, führten wir lange Gespräche über Gott und die Welt. Wir verstanden uns prächtig, so daß es kein Wunder war, daß sich Marek nach dem Kriege wieder bei mir meldete. Er arbeitete in dieser Zeit als Journalist bzw. freier Schriftsteller und suchte mich als theologischen Mitarbeiter für Hanns Liljes neues „Sonntagsblatt" zu gewinnen. Da ich seinerzeit schon anderweitig engagiert war, ist es nicht dazu gekommen. Später kehrte Marek seinen Namen um. Er ist mit seinem Bestseller „Götter, Gräber und Gelehrte" unter dem Namen C. W. Ceram weltbekannt geworden.

## *Einmal Berlin und zurück: Nach dem 20. Juli*

Ob es von Molinella, Monte Ortone oder Abano Terme aus gewesen ist, vermag ich nicht mehr zu sagen. Es muß aber in der Zeit nach dem 20. Juli 1944, dem Tag des Attentats auf Hitler in der Wolfsschanze durch Graf Stauffenberg und der Erhebung der Generäle in der Bendlerstraße, Berlin, gewesen sein, als ich noch einmal Heimaturlaub bekam. Allem Anschein nach war dieser Urlaub verknüpft mit einem Sonderauftrag des Luftlandefeldlazaretts. Der Chef, Oberfeldarzt Dr. Fischer, wußte von meiner früheren Tätigkeit als Standortpfarrer und auch der seelsorgerlichen Beziehung zu Frau Emmy Göring, der Gattin des Reichsmarschalls. So sollte ich in meinem *„Urlaubs"-Ziel in Berlin* versuchen, für die Angehörigen des Lazaretts, die Verwundeten und das Personal eine Sonderspende unserer allerhöchsten Dienststelle zu bekommen. Gedacht war wohl in erster Linie an Sportgeräte und Bücher. So wurde ich in Marsch gesetzt – „einmal Berlin und zurück“ – und landete bei meinem einsamen Weg schließlich an einer Stelle des Po-Ufers, an der man noch hinüberkonnte. Die Brücken waren zerstört. Eine Übersetz-Aktion einer größeren Einheit war nicht in Sicht. Ich mußte also allein und selbständig handeln. Beglükkenderweise fand ich einen Fischer, der mich heimlich in seinem Boot ruderte. Das Unternehmen war wegen der feindlichen Flieger und der patrouillierenden Partisanen äußerst gefährlich. Aber zum dritten Mal erfuhr ich die behütende Gnade Gottes, die mich unter Lebensgefahr über den breiten Strom zum anderen Ufer trug. In Berlin kam es zu einem beglückenden Wiedersehen mit meiner Frau, die aus ihrem Evakuierungsort in Sachsen mit dem Zuge herüberfahren konnte. Wir sahen uns zum letzten Mal vor der Rückkehr aus der Gefangenschaft Anfang 1947. Ich kontaktierte, wenn auch mit Mühe, *Dr. Böttger* im Ministeramt des Reichsmarschalls, der sich während meiner Tätigkeit als Standortpfarrer so kirchen- und menschenfreundlich erwiesen hatte. Er versprach mir – soweit möglich – in der Sachspende für das Feldlazarett tätig zu werden.

Die Urlaubsfreude war überschattet von den Nachwirkungen des *20. Juli.* Bei der Truppe in Italien war keine einhellige Meinung über das Attentat der Widerstandsbewegung festzustellen. Wenn auch nicht direkt und dramatisch von einem „Dolchstoß“ in den Rücken der Front gesprochen wurde, so machten sich doch einige kritische Stimmen Luft, die sich aus der Spannung zwischen den Attentätern aus den höheren Kreisen der Heimat einerseits und der verbissen, tapfer kämpfenden Truppe an der Front andererseits ergab. Da der Aufstand scheiterte, brach begreiflicherweise der Zweifel an dem Sinn des ganzen Krieges auf. Spürte man doch instinktiv, daß es mit dem Siegeszug des Nationalsozialismus und mit dem Kriegsglück der deutschen Wehrmacht in teils langsamer, teils rasanter Talfahrt bergab ging. Wohin sollte das führen? Wie schon früher angedeutet, stand ich einigen Mitgliedern aus dem Widerstandskreis persönlich nahe, weil sie Väter meiner Konfirmanden waren, so die Generäle Fellgiebel, Thiele und nicht zuletzt von Hase.

Das Schicksal des letzteren, der als Stadtkommandant mein Vorgesetzter war, hat mich besonders bewegt. General von Hase war am 20. Juli bei Goebbels erschienen, um ihn zu verhaften. Wie bereits vorher schon erwähnt, wurde dem Propagandaminister während der Aktion ein Zettel hereingereicht, in dem ihm wohl der Einmarsch der führertreuen Truppeneinheiten unter Remer angekündigt wurde. So wurde der Spieß umgekehrt: Nunmehr verhaftete Goebbels General von Hase durch seine SS-Offiziere. Unvorstellbar grausam ist auch sein Ende gewesen. Der General, der sonst die bestsitzende Uniform der Reichshauptstadt trug und sich seiner Repräsentationspflichten als Stadtkommandant in eleganter, aber auch innerlich vorbildlicher Weise entledigte, wurde mit einem elenden Sterbegewand bekleidet zum Hinrichtungsakt geführt. Getröstet von den Gottesworten, die ihm Pfarrer Poelchau als Seelsorger zusprach, ist der tapfere Offizier mitten in dem Inferno von Plötzensee gefaßt gestorben.

Das *Reichskriegsgericht* war inzwischen nach *Torgau* ausgelagert worden. Ob ich dort selbst gewesen bin oder während meines Berliner Aufenthalts nur fernmündlich mit dem Oberreichskriegsanwalt *Dr. Kraell* Fühlung genommen habe, kann ich nicht mehr mit Sicherheit sagen. Jedenfalls habe ich in Erfahrung gebracht, daß die Denkschrift bzw. der Brief an die zum Tode verurteilten Kriegsdienstverweigerer und das Statement für die Reichskriegsgerichtsräte, die die Todesurteile fällen mußten, in irgendeiner Weise „erprobt“ worden sind. Kraell hatte den Feldbischof *D. Dohrmann* auf meinen Wunsch hin noch um ein Gutachten gebeten. In dem schriftlichen Bescheid wurde meine Arbeit sachlich und freundlich gewürdigt. Dohrmann hatte mich mit seinem ausdrücklichen Vertrauen in das Berliner Standortpfarramt berufen. Freilich bemängelte er an der Arbeit einiges stilistisch, anderes kompositorisch. Er räumte ein, daß die Arbeit in Eile und unter Druck angefertigt werden mußte und empfahl deswegen eine nochmalige Überarbeitung und eine Aufgliederung in mehrere Briefe. Dafür war es aber meinerseits zu spät. Außerdem war es wohl überhaupt zu spät. Der Krieg ging seinem Ende zu, was für einige Verurteilte einen Hoffnungsschimmer bot. Um so mehr ist der Mut zu bewundern, den Militärjuristen wie *Dr. Kraell* und *Dr. Rottka* aufgebracht haben, um die Denkschrift herstellen und dann praktisch erproben zu lassen. Kraell schrieb, daß die Denkschrift einzelnen Kriegsgerichtsräten bzw. „Sachbearbeitern“ und der Brief verschiedenen „Delinquenten“ zur Lektüre vorgelegt wurde; sie sei „mehrfach praktisch erprobt“ worden. Er schlug vor, die Umarbeitung „auf einen günstigeren Zeitpunkt zurückzustellen“. Wörtlich fügte er hinzu: „Ihre bisherige Arbeit wird dieserhalb nicht nutzlos gewesen sein. Wir halten sie zur Verfügung, um aus ihr im Bedarfsfall zu schöpfen, und um den wechselvollen Einwendungen der Klientel zu begegnen.“ Natürlich habe ich die Kritik respektiert, wo immer sie berechtigt war. Andererseits hat es mich betroffen gemacht, daß von keiner weiteren „kirchlichen" Seite etwas anderes oder Besseres veranlaßt oder hergestellt wurde. Ich mußte den Eindruck gewinnen, daß man es, ähnlich wie im Fall von Dr. Stöhr, dem jungen Theologen und kleinen Sanitätsgefreiten überließ, den Kopf im doppelten Sinn des Wortes hinzuhalten, nämlich im geistigen wie im leiblichen Sinne des Wortes. Noch heute bin ich dankbar, daß Gott mir die Chance gegeben hat, wenigstens einen Versuch zu wagen, der von einer ganzen Reihe Betroffener am Richtertisch und in der Todeszelle gelesen werden konnte.

Zurückgekehrt nach Abano wurde ich dort zu einem *Unteroffiziers-Lehrgang* abkommandiert. Er fand in den „Euganeischen Hügeln" und auf einem improvisierten Exerzierplatz statt. Es war anstrengend, wenn es galt, das schwere Maschinengewehr bei glühender Hitze bergauf und bergab zu schleppen. Anderes wie die Erlernung der Kommandos und die Beherrschung der sonstigen Regeln fiel mir leicht. So absolvierte ich den Kursus mit Erfolg. Größere Probleme wurden durch eine längere Erkrankung ausgelöst. Möglicherweise machte sich die Mücke von Molinella jetzt unliebsam bemerkbar. Jedenfalls lautete die Diagnose von unserem Chefarzt Dr. Fischer: *Latente Malaria* und *Hepatitis*. Es hieß damals, die beiden Krankheitserscheinungen bildeten eine korrespondierende Einheit, seien neu aufgetreten und noch nicht ganz erforscht. Ich bekam an einem Tage schnelles, hohes Fieber (40°) und Gelbsucht – wie ich sie schon in ihrer epidemischen Form in Berlin erlebt hatte. Man gab mir Fango-Packungen und alles was Abano sonst therapeutisch zu bieten hatte. Ich wurde ziemlich schwach und mußte für längere Zeit das Bett hüten. Schließlich bestand ich diese unerwartete 2. Prüfung und konnte den in den letzten Monaten immer wichtiger werdenden „pastoralen" Dienst fortsetzen.

## *Die letzte Verlegung: Gefangennahme vor Padua (1945)*

Die Lage wurde im März/April 1945 immer kritischer. Die alliierte Dampfwalze rollte unaufhörlich nordwärts und kam immer näher. Nicht wenige unter den Verwundeten, aber auch unter dem Personal des Lazaretts machten sich nichts mehr vor und rechneten realistisch mit Niederlage, Kriegsende und Gefangenschaft. Nicht zuletzt rumorte es unter den jungen Fähnrichen bzw. Feldunterärzten. Wir waren nicht mehr weit von der Heimat, sondern schon in der Po-Ebene. Gab es nicht doch noch ein Entkommen? Mit Hilfe der zum Teil deutschfreundlichen Italiener und der Tiroler müßte sich doch eine Flucht arrangieren lassen! Schließlich stand der Abschluß des medizinischen Studiums an. Man hatte schon so viel Zeit verloren und sollte nun noch jahrelang hinter Stacheldraht dahinvegetieren? Sechs junge Männer zogen die Konsequenzen. Sie vertrauten sich mir an. Auch einer meiner Verwandten war darunter. Ich geriet in einen schweren inneren Konflikt. Ich wußte, daß ich aus Gewissensgründen auf keinen Fall mitmachen durfte: Ich mußte bei den Verwundeten und Kranken bleiben. Aber ich hatte auch nicht die innere Freiheit, diese jungen Menschen, die mir teilweise persönlich nahestanden, zu verraten. Also schwieg ich. Die Verlegung in die sogenannte „Alpenfestung", in ein rückwärtiges Lazarett unserer Einheit nach Cortina d'Ampezzo lag in der Luft. Ob das die sechs Kameraden genau wußten, kann ich nicht mehr sagen. Jedenfalls waren sie eines Tages weg, wie vom Erdboden verschluckt. Bald darauf kam der Befehl zum Abmarsch.

Diese Verlegung war ein riesiges und riskantes Unternehmen. Alles mußte verpackt und verladen werden. Unnötiges blieb liegen. Es wurde ein richtiger Konvoi zusammengestellt. Die Waffen wurden verteilt, die aber nur in einer äußersten Notsituation, etwa bei Partisanenüberfällen, zur Verteidigung der Verwundeten und des Personals eingesetzt werden sollten. Oberfeldarzt Dr. Fischer teilte mich als „Ordonnanz" ein; ich sollte Befehle weitergeben bzw. Nachrichten überbringen und in jedem Falle zu seiner Verfügung stehen. So wurde ich in der Fahrerkabine eines Sankas zwischen dem Chefarzt und der Oberschwester postiert. Auf ein bestimmtes Signal hin setzte sich der Zug durch die Dörfer und die Felder auf der Landstraße von Abano nach Padua in Bewegung. Da geschah es. Irgendwo aus dem Hinterhalt oder bei einer Straßensperre wurden wir gestoppt. Schüsse fielen. Aber es waren nicht die Engländer, sondern die Italiener. Nach dem Sturz Mussolinis waren ja aus unseren ehemaligen Verbündeten neue Alliierte, d. h. Feinde geworden. Das kurze Gefecht war gleichwohl heftig. Ich hatte meinen Stahlhelm kurz entschlossen abgesetzt und Oberfeldarzt Dr. Fischer gegeben, der aufrecht saß. Ich beugte meinen Kopf so gut ich konnte und habe bei der ganzen Aktion unglaubliches „Glück" gehabt. Die Oberschwester wurde in den Knöchel getroffen, Dr. Fischer in das Knie. Meinem Kopf dazwischen ist nichts passiert. Mit blutendem Bein kletterte der Chef heraus auf den Platz, um die Lage zu klären und durch knappe Befehle zu regeln. Möglicherweise hatte jemand vom italienischen Hilfspersonal unseren Aufbruch nach Cortina d'Ampezzo verraten und dabei auf unsere für das Sanitätspersonal vorgeschriebene, bescheidene Bewaffnung hingewiesen. Die Mitnahme von einigen wenigen MPs war an sich nicht erlaubt, der Chef hatte entsprechende Befehle bzw. Verbote erlassen. Vielleicht ließ der eine oder der andere Soldat aber doch in bester Absicht und zum Schutz des Transportes zwei oder drei dieser Waffen mitgehen. Auch das kann verraten worden sein. Jedenfalls kam es zu diesem plötzlichen Angriff; wie weit er von uns erwidert worden ist, kann ich nicht mehr sagen. Wahrscheinlich geschah alles so überraschend, daß schon im Interesse der Verwundeten und Kranken nichts weiter unternommen werden konnte. Unser Personal mußte heraus aus den Wagen, Offiziere, Unteroffiziere und Mannschaften. Wir wurden gründlich „gefilzt". Dabei verlor ich persönliche Dinge, nicht zuletzt meine geliebte Bibel. Nach einer Pause hieß es antreten. Zu Fuß marschierten wir zurück nach Abano Terme in unser altes Fallschirmjägerlazarett „Orologio". Noch einmal wurde mit letzter Kraft ein strammer Schritt eingelegt. Ein Offizier hielt eine kurze Ansprache. Wir grüßten im Sprechchor das Vaterland, und dann wurden wir dem britischen Offizier – die Engländer hatten inzwischen Abano besetzt – übergeben. Schließlich erscholl das Kommando: „Weggetreten!" Der Krieg war zu Ende, und die Kriegsgefangenschaft begann.

# V. GEFANGENSCHAFTSKIRCHE: BEWEGUNG UND VERANTWORTUNG

Die Erfahrungen in der Gefangenschaft haben für mich einen hohen Stellenwert. Ihre Bedeutung ist in mancher Hinsicht noch größer als die Erfahrungen des Krieges. Jedenfalls ist sie für mich ein eigenständiges und kostbares Geschenk. Ich habe die Zeit hinter Stacheldraht im engen Kontext mit der Gefangenschaftskirche und der YMCA-Kriegsgefangenenhilfe erlebt. Dabei ist mir die Gefangenschaftskirche in doppelter Weise begegnet, einmal unmittelbar als eine geistliche „Bewegung“ und dann als ein Ruf zum Dienst, zur „Verantwortung“. So war ich erst als Lazarettpfarrer, dann als Lagerpfarrer und schließlich als Oberpfarrer für die nördliche Hälfte Italiens tätig.

## 1. Lazarettpfarrer in Abano Terme

Um die Mittagszeit, genau um 14 Uhr, trat offiziell die Waffenruhe ein. Hunderttausende von deutschen Soldaten mußten gesammelt und versorgt werden. In kürzester Zeit waren eine Menge von Lagern für die Kriegsgefangenen zu errichten. Aber auch mehrere Lazarette wurden benötigt, um die vielen Verwundeten und Kranken hinter Stacheldraht zu betreuen. So wurde aus dem Badeort Abano Terme eine Lazarettstadt. Neben dem Orologio gab es noch eine ganze Reihe von Sanatorien, Kurhotels, Pflegeheimen und Privatpensionen. Es war ein großer bunter Haufen von etwa 3000 Mann, alle Opfer des italienischen Feldzuges, schwere und leichtere Fälle. Die mitgefangenen Ärzte und das entsprechende Sanitätspersonal bekam sofort etwas zu tun. Mitten in der Sinnlosigkeit des verlorenen Krieges erhielten sie eine sinnhafte Aufgabe, das Leben ihrer Kameraden zu retten, Wunden zu heilen, Schmerzen zu lindern und Sterben zu erleichtern. Noch existierte so etwas wie die bisherige Wehrmachtseelsorge. So erhielt ich durch den letzten Wehrmachtoberpfarrer *Ziekur* den Auftrag, die Lazarettstadt Abano seelsorgerlich zu betreuen. Wie es im einzelnen dazu kam bzw. wie das zwischen den Engländern und den Deutschen ausgehandelt wurde, ist mir nicht bekannt. Material für diese neue umfassende Aufgabe war nur wenig vorhanden. Evangelische und katholische Kollegen halfen sich untereinander aus.

Im Vordergrund stand die menschliche und geistliche Betreuung der einzelnen Verwundeten und Schwerkranken. Es liefen auch viele mit leichteren Blessuren herum. Mit dieser Riesenmenge von Menschen, mit ihren Leiden und Nöten, Fragen und Zweifeln konnte weder ein einzelner noch ein evangelisch-katholisches „Zwillingspaar" fertig werden. Gott sei Dank stellte sich dann beim Aufbau der „Lazarettgemeinde" heraus, daß es noch andere Seelsorgehelfer gab, Theologen, die als Sanitätsdienstgrade eingezogen waren, und engagierte Christen unter den Ärzten, Offizieren und innerhalb der vielgestaltigen, großen und immer mehr anwachsenden Zahl der „Mannschaften". Zum Teil kamen sie von selbst, zum Teil mußten sie gesucht und gewonnen werden. So bildete sich langsam, wie in einer geistlichen „Bewegung", eine Art „Kerngemeinde" und darin wieder ein Team von Pfarrern, die ihrerseits in ihren Lazaretten die Seelsorge wahrnahmen. Meine eigenen Möglichkeiten waren begrenzt. Man hatte mich zwar nachträglich noch zum San.-Uffz. ernannt, aber mit diesem Rang konnte man weder einem Engländer noch einem Deutschen besonders imponieren. So war ich auf die eigene Initiative und wirksame Einfälle angewiesen, vor allem auf die tragende Kraft einer dahinterstehenden Gemeinde und das geistliche Vertrauen der Amtsbrüder, die hier hinter Stacheldraht zum ersten Mal einander begegnet waren.

### *Elementare Gemeindearbeit: Predigten*

Es ist und bleibt eine alte Erfahrung der Kirche: Gemeinde kann nur etwas werden, wenn Grundelemente des Gemeindeaufbaus ernst- und wahrgenommen werden. Dazu gehört in erster Linie die Verkündigung. So wurde die kleine *Kapelle des Orologio* zu einer evangelischen Predigtstätte. Hier konnte das biblische Wort frei bezeugt und das Sakrament dem Auftrag unseres Herrn entsprechend gefeiert werden. In dieser Kapelle wurden die Kameraden, die ihren Verwundungen erlegen oder an einer schweren Krankheit verstorben waren, ausgesegnet und in die Hände des auferstandenen Christus befohlen. Manchmal war es in dem zwar hohen, aber relativ kleinen Raum so warm, daß selbst die liturgischen Geräte darunter litten. Ich entsinne mich, daß ich einmal den Gottesdienst unterbrechen mußte, weil eine der Altarkerzen plötzlich in sich zusammenschmolz, umfiel und fast den ganzen Altar in Brand gesetzt hätte. Einer der Gottesdienstbesucher hat mir eine wunderschöne Pastellzeichnung von der Kapelle geschenkt. Sie hängt heute noch in meiner Wohnung. Da fällt der Blick auf den ziemlich hochgebauten Altar rechts im Hintergrund. Über dem Altartisch erhebt sich, eingerahmt von zwei „antiken" Säulen, das Altarbild, überdacht von einem geriffelten hellen Dreieck, aus dem das Auge Gottes blickt. Die Farbe des Altars ist ein leuchtendes Rot, das orangefarbene und zinnoberartige Elemente enthält. Das Altarbild selbst ist nur angedeutet. Man meint in den Wolken etwas Lichtes zu entdekken.

Wir waren froh, daß wir in der Orologio-Kapelle eine kleine Feierhalle hatten, in der man Stille fand, beten konnte und vor allem das Evangelium von Jesus Christus bezeugen und hören konnte.

Durch freundliche Fügung und durch die Sorgfalt meiner Frau ist es möglich geworden, meine Predigtmanuskripte durch die vielen Umzüge, durch die Berliner Bombennächte und durch die „Filzungen" der Gefangenschaft hindurchzuretten. Die teilweise schon etwas lädierten und verblaßen Blätter sind engzeilig („gekästeltes Papier") mit meiner kleinen Handschrift beschrieben. Sie geben zum Teil den vollen Wortlaut der *Predigt* wieder, zum Teil die genaue Gliederung, wesentliche Sätze, Stichworte und Zitate, die ich wohl einigen Bänden der früheren deutschen Lazarettbücherei entnommen habe. Einigen Texten sieht man die Eile der Herstellung an. Der Lazarettpfarrer hatte noch „einiges andere" zu tun, als in seinem Dienstzimmer, einer Badezelle im Souterrain des Orologio, auf einem kleinen Tisch eine Predigt ohne theologische Fachbücher vorzubereiten. Gleichwohl ist dabei mit Gottes Hilfe, was man als kleine Früchte des Glaubens und versuchte Anstöße zum Glauben bezeichnen könnte, entstanden. Sieben solche Texte finden sich in meiner Sammlung. Alle aus der Zeit zwischen Juni und August 1945. Fünf Predigten sind datiert, zwei tragen ausdrücklich den Zusatz einer näheren Ortsbestimmung: *„Battaglia"*, der kleine Badeort mit seinen heißen Quellen liegt wenige Kilometer vom eigentlichen Abano entfernt. Offenbar befand sich hier eine zweite Lazarettstation, die von mir betreut werden mußte.

Ein paar Striche mögen das Angedeutete konkretisieren. Die erste

Predigt trägt das Datum des 3. Juni. Sie wurde also genau einen Monat nach Kriegsende gehalten. Beim Lesen gewinnt man nicht unmittelbar den Eindruck, daß es sich wirklich um die „erste" geistliche Ansprache nach der Waffenruhe und zu Beginn der Kriegsgefangenschaft handle. Möglicherweise ist das betreffende Blatt verlorengegangen, oder ich habe nie eine solche Predigt gehalten und bin sozusagen gleich „zur Sache" gekommen, vielleicht mit einer informellen Vorbemerkung vor Beginn des Gottesdienstes. Jedenfalls findet sich keine entsprechende Bezugnahme in der Einleitung, auf die ich sonst in der Predigt immer großen Wert gelegt habe, um mit dem Hörer in Kontakt zu kommen und ihn über ein aktuelles Ereignis, ein interessantes Problem, eine Story, ein Zitat, ein Bild oder eine herausfordernde These anzusprechen, seine Aufmerksamkeit zu erregen und ihn zum biblischen Text hinzuführen. Dabei habe ich mir viel Mühe gegeben, so daß die Einleitung zuweilen zu lang geraten ist. In der Predigt von Anfang Juni 1945 sind zwar alle anderen Einleitungsaspekte berücksichtigt, nur nicht die Bezugnahme auf das aktuelle Ereignis von der Kapitulation der Streitkräfte, dem Ende des Nationalsozialismus und dem Beginn der Stacheldrahtzeit. Diese Gesichtspunkte kommen direkt und indirekt nur im Inhalt der Predigten vor.

Der Bibeltext ist die Geschichte vom *„reichen Mann und armen Lazarus"* (Lk 16,19–31). Sie setzt ein mit dem Satz: „Blinde Leute sind Heilige ohne Heiligenschein." Da mögen manche schon aufgehorcht haben. Der folgende Satz sucht den angeschlagenen Ton etwas zu erklären: „Es umgibt sie eine hintergründige Atmosphäre, als ob sie bereits schon in die Ewigkeit entrückt wären." Diese Einleitung bemüht sich darum, mit einigen meditativen Bemerkungen über das blinde und das sehende Auge zum Auge des reichen Mannes im Predigttext hinzuleiten. Schon die ersten Sätze greifen zurück auf ein Kindheitserlebnis, das ich mit der blinden Freundin meiner Mutter hatte. Aber auch das Malerauge Rembrandts wird bemüht. „Jedes Auge ist ein Abgrund", man könne in seiner Tiefe zuweilen etwas vom Guten oder vom Bösen, von Gott oder vom Satan erkennen. Interessant ist der Übergang von diesen einführenden Gedanken über das Auge hin zu dem Text aus dem Lukasevangelium: „Die Kirche hat uns heute (der Prediger hält also auch hinter Stacheldraht den vorgeschriebenen Text ein!) die Geschichte vom ‚reichen Mann und armen Lazarus' gegeben. Es ist die Tragödie der Bevorzugten und der Benachteiligten, die sich hier abspielt. Nur an einer Stelle ist von seinem Auge die Rede (gemeint ist der Vers 23: ‚Als er [der Reiche] in der Hölle war, hob er sein Auge auf in seiner Qual und sah Abraham von ferne und Lazarus in seinem Schoß'). Das genügt aber. Blicken wir mit seinem Auge die Grundfragen des Textes durch, ob wir mit ihm verwandt sind oder nicht." Die Gliederung des Textes ist einfach: Thema: *„Das Auge des reichen Mannes* (oder: des Bevorzugten); Teile: 1. Es will nicht sehen. 2. Es sieht zu spät. 3. Es hätte sehen können."

Wie man unschwer erkennen kann, lag der Ton dieser Abano-Predigten auf dem Seelsorgerlichen. Das hatte seinen Grund. In einem Lazarett hat man – wie in einem Krankenhaus – viel Zeit. Neben den Schmerzen meldeten sich damals Zweifel, Enttäuschungen, Sorgen um die Familie und die Zukunft, ja Todesangst zu Wort. Hier hieß es: trösten und ermutigen. Meistens geschah das in Einzelgesprächen, sei es flüsternd am Bettrand oder unter vier Augen im Sprechzimmer. Nicht zuletzt mußte auch die Predigt glaubwürdigen Trost vermitteln und verläßliche Hoffnung wecken. In einer Predigt über den inhaftierten Paulus (Apg 16,16-32) brachte ich unter dem Thema *„Die Seele des Gefangenen"* die Ähnlichkeit der Lage zur Sprache: „Der Mensch hinter Gittern ist ein Mensch für sich. Man hat ihn abgeschlossen von der Straße. Er kann die Welt nicht mehr ungehindert betrachten und anpacken, sondern nur noch vom Fensterrahmen her", d. h. durch Gitter hindurch wahrnehmen oder erahnen. Auf diesem Hintergrund bekam die frohe Botschaft von dem „Befreier" Christus einen neuen überzeugenden Klang. Dabei fehlte der in die Weite blickende missionarische Akzent nicht. Wir wurden in Abano nicht geistlich introvertiert. Einmal macht sich der Prediger „Gedanken an der Demarkationslinie", ein anderes Mal spricht er über „Die Stunde des Christentums"[24].

### *Theologische Arbeitsgemeinschaft*

Neben den Gemeindegottesdiensten waren es die *Gemeindeglieder*, die, jeder auf seine Weise, wesentlich zum Aufbau der Lazarettgemeinde in diesem ersten Vierteljahr nach dem Kriege beitrugen. In den großen und kleinen Kurhäusern, die nun als Lazarette dienten, verrichteten die Ärzte und Schwestern, das Sanitätspersonal und die sonstigen Hilfskräfte, einschließlich der italienischen, Tag und Nacht ihre aufopferungsvolle Tätigkeit. Ihrer sei ausdrücklich in großer Dankbarkeit gedacht. Darunter waren auch einige, die sich aktiv für die neue „Gemeinde" engagierten, sei es durch Werbung für die Gottesdienste, durch schlichte, aber hilfreiche Gespräche am Krankenlager oder durch Beteiligung an einem Bibelkreis. Darunter war auch ein Stabsarzt, Dr. Kellermann, der dann später für längere Zeit der Hausarzt unserer Familie geworden ist.

Besondere Bedeutung erlangte die *Theologische Arbeitsgemeinschaft,* in der sich die in Abano vorhandenen Pfarrer und kirchlichen Mitarbeiter zusammenfanden. Hier wurden ausführliche und gediegene Referate gehalten, an die sich eine lebhafte und fruchtbare Diskussion anschloß. Der Plan, den ich damals dafür aufgestellt habe, ist nicht mehr erhalten. Ich besitze aber noch ein größeres schwarz-grau kartoniertes Schreibbuch, auf dessen Seiten und Linien einiges aus diesen elementaren Anfängen theologisch-wissenschaftlicher Arbeit erkennbar wird. Die Referate gingen reihum. Ein besonders nahes, brüderliches, ja freundschaftliches Verhältnis gewann ich zu Pfarrer *Gerhard Säuberlich,* dem späteren Oberkirchenrat und Vertreter des Landesbischofs von Thüringen.

Er referierte über „Unser Dienst am Soldatengrab" und „Die Dorfpredigt". Der letztere Vortrag kam besonders gut an. Hier wurde deutlich, was hinter diesem bescheidenen, frommen Mann an hohem theologischen Denkvermögen und langjähriger seelsorgerlicher Erfahrung steckte; er war in der Heimat einer der führenden Köpfe der Bekennenden Kirche. Er ist es auch gewesen, der nach seiner Entlassung meine Frau an ihrem Evakuierungsort in Sachsen persönlich besuchte, um ihr Grüße von mir auszurichten.

Die Verkündigung bzw. die „Predigt" war das Thema, das uns Pfarrer hinter Stacheldraht zunächst am meisten bewegte. So lautete das Thema eines meiner Beiträge zu dieser Abano-Arbeitsgemeinschaft bezeichnenderweise „Der seelsorgerliche Ansatz in der christlichen Predigt". Hier wirkten wohl Impulse weiter, die mir einst mein theologischer Lehrer im Neuen Testament, Prof. Albrecht Oepke, in Leipzig durch sein Buch „Die Missionspredigt des Apostels Paulus" gegeben hatte. Mit ihm habe ich die „Propädeutische", die „Missions"- und die „Gemeinde"-Predigt unterschieden. Weiter habe ich den Kollegen die Grundgedanken meiner Dissertation über die „Paideia Kyriu" (später: „Urchristliches Erziehungsdenken") vorgetragen. So enthält der Sammelband zwei Spezialreferate über „Das Gesetz im Neuen Testament" und „Die theologische Bedeutung des Gesetzes bei Paulus". Andere Pfarrer referierten über Themen wie: „Probleme der ‚natürlichen' Gotteserkenntnis", „Engel und Dämonen", „Seelsorge und Kirchenzucht", „Die Ehe nach dem Neuen Testament".

Mitten in den mit Bleistift und Tinte geschriebenen Zeilen begegnen in dem Sammelband *Namen und Heimatanschriften* von Verwundeten und Kranken, mit denen ich seelsorgerliche Gespräche geführt hatte und mit denen eine weitere Verbindung sinnhaft erschien. Papier war damals Mangelware, und die tägliche Seelsorgearbeit nahm zeitlich so in Anspruch, daß man spontan handeln bzw. schreiben mußte.

*Bewegende Erfahrung*

Zu den Ernstfällen, die ich während meines Dienstes in der Kriegsgefangenschaft erlebt habe, gehören zwei bewegende Erfahrungen, die eine mit einer Bibel und die andere mit einem Bild. Sie seien kurz erzählt:

*Das „Geschäft" mit der Bibel* (Eine Bibel auf Umwegen): Die erste Geschichte handelt von einer Bibel, die ich mir am Anfang meines Dienstes als Standortpfarrer in Berlin, also bei Kriegsbeginn, gekauft hatte. Sie war ein Prachtstück, mit Goldschnitt versehen und in einen schönen Ledereinband gebunden. Sie hat mich zu festlichen Anlässen, bei gottesdienstlichen Feiern, aber auch in dunklen Stunden, wo es um Gespräche über Schuld und Schicksal, Leben und Tod ging, begleitet. Ich war stolz auf diese Bibel.

Als 1943 der schwere britische Luftangriff auf Berlin erfolgte, trafen die Bomben, wie ich schon berichtet habe, auch unser Haus auf der Albrechtstraße. Auch meine schöne, mühsam erworbene Bibliothek mußte daran glauben. Am nächsten Morgen kam die Tochter einer befreundeten Familie, die unter uns wohnte, atemlos zu mir und brachte mir ein verschmutztes Buch, das sie in der Asche gefunden hatte. Es war meine Bibel. Sicher habe ich damals gestrahlt. Noch mehr: Ich war tief berührt, daß ich ausgerechnet diese Bibel wieder in meinen Händen hielt. Gewiß wollte mir Gott dadurch etwas sagen. Das Buch bekam nun für mich einen besonderen Wert. Es wurde eine Kostbarkeit, die mich in dem Krieg begleitete, nicht zuletzt bei dem risikoreichen Abzug unserer Einheit von Italien in Richtung Alpen. Nun verlor ich meine Bibel vor Padua 1945 zum zweiten Mal – diesmal an die Italiener bzw. Engländer.

In der Gefangenschaft fehlte es zunächst an allem, nicht nur an liturgischen Geräten, sondern auch an Bibeln. Der katholische Kollege half mir mit einer Reihe von Neuen Testamenten aus, die sich aus mir unbekannten Gründen noch in seinem Besitz befanden. Eines Tages erhielt ich einen Anruf, ein schwerverwundeter Soldat, der in einem anderen Hause lag, wünschte mich zu sprechen. Ich hatte keine Ahnung, warum und wozu. So machte ich mich auf den Weg und fand einen jungen Fallschirmjäger vor, der mit einer Maschinengewehrgarbe in den Arm getroffen war und – wie man damals sagte – einen schweren Fall darstellte. Er hatte unser kleines vervielfältigtes Nachrichtenorgan „Das graue Blatt" gelesen und war dabei auf meinen Namen „gestoßen". Der kam ihm irgendwie bekannt vor. Der kaum mehr als 16/17 Jahre alte junge Mann versicherte sich zunächst, ob ich denn wirklich der „Pfarrer Jentsch" sei. Als ich das bejahte, erzählte er mir seine Geschichte.

Nach seiner Verwundung hatte man ihn auf einer Tragbahre vor einen Haufen mit altem deutschen Wehrmachtsmaterial gestellt. In dem wüsten Durcheinander entdeckte er ein Buch, das für ihn aussah wie ein Exemplar des Knaur-Lexikons. Mit dem gesunden Arm griff er danach und war zunächst enttäuscht, als er bemerkte, daß es sich nicht um ein Lexikon handelte, sondern um eine Bibel. Aber was macht man, wenn man als junger Mann wochenlang schwer verwundet ans Bett gefesselt ist und nichts zu lesen hat, was man gern lesen möchte – ein Taschenlexikon wäre immerhin interessant wie eine Illustrierte gewesen –, man liest eben das, was vorhanden ist. In diesem Falle war es die Heilige Schrift in Luthers Übersetzung. So fing der Junge an, in der Bibel zu lesen, was er in seinem Leben noch niemals getan hatte. Er war nämlich ein junger Katholik. Überraschend fand er das Buch interessant und las sich ein. Da standen auch Geschichten drin. Manches war ihm völlig neu. Dann wurde er in ein Notlazarett verlegt, das in einem Kloster untergebracht war. Den Nonnen bzw. den Schwestern fiel auf, daß der junge Verwundete in einer Bibel las. Da brachten sie ihm, gleichsam als besondere Anerkennung, Apfelsinen. Aber der junge Mann wollte diese Bevorzugungen nicht. Offenbar hatte er schon etwas vom Geist der Bibel verstanden, der ein Geist der Liebe ist, der nicht nur an sich selbst, sondern auch und gerade an den Nächsten denkt. So forderte er in gebrochenem Italienisch: „Non solo per me, ma per tutti!" (Nicht nur für mich, sondern für alle!) Daraufhin hätten alle Kameraden Apfelsinen bekommen.

Selbstverständlich hat mich diese Erzählung erregt und bewegt. Nun sah ich die Bibel, meine Bibel, vor mir. Der junge Mann wollte genau wissen, ob ich denn tatsächlich der „Jentsch" sei, der auf der ersten Seite stünde. Ich prüfte nach und konnte seine Frage nur mit Freude bejahen. Natürlich wollte ich die Bibel wiederhaben. Indessen, der Junge hatte diese Bibel inzwischen zu lieben begonnen. Er wollte sie nicht wieder hergeben. Ich mußte bitten und betteln, ja wie ein Orientale handeln und „feilschen“. Schließlich konnte ich ihn überzeugen. Ich machte das erste Mal in meinem Leben ein „Geschäft“ mit der Bibel. Was ich bezahlt habe? Ich gab ihm acht deutsche Zigaretten – damals ein Vermögen! In der Gefangenschaft rauchten unsere Landser nur die scharf und scheußlich schmeckenden italienischen Zigaretten, die wir in Erinnerung an den berühmten Marschall Italiens „Badoglios letzte Rache“ nannten. Aber damit nicht genug! Meinem Partner ging es nicht nur um den größeren Wert, sondern in erster Linie um den Inhalt diese Buches. Ich konnte ihm keine Bibel geben, weil ich selber keine mehr besaß. Dafür gab ich ihm eins von jenen Neuen Testamenten, die mir der katholische Kollege überlassen hatte. Es war ein ganz einfaches Taschenbuch mit einem nicht gerade geschmackvollen grellbunten Umschlag. Außerdem war der Buchtitel auf der Umschlagseite mit einem bösen Druckfehler versehen. Statt des Wortes „Das“ hatten die amerikanischen Drucker, die offenbar die deutsche Sprache nicht beherrschten, ein „Oas“ gesetzt. Diese Bezeichnung „Oas Neue Testament“ hatte in Abano schon manchen Anlaß zur Heiterkeit gegeben. Nun war das Büchlein samt seinem Druckfehler ein wichtiges Objekt bei meinem Tauschhandel. Die Hauptsache war, daß in diesem kleinen Buch das Evangelium, und zwar in der Übersetzung Luthers, gedruckt war. Im übrigen: Ökumenischer ging es nicht. Der ursprüngliche Spender war ein katholischer Priester, der Empfänger ein junger Katholik, der Überbringer ein evangelisch-lutherischer Pfarrer.

An Einzelheiten unseres menschlichen und seelsorgerlichen Gespräches erinnere ich mich nicht mehr. Das Buch aber befindet sich bis heute in meinem Besitz. Ich habe diese Bibel in den Jahrzehnten nach dem Krieg immer wieder benutzt, bis hinein in meine Münchener Zeit. Jetzt ist sie schon abgenutzt und etwas zerfleddert. Aber ich hüte sie wie eine Kostbarkeit. Sie bedeutet für mich eine einmalige Erfahrung: Gottes Wort zweimal verloren und zweimal wiedergefunden. Seitdem verstehe ich das Wort des Propheten Amos 8,11 f. besser: „Siehe, es kommt die Zeit, spricht Gott der Herr, daß ich einen Hunger ins Land schicken werde, nicht einen Hunger nach Brot oder Durst nach Wasser, sondern nach dem Wort des Herrn, es zu hören; daß sie hin und her von einem Meer zum andern, von Norden nach Osten laufen und des Herrn Wort suchen und doch nicht finden.“ Durch Gottes Barmherzigkeit habe ich das verlorene Wort zweimal wiederfinden dürfen.

*Der letzte Blick:* In der Lazarettstadt Abano sah man die blutige Ernte des Krieges von Angesicht zu Angesicht. Mancher von den jungen Soldaten, die nicht für eine nationalsozialistische Ideologie, wohl aber für das Vaterland, das sie liebten, ihr Leben eingesetzt hatten, mußten noch nach Kapitulation und Waffenruhe den Preis des Sterbens entrichten. Sie wurden als Todeskandidaten eingeliefert. Man versuchte alles, um sie wieder zusammenzuflicken und ihr Leben zu retten. Manchmal aber war es zu spät und vergeblich. Wenn es dann soweit war, verlegte man den Betreffenden in ein Sonderzimmer. Begreiflicherweise kam es auch vor, daß mich die Schwester oder ein Sani in dieses Zimmer rief, wo einer die letzte Reise antreten mußte. Wir Pfarrer schienen „Fachleute" für das Sterben zu sein. An eine solche Begegnung erinnere ich mich ganz intensiv. Telefonisch hatte man mich zu diesem „Ernstfall" gerufen. Ein Sterbender mit Lungen- und Bauchschuß hatte, was bei Protestanten selten vorkommt, das heilige Abendmahl verlangt. Wie schon bemerkt, besaßen wir damals weder einen Abendmahlskelch noch einen Oblatenteller. So mußte ich dem jungen Mann auf einer zerbrochenen Spiegelscheibe ein Stückchen zerfetztes englisches Brot und in einem Blechnapf einen Schluck Wein reichen. Aber ich durfte ihm im Namen Jesu als einer seiner „verordneten Diener" die Botschaft sagen, die mit der Spendung des Sakraments verbunden ist: „Das ist der Leib deines Heilands, der auch für dich in den Tod gegangen ist, und das ist das Blut des Neuen Testamentes, das für alle deine Sünden vergossen ist."

Eine große Freude ging über das ausgemergelte Gesicht. Der Mann schien etwas von der heilenden und vergebenden Kraft des Abendmahls zu verspüren. Vorher hatte er infolge seiner Schmerzen dauernd versucht, die Kanüle aus dem Körper herauszuziehen, die sein Leben erhalten sollte. Nur mit Mühe hatten wir ihn zu hindern gewußt. Jetzt dachte er gar nicht mehr daran. Er sah ganz friedlich und still aus, fast gelassen. Neben ihm lag ein anderer junger Soldat, der auch schwer verwundet war, aber viel gesünder wirkte und bestimmt durchkommen würde. Er sah ergriffen und staunend, was da neben ihm vorging. Inzwischen hatte sich der dem Tode nahe Mann soweit gefaßt, daß er sogar noch zu einem Scherzwort bzw. zu einer entsprechenden Geste fähig war. Er wollte seinen jungen Kameraden noch aus Spaß zum Fenster herauswerfen. Seine Gesten deuteten es so an, denn sprechen konnte er schon nicht mehr. Als es mit ihm schließlich zu Ende ging, zeigte er mit dem Finger auf den Nachttisch. Ich zog den Schub auf. Dann winkte er mit letzter Kraft nach der Brieftasche. Ich holte die Bilder seiner Angehörigen heraus, in der Annahme, er wollte sie noch einmal sehen. Er aber schüttelte den Kopf. Ich war an der falschen Stelle. Gewiß liebte er seine Familie über alles. Aber jetzt, wo es um den Übergang zwischen Zeit und Ewigkeit ging, wollte er noch einen letzten Blick auf etwas ganz anderes richten. Er ruhte nicht, bis ich endlich eine Postkarte hervorholte, auf der der auferstandene Christus zu sehen war, jenes bekannte Bild von Albrecht Dürer. Darauf standen einige Worte. Er gab sie dem jungen katholischen Bettnachbar, der nur noch ein Bein hatte. Dieser las unter Tränen laut den Text vor: „Ich bin die Auferstehung und das Leben, wer an mich glaubt, der wird leben, ob er gleich stürbe." Nicht lange darauf schlief unser Mann ruhig ein. Er starb mit Jesus.

## *Presse und Propaganda*

*„Das graue Blatt":*

Die Bedeutung von Presse und Information kannte ich schon aus der Kampfzeit der Evangelischen Jugend im Dritten Reich. Das NS-Regime wußte sehr wohl, weshalb es unsere Jugendzeitschriften und die Nachrichtenblätter für unsere Mitarbeiter so argwöhnisch beobachtete, einschränkte und schließlich ganz verbot. An ihre Stelle sollten die Zeitschriften der Hitlerjugend und die Informationen des Propagandaministeriums treten. Hinter Stacheldraht lernte ich meine zweite Lektion in Sachen Presse. Unser kleines Gemeindeorgan *„Das graue Blatt"* (im Landserjargon frotzelnd „Die graue Salbe" genannt!) war gewiß ein kümmerlicher Versuch, aber es erreichte doch eine ganze Reihe von Kameraden. In der Gefangenschaft hat man bekanntlich viel Zeit und wenig Stoff zum Lesen.

In diesem Zusammenhang begegnete ich auch *Kurt Miethke.* Er war gelernter Pädagoge und berufstätiger Journalist. Im Kriege war er als Sonderführer Z tätig gewesen. Verständlicherweise interessierte er sich für unseren bescheidenen Presse-Luftballon. Miethke besaß literarische Fähigkeiten, sogar dichterische Gaben. Er verfügte über ausgezeichnete Sprachkenntnisse, hatte in Paris studiert, und – was im Umgang mit den Engländern hinter Stacheldraht und für sein ganzes Leben von entscheidender Wichtigkeit wurde – er sprach und schrieb ein ausgezeichnetes Englisch. Aus unserer Begegnung in Abano entwickelte sich eine langjährige Zusammenarbeit und persönliche Freundschaft. Dem einige Jahre älteren und vielseitig gebildeten Manne verdanke ich viele gute Ratschläge und geistige Anstöße. Das wirkte sich damals schon bei unserem Presseversuch und beim Dolmetschen ins Englische hilfreich aus. Weitere Hilfe erfuhr ich dann noch durch einen journalistisch interessierten Oberfähnrich, Helmut Fritsch.

*Rundfunkmeldung und Einspruch beim Secret Service:*
Auch die 3000 Deutschen in der Lazarettstadt hinter Stacheldraht waren auf *Information* angewiesen, über die Welt nach dem Krieg im allgemeinen und die Heimat im besonderen. Jede Gewahrsamsmacht nützt das aus. Die Engländer entwickelten schon früh das Programm ihrer „Reeducation", der politischen und geistigen „Umerziehung" der Deutschen. Nach 14 Jahren Diktatur sollten wir endlich Demokratie lernen. Es war klar, daß damit die Aufgabe der Vergangenheitsbewältigung gestellt war. So erfuhren wir per Rundfunknachrichten immer wieder neue Einzelheiten über die Verbrechen des Dritten Reiches, insbesondere die Greueltaten der Judenvernichtung. Da gab es manche laute und erregte Diskussion. Oft wurden wir ganz stille Zuhörer und begannen uns zu schämen. Das Bild des „häßlichen Deutschen" erstand vor unseren Augen und Ohren.

Eines Tages hörte ich eine *Meldung*, daß die Tochter des ehemaligen Reichsmarschalls gar nicht die Tochter Görings, sondern die seines Adjutanten sei. Da wurde ich stutzig. Das konnte doch nicht stimmen. Ich hatte sie ja in Carinhall persönlich gesehen; sie sah ihrem Vater wirklich sehr ähnlich. Auch bei anderen Nachrichten kamen uns zuweilen Zweifel, ob sie wirklich auf Tatsachen beruhten oder nur der antideutschen Propaganda dienten. Kurz entschlossen ging ich zum britischen Lagerkommandanten und meldete mich mit der Bitte um eine persönliche Vorsprache. Auf diese Weise landete ich bei dem *Secret-Service-Offizier.* Hier kam ich auf die Falschmeldung über die Tochter Görings zu sprechen. Ich wüßte das besser, da ich die Familie persönlich kenne. Ich sei der und der, ehemaliger Standortpfarrer für die Einheiten der Luftwaffe in Berlin. Ich wolle die Untaten der Nazis nicht entschuldigen. Im Gegenteil, ich sei Mitglied der Bekennenden Kirche gewesen und hätte als Mitarbeiter des Deutschen CVJM, jener Bewegung, die jeder Engländer unter dem Namen YMCA kenne, in Untersuchungshaft der Gestapo gesessen. Aber ich protestierte, wenn die Engländer, statt über die Wahrheit zu informieren, neue Lügen vortrügen. Wir hätten, um es hart zu sagen, die Nase von der Propagandamaschine des Herrn Goebbels voll. Der britische Offizier hörte sich alles geduldig an und reagierte leicht betroffen, doch fair. Er ließ sich weitere Einzelheiten erzählen, notierte einiges und wies mich an, meine Tätigkeit als Lazarettpfarrer in aller Ruhe fortzusetzen. Ich würde zu gegebener Zeit wieder von ihm oder einer anderen zuständigen Stelle hören. Ich bedankte mich höflich und ging meines Weges. Mit diesem Interview begann eine lange Geschichte von Verhören, Niederschriften, *Erklärungen* – bis hin zu Zeugenaussagen vor einem internationalen Gerichtsforum.

Eine erhebliche Bedeutung erlangten meine im Zusammenhang mit dem Interview stehenden schriftlichen Eingaben. Es sind zwei wichtige Dokumente, auf die ich später in Verbindung mit meiner Tätigkeit in Rimini noch ausführlich zu sprechen komme. Hier genügt es festzuhalten, daß die *erste Erklärung* in Sachen E. Göring das Datum des 25. Juni trägt und wohl auf dem militärischen Dienstweg des Secret Service gegangen ist. Die *zweite Erklärung* in Sachen Oberreichskriegsanwalt Kraell, Frau E. v. Schröder u. a. war umfangreicher und ist zur Weiterleitung nach London an den britischen Militärpfarrer *Rev. Cranfield* gerichtet, um auf diese Weise die Benutzung der kirchlichen Kanäle sicherzustellen. Dieser Schriftsatz ist etwas später, nämlich am 16. Juli, in Abano abgefaßt.

In Abano blieb alles ruhig.

Die Nachricht wurde nicht wiederholt. Ich selbst wurde bald Richtung Rimini in das große britische Lagerzentrum, das man für die Kriegsgefangenen errichtet hatte, abkommandiert. Nun hieß es *Abschied* nehmen von Abano. Vier Monate einer mühevollen, zum Teil aufregenden und letztlich doch gesegneten Arbeit lagen hinter mir, von den letzten Kriegsmonaten vor der Waffenruhe völlig zu schweigen. Der Abschied fiel nicht leicht.

Ich habe das „Orologio" nur noch einmal in meinem Leben wiedergesehen. Das war 1978, als ich meiner Frau bei unserer ersten gemeinsamen Auslandsreise die alten Wirkungsstätten in Italien zeigen wollte. In Abano feierte ich meinen 65. Geburtstag. Damals haben wir auch das „Orologio" besucht. Die Blumenuhr stand in voller Pracht und Blüte. Aus dem Gebäude war inzwischen wieder ein internationales, mondänes Sanatorium geworden, das von reichen Industriellen, Politikern und Filmstars besucht wurde, die in den heißen Quellen Heilung suchten. Die deutschsprachige Sekretärin holte auf meine Bitte hin den Direktor in das Büro. Der Italiener, ein großer, stattlicher Mann, erkannte mich sofort wieder und fiel mir um den Hals. Es war ein schönes, aber auch erschütterndes Wiedersehen. Er konnte nur noch heiser sprechen und war unheilbar krank. Wir tauschten –

seine und meine Frau waren dabei – gemeinsame Erinnerungen aus. Dabei erzählte er mir, daß er nie vergessen werde, wie ich nach Kriegsende das dort noch hängende große Hitlerbild von der Wand gerissen hätte, mit dem Ausruf: „Hitler finito, guerra finito!" (Hitler aus – Krieg aus). Das war damals unsere gemeinsame Empfindung, eine erleichterte und dankbare Freude. Der deutschfreundliche Mann kannte meine damalige Rolle als deutscher Sanitätsdienstgrad, der im stillen auch Pfarrerdienste verrichtete. Zu meiner Bestürzung erfuhr ich, daß unsere schöne alte Kapelle nicht mehr existierte; sie war baufällig geworden und mußte den modernen Ausbauten des Sanatoriums weichen.

## 2. Die Michaelskette in Bellaria

### *Im Lager 6a*

Die deutschen Kriegsgefangenenlager in Italien waren weit verstreut, von Oberitalien, wozu man Abano Terme rechnen konnte, über Mittelitalien bis nach Süditalien. Ein Schwerpunkt hatte sich für die unter britischer Oberhoheit stehenden Lager im Raum Rimini gebildet. Hier entstandt ein umfangreiches und vielschichtiges Sammel-, Warte- und Entlassungs-Lagerzentrum. In diesen Raum wurde ich im Herbst, von Abano kommend, verlegt, und zwar in das *Lager 6a.* Es umfaßte mehrere tausend Deutsche aus den verschiedensten Formationen. Mitten darin war ein Lagerabschnitt für das *„Kirchenpersonal"* vorgesehen, dem nach britischer Tradition ein gewisser Respekt gezollt wurde. In diesem Bereich fand man Pfarrer, Diakone, Jugendleiter. Als ich eintraf, war gerade eine größere Gruppe von Pfarrern in die Heimat entlassen worden. Das Gelände des Lagers erstreckte sich, nicht weit von der Adriaküste entfernt, ins Land hinein. Wo sonst Maisfelder und Olivenplantagen bestellt wurden, standen nun Zelte über Zelte. Einige waren komfortabel aus britischem Armeematerial, andere einfacher geknüpft und verankert. Die Nächte waren schon kühl, aber man freute sich über die frische Luft. Ich entsinne mich, daß ich einmal, mit einer Zeltbahn bekleidet, in der Nacht von einer neugierigen Feldmaus besucht wurde, die über mich hinweghuschte. Ich hatte bisher nur Erfahrung mit einer Vertreterin der Ratten, die im Orologio in der Nähe der heißen Quellen hausten und gelegentlich in die von uns bewohnten Badezellen, also auch in meine „Studierstube", krochen. Dem Erschrockenen half damals ein italienischer Hausangestellter, der das ziemlich große Tier verjagte. Die Mäuse von Bellaria waren harmloser.

Das Lager wurde von den *Polen* bewacht, die im Rahmen der britischen Armee eine eigene Legion bildeten und zu solchen Aufgaben wie der Bewachung der deutschen Kriegsgefangenen eingesetzt wurden. Frühmorgens fand täglich der Appell des gesamten Lagers mit Abzählen statt. Wenn es dann hieß: „Weggetreten!", zerstob der große Haufen von Männern wie eine aufgescheuchte riesige Herde. Das hatte sehr spezifische Gründe. War doch die Verpflegung der Deutschen hinter Stacheldraht ein echtes Problem. Italien war durch die Verheerungen des Krieges ausgepowert. Die Vorräte der britischen Gewahrsamsmacht waren begrenzt. So mußten die Verpflegungsreserven, die die deutschen Truppen bei der Gefangennahme noch besaßen, erst einmal aufgebraucht werden. Auf diese Weise haben wir im Lager wochenlang die zahllosen Säcke mit den Erbsen der 6. Armee aufessen müssen. Wir waren froh, etwas Warmes zum Essen zu bekommen, aber die Folgen waren teils grauenhaft. Zusätzlich erkältete man sich in den kalten Nächten auf der platten Erde den Bauch. So rannten wir, was wir konnten, nach dem Appell zu den berühmten „Donnerbalken", um in diesen primitiven Latrinen noch einen „Sitz" zu ergattern. Durchfall, Blutungen und andere Krankheiten kann man sich leicht ausmalen.

Ein Lagermittelpunkt befand sich in der „*Casa*", einem landwirtschaftlichen Anwesen, von dem aus sonst die Felder bestellt wurden, das mit einem Pferde- bzw. Kuhstall verbunden war. In diesem Haus residierten die *Lagerpfarrer.* Vor der Casa war eine Art Hof. Dahinter hatten unsere Landser einen Hügel angelegt und darauf einen größeren Feldaltar mit Kreuz errichtet. Darüber hinaus hatte man den Pferdestall, der wie ein „Gewölbe" mit tragenden „Säulen" aussah, zu einer *Kapelle* umgebaut. Um diesen Raum der Stille und Besinnung hatten sich besonders die katholischen Kameraden verdient gemacht. Als evangelischen Lagerpfarrer hatte man Marine-Oberpfarrer *Hans-Albrecht Schlüter* eingesetzt. Er verrichtete sein neues Amt nicht nur mit Bravour, sondern mit glaubwürdiger Vollmacht. Seine Gottesdienste waren gut besucht. Sein männlich-menschliches Auftreten und seine bestimmte, aber auch herzliche Art des Predigens kamen an.

Dieser relativ kleingewachsene Mann mit seiner geraden Haltung, den klaren Augen und der durchdringenden Stimme wirkte wie ein Kapitän auf der Kommandobrücke in einem sturmgepeitschten Meer. Was er sagte, war das volle Evangelium. Er bezeugte es zielklar und greifbar. Er konnte seelsorgerlich trösten, ohne sentimental zu werden, und missionarisch zupacken, ohne den Hörern auf den Wecker zu fallen. Ich verstand mich bestens mit ihm und habe an derselben Stelle auch einmal aushilfsweise gepredigt oder eine Andacht gehalten. Im übrigen war meine Zukunft offen und ungeklärt.

### *Theologiestudenten und andere kirchliche Mitarbeiter in spe*

Als ich im Lager eintraf, wurde gerade eine größere Gruppe von Pfarrern und kirchlichen Mitarbeitern in die Heimat entlassen. Andere Pfarrer mußten zurückbleiben, nicht zuletzt eine Gruppe von jungen Männern, die Theologie studierten oder studieren wollten, Diakonenschülern und anderen, die in einen bestimmten Zweig des kirchlichen Dienstes, etwa in die Jugendarbeit, eintreten wollten. Sie waren betroffen, daß sie nicht mitfahren durften, sondern weiter warten mußten. Gleichwohl waren sie jung, d. h. einsatzwillig und lernbereit. Als ich in den Raum Rimini verlegt wurde, meinte ich, im Lager 6a (Bellaria) in eine Art „Ruhestellung“ gehen zu können. Aber es kam anders, als ich es mir gedacht hatte. Ich begegnete dort jener Gruppe der zurückgebliebenen jungen Menschen. Sie hatten schon vor meiner Zeit etwas „theologisch“ gearbeitet, entsprechende Vorträge gehört und diesbezügliche Diskussionen geführt. Die zu dieser Zeit noch anwesenden älteren und sachkundigen Theologen hatten ihnen bereits eine Einführung in die Erkenntnise der Theologie und in die Fragen der kirchlichen Praxis gegeben. Nach der Repatriierung der betreffenden Pfarrer herrschte Mangel an „Lehrpersonal“. So kam ich zu diesem Zeitpunkt „wie gerufen“, hatte ich doch durch meinen früheren Dienst im Berliner Seminar für evangelische Jugendarbeit Erfahrungen im theologischen Unterricht sammeln können. So half ich mehr oder weniger freiwillig aus. Das war selbstverständlich. Es kam zu einigen Unterrichtsstunden und Übungen. Es wurde gelehrt und gelesen, gehört und nachgeschrieben. Das ist nichts Besonderes: eben der theologische Unterrichtsbetrieb wie eh und je, nur ohne Hörsaal und theologische Fachbibliothek. Wie immer bei solchen elementaren „Einführungen“ ging es auch hier um Schriftauslegung (Exegese) und Bibelkunde einerseits und um Besprechung von Grundfragen des Glaubens (Dogmatik/Ethik) andererseits. Vor allem fand ich hier eine einzigartige Gelegenheit, meine Fachkenntnisse in Sachen evangelische Jugendarbeit an den Mann zu bringen. Die Studenten waren gerade in dieser Richtung aufmerksame Zuhörer und lebhafte Gesprächspartner. Sie waren selbst noch jung und bekamen eine für sie neue und interessante Perspektive für die Aufgabe, die ihrer in der Heimat wartete, die Kommunikation der christlichen Botschaft in Wort und Tat, in Gespräch und Brief.

### *Ein Brief und viele Gespräche*

Und dann geschah es, ganz beiläufig, unscheinbar und unbewußt. Nur ein kleiner Brief war es, der den Anstoß gab. Ich hatte ein Referat über das religionspsychologische Phänomen und die seelsorgerliche Bedeutsamkeit der Jugendbriefe gehalten und dabei unter Wahrung der Anonymität und Vertraulichkeit aus dem *Brief* eines jungen Fallschirmjägers zitiert. Dieser Achtzehnjährige hatte sich sein ganzes Schuldbewußtsein vom Herzen geschrieben und vor dem Briefempfänger seine tiefe Selbstsucht bekannt. Dieser Brief öffnete einigen der jungen Menschen auf dem Theologenfeld des Lagers Herz und Mund. Ich hatte auf einiges hingewiesen, was Seelsorge sei – aber die sich anschließenden Gespräche unter vier Augen kamen zuletzt von einem ganz anderen Impuls her. Nachträglich würde man sagen: Gott hat den kleinen Brief benutzt, um seine Sache in Gang zu bringen.

Wir wanderten nachts, wir wanderten tags. Die Gespräche auf den Lagerstraßen rissen manche Tage nicht ab. Von „Freizeit“ war für beide Seiten kaum noch die Rede. Da wurde Schuld bekannt, Schicksal ausgesprochen und von Begegnung mit dem Tode berichtet. Die jungen Männer kamen aus der unmittelbaren Erfahrung eines mörderischen Krieges. Die Themen der Gespräche waren bunt und vielfältig, leise und laut, kompliziert und differenziert, zuweilen resigniert, manchmal fast dramatisch. Wir sprachen über weltanschauliche, philosophische Probleme, Theologisches und Politisches, Aktuelles und vor allem Persönliches. Immer wieder bekam das Gespräch eine „religiöse“ Komponente. Da war von Glaube und Zweifel, von Vergangenheitsbewältigung und Zukunftshoffnung, von Schuld und Vergebung die Rede. Da konnte, ja da mußte deutlich von Christus gesprochen werden. Die jungen Gesprächspartner wollten hören, was er und sein „Evangelium“ für ihr spezielles Problem bedeuteten. Der Seelsorger diente nicht einfach mechanisch als „Fragenbeantworter“, vielmehr mußten beide Gesprächspartner in gemeinsamer Besinnung unter Gottes Wort um eine Antwort ringen. Ganz von selbst falteten sich die Hände zum Gebet, wenn es auch oft nur gestammelt war. Wo immer sich so etwas wie eine „Beichte“ ereignete, durfte das Wort von der Vergebung im Namen Jesu bezeugt werden. Natürlich trug das alles nicht das rituelle Gesicht einer „evangelischen Privatbeichte“ mit einer liturgisch geordneten „Absolution“. Aber das, was gebeichtet wurde, war ehrlich, und der Zuspruch der Vergebung war verbindlich. Wir durften auf Gottes feste Zusage um Jesu willen bauen und vertrauen. Ich werde diese Stunden in den Straßengräben und Sandkuhlen von Bellaria nie vergessen, wo in der stillen Kühle italienischer Nächte, umgeben von Stacheldraht und zuweilen berührt vom Scheinwerferlicht der Wachttürme, junge Menschen ihr Herz ausschütteten. Die informelle Gebetsgemeinschaft und die konkrete Bezeugung des Vergebungswortes mit Handauflegung ergaben sich zwanglos ohne Einübung, nüchtern und bar aller Schwärmerei.

### *Zeit und Raum*

Damit kein Mißverständnis entsteht, sei es ausdrücklich betont: Die Studenten von Bellaria haben nicht nur dauernd „gebeichtet“. Die damals geführten Gespräche endeten nicht immer in solchen Grenzsituationen, wie eben beschrieben wurde. Diese jungen Männer waren ganz normale junge Leute. Wir haben viel miteinander gelacht und gesungen. Die Gruppe setzte sich nicht aus Muckern und Strebern zusammen, sondern aus jungen Menschen, die unbefangen miteinander umgingen, sich gegenseitig frotzeln konnten und trotz des verlorenen Krieges bemerkenswert zuversichtlich nach vorn blickten. Auch darf man die paar Wochen, die wir zusammen waren, nicht überbewerten. Was seinerzeit wie ein Stück „Erweckung“ aussah, war mitbedingt durch zwei Faktoren. Sie lassen sich abgekürzt als „Zeit“ und „Raum“ charakterisieren.

Beginnen wir mit der „*Zeit*“. Manche junge Männer witterten nach den ersten Repatriierungen schon Heimatluft, andere richteten sich auf längeres Bleiben ein. Aber alle spürten so etwas wie einen „Abschnitt“. Sie hatten sich allmählich an das Lagerleben mit seinem Trott gewöhnt. Nun schien es früher oder später anders zu werden. In unseren Unterrichtsgesprächen machte sich der unauflösliche Zusammenhang zwischen Theorie und Praxis, Studium und Beruf bzw. Amt bemerkbar. Der eine oder andere entdeckte plötzlich, daß der Entschluß, in den Dienst der Kirche zu treten, nicht so selbstverständlich ist und daß Voraussetzungen nötig sind, wie bei keiner anderen Berufswahl. So wurde die Frage: „*Warum* willst du eigentlich Theologe werden?" zum Mittelpunkt eines viel umfassenderen Gesprächs, das die Urfrage des kirchlichen Amtes zum Gegenstand hatte, nämlich die, ob nicht der künftige Theologe bzw. Diakon oder Jugendleiter zunächst einmal ein „Christ", ein „Jünger Jesu" sein müsse. Manch einer war zum Schluß dankbar, daß ihm die alte Frage an die Jünger: „Was denkt ihr von dem Christus?" (Luther: „Was dünkt euch um Christus?" Mt 22,42) so offen und direkt gestellt wurde. Hier konnte ich wieder lernen, daß alle evangelische Seelsorge in der reifen Stunde auch der Initiative bedarf. Aber nicht immer erfolgte in diesen sechs Wochen der erste Anstoß. Manche hatten schon vorher geistliche Erfahrungen gemacht. Auf dem Feld für das „Kirchenpersonal" hatten schon andere Seelsorger mit reichem Segen gewirkt. Andere hatten bereits durch das Elternhaus, in der Konfirmandenstunde oder in der Jugendgruppe Anregungen erhalten. In derartigen Fällen ging jetzt offenbar die Saat auf. Da mögen zurückliegende Aussprachen ihre Frucht getragen haben. Irgendein Wort klang plötzlich wieder auf, eine Erinnerung wurde lebendig. Aber es gab auch etliche, bei denen in den wenigen Wochen eine Erstbegegnung mit dem Evangelium stattfand.

Der zweite Faktor hängt eng mit dem ersten zusammen. Nicht nur der Zeitpunkt spielte eine Rolle, sondern auch der *Raum*, das Umfeld, die Atmosphäre. Neben unseren Unterrichtsstunden liefen noch andere Veranstaltungen, in denen Gottes Wort zur Sprache kam: die Predigten des Lagerpfarrers, die Andachten, Meditationen und Vorträge. Auch sie haben Anteil an dieser kleinen „Erweckung". Die unbewußte Seelsorge ist manchmal viel fruchtbarer als die planmäßig-absichtliche. Der Geist Gottes wehte jedenfalls auf dem Theologenfeld, man konnte sich seiner Macht nicht ohne weiteres entziehen. In dem Camp 6a gab es eine lebendige Lagergemeinde. Die Gottesdienste und Sakramentsfeiern zogen viele Landser an, die zu Hause nur zu Weihnachten oder überhaupt nicht in die Kirche gegangen waren. Es kamen ehrliche Zweifler, die an die nationalsozialistische Weltanschauung geglaubt hatten und deren Hoffnungen nun so jämmerlich gescheitert waren. Es waren nicht nur die Amtsträger, die Pfarrer, sondern auch die „Laien“, die kirchlichen wie die unkirchlichen, die die Studenten in diesen neuen Strom der Hörer, Beter und Sänger hineinzogen und die nun um den Lageraltar herumstanden oder lagerten. Gerade die *lebendige Gemeinde* ist oft der Raum, in dem sich die sogenannten Erweckungen ereignen. So war es auch hier. Das war Grund, dankbar zu sein. Ihre für den Glauben konstituierende Kraft war damals wie heute seelsorgerlich nicht geringer einzuschätzen als eine Aussprache unter vier Augen. Die Akustik des Raumes im Lager war gut. Das Wort fand sein Echo. Es war deutlich zu hören, innerhalb und außerhalb der Gruppe der Studierenden. Der Boden war günstig für die Aussaat. Zwar sah das Lagerfeld äußerlich aus wie eine „Wüste“. Im Zuge der Verkündigung und Seelsorge vor und während der sechs Wochen wandelte er sich zum „Garten“. So könnte man es mit den Bildworten von T. S. Eliot sagen.

*Die Bruderschaft: Ordnung der „Michaelskette“*

Was im einzelnen auch die Begegnung mit Christus auslöste, der Vortrag, die Übung, die Sakramentsfeier, die Aussprache oder die Beichte, jedenfalls war die Bruderschaft auf einmal da. Sie brauchte nur ein paar Linien und Formen, etwas Gestalt und eine Art Ordnung. Ich rief einige, die ich näher kannte, und legte ihnen den Gedanken einer Erhaltung des hier von Gottes Geist Gewirkten ans Herz. Ich machte sie auf die Gefahr der Subjektivierung des Christentums aufmerksam. Die jungen Menschen sollten sich nicht um sich selber, aber auch nicht um einen Lehrer oder Pfarrer sammeln, sondern um Ihn, den Herrn und Heiland Jesus Christus, den sie gerade neu entdeckt hatten. So kam es vom Einzelgespräch zum Gruppengespräch und von der Gruppe zur Bruderschaft. Einzelne traten noch später dazu, die sich der Gruppe längst innerlich verbunden fühlten oder die in der Heimat dazufanden. Einen starken Eindruck hinterließ die Beschäftigung mit dem biblischen Wort. In dieser letzten Phase besonders mit dem, was in Mt. 18,19ff. über das Brudersein und die Gemeinschaft in Christus gesagt wird.

In der kleinen *Kapelle,* in dem Stall der Casa, entstand die Gemeinschaft des Gebets. Dort grüßte uns der Engel Gottes, der gegen den Teufel und seine Mächte in der Vollmacht des Christus kämpft. Er war von den katholischen Brüdern an die Wand gemalt worden. Er hielt das Kreuz Christi, die eigentliche Mitte der Darstellung, wie ein

Schwert in der Hand und trat die Schlange, den Inbegriff des Bösen, mit seinen Füßen nieder. Der Erzengel *Michael* war das Zeichen der Vollmacht, die Christus uns geschenkt und weiter verheißen hatte. Wir waren ihm ganz neu begegnet, und er hatte sich als der wirkliche Herr über die Dämonen in uns und um uns erwiesen. So bildete sich von selbst die Halbkette um den Altar. Wir nannten sie und das, was daraus werden sollte, die *„Michaelskette"*.

Vier junge Männer wurden beauftragt, eine Regel bzw. *Ordnung* der Bruderschaft zu entwerfen. Zu unserer Verwunderung stimmten die anderen Glieder unserer Gruppe grundsätzlich zu. Natürlich gab es während des ganzen Entwurfprozesses auch in Einzeldingen kritische Einwände, aber auch konstruktive Gegenvorschläge. Sie wurden in die abschließende Formulierung eingebracht. So empfingen wir die Ordnung der Michaelskette. Die Gedanken wanderten schon in die Heimat. Dort würde man in den zerstörten Städten eine orientierungslose, teils verwirrte, teils verzweifelte Gesellschaft und eine Kirche mitten im Umbruch, voll beschäftigt mit der Aufarbeitung der Vergangenheit und der Planung neuer Wege, vorfinden. So war es verständlich, daß man sich mit der Ordnung freiwillig binden und abgrenzen, nicht einengen und abschließen wollte. Wir wollten keine religiöse Clique oder Klasse bilden und keinen „theologischen Kriegerverein" organisieren. Die jungen Männer wollten aufrichtig der Kirche dienen und ein Glied des Leibes Jesu Christi sein. Die Bruderschaft verstand sich als eine Möglichkeit der Nachfolge Christi unter anderen. Die Glieder der Michaelskette bildeten sich nicht ein, bessere Christen zu sein – sie achteten vielmehr auch andere Möglichkeiten des Zusammenschlusses in der Gemeinde. Hatten sie doch selber Gottes mannigfaltige Wunderwege und sehr verschiedene Führungen zum Glauben an Christus erfahren. Man verstand die Ordnung als Handreichung und Hilfsmittel, nicht als Vorschrift und Gesetz. Diese Auffassung kommt im Schlußsatz unmißverständlich zum Ausdruck. Da die Ordnung der Michaelskette trotz ihrer Zeitbedingtheit und Unzulänglichkeit die Gruppenglieder, soweit sie noch leben, über 40 Jahre bis heute zusammengehalten hat und andere Zusammenschlüsse ähnlicher Art anregen konnte, sei der Wortlaut zitiert:

## ORDNUNG DER MICHAELSKETTE

Leitwort: „Zur selben Zeit wird der große Fürst Michael, der für die Kinder deines Volkes steht, sich aufmachen. Denn es wird eine solche trübselige Zeit sein, wie sie nicht gewesen ist, seit dem Leute gewesen sind bis auf diese Zeit. Zur selben Zeit wird dein Volk errettet werden."

„Michael und seine Engel stritten mit dem Drachen; und der Drache stritt und seine Engel, und siegten nicht. Und ich hörte eine große Stimme, die sprach im Himmel: Nun ist das Heil und die Kraft und das Reich unseres GOTTES geworden und die Macht seines CHRISTUS."

Dan 12,1 und Off 12,7f.10.

*– GEMEINSCHAFT:*

„Weiter sage ich euch: Wo zwei unter euch eins werden auf Erden, worum es ist, daß sie bitten wollen, das soll ihnen widerfahren von meinem Vater im Himmel.

Denn wo zwei oder drei versammelt sind in meinem Namen, da bin ich mitten unter ihnen."

Mt 18,19.20.

*Das bedeutet für uns:*

1. Daß wir täglich die Herrnhuter Losungen und die Bibellese der Evangelischen Jugend lesen.
2. Daß wir täglich morgens und abends beten, wöchentlich sonnabends in der Fürbitte einander gedenken und immer dann, wenn die Zeit reif ist, Gebetsgemeinschaft üben.
3. Daß wir unsere Freuden miteinander teilen und unsere Nöte gemeinsam tragen, bis zum brüderlichen Opfer an Gut und Geld.
4. Daß wir einmal jährlich an einem jeweils zu bestimmenden Ort, möglichst zu der Zeit, als wir die Kette unserer Bruderschaft zum ersten Mal schlossen, uns in einer Rüstzeit treffen wollen.
5. Daß wir in der Zeit, in der wir getrennte Wege wandern, durch einen monatlichen Rundbrief miteinander in Verbindung bleiben.

*– BEICHTE:*

„Wo wir sagen, wir haben keine Sünde, so verführen wir uns selbst, und die Wahrheit ist nicht in uns. So wir aber unsere Sünde bekennen, so ist ER treu und gerecht, daß ER uns die Sünden vergibt und reinigt uns von aller Untugend."

1 Joh 1,8.9.

*Das bedeutet für uns:*

1. Daß wir uns gegenseitig in brüderlicher Liebe helfen, unsere Sünden zu erkennen.

2. Daß wir alles Unrecht, das wir einem anderen getan haben, vor diesem bekennen, wiedergutzumachen versuchen und ihn um Verzeihung bitten.
3. Daß wir einem Bruder, möglichst einem erfahrenen Seelsorger, unser Vertrauen schenken und ihm unsere Sünden bekennen.
4. Daß wir zu gegebener Zeit zur Feier des heiligen Abendmahles gehen und daß wir diesen Tag als Festtag halten.
5. Daß wir den Dank für die erhaltene Absolution auch äußerlich durch ein Opfer an Geld oder Gut bezeugen.

*– DIENST:*
„Lasset uns aber rechtschaffen sein in der Liebe und wachsen in allen Stücken an dem, der das Haupt ist, CHRISTUS, von welchem aus der ganze Leib zusammengefügt ist und ein Glied am andern hanget durch alle Gelenke, dadurch eins dem andern Handreichung tut, nach dem Werk eines jeglichen Gliedes in seinem Maße, und macht, daß der Leib wächst zu seiner selbst Besserung; und das alles in der Liebe."
Eph 4,15.16.
*Das bedeutet für uns:*
1. Daß wir mit unserer Bruderschaft nicht uns selbst, sondern der ganzen Kirche des CHRISTUS dienen und mit ihr an unserem Teil im Geiste St. Michaels für Deutschland christliche Ritterschaft in Wort und Tat üben wollen.
2. Daß wir unseren Beruf als einen Gottesdienst aus der Gesinnung der dienenden Liebe CHRISTI heraus ausüben und darüber hinaus in unserer Gemeinde im Sinne unserer Bruderschaft wirken.
3. Daß wir uns verpflichtet fühlen, um die junge Generation zu ringen, indem wir uns besonders in der Jugendarbeit einsetzen.
4. Daß wir uns bemühen, jederzeit theologisch weiterzuarbeiten, nie aufhören, die uns begegnenden Menschen ganz ernst zu nehmen, und darüber hinaus, daß ein jeder seine besondere Gabe durch Fortbildung pflegt und in den Dienst der Kirche stellt.

*Nachwort:*
Diese Ordnung ist kein Gesetz. Sie dient uns vielmehr als Hilfe für die Nachfolge CHRISTI; sie findet ihre Grenze am Evangelium und ist jederzeit durch einen daraus erwachsenden brüderlichen Beschluß korrigierbar.

Es war gut, daß der Schlußsatz als Nachbemerkung und Interpretationshilfe den Unterschied zwischen Gesetz und Evangelium so deutlich heraushob. Das hatte etwas Befreiendes. Es gab dem einzelnen die Freiheit eines Christenmenschen, mit der Ordnung so umzugehen, wie es ihrem Geist und nicht bloß ihrem Buchstaben entsprach. Deshalb ist interessanterweise auch der Text dieser Ordnung nie geändert worden. Damit wurde der Respekt vor der Einmaligkeit der damaligen Stunde, aber auch der zeitübergreifende Sinn jener Sätze bezeugt. Die Glieder der Michaelskette haben gelernt, nicht eine Ideologie der Bruderschaft zu kultivieren, wohl aber den Ruf zum Brudersein zu hören und ihm in Wort und Tat zu folgen.

*Die Abschlußfeier*

Am 18. September 1945 fand die Verpflichtung der Glieder in der Lagerkapelle statt, gleichsam als Dank gegenüber der Lagergemeinde und ihrem Herrn. Demgemäß hielt auch der Lagerpfarrer die Ansprache. Wir standen im Halbkreis um den Altar der Michaelskapelle und beteten. Jeder sagte nur einen Satz. Gemeinsam sprachen wir das Vaterunser und nahmen nach der Beichte das heilige Abendmahl mit Brot und Wein. Unvergeßlich wird mir dieser Altartisch sein. Habe ich es doch einmal erlebt (ob bei der letzten Feier oder schon vorher, weiß ich nicht mehr genau), daß eine Feldmaus auf den Altartisch kletterte, dort herumschnupperte und ein Stückchen Brot zu erhaschen suchte. Es schien so, als ob hier eine kleine Vertreterin der großen Schöpfung ihr Recht am Gabentisch Gottes wahrzunehmen suchte. Die jungen Menschen waren mit Leib und Seele dabei. Sie wollten mit dem vereinbarten „Opfer" beim Abendmahl Ernst machen und hatten auf die Abendration an britischen Keksen zugunsten ihrer Nachbarn verzichtet. Nun wurde zweien von ihnen bei dem langen Stehen in der Kapelle übel. Aber das machte ihnen nichts aus. Wir alle empfingen das Sakrament als wirkliches Sakrament, d. h. als Gnade und brüderliche Verpflichtung. Die älteren Glieder des „Theologenfeldes" standen als fürbittende Paten, Zeugen und Vertreter der Lagergemeinde hinter der Kette, die sich im Halbkreis um den Altar versammelt hatte. Lehrer, Freunde und Brüder grüßten uns mit Voten aus Gottes Wort. Auch sie gingen mit uns zum Tisch des Herrn. Zum Schluß fanden wir uns alle, die Kette und ihre Paten, mit dem Herzen und den Händen zu mitternächtlicher Stunde und beim Schein der brennenden Kerzen zusammen in dem Liede, das zum Bekenntnisgesang der Bruderschaft werden sollte. Auch ich stimmte aus tiefer Überzeugung mit ein. Waren doch diese sechs Wochen dem Lehrer und Seelsorger selber Anlaß zu bußfertiger Einkehr und Ermutigung zu neuem Glauben geworden. Das Lied, einst von Zinzendorfs Geist geprägt, bedarf in diesem Zusammenhang keines weiteren Kommentars:

„Die wir uns allhier zusammenfinden, schlagen unsre Hände ein, uns auf deine Marter zu verbinden, dir auf ewig treu zu sein. Und zum Zeichen, daß dies Lobgetöne deinem Herzen angenehm und schöne, sage Amen und zugleich: Friede, Friede sei mit euch."

Die Michaelskette war ein bunter Kreis. Jedes der Kettenglieder hat eine eigene Entwicklung gemacht. Mehrere sind Pfarrer geworden, einige gingen für längere Zeit in die Diakonie, zum CVJM als Jugendleiter und als Religionslehrer in die Schule. Zwei engagierten sich tatkräftig im freikirchlichen Bereich. Einen zog es in die wissenschaftliche Theologie, ein anderer wurde ein bedeutender Musiker und Komponist. Nach 40 Jahren konnten wir 1985 in Oberstdorf ein bewegendes Jubiläumstreffen durchführen. Obmann ist heute Gerd Reinke, der Gemeinde-, Auslands-, Militärpfarrer und schließlich Seemannspastor war.

*Das Kettenbuch*

In den letzten Tagen des Kurses waren die Glieder der Kette eifrig beschäftigt. Sie schrieben an einem „Kettenbuch". Es kann als ein Kommentar zu der Ordnung der Michaelskette verstanden werden. Hier sind persönliche Zeugnisse gesammelt. Jeder beschreibt auf seine Weise, wie er den Weg aus dem Krieg in das Lager und schließlich zu der Kette gegangen ist. Es sind Erzählungen und Beschreibungen, Bekenntnisse und Betrachtungen. Man könnte sagen: Konfessionen und Meditationen, wenn diese Worte nicht zu hoch gegriffen wären. Eine Zeitlang war daran gedacht, sie in der Heimat zu veröffentlichen. Dazu ist es aber nicht gekommen. Wir haben die Zeugnisse stehenlassen, wie sie einmal geschrieben waren. Sie enthalten stilistische Unebenheiten, Gedankensprünge, Gefühlsüberschüsse und Wiederholungen. Aber was soll's. Das Schöne an diesen Zeugnissen ist ihre Echtheit. Sie sind aus unmittelbarem Erlebnis, unter dem Druck der Zeit, unter primitiven Bedingungen, umgeben von Stacheldraht, niedergeschrieben worden. Was diese Dokumente so wertvoll macht, ist die dahinterstehende Erfahrung von 16 jungen Männern, die sie in einer besonderen Situation wenige Monate nach Kriegsende mit Gott gemacht haben. Ein paar kleine Ausschnitte können das verdeutlichen.

Einer schreibt: „Der große Sturm hatte sich gelegt, und die See hatte uns, die Trümmer des zerschlagenen und gesunkenen Schiffes, das einst so stolz durch die Meere kreuzte, an den Strand gespült. Da lagen wir nun, herrenloses Strandgut am Rande irgendeiner einsamen Bucht, abseits des großen Geschehens in der Welt und warteten. Warteten, daß uns irgendein Fremder entdeckte, sich für uns interessierte und an sich nehme. Von denen, die das Schiff geführt hatten, würde wohl keiner nach uns fragen, die waren bis auf den letzten Mann ertrunken. – In dieser Situation wurde ich aufgesammelt, in eines der Kriegsgefangenenlager an der adriatischen Küste Italiens gegeben, um dort aufbewahrt zu werden. Vielleicht meldete sich gelegentlich ein Interessent, oder sollte sich doch jemand finden, der Besitzanspruch auf mich geltend machen würde? Ich beschloß, darüber nachzudenken. – Das Denken hatte ich mir entgegen aller Ratschläge von Kameraden und Vorgesetzten während der Dienstzeit nicht abgewöhnt. Obgleich ich hin und wieder mit Entsetzen habe feststellen müssen, daß ich mich auf dem besten Wege dahin befände ... Die Sonne schüttete ihren Segen aus, indem sie das Tun (der Lagerinsassen) durch ihre Hitze zu einem unerhört langsamen, fast würdigen Rhythmus retardierte. Nein, ich hatte noch etwas aus mir zu machen ... Wir mußten aus der Bemutterung des Kommiß heraus, früher oder später, und ein zweites Mal den Schritt ins Leben, den Schritt zur Selbständigkeit tun. Das Strandgut mußte schließlich doch einmal seinen Besitzer wiederfinden oder vielleicht auch einen neuen Herrn. – Hatte mich Gott nicht in so mancher Gefahr wunderbar beschützt? Neben mir waren die Kameraden gefallen. Der Tod war auf Armeslänge an mir vorbeigegangen. Vielleicht war er zögernd stehengeblieben, denn sonst hätte ich seinen kalten Hauch nicht so deutlich spüren können, aber der Herr des Todes hatte ihm befohlen, weiter zu gehen. Warum?“

Ein anderer erzählt, wie er als skibegeisterter Junge bei einer „tollen Abfahrt“ gegen den Stamm einer Buche prallte. Schwer verletzt und hilflos liegend, hat er damals gelobt: „Wenn Du mich wieder auf die Beine bringst, mein Gott, will ich Dein Missionar werden.“ Als junger Mann versuchte er dann mit Gottes strengem Gebot Ernst zu machen. Dabei entdeckte er aber: „Wenn ich zurückblicke auf mein bisheriges Leben, war es so, daß ich im stillen die Christen beneidete, die etwas mir voraus hatten ... Diese Leute waren immer freundlich und aufopfernd, warm und selbstlos. Sie halfen überall, wo es notwendig war. Sie schienen es als ganz nebensächlich anzusehen, für sie zu sorgen ... Ich merkte, daß mir Nächstenliebe, Bruderschaft, Gemeinschaft – kurz, christliche Liebe fehlte ... Ich war mit meinem Glauben auf einem toten Punkt." Gespräch, Predigt und Andachten haben ihn im Lager „darauf aufmerksam gemacht", daß Christus die Liebe ist, und zwar die Liebe, die vergibt. Wörtlich heißt es zuletzt: „Junge Menschen haben sich hier zusammengeschlossen zur Michaelskette. Wir sind Leute, die Christus erleben durften. Nur Christus, und damit die Liebe, kann unsere Kette verbinden. Wenn jeder von uns Christus in sich hat, muß er auch Liebe ausstrahlen lassen."

Ein Dritter notiert: „Wir lieben die Blumen, aber sie wissen es nicht und trachten nicht danach, uns zu gefallen. Ich dachte daran, als ich ein zweites Mal liegenblieb. Die Sorge um die Heimat und die Lieben legt sich schwer auf Tun und Gedanken; und eines Tages war auch der Schwung dahin, der mich tragen sollte. Wenn die (künstlerische) Arbeit auch mühsam weiterkroch, die Frage nach dem Sinn und das Zukunftsthema stemmten sich dagegen und sagten schließlich: ‚Halt!' Ich hatte mich ja selbst abgeschlossen und sollte nun allein damit fertig werden. – In diesem Augenblick geschah, was mich ewig erfüllen wird. Ich wurde angesprochen, wurde ergriffen und verurteilt. Brüder taten es, so selbstverständlich wie damals, doch ich war wohl ein anderer. Sie ließen mich meine Lage erkennen und schlossen mich auf. Der Herr Jesus trat neu unter uns und ließ mich neu beginnen."

### *Wiedersehen mit Bellaria (1978)*

Nach dreiunddreißig Jahren, 1978, habe ich zusammen mit meiner Frau die „Wiege" der Michaelskette in Bellaria noch einmal besucht. Mit einiger Mühe fanden wir die Casa, nun wieder ein etwas abgelegenes landwirtschaftliches Anwesen inmitten blühender Felder, Wiesen und Baumgruppen. Der Stall mit den Kühen war wieder ein richtiger Stall. Der Erzengel Michael grüßte noch immer von der Wand, wenn auch umrahmt von Spinnweben. Wir gingen hinauf in den ersten Stock, wo das „Amtszimmer" des damaligen Lagerpfarrers Schlüter gewesen war. Hier hatte er mit seinen beiden jungen Helfern, die dann Glieder der Michaelskette wurden, gewirkt. Es hat uns tief bewegt, daß die in einer Art Koch-Kunstschrift gemalten Bibelsprüche noch gut zu lesen waren. Die Farbtöne hoben sich ausgezeichnet von der sonst verbrauchten Wand ab. Wir lasen die beiden Zeilen: „Lasset uns aufsehen auf Jesum, / den Anfänger und Vollender des Glaubens" – und die um ein Kreuz mit Weintraube im Kreisrund geschriebene Abendmahlsverheißung: „Dies ist das Brot, das vom Himmel kommt und der Welt das Leben gibt." Das letzte untere Verbindungsstück des Kreises bildet die symbolische Darstellung eines Brotes. Unwillkürlich darf man hier an die Zusage von 1 Petr 1,24 f. denken: „Denn ‚alles Fleisch ist wie Gras und alle seine Herrlichkeit wie des Grases Blume. Das Gras ist verdorrt und die Blume abgefallen, aber des Herrn Wort bleibt in Ewigkeit!' Das ist aber das Wort, welches unter euch verkündigt ist."

Die Familie des Pächters hat uns sehr freundlich aufgenommen. Fast wie ein Gleichnis erschien uns der Name ihres kleinen Sohnes. Er hieß nämlich „Abraham". Es gab noch ein Zeichen, das uns ansprach. Die Pächtersleute waren jung und hatten das damalige Kriegsgefangenenlager nicht, jedenfalls nicht bewußt, miterlebt. Aber sie ahnten wohl, daß mit ihrer Casa seinerzeit etwas Besonderes geschehen war; sie war ja ein Gotteshaus und Pfarrhaus gewesen. So gingen sie mit den „deutschen Erinnerungsstücken" pfleglich und behutsam um. Dafür sprach auch das Zeichen in dem jetzigen Schlafzimmer der Eltern. Über dem Bett entdeckten wir, mitten eingelassen in die Tapete, eine damals ebenfalls buntgemalte Gruppe von Engeln. Offenbar schien von diesem Bild ein Segen auszugehen. Unter diesem Segen wollten die beiden jungen Italiener leben, Tag und Nacht. Deshalb haben sie das Bild sorgfältig erhalten. Welch eine Nachwirkung jener wenigen Wochen und Monate des Jahres 1945!

### *Beinahe nach Rom: Der Weizsäcker-Brief*

Der vorstehende Abschnitt über die Begegnungen und Erfahrungen in Lager 6a kann nicht abgeschlossen werden, ohne noch eines Vorgangs zu gedenken, der ein bezeichnendes Licht auf die damalige politische und kirchliche Lage der Deutschen innerhalb und außerhalb des Stacheldrahtes in Italien wirft.

Die 21. Tank-Brigade der Engländer hatte am 20. Mai 1945 den Stab des LXXVI. Panzer-AK., der noch arbeitsfähig war, mit dem Aufbau und der Verwaltung eines großen Gefangenenlager-Komplexes im Raum Rimini beauftragt. Dieses großzügige, einerseits riskante, andererseits konstruktive Unternehmen ist in die Geschichte unter dem

Namen „Enklave Rimini“ eingegangen. Den Deutschen hinter Stacheldraht wurde volle Selbstverwaltung eingeräumt. An der Spitze stand ein deutscher Panzergeneral, *Dr. Fritz Polack.* Er genoß das bewundernswerte Vertrauen der britischen Gewahrsamsmacht. Der deutsche Stab lag damals in Bellaria. Er war wie die deutsche Wehrmachtsstäbe in mehrere Abteilungen gegliedert. So gab es auch zwei Dienststellen für die Seelsorge an den Kriegsgefangenen, die von den beiden Militärgeistlichen versehen wurden. Auf evangelischer Seite war das der damalige Wehrmachtsoberpfarrer *Ziekur.* Die Verbindung zur britischen Militärseelsorge wurde durch Rev. *Cranfield* wahrgenommen. Dieser Chaplain, der durch ein mit einer Feder geschmücktes Barett („Vom Barette schwankt die Feder“) auffiel, war ein außerordentlich liebenswürdiger, gescheiter und brüderlicher Mann. Er kümmerte sich auch um die Repatriierung der evangelischen Geistlichen und hatte ein Herz für die Weiterbetreuung der Theologiestudenten, nicht zuletzt der „Michaelskette“.
Natürlich lag die italienische Post noch darnieder. Briefverkehr zwischen Lagerinsassen und Zivilbevölkerung war verboten. Wichtige Postsachen mußten durch Kuriere überbracht werden. Ein solcher *Kurierbrief* war am 14. September von Rom nach Rimini unterwegs. Der Absender war Botschafter *Ernst von Weizsäcker,* der nach Kriegsende seine Residenz in der Vatikanstadt hatte, nicht als Privatgefangener, sondern als Diplomat und Gast des Papstes. Gerichtet war der Brief an General Dr. Polack. Überbracht wurde das Schreiben durch einen katholischen Geistlichen, der vom Vatikan aus Zugang zu den britischen und deutschen Dienststellen in Bellaria hatte. Ohne daß ich es selber wußte, ging es in dieser Korrespondenz um meine Person und um meine Zukunft. Weizsäckers wußten durch meinen Besuch in der Villa Bonaparte, daß ich im Lazarett der 1. Fallschirmjägerdivision meinen Dienst verrichtete. Findig, wie der Vatikan in solchen Fällen ist, und sorgfältig, wie die britische Militärbürokratie zu sein pflegt, hatte man relativ rasch entdeckt, in welchem Lager ich untergebracht war. Offenbar wurde ich für eine unvorhergesehene wichtige Aufgabe gebraucht. In Rom war Not am Mann.

Wie ich später erfuhr, war kirchlicherseits und unterstützt vom evangelischen Gemeindemitglied Weizsäcker, der hier wie ein Patron fungierte, der Antrag gestellt worden, einen kriegsgefangenen Pastor zur Unterstützung des zeitlich und physisch überforderten Pastors Dahlgrün freizustellen. Man deutete mir an, daß die Engländer mit diesem Plan einverstanden gewesen wären, daß aber die Italiener ihn strikt abgelehnt hätten ... In dem besagten September-Brief läßt der Botschafter nicht locker und wendet sich an den leitenden deutschen Offizier mit der Bitte um Vermittlung. Man sieht daraus, welch hohe Vertrauensstellung Polack damals gehabt hat. Das interessante Dokument ist auch Oberpfarrer Ziekur zur Kenntnis gebracht worden. Am Rande hat General Polack eine erklärende Bleistiftnotiz angebracht, ich sei bisher in Abano tätig gewesen und vor 14 Tagen nach Bellaria gebracht worden. Alles andere geht aus dem *Text des Schreibens* hervor. Wegen seines zeitgeschichtlich interessanten Inhalts sei es auszugsweise im Wortlaut zitiert:

„Sehr geehrter Herr General!

Herr Kaplan Bardorff, zu dem wir enge persönliche Beziehungen unterhalten, hat es freundlicherweise übernommen, anläßlich seines letzten Besuches in Bellaria auch die Frage der Freistellung eines evangelischen Geistlichen als Vikar und Hilfskraft für den deutschen Pastor in Rom zur Sprache zu bringen. Wie mir Herr Bardorff jetzt mitteilt, sei zwar die Entsendung von Herrn Pastor Jentsch hierher erwogen, aber schließlich zurückgestellt worden. Da mir die hiesige evangelische deutsche Gemeinde am Herzen liegt, möchte ich die Angelegenheit meinerseits noch einmal aufgreifen und Sie, sehr geehrter Herr General, bitten, Ihren Entschluß im positiven Sinne geltend zu machen." Dann äußert sich der Diplomat über die große Leistung Pastor Dahlgrüns, aber auch über seine Überforderung durch die umfangreiche Gemeindearbeit und den zusätzlichen Dienst an den zivilen Flüchtlingen und Verwundeten. Die Gemeinde als „Exponent des Deutschtums" brauche dringend Hilfe.

Am Schluß heißt es: „Sollte es Ihnen daher möglich sein, die Entsendung eines jüngeren evangelischen Geistlichen nach Rom durchzusetzen, so würden Sie damit der Sache unserer Landsleute hier einen großen Dienst erweisen. Ich darf dabei noch bemerken, daß Pastor Jentsch meiner Familie und mir seit langem bekannt und befreundet ist. Ich glaube, er oder eine andere Persönlichkeit seines Schlages wäre für die hiesige Umgebung sehr geeignet. Dagegen möchte ich von der Entsendung eines sogenannten ‚deutschen Christen' in jedem Falle abraten, da ein solcher bei der hiesigen Gemeinde, der u. a. auch einflußreiche Schweizer und Skandinavier angehören, und bei den deutschen katholischen Geistlichen, zu denen das Verhältnis von Pastor Dahlgrün ein ausgezeichnetes ist, auf Ablehnung stoßen würde ... Weizsäcker."

Es hat nicht sollen sein. Wie anders wäre mein Leben verlaufen, wenn ich damals in die „Ewige Stadt“ gekommen wäre. Eine solche Aufgabe, die mich auch vor die Probleme des Interkonfessionellen gestellt hätte, wäre reizvoll gewesen. Aber meine „ökumenische“ Entwicklung sollte in einem anderen Kontext entstehen.

## 3. Zwischenstation Lager 4 in Rimini (Lagerpfarrer)

Bellaria und Rimini, beide Orte bedeuteten für viele junge und ältere Menschen, nicht zuletzt für mich, Ernstfälle, die das Leben neu prägten. War Bellaria in meiner Erfahrung mehr eine kurze Zeit der Besinnung nach innen, so wurde Rimini eine lange Zeit des Dienstes nach außen. Die Fülle der Geschichte mag auf einige wesentliche Gesichtspunkte konzentriert nachgezeichnet werden. Sie gehen weit über das persönliche Schicksal hinaus.

### *Aufbau, Stimmung, Betreuung*

Die *Enklave Rimini* war ein ziemlich großes Gebiet an der Adriaküste. Es erstreckte sich von den heutigen Badestränden und Kurorten bis weit ins Hinterland. Die Lager und Unterkünfte waren entlang der Küstenstraße von Riccione nach Ravenna und der berühmten Via Emilia (von Rimini in Richtung nach Bologna) angelegt. Im Nordbereich lag Cervia mit dem deutschen Heldenfriedhof. Den Südbereich schloß der bekannte Badeort Riccione, den sich die Engländer als Sitz ihrer Kommandozentrale ausgesucht hatten. In der Mitte der Enklave erhob die kleine Republik San Marino, jener eigentümliche Bergstaat, ihr trutziges Haupt. Es war von überall zu sehen. Im Juni 1945 strömten hier vorerst 150000 deutsche Soldaten, Kolonne um Kolonne, zusammen. Es sollten später immer mehr werden. Rimini wurde Sammel-, Durchgangs- und Entlassungslager. Die Briten standen im Blick auf Unterbringung, Verpflegung und Verwaltung vor einer schier unlösbaren Aufgabe. Aber sie schafften es dank der deutschen Mithilfe. In einem unglaublich raschen Tempo wurde eine Lagerstadt großen Ausmaßes errichtet. Lager um Lager entstand, zum Teil aus Zelten bestehend, teils aus Nissen-Hütten. Bald war alles straff organisiert. Es lief „wie geschmiert“. Deutsche Organisationskunst und der gute Wille aller Beteiligten, einschließlich derer, die später durch diese Lager nach Hause wollten, trugen wesentlich dazu bei.

Insgesamt sind etwas 300 000 Kriegsgefangene durch Rimini hindurchgeschleust worden. Darunter waren die ehemaligen POWs (Prisoner of war), die bereits vor der Kapitulation gefangengenommen worden waren, und vor allem die SEPs (Surrendered enemy personal), sogenanntes „Feindpersonal“, das sich nach der Kapitulation „ergeben“ hatte. Die Massenlager erforderten mannigfaltige Einrichtungen zur *Versorgung* und Betreuung in physischer, technischer und kultureller Hinsicht. In Cesena, Cesenatico und später in Miramare verrichteten gut gegliederte Lazarette mit zum Teil ausgezeichneten Ärzten und erfahrenem Sanitätspersonal ihren gesegneten Dienst. Fahrbare Zahnstationen taten das ihre. Zu nennen sind hier besonders die Werkstattabteilung in Cervia und der Versorgungsstützpunkt Viserba. Zahlreiche „Arbeitseinheiten“ waren außerhalb der Lager tätig. Im Laufe der Zeit konnten sich die hier arbeitenden Männer auch ein paar Shillinge verdienen. Großer Wert wurde auf die kulturelle *Betreuung* gelegt. Ein ganzes Symphonieorchester wurde gegründet. Theater- und Varietégruppen sorgten für Unterhaltung. Zur Information der Gefangenen, die nach Nachrichten aus der Heimat hungerten, diente eine eigene Lagerzeitung „Die Brücke“. Nicht zuletzt dachte man an den ganzen Problemkreis Bildung und Ausbildung, und zwar auf allen Ebenen, etwa in schulischer, beruflicher und akademischer Hinsicht. Ein besonderes Lob verdienen die damaligen Pioniereinheiten. Sie waren dauernd im Einsatz, insbesondere beim Straßenbau sowie in der Strom- und Wasserversorgung. Als 1945/46 der Winter einbrach, mußten die Lager auf dem Gelände des Flugplatzes Rimini winterfest gemacht werden. Dazu war es notwendig, beispielsweise 27 000 m Rohrleitungen zu verlegen.

Mitten in ein Kernstück dieses vielschichtigen Lagerkomplexes Rimini, nämlich in das Lager 4, wurde ich bald nach der am 18. 9. erfolgten Schlußfeier der Michaelskette Ende September/Anfang Oktober verlegt. Hier wurden besonders diejenigen Kriegsgefangenen gesammelt, die länger bleiben mußten, weil sie aus der „Ostzone“ stammten und noch nicht repatriiert werden konnten. Hier lernte ich das Umfeld meines neuen Lagers kennen. Da war das Lager 5, das erst als Ausbildungslager, dann als Entlassungslager diente und nun für die Nationalgruppen, nicht zuletzt für die Ukrainer, bestimmt war. Umstritten im Urteil vieler Landser war das Lager 4a, das die Gewahrsamsmacht für die sogenannten R-Leute (von „recalcitrant" – widerspenstig) vorgesehen hatte. Als „widerspenstig" galten damals pauschal die Angehörigen der Waffen-SS, der Polizeieinheiten, aber auch die Fallschirmjäger und die Marine-Kampftruppen. Ganz konsequent wurden die beiden letzteren allerdings nicht eingestuft. Jedenfalls hat man mir nie meine Tätigkeit als Sanitätsdienstgrad im Feldlazarett der Fallschirmjäger negativ vorgehalten. Besonders die jungen Männer aus dem Sudetenland und ähnlichen Gebieten, die man zur Waffen-SS eingezogen hatte wie andere junge Deutsche zur Wehrmacht, litten unter dieser Bewertung und den sehr strengen Bedingungen des R-Lagers. Einer von ihnen notierte später in einem mir anvertrauten Schriftsatz, wie schwer die Entbehrungen dieses Lagers für ihn gewesen seien. Als Erklärung für die harten Maßnahmen sei ihnen bedeutet worden: „Damit ihr wißt, wie es im KZ war." An der Einrichtung der Konzentrationslager waren diese jungen „Volksdeutschen" sicher nicht schuld. Später haben die Engländer ihr Vorgehen differenziert bzw. modifiziert und nicht mehr kollektiv verurteilt. Damals aber regte sich verständliche Kritik und Zweifel an der individuellen Gerechtigkeit. So konnte die „Umerziehung" der Deutschen zur Demokratie nicht gelingen. Wieder später kamen die R-Leute von Lager 4a nach Lager 5, während Lager 4 mehr und mehr zum eigentlichen Entlassungslager aufrückte. Lager 4 wurde wie die meisten Lager von Angehörigen der polnischen Legion bewacht.

Die *Gesamtstimmung* der Menschen hinter Stacheldraht, denen ich im Herbst und Winter 1945/46 begegnete, läßt sich nicht auf einen Nenner bringen. Einerseits wirkte der Schock des verlorenen Krieges nach. Alles, woran man bisher geglaubt hatte oder glauben mußte, galt nicht mehr. Man kam sich vor wie ein verlorener Haufe. Manche waren der Verzweiflung nahe, vor allem wegen der Sorge um die Angehörigen zu Hause. Fürsorge paarte sich mit Heimweh, vornehmlich bei den Jüngeren. Erst Ende 1945 wurde dem Postverkehr stattgegeben. Aber der Briefwechsel brauchte noch viel Zeit. Ich selbst hatte keine Verbindung zu meiner Frau, die in der Ostzone lebte. Dazu kamen die Probleme, die durch das erzwungene und enge Zusammenleben der Männer in einem Massenlager zu entstehen pflegen. Man fiel sich gegenseitig „auf den Wecker". Die verbreitete Resignation wandelte sich in Aggression. Nicht zuletzt hatten die „Latrinen-Parolen" bzw. die Gerüchtemacher Konjunktur. Sie riefen Unruhe hervor und warfen auch die Gleichmütigsten aus dem Sattel. Auf der anderen Seite waren positive Erscheinungen zu beobachten. Manche Entwicklungen korrespondierten geradezu mit den negativen Erfahrungen. Im Laufe der Zeit trug vieles das Zeichen des Übergangs. Anschaulich deutet das beispielsweise das Berichtsheft „Enklave Rimini" an, wenn es dort heißt: „Auf Wochen und Monate schwerster seelischer Belastung folgte das Bedürfnis nach Entspannung und Zerstreuung." Diesen neuen Wünschen kam der „Betreuungsdienst" in vorbildlicher Weise entgegen, sei es durch Filmvorführungen, Kabarettveranstaltungen und Konzerte, vor allem aber durch die auf hohem Niveau stehenden Chor-, Symphonie- und Kammerkonzerte. Ganz so stur und langweilig war also das Lagerleben in Rimini nicht. Allein der Zugang von neuen Gefangenen aus dem Süden und der Abgang von Heimkehrern nach Deutschland bedingte ein ständiges Kommen und Gehen. Immer war etwas los. Die Freude der Rückkehrer und die Enttäuschung der Dableiber lösten einander ab. Und noch eins: Das positivste Zeichen war wohl die teils verborgene, teils sichtbare innere Bewegung, die durch Tausende der Männer hinter Stacheldraht in Rimini lief. Man konnte es an dem zunehmenden Strom der Gottesdienstbesucher, aber auch an den zahlreichen Einzelgesprächen der Lagerseelsorger wahrnehmen. Nicht wenige machten im Kämmerlein ihres Herzens eine Revision und kamen durch die Wiederbegegnung oder Neubegegnung mit dem Evangelium zu einer Regeneration des Glaubens. Bei einzelnen oder Gruppen schlug die Einkehr regelrecht in eine Umkehr um. So trug die Zeit hinter Stacheldraht auch gute, unverhoffte Früchte.

Der Wunsch, aus der langen Zeit des Wartens etwas Sinnhaftes zu machen, und das Vorhandensein guter pädagogischer Kräfte hatte schon im Sommer 1945 zu einem erstaunlich gutfunktionierenden Bildungswesen geführt. Es hatte Niveau, war vielfältig und praktisch. Alles das geschah noch vor dem Eingreifen der YMCA-Kriegsgefangenenhilfe, d. h. im reinen Selbsthilfeverfahren. Zwischen Juli und Ende September arbeitete eine ganze *Lagerhochschule* mit 80 Dozenten, 700 Studenten und nicht wenigen Gasthörern. Hier waren Geisteswissenschaften, technische Wissenschaften, Land- und Forstwissenschaft vertreten. Nach dem Abschluß des Semesters wurden die anderen nichtakademischen Lehrgänge im Sinne einer „*Lagerschule*" weitergeführt, etwa für die Reifeprüfung, für Fremdsprachen und handwerkliche Kurse. Außerdem fanden kaufmännische, technische und handwerkliche Lehrgänge statt. Kirche und Theologie waren vorerst nicht vertreten. Das Ganze machte den Eindruck einer „Volkshochschule" im weitesten Sinne des Wortes. Kein Wunder, daß sich früher oder später innerhalb und außerhalb dieses Rahmens die Lagerseelsorge zu Worte meldete. Das Vakuum „Theologie" mußte gefüllt werden. Als einem an Ausbildungsfragen interessierten Theologen, der bereits in dem Berliner Jugendleiter-Seminar, aber auch im Lazarett Abano und im Lager 6a (Michaelskette) Erfahrungen gesammelt hatte, erwuchs mir damit eine Chance und eine Aufgabe. Davon soll noch berichtet werden.

*Kirchliche Aspekte*

Die Krönung kultureller Aktivitäten und kreativer Handfertigkeit bildete im Lager Rimini die sogenannte *„Deutschlandhalle"*, die als Kulturhaus und Gotteshaus bzw. Kirche diente. Sie war ein Zeichen gediegener deutscher Werkkunst. Eine Art „made in Germany" hinter britischem Stacheldraht in Italien. Hier hatte man aus einer ehemaligen Kraftfahrzeughalle des Flugplatzes einen großen Theater- und Konzertsaal gemacht. Dabei wurden die einfachsten Mittel gebraucht, um die 800 Sitzplätze und eine Bühne zu schaffen. Das Prachtstück der Halle wurde eine Orgel mit mehreren Manualen und einem kunstvoll aufgebauten Pfeifenprospekt. Für die Pfeifen hatte man das aus Konservendosen und Blechkanistern gewonnene Blech benutzt. Für den Blasebalg ließen sich abgelegte britische Reithosen benutzen. Geeignetes Holz fand man überall, wenn man nur die entsprechenden Augen dazu hatte. Das Meisterwerk wurde berühmt und bestaunt. Nach dem Abzug der deutschen Kriegsgefangenen wurde es dem Erzbischof von Rimini vermacht. Leider ist die in ihrer Art einmalige Orgel später einem Brand zum Opfer gefallen. Auch diese Halle war ein Angebot und eine Anfrage für die Lagerseelsorge. Die zahlreichen Bänke boten eine gute Sitzgelegenheit und Schutz vor Wind und Wetter, wenn der *Gottesdienst* nicht im Freien gehalten werden konnte oder an besonderen Feiertagen mit großen Hörerscharen gerechnet werden mußte. Natürlich haben wir von dieser unverhofften Gelegenheit dankbar Gebrauch gemacht.

Ich selber war als Lagerpfarrer in einem der zahlreichen Zelte untergebracht, ein „Küster" und Zeltgenosse war *Gerhard Ehle,* einer der beiden jungen Helfer (um nicht zu sagen „Meßbuben") von Pastor Schlüter im Lager 6a. Beide waren wir Mitglieder der „Michaelskette". So vereinigte uns ein brüderliches Band. Wir konnten die Anliegen der Kettenordnung von der Bibellese bis zur Gebetsgemeinschaft gemeinsam in die Tat umsetzen. Das hat sich auf den Dienst in der Lagergemeinde ausgewirkt. Das Zelt, in dem wir wohnten, war klein, aber es hatte den Vorteil, daß außer uns niemand dort untergebracht werden mußte. So hatte ich die nötige Stille und Abgeschlossenheit, um meine Predigten und Vorträge vorzubereiten. Zwar schützten uns keine festen oder schalldichten Wände, sondern nur eine Zeltbahn, aber allein die Vorstellung eines relativ geschlossenen Raumes half mir sehr. Wir hatten, mitten im Massenlager, ein Fleckchen Erde, das uns gehörte, und eine Art „Hütte", in der wir mit Gott allein sein durften. Schon in den Wochen von Lager 4 hatte ich eine gewisse Bewegungsfreiheit. So konnte ich die anderen Felder des Winterlagers besuchen, Gespräche mit einzelnen Lagerinsassen führen und Austausch mit den Amtsbrüdern pflegen. G. Ehle erinnert sich noch nach 45 Jahren daran, daß meine Predigten und Vorträge besonders bei jungen Menschen „angekommen" wäre. Auch an der von mir ins Leben gerufenen Evangelischen Arbeitsgemeinschaft der Lagerschule hat er teilgenommen. Diese Tätigkeit übte ich vor allem von Miramare bzw. vom Deutschen Hauptquartier aus; sicher habe ich aber schon in Lager 4 erste Vorbereitungen dafür getroffen. Als ich ins Deutsche Hauptquartier ging, folgte mir Pfarrer *Eberhard Neumann* nach. Mit ihm ging G. Ehle in den Süden, als dieser Senior-Chaplain von Süditalien wurde. Schließlich landete mein ehemaliger „Küster" in Rom, wo er durch die freundliche Vermittlung von Rev. *Speirs* eine Art „Sekretär" des dortigen Auslandspfarrers Pastor Dahlgrün wurde. Bei der Niederschrift dieser Zeilen schickte er mir die Blätter, auf denen er während seiner Rom-Zeit vor 45 Jahren Nachschriften und Notizen meiner Vorträge in der Lagerschule sauber abgetippt hatte. Meine Zeit in Lager 4 umfaßte nur wenige Wochen. Außer ein paar Notizen vom Monat Oktober, die in einem Heft eingetragen sind, ist nichts mehr erhalten. Gleichwohl habe ich einmal hautnah die Situation der Entlassenen und der Zurückbleibenden in den Lagern auf dem ehemaligen Flugplatz Rimini erlebt. Das war für mich eine echte Hilfe für die Arbeit bzw. Verantwortung, die auf mich wartete.

## 4. Senior-Chaplain für Norditalien

### *Im Deutschen HQ Miramare*

Im November bin ich in das „Deutsche H.Qu. (Headquarters = Hauptquartier)“ übergesiedelt. Offenbar in Abstimmung mit den Engländern wurde mir die leitende Aufgabe übertragen, die der frühere Wehrmachtoberpfarrer *Ziekur* bei dem Deutschen Stab in der Enklave Rimini ausgeübt hatte. Dieser Dienstauftrag wurde im Laufe der Zeit näher präzisiert. Da sich Briten wie Deutsche auf eine längere Zeit hinter Stacheldraht einrichten mußten, wurden bestimmte organisatorische Maßnahmen erforderlich, um die Pastoration in den verschiedenen Lagern wirksam und auf längere Sicht durchführen zu können. Man teilte das große Gebiet Italien einfach in zwei Bereiche. Die Südregion wurde Pfarrer *Eberhard Neumann* übertragen. Sie umfaßte die Lager südlich von Rom und Neapel. Neumann stammte aus der Bekennenden Kirche der Provinz Brandenburg. Geprägt durch den Kirchenkampf verfolgte er in theologischer Hinsicht eine klare Linie. Außerdem verstand er es gut, mit den Lagerpfarrern brüderlich, wegweisend und ermutigend umzugehen. Mir selbst wurde die Betreuung der Nordregion zugewiesen, angefangen von dem Großlager Rimini bis hin zu den Lagern in der Po-Ebene, Tirol und die Gegend um Triest. Da auch die Kriegsgefangenen aus der Südregion über Rimini entlassen wurden, war die Zahl der geistlich zu versorgenden Männer besonders groß. Kaum war durch Abgänge von Heimkehrern eine Lücke eingetreten, wurde sie schon wieder von neuen Gruppen aufgefüllt. Wir deutschen Lagerpfarrer bekamen viel Freiheit eingeräumt. Man machte uns britischerseits keine großen Vorschriften. Jeder durfte arbeiten, wie er es für richtig hielt. Wir haben diese Freiheit nicht mißbraucht, sondern sie als die „Freiheit eines Christenmenschen“ verstanden, d. h. als eine zu verantwortende Freiheit. So wurde die Zusammenarbeit mit den britischen Kollegen geradezu vorbildlich. Sie waren ihrer Order und ihrem Rang nach „PW Supervising Chaplain“, führten also die oberste Dienstaufsicht, verhielten sich aber als wirkliche Brüder und helfende Berater. Drei von ihnen bin ich während meiner Italienzeit begegnet. Dem schon erwähnten Rev. *Cranfield,* der ein so großes Herz für die jungen Glieder der Michaelskette in Bellaria hatte, Rev. *Williams,* der sich sehr hilfreich um die äußere Organisation und die geistliche Kooperation der Lagerpfarrer bemühte, und Rev. *Speirs,* ein Baptist, dem vor allem die britische Verhandlungshilfe bei der Vorbereitung des Theologischen Seminars zu danken ist.

Ich schlug mein neues Quartier nicht mehr im Zelt, sondern in einer festen Unterkunft auf. Rechtzeitig zu Beginn des Winters hatte man das „Deutsche Hauptquartier" von Bellaria nach Miramare verlegt. Die neue Unterkunft befand sich in einem großen ehemaligen Kinderheim, direkt an der Adria gelegen. Das in gelber Farbe gestrichene Gebäude war nicht besonders schön und durch die Kriegseinwirkung ramponiert. Man hatte den Eindruck eines großen rechteckigen Kastens. Mit einiger Phantasie konnte man an einen Dampfer denken, vor allem im Blick auf den „Dachgarten", der wie eine Kommandobrücke wirkte. Der Ausblick auf das Meer war sagenhaft. Damals war das Wasser noch nicht durch Algen verseucht wie heute. Die zum Baden geführten Männer aus den Lagern und das Personal des H.Qu. ergötzten sich gelegentlich an dem einmaligen Geschenk dieses Strandes, das in Wasser, Luft und Sonne bestand. Gleich nach der Einfahrt stieß man auf die Südfront des Gebäudes, in dessen Erdgeschoß die Räume der beiden „Oberpfarrer" lagen. Es war wie in alten Zeiten. Im Sinne des überlieferten Abteilungszeichens IV d (Dora) evangelisch und IV d katholisch, wirkten wir als – so der Jargon des Barras – „Esak = evangelische Sündenabwehrkanone" und als „Kasak = katholische Sündenabwehrkanone". Wir verstanden uns prächtig und haben uns – natürlich unter Wahrung der konfessionellen Eigenständigkeit – brüderlich das Bällchen zugespielt. Der katholische Kollege hatte sein Zimmer mehr nach der Meeresseite, ich das meine nach der Straßenseite. Jeder hatte einen größeren Raum, der zugleich als Amtszimmer und Schlafzimmer diente, und ein Nebengelaß, in dem eine Toilette mit Wasserspülung untergebracht war.

Ein besonderer Glücksfall war es, daß ich zwei hervorragende Mitarbeiter bekam. Der eine war *Kurt Neumann,* ein Thüringer, der schon als Unteroffizier bei Oberpfarrer *Ziekur* gearbeitet hatte und ausbildungsmäßig überdurchschnittliche Kenntnisse und Erfahrungen (als früherer Kirchenbeamter?) in kaufmännischer, buchhalterischer und verwaltungsmäßiger Hinsicht hatte. Vor allem konnte er etwas ganz Praktisches, nämlich Schreibmaschine schreiben, d. h. etwas, was mir für meine vielfältige Korrespondenz von größtem Nutzen werden sollte. Kein Wunder, daß er später eine leitende und verantwortungsvolle Anstellung in der Finanzverwaltung des Christlichen Jugenddorfwerkes Deutschlands erhielt, wohin ich ihn vermitteln konnte. Der andere Helfer war so etwas wie eine „Ordonnanz", ein richtiges Original. Er war lang und hager, dieser immer hilfsbereite und erfinderische „Kumpel" namens *Droemer.* Er hatte Erfahrung in der Gastronomie. Wegen seines Aussehens nannten ihn die Kameraden gleichwohl „Hungerturm". Er hielt die Räume sauber, bereitete das Kriegsgefangenenessen schmackhaft, ästhetisch und attraktiv, so daß es ein Genuß war, von ihm betreut zu werden. Außerdem hatte er Beziehungen zu der Zivilbevölkerung, so daß auch zuweilen etwas Zusatzkost oder ein überraschender einheimischer Tropfen ihren Weg in das „Kinderheim" bzw. das H.Qu. fanden. Er hatte sich das kleine Gelaß zu einer Kleinküche ausgebaut, indem er kurzerhand den schmalen Raum mit einer Zeltbahn teilte. Die eine Hälfte diente zur Bereitung der Speisen, die andere zur Verdauung derselben. Da dieses Gelaß direkt an das Gelaß des katholischen Kollegen stieß und oben der besseren Durchlüftung halber zwei oder drei Ziegelsteine ausgelassen waren, hieß es, dort wehe „ökumenische Luft". Spaß beiseite. Der treue Kurt Neumann ist schon heimgegangen. Was aus Droemer geworden ist, weiß ich nicht. Er wollte früher oder später eine Gastwirtschaft aufmachen. Ich selber habe damals diese räumliche Lösung als eine echte Chance und ein gutes Geschenk unseres Gottes verstanden. Endlich hatte ich einen Raum, in dem ich allein und still arbeiten konnte, und der mir Gelegenheit gab, mit Lagerpfarrern oder jungen Menschen seelsorgerliche Gespräche zu führen.

### *Predigten*

Eine wesentliche Rolle spielte auch in dem neuen Amt hinter Stacheldraht die *Predigt.* Ich predigte gern und hatte einen aufgeschlossenen Hörerkreis. Im H.Qu. waren es die ehemaligen höheren Offiziere und das vielschichtige Personal. Als Predigtstätte diente mir der große Saal im H.Qu., der auch für Konzerte, Kammerfilmvorführungen u. a. vorgesehen war. Selbst in der großen „Deutschlandhalle" habe ich gepredigt. Wenn die vielen Männer mit Orgelbegleitung sangen, war das schon ein bewegendes Erlebnis. Übrigens sei in diesem Zusammenhang ein Erlebnis erwähnt, daß seinerzeit erst Aufregung verursachte und schließlich ein Schmunzeln hervorrief. Einer der Amtsbrüder predigte in der Deutschlandhalle über das Jüngste Gericht. Während der Predigt stürzte ein Stück der Decke von der durch die Kriegseinwirkung baufällig gewordenen Halle ein. Manche Kollegen, die sich noch auf ihre alttestamentlichen Vorlesungen besinnen konnten, fragten sich, ob denn der liebe Amtsbruder eine „prophetische Gleichnishandlung“ habe durchführen wollen. Das hatte der Prediger natürlich nicht gewollt und war genauso überrascht wie seine Hörer. In meiner Sammlung sind nur wenige Predigtmanuskripte erhalten geblieben. Sie vermitteln aber doch einen Eindruck von der „homiletischen Situation“ jener Zeit, den Stimmungen der Zuhörer und den Versuchen des Predigers, ihnen mit der biblischen Botschaft zu begegnen.

Am *2. Advent* predigte ich über Lk 12,35 f., jene Stelle, in der Jesus auffordert, sich zu „gürten“ und auf den Herrn zu „warten“, der an die Tür klopfen wird. Für einen Gottesdienst hinter Stacheldraht war das Wort „warten“ geradezu eine Herausforderung. Was tat man denn anderes als eben dies, auf den Tag der Entlassung und Heimkehr warten? Ich suchte Mut zu machen, indem ich die Predigt unter das Thema „*Vom Adel des Wartens*“ stellte. Das Manuskript ist kaum noch lesbar, aber die Hauptakzente der Ansprache treten deutlich hervor. Da war zunächst die Rede vom „Abwarten“. Ganz nüchtern wurde festgestellt: „Jesus setzt voraus, daß der Mensch nicht warten kann, sondern ungeduldig ist.“ Aber mit der bloßen Wiedergabe der Situation, die allen bekannt ist, kann es nicht sein Bewenden haben. Das läßt der Text dem Prediger nicht zu. Auch der ständige Appell, „sich am Riemen zu reißen“, um mit der Misere fertig zu werden, würde nicht viel ausrichten. Vielmehr zielt der Text und damit auch die Predigt zentral auf den Gedanken des „Erwartens“: „Das Warten des Advents ist nicht nach rückwärts, sondern nach vorwärts gerichtet.“ Gemeint ist der Christus, der „deine und meine Zukunft darstellt, der nicht nur im Kommen ist, sondern schon wirklich da ist“. Der Schlußgedanke spricht vom „Aufwarten“ und „Zuwarten“. Da wird vor bloßer buddhistischer Selbstversenkung gewarnt und nachdrücklich zum Glauben und zum Lieben ermuntert: „Laßt eure Lichter brennen!“

Am Totensonntag mußte ich mich mit einem besonderen Problem auseinandersetzen, mit der Erinnerung an die in Italien gefallenen Kameraden. Das geschah auf dem *Ehrenfriedhof* in *Cervia*. Hinter einem Pinienwald, inmitten einer an die Märkische Heide erinnernden sandigen Landschaft, hatte man denen, die nicht mehr in die deutsche Heimat zurückkehren konnten, eine würdige letzte Ruhestätte bereitet. Die Anlage mit den 5800 Gefallenen und den 200 in den Lazaretten hinter Stacheldraht Verstorbenen wirkte wie ein Garten, umfriedet von Pinien und Zypressen, Bäumen und Sträuchern. Alles wurde überragt von einem hohen Holzkreuz. Als meine Frau und ich 1976 den

Friedhof aufsuchen wollten, suchten wir ihn vergeblich. Inzwischen hatte man die Toten in ein großes Massengrab im Norden von Italien umgebettet. Im November 1945 aber war die Erinnerung noch frisch. Für General *Polack* war die Pflege des Friedhofs ein besonderes Herzensanliegen. Unsere Männer haben damals mit Fleiß daran gearbeitet, den toten Kameraden einen würdigen Ruheplatz zu schaffen. Dem Prediger stand an diesem Totensonntag, den wir heute Ewigkeitssonntag nennen, eine verantwortungsvolle Aufgabe bevor. Als Text wählte ich *1 Kor 15,26*: „Der letzte Feind, der vernichtet wird, ist der Tod." Das war tröstlich und herausfordernd zugleich. Das Thema lautete: „Der letzte Gegner." Die Predigt wollte ernüchtern und ermutigen. Bezeichnend dafür sind die beiden Gedanken: „Der Tod schneidet den Lebensfaden ab, enthüllt unsere Ohnmacht und stürzt ins Ungewisse" sowie „Der Tod hat eine Grenze, er stirbt durch Christus, den Auferstandenen".

Zuweilen konnte eine Predigt für den Prediger wie für den Hörer zum Ernstfall werden, weil der Tag – etwa Neujahr – eine Herausforderung für das Morgen in der Heimat darstellte oder der Text an existentielle Erfahrungen im Gestern des Krieges erinnerte[25]. Jedenfalls war der Predigtgottesdienst ein wichtiger Austragungsort für die heimlichen Fragen der Kriegsgefangenen, die sonst keiner im Lager beantworten zu können schien.

### *Pfarrer: Beziehung und Betreuung, Beratung und Besuche*

Wann genau meine Tätigkeit als leitender Pfarrer in der Lagerseelsorge offiziell *begonnen* hat, läßt sich nicht mehr ausmachen. Mein schon im Lazarett Abano benutzter „Amtskalender" wird vom 19. Oktober 1945 an weitergeführt. Noch am 29. 10. vermerke ich eine Besprechung mit Wehrmachtoberpfarrer Ziekur, den ich wegen seiner Repatriierung ablöste. Aus einer Bemerkung am 1. 11. geht hervor, daß ich mit Ziekur zusammen in Riccione gewesen bin. Möglicherweise bin ich dabei der britischen Kommandostelle als Nachfolger vorgestellt worden. Schon am 2. 11. erfolgt die Angabe „*Pfarrkonvent*". Von Anfang an lag mir die wechselseitige Aussprache und Mitbestimmung der Amtsbrüder in der Enklave Rimini am Herzen. Im Laufe der Zeit entfaltete sich mein Wirkungsfeld von der engeren Region Rimini aus über ganz Norditalien. Einen Einschnitt hat Donnerstag, der 8. 11., bedeutet. An diesem Tag erscheint in meinem Amtskalender das später öfter wiederkehrende Stichwort „*Chefbesprechung*". Außerdem werden zum ersten Mal die beiden Buchstaben „H.Qu." erwähnt. Ich gehörte nun zum Stab des „*Deutschen Hauptquartiers*" und mußte an den Stabssitzungen unter Leitung des Kommandeurs Dr. Polack teilnehmen. In diesem Zusammenhang führe ich die Namen der Stabsoffiziere an: Fast alle waren gebildete, liebenswürdige und für die Sache, die ich vertrat, aufgeschlossene Männer. Mit Hauptmann *Pohle,* einem Leipziger Verlagsfachmann, kam ich besonders gut ins Gespräch. Am Abend des 8. 11. habe ich im H.Qu. zur Einführung und Selbstvorstellung einen Vortrag über die geistige Situation der Zeit in kirchlicher Sicht gehalten. Das Referat griff auf die Vorlesung zurück, die ich kurz vorher zur Eröffnung des evangelischen Lehrgangs in der Lagerschule gehalten hatte.

Wenige Wochen später sprach ich über das gleiche Thema im *Generalslager* Bellaria. Hier waren die Spitzen der deutschen Wehrmacht, die in Italien eingesetzt worden waren, angefangen von Generalfeldmarschall Kesselring bis zum jüngsten Generalmajor, versammelt.

Innerhalb der Enklave konnte ich meiner neuen Aufgabe als „Seelsorger an Seelsorgern" verhältnismäßig gut nachkommen. Es galt die persönlichen Beziehungen zu pflegen. Wir hielten regelmäßig Pfarrkonvente. Außerdem war es möglich, in meinem „Amtszimmer" im H.Qu. die Pfarrer, die in der unmittelbaren Umgebung als Lagerseelsorger dienten, zu Einzelgesprächen unter vier Augen zu empfangen. Manche waren des Trostes und der Ermutigung bedürftig. Mein Dienst stand und fiel mit der *Betreuung* im Einzelfall. Andere suchten Rat und Anregung für den Aufbau der Arbeit an den Männern, die stur oder nervös in ihren Zelten auf die Heimkehr warteten, während andere mit Galgenhumor oder bald wie ein Gewohnheitstier in ihren Arbeitseinheiten zum jeweiligen Tageswerk trotteten.

Der Kontakt mit den weit weg von Rimini als Lagerpfarrer eingesetzten Amtsbrüdern war schwieriger. Hier halfen *Besuche,* die ein Gespräch vor Ort ermöglichten. Schon mit Beginn des Winters 1945 gestatteten die Engländer mir, ein Transportfahrzeug aus dem deutschen Kraftzeugpark zu benutzen. Auf diese Weise bin ich jeweils ein paar Tage nach Bologna, Padua, Abano und Verona gekommen. Bei diesen Besuchen habe ich auch versucht, aktiv zur Gemeindearbeit vor Ort beizutragen, etwa durch eine Predigt oder einen Vortrag. Größere und weitere Fahrten in den Raum Bozen oder Triest, Mittelitalien und Rom waren Mehrzweckunternehmungen. Die kirchlichen Funktionen wurden dann im Rahmen meines Dienstes in der YMCA-Kriegsgefangenenhilfe ausgeübt. Es lag in der Natur der Sache, daß die seelsorgerliche *Betreuung* der Seelsorger eine arbeitsorientierte, Vertrauen erfordernde, meist ernste Angelegenheit war. Aber Pfarrer sind auch Menschen – selbst hinter Stacheldraht. In guter Erinnerung ist mir die Einladung, die ich für die in der Nähe amtierenden Pfarrer in meinem Amtszimmer ausrichtete. Mit Hilfe meines „Küchenchefs", des unermüdlichen Droemer, war ein guter Tropfen „organisiert" worden. Die Amtsbrüder sollten auch einmal fröhlich und entspannt untereinander feiern dürfen. Dies gelang, freilich fast zu gut. Die Kollegen waren schon geraume Zeit eines solchen Schluckes entwöhnt. Der Wein war nicht schwer, so daß sie nicht einfach „voll des süßen Weines" hätten werden können. Gleichwohl heiterte der bescheidene Umtrunk die Stimmung und Phantasie der Eingeladenen überraschend und beglükkend an. Es wurde viel erzählt und gelacht. Einer stand auf, nahm seine sämtlichen hebräischen Kenntnisse zusammen und rezitierte in verblüffender Genauigkeit lange Passagen aus dem Urtext des Alten Testaments. Auf diese Weise entstand ein Stück menschliche Gemeinschaft, die wir für unseren Dienst brauchten, der sonst oft durch die Erfahrung der Masse tagsüber im Lager und der Einsamkeit während der Nacht im Zelt belastete.

Eine besondere Note trug die Begegnung mit den deutschen *Auslandspfarrern* in Italien. In erster Linie muß hier Pastor *Frieder Wabnitz,* der Ortsgeistliche von Mailand und spätere Kirchenrat, genannt werden. Er war der offizielle Beauftragte der „Ökumenischen Kommission für die Pastoration der Kriegsgefangenen" in Italien und Österreich. Obwohl er nicht mit großen Gaben wie ein „Weihnachtsmann" der Gefangenen auftreten konnte – da hatte der Weltbund der YMCA andere Möglichkeiten –, übte er einen treuen, wohltuenden und hilfsbereiten Besuchsdienst aus. Er erkundigte sich nach der Lage der einzelnen Pfarrer, erteilte ihnen diesen oder jenen Rat oder nahm sich familiärer Angelegenheiten an. Ich freundete mich mit ihm näher an und war gern in seinem gastfreien Hause, was allerdings der Umstände halber kaum mehr als zweimal der Fall gewesen ist. Er handelte auf dem Markt geschickt wie ein Italiener mit Italienern und kochte gut. Damals noch Junggeselle, hat er erst spät geheiratet. Leider ist er dem Raubüberfall einer Straßenbande der Großstadt zum Opfer gefallen. Sie hat ihn totgeschlagen. Alle, die ihn gekannt haben, erinnern sich seiner dankbar.

Der andere Geistliche, der sich in das Gedächtnis der Lagerpfarrer in Italien eingeprägt hat, war Pastor *Dahlgrün.* Ich wäre ja beinahe sein Kollege in Rom geworden. Er war ein gescheiter und grundgütiger Mann, der den deutschen Protestantismus im Zentrum der katholischen Weltkirche mit Würde vertrat. Er wurde später der erste Dekan der Evangelisch-Lutherischen Kirche in Italien. Über seine zahlreichen Pflichten in der deutschen Auslandsgemeinde in Rom hinaus kümmerte er sich im wahrsten Sinne des Wortes um das Wohl und das Heil der ihm erreichbaren deutschen Kriegsgefangenen, insbesondere um die unter ihnen tätigen Lagerpfarrer. Sie waren ihm dafür sehr verpflichtet. Man spürte ihm die Geschäftigkeit und Verantwortung ab; er strahlte eine natürliche, aber auch geistliche Autorität aus. Ihm lag das Väterliche im guten Sinne des Wortes.

Die Zusammenarbeit mit den Amtsbrüdern der katholischen Schwesterkirche gelang überall gut, zuweilen vorzüglich. Ich konnte im deutschen H.Qu. eigene erfreuliche Erfahrungen machen. Hier hatte das Zusammenspiel der evangelischen und katholischen Wehrmachtgeistlichen fruchtbare Vorarbeit geleistet. Wir dienten an demselben Feldaltar oder in den entsprechenden Kirchenzelten bzw. Kirchenräumen, wenn sie zur Verfügung standen und „kein anderer Raum in der Herberge" zu finden war. Das ökumenische Verstehen und das ökumenische Verhalten ist hinter Stacheldraht in einzigartiger Weise eingeübt worden. Man fand sich als Brüder, weil man mußte, im Laufe der Zeit, und weil man wollte.

Ähnlich Positives ist vom Verhältnis unserer Lagerpfarrer zu den Vertretern der Militärgeistlichkeit der britischen Gewahrsamsmacht zu berichten. Die *britischen Militärpfarrer* haben sich in der Art ihres Umgangs mit den Kollegen aus den Kirchen des ehemals feindlichen Deutschlands unbestrittene Verdienste erworben. Sie waren für mich als den leitenden Pfarrer angenehme und faire, ja brüderliche Gesprächspartner. Ich mußte viel mit ihnen verhandeln. Der letzte Supervising Chaplain war der schottische Rev. *Speirs.* In einem „an meine Pfarrbrüder und ihre Gemeinde in der Enklave" gerichteten Brief heißt es, im Anschluß an Apg 2,8: „Wie hören wir denn ein jeglicher seine Sprache, darin wir geboren sind?" Hier knüpft er an eine schottische Redensart an: „Wenn du kein ‚Gossen-Blut', d. h. Anlieger der gleichen Gosse bist, dann bist du ein ‚Staub-Fuß'." Danach kann ein Zugewanderter niemals ein Eingeborener werden. Seit dem Turmbau zu Babel gebe es Mißverständnisse und Sprachverwirrung, aber zu Pfingsten seien durch das Ereignis des Heiligen Geistes „die Sprachschranken zusammengebrochen". Nun habe es wieder eine gemeinsame Sprache und eine neue Verstehensmöglichkeit gegeben: „The brotherhood of Christ was real" (Die Bruderschaft Christi war Wirklichkeit). In unserer Zeit gebe es eine Art „zweites Pfingsten". In der Lagerseelsorge Italiens wehte eine ökumenische Luft. In dieser Atmosphäre kam es zu jener einzigartigen Zusammenkunft, von der jetzt erzählt werden soll.

### *Pfarrkonferenz in Cervia*

Man kann sagen, daß die *Pfarrkonferenz*, die vom 7.–12. Mai 1946 in *Cervia* stattfand, einen, wenn nicht den Höhepunkt der Lagerseelsorge in Italien darstellt. Dies war keine übliche „Konferenz" auf Dekanatsebene, sondern für viele Lagerpfarrer die erste und einmalige Gelegenheit zu brüderlichem Austausch mit Amtsbrüdern, wo sie doch sonst auf sich selbst gestellt, ohne Kontakt und zum Teil vereinsamt waren. Für mich persönlich war Cervia im Blick auf meine kirchliche Arbeit als Senior-Chaplain zweifelsohne eine Herausforderung und Chance. Mußte ich doch die große Tagung, an der die Lagerpfarrer aus den britischen und amerikanischen Lagern, die deutschen Auslandspfarrer und Laienmitarbeiter aus den Gemeinden teilnehmen sollten, ausrichten. Die britischen Militärgeistlichen und die YMCA-Kriegsgefangenenhilfe unterstützten großzügig das Projekt. Wir durften mit hohen Gästen rechnen, so Rev. *Williams* vom Generalhauptquartier in Caserta, einem Vertreter des amerikanischen Hauptquartiers in Livorno, dem Lt. Col. (Oberstleutnant) *Mowbray*, A.W.S., ebenfalls aus Caserta, und der YMCA-Senior-Secretary, Mr. *Nelson*-Rom, dem amerikanischen Bruderschaftssekretär des Weltbundes der YMCA für ganz Italien. Untergebracht waren wir in Zelten. Die Umgebung bildete ein wunderschönes Wäldchen. Der Strand der Adria lag in greifbarer Nähe. Der Tagesablauf war eingerahmt von einer Morgenwache und einem Abendsegen. Diese Andachten wurden von den Lagerseelsorgern gehalten. Die geistliche Basis der gesamten Konferenz wurde in der täglichen Bibelarbeit gelegt. Sie hielt der schon erwähnte Pastor Dahlgrün, der deutsche Auslandspfarrer in Rom. Er sprach über Texte des 1. Timotheusbriefs und stellte das Phänomen der Bruderschaft in Christus heraus, das zwischen dem apostolischen Briefschreiber und dem jungen Briefempfänger bestanden habe.

Im übrigen boten die fünf Tage der Rüstzeit ein vielfältiges Programm. Da waren Vorträge, die ein hohes Niveau hatten oder wertvolle Anregungen für die Praxis vermittelten. Es war allerlei, was den Konferenzteilnehmern zugemutet wurde. Andererseits waren sie geistig ausgehungert. Da konnte reichlich Nahrung angeboten werden. Aus den Themen der Vorlesungen ging hervor, wie hilfreich die Bücherspenden der Ökumene bzw. des YMCA gewesen sind. Einige hatten sich bereits hinter Stacheldraht mit den neuen Lesefrüchten auseinandergesetzt. Jedenfalls zeigt das Programm der Konferenz, wie lebhaft man hinter Stacheldraht theologisch zu arbeiten begonnen hatte. Dabei kam das rein Praktische nicht zu kurz. Die Lagerpfarrer berichteten gegenseitig von ihren Freuden und Nöten in der Gemeindearbeit. Erste Erfahrungen mit der Pressearbeit („Bereitschaft") wurden mitgeteilt. Sogar eine „Handreichung für die CVJM-Arbeit in den Lagern" konnte vorgestellt werden[26].

Durch alle Vorlesungen und Referate hindurch zog sich, ausgesprochen und unausgesprochen, das Generalthema der *„Bruderschaft"*. Der ersten Vorlesung kam insofern eine besondere Bedeutung zu, als sie dieses Thema direkt ansprach und eine theologische Grundlegung für die Konferenz zu geben suchte. Als Thema hatte ich die drei großen „C" der Lutherischen Bekenntnisschriften gewählt: *„Colloquium, consolatio, congregatio"*. Mit dem ersten Begriff war das „mutuum colloquium", das „wechselseitige Gespräch" in den Schmalkaldischen Artikeln, gemeint. Das zweite Wort hob auf die „consolatio fratrum", den „Trost der Brüder" in derselben Bekenntnisschrift, ab. Die letzte Bezeichnung griff auf die „congregatio fidelium", die „Versammlung (Herde, Gemeinde) der Gläubigen" in Art. VII des Augsburger Bekenntnisses, zurück.

Das *Referat* beginnt mit dem Satz: „Das Christentum ist seit seiner Entstehung mit einer Hypothek belastet, mit dem Dogma von und der Verpflichtung zur Liebe." Daraus folge: „Die Welt erwartet, daß in der Kirche geliebt wird." Dem widerspreche aber die Wirklichkeit der Kirche und der Amtsbrüder, die doch ein Vorbild der Liebe sein müßten, die sie auf den Kanzeln predigen. Da sei viel gutes „Bekennen", aber auch „Streit um des Streitens willen". Meine Freunde und mich bewegten die Sorge um die Glaubwürdigkeit der Pfarrer und die Sehnsucht nach einer brüderlichen Kirche. Uns trieb die Angst um, daß wir die Stunde einer Erneuerung der Kirche verpassen könnten. Obwohl oder gerade weil ich zur Bekennenden Kirche gehörte, sagte ich im Wir-Stil: „Wir sind (in Sachen Bruderliebe) durch den Kirchenkampf und das Landsertum verwahrlost." Nun einiges zum I. Teil bzw. zu der Interpretation der drei Begriffe[27].

Die „*congregatio* sanctorum" wird in der deutschen Übersetzung des Augsburger Bekenntnisses mit „Versammlung aller Gläubigen" wiedergegeben. Ihrem Bedeutungsgehalt nach „rückt sie damit in die Nähe" der „communio sanctorum" bzw. der Gemeinschaft der Heiligen im III. Artikel des Apostolischen Glaubensbekenntnisses. Dieser Tatbestand hat mich damals zum Nachdenken gebracht. Da die Bezeichnung „heilig" personal (nicht neutral) und passivisch (geheiligt) zu verstehen ist, wurde mir klar, daß man die congregatio nicht im Sinne einer Subjekt-Objekt-Spaltung mißverstehen darf, sondern als Teilhabe und Anteilnahme, als Gabe und Aufgabe interpretieren muß. Congregare heißt ursprünglich soviel wie „zu einer Herde vereinigen". Kirche, Gemeinde, Bruderschaft meint jeweils beides: Sammlung und Versammlung zugleich. Wie gewohnt fragte ich auch hier zurück nach dem biblischen Wort, in diesem Falle nach dem Begriff „Leib Christi" (1 Kor 1,12). Da zeigt sich, daß dieser Leib Christi seinem Wesen nach nicht „für sich", sondern „für den anderen", d. h. auch „für mich" da ist. Zu dem Leib gehören die Glieder. Umgekehrt: zu den Gliedern der Leib. Der Leib wird von dem Haupt und die Herde von dem Hirten Christus zusammengebracht und zusammengehalten. So gesehen konnte ich congregatio bestimmen „als den vorhandenen Leib Christi, dessen Glieder von Christus gesammelt werden, und als den aufgegebenen Leib Christi, dessen Glieder sammlungswillig sind"[28].

Im Anschluß an die vorauslaufende Darstellung der Kirche als Sammlung (1) und Bruderschaft konnte ich die beiden Funktionen des brüderlichen *Trostes* (2) und des wechselseitigen *Gesprächs* (3) analysieren. Mir lag besonders daran, deren Charakter als Mitteilungsformen des Evangeliums unter anderen und ihre enge Verbindung zum seelsorgerlichen Schlüsselamt (Schlüssel zum Vergeben oder Behalten der Schuld) herauszuarbeiten. Nicht zuletzt hat mich der biblische Beleg, den Luther im Art. IV („Vom Evangelio") der Schmalkaldischen Artikel hinzugefügt, veranlaßt, die beiden Kommunikationsformen von Trost und Gespräch unter den Leitgedanken der Bruderschaft zu stellen und in Verbindung mit der „congregatio" zu bringen. Heißt es doch Mt 18,20: „Wo zwei oder drei versammelt (congregati) sind (in meinem Namen), da bin ich mitten unter ihnen."[29]

Der II. Teil meines Vortrags auf der Pfarrkonferenz in Cervia behandelte „Die *praktischen Aufgaben* einer Bruderschaft". Ich begann mit einem Bericht über die Erfahrungen mit der „*Michaelskette*"im Lager 6a. Abschließend trug ich den *Entwurf* zu einer „*Ordnung des geistlichen Lebens*" vor. Er stellt das Fazit der im Grundsatzteil vorgetragenen Gedanken dar. Dabei ließ ich mich inhaltlich und formal vom „Kirchenverständnis" der Urgemeinde (Apg 2,42) leiten, wohl bewußt meiner Grenzen und der Vorläufigkeit des Textes: die Pfarrbruderschaft sei nur „*eine* mögliche Gestalt der congregatio". Der Vorschlag wurde lebhaft diskutiert, weitgehend akzeptiert, teilweise kritisiert und schließlich in einigen Punkten umformuliert. Der Kern des Entwurfs ist aber beibehalten worden. Das sieht man schon an der Gliederung der Ordnung im Sinne des biblischen Textes[30].

*Die Ordnung der Pfarrerbruderschaft*

Nach intensiven Aussprachen und guten Formulierungshilfen gelang es, zu einer Gemeinsamkeit zu finden. Der endgültig verabschiedete Text hat folgenden Wortlaut:

„*Ordnung der Bruderschaft*

In der uns auferlegten Gefangenschaft erkennen wir die Führung unseres Herrn, der uns aufs neue begegnet ist und uns noch einmal zu seinen Zeugen bestellt hat. Wir glauben, seinen Ruf recht zu hören, wenn wir uns auf den Bruder hinweisen lassen. Deshalb schließen wir uns zu einer gemeinsamen Rüstung für unseren Dienst zu einer Bruderschaft zusammen. Die zu einer Bruderschaft Zusammentretenden bestätigen ihr Ordinations- bzw. Diakonengelübde, bekennen das Apostolische Glaubensbekenntnis und geben sich folgende Ordnung:

*Das Wort*

Wir beginnen den Tag mit einer Stille und der aus ihr erwachsenden Morgenwache (Herrenhuter Losungen und Bibellese); wir beschließen ihn in gleicher Weise. Um die Woche auf den kommenden Sonntag auszurichten, beginnen wir spätestens am Montagabend mit der Vorbereitung des Gottesdienstes und der Meditation des Textes der Predigt.

*Das Sakrament*

Wir wissen um die Kraft des Sakraments. Deshalb feiern wir das heilige Abendmahl nicht seltener als einmal monatlich. Wir wollen versuchen, dazu zu kommen, möglichst monatlich eine Privatbeichte zu halten. Wir empfehlen, daß jeder Bruder sich einen Mitbruder wählt als einen Beichtiger.

*Das Gebet*

Wir bemühen uns, unser gemeinsames Gebet am Morgen um 7.30 und am Abend um 22.30 Uhr zu halten.

*Die Gemeinschaft*

Wir stellen unsere Gemeinschaft auf den Gehorsam gegen folgende drei Forderungen: 1. Seelsorgerliches Ernstnehmen, Hören- und Verstehenwollen des Bruders in Christus, 2. Wahrhaftigkeit und 3. Opferbereite Liebe. Fragen der Kirchenzucht regeln wir nach Matthäus 18,15 ff."

Einige Formulierungen klingen allgemeiner und milder als mein Entwurf, andere genauer und verbindlicher. Gedacht war ursprünglich nur an eine „Bruderschaft auf Zeit", d. h. bis zum Ende der Kriegsgefangenschaft. Aber wir waren davon überzeugt, daß diese Leitgedanken auch in der Heimatkirche hilfreiche Anstöße zum geistlichen Leben des Pfarrers geben könnten. Die, die in Cervia mit dabei waren, haben sich nicht gesetzlich an die Ordnungen gehalten, aber ihr grundsätzliches Anliegen weiterhin wahrgenommen.

Die Pfarrkonferenz in Cervia endete am Sonntag, den 12. Mai, mit einem Gottesdienst in der Deutschlandhalle. Pfarrer *Karcher* predigte. Nach einer längeren Pause versammelte uns eine stille Abendmahlsfeier, die unser Senior, Pastor Dahlgrün aus Rom, leitete.

## *Die 2. Pfarrkonferenz in Miramare*

Noch ein *zweites* Mal gelang es, eine Pfarrkonferenz zu veranstalten, nämlich in der *Michaelisrüstzeit* vom 21. 9.–1. 10. Sie fand in enger Verbindung mit der Arbeitstagung der YMCA-Kriegsgefangenenhilfe statt, auf die ich noch zurückkommen werde. Von britischer Seite half wieder Rev. Speirs. Als Ehrengast erschien der General Chaplain Rev. Williams aus London. Diesmal traf man sich im Betreuungssaal des Dt.H.Qu. in *Miramare.* Das Tagungsprogramm sah eine weitgespannte, aber inhaltlich geschlossene Thematik vor. So wurden Grundfragen zum Wesen der Kirche, zum Auftrag des Pfarrers und zur Erneuerung der Predigt analysiert und diskutiert[31].

Ich selbst versuchte mich in einem größeren Referat mit Darlegungen über die missionarische Aufgabe, die unmittelbar vor uns in der Lagerseelsorge stand und die uns in der Heimatkirche erwarten würde. Das Thema lautete: *„Die geistliche Lähmung des Protestantismus und ihre Überwindung in einer erwecklichen Predigt."* Das Referat beruhte auf Erfahrungen, die ich während des Krieges und in der Kriegsgefangenschaft mit Predigt und Evangelisation gemacht hatte. Es enthielt grundsätzliche Überlegungen, bemühte sich aber auch um Anregungen für die Praxis. Ich setzte mit einer geschichtlichen Rückbesinnung ein, wie es zu den Substanzverlusten des Protestantismus seit dem reformatorischen Protest von Speyer gekommen sei. Dabei wurden nicht nur die negativen Auswirkungen des Rationalismus und die positiven Anstöße des Pietismus berührt, sondern gerade die neuere Entwicklung unter dem NS-Regime. Unbefangen, wie ich damals war, machte ich auf die Schwachstellen in Theologie und Kirche aufmerksam, so auf das „lieblose Bekennen", das vor lauter gutgemeinter Bekenntniskorrektheit die Ausrichtung am Nächsten bzw. am Bruder zu kurz kommen läßt und eher eine Art „theologischer Angst vor dem Menschen" enthüllt. Weiter nahm ich gewisse Übertreibungen in der liturgischen Bewegung aufs Korn, wenn ich von einer „Flucht von der Kanzel zum Altar" sprach und sogar zuweilen eine „protestantische Unfähigkeit zur Bitte um den Heiligen Geist" meinte feststellen zu können. Das Wesen der Evangelisation wurde als „eine", aber eben entdeckende „extensive Form der Verkündigung" bestimmt. Sie wolle entfremdete Glieder in den „Leib Jesu" zurückführen oder neue Menschen für Christus und seine Kirche gewinnen: „Die Evangelisation gehört nicht dem Evangelisten, sondern der Kirche, der Gemeinde Jesu." Anders ausgedrückt: Evangelisation dient der „Konzentration und Personalisierung der Botschaft". Neben der „außerordentlichen Predigt" interessierte die Zuhörer aus dem Pfarramt besonders der Abschnitt über die „erweckliche Gemeindepredigt". Die Grundgedanken meines damaligen Referates habe ich in meine spätere Schrift „Erweckliche Verkündigung" (1948) eingebracht.

# VI. YMCA-KRIEGSGEFANGENENHILFE: ANGEBOT UND AUFBAU

## 1. Deutsches YMCA-Sekretariat Rimini

### *Der Dienst des Weltbundes*

Der Weltdienst der Christlichen Vereine Junger Männer (Worldliness Alliance of Young Men's Christian Association) hatte sich schon im Ersten Weltkrieg des Dienstes an den Kriegsgefangenen angenommen. Damals trat er in seiner Bedeutung hinter den Aktivitäten des Internationalen Roten Kreuzes zurück, dessen Gründer, Henri Dunant, zu den jungen Pionieren des Welt-YMCA gehörte. Im Zweiten Weltkrieg bekam die YMCA-Kriegsgefangenenhilfe (War Prisoners Aid = WPA) eine erhöhte Bedeutung. Viele ehemalige Kriegsgefangene, die der Alliierten in Deutschland und die zahllosen Deutschen in den alliierten Ländern, erinnern sich dieser Organisation gern und dankbar. Einschränkend muß man sagen, daß es sich hier um einen Dienst handelte, der nur im Westen, nicht aber im Osten erlaubt war. Die damalige sowjetische Führung mit ihrer marxistisch-leninistischen Ideologie ließ eine unter christlichen Vorzeichen stehende Sozialarbeit hinter Stacheldraht nicht zu.

Ich hatte schon relativ früh meine ersten Begegnungen mit dem Weltbund der YMCA, so während der Berliner Olympiade 1936. Freilich blieb es während des Dritten Reiches bei seltenen und meist nur indirekten Berührungen. Als ich Jugenddelegierter des Deutschen CVJM-Werkes für die YMCA-Konferenzen in Amsterdam und Oxford werden sollte, wurde mir die Ausreise durch die deutsche Gestapo versagt. Erst hinter Stacheldraht 1945 kam es wieder zu einer Begegnung mit dem Weltbund.

Inzwischen sind mehr als 45 Jahre vergangen. Nachdem ich in den Jahren 1948–1954 immer wieder mit dem gedruckten Wort oder mündlich über die Erfahrungen der Gefangenschaftskirche und der YMCA-Kriegsgefangenenhilfe berichtet hatte, wurde es in Kirche und

Gesellschaft seltsam still um diese Thematik. Sie hat in dem Wirtschaftswunder-Deutschland nur wenige oder niemand interessiert. Erst in jüngster Zeit ist es durch die Anregung ehemaliger Studenten und Pfarrer, die den YMCA hinter Stacheldraht in Ägypten kennengelernt hatten, zu einer neuen Initiative gekommen, die die Arbeit der WPA von Ägypten bis Italien, von Frankreich bis Belgien, von England bis Amerika untersuchen, archivieren und darstellen soll. Das Projekt hat mit der Aufarbeitung der Weltbundaktivitäten unter der britischen Gewahrsamsmacht (Ägypten, Italien, Großbritannien) begonnen[32].

Mein eigener Erfahrungsbericht kann und will nur die größeren Zusammenhänge aus meiner Sicht darstellen und dabei die entsprechenden persönlichen Erlebnisse einflechten, soweit sie von allgemeinem, theologischem oder geschichtlichem Interesse sind.

### *Die Gesichter: Helfer und Mitarbeiter*

Eines Tages war er da, der erste ausländische *Helfer*, der stattliche und stämmige Mr. *Renato William Jones*, der Sonderbeauftragte des Weltbundes für die YMCA-Kriegsgefangenenhilfe in Italien. Eigentlich war er hauptamtlicher Weltbundsekretär des Genfer Stabes für Physical Education (Sport). Später ist er Generalsekretär des Welt-Basketball-Verbandes geworden. Unter den Gesichtern der Helfer, die unser deutsches Unternehmen aus der Taufe hoben und es weiter förderten, war das von Jones nicht zu übersehen. Er brauste jedesmal mit seinem ebenfalls erstaunlich großen „Schlitten" an, einem Auto, das unter Fachleuten und Laien das entsprechende Interesse fand. Meist kam er in britischer Uniform, ein „YMCA-Offizier", wie er im Buche steht. Seine Gesprächspartner waren Generäle und Obristen von Caserta bis Riccione. Er sprach nicht viel, alles an ihm war Handeln und Verhandeln. So war er auch nicht der christliche Socialworker, der viele religiöse Worte machte. Nur gelegentlich verwies er auf seinen symbolischen Vornamen „Renato", d. h. der Wiedergeborene. Im übrigen wußte er offenbar, was er von den Deutschen zu halten hatte. Er hatte von vornherein ein schier unbegrenztes Vertrauen zu mir, einem hauptamtlichen deutschen CVJM-Mitarbeiter, der trotz seines jungen Alters seit 1934/36 etwa zehn Jahre mitgearbeitet hatte. Das war, was er sich unter einem leitenden deutschen CVJM-Sekretär vorstellte. Ich war für ihn anscheinend eine Art „Glücksfall". So übertrug er mir den gesamten Aufbau und die Leitung bzw. die Exekutive der YMCA-Kriegsgefangenenhilfe für Italien. Auch nahm er meinen Vorschlag, die zentrale Verwaltungsstelle *„Deutsches YMCA-Sekretariat Rimini"*, ohne weiteres an.

Ich bekam einen Dienstwagen, der mich überallhin in die verschiedenen Lager im gesamten Italien brachte. Vom Dt. H. Qu. erhielt ich einen Fahrer und einen Dolmetscher. Ich habe mich mit diesem eigentümlichen Mann gut verstanden. Er war im wahrsten Sinne des Wortes „ein Mann von Welt". Ihn umgab von dem langstieligen Zigarillo mit Mundstück bis zu seinen hervorragenden Sprachkenntnissen so etwas wie eine kosmopolitische Atmosphäre. Rein herkunftsmäßig stammte er von Vaterseite aus der Türkei, war britischer Staatsangehöriger und mit einer Deutsch-Schweizerin verheiratet. Immer wieder habe ich seine Menschenkenntnis bewundert. Ironisch, aber auch wohlwollend, konnte er sich über altgewordene YMCA-Sekretäre äußern. In den Gesprächen erkannte man, daß es sich um einen wirklich gebildeten Mann handelte. Nicht zuletzt war er der geborene Diplomat, der mit den Potentaten und Militärs dieser Welt ebenso wie mit dem kleinen Kneipenwirt oder Bauer italienischer Zunge umzugehen wußte. Er mag, wie alle Menschen, seine Grenzen gehabt haben, ich habe ihm vieles zu danken. Er hatte ein Herz für die deutschen Kriegsgefangenen, stärkte mir in schwierigen Lagen den Rücken und gab mir manchen guten Rat.

Mit dem Amerikaner, Mr. *Nelson*, hatte ich nur wenig Kontakt, da er in erster Linie für die Aufgaben des Weltbundes in Italien selbst und für den Neubau des italienischen YMCA zuständig war. Ich habe ihn als einen weisen, gütigen und sensiblen Mann in Erinnerung. Er machte auf mich den Eindruck eines stillen und freundlichen Superintendenten älteren Jahrgangs.

Im späteren Stadium der Kriegsgefangenenarbeit stieß Mr. *Meade* zu uns. Er hatte die Funktion eines begleitenden und verbindenden britischen YMCA-Welfare-Betreuungs-Officers; im Sinne eines „Liaison-Verbindungs-Officers" tat er einen guten Dienst. Offenbar hatten sich einige britische Offiziere darüber aufgehalten, daß ich als deutscher Kriegsgefangener soviel Freiheit für das ganze Land Italien hatte, d. h. Privilegien, wie sie nicht einmal einem normalen Offizier der britischen Gewahrsamsmacht zugestanden wurden. Hatte ich doch einen Dienstwagen, einen Fahrer, einen Dolmetscher und durfte mein Reiseprogramm nach eigenem Gusto bestimmen. Mr. Meade war noch sehr jung, stammte möglicherweise aus besseren bürgerlichen

Kreisen und bekam überraschend einen Auslandsjob, um den ihn sicher viele seiner Landsleute beneidet haben. Im Anfang waren wir ein wenig betroffen über diese Art der Lösung, gewöhnten uns aber bald daran. Meade selbst trug wesentlich dazu bei, daß sich zwischen uns ein kameradschaftliches Verhältnis entwickelte. Mischte er sich doch in keiner Weise in die Fragen des Programms oder der Konzeption ein. Vielmehr beschränkte er sich auf die Herstellung von guten Beziehungen zu den britischen Dienststellen und räumte dadurch jeden Zweifel auf der anderen Seite aus. Er war wirklich ein treuer Begleiter und ein uns wohlgesonnener Brückenbauer.

Unter den deutschen *Mitarbeitern* sind es mehrere Gesichter, die mir in der Erinnerung vor Augen stehen. Da das Arbeitsfeld so groß, nämlich landesweit, die zur Verfügung gestellten Hilfsgüter so mannigfaltig und die bei dieser Pionierarbeit zu leistenden strategischen und organisatorischen Aufgaben so verantwortungsvoll waren, konnte der Leiter gar nicht auf den Gedanken kommen, autoritär zu reagieren oder einsame Beschlüsse zu fassen. Die Teamarbeit ergab sich von selbst. Wir wurden und waren eine ganz große YMCA-Familie.

Im einzelnen ergaben sich eine Reihe spezieller Problemfelder, für die ich immer wieder neue Mitarbeiter gewinnen konnte bzw. geschenkt bekam. Da waren zunächst einmal sprachliche Schwierigkeiten zu überwinden, etwa im Umgang mit den britischen Dienststellen oder im Verkehr mit der italienischen Zivilbevölkerung. Als alter Humanist war ich zwar gut in den antiken Sprachen Lateinisch, Griechisch, Hebräisch und auch ein wenig in Französisch ausgebildet, aber das nützte mir nichts für meine neue Aufgabe. Englisch hatten wir in unserer alten Fürstenschule nie gelernt. So mußte ich mich mit der kleinen Toussaint-Langenscheidt-Sprachlehre begnügen. Das „Radebrechen" in Italienisch hatte ich schon als Landser gelernt. Diese Art der Selbstbildung reichte aber für den verantwortungsvollen Auftrag, den ich innehatte, nicht aus. Ich bekam in vorzüglicher Weise Unterstützung durch die *Übersetzungs-Abteilung* des Deutschen Hauptquartiers. Mit aufrichtiger Dankbarkeit weiß ich mich noch heute dem Leiter *Dr. Helmut Viebrock* verpflichtet, dem späteren Professor der Anglistik, Shakespeare-Spezialist und Rektor der Universität Heidelberg, sowie seinem Mitarbeiter *Werner Lorenz*, der später Professor für Internationales Recht an der Universität München wurde. Viebrock, der mein missionarisches Wirken in Italien einmal mit liebenswürdigem Lächeln als Synthese von „Prophet und Düsenjäger" kommentierte, half mir Jahre danach bei meiner James-Joyce-Tagung in der Evangelischen Akademie Hofgeismar. An die Dolmetscherkunst von Lorenz erinnere ich mich gern, als ich im Britischen Hauptquartier Caserta/Neapel meinen Antrittsbesuch bei General *Napier* machte.

Aber diese Fachhilfen der Übersetzungen waren eher punktueller Natur. Der Umfang meiner Verpflichtungen machte eine größere Dauerlösung erforderlich. Da fiel mir *Kurt Miethke* ein. Er war mir von seinen verschiedenen Diensten in Abano Terme in guter Erinnerung. So fahndete ich nach seinem derzeitigen Aufenthaltsort, beantragte an offizieller britischer Stelle seine Abordnung und holte ihn kurzerhand in Bari/Süditalien ab. Er war nicht schlecht überrascht, ergriff aber die günstige Gelegenheit, um eine sinnhafte Aufgabe hinter Stacheldraht zu bekommen. Ich engagierte ihn nicht nur als *Dolmetscher*, sondern auch im Blick auf seine pädagogischen und journalistischen Fähigkeiten. Aus einer technisch-fachlichen Hilfestellung wurde eine unentbehrliche freundschaftliche Mitarbeit. Der Dolmetscher entwickelte sich zum Berater, der englische Interpreter zum persönlichen Referenten. Miethke („Kuno", wie wir ihn liebevoll nannten) verfügte über eine große Allgemeinbildung. Weltanschaulich war er damals eher bei Goethe, der französischen Kultur und der englischen Dichtung angesiedelt als bei Paulus, Augustin und Luther. Ohne daß ich es wußte, habe ich bei ihm zu einer Weichenstellung seines Lebens und Denkens beitragen dürfen.

Miethke fand hinter Stacheldraht den Weg zum persönlichen Christentum, zur beruflichen Mitarbeit im Deutschen CVJM-Werk als Schriftleiter in der AG der CVJM Deutschlands, als Dozent an der Sekretärsschule Kassel und als deutscher Weltbundsekretär in Genf, wo ihm die Redaktion der Weltbundzeitschrift „World's Communiquee" anvertraut wurde. Nicht wenige CVJM-Sekretäre erhielten durch ihn wertvolle Denkanstöße aus Literatur und Kunst. Er war ein persönlicher Freund von dem Dichter Rudolf Hagelstange. Kurt Miethke hat gern und gut geschrieben, aber relativ wenig veröffentlicht. Wenn es um ein Buch ging, hatte er eine eigentümliche Scheu vor solch einem zusammenhängenden Opus. Dafür war er ein Meister der Kurzgeschichte. Er hat mir selber bekannt, wieviel er von Ernest Hemingway gelernt hat. Als Berufsjournalist verstand er es, kurz und treffend zu berichten und anschaulich zu beschreiben. Ich selber verdanke ihm manche gute Formulierung bei der Abfassung von offiziellen Schreiben, vor allem den guten Freundesrat bei wichtigen Entscheidungen meines Lebens. Wenn es einen Schriftsteller gab, der die

Geschichte der deutschen Kriegsgefangenen in Italien und ihre Betreuung durch den YMCA hätte schreiben können, er wäre es gewesen. Merkwürdigerweise hat er das nie versucht. Vielleicht hätte man ihn direkter und intensiver dazu auffordern sollen. In Italien hat er einmal eine Auswahl aus seinem damaligen lyrischen Werk zusammengestellt. Als er mir den Band schenkte, hat mich ein Gedicht besonders beeindruckt. Es ist charakteristisch für seine Liebe zu Italien, ein Land, in das er immer zum Urlaub zurückkehrte, und für die sensible Kunst seiner Sprache, die, an Rilke geschult, deutlich eigenständige Züge aufweist. Das Gedicht ist überschrieben:

„*Prophet des Michelangelo:*
Doch aus Muskel und Mitte
Wirft sich sein Leib in den Schwung,
Der nur Blick ist und Nähe.
Wild im Wüten reißen die Arme,
Zerreißen den Raum
Und ein Sturm zerrt das Haar
In die Stirn und die zornigen Augen
Messen die Erde.
Sein Mund schreit ein Lied
Einen Fluch und ein Jauchzen.
Vor seinem Feuer
Zerstieben die Sterne wie Funken
Zertretener Asche
Oder wie Schwalben,
Die Schlachtlärm verscheuchte."

Noch eine andere Gruppe von „Gesichtern" bzw. Mitarbeitern muß genannt werden. Es sind die *jungen Männer*, die damals die *Materialstelle* des Deutschen YMCA-Sekretariats verwalteten. Sie halfen bei der Versorgung und Verteilung des vielschichtigen Materials, das vom Weltbund der YMCA aus der Schweiz geliefert wurde. Das mußte vereinnahmt und registriert, aufbereitet und verschickt werden. Das Team dieses jungen YMCA-Stabes wohnte und wirkte in der sogenannten *Baracke*. Sie trug diese Bezeichnung längst vor ähnlichen Bonner Bezeichnungen. Es war ein großes Holzgebäude am Strand vor dem Deutschen Hauptquartier gelegen. Der ranghöchste Mitarbeiter war ein junger Leutnant namens *Rolf Nolle*. Zu dem Kreis gehörten mit ihm zusammen fünf Kriegsgefangene, alle gleichwertig und jeder eine Nummer für sich: *Jochen Neumann*, schon damals still und stetig, wurde Diakon in Treysa und Hofgeismar, wo er in dem von ihm geleiteten CVJM meinem Sohn bei der „Einübung ins Christentum" behilflich werden sollte. Ein lebhafter und anpackender Mitarbeiter war *Helmut Ost*, dessen Beruf als Schriftsetzer ihm eine Mitwirkung in der Miramare-Druckerei ermöglichte. Ein ruhiger, aber tatkräftiger junger Mann war *Heiner Henninger*, der sich gut in das Team einpaßte. Über seinen weiteren Lebensgang ist mir nichts bekannt. Schließlich ist *Bernhard von Watzdorf* zu erwähnen. Er fiel mir auf, weil er als ehemaliger Fahnenjunker-Unteroffizier den Schlagbaum zum Deutschen Hauptquartier bediente. Oft mußte ich diese Stelle mehrmals am Tage mit dem Wagen passieren. So kamen wir miteinander ins Gespräch. Schon rein äußerlich verband uns die gemeinsame sächsische Heimat. Durch die politischen Verhältnisse konnte er weder zu dem Vater in die Ostzone noch zu der Mutter in die Schweiz. So nahm ich mich seiner im Laufe der Zeit etwas näher an. Durch sein weiteres Schicksal wurde die Verbindung noch enger.

Es gäbe noch manche junge und ältere Kameraden zu erwähnen, die diese Bezeichnung verdienen und die mir persönlich geholfen haben. Ich kann sie nicht alle aufzählen. Mein Dank an sie ist deswegen nicht geringer. Einer mag für viele stehen: *Hans Backhaus*. Er war mein *Fahrer*, stammte aus Berlin, was man sofort aus seiner Sprache heraushörte und seiner Schlagfertigkeit entnehmen konnte. Von Gestalt relativ klein gewachsen, drahtig und wendig, so wie die jungen Fallschirmjäger von damals sein mußten. Als im Einsatz bewährter Kraftfahrer verstand er etwas von seinem Handwerk. Es entging ihm kein Klopfen im Motor, kein unsachgemäßes Geräusch an der Karosserie. Bei Reparaturen (in Italien!) war er geduldig, einfallsreich und von keinem Fachmann zu schlagen. Dabei würzte er alles mit seinem nie versagenden Humor. Den Gegenstand, um den sich alles drehte, nämlich ein damals noch ganz schneidiger Opel-Super-6, liebte er wie eine Frau. Wir hatten sogar einen Kosenamen für unseren „fahrbaren Untersatz". Aus mir heute unerfindlichen Gründen nannten wir unser Auto „Casturba". Irgendwie hing das mit Indien und Gandhi zusammen. Aber warum wir die Bezeichnung von so weit herholten, weiß ich nicht mehr. Wenn der Wagen geputzt war, machte er einen repräsentativen Eindruck. Um unnötigen Kontrollen zu entgehen und gleichzeitig unsere „Firma" zu repräsentieren und „Flagge" zu zeigen, hatten wir vorn einen dreieckigen Stander angebracht, der das rote Dreieck mit einem schwarzen Querbalken und die weißen Buchstaben YMCA auf weißem Grund zeigte.

In diesem Wagen hat mich „Hans“, wie er überall hieß, nach Mailand, Tirol und Triest, aber auch nach Rom, Neapel und Tarent gefahren, auf und ab durch ganz Italien. Niemand hat gezählt, wieviel tausend Kilometer wir gefahren sind. Auf diese Weise konnte ich die entlegensten Gruppen von Kriegsgefangenen aufsuchen und sprechen. Immer war ich pünktlich und ausgeruht da. Diese schlichte, gediegene und treue Diakonie wird – dessen bin ich gewiß – im Himmel nicht vergessen werden. Hans kehrte später nach Ost-Berlin zurück und war dort in der H.O. tätig. Sein kaufmännisches Geschick, sein Organisationstalent und seine Pfiffigkeit fanden Anerkennung und Förderung. Gleichwohl sehnte er sich nach Freiheit. Leider schaffte er es mit seiner Familie nicht mehr rechtzeitig, vor der Mauer in den Westen zu gelangen. Wir haben ihn später bei der Konfirmation seines Ältesten, der mein Patenjunge wurde, besucht. Viel zu früh ist er unmittelbar nach seiner Frau, beide unheilbar krank, heimgegangen. Hier stimmt es: „Ich hatt' einen Kameraden – einen bessern findst du nicht.“

### *Das Tatzeugnis des YMCA-Materials*

Absichtlich stelle ich die beiden Worte um: Gewöhnlich sagt man „Wort und Tat“. „Tat und Wort“. Die YMCA-Kriegsgefangenenhilfe setzte mit einer Art „praktischem Christentum“ an. Sie wollte den Kriegsgefangenen aller Nationen zunächst einmal mit den Dingen helfen, die der Mann hinter Stacheldraht nach einem verlorenen Krieg nicht hat, die er aber braucht oder nach denen er sich am meisten sehnt. Wir konnten über die Fülle und den Wert der Gaben nur staunen. In einem Rundfunkvortrag in der Heimat gab ich an: „Etwa 120000 deutsche Bücher, darunter ganze Goethe-Ausgaben, zahllose Bibeln, Tausende von Musikinstrumenten und Sportartikeln, die vollständige Ausrüstung für 22 Fußballmannschaften, über 100000 Zigaretten u. a.“ verteilt zu haben. Genauer und noch anschaulicher sind die Angaben, die in meinem Artikel „Was heißt eigentlich YMCA?“ nach dem Stand von Ostern 1946 (21.4.) nachzulesen sind. Dort heißt es: „An Material wurde und wird demnächst verteilt: 30000 Vollbibeln, 6500 Lehrbücher, 8100 Unterhaltungsbücher, 7700 christliche Schriften, 27800 Gesangbücher, 20000 Schreibhefte, 90000 Bleistifte, 7500 Rasierklingen, 100 Malkästen, 15000 Taschenkalender, 288 Paar Boxhandschuhe, 234 Fußballgarnituren, 12 Grammophone, 400 Tischtennisspiele, 30 Akkordeons.“

Das Eindrucksvollste an diesen Gaben war, daß sie aus den Händen, Konten und Portemonnaies unserer ehemaligen „Feinde" stammten. Mit einem Male konnten unsere Deutschen, die jahrelang von einer kirchenkritischen, nicht selten gegenchristlichen Ideologie der nationalsozialistischen Weltanschauung erzogen und beeinflußt worden waren, sehen, was in Wahrheit christliche Nächstenliebe bis hin zur Feindesliebe vermochte. Abgesehen von der Schweiz und den skandinavischen Ländern kam die Hilfe vor allem aus dem angloamerikanischen Raum. Das Geld stammte nicht aus dem staatlichen Sozial- bzw. Militärhaushalt, sondern von einzelnen Menschen aller Einkommensklassen. Dahinter standen nicht nur die Geldmittel eines New Yorker Groß-Bankier-Sohnes, sondern auch der schwer geopferte Cent eines jungen amerikanischen Hafenarbeiters, nicht nur das an Pfunden reiche Konto eines englischen Rennstallbesitzers, sondern auch die Ersparnisse eines jungen Cornwaller Kohlenbergarbeiters. Die geschenkten und verteilten Hilfsgüter wurden zu Sendboten einer Liebe, die ihre tiefste Wurzel in dem Evangelium von Jesus Christus hatte. Geredet haben die YMCA-Leute relativ wenig oder überhaupt nichts. Der Weltbund der YMCA schickte uns nicht Evangelisten wie Billy Graham oder Wilhelm Busch, sondern ganz einfach „Materialien", Dinge, die nicht sprachen, aber halfen, stumme Gaben, die um so beredter wirkten. Während des Dritten Reiches hatte man das Wort von der „Feindesliebe" verspottet, jetzt wurde sie geübt, und man war dankbar, sie bedingungslos und unverzweckt empfangen zu dürfen. Das Echo auf diese „Liebesgaben" war groß und vielfältig. Die deutschen Kriegsgefangenen machten etwas daraus. Endlich hatte man etwas zum Lesen oder zum Spielen. Manche künstlerisch begabten Männer konnten nun ihre Aquarelle und Gemälde malen, die man in einer Kunstausstellung hätte zeigen können. Wer Musik liebte, war glücklich über die Instrumente. Ich selbst hatte endlich Papier und Bleistift, um schreiben zu können, Vorträge zu entwerfen, Notizen über bestimmte Seelsorgefälle zu machen usw. ... Nun „rollten die Räder", nicht für den Sieg, sondern für den Frieden. Große Lastwagen karrten das Material von München–Buchsee (Schweiz) nach Rimini. Von dort aus gingen die Transporte weiter in die einzelnen Lager. Die Umschlagstelle war die YMCA-Baracke an der Adria.

### *Das Zeugnis mit dem gedruckten Wort („Bereitschaft")*

Gewiß kennt der deutsche CVJM seit jeher das Zeugnis mit der Tat. Die soziale Komponente in den ersten evangelischen Jünglingsvereinen des 19. Jahrhunderts ist offenkundig. Die Arbeitsweise mit den „Häusern des jungen Mannes" ist seit den Tagen des Berliner CVJM Wilhelmstraße bis in die Gegenwart zum Modell der Arbeit an jungen Erwachsenen und Jugendlichen in Kirche und Welt geworden. Gleichwohl war dieses Tatzeugnis immer mit einem Wortzeugnis verbunden. Manchmal führte das wachrufende Wort zur sozialen Aktion, oder es kam durch Atmosphäre, Freizeitangebot und Hilfsmaßnahme zur Begegnung mit der christlichen Botschaft. Daher konnte ich als Vertreter der deutschen CVJM-Tradition durchaus etwas mit dem angloamerikanisch geprägten sozialen und kulturellen Programm der Kriegsgefangenenhilfe anfangen. Ich verstand es bloß nicht allgemein „humanitär", sondern speziell „christlich". Mir wurde klar, daß die Tat eines Wortes, die Aktion eines Kommentars bedarf. Von der Zentrale, d. h. vom YMCA-Sekretariat in Rimini, bedeutete das die Aufgabe eines Doppelzeugnisses durch das gedruckte und durch das mündliche Wort. Im letzteren Falle bedurfte es eines reisenden Sendboten. Das schriftliche Zeugnis dagegen konnte am Ort geschrieben, redigiert und gedruckt werden. Deshalb soll zunächst davon die Rede sein.

Als „gelernter" deutscher CVJM-Pfarrer wußte ich, daß eines der wichtigsten Instrumente missionarischer Arbeit die *Zeitschrift* ist. Wir brauchten ein Organ, das der Kommunikation der christlichen Botschaft bis in das entlegenste Gefangenenlager hinein diente. Es sollte in einer modernen Sprache Anstöße zum Glauben und zum Denken geben, aktuelle Informationen aus Kirche und Gesellschaft vermitteln, Kontakt mit den Lagerpfarrern bzw. -gemeinden halten, aber auch junge Leser für die Sache des CVJM gewinnen. Die Enklave Rimini war pressemäßig gleichsam „reif zur Ernte". Auch die Engländer wußten den Wert der Medien richtig einzuschätzen. Sie gestatteten den Deutschen, erst einen Nachrichtendienst und dann eine richtige Zeitung herauszubringen. Die letztere erschien im Oktober 1945 zum ersten Mal, und zwar in einer Auflage von 12000 Stück. Selbst der Druck wurde von deutschen Fachkräften besorgt. Dabei konnten zuerst die Klosterdruckerei in Miramare und dann eine italienische Druckerei in Rimini benutzt werden. Auf diesem gut beackerten Boden konnte sich unsere neue vom YMCA ermöglichte Zeitschrift glücklich und selbständig entwickeln. Sie trug den Titel „*Bereitschaft*" und den Untertitel „Wochenschrift der deutschen evangelischen Lagergemeinden in Italien". Die Auflage wurde in ganz Italien verbreitet. Gedruckt wurde die „Bereitschaft" in der „Deutschen Druckerei Miramare", die mit der Firma Garratoni in Rimini zusammenarbeitete.

Als Herausgeber zeichnete ich selber mit dem Zusatz „Deutsches YMCA-Sekretariat Italien (CVJM-Lagerdienst)". Die Schriftleitung lag in den Händen von Pfarrer *Kurt Oehlmann*, der hier sein theologisch fundiertes Urteilsvermögen, seine aufrichtige Weltoffenheit und seine dem sächsischen Menschenschlag zu verdankende Wendigkeit einsetzen konnte. Natürlich half *Kurt Miethke* mit seinen fachlichen Erfahrungen. Die erste Nummer erschien am 15.2.1946. Den Leitaufsatz hatte ich selbst geschrieben. Er behandelte das Schlüsselthema, das mich damals bewegte und das unter den geistig aufgeschlossenen Kriegsgefangenen im allgemeinen und in den Lagergemeinden insbesondere reges Interesse fand: „Die geistige Situation der Zeit und die kommende Kirche."

In einem besonderen Kästchen stand auf der Titelseite ein *Geleitwort* der Schriftleitung. Hier wurde der Begriff „Bereitschaft" erläutert und das Ziel der neuen Wochenschrift knapp umrissen. Danach bestimmten uns drei Gesichtspunkte. Einmal war das die Heimat. Sie brauchte für den Aufbau „Menschen mit Bereitschaft". Unser Blatt wollte den hart geprüften und taub gewordenen Männern hinter Stacheldraht einen neuen Weg zeigen, zu Christus nämlich, der Ohr und Auge öffnet: „Er ist immer bereit für uns." Die Zeitschrift mußte unter den Lesern Bereitschaft wecken: „Hören, Handeln, Hoffen: darauf wartet Deutschland. Das verlangt Christus. Dies will die vorliegende Wochenschrift."

Inhaltlich brachte die „Bereitschaft" größere *Aufsätze* über Glaubens- und Lebensfragen, die z. T. ein beachtliches Niveau hatten, aber immer interessant und lesbar waren. Da wurden theologische Begriffe interpretiert, daß man sie wirklich „kapieren" konnte (Pfarrer *Karcher*), oder in aller Offenheit Zweifelsfragen diskutiert, die Mut zum Glauben machten (Pfarrer *Oehlmann*). Andere Artikel erörterten philosophische Grenzfragen (*Dr. Junghans*) oder beschäftigten sich mit Problemen der bildenden Kunst, wozu Italien reichliche Anregungen gab. Der Dialog mit dem Leser wurde großgeschrieben. Aber nicht nur die Pfarrer führten das Wort. Unsere Zeitschrift hatte viel Raum für den „mündigen Laien". So schrieb ein Arzt über Sexualprobleme, so erschienen Beiträge von einem Griechischlehrer, Kunstsachverständigen, Literaturkennern usw. Darüber hinaus bot das neue Medium

Erzählungen, Gedichte und Unterhaltsames. Einen wichtigen Abschnitt bildeten am Schluß die Informationen aus der Heimat und ihren kirchlichen Neuanfängen, der Ökumene, dem CVJM, dem Weltbund der YMCA und aus dem Geschehen in den Kriegsgefangenenlagern der anderen Länder, vornehmlich in Ägypten, England, Frankreich und Amerika.

Ich *selbst* versuchte in ansprechender Form Beiträge zu einem neuen Verständnis der Bibel zu liefern. Wir hatten sie in Tausenden von Exemplaren in den Lagern verteilt. Nun galt es, dieses merkwürdige Buch sachlich interessant und vor allem lesbar zu machen. Dabei konnte ich die Erfahrungen verwerten, die ich in den von mir geleiteten Kursen der Lagerschule gesammelt hatte. So erschienen in der „Bereitschaft" nicht weniger als vier Folgen des Beitrags *„Die junge Generation und das Alte Testament"*. Ein anderer Aufsatz bemüht sich in konzentrierter (knapper) und konkreter (greifbarer) Form um die *Einleitung in das Neue Testament.* Er ist mit einer „Lesehilfe" verbunden, die vornehmlich dem potentiellen Leser (den es in hoher Anzahl gab) helfen wollte, der sich noch nie in seinem Leben mit diesem dunklen Buch beschäftigt hatte. Interessant sind an dieser Stelle zwei im Kleindruck beigegebene Anmerkungen am Anfang und Ende. Zu Beginn des Artikels bemerkte ich, daß die Vorarbeiten für diese Einführung in das NT „auf Grund eines Entwurfs von Lic. Jentsch in einer Arbeitsgemeinschaft von 5 kriegsgefangenen ev. Pfarrern und ihm im Lazarett Abano Terme 1945 fertiggestellt wurde". Schon damals war mir die Notwendigkeit eines solchen Versuchs in der Einzelbetreuung der Verwundeten aufgegangen. Am Schluß des Aufsatzes findet sich die Notiz: „Diese Einleitung in das NT kann vom Deutschen YMCA-Sekretariat in einem Sonderdruck zur Einlage in das NT (Stuttgarter Ausgabe) bezogen werden." Wir lieferten also nicht nur die Bibel, sondern auch eine Bibelhilfe.

### *Das Zeugnis durch das mündliche Wort (Evangelisationen)*

Der Wirkungsbereich des Deutschen YMCA-Sekretariats war ganz Italien. Um den Männern hinter Stacheldraht mit dem mündlichen Wort zu begegnen, mußte man zu ihnen fahren. Sie konnten nicht nach Rimini kommen. Aus diesem Grunde wurde ein mobiles Zeugnis notwendig. Dieser Umstand ließ mich die alte Zeugnisform der *Evangelisation* wiederentdecken. Ich kam auf den Gedanken, das, was ich unter den schwierigen Bedingungen des Dritten Reiches in den Jugendevangelisationen des Ostdeutschen Evangelischen Jungmännerwerks gelernt hatte, in neuer Weise in den Kriegsgefangenenlagern umzusetzen und „umzusprechen". Offenbar war ich auf der richtigen Spur. Jedenfalls war das Echo verblüffend, ja beglückend groß. Wäre ich nur in die Kirchenzelte gegangen und hätte dort allein Predigten im Rahmen eines Gottesdienstes angeboten, hätte ich wahrscheinlich nicht so viele Menschen erreicht, wie das nun möglich wurde, wenn ich in einem allgemeinen Kultur- und Betreuungsraum oder am besten in der freien Natur auf dem Lagerplatz zu ihnen redete. Es war dort wie überall in der Welt. Wenn 100 Menschen zusammenstehen und einem Redner zuhören, kommen 100 andere schon aus reiner Neugier dazu, um herauszufinden, was da los ist und worum es da geht. Man wurde zu diesen „Versammlungen" nicht moralisch hingeprügelt, wie man es bei den Parteiveranstaltungen unter dem NS-Regime jahrelang erfahren hatte, sondern man konnte sich freiwillig dahin begeben und das eigene Interesse befriedigen.

Die Voraussetzungen für das Gelingen dieser Evangelisationsvorträge waren günstig. Die jüngeren und die älteren Deutschen waren öffentliche Reden und Ansprachen gewohnt. Wenn einer einigermaßen gut reden konnte und etwas Neues oder gar Erregendes mitzuteilen hatte, konnte er mit der Aufmerksamkeit dieser Hörer rechnen. Außerdem wurde so etwas sonst nirgends angeboten. Jahrelang hatte man den Besuch von Gottesdiensten vermieden. Nun schien es ganz spannend, mitzuerleben, was einer von den Pfarrern, die unter dem Druck der Diktatur, arm und still wie Kirchenmäuse, gewirkt hatten, in aller Öffentlichkeit zu erzählen hatte. Wenn einem der Mann oder sein Thema nicht zusagte, konnte man sich heimlich und leise wieder verdrücken, ohne daß es auffiel. In einem Gottesdienst hätte man sich das nicht leisten können. Das Echo war groß, ob es sich um die Südlager im Raum Neapel, um die Nordlager in Oberitalien oder ob es das SS-Lager war. Es kamen viel mehr Kriegsgefangene, als man allgemein erwartet hatte. Die Besucherzahl stieg zuweilen bis 2000/3000.

Auch im Blick auf den Redner standen die Aktien verhältnismäßig freundlich. Mit Anfang 30 war er noch jung an Jahren. Der Standesunterschied wirkte sich nicht erschwerend aus, da ich selbst „Landser" war und aus der Truppe kam. Ich war kein Offizier, sondern einer von ihnen, der nicht von oben herab sprach. Bei den Offizieren wiederum „landete" ich gut, weil ich auf ihrer Ebene in Berlin nicht gerade gewöhnliche Erfahrungen gemacht und etwas zu „erzählen" hatte. Auf das Erzählen kam es in diesen Ansprachen an. Mit bloßen Worten, Sätzen, Begriffen und Behauptungen konnte man die Männer hinter Stacheldraht nicht gewinnen. Nach dem Scheitern der für Millionen gültigen NS-Ideologie waren sie seelisch ausgebrannt, leer und skeptisch. Gewiß sehnten sie sich nach so etwas wie Glauben und Hoffnung, aber wenn man schon etwas Neues glauben sollte, dann hätte es etwas Reelles und Aktuelles sein müssen, etwas, was den Wirklichkeitstest bestanden hätte und als unmittelbar Erlebtes persönlich bezeugt worden wäre. Aus Erfahrung wußte ich, daß das evangelistische Wort, die erweckliche Ansprache mit ihrem Du-Stil (heute zuweilen Sie-Stil!) der Anrede, mit dem Ich-Zeugnis der persönlichen Erfahrung, mit ihrer Zielgerichtetheit, dem damals sogenannten Wollen und ihren Appellen an die Verwirklichung des Christentums im praktischen Alltag immer wieder neu im Herzen der Hörer Türen öffnen kann, die sonst als verschlossen gelten. Gewiß hatte ich ein Viertelpfund rhetorischer Begabung, aber letzten Endes läßt sich daraus nicht der Widerhall erklären, den die Vortragsreihen auslösten. Ich bin sparsam mit dem Wort „Erweckung“ und möchte auch nicht den „Heiligen Geist“ hochmütig in eigener Sache reklamieren. Ich habe Angst vor jedem Auftreten gehabt und nicht selten gezittert, wie denn alles angekommen sei. Aber meine Mitarbeiter und ich empfanden die Entwicklung des Ganzen doch als Geschenk, als eine Gabe Gottes, für die wir zu danken hatten.

Nachträglich beurteilt, hatte ich damals keine Hemmungen, diese Verkündigungsreihen *Evangelisation* zu nennen. Sie entsprach nicht in allen Punkten den Überlieferungen und Vorstellungen, die man mit diesem Typus der Darbietung der christlichen Botschaft verbindet. Gedanklich wie sprachlich war vieles umzuwandeln. Es gab keine Vorbilder. Aber auch in diesem Falle machte die Not erfinderisch. Wie aus einem Rundschreiben hervorgeht, bot ich damals allen Lagern und Lagerpfarrern in einer vervielfältigten „Handreichung“ drei Themenreihen zur Auswahl an:

„1. *Fragen der Kirche an den Menschen der Gegenwart*
   a) Was hast du aus dem verlorenen Krieg gelernt?
   b) Wie wirst du mit dir selber fertig?
   c) Wie denkst du dir die Zukunft?

2. *Das Ärgerliche am Christentum*
   a) Die Sache mit der ‚Judenbibel‘

b) Wozu braucht der gottgläubige Deutsche einen Christus?
c) ‚Christus ja, Kirche nein'

3. *Drei Sprechstunden mit meinem Ich*
a) Gibt es noch eine Gerechtigkeit in der Welt?
b) Die sexuelle Frage hinter Stacheldraht
c) Ich muß einmal alleine sterben."

Die erste Reihe formuliert das jeweilige Thema in Frageform. Auch in der zweiten und dritten Reihe gibt es je einen Vortrag, der eine Frage an den Hörer richtet. Mit diesem *Fragemodell* wollte ich nicht nur das Interesse der Hörer wecken, sondern sie zu eigener Mitarbeit anregen. Die Evangelisationen hinter Stacheldraht hatten die Funktion von Denkanstößen. Dabei fällt auf, daß in der ersten Reihe der Du-Stil eine größere Rolle spielt als in den anderen Reihen, wo die Frage nur einen objektiven Charakter trägt und ein sachliches, wenn auch ansprechendes Problem aufwirft. Die Tatsache, daß in den meisten Fällen die erste Themenreihe gewählt wurde, zeigt, daß es hier gelang, in ganz einfacher und unaufdringlicher Weise die Aufmerksamkeit, die geistige Neugier, vielleicht sogar das Herz des einzelnen zu gewinnen. Diese Themen waren es, die den Mann hinter Stacheldraht bewegten, die Frage nach dem verlorenen Krieg, nach dem angefochtenen Ich und nach der ungewissen Zukunft. Ein paar nähere Einzelheiten seien dazu angemerkt.

Die Erfahrung lehrt, daß bei einer Evangelisation der erste Vortrag eine Art Schlüsselstellung einnimmt. Kommt er an, dann kommen die Leute wieder. Kommt er nicht an, dann bleiben die Leute weg, oder der Evangelist hat zumindest Schwierigkeiten, mit dem zweiten Vortrag einen neuen Kontakt zu den Menschen zu finden, die er ansprechen will. Ähnliches ist mir bei den Lagerevangelisationen widerfahren. Im übrigen hängt das positive Echo nicht allein vom Inhalt des Gesagten ab, sondern auch von der – etwas salopp gesagt – „Tagesform" des Redners. Er kann nicht jeden Tag gleich gut disponiert sein, sei es physisch oder psychisch.

Mit dem Thema „*Was hast du aus dem verlorenen Krieg gelernt?*" bin ich ziemlich „gut gefahren". Dafür spricht u. a. die Zahl der Besucher, wenn man sie mit der Anzahl derer vergleicht, die zu Filmvorführungen oder Unterhaltungsabenden gingen. 2000–3000 wurden dort nicht erreicht. Gerade bei dem ersten Vortrag galt es, wendig zu sein und flexibel zu reagieren. Man mußte sich hüten, ein Schema routinemäßig abzuspulen. War doch die Frage, was der einzelne aus dem

Krieg gelernt habe, durchaus ernst gemeint. Der Evangelist durfte dem Hörer die Antwort nicht einfach abnehmen oder, wie der Landser zu sagen pflegte: „verpassen". Er mußte vielmehr mit höchst verschiedenartigen Reaktionen rechnen. Manchmal ging die vorher im Geist aufgestellte Rechnung nicht auf, weil jemand ganz anders reagierte, als man erwartete.

In einem Falle hörte ich am zweiten Tag durch Freunde, daß meine Ausführungen am Abend vorher recht verschiedene und doch wieder auch gleichartige Echos ausgelöst hatten. Beim Weg vom Lagerplatz zu den Zelten hätten sich zwei verschiedene Hörergruppen unverblümt geäußert: Einerseits noch immer militaristisch gesonnene Nationalisten, andererseits solche, die sich als Widerstandskämpfer und Antifaschisten verstanden, beide hätten je auf ihre Weise bestimmte Aussagen von mir völlig mißverstanden. So begann ich am nächsten Abend mit der Zitierung dieser kritischen Gespräche. Sofort trat eine atemlose Stille ein. Ich hatte plötzlich die Möglichkeit – der Theologe würde von einer seelsorgerlichen bzw. evangelistischen Chance sprechen –, vom menschlichen Ohr, der mangelnden Hörfähigkeit und der Eigenart der christlichen Botschaft zu reden.

Zuweilen gab bereits der erste Abend die Gelegenheit zu einer humorvollen Bemerkung, die mit einem Male zu einer Brücke vom Redner zum Hörer wurde. In der Tat, man konnte nicht drei Abende hintereinander vor diesen Männern nur mit einem ernsten Gesicht von Gott reden. Dieser verlorene Haufen von enttäuschten, vereinsamten und von Sorgen belasteten Männern wollte auch einmal lachen. Ein solcher „Lacher" wirkte häufig entspannend und anregend. So geschah es an einem Abend. Ich erzählte, daß ein Kamerad auf die Frage: „Was hast du aus dem verlorenen Krieg gelernt?" geantwortet hätte: „Den nächsten Krieg mache ich als Sani (Sanitätsdienstgrad) mit." Diese Mitteilung wurde zum Anlaß stürmischer Heiterkeit. Durch die Atmosphäre des Fröhlichen hindurch bekam ich eine gute Ausgangsbasis für das Ernste, was ich an persönlicher Erfahrung zur Einsicht meiner Hörer mitteilen wollte.

Ein besonderes Interesse fand das zweite Thema: „*Wie wirst du mit dir selber fertig?*" Offenbar beschäftigte die Männer dieses Problem. Auch wenn sie es vermieden, darüber zu reden, geschweige denn offen unter Kameraden zuzugeben, daß sie Schwierigkeiten mit sich selbst hätten. Und doch: Anzuhören, was ein anderer über diese verborgene Problematik sagt, das war „drin". Vor mir liegen der vergilbte Zettel, auf dem ich einen frühen Entwurf der Ansprache niedergeschrieben habe, und die etwas geglättete und überarbeitete Spätform, die dann in der Heimat als Flugblatt bei Großstadtevangelisationen oder sonst unter der jungen Generation verteilt wurde. Sehr viel kam auf die Einleitung an. Sie lautete an der Spätausgabe: „*Knut Hamsun* erzählt in einem seiner Bücher, daß er im Gespräch einen Leuchtturmwärter gefragt habe, wie er denn mit seinem Leben und sich selber fertig geworden sei. Der alte Mann antwortete, man dürfe das Leben nicht wie eine Frau anfassen, nämlich mit Galanterie. Wer das Leben nicht fest anpackt, sondern nur galant berührt, den wird das Leben meistern, statt daß er mit dem Leben und mit sich selber fertig wird. Galanterie heißt: sich und anderen etwas vormachen. Der Sinn des Lebens besteht aber darin, daß man nüchtern ist. Am wichtigsten ist es, daß man sich selber kein Theater vormacht . . ."

Ob ich damals hinter Stacheldraht dieses oder ein anderes Zitat gebracht habe, weiß ich nicht mehr. Etwas Ähnliches habe ich sicher versucht. Mir ging es darum, das „rätselhafte Ich" zur Sprache zu bringen, mit dem die Männer an dieser oder jener Stelle heimlich oder offenkundig zu kämpfen hatten. Ich hatte vor allem die Angst und das Minderwertigkeitsgefühl im Auge. Beides konnte damals jungen und älteren Männern zu schaffen machen. Da war etwa die *Angst* vor dem Tode, die einem noch vor wenigen Monaten zu schaffen gemacht hatte, oder die Angst, es könnte etwas von der Nazi-Vergangenheit von den Engländern oder später von den Denazifizierungsbehörden in der Heimat entdeckt werden. Andere spürten gerade jetzt hinter Stacheldraht, wie sehr sie an *Minderwertigkeitsgefühlen* litten, die durch ein verkapptes und verdrängtes Geltungsbedürfnis erwachsen waren. Ich habe oft über den Themenkreis „Ich", „Selbst", „Mensch" gesprochen. Dabei äußerte ich Gedanken, die ich mir persönlich gemacht hatte. Der Evangelist war ebenfalls ein Mann hinter Stacheldraht, der bei aller Bewegungsfreiheit über sich und andere, über Gott und die Welt nachgrübelte. Vielleicht hat man mir deshalb meine Ausführungen so abgenommen.

Zwei Erkenntnisse dieser Art beinhaltete die Entdeckung, die ich in der Beschäftigung mit meiner Person gemacht hatte, nämlich, daß *das Ich* einerseits „*größer* ist als ich selber", daß es in mir etwas Unkontrollierbares, Mächtiges gibt, dem ich nicht gewachsen bin, und daß das Ich *kleiner* ist als ich selber, daß ich mein Gewissen spüre, wenn ich etwas Ungutes getan habe, das ich hätte vermeiden können. Unter den Hörern waren nicht wenige, die auf ihre Weise die dämonische Gewalt politischer Verführung oder das Abgründige der einen oder anderen

Triebhaftigkeit erfahren hatten und doch gleichzeitig wußten, daß sie für ihre persönliche Schuld geradestehen. Wie es das Evangelium erlaubt und gebietet, zielte die Evangelisationsansprache auf ein *fall- und fragebezogenes Zeugnis von Christus.* Deutlich wurde auf das Menschsein des Mannes von Nazareth verwiesen, der selber den Mächtigkeiten dieser Welt und den Anfechtungen der eigenen Person ausgesetzt gewesen ist und sie gleichwohl gemeistert hat – bis zum Tode am Kreuz. In diesem Sinne sind die Sätze des handschriftlichen Entwurfs zu verstehen, der mir noch vorliegt: „1. Er (Christus) sagt dir die Wahrheit ins Gesicht. 2. Er versteht dich besser, als du dich selber verstehst. 3. Er ist der einzige, der dir sagt: ‚Mein Sohn, deine Sünden sind dir vergeben'." Christus sei, der „frei" und „mächtig" mache. Später habe ich diesen Gedanken so formuliert: „Dieser Christus ist kein weltenferner Gott, der vom Leben nichts versteht. Er ist ein Gott, der vom Himmel kommt und sich doch nicht gescheut hat, mitten zur Hölle zu fahren. Er hat nämlich nur ein einziges Interesse, und das ist dies, daß die Menschen mit sich selber fertig werden."

Der dritte Vortrag „*Wie denkst du dir die Zukunft?*" griff gleichfalls eine Frage auf, die in den Lagern umherging und den einzelnen Kriegsgefangenen oft quälte. Man konnte die Frage auch anders formulieren: „Wie soll das bloß weitergehen?" Die Evangelisation nahm die dahinterstehenden Sorgen auf und stellte sich den Zweifeln, die man nicht mit ein paar frommen Worten beschwichtigen und niederreden konnte. Vielmehr bestand die seelsorgerliche Aufgabe darin, die skeptischen Fragen mitzufragen, sie auszuhalten und im Lichte der christlichen Botschaft zu radikalisieren. Wer sich schließlich durchfragen würde, dem würde vielleicht das Tröstliche aufgehen, das in der Verheißung des ewigen Lebens besteht. Ich durfte und sollte zwar die christliche Antwort anbieten, aber die letzte, verbindliche und persönliche Antwort mußte jeder selbst finden. In diesem Sinne stand hinter dieser Lagerevangelisation eine Theologie der Hoffnung. Um dem Hörer bei dem zugemuteten Denkprozeß Hilfestellung zu geben, unterschied ich mehrere „Zukünfte" bzw. drei Arten von Zukunft: Die nahe Zukunft im Blick auf das Lagerende und die Rückkehr in die zerstörte Heimat, die ferne Zukunft, d. h. das Sterben schlechthin und den eigenen Tod, und schließlich die fernste Zukunft, d. h. das Ende der Welt, das Jüngste Gericht und das ewige Leben in Christus. Gewiß waren der zweite und der dritte Gesichtspunkt „harte Brocken" für das Ohr des durchschnittlichen Kriegsgefangenen. Andererseits waren diese Perspektiven nicht einfach an den Haaren herbeigezogen, im

Gegenteil, viele von den Hörern hatten auf den Schlachtfeldern Italiens andere Kameraden sterben sehen und um das eigene Leben gezittert: Auch die endzeitliche Fragestellung fand lebhaftes Interesse. Dazu hatte ganz akut die Atombombe von Hiroshima beigetragen und zumindest die geistig aufgeschlossenen Männer hatten sich so oder so einmal mit den aufregenden Thesen der modernen Physik um Planck, Heisenberg und C. F. v. Weizsäcker beschäftigt: Was würde einmal aus unserer kleinen Erde in dem großen unendlichen Weltall werden? Auch bei diesem Vortrag kann ich nur auf die Notizen eines späteren Entwurfes zurückgreifen, der seine Wurzeln in dem Schlußvortrag der damaligen Evangelisationsreihe hat.

Außer den Evangelisationen wurden vom Deutschen YMCA-Sekretariat Einzelvorträge angeboten. In der „Handreichung" schlug ich 10 Themen vor, von denen ich annehmen konnte, daß sie auf ein gewisses Interesse stoßen würden. An allen Formulierungen ist das Bemühen zu spüren, die christliche Botschaft mit konkreten Fragen der modernen Welt oder des privaten Lebens zu verbinden. Allgemeiner Natur waren Themen wie „Der gegenwärtige Deutsche vor seiner letzten Frage", „Der Untergang des Abendlandes, eine Anfrage an die Christen" und „Der Christ und seine politische Verantwortung". Mehr in die private Sphäre zielten andere Themen, etwA „Das ‚Thema 1' unter Kriegsgefangenen", „Charakter, Handschrift und Glaube" sowie „Berufswahl und Berufskrise". Auch innerchristliche bzw. innerkirchliche Anliegen suchte ich an den Mann zu bringen, z. B. die etwas plakativ und provokativ formulierten Titel: „Unbekanntes Altes Testament" oder „Das Neue Testament, ein Kommentar zur Lage".

## *Gruppenarbeit und Mitarbeiterausbildung*

Der Dienst der YMCA/CVJM steht und fällt mit der Arbeit in kleineren oder größeren Kreisen. Sind das gewöhnlich die sogenannten „Vereine" am Ort, so waren es hinter Stacheldraht die *YMCA-Gruppen.* Sie versuchten die 17- bis 25jährigen jungen Männer zu sammeln, wenn auch die Grenze nach oben unabgeschlossen war. Die eigentliche Zielgruppe waren die jungen Erwachsenen. Wer zur YMCA-Gruppe ging, wollte zur „jungen Generation" gehören. Was das Programm betrifft, habe ich vom Sekretariat in Rimini aus die erwähnte Handreichung zusammengestellt und an die Lagerpfarrer, Gruppenleiter bzw. „YMCA-Offiziere" verteilt. Ganz deutlich liest man zwischen den Zeilen, daß sie der frühere Leiter des Berliner Seminars für evangelische Jugendarbeit geschrieben hat. Solche Leitfäden wurden weder von Genf geschickt noch waren sie sonst vorhanden. Ich mußte sie aus der Erfahrung und aus dem Gedächtnis komponieren. Dabei war mir wiederum K. Miethke behilflich. Nimmt man heute die Blätter in die Hand, ist man erstaunt, wie weitgespannt und doch bis in Detail spezifiziert das damalige Arbeitsprogramm war. Ich unterschied zwei Grundtypen der Arbeit mit jungen Erwachsenen, den Heimabend und den Bibelabend. Zunächst der Heimatabend.

Der *Heimabend* zog junge Leute an, er interessierte wegen des angegebenen Themas. Ein Programm der Programmlosigkeit konnten wir uns nicht leisten. Darüber hinaus vermittelte diese Art der Zusammenkunft ein Stück Geborgenheit, fast so etwas wie Nestwärme, da die Familie entbehrt wurde. Schließlich bot sie die Chance, die Besucher direkt oder indirekt von dem interessanten Thema her zu einer Begegnung mit der christlichen Botschaft zu führen.

Bei dem *allgemeinen* Heimabend wurde vorgeschlagen, die Veranstaltung mit einem Kurzreferat zum Thema „einzuleiten", um so den jungen Männern die Möglichkeit zu einer Eigenaktivität, d. h. zu einer Aussprache zu geben. Wörtlich lesen wir: „Alle Heimabende sollen vom Leben ausgehen und zum Evangelium hinführen . . . Für jeden Abend wird deshalb auch ein Bibeltext genannt, der selbst in der Stunde in geeigneter Weise verarbeitet oder als Kurzandacht am Ende des Abends genutzt werden sollte." Ein paar Beispiele mögen genügen. So wird zum Thema „Mein größtes Erlebnis" angemerkt: „Einige erzählen. Der Leiter macht den Schluß. Der Abend ist zum Kennenlernen sehr geeignet." Als biblischer Ausklang wird Joh 1,35–42 vorgeschlagen, wo über „das größte Erlebnis von Johannes und Andreas" berichtet wird. Ähnlich klingt das zu dem Thema „Dein Beruf" Gesagte: „Jeder erzählt aus seinem Berufsleben. Beruf ist Gottesdienst." Stichwort: „Beruf und Berufung". Als Literatur wird ein YMCA-Buch genannt: Ann Bolt, „Wege und Begegnungen". Der biblische Bezug wird durch 1 Kor 12,4–7; Lk 19,11–28 hergestellt. Andere Heimabende beschäftigen sich mit Schweizer Illustrierten oder deutschen Tageszeitungen, andere Abende regen eine Filmbesprechung nach der letzten Vorführung im Lagerkino an oder behandeln fesselnde Probleme der Natur und der Wissenschaft. Nicht zuletzt stehen private und intime Fragen auf der Tagesordnung: „Das schönste Mädel"; „Keine so wie sie". Weiter wird den Gruppenleitern Mut gemacht, Ärzte („Seelische Erkrankungen"), Juristen („Der Gerichtssaal spricht") und Pfarrer („Der Mann, von dem man alles verlangen kann“) als Gesprächspartner einzuladen. Einmal werden „Sinn und Grenze des Humors“ erörtert, ein andermal empfiehlt die Handreichung, die Novelle „Die letzte Seele“ von Otto von Leixner eventuell „ohne Kommentar“ vorzulesen. Neben den allgemeinen gab es auch *spezielle* Heimabende. Je nach den Interessen der Gruppe erfreuten sich die Literaturabende und die Diskussionsabende besonderer Beliebtheit[33].

Einen breiten Raum nehmen in der Handreichung die inhaltlichen und methodischen Hilfen zur Gestaltung der Bibelarbeit in den Gruppen ein. Durch den Begriff *Bibelabend* sollte zumindest die Gleichwertigkeit mit dem „Heimabend“, der in dem Leitfaden zuerst abgehandelt wurde, deutlich werden. Von der Motivation und Intention unserer Gruppenarbeit her gesehen, bildete die Beschäftigung mit dem biblischen Wort die innere Mitte unseres Dienstes. Es ging darum, für die Bibelabende der YMCA-Gruppen Wege zu einer zunächst elementaren und dann planmäßigen Lesung des Neuen Testamentes zu bahnen. Das Ziel war natürlich nicht bloß eine formale *Lesehilfe*, sondern vor allem eine inhaltliche *Verstehenshilfe*. Wie intensiv in diesem Zusammenhang das „didaktische“ Prinzip berücksichtigt werden mußte, erhellt der kurze Abschnitt über die „schönen“ und die „großen“ Stellen der Bibel. Offenbar erwiesen sich die „Glanzstellen“ und die „Kernstellen“ als echte propädeutische Hilfen für junge Erwachsene, die sich in ihrem Leben noch nie eingehender mit der Bibel beschäftigt hatten. Diese Texte bekamen die Funktion von *„Einstiegsstellen“*.

Auch für den Bibelabend habe ich richtige Themen vorgeschlagen, nicht weniger als dreißig. Während die Heimabende von einem Lebensproblem zum biblischen Horizont führen wollten, war es die Aufgabe des Bibelabends, von einem biblischen Text her bestimmte Lebenssituationen zu erschließen und zu erhellen. Einige Themen seien exemplarisch vermerkt: „Heimliches und Unheimliches an Gott“ (Röm 9–11); „Liebelei und Liebe“ (1 Kor 13); „Die Hauptsache an der Kirche“ (Eph 4,15 f.); „Ein Mann, der mich versteht“ (Hebr 4,15); „Die rücksichtslose Religion“ (Mt 5–7).

Die Zurüstung der Gruppenleiter nahm im Lauf der Zeit an Bedeutung zu. Sie konnte nicht allein auf schriftlichem Wege erfolgen. Die Folge war die Ausschreibung einer regelrechten *Mitarbeitertagung in Rimini/Miramare*. An ihr nahmen 22 Gruppenleiter aus Italien und Österreich teil. Das Treffen fand in Form einer Arbeitsgemeinschaft statt. So wurde ein unmittelbarer Lernprozeß möglich. Als Sitzungsraum diente unsere YMCA-Baracke. Bezeichnend für die Struktur dieser Tagung und der ganzen von deutscher Seite geprägten YMCA-Kriegsgefangenenhilfe in Italien war die Tatsache, daß die Tagung gleichzeitig mit der 2. Pfarrerrüstzeit durchgeführt wurde, die ihrerseits in den Räumlichkeiten des deutschen Hauptquartiers zusammenkamen. An den Hauptvorträgen der Pfarrkonferenz nahmen die Besucher der CVJM-Mitarbeitertagung teil. Kirche und freies Werk, Pfarrerschaft und CVJM-Mitarbeiter (Jugendleiter) wirkten vorbildlich zusammen. Die eine Seite war auf die andere angewiesen, beide zusammen hingen ab von der Kriegsgefangenenhilfe des Weltbundes.

Wie üblich bot die Tagung die klassische Gelegenheit zum Erfahrungsaustausch. Die Vertreter der einzelnen Gruppen berichteten von ihrer Arbeit und fanden in Mr. Meade, dem britischen YMCA-Liaison-Officer, einen aufmerksamen Zuhörer, insbesondere was die Schwierigkeiten und Anliegen der verschiedenen Lagergruppen betraf. Kritisiert wurde der Mangel an Transportgelegenheiten, so daß das von Rimini gelieferte Material nicht immer rechtzeitig dort landete, wofür es bestimmt war. Im übrigen klangen die Berichte positiv: Der Dienst der YMCA-Gruppen wachse trotz der weltanschaulichen Vorbelastung oder Gleichgültigkeit. So wurde ein stärkerer Ausbau der bestehenden Gruppen gefordert. Mit gespitzten Ohren wird die britische Seite zugehört haben, als von der wichtigen Erziehungsaufgabe der YMCA in den Arbeitslagern gesprochen wurde, wo ein „Absinken der Moral" zu beobachten wäre. In einzelnen Arbeitsgruppen wurden Schwerpunkte des CVJM-Programms erörtert. Auf ein Kurzreferat erfolgte jeweils die Aussprache.

Reges Interesse fand bemerkenswerterweise die *Bibelarbeit.* Aus den 30 vorgeschlagenen Bibelthemen der Handreichung sollte eine sorgfältige Auswahl getroffen werden, wobei es auf eine „packende" und „persönliche" Endformulierung des Themas ankomme. Weitere Überlegungen galten der Herausarbeitung des Kerngedankens in dem jeweiligen Text und dem Aufbau der Andacht bzw. den Leitgesichtspunkten eines Bibelgesprächs, an dem sich die jungen Männer aktiv beteiligen sollten. Hilfreich waren die beiden Fragen, die ich schon in meinem Berliner Seminar in Jugend- und Mitarbeiterkreisen ausprobiert hatte: 1. Was habe ich an dem Text nicht verstanden? 2. Was ärgert mich an dem Text? Damit sollten Informationslücken aufgefüllt und Sachdiskussionen angeregt werden. Alles kam bei dieser Bibelarbeit hinter Stacheldraht auf die „Beteiligung" des einzelnen Gruppengliedes an.

Im Sinne des ganzheitlichen Leib-Seele-Geist-Programms im

YMCA besprachen andere Arbeitsgruppen eine vielfältige Thematik. So kamen die Aspekte von „Zweifel und Glaube zwischen 17 und 25" zur Sprache. Mit einem Arzt (Dr. W. Morgen) wurden „Masturbationsnöte in der Kriegsgefangenschaft" diskutiert. Wieder eine andere Gruppe erörterte mit einem Journalisten (K. Miethke) das Thema „Das Wort als Werkzeug", wobei man ein kleines Vademecum der Rhetorik erhielt und die hilfreichen Fragen „Was, wem und wie sage ich es?" traktierte. Das alles waren echte Praxishilfen für die Mitarbeiter in den Lager-CVJM-Gruppen.

Unter dem Stichwort: *CVJM-Gruppenaufbau in der Area* kommt Karl Bunge in seinem Bericht über die Tagung in Miramare auf die Kehrseite der Medaille zu sprechen, d. h. auf die negativen Erfahrungen, die unsere YMCA-Kriegsgefangenenhilfe gelegentlich machen mußte. Auch hier war nicht alles Gold, was glänzt. Neben den überwiegend positiven Eindrücken wurde von Widerständen und Enttäuschungen erzählt. Diese Schattenseiten faßt Bunge folgendermaßen zusammen: „So wird uns beispielsweise der Vorwurf gemacht, wir wollten Cliquen bilden und würden uns als ‚Sittenverein' aufspielen, der ‚Seelenfang' treibt. Auch wird der Einwand erhoben, wir hätten sowieso zu große Schwierigkeiten und nicht genügend Möglichkeiten, eine erfolgreiche Arbeit zu beginnen, zudem wäre eine Arbeit bei den Angehörigen der Ostzone nicht am Platze, da sie ihre Jugendarbeit in der Heimat nicht fortsetzen könnten. Andere sehen in uns ‚Laien' nur ‚Kurpfuscher', die der Verkündigung des Evangeliums schaden." In der Diskussion wurden diese Vorwürfe entkräftet und als mißverstanden bzw. falsch erwiesen. Die echten CVJM-Gruppen wollten sich nicht als ein Club von Pharisäern abkapseln, sondern der Gemeinschaft des Lagers dienen. Die zuweilen auftretenden Schwierigkeiten, die in der Heimat noch viel größer sein würden, „dürften uns nicht abschrecken, unsere Pflicht zu tun". Die Tatsache, daß in der Ostzone der CVJM verboten sei, sollte erst recht ein Ansporn sein, uns hier hinter Stacheldraht um die jungen Leute aus der Zone zu kümmern. Auch auf die Einwände „aus den eigenen Reihen", d. h. aus den Kreisen der Lagergemeinden, ging die Diskussion ein. Vielleicht steckte dahinter auch mal die Stimme eines Theologen, dem so etwas wie CVJM/YMCA nicht „kirchlich" genug erschien oder gar „pietismusverdächtig" sein könnte. Demgegenüber wurde gesagt: „Die Laientätigkeit ist immer das Anzeichen einer lebendigen Gemeinde." Gerade die sogenannten Laien hätten die Chance, menschlichen und seelsorgerlichen Kontakt zu den jungen Kriegsgefangenen oder älteren Ex-Nazis zu finden, die eine „Scheu“ gegenüber kirchlichen Einrichtungen besäßen.

*Land und Leute in Italien*

In bin ungefähr drei Jahre in Italien gewesen. Da lernt man Land und Leute kennen und lieben. Mir wird immer eindrücklich bleiben, wie quirlig, spritzig und lebhaft diese Menschen hier reden und manchmal auch so denken. In diesem romanischen Land werden die jungen Menschen früh reif und strahlen oft ungebrochene Freude aus, aber ihre Schönheit verwelkt auch schnell. Sie singen nicht nur, sie können auch elendiglich jammern. Beglückend sind die Herrlichkeit der Landschaft, die Pracht der Kirchen und Kunstwerke, die Größe der römischen Geschichte. Die in einer facettenreichen philosophischen Tradition wurzelnde Geistigkeit hat einen Menschentypus geschaffen, der dem Besucher bzw. dem längeren Gast in allen sozialen Schichten immer wieder faszinierend entgegentritt. Dazu gehören auch dunkle Seiten wie die Mafia in Sizilien oder die verwahrloste Jugend in den Großstädten.

Mit der letzteren habe ich eine aufregende Begegnung gehabt. Gerade hatten wir im britischen Generalhauptquartier in Caserta neue Geldmittel für den sozialen, kulturellen und religiösen Dienst an den Kriegsgefangenen „getankt“, als wir mit unserer „Casturba“ durch die belebten Straßen *Neapels* fahren mußten, um die Heimreise nach Rimini anzutreten. Meine Aktentasche, prall gefüllt mit Lire-Scheinen, lag auf dem Rücksitz mit anderen Sachen gut verstaut. Mein Fahrer Backhaus und ich hatten uns nichts dabei gedacht, jedenfalls nicht mit dem gerechnet, was nun passierte. Die Straßen waren ein einziges Menschengewühl. Plötzlich sprang ein Junge auf den Rücksitz, packte die Tasche, die er offenbar schon länger beobachtet hatte, sprang ebenso schnell wieder heraus und rannte wie ein Wiesel durch den Passantenstrom davon. Wir stoppten sofort, rannten hinterher und schrien wild „Haltet den Dieb!“, „Stop“, „molto cativo“ – was wohl in unserem gebrochenen Italienisch soviel wie „Schuft, Bösewicht“ heißen sollte. Ob uns das richtige Wort, nämlich „ladro“, Dieb, eingefallen ist, weiß ich nicht mehr. Im übrigen deuteten die aufgeregt gestikulierenden Hände in die Richtung des Flüchtlings. Der Bub ließ die Tasche fallen, so daß wir das Geld für unsere Kriegsgefangenen retten konnten. Anschließend fielen uns hörbar einige Steine vom Herzen.

Wer die verheerende Armut der unterprivilegierten Schicht in Neapel näher kennt, wird das Ganze besser verstehen, vielleicht sogar die Flinkheit des kleinen Jungen bewundern. Uns selbst war damals nicht nach Lachen zumute. Selbstverständlich haben wir die Konsequenzen gezogen und sind von da ab noch vorsichtiger gewesen, als wir es sowieso schon waren.

Nur ganz selten blieb Zeit zu einer Besichtigung. So ist es eigentlich immer in meinem Leben gewesen. Ich bin viel in der Welt herumgekommen, aber schon damals hatten der missionarische Dienst, der Vortrag, die Verhandlung, die Konferenz, das seelsorgerliche Einzelgespräch usw. den absoluten Vorrang. Für ein Sightseeing blieb einfach nie Zeit übrig. Anscheinend war aber in *Pompeji* doch einmal so etwas wie eine Pause. Jedenfalls habe ich noch Fotos von den gepflasterten Straßen der einst vom Lavastrom verschütteten Stadt. Sogar den berühmten Vesuv haben wir fast bis zum Kraterrand erklommen. Das Bild zeigt uns stöhnend beim Aufstieg in glühender Hitze. Ich erinnere mich noch, daß ich ein kleines Stück angeblich erkalteter Lava in die Hosentasche steckte. Es sollte ein Souvenir sein. Als wir unten ankamen, war die ganze Hosentasche durchgebrannt.

In *Rom* machten wir, Backhaus und ich, regelmäßig Quartier bei einer Signora Lepindini. Sie war eine stattliche, äußerst lebhafte, ältere Frau, eine mütterliche Italienerin, wie sie im Buche steht. Sie redete wie ein Wasserfall. Alles sprudelte. Wir verstanden natürlich nur die Hälfte. Sie umsorgte uns rührend. Weil ich selbst fröhlich sein konnte und auch einmal eine witzige Bemerkung riskierte, was in unserem radebrechenden Italienisch besonders komisch geklungen haben mag, nannte sie mich „pastore diabolo" (Teufelspfarrer). Sie meinte es nicht bösartig, sondern gutmütig. Unser römischer Speiseplan war einfach: Spaghetti, Tomatensoße und Eier und nochmals Eier! Auf diese Weise konnten wir die karge britische Gefangenenlagerkost einmal aufbessern. Gewiß hat sich Signora Lepindini gewundert, was diese Deutschen essensmäßig bewältigen konnten. In der gegenüberliegenden deutschen Evangelisch-lutherischen Kirche habe ich auch einmal gepredigt. Damals konnte ich noch nicht ahnen, daß Jahrzehnte später der leibhaftige Papst, Johannes Paul II., dort zusammen mit dem evangelischen Auslandspfarrer den ersten ökumenischen Gottesdienst in einer nicht-katholischen Kirche feiern würde.

So bin ich in ganz Italien auf und ab gefahren, von Lager zu Lager. Langsam hatten wir bestimmte kleine Gaststätten, in denen wir bei den langen Fahrten einkehren und billig essen konnten. Manche Fahrten gingen in die oberitalienische Tiefebene und in den Grenzbereich von *Südtirol*. In Bozen und Meran hatte Hans Mrozek die Lagerseelsorge intensiv aufgebaut. Da war ein fruchtbares Gelände für die Evangelisation. Unvergeßlich ist mir die lange Fahrt in Richtung *Triest*. Als ein Straßenschild „Duino" anzeigte, dachte ich an das Schloß Duino, wo Rilke die Duineser Elegien geschrieben hat, die ich schon damals bewunderte, längst ehe ich in der Akademie Hofgeismar eine Rilke-Tagung durchführte.

Ich war seinerzeit wohl der einzige Deutsche, der in dieser großen Freiheit durch die italienischen Lande ziehen durfte. Freilich habe ich die Schönheit der Landschaft nur selten mit Bewußtsein aufnehmen können. Immer war ich beschäftigt, sei es mit der Vorbereitung meiner Vorträge oder erschöpft von den Anstrengungen einer Evangelisationsreihe. Eine beglückende Erinnerung habe ich aber an das wunderbar gelegene *Portovenere* (Hafen der Venus). Die kleine altertümliche Hafenstadt in der Nähe von La Spezia bildet den Endpunkt einer spitzen Landzunge. Von der hochgelegenen Steilküste hat man einen wunderbaren Ausblick auf das Ligurische Meer bzw. auf den Golf von Genua. Einen schöneren Ort an der italienischen Riviera konnte sich der wiedererstandene junge *italienische YMCA* zu seiner Neugründung nicht wählen. Vermutlich durch die Vermittlung von Mr. Jones wurde ich zu der Gründungsversammlung zusammen mit Kurt Miethke und Hans Backhaus eingeladen. Der italienische YMCA hat eine eigene Struktur, da er in einem weithin katholischen Land arbeitet. Getragen von geistlich im protestantischen Waldensertum verwurzelten Männern und weitgesonnenen katholischen Laien war hier eine Bewegung entstanden, die zwar schon ein Stück Geschichte hinter sich hatte, aber durch neue Mitglieder und Mitarbeiter aus den Kreisen der DP (Displaced persons = Flüchtlinge, Vertriebene) frische Impulse erhalten hatte. Manche kamen aus Lagern in Österreich. Polen waren wohl auch dabei.

So schlug hier eine wichtige Stunde des jüngeren Ökumenegedankens, wie er nach dem Krieg, nicht zuletzt durch die Entwicklung hinter Stacheldraht Platz gegriffen hatte. Die humanistische Tradition der italienischen Intellektuellen spielte auch eine Rolle. Sie hatten im YMCA eine Stätte der Begegnung, des Gesprächs und der sozialen Aktion gefunden. Das Ergebnis war die *Erklärung von Portovenere*, die in der weiteren ökumenischen Diskussion manche positiven Anstöße gab, aber auch kritische Anmerkungen hervorrief. Wir deutschen Kriegsgefangenen waren vollwertige Gäste, durften mitdenken und mitreden. An einem geselligen Abend forderte man uns auf, deutsche Volkslieder zu singen. Mit Mühe schafften wir „Am Brunnen vor dem Tore". Meine Freundschaft zu dem späteren Nationalsekretär Italiens, dem katholischen Orlindo Paracchine, stammt aus dieser Zeit. Zum ersten Mal wurden wir als Deutsche nach dem Krieg von unseren ehemaligen Freunden und Feinden so ernst genommen und so freundlich aufgenommen. Der gesellige Abend nahm einen so fröhlichen, friedvollen und herzlichen Verlauf, als ob es niemals einen 2. Weltkrieg gegeben hätte.

Es gäbe noch viel von den Aktivitäten unseres Deutschen YMCA-Sekretariats zu erzählen. Eine Anmerkung muß genügen. Ich brauche nur das Stichwort zu nennen: *Beutel-Chor.* Hinter diesem Wort verbirgt sich ein Männerchor, der von Heribert Beutel, einem ehemaligen Sangesmeister, gegründet und geleitet wurde. Er setzte sich aus nicht wenigen jungen „Volksdeutschen" zusammen, die nicht mehr in ihre Heimat zurückkehren konnten, aber über eine, ihrer landsmannschaftlichen Mentalität entsprechende, hervorragende Musikalität verfügten. Der Chor konnte in vielen Lagern Konzerte geben, die sehr gut besucht waren und verdiente Begeisterung hervorriefen. Heribert Beutel, der nicht nur Chorleiter, sondern auch Komponist war, ist später Kirchenmusikdirektor in Württemberg geworden.

## 2. Das Theologische Seminar Rimini

Unter den verschiedenen Projekten, die in den Kriegsgefangenenlagern Italiens von kirchlicher bzw. christlicher Seite entwickelt wurden, kommt dem Theologischen Seminar eine besondere Bedeutung zu. Hier konnte intensiv, langfristig und nachhaltig gearbeitet werden. Es machte Rimini noch mehr zum Inbegriff einer Zentrale für Kriegsgefangenenarbeit und wirkte durch die dort ausgebildeten Studenten bis in die Heimatkirche bzw. in die verschiedenen Landeskirchen hinein. Durch diese Institution entstand die Merkmalbezeichnung von den *Riminesen.* Aber das Seminar fiel nicht einfach vom Himmel. Es hatte eine Vorgeschichte. Sie läßt sich unter dem Stichwort „Lagerschule" zusammenfassen.

*Die Lagerschule: Eine Vorstufe (Theologische AG, Bibelkunde, Katechetik)*

Es sei an die beachtlichen und vielgliedrigen Bildungseinrichtungen der Enklave Rimini erinnert, die ich bereits vorfand, als ich nach dem Zwischenaufenthalt im Lager 6a Bellaria in das Sammellager auf dem Flugplatz in Rimini kam und dort die Tätigkeit eines Lagerpfarrers im Lager 4 ausübte und wenig später das Amt eines leitenden Pfarrers im Deutschen Hauptquartier übernahm. Die akademischen Lehrgänge der Lagerhochschule im engeren Sinne des Wortes waren bereits Ende September abgeschlossen. Die anderen Kurse liefen weiter. Die Interessenlage und das Lernbedürfnis einer Reihe von evangelischen Lagerangehörigen, die entweder Theologie studieren oder sonst in den kirchlichen Dienst als Berufsarbeiter oder verantwortliche Laienmitarbeiter treten wollten, ließ die Idee von kirchlichen Ausbildungskursen aufkommen. Sicher haben mir dabei meine seit der Berliner Seminarzeit gewonnene Freude an einer Lehrtätigkeit und die eben gemachten Erfahrungen mit den Studenten in Bellaria Mut gemacht, den Gedanken in die Tat umzusetzen. So entstand im Zusammenwirken mit den im Bereich Rimini tätigen Lagerpfarrern und im Einvernehmen mit den deutschen und britischen Dienststellen eine neue evangelische Bildungseinrichtung im Rahmen jenes Konzeptes, das damals unter dem Namen „Lagerschule" lief. Einerseits waren unsere Kurse eine Art Abteilung der bestehenden Lagerschule. Andererseits wurde der Eigenständigkeit eines kirchlichen Unternehmens Rechnung getragen. So erklärten sich die verschiedenen *Bezeichnungen*, die nach den vorliegenden Dokumenten gebraucht wurden. Im Anfang und offiziell war ganz schlicht von einer „Evangelischen Arbeitsgemeinschaft in der Lagerschule Rimini" die Rede. Später sprach man z. B. von einer „Theologischen Arbeitsgemeinschaft" oder von einer „Akademischen Arbeitsgemeinschaft" oder einfach abgekürzt von einer „Evangelischen Lagerschule". Der Teilnehmerkreis war bunt zusammengesetzt. Es kamen Theologen und Nichttheologen, Akademiker und Praktiker, Ältere und Jüngere. Erfreulicherweise konnte ich einige Mitarbeiter als Dozenten gewinnen, sowohl aus dem Kreis der Lagerpfarrer als auch aus den Reihen von theologisch interessierten Akademikern anderer Fakultäten.

Zur *Eröffnung* hielt ich am 1. 11. 1945 eine Vorlesung über das Thema *„Die geistige Situation der Zeit und die kommende Kirche"*. Aus der Anrede geht hervor, daß auch General Dr. Polack als Kommandeur des Deutschen Hauptquartiers anwesend war. Ich begann damals mit der Zitierung eines Gedichtes, das von einem deutschen Stuka-Kommodore stammte und das ich irgendwo gefunden hatte:

„Wenn einmal diese ganze Welt / Zerschlagen wird, in Staub zerfällt, / Am Jüngsten Tag nach Gottes Rat, / Dann werden auf den Trümmern steh'n / Und werden sich ins Auge sehen / Der ewige Gott und der Soldat." Sprachlich sind diese Zeilen vom Geist der damaligen Zeit beeinflußt – manches klingt uns heute zu bombastisch –, inhaltlich könnte man unzureichenden Schicksalstrotz oder gar soldatische Selbstüberschätzung finden. Gleichwohl ist hier – was damals nicht selbstverständlich war – vom Weltzerfall, vom Jüngsten Gericht und von einer Begegnung mit Gott die Rede. Der Autor hat seine Lage als „Grenzsituation" entdeckt. Er sieht sich an der „schmalen Grenze zwischen Zeit und Ewigkeit". Nochmals: Das mag nicht die Sprache der heutigen Generation sein. Damals bot dieser Text eine gute Ausgangsposition für das Gespräch mit den potentiellen Hörern der Lagerschule. Ich konnte von dieser neuen Grenzerfahrung ausgehen und dazu einladen, sie zu reflektieren. Sei doch jetzt die alte Urfrage nach dem „Letztgültigem", nach Gott, aufgebrochen. „Daß die Wiederaufnahme dieses (unterbrochenen oder abgebrochenen) religiösen Gesprächs auf dem Umweg über eine totale militärische und politische Katastrophe erfolgte, ist eine nie ganz zu begreifende Tragik, aber eine Tragik, die bereits heilige Frucht zu tragen beginnt."

Das Thema des Eröffnungsvortrages war von dem seinerzeit vielgelesenen Buch des Philosophen Karl Jaspers „Die geistige Situation der Zeit" (1932) angeregt. Ich suchte zunächst unsere innere Lage nach verschiedenen Gesichtspunkten zu analysieren, um dann als Theologe den Beitrag zu skizzieren, den eine erneuerte Kirche für den Menschen der Nachkriegszeit leisten könnte. Beispiele aus Gedichten und Briefen von Kriegsgefangenen versuchten die Grundsatzüberlegungen zu veranschaulichen. In der Zeitdiagnose ging ich auf die Versturung, die Abwehrhaltung, das Inselmenschentum und die weltanschaulichen Auswegsversuche ein. Als Kennzeichen der „kommenden Kirche" wurden bestimmte Postulate erhoben. Offenbar hatten mir es die „Pia desideria" von Spener angetan. So wurde gefordert, daß die neue Kirche eine „Christuskirche, Bruderkirche, Bibelkirche, Bekenntniskirche, Missionskirche, Seelsorgekirche und Dienstkirche" werden müsse. Der Vortrag schloß mit Rilkes Gedicht: „Werkleute sind wir: Knappen, Jünger, Meister / Und bauen dich, du hohes Mittelschiff . . ."

Das Programm des neuen Zweiges der Rimini-Lagerschule ergab

sich von selbst. Ausschlaggebend waren die Bedürfnisse der Teilnehmer. Die einen waren an Grundsatzfragen bzw. Grenzproblemen der Theologie, die anderen an einer Einführung in das Studium der Theologie oder andere kirchliche Berufe (Diakonie, Jugendarbeit, Verwaltung usw.) interessiert. So entstand eine *Doppelaufgabe.* Einmal mußte dem Wunsch nach theologischer Klärung und Besinnung Rechnung getragen werden, ihm diente die Akademische (Theologische) Arbeitsgemeinschaft, wo durch die Teilnahme der sogenannten „Laien" ein Dialog stattfand, wie er später von den Evangelischen Akademien geführt wurde. Die anderen Aktivitäten unserer Arbeit in der Lagerschule trugen eher Seminarcharakter. Einiges von dem, was in den Lehrgängen vermittelt wurde, erschien wie ein „Proseminar", aber aufs ganze gesehen lag das Niveau höher. Mußte doch in einem abgekürzten Verfahren beides geleistet werden, Einführung und Fortbildung, Textbegegnung und Inhaltsauslegung.

In der *Akademischen Arbeitsgemeinschaft* wählten wir das Thema *Die weltlichen Ordnungen als theologisches Problem.* Die im Kirchenkampf während des Dritten Reiches entstandenen Fragen nach dem Verhältnis von Staat und Kirche hatten nach dem Zusammenbruch die „Theologie der Ordnungen" erneut fragwürdig gemacht. Es gab Pro und Kontra. Wir hatten kein Rezept, aber wir wollten uns in einem offenen, kritisch-konstruktiven Gespräch Klarheit verschaffen. Uns ging es um einen „durchdachten Glauben". Bei der schwierigen Materie war es hilfreich, daß außer mir noch andere Referenten mitarbeiteten. Durch die laufenden Repatriierungen und die Neugründung des Theologischen Seminars konnte der Lehrgang nicht zu Ende geführt werden. Wohl aber gelang es, ein beachtliches Stück in die Problematik einzudringen. Instruktiv für die Art und Weise des Vorgehens ist die Planung des Programms. Vorgesehen waren 12 Unterthemen, die jeweils von einem Referenten eingeleitet werden sollten. Darunter befanden sich hilfsbereite Lehrkräfte, die philosophisch oder juristisch promoviert hatten. Auch ein Naturwissenschaftler war dabei.

Die Themen lauteten: 1. „Welt" als biblisch-theologischer Begriff. – 2. Philosophie und Theologie der Ordnungen. – 3. Das neutestamentliche Wort über den Staat. – 4. Entwicklung und Auflösung der Ordnungen in der Geschichte des Abendlandes. – 5. Der Nationalsozialismus als Frage an die Kirche. – 6. Der Marxismus als Frage an die Kirche. – 7. Die Demokratie als Frage an die Kirche. – 8. Gibt es christliche Politik (Rom, Wittenberg, Genf)? – 9. Jus und Evangelium. – 10. Die Presse und ihre Verantwortung vor Gott. – 11. Charisma,

Amt und Beruf. – 12. Die Ehe als Grundfrage einer evangelischen Sexualethik. – Die Themen 1 (Weltverständnis) und 3 (Staatsbegriff), die in der Sicht der Bibel behandelt werden sollten, fielen mir automatisch zu, weil ich exegetisch gearbeitet hatte.

Der zweite Schwerpunkt unserer Lagerschule lag in der *Einführung in die Bibel.* Sie war sowohl für die künftigen Theologiestudenten als auch für die an hauptamtlicher oder ehrenamtlicher Mitarbeit in der Kirche interessierten Hörer wichtig. Die Hauptaufgabe bestand in der didaktischen Zubereitung des ungeheuer großen Stoffes. Besonders reizvoll schien mir damals ein neuer Versuch der Begegnung mit den Schriften des *Alten Testaments.* Die Erfahrungen unter dem NS-Regime, im Krieg und hinter Stacheldraht hatten mir die Predigt des Deuteronomiums (5. Mose), die Prophetie des Sacharja und die Stimmen der Weisheit (Hiob, Prediger) existentiell nahegebracht. Ich hatte auf dem Umweg über das Alte Testament einen neuen Zugang zum Evangelium des Neuen Testaments gefunden. Meine spezielle Arbeit bestand nun darin, das einst im Studium fachlich Gelernte und theologisch Durchdachte in eine Sprache und Überschaubarkeit der Hörer umzusetzen. In der Zeitschrift „Bereitschaft" haben diese Bemühungen ihren literarischen Niederschlag gefunden („Die junge Generation und das Alte Testament"). Ich suchte das dunkle Buch, das die meisten nur als „Judenbibel" kannten und nie gelesen hatten, verstehbar und anschaulich zu erschließen. Das Echo war positiv, machte mir Freude und regte mich zu immer neuen Einfällen an. Das Ganze war als Dialog aufgebaut und stellte sich gleich zu Anfang den kritischen Fragen, ob das Alte Testament ein „Judenbuch" sei, ob es „naturwissenschaftlich haltbar" wäre und ob man es „als literarisches Flickwerk überhaupt geschichtlich glaubwürdig" betrachten dürfe.

Aus sachlichen und unterrichtlichen Gründen wurden die Schriften in drei große Themenkreise eingeteilt: Volk, Welt, Mensch. Dabei war immer ein „vor Gott" zu ergänzen. Uns fiel auf, daß „Juden" wie Deutsche recht ähnliche Probleme zu bewältigen hatten. Die *Geschichtsbücher* des Alten Testaments zeigten, daß Israel einst seine Probleme vor und mit Jahwe löste, während unser Volk meinte, das ohne Gott tun zu können. Die Interpretation der *prophetischen Bücher,* die mit dem Welthorizont zu tun hatten, folgte einer relativ leicht merkbaren Definition: „Ein Prophet ist ein Mann Gottes, der ein konkretes Wort Gottes in einer konkreten Stunde der Geschichte an eine konkrete Adresse der Welt ausrichtet." Mit der Einführung in die Weisheitsliteratur bzw. die sogenannten *Lehrbücher* kam der Mensch mit seinen privaten Problemen in den Blick. Dabei erwiesen z. B. Hiob und Prediger ihre „Gleichzeitigkeit".

Verwandte Eindrücke verbanden sich mit der Einführung in das *Neue Testament.* Man könnte unsere damaligen Übungen, die auf eine Erstbegegnung mit dem biblischen Wort zielten, nachträglich als „Bibelkunde" bezeichnen und damit abhaken. Aber hier ging es, wenn auch in zusammengefaßter und vereinfachter Gestalt, um mehr, um Information und Interpretation. Da wir keine Hauptseminare durchführen konnten und der Hörerkreis wie in einer mehrklassigen Schule verschiedene Bildungsniveaus und Lerninteressen umfaßte, mußten elementare Fragen der Einleitungswissenschaft und der Biblischen Theologie mit behandelt werden. Die Übungen zum Neuen Testament wollten den jungen wie den älteren Hörern das Neue Testament als ein Buch des Mitfragens und Antwortens nahebringen. So wurde mit der These eingesetzt, daß die urchristlichen Schriften zu den drei Urfragen des Menschen, auch und gerade des Menschen von heute, nämlich nach Schuld, Schicksal und Tod, Stellung nehmen. Diese Antwort bestehe in einem Wort: „Christus". Interessant sind die angegebenen Stellen, die ein Problembewußtsein schaffen und einen Lösungshinweis vermitteln wollten: Schuld: 1 Joh 1,8 und Mk 2,5; Schicksal: 2 Kor 4,8 f. und Phil 4,13; Tod: Röm 7,24 und Joh 11,25. Das Vorlesungsprogramm weist 14 Paragraphen auf. Sie reichen vom „johanneischen Christus" bis zu „Glaube und Denken". Es sollten nicht nur biblische Kenntnisse, sondern biblische Erkenntnisse gewonnen werden.

Schließlich war die *Praktische Theologie* gefragt. Trotz gelegentlicher Mithilfe von geeigneten Mitarbeitern aus dem Lager war unsere Evangelische Arbeitsgemeinschaft in der Lagerschule faktisch ein Ein-Mann-Betrieb. Ich wurde nicht nur als theologischer „Vordenker" bzw. „Nachdenker", sondern auch als kirchlicher „Praktiker" gebraucht. Glücklicherweise brachte ich eine Portion von Erfahrung in der evangelischen Jugendarbeit und der Berliner Standortgemeinde mit. So erklärt sich das Angebot der Vorlesung *„Der junge Deutsche und die christliche Botschaft (Einführung in die Katechetik)"*. Hier wurden exemplarisch – am Beispiel des jungen Menschen – Fragen der allgemeinen Verkündigung und Seelsorge behandelt. In der Thematik ging es zunächst um den jungen Menschen selbst, seine Altersstufen und seinen Charakter.

Dann wurden wesentliche Einsichten der *katechetischen* Prinzipienlehre und praktische Erfahrungen der katechetischen Methodenlehre vermittelt. Großen Wert legte ich auf die gemeinsame Arbeit an Texten des Alten und Neuen Testaments. In einem Paragraphen steckte eine Darstellung des „Jugendwerks“ der Kirche, und zwar im Blick auf sein Wesen und seine Gestalt. Den Schluß der Vorlesung bildeten Themen aus dem Bereich der Seelsorge.

Man wird vielleicht fragen, wie es mit der Bücherbenutzung und der Lektürenmöglichkeit in den theologischen Lehrgängen der Lagerschule stand. Irgendwie mußten doch die Vorlesungen vorbereitet werden, und ohne die Einsichtnahme in Fachliteratur war für die Studierenden eine Nacharbeit oder gar eine Übungsarbeit nicht möglich. Die Antwort kann nur lauten: In den Anfängen war alles unzureichend und unbefriedigend. Ich selbst konnte nur die wenigen Bücher – u. a. „Das Neue Testament Deutsch“ – benutzen, die mir der frühere Wehrmachtoberpfarrer Ziekur aus seiner kleinen ihm dienstlich zustehenden Handbücherei hinterlassen hatte. Vieles mußte ich von meinem Studium und eigener wissenschaftlicher Arbeit her aus dem Gedächtnis niederschreiben und vortragen. In den Zeiten der Lagerschule waren Lehrer und Schüler büchermäßig arm wie die Kirchenmäuse. Das Handwerkszeug des einzelnen bestand nur aus Bibel, Papier und Bleistift.

Trotz Schwierigkeiten und Engpässe waren die Monate in der Lagerschule Rimini eine Periode, die Grund zur Freude und Dankbarkeit gab. Alles war spontan und elementar. Noch wenig durchorganisiert, aber letzten Endes Saat auf Hoffnung.

### *Begleitbrief an Bischof Meiser*

Im März konnten wieder einige Studenten, künftige Diakone und Jugendleiter zusammen mit ein paar Pfarrern entlassen werden. Die Lagerschule zeitigte auf diese Weise erste Früchte. Ich gab den Repatriierten einen *Begleitbrief an Landesbischof D. Meiser* in München mit. Da dieses Schreiben vom 27. 3. 1946 eine gewisse „historische“ Bedeutung erlangt hat, sei es wörtlich wiedergegeben:

„Zum zweiten Male (beim ersten Male handelte es sich 1946 um die Studenten der Michaelskette) darf ich Ihnen durch die freundliche Vermittlung von Rev. *Williams* eine Reihe von Theologiestudenten aus den italienischen Kriegsgefangenenlagern schicken. Einige von ihnen stammen aus Tarent und sind dort durch Pastor Schönherr, (den späteren Berliner Bischof!) ausgebildet worden. Die anderen kommen von Rimini. Auch die Tarenter waren die letzten Wochen in dem Lager von Rimini. Wir sind Ihnen unendlich dankbar, daß die bayerische Landeskirche wieder helfend eingreifen will. Vor kurzem erhielt ich ein erstes Lebenszeichen von den „Riminianern" aus Erlangen, die im Herbst vorigen Jahres entlassen wurden (Michaelskette).

Wir haben hier seit Ende 1945 eine Evangelische Lagerschule, die eine erste Einführung in das Studium der Theologie für künftige Theologiestudenten und Unterricht für künftige evangelische Jugendwarte (CVJM-Sekretäre, Diakone und Kirchenälteste) vermittelt. Da vorläufig alle Angehörigen der Ostzone und die SS-Leute in Italien bleiben, sind noch viele Aufgaben zu bewältigen.

Mit den Studenten kommen diesmal eine Reihe von Pfarrern, Diakonen und künftigen kirchlichen Mitarbeitern, die wir zur Zeit in Italien entbehren können. Sie hatten teilweise viele Probleme und schwere Schicksale. Ich darf Sie bitten, sich ihrer gütigst anzunehmen und ihnen den Weg in den Dienst der Heimatkirche zu ebnen. Der Sprecher aller Amtsbrüder und Studenten, die diesmal von Rimini kommen, wird Herr Pfarrer *Schönherr* sein, der sich große Verdienste um die evangelische Lagerseelsorge erworben hat. Ich habe ihn deshalb zum Vertrauensmann der Heimkehrer bestimmt. Aus technischen Gründen ist es das Beste, wenn Sie mit ihm die Verhandlungen pflegen.

Durch Bruder Wabnitz (dem Mailänder Auslandspfarrer und Ökumenebeauftragten) ließ ich in Genf Herrn Landesbischof Wurm bitten, daß wir alle deutschen Pfarrer und Studenten aus Italien nach München zu Ihnen entlassen, damit die weitere Betreuung der Heimkehrer kirchlich zentral geleitet werden kann.

In der Anlage füge ich einige Nummern unserer Wochenschrift ‚Bereitschaft' bei, die Sie gewiß interessieren werden. In den englischen und amerikanischen Lagern Italiens verbleiben nunmehr noch etwa 50 Amtsbrüder. In Süditalien wirkt als evangelischer Oberpfarrer in den englischen Lagern Bruder *Neumann.* In Norditalien habe ich dieselbe Funktion übernommen. Gleichzeitig darf ich das Hilfswerk der YMCA an den deutschen Kriegsgefangenen in ganz Italien ausüben. Als Leiter des YMCA-Sekretariats bekam ich sowohl vom englischen wie auch vom amerikanischen Hauptquartier einen Paß, einen Wagen, um sämtliche italienischen Lager von Tarent bis Meran besuchen zu dürfen. Das ist ein großes Geschenk. So ist eine zentrale kirchliche und regelmäßige Betreuung aller evangelischer Pfarrer in Italien gewährleistet. Ich halte Evangelisationen, Vorträge, versuche besonders der jungen Generation das Evangelium lebendig zu machen und verteile mit einem Stab von Mitarbeitern das umfangreiche YMCA-Material, das aus der Schweiz kommt.

Wann wir letzten 50 Pfarrer nach Hause kommen dürfen, weiß ich nicht. Das eine darf ich aber mit Bestimmtheit sagen. Solange deutsche Soldaten in Italien kriegsgefangen sind, werden auch Pfarrer freiwillig und bereit sein, ihnen mit dem Evangelium zu dienen. Die Heimatkirche soll sich auf uns verlassen können. Sehr dankbar wären wir für ein Wort der Kirchenleitung an unsere Männer oder für einen Besuch eines unserer Kirchenführer. Wir haben beides bisher sehr vermißt.

Im Namen aller meiner Brüder grüße ich Sie, hochwürdigster Herr Bischof, und die Heimatkirche mit Eph 5,18–20 . . . gez. Jentsch."

Nach einer erneuten Bitte vom 1. 5. 46 kam dann erfreulicherweise der spätere Kirchentagspräsident Dr. *v. Thadden-Trieglaff* und besuchte die Lager im Auftrag der EKD.

### *Das Theologische Seminar: Entstehung und Zielsetzung*

Im Frühjahr und Sommer 1946 lag die Gründung eines theologischen Ausbildungsinstituts hinter Stacheldraht mehr oder weniger in der Luft. Die guten Erfahrungen mit der Michaelskette und der Lagerschule hatten bestimmte Vorstellungen und Wünsche ausgelöst. Bei beiden Ausbildungsvorgängen mußte ich als „freischaffender Künstler" und „aus dem Stand heraus" etwas in Gang setzen. Was herauskam, waren mehr Ausbildungsprozesse, weniger Ausbildungsinstitute. Die Lagerschule befand sich schon mehr auf dem Wege zu einer Institutionalisierung. Alles geschah ohne direkte Hilfe der britischen Militärgeistlichen, und die YMCA-Kriegsgefangenenhilfe hatte in Italien noch gar nicht ihre Tätigkeit aufgenommen. Offenbar fand ich bei dem in Sachen Kriegsgefangenenseelsorge Aufsicht führenden britischen Militärgeistlichen Rev. *Speirs* und dem Italienbeauftragten der Kriegsgefangenenhilfe des Weltbundes der YMCA, Mr. *Jones,* offene Türen. Sie hatten Verständnis für die Sache und bemühten sich energisch um ihre Verwirklichung. Speirs setzte den Militärapparat der Engländer und Amerikaner in Gang, Jones beschaffte das umfangreiche und wertvolle Material, angefangen von der Einrichtung, über die Schreib- und Büroutensilien, bis hin zu der großen theologisch-wissenschaftlichen Fachbibliothek. Die Konzeption des Ausbildungsprogramms und der Institutsstruktur mußte ich selbst entwerfen. Ich ließ mich von Fachkollegen beraten, die ich in meiner YMCA-Arbeit quer durch Italien kennengelernt hatte. Ein Vorbild für das neue Institut hatten wir nicht. Wir wußten zwar, daß der Weltbund in *Norton Camp* (England) eine Theologische Schule eingerichtet hatte, die als „Paradestück" der YMCA-Kriegsgefangenenhilfe galt. Aber wir bekamen von dorther keinerlei Anregungen oder Hilfen. Es gab keine Korrespondenz. Über das „Seminar", das Pfarrer Schönherr in Tarent eingerichtet hatte, gab es nur spärliche Informationen. Sie trafen erst ein, als unsere eigenen Planungen in Rimini längst abgeschlossen waren. Die Arbeit in Tarent entsprach eher dem Versuch unserer eigenen Lagerschule. Über die Theologische Schule in *Ägypten* war uns nichts bekannt. Es bestand keinerlei Verbindung dahin. Später erfuhren wir, daß in *Montpellier* (Frankreich) eine Theologische Schule aufgebaut worden war. Auch die Heimatkirche bzw. eine theologische Fakultät konnten nichts tun. Jede eventuelle Anregung, Einflußnahme oder Mitwirkung hätte am Stacheldraht ihre Grenze gefunden. So mußten wir uns selbst helfen, so gut wir konnten. Der Name „Theologisches Seminar" entsprach wohl dem angloamerikanischen Modell. Er war nicht zu hoch gegriffen und machte genügend deutlich, worum es ging.

In dem ersten Bericht über die Entwicklung des Seminars wird darauf aufmerksam gemacht, daß ich *Ende Januar* 1946 mit der *Leitung* des *YMCA-Sekretariats* für Italien beauftragt worden sei. Offenbar habe ich bald danach mit den Überlegungen zur Gründung eines größeren, wissenschaftlich fundierten und offiziell anerkannten Ausbildungsinstituts begonnen. Es sollte nicht nur den Kriegsgefangenen innerhalb der Enklave Rimini, sondern den an einer kirchlichen Ausbildung Interessierten in ganz Italien dienen. Rev. Speirs engagierte sich persönlich in seiner Eigenschaft als „Supervising Chaplain" in „mehrmonatigen" Verhandlungen mit den britischen und amerikanischen Behörden. Die britische und die amerikanische Gewahrsamsmacht waren zwar, wie sie sich selbst nannten, „Alliierte", aber praktisch legten sie doch Wert auf „getrennte Küche". Um so mehr war es staunenswert, daß nun bei der Rekrutierung der Theologiestudenten bzw. Seminaranwärter vorzüglich zusammengearbeitet werden konnte. Die pragmatischen Amerikaner stimmten der Entsendung ihrer Kriegsgefangenen zu dem unter britischem Kommando stehenden Lager Rimini zu. Im übrigen wurde uns bei der Errichtung dieses neuen Ausbildungsinstituts deutsche Selbstverwaltung eingeräumt. So lag die „deutsche Leitung" in meinen Händen. Natürlich stand ich in dieser Funktion unter der obersten britischen Kontrolle. Sie wurde von Rev. Speirs so „brüderlich“ wahrgenommen, daß es nie zu Spannungen oder Klagen gekommen ist. Im übrigen hatte ich alle meine Dienste – die der Seminarleitung eingeschlossen –, die ich als deutscher Sekretär der YMCA-Kriegsgefangenenhilfe ausübte, gegenüber dem Weltbundbeauftragten Mr. Jones zu verantworten.

Die *Zielsetzung* des Seminars bestand in einer Einführung (1) in das Theologiestudium (etwa 1./2. Semester) bzw. in die Ausbildung zum kirchlichen Mitarbeiter (Diakon, Jugendleiter, Verwaltungsbeamter). Der Seminarlehrgang war auf Fortsetzung (2) in der Heimat angelegt. Das Seminar bildete eine Lehr- und Lerngemeinschaft (3) und wollte eine Glaubens- und Lebensgemeinschaft sein (4). Ausnahmsweise waren auch geeignete Laienmitglieder zugelassen.

### *Eröffnung: „Erfordernisse des geistlichen Amtes“*

Ein wichtiger Tag für die gesamte Seminararbeit war die Eröffnungsfeier am 11. Juni 1946. Vermutlich aus Zeitgründen kam es nur zu einer handschriftlichen Skizze meiner Eröffnungsrede. Nach der Begrüßung der britischen und deutschen Ehrengäste und der Danksagung für die administrativen und technischen Vorbereitungsarbeiten gab ich einen kurzen Rückblick auf die Vorgeschichte des Seminars und der Lagerschule Rimini und einen Vorblick auf die geplante neue Seminararbeit. Interessanterweise fallen zwei Stichworte, die für die Wende unserer kirchlichen Ausbildungsstrategie hinter Stacheldraht charakteristisch sind. Das erste Wort hieß *Erweiterung* des bisherigen Ausbildungsradius. Natürlich knüpfte das Seminar an die Lagerschule an, aber seine Tätigkeit erstreckte sich nun über die Enklave Rimini hinaus auf ganz Italien. Die Teilnehmer kamen aus allen britischen und amerikanischen Lagern. Das andere Wort hieß *Verselbständigung*. Bisher bildeten unsere theologischen und kirchlichen Lehrgänge eine Abteilung der Lagerschule Rimini. Nunmehr wurde das neue Seminar ein Institut sui generis. Ausdrücklich wurde betont, daß das Seminar eine „gesamtkirchliche Linie“ verfolge und praktisch zwei Kurse durchführe, nämlich für künftige Pfarrer und Mitarbeiter.

Nach einleitenden Bemerkungen über die geistige Lage, die die Folie unserer Seminararbeit darstellte, ging ich zu meinem eigentlichen Eröffnungsvortrag über, der ein Ineinander von Vorlesung und Ansprache bot.

Es ging um *Erfordernisse des geistlichen Amtes* bzw. um Leitgedanken für das Studium der Theologie und den Dienst in der Kirche. Deutlich hob ich drei Begriffspaare hervor. Im ersten Teil sprach ich über „Vollmacht und Hingabe". Der alleinigen Autorisierung des Amtes durch Gott müsse das volle Engagement des Menschen, des Amtsträgers entsprechen. Der zweite Teil handelte von der „Schönheit und Gefährdung" des Amtes, der dritte Teil von seiner „Bindung und Bewegung", d. h. von der „gesunden Lehre" und dem missionarischen Auftrag Jesu [34].

*Kuratorium, Dozenten, Studenten*

Angesichts der recht verschiedenartigen Aufgaben, die das Seminar zu bewältigen hatte, waren einige organisatorische Überlegungen anzustellen. Das Seminar brauchte eine klare, teamartige Leitung und eine durchgegliederte sowie überschaubare Verfassung. Wir hatten nur wenig Zeit zur Vorbereitung und konnten uns langatmige Diskussionen oder gar Machtkämpfe einzelner Flügel nicht leisten. Die Verantwortung nach oben bzw. nach außen war von Anfang an geregelt. Die „Britische Aufsicht" führte Rev. Speirs vom Generalhauptquartier für Italien in Caserta. Für die „Deutsche Aufsicht" zeichnete ich verantwortlich, und zwar in meiner Eigenschaft als Leiter des Deutschen YMCA-Sekretariats für Italien in Miramare. Die Erfahrung, die ich in Berlin mit meinem „Seminar für Evangelische Jugendarbeit" gemacht hatte, lehrte mich, für die Leitung ein Organ zu schaffen, das repräsentativen Rang hatte, nicht zu groß war, rasch zusammentreten konnte und Entscheidungsbefugnis hatte. So entstand der Vorschlag eines *Kuratoriums.* Als zweites Gremium diente der *Lehrkörper* (Dozentenkollegium), als dessen Vorsitzender Pfarrer *Hans Karcher* gewonnen werden konnte. Er stammte aus der provinzialsächsischen Kirche und war als Lagerpfarrer für das Generalslager in Bellaria eingesetzt. Diesem Kreis gehörten alle Dozenten an. Als dritter Bereich fungierte die *Hörergemeinde*, die von der Studentenschaft gebildet wurde. Sie verstand sich nicht als ein hochschulpolitisches Organ, sondern als ein Stück Gemeinde – eben als Studentengemeinde. Ihr geistlicher Leiter war der sudetendeutsche Pfarrer *Hans Mrozek*, den ich bei meinen Dienstfahrten in Meran kennengelernt hatte.

Das *Kuratorium* umfaßte sechs Mitglieder und erfüllte damit die oben genannten Bedingungen. Es waren dies: Pfarrer Karcher als wissenschaftlicher Leiter, Pfarrer Mrozek als Studentenpfarrer, Pfarrer Oehlmann, der neue Oberpfarrer der Enklave als Vertreter der Pfarrer, Generalleutnant Dr. Polack, nicht so sehr als Kommandeur des Deutschen Hauptquartiers, sondern ausdrücklich als Vertreter der „Laien", Kirchenverwaltungsinspektor Seifert als Vertreter des allgemeinen Kirchenpersonals und ich als Vorsitzender des Kuratoriums. Der *Lehrkörper*, die „Fakultät", setzte sich aus 6 geistlichen (theologischen) Mitgliedern, einem diakonischen Mitglied und 5 „Laienmitgliedern", d. h. Dozenten für andere (nichttheologische) Wissenschaftsgebiete zusammen. Der Vorsitzende dieses Dozentenrates, Pfarrer *Karcher*, vertrat eine gediegene biblisch-reformatorische Linie. Er nahm seinen Lehrauftrag ernst, wirkte sachlich und korrekt und legte Wert auf strenge Denkarbeit. Dabei hatte er ein warmes Herz für seine Studenten. Mit Pfarrer *Oehlmann* kam ein Mann theologischer Urteilskraft – er hatte viel von dem Leipziger Systematiker Horst Stephan gelernt – und geistiger Beschwingtheit in das Seminar. Er konnte über die Kirchenmauer hinwegsehen und verfügte über eine beglükkende Dosis Humor. Eine nüchternere Prise bzw. norddeutsche Mentalität brachte Pfarrer *Gerlach* mit, der früher Propst in Mecklenburg gewesen war und bei uns Kirchengeschichte lehrte. Das Alte Testament betreute rührig, kundig und begeistert Pfarrer *W. Rein*, der auch aus Sachsen stammte. Als Anwalt der Diakonie diente Diakon *Piesack* mit Erfahrung und Sachverstand. Dazu kamen noch weitere wertvolle Lehrkräfte [35].

Eine besondere Note bekam unser Seminar durch den dritten Bereich, die *Hörergemeinde*. Nach den offiziellen Dokumenten setzte sie sich aus drei Gruppen zusammen, den „Studenten der Theologie", den „Diakonen-YMCA-Sekretärs- und Verwaltungsschülern" und dem „Personal des Geschäftszimmers". Die geistliche Leitung hatte Pfarrer Mrozek, der Studentenseelsorger und Seminarpfarrer war. Er war ein durch und durch musikalischer Mensch. Er war in der Lage, Menschen zum Singen zu bringen und sie sogar dafür zu begeistern, ob es sich um einen kleinen Kreis oder eine große Massenveranstaltung handelte. Er trug die Bezeichnung „Singpfarrer" voll zu Recht. Als früherer Leiter des Franz-Rendtorff-Hauses in Leipzig, einem Studentenheim für Diasporastudenten, hatte er Ideen und Erfahrungen im Umgang mit einer christlichen Hausgemeinschaft. Manchmal führte er ein strenges Regiment, dann wieder strahlte er Freude und Güte aus. Er verstand etwas von Spiel und Spaß, konnte sich aber auch stundenlang in seelsorgerlichen Gesprächen um die Nöte des einzelnen kümmern. Bei ihm konnte man beichten und bekam den frohmachenden Trost des Evangeliums zu spüren. Hans Mrozek charakterisierte beides: Zucht und Liebe.

Die Frage, wo bei dem Seminar die eigenständige *Studentenvertretung*, eine Art ASTA, geblieben sei, beantwortet sich leicht. Die Hörergemeinde selbst war das Gremium, in dem sich alle frei äußern konnten, mit Zustimmung oder mit Kritik, mit Ablehnung oder mit Vorschlägen. Als *Studentensprecher* fungierte *Lothar Penzel*, ein früherer Offizier. Außerdem arbeiteten einige Studierende (Ass. Bunge, Dr. Martini, Dr. Morgen, Dr. Wilhelm) im Kreis der Dozenten und Lehrbeauftragten mit, so daß auch indirekt Anliegen der Studentenschaft zum Tragen kommen konnten. Wie überhaupt in der Gefangenschaftskirche hinter Stacheldraht war manches ungewöhnlich: Zum Seminar gehörten Personen, die beides taten, nämlich studieren und dozieren.

Der Kreis der *Studenten* war sehr verschiedenartig zusammengesetzt. Darin waren 19- bis 50jährige. Bei so verschiedenen Altersstufen trafen jugendlicher Sturm und Drang zusammen mit reifer Erfahrung. Die Jüngeren waren nur Schüler gewesen und dann gleich als Soldaten eingezogen worden. Andere hatten die verschiedenartigsten Berufe gehabt, vom Metallarbeiter bis zum Dr. phil. Auch die Dienstgrade und Ränge differierten vom Gefreiten bis zum Oberstleutnant. Jetzt waren sie normale lernwillige Menschen, Studierende. Auch ein Arzt war dabei, ein Dr. med., der früher Assistent bei dem berühmten Chirurgen Professor Sauerbruch gewesen war und nun die theologische Schulbank drücken wollte, um später in irgendeiner Weise der Kirche Christi dienen zu können. Als die Studenten eintrafen, darunter etliche, die schon in Tarent unter der Leitung von Pfarrer Schönherr theologisch gearbeitet hatten, andere aus den amerikanischen Lagern, gab es im Lager ein gewisses Aufsehen. Was mögen die polnischen Wachen und die britischen Offiziere gedacht haben, als diese deutschen Kriegsgefangenen sich in dem abgegrenzten Seminargelände niederließen und sich dort in den Wohnzelten „häuslich" einrichteten. Sie brachten nicht nur ihr gewöhnliches Landsergepäck mit, sondern wurden mit Büchern, Kollegheften, Schreibmaterial u. a. ausgestattet. Sie trieben Sport und Spiel, sangen miteinander oder wurden in einer Gruppe still im gemeinsamen Gebet. Ein größeres Zelt diente als „Hörsaal" mit den entsprechenden Tischen und Bänken. Im übrigen wurde von früh bis abends doziert und diskutiert, unterbrochen durch eine genau festgelegte Studierzeit und die täglichen Andachten. Das

Ganze wirkte wie ein amerikanisches College bzw. wie eine Sommerschule mit Internat oder wie ein deutsches Predigerseminar alten Stils mit Wohngemeinschaft.

Den Mehrzweckcharakter des Instituts und den Lerninteressen bzw. Bildungsvoraussetzungen entsprachen die verschiedenen Berufsziele. Auf sie mußte in geeigneten Lehrveranstaltungen Rücksicht genommen werden. 22 Seminaristen waren eigentliche Theologiestudenten; sie wollten Pfarrer werden. Sechs hatten schulische Interessen; sie wollten Religionslehrer werden. Eine größere Gruppe von 24 Seminaristen beabsichtigte, in die Jugendarbeit zu gehen, und hoffte, in den Dienst des CVJM bzw. einer Kirchengemeinde treten zu können. In die Diakonie wollten sechs von den Studierenden gehen, drei strebten einen besonderen Einsatz in der Evangelisationsarbeit an. Der Rest der Studierenden und einige von den bereits Genannten, die sich ihres Weges noch nicht sicher waren, suchten ein Stück „theologischer Erwachsenenbildung" zu bekommen. Wartete doch die Heimatkirche allerorten auf mündige Laien, die ihr beim Aufbau der Gemeinden helfen sollten. Nicht zuletzt muß auf die konfessionelle und geistliche Prägung der einzelnen aufmerksam gemacht werden. Die meisten stammten aus den Landeskirchen. Einige waren Freikirchler, und nicht alle kamen aus einem christlichen Elternhaus. Eine Reihe von Seminarteilnehmern waren ausgesprochene „Neuchristen", die erst hinter Stacheldraht den Weg zum Glauben gefunden hatten.

### *Vorlesungen und Studienordnung*

Das Angebot an Vorlesungen war reichhaltig. Das Seminar sollte einige fundamentale Erkenntnisse der theologischen Wissenschaft vermitteln, Denkanstöße für den Dialog mit anderen Wissenschaftsgebieten geben und erste Praxishilfen für den Dienst in der Gemeinde oder an der Jugend anbieten bzw. einüben. Keinesfalls durfte das Seminar zum Elfenbeinturm werden. Die Zeiten des theologischen Ghettos waren vorbei. Andererseits ging es darum, einen festen Grund zu legen. Die Teilnehmer brauchten eine theologische Basis und einen geistlichen Fundus. So hieß es aus dem großen Stoff erneut sorgsam auszuwählen. Schon damals wurde uns instinktiv das Ineinander des Fundamentalen, Exemplarischen und Elementaren deutlich, obwohl wir von der späteren Theorie W. Klafkis noch keine Ahnung hatten. Die späteren Theologen mußten besondere Fachkurse belegen. Deswegen legten wir Wert auf die Sprachkurse und konnten auf den griechischen oder hebräischen Urtext und auf die lateinischen Fachbegriffe der Dogmatik in den Vorlesungen eingehen. Im übrigen mußten die Dozenten wahre Meisterleistungen der Didaktik vollbringen, damit auch die nichttheologischen Seminaristen etwas von einer Vorlesung hatten. Wir dürfen heute sagen, daß dieser Versuch weithin gelungen ist. Theologen und Laien lernten von Anbeginn den sprachlichen Respekt voreinander und übten sich in einer für die kirchliche Praxis fruchtbaren Verständigung.

Man kann nicht sagen, daß das Theologische Seminar Rimini eine besondere theologische *Richtung* vertreten hätte. Zwar hatte die Mehrzahl der theologischen Dozenten (vier von fünf) ihre Ausbildung an der lutherischen Fakultät der Universität Leipzig erhalten, aber auch andere theologische Einflüsse kamen zur Geltung. Dafür sorgte die theologische Gesamtlage, die über Anstöße der Dialektischen Theologie von den führenden Köpfen des Kirchenkampfes bestimmt war. Diese Gesamtlage spiegelte sich auch in der theologischen Fachbücherei wider, die von den Dozenten wie von den Studenten fleißig benutzt wurde. Genannt seien nur die Werke der Schweizer reformierten Theologen Karl Barth und Emil Brunner, der Tübinger Bibeltheologen Karl Heim und Adolf Schlatter und anderer. Paul Althaus half mit seiner Klarheit zum Gesamtverständnis der christlichen Lehre. Dietrich Bonhoeffer beeindruckte als Märtyrer des Dritten Reiches durch sein Weltverständnis und seine Schriftauslegung. Helmut Thielicke kam bei den Nichttheologen besonders gut an, weil er einen weiten Denkhorizont hatte und griffig zu formulieren wußte. Für die Exegese war das Sammelwerk AT-Deutsch und NT-Deutsch neben einigen Kommentaren und Nachschlagewerken ein unentbehrliches Werkzeug. In der Kirchengeschichte bot der alte „Heussi" einen ersten Wegweiser, an den man sich zur Not im dunkeln halten konnte. Wertvoll waren schließlich die verschiedenen Texte zur Kirchen- und Dogmengeschichte. Ich selbst war beispielsweise beglückt, in einem Sonderdruck des YMCA Kierkegaard wiederbegegnen zu können.

Wenn man heute das damalige *Vorlesungsverzeichnis* betrachtet, kann man nur staunen über die Fülle des Angebotenen. Sie ist durch die Lernfreudigkeit der Studenten und die Einsatzfreude der Dozenten erklärbar. Da zeigten sich geistige Neugier, ein Heißhunger des Lernens auf der einen Seite und eine neue Leidenschaft für Forschung und Lehre andererseits. Es genügt, einige Vorlesungsthemen anzuführen: Den komplizierten, aber attraktiven Unterricht in der hebräischen

Sprache gab Pfarrer Rein. Er führte auch in den Propheten Amos ein. Ich selbst las über das Buch Hiob, das mich schon bei meinem Studium in Leipzig bewegt und erregt hatte. Nach den handschriftlichen Notizen zu urteilen, habe ich die Kapitel 1–3 ausführlich und die Kapitel 4–10 überblicksweise behandelt. Wahrscheinlich mußte ich aus Zeitgründen abbrechen, so daß der Schluß des Buches mit dem wichtigen Kapitel 38 nur gerafft vorgetragen werden konnte. Die neutestamentlichen Vorlesungen boten eine Auslegung des Markusevangeliums (Karcher) und eine Einleitung in alle Schriften (Gerlach). Die evangelische Glaubenslehre wurde anhand des Apostolischen Credo dargestellt (Karcher). Auch über einige „Probleme der christlichen Ethik" (Oehlmann) wurden die Studenten informiert. Unter dem Thema „Eintritt des Christentums in die Welt" kam die Kirchengeschichte I zu ihrem Recht (Gerlach).

Dazu kamen einige Sonderthemen, z. B. „Naturwissenschaftliche Erkenntnisse und die christliche Offenbarung" (Bunge), „Die Wirtschaftsordnung der Welt und der Wille Gottes" (Polack) und „Das religiöse Moment in der deutschen Literatur" (Junghans). Im Seminar wurde viel gesungen, und der dazugehörige Sangesmeister steuerte bei der Ausbildung einen Beitrag aus dem ihm besonders liegenden Gebiet der Liturgik bei: „Das Kirchenjahr und der Choral." Für die Praktische Theologie trug ich eine besondere Verantwortung. Die entsprechende Vorlesung hieß schlicht „Die evangelische Jugendarbeit". Darin wurden allgemeinere Fragen von Verkündigung und Seelsorge behandelt. Das Programm entsprach in etwa dem Stoff, den ich in der Theologischen Arbeitsgemeinschaft der Lagerschule vorgetragen hatte. Nicht unerwähnt bleiben dürfen die Gastvorlesungen über die Prädestination (Dahlgruen), Kunst (Pappenheim), Technik (Viebahn) u. a.

Der wissenschaftliche Leiter unseres Seminars, Pfarrer Karcher, hatte seine Studenten, aber auch seine Kollegen gut im Griff. Er drängte sich nicht auf, konnte sich aber mit seinen begründeten Überzeugungen gut durchsetzen. Es hat uns nicht verwundert, daß er später Superintendent in seiner Heimatkirche geworden ist. Neben anderen trug er hilfreich zum Entwurf einer *Studienordnung* des Seminars bei. Sie appellierte an Dozenten und Studenten, „zu haben ein unverletzt Gewissen allenthalben, gegen Gott und die Menschen" (Apg 24,16). Ausdrücklich wird die Zusammengehörigkeit von Überlieferung und Gegenwart hervorgehoben: „Wir lernen in der Geschichte des Evangeliums, um in unserer Kirche den uns durch den Herrn ge-

gebenen Auftrag erfüllen zu können." In einem Abschnitt über die „Formen" der Seminararbeit mahnt die Ordnung zur Gewissenhaftigkeit und warnt gleichzeitig vor Oberflächlichkeit. Als „Helfer" der Seminararbeit werden Bücher, Abwechslung und Gefährten genannt. Der Schlußabschnitt über den „Geist" des Seminarstudiums enthält drei biblische Denkanstöße. Wird doch dieser Geist darin gesehen, Gefährten der Freude (2 Kor 1,3 f. 24), Boten des Friedens (Eph 6,10–20) und Täter des Wortes (Jak 1,22) zu sein und zu werden.

Bei allem Ernst, der die Lernenden und Lehrenden des Theologischen Seminars bewegte, gab es auch eine *fröhliche*, humorvolle Seite. Die Seminaristen und ihre Dozenten waren *Menschen*. Der Geist des Evangeliums gab kein Recht zu einem sauertöpfischen Verhalten, sondern machte fröhlich. So gab es manches scherzhafte Wort zu hören. Gelacht wurde gern und laut. Man freute sich über den Seminarhund „Struppi", den ein Student mit eingeschleust hatte, oder amüsierte sich über Vorgänge, die innerhalb oder außerhalb oder am Rande des Seminargeländes passierten. Was den letzteren Aspekt betrifft, so hatten die Hebräischübungen von unserem „Rabbi Rein" ungeahnte Folgen. Auf einem kleinen Pfad auf dem Zeltgelände konnte man Tag für Tag die Studenten wie einst die griechischen Philosophenschüler, die sogenannten „Peripatetiker", einherwandern sehen, gefährliche Urlaute wie „katal, katela, katalta" (das hebräische Paradigma für „töten") lallen hören. Die wenigsten wußten, daß das zu deutsch hieß: „ich töte, du tötest, er tötet". Aber es klang doch merkwürdig. Bei uns hieß dieser Pfad der „Jüdensteig"; das war natürlich liebenswürdig gemeint. Aber damit nicht genug. Es wurde nämlich behauptet, man habe diese Sprachübungen vom großen „Donnerbalken" aus wahrnehmen können, einer Art von Mammut-Klo mit über 100 „Sitzen", das nur mit einer Blechwand gegen den Campus abgedeckt war. Sinnigerweise hatte man Theologie und Toilette, Ort und Abort ganz nahe beieinander plaziert. Wir waren Gefangene und hatten sonst „keinen Raum in der Herberge"! Um Ernst und Freude der damaligen Studentenmentalität näher kennenzulernen, lohnt ein Blick in das „Tagebuch", das Klaus Voigtländer auszugsweise in der Zeitschrift „Bereitschaft" veröffentlichte. In der schönen Offenheit des Betroffenen schreibt er z. B.: „Das Examensgespenst rückt unerbittlich näher. Die Gesichter werden bleich . . . Unsere Zeit! Dieses unglaubliche Stöhnen erfüllt die Zeltstadt. Sind wir zur wissenschaftlichen Arbeit zusammengekommen oder zur Gemeinschaftsarbeit? Sollten wir uns nach dem Wohl des Nächsten erkundigen oder nach dem Partizip Akt. des

‚Pual'? Nach den zwei Naturen Christi oder der Frau des Zeltkameraden? Und mancher, der meint, ein blinkendes Zeugnis schon in der Tasche zu haben, sieht sich durch die Mitwelt elendiglich gehindert. Wie viele Menschen habe ich durch Christus glücklich gemacht? Diese Vielzahl hat gewichtigere Werte als viele Eins-Zahlen auf dem Seminarzeugnis." Das waren einige Fragen, die von den jungen Theologiestudenten hinter Stacheldraht gestellt wurden.

### *Seelsorge und Lebensordnung*

Das Seminar war nicht nur ein Ausbildungsinstitut, das der wissenschaftlichen Zurüstung für kirchliche Berufe diente. Es war auch eine Erfahrungs- und Lebensgemeinschaft, in der man lernen konnte, den Glauben in die Tat umzusetzen und als Christen miteinander zu leben. Deswegen wurde nicht nur das Wort „Ausbildung", sondern auch das Wort „Seelsorge" großgeschrieben. Natürlich gehörte die seelsorgerliche Arbeit in erster Linie zum Amt des Studentenseelsorgers. Pfarrer Mrozek hat sich diesem Dienst mit der ihm eigenen Hingabe in aller Stille, aber mit klarer Zielsetzung gewidmet. Er lebte tagtäglich von früh bis abends mit den Studenten zusammen. Auch wir anderen Dozenten wurden immer wieder seelsorgerlich in Anspruch genommen, sei es aufgrund einer These oder eines Beispiels in der Vorlesung oder im Blick auf persönliche oder berufliche Probleme. So durfte ich nicht nur über das Thema „Seelsorge" dozieren, sondern es in einer Reihe von persönlichen Gesprächen praktizieren. Ich habe daraus viel gelernt, wie man es machen soll und wie man es nicht machen soll.

Einige Momente sind für die Seminargemeinde besonders charakteristisch. Einmal ist das die *Bibelbegegnung.* Nur wenige von den Studenten hatten sich bisher ernsthaft mit diesem Buch auseinandergesetzt. Eher hatte man „religiöse" Interessen oder brachte eine „kirchliche" Tradition mit oder entwickelte ein Neugierverhalten gegenüber der wissenschaftlichen Theologie. An wirklicher Bibelkenntnis, geschweige denn an echtem Bibelverständnis, fehlte es aber weithin. Da waren die Begegnungen mit biblischen Texten außerhalb der Vorlesungen, etwa in den Morgen- und Abendandachten oder die Aussprache in kleinen Bibelarbeitsgruppen, etwas Ungewohntes, aber Anziehendes. Die persönliche und unmittelbare Begegnung mit dem Wort Gottes begann zu einem Geschehen zu werden, das die Gemeinschaft der Studenten von innen her prägte.

Das andere überraschende Erlebnis war die *Gebetsgemeinschaft.* Viele Studenten hatten während des Krieges oder in den Lagern danach, ausgelöst durch bestimmte persönliche Nöte oder Sehnsüchte, Erfahrungen mit dem Einzelgebet. Das Kämmerlein war bekannt, nicht aber das Phänomen der „Dreierzelle" von Mt 18,20 bzw. das Geheimnis der Betergruppe. Auch an liturgischen Gebeten im Gottesdienst hatte man teilgenommen. Aber die eigentümliche Erfahrung, daß man in der Gruppe und für die Gruppe beten kann, seine eigenen Anliegen vortragen und die Anliegen der anderen anhören, für sie eintreten darf und schließlich gemeinsame Gebetswünsche vor Gott zu bringen vermag, war neu. Nach anfänglicher Scheu vor schwärmerischem Pietismus lernte man die Gebetsgemeinschaft als Gebetsverstärker kennen und schätzen. Erfreulicherweise wurde dabei Gebetszucht geübt, so daß das Ganze nicht in fromme Selbstbespiegelung ausufern konnte.

War die Gebetsgemeinschaft ein Schritt vom frommen Ich zum geistlichen Wir, so half umgekehrt das Angebot der *Einzelbeichte* vom „allgemeinen" Sündenbekenntnis zum persönlichen Eingeständnis. Wie wir es mit den Studenten in Bellaria erlebt hatten, genügte auch hier eine Andacht bzw. ein Ausspracheangebot des Studentenpfarrers, um eine Kette von Seelsorgegesprächen in Gang zu bringen. Vielleicht ist es zu hoch gegriffen, wenn man das eine „Beichtbewegung" nennen wollte. Aber das Ergebnis spricht für sich: Eine Reihe von jungen Männern machte die persönliche Erfahrung mit einer befreienden Beichte, ja noch mehr, mit einer befreienden Absolution. Wir anderen Pfarrer waren in dieses Geschehen einbezogen: Wir beichteten unsere eigene Schuld und hörten die Beichte anderer. Wir erhielten selbst verbindliche Vergebung und erteilten diese verbindliche Vergebung anderen, ob sie jünger oder gleichaltrig waren.

Nicht wenig hat zu dieser Entwicklung die *Lebensordnung* des Seminars beigetragen. Sie war von Anfang an von der Leitung des Seminars konzipiert worden und war als Gegenstück zu der erwähnten Studienordnung gedacht. Einerseits hat sie die geistliche Gemeinschaftsbildung angeregt, andererseits wurde sie durch die praktizierte Lebensgemeinschaft mit Sinn erfüllt. Man wußte, daß für das Werden der Gemeinschaft „Straffheit und Zucht" förderlich, dagegen „Selbstsucht, Empfindlichkeit und Weichheit" hinderlich waren, aber man wollte die uns anvertrauten jungen Menschen nicht mit toten Paragraphen einengen oder drängeln. Die Lebensordnung sollte vielmehr vom „Geiste Jesus Christi getragen sein" und eine helfende Funktion ausüben. Deshalb wurde auf das biblische Bild vom „Leib Christi" mit seinen einander dienenden „Gliedern" und auf die wechselseitige Vergebungsbitte des Vaterunsers hingewiesen. Ausdrücklich heißt es: „Die Gemeinschaft wird von den drei Inhalten geprägt, nämlich vom Gebet, vom Studium und von der Freizeitgestaltung." Nicht von ungefähr wird dabei das Beten akzentuiert: „Das Gebet ist das Jawort des Glaubens auf das Wort Gottes." – „Es falten sich die Hände frühmorgens im Zelt, bei Tisch, zum Abendsegen, beim Gottesdienst und Sakrament und in der Gebetsgemeinschaft." Auch die Freude wird nicht vergessen, sogar theologisch besonders begründet: „Das gemeinsame Leben im Seminar ist um der ‚Frohen Botschaft' willen fröhlich." Um die Zeit „auszukaufen", wird ein sorgfältig überdachter „Tageslauf" vorgelegt. Interessant ist die Tatsache, daß am Schluß der Lebensordnung den Studenten des Seminars ganz offiziell die Rechte der Mitbestimmung und Mitverantwortung eingeräumt werden: Der Studentensprecher (Senior) ist demokratisch zu wählen. Zur Beratung des Studentenpfarrers dient der „Konvent der Zeltältesten". Wenn Fragen besprochen werden müssen, die die „Allgemeinheit des Studiums" betreffen, so geschieht das im „Gesamtkonvent". Der letzte Satz der Ordnung lautet: „Die Grundlage, wie auch das Ziel der Lebensordnung im Theologischen Seminar, ist die christliche Bruderschaft."

### *Die Bruderschaft und ihre Ordnung*

Die monatelange Lebensgemeinschaft hatte prägende Wirkungen, nicht nur für den Vollzug des Miteinanders während der Seminarzeit, sondern darüber hinaus für die Jahre des Weiterstudiums und des Wiederaufbaus. Die „Zeit danach" ist ohne die Erfahrung und Ordnung der Bruderschaft nicht denkbar. Im Laufe der vielen Wochen hatte man sich an die Praxis der Lebensordnung gewöhnt und begann im kleinen wie im großen Kreis über das „Was nun?" und das „Wie weiter?" zu sprechen. So reifte ganz allmählich, aber immer deutlicher der Gedanke einer durch eine „Ordnung" zusammengehaltenen „Bruderschaft". Selbstverständlich bin ich nicht unbeteiligt gewesen. So war es unvermeidlich, daß ich von den Erfahrungen mit der „Michaelskette" bzw. mit der Bruderschaft in Bellaria berichtete. Einflüsse auf die Bildung der neuen Bruderschaft sind sicher davon ausgegangen. Im übrigen war der Wille zu einem solchen verbindlichen Kreis die freie Entscheidung der jungen Männer und einiger älterer Brüder.

Sie gaben sich „ihre“ Ordnung und verpflichteten sich freiwillig darauf.

Wenn man die „Ordnung der Bruderschaft des Theologischen Seminars Rimini“ mit der „Ordnung der Michaelskette“ vergleicht, fällt sofort das Gemeinsame auf. Die Gliederung in drei Teile ist dieselbe: I. Gemeinschaft, II. Beichte, III. Dienst. Auch die jeweils dazugehörigen biblischen Leitworte lauten gleich. Sogar die erklärenden Sätze werden alle mit der schon bei der Michaelskette gebrauchten Einleitungsformel versehen: „Das bedeutet für uns: 1, 2, 3 ...“ Anders dagegen lautet das *Generalleitwort* für die Gesamtordnung aus Hes 11,19: „Ich will euch ein einträchtiges Herz geben und einen neuen Geist in euch geben, will das steinerne Herz wegnehmen aus eurem Leibe und ein fleischernes Herz geben.“ Dazu kam der neutestamentliche Vers aus Hebr 10,23: „Lasset uns halten an dem Bekenntnis der Hoffnung und nicht wanken; denn ER ist treu, der sie verheißen hat.“ Diese Textwahl ließ erkennen, daß man die Bruderschaft als wirkliche Gottesgabe verstand und nicht als eine Eigenschöpfung der Mitmenschlichkeit. Die Betonung des *Geistes* deutet das spontane und mobile Moment an, das von Anfang an mit diesem Kreis verbunden war. Nicht zuletzt lenkte das Wort von dem Bekenntnis der „Hoffnung“ den Blick nach vorn. Man wollte nicht eine theologische Traditionskompanie sein, sondern sich in eine brüderliche Bewegung hineinziehen lassen, die unter einer klaren Verheißung stand: „ER“ erschien als der „Garant“ für das Werden, Sein und Bleiben der Bruderschaft.[36]

Im I. Teil *Die Gemeinschaft* liest sich fast alles wie in der Ordnung der Kette. Nur Weniges, mit Rücksicht auf die zu erwartende Wirklichkeit, ist vorsichtiger formuliert. An Stelle von „Gebetsgemeinschaft“ heißt es hier „gemeinsam beten“. Für die weitere Entwicklung wird nur dem Wunsch Ausdruck gegeben, sich „öfter zu treffen, mindestens aber brieflich in Verbindung zu bleiben“.

Im II. Teil *Die Beichte* ist unter Anknüpfung an die ursprünglich „Privatbeichte“ ausdrücklich von dem „Beichtiger“ die Rede. Schlicht, aber treffend, heißt es am Ende: „Das bedeutet für uns: Daß wir auch untereinander von der Vergebung leben, also bereit sind, einem Bruder zu vergeben, wie auch ihn um Vergebung zu bitten.“

Der Teil III *Der Dienst* zielt im Sinne von Eph 4,16 auf eine Kirche der „Handreichung“, die „alles in der Liebe“ tut. Hier sei der Wortlaut zitiert: „Das bedeutet für uns: 1. Daß wir mit unserer Bruderschaft nicht uns selbst, sondern der ganzen Kirche des Christus, jeder nach seiner besonderen Gabe, in Wort und Tat dienen und in ihrer Gemeinschaft an Predigt und Sakrament teilnehmen wollen. – 2. Daß wir unsere besondere Aufgabe darin sehen, die Jugend für Christus und seine Kirche zu gewinnen helfen. – 3. Daß wir nicht aufhören wollen, um die Festigung unseres Glaubens und um die Vertiefung unserer Erkenntnis von unserem Herrn Jesus Christus zu ringen. – Dazu helfe uns Gott Vater, Sohn und Heiliger Geist. Amen.“ An diesen Sätzen wird deutlich, daß der Text gestrafft ist und noch mehr Rücksicht auf die Verschiedenartigkeit der Brüder zu nehmen sucht (Landeskirchler und Freikirchler, Theologen und Nichttheologen).

Die Bruderschaft hat sich bis heute gehalten. Dafür haben besonders treue Dienste als *Bruderschaftsältester* Pfarrer Hans Mrozek und als *Geschäftsführer* Pfarrer Friedrich Richartz geleistet. Der letztere redigiert den immer wieder erscheinenden *Rundbrief*, er organisiert die Treffen und pflegt die Verbindung mit den einzelnen Bruderschaftsmitgliedern – oder jetzt auch schon den Bruderschaftswitwen.

### *Semesterschluß: „Die Glaubwürdigkeit der kommenden Kirche“*

Nach vier Monaten war es soweit. Man hatte länger als ein heutiges Semester und dazu intensiver und pausenloser studiert. Die Examensarbeiten waren geschrieben, und die mündlichen Prüfungen trotz aller Aufregungen zur Zufriedenheit aller durchgeführt worden. Bei den *Prüfungsarbeiten* durften die Kandidaten zwischen sechs Themen wählen: (1) „Das Martyrium des Stephanus, seine Ursachen, seine Folgen und das Problem der Zulassung.“ – (2) „Es ist nach dem Philemon-Brief zu behandeln a) die ihm zugrundeliegende Wirtschaftsordnung, b) die im ‚Fleisch‘ und ‚Herrn‘ gegebene Gemeindeordnung und ihre Folgen.“ – (3) „Was gibt Luther das Recht, das 3. Gebot abzuändern?“ – (4) „Mein Konfirmationsspruch (als Predigtmöglichkeit).“ – (5) „Der sinkende Petrus (als Jugendstunde mit 14- bis 18jährigen möglich).“ – (6) „Die Heilung des Gichtbrüchigen (als Kindergottesdienst möglich).“

Das *Prüfungszeugnis* bestätigte dem Prüfling Fleiß, Gewissenhaftigkeit und Teilnahme an der Lebensgemeinschaft. Dann lesen wir: „In herzlicher Fürbitte begleiten wir unseren lieben Bruder in Christus, der als . . . (Pfarrer, Diakon, Jugendleiter usw.) der Kirche unseres Herrn dienen will, in die Jahre seines Lernens und inneren Bereitens.“ Das Dokument schließt mit einem liturgischen Wunsch und einem biblischen Wort: „Ehre aber und Anbetung dem, der da spricht: ‚Nehmet auf euch Mein Joch und lernt von Mir!'“ Unterzeichnet wurden die Zeugnisse im Namen des Kuratoriums von mir als dem Vorsitzenden sowie von Pfarrer Karcher, dem wissenschaftlichen Leiter, und Pfarrer Mrozek, dem Heimpfarrer. Das Zeugnis bescheinigte im übrigen den regelmäßigen Besuch der belegten Vorlesungen und das Bestandenhaben bzw. die Benotung der schriftlichen Arbeit (auch mit Angabe des Themas), einer Sprachenprüfung und zweier Kolloquien (mündlicher Prüfungen).

Am 28. September 1946 fand die Semesterschlußfeier statt. Nach einer Begrüßung durch den Seminarsprecher L. Penzel haben drei Studenten (P. Poguntke, E. Sonntag, H. Heide) Kurzberichte gegeben, K. Walter las aus dem „Tagebuch“ und Dr. H.-E. Wilhelm aus der „Dichtermappe“. Dann kam die Kaffeepause mit Liedern und einem Grußwort des YMCA-Beauftragten Mr. John Meade.

Schließlich war ich selbst an der Reihe. Meine mit der akademischen Feier verbundene Schlußvorlesung mit dem Titel *Die Glaubwürdigkeit der kommenden Kirche* begann mit zwei herausfordernden Sätzen: „Die Deutschen fragen heute nicht mehr nach der Kirche. Es ist vielmehr zwangsläufig so, daß die Kirche nach den Deutschen fragen muß.“ Eine Ausnahme bildeten die jungen Deutschen, die ihrem jungen Alter entsprechend nicht völlig verlernt hätten, Kritik zu üben, nämlich an allen Autoritäten, nicht zuletzt an der Kirche. Ich konnte mich auf das Ergebnis einer Rundfrage berufen, die ich unter den Lager-CVJM-Gruppen Mittelitaliens gestellt hatte und die immerhin zehn zum Teil sehr ausführliche Antworten eingebracht hatte. Angesichts der Stacheldraht-Gleichgültigkeit und des wachsenden Nihilismus konnten wir diese wenigen Stimmen dennoch als „viele“ betrachten. Die Vorlesung hatte vier Teile und setzte ein mit einer Analyse der Situtation.

Der 1. Teil mit der Überschrift „*Eine Rundfrage nach der kommenden Kirche unter jungen SEP (Kriegsgefangenen)*“ suchte die ausgefüllten Fragebogen zu interpretieren. Sie konnten natürlich nicht einfach als „repräsentativ“ im Sinne der modernen Demoskopie gelten, hatten aber exemplarische und aufschlußreiche Bedeutung. Unter den sechs vorgegebenen Stichworten (Gemeinde, Predigt, Pfarrer, Jugendarbeit, Politik, soziale Frage) fand die Person des Pfarrers, obwohl sie absichtlich nicht als erster Punkt genannt worden war, das meiste Interesse. Längst vor den Erhebungen der sechziger Jahre konnte ich damals sagen: „Für den Durchschnittsjugendlichen bildet sich das Urteil über die Kirche in jedem Falle am Pfarrer." Er sei es, der die Kirche glaubwürdig oder unglaubwürdig machte. Er ist als „Amtsträger der Mann, von dem man alles verlangen kann". Auffällig war, daß die „soziale Frage" nur schlecht bzw. unzureichend beantwortet war. Das lag an einem doppelten Umstand: Einmal hatte der junge Mann hinter Stacheldraht keine wirtschaftlichen Sorgen. Die Engländer sorgten für ihn. Aber er hatte auch von früher her kein Problembewußtsein. Im Nationalsozialismus (wie später in der DDR!) gab es angeblich keine soziale Frage. Alles schien „geregelt". Interessant sind auch einzelne Forderungen, so die nach einer Revision des Begriffes „Christ", der Aufgliederung der Kirche in eine „Bekenntniskirche" und einen „Freundeskreis" und der Abschaffung einer moralisierenden oder politisierenden Predigt.

Im Horizont der Kirchenkritik, die in der Rundfrage zur Sprache gekommen war, stellte sich im 2. Teil unter der Überschrift *Die Kirche von gestern* die fundamentale Frage nach dem klassischen Kirchenverständnis im Neuen Testament. Sei doch das Evangelium der eigentliche Maßstab für jede Neuplanung in der Kirche. Als biblischer Beleg bot sich wieder Apg 2,42 an, wo die Jerusalemer Urgemeinde nicht als System, sondern in ihrer „Praxis" beschrieben wird. Ihre Kennzeichen seien die Lehre, die im Sinne von 1 Kor. 15,3–5 und Hebr 6,1 f. unterrichte, die Gemeinschaft, die die Last des anderen trage, das häusliche Brotbrechen und die gemeinsamen Gebete. Unter dem Sammelbegriff „Gemeinschaft" verstand ich die urchristliche Kirche als Glaubens- und Lebensgemeinschaft, als Tisch- und Tatgemeinschaft sowie als Gebets- und Liebesgemeinschaft.

Eine „unmittelbare" Anwendung der urchristlichen Berichte auf das Hier und Heute ist der Kirche verwehrt. Deshalb versuchte der 3. Teil *Der junge Mensch von heute* auf seine Weise mit dem Prinzip der Liebe zum Nächsten, zum „Zeitgenossen", Ernst zu machen. Müsse doch die Kirche ihn kennen und sich auf ihn einstellen. Dazu bediente ich mich in Anlehnung an und in Auseinandersetzungen mit Ernst Fegers Reden „An die deutsche Jugend" einer typologischen Skizze (Trotzige, Skrupellose, Müde, Traditionsbeflissene, Suchende).

Die Vorlesung gipfelte im 4. Teil *Die Kirche von morgen*. Der Referent geht hier auf die konkreten Fragen einer Kirchenreform ein. Auch in diesen praktischen Dingen strebt das Referat danach, von der Mitte der Kirche, von ihrem „Kopfstück" her zu denken. Daher werden die sieben Postulate der vorgeschlagenenen Reform grundsätzlich unter den „Heilandsruf" und „Herrschaftsanspruch" Jesu gestellt. Im einzelnen heißt das: (a) Sie (die Kirche) muß das Bekennen des Jesus Christus verlangen. Das bedeute eine neue Bestimmung des Wortes „Christ" und lasse an eine Konfirmation mit 17/18 Jahre denken. – (b) Sie muß ihre Struktur als Lebensgemeinschaft im Namen Jesu wieder zu erobern trachten. Dabei könnten kleine „Bruderschaften" helfen. – (c) Sie muß lernen, das Du des anderen Charismatikers zu achten. Nicht jeder bekomme die gleiche Gabe. Man werde der kommenden Kirche nicht glauben, wenn sie sich zuviel zankt. – (d) Sie muß mit den Ärzten, vornehmlich mit den Neurologen (Psychotherapeuten) ins Gespräch kommen. „Möttlingen" (der bekannte Heilungsort im schwäbischen Pietismus) dürfe nicht „extra muros ecclesiae" (außerhalb der Mauern der Kirche) zu stehen kommen. – (e) „Sie muß sich einer evangelischen Askese befleißigen." Man werde der Kirche nach dem Kriege nicht etwas glauben, wenn sie nicht auf etwas verzichten könne. – (f) „Sie muß ‚Kirchenzucht' üben." Die Christen sollten nicht unnötig staatliche Gerichte bemühen (1 Kor 6) und lieber ihre eigene brüderliche Lebensordnung (Mt 18) praktizieren. Zucht ist hier also nicht disziplinär, sondern seelsorgerlich zu verstehen. – Hinter diesen Forderungen und Reformvorschlägen stand nichts anderes als eine Neubesinnung über die *Kirchenmitgliedschaft*. Es ging um eine kritisch-konstruktive Überprüfung, ob es sich um die Gliedschaft in einer Volks- bzw. Landeskirche oder in einer Freikirche handelte. Das alles klingt etwas radikal und provokativ. Die Vorlesung brachte aber zur Sprache, was uns in der Gefangenschaftskirche wirklich bewegte. Wir wollten auf unsere Weise mit der Erkenntnis Ernst machen, daß „die reformatorische Kirche wieder einmal einer Reform bedarf". Gleichwohl war ich mir meiner persönlichen Grenzen und der sachlichen Unvollkommenheit dieses „Reformprogramms" bewußt. Daher heißt es in der Vorlesung wörtlich: „Doch die kommende Kirche bleibt Kirche unter dem Kreuz. Was für das Kreuz gilt (nämlich Ärgernis) . . ., das gilt auch für die Glaubwürdigkeit der Kirche. Die Kirche hat nicht die Verheißung, daß ihr alle glauben, im Gegenteil, verlachen wird man sie und ärgern wird man sich darüber. Sie leidet unter der konfessionellen Spaltung. Mißverständnisse werden sie bis zum Jüngsten Tag begleiten." Hier klingen Gedanken an, die später Emil Brunner in „Das Mißverständnis der Kirche" (1951) und Helmut Thielicke in „Leiden an der Kirche" behandelt haben. Aber ich sparte auch nicht mit dem Trost des Evangeliums: „Die ganze Welt braucht ihr (der Kirche) nicht zu glauben, wenn nur Christus ihr glaubt. Das ist ihre Ehre, ihre Freude, ihr Stolz."

Die Vorlesung schließt mit einer persönlichen *Anrede an die Studenten*: „Liebe Seminaristen! Diese letzte Vorlesung habe ich aus reiner Liebe zu Euch gehalten. Sie wollte Euch in aller Unvollkommenheit ein wenig danken für alle Freundschaft, die Ihr mir erwiesen habt, und vor allem für Euren Eifer um Jesus, von dem ich gelernt habe für mein Amt. Ihr seid jung, und Ihr geht nach Deutschland. Ihr begehrt ein christliches Amt. Ihr seid (selbst) ein Stück kommende Kirche. Nun geht in Jesu Namen und baut zu Hause das Gebäude, dessen Eckstein Jesus Christus ist, das Haus Gottes, nach dem wir uns sehnen, die kommende Kirche!" Wenn man heute, nach fast einem halben Jahrhundert, diese Vorlesung noch einmal liest, wundert man sich über die Fülle der Gedanken und die Länge der Ausführungen. Hatte ich nicht zu viel hineingepackt, und waren die Zuhörer nicht überfordert?

Diese kritischen Einwände sind gewiß berechtigt. Andererseits darf ich darauf aufmerksam machen, daß wir damals hinter Stacheldraht viel Zeit hatten, uns geistig sammeln konnten und anders als heute in der Lage waren, einer längeren Rede zuzuhören. Außerdem waren wir, Studenten wie Dozenten, leidenschaftlich an der Sache bzw. an dem Thema interessiert. Schließlich hatte ich bei meinen vielen auswärtigen Verpflichtungen nur selten Gelegenheit, vor einem größeren Publikum, das für die anstehenden Probleme aufgeschlossen war, etwas loszuwerden, was ich als verantwortlicher Mitarbeiter im Dienste der Gefangenschaftskirche und der YMCA-Kriegsgefangenenhilfe erfahren hatte.

Die Semesterschlußfeier endete mit der Verteilung der Zeugnisse. Sie wurde von Pfarrer Karcher in seiner Eigenschaft als wissenschaftlicher Leiter vorgenommen. Der schöne Tag selbst klang aus mit einem musikalischen Ereignis. Heribert Beutel hatte eigens für diese akademische Veranstaltung eine Kantate komponiert. Sie trug den Titel „Ein feste Burg". Um 18 Uhr fand die Uraufführung mit dem Schneider-Orchester und dem Beutel-Chor statt. Der Komponist selbst war der Dirigent.

### *Heimkehr: Über den „Kardinal" zum Landesbischof*

Es hat noch fast zwei Monate gedauert, ehe die Angehörigen des Seminars Rimini nach Deutschland repatriiert wurden. Man hatte reichlich Zeit, die Heimkehr vorzubereiten. Für mich selbst bestand die

Möglichkeit, noch weitere Dienste für die YMCA-Kriegsgefangenenhilfe zu tun. Unsere Zukunft lag noch im dunkeln. Manche machten sich begründetermaßen Sorgen um ihre Familien und die Entwicklung in der zerstörten Heimat. Andererseits wußten wir in etwa, „wo's langgeht". Ich stand in enger Verbindung mit Landesbischof Meiser und CVJM-Reichswart D. Stange. Die Studenten wußten das, und ich durfte hoffen, daß man uns zu Hause weiterhelfen würde. In einem Brief vom 17. 7. hatte mich der bayerische Bischof gebeten, mich eines Studenten aus Neapel anzunehmen, der „noch nicht zum Theologischen Seminar kommandiert" war. Ausdrücklich hatte *D. Meiser* geschrieben: „Wenn Sie dazu helfen können, daß die jungen Brüder bereits jetzt mit der theologischen Arbeit beginnen können, so würden Sie ihnen damit gewiß einen großen Dienst erweisen. Die erste Hilfe ist ja in solchen Nöten immer die beste und wichtigste, und darum hoffe ich, daß es Ihnen gelingen möge, hier Rat zu schaffen." In meinem Brief vom 16. 8. kündigte ich dem Münchener Kirchenführer die voraussichtliche Ankunft der 71 „Riminianer" an. Wörtlich heißt es in diesem Brief an Meiser: „Wir sind Ihnen für Ihre bisherige Hilfe und für den Dienst der Bayerischen Kirche unendlich dankbar. Bitte helfen Sie uns auch diesmal, wir sind ja einfach auf Ihre Liebe angewiesen." Eine Kopie ging an *Prof. Althaus*, der sich schon für die Studenten der Michaelskette und unsere Lagerschule engagiert hatte.

Am 26. November 1946 schlug endlich die ersehnte Stunde. Hoch bepackt standen die 71 Männer auf dem Bahnhof in Rimini. Wie es bei den alten Landsern üblich war, hatten viele alles mögliche und unmögliche mitgenommen, sei es für den Transport in dem zugigen Güterwagen oder für zu Hause, in der Erwartung, daß es dieses oder jenes dort nicht gäbe. So erschien unsere Heimfahrt wie „der Auszug der Kinder Israel". Wir wurden feierlich und menschlich verabschiedet. Der Vertreter des Vatikans Mgr. Carlo Bayer, der später eine führende Stellung in der vatikanischen Sozialarbeit einnahm, früher selbst deutscher Soldat, brachte uns eine großzügige Spende italienischer Zigaretten. Sie wurden uns gewiß in ökumenischer Liebe überreicht, hatten aber einen so scharfen Geschmack, daß man Kopfschmerzen davon bekam. „Badoglios letzte Rache"! Vom Roten Kreuz bekamen wir einen guten Tropfen aus Tirol mit.

Unser „Exodus" erfolgte in einem langen Güterzug, der langsam die lange Strecke bis nach München fuhr. Auf dem Bahnhof Trudering wurde nach einem Befehl des amerikanischen RTO (Eisenbahn-Transport-Offizier) haltgemacht. Ein Vertreter des Roten Kreuzes begrüßte die *Theologen aus Italien*: „Ich soll Sie im Namen von Kardinal *Faulhaber* und dem Oberbürgermeister *Scharnagl* abholen." Große Verwunderung! Aus dem britischen Kommandostab für die Kriegsgefangenen in Riccione war telegraphiert worden: „71 Theologen kommen." Der US-Offizier hatte sich gesagt: „Theologen aus Italien in München? Das fällt in das Ressort des Kardinals." So landeten wir mit Sack und Pack in dem schloßartigen Priesterseminar von *Fürstenfeldbruck*. Dort hatten die freundlichen Glaubensbrüder von der anderen Fakultät vom reinigenden Bad bis zum deftigen Essen alles vorbereitet. Bald klärte sich alles auf. Im Horizont des pragmatisch denkenden Amerikaners, des Transportoffiziers von München, hatte man uns mit katholischen Theologen verwechselt. Ergebnis: lachende Bayern, lachende Amis und nicht zuletzt lachende Riminesen!

Einige Telefongespräche trugen zur restlosen Aufklärung bei. Schließlich wurden wir zwar nicht in den „Himmel", so doch in die „Himmelreichstraße" umtransportiert und dort von Herrn Landesbischof *D. Meiser* persönlich willkommen geheißen. Unsere Zwischenresidenz war symbolischerweise das gastliche *Wilhelm-Löhe-Haus* der Inneren Mission. Aber nicht lange, wir brauchten Lebensmittelkarten. So wanderte ich mit dem Studentensprecher Lothar Penzel durch die Straßen des zerstörten München, um bei der amerikanischen Dienststelle – Bayern gehörte zur US-Zone – die Lebensmittelkarten und die „Papiere" zu besorgen. Denn wir hatten weder das eine noch das andere. Der britische Begleitoffizier unseres Güterzuges hatte von Rimini bis München ein wenig über den Durst getrunken und war auf dem Bahnhof Trudering weder mit Worten noch mit Gewalt wachzurütteln. Dem biederen bayerischen Lokomotivführer wurde das zuviel. Ihm riß die Geduld. Die bayerische Bierruhe war vorbei. Er gab mit seiner Lokomotive einen Pfiff und fuhr dahin – dahin mitsamt unseren britischen Entlassungspapieren. Was war 1946 ein Mensch ohne Papiere! Ein Niemand, ein absolutes Nichts! Die amerikanischen Offiziere bogen sich vor Lachen über unsere Story und über das Mißgeschick ihres britischen Kameraden. Dann erklärten sie uns zu unserer Verblüffung: „Nun, wenn Sie keine Entlassungspapiere haben, müssen wir Sie noch einmal auf amerikanisch gefangennehmen. Erst dann können wir Sie entlassen und neue Papiere ausstellen." Gesagt, getan. Drei Militärlaster mit bewaffneten GIs fuhren vor dem friedlichen Haus, das dem Diakonissenvater Wilhelm Löhe gewidmet ist, vor, wir mußten die offenen Wagen besteigen und brausten Richtung Dachau, wo das ehemalige Konzentrationslager in ein Entlassungslager für

Kriegsgefangene umgebaut worden war. „Klug wie die Schlangen", ließen wir unser größeres Gepäck bei „Löhe" und beschränkten uns auf das kleine Marschgepäck: Brotbeutel mit Zahnbürste. Bei der berüchtigten „Filzung" in Dachau hatten wir dann nichts vorzuweisen. Die Folge war nicht nur ein Erstaunen bei den amerikanischen Kontrolleuren, sondern auch ein Kopfschütteln bei den deutschen Kumpels, die zur Entlassung anstanden. Die letzteren fanden eine entwaffnende Erklärung: „Das sind Christen, die dürfen nicht ‚organisieren'."

*Besuch in Dachau Baracke 13*

Ein besonderes Erlebnis während des kurzen Aufenthalts im Lager Dachau war die *Baracke 13*, wo 300 Jugendliche zwischen 14 und 20 Jahren im wahrsten Sinne des Wortes „eingepfercht" waren. Man hatte sie im Zuge der verwirrenden Ereignisse der Nachkriegszeit aufgegriffen, junge Heimkehrer, Flüchtlinge, Heimatlose, Kriminelle, Verwahrloste. Wir hatten davon gehört und kamen auf den Gedanken – es war Vorweihnachtszeit –, die in der Baracke eingesperrten Jungen zu besuchen und ihnen eine kleine Adventsfeier zu bereiten. Hatten wir doch in Rimini uns theoretisch und praktisch auf die neuen Aufgaben der Verkündigung und Seelsorge unter der Nachkriegsjugend vorbereitet. Nun war hier die Chance zu einem ersten „missionarischen Einsatz". Obwohl Bedenken bei dem Lagerkommando verhanden waren, ließen wir nicht locker und bekamen am Ende die Erlaubnis zu diesem Besuch. Begleitet von fünf Studierenden machte ich mich auf den Weg. Es war die erste Begegnung mit der deutschen Wirklichkeit. Hier hatten wir sie, die Vertreter der jungen Generation, zu denen wir das Evangelium bringen wollten. Es wurde eine eigenartige Lehrveranstaltung, auch für mich.

*Peter Poguntke*, damals ein junger Theologiestudent und später Pfarrer in Württemberg, hat in seinem Artikel „Baracke 13" in unserer britischen Kriegsgefangenenzeitschrift „Bereitschaft" anschaulich und bewegend berichtet. Die Jugendlichen hockten bis an die Decke in den dreistöckigen Betten. Zur Begrüßung wurden wir mit einem ohrenbetäubenden Lärm und mit der Sprechchorparole „Raus mit dem Pfaffen!" empfangen. Wie immer wir das gemacht haben, es gelang uns, ein Lied anzustimmen. Viele neugierige Augen glänzten uns entgegen, manche ein wenig spöttisch, viele erwartungsvoll. Dann legte ich los, im wahrsten Sinne des Wortes! Für die Vorbereitung der Ansprache hatte jede Zeit gefehlt. Ich mußte aus dem Stegreif sprechen. Was ich damals gesagt habe, weiß ich nicht mehr. Nach dem besagten Bericht habe ich unseren Wunsch bekundet, mit den jungen Insassen der Baracke Advent zu feiern und ihnen „vom Herrn Christus zu erzählen, der auch sie ins Herz geschlossen habe, heute abend zu ihnen kommen und ihnen helfen wolle". Kaum waren diese Anfangsworte gesprochen, begann es im Hintergrund unruhig zu werden. Die Jungen fingen an zu singen – erst leise, dann laut! Sie wollten ihr Desinteresse und ihre Ablehnung demonstrieren. Was soll ein Pfarrer in einer solchen Situation tun? Zunächst weiterreden. In diesem Falle versetzte er sich in die Lage der verlorenen Jungen ohne Ziel und Zukunft. Er fragte sie, was sie nach ihrer Entlassung aus der Baracke draußen mit ihrem Leben anfangen wollten, ob sie Schwarzmarkt und wieder Knast einhandeln oder lieber einen Beruf ergreifen und ein anständiges Mädel heiraten wollten? Zwischenrufe ertönten: „Anständige Mädels gibt's ja nicht mehr. Ich bin für den Schwarzmarkt." Die Geräusche und das Gejohle dauerten an. Da passierte es: Ganz plötzlich ging das Licht aus, und es wurde stockdunkel. Nur die eine kleine Kerze am Adventskranz – es war 1. Advent – brannte lustig und unbekümmert weiter. Vermutlich wollte uns einer mit einem Streich hereinlegen. In der Finsternis wurden die Leute still. Ich sprach leise weiter und erreichte so ein konzentriertes Zuhören.

Nach dem studentischen Bericht muß ich spontan dies gesagt haben: „Seht, wenn solch ein Licht wie diese Kerze da, auf einmal in euren Herzen aufleuchten würde, was meint ihr, was da alles ans Licht käme! Wieviel Dreck, wieviel Lüge und Bosheit und wieviel Schwindel! So ist es, wenn Gott einmal seinen Scheinwerfer aufblendet und in euch hineinleuchtet. Reißt ihm dann nicht aus, sondern gebt zu, daß dieser Schmutz von euch selbst stammt, und laßt euch gründlich säubern, daß ihr neue Kerle werdet. Damit ihr nicht meint, ich müsse so reden, weil ich mein Geld dafür bekomme, sollen zwei andere von uns – ein Handwerker und ein Student – euch erzählen, wie das ist, wenn Gott der Herr alle Türen und Fenster unseres Herzen aufreißt und Sonnenlicht und frische Luft hineinläßt, ja selbst zum Herrn des Hauses wird!" Auch wenn diese Sätze nur ein Gedächtnisprotokoll darstellen, so lassen sie doch ahnen, wie stark uns dieser unvorhergesehene Ernstfall des jugendmissionarischen Dienstes bewegt hat. Die zwei Helfer legten ein kurzes persönliches Zeugnis ab. Sie machten ihre Sache prachtvoll, ganz schlicht, aber warmherzig. Jetzt wurden auch die lautesten Krakeeler stumm: „Es war still wie in der Kirche." Nun konnte der Pfarrer wagen, diese merkwürdige „junge Gemeinde“ einzuladen, die Hände zu falten und so zusammen beten, „wie uns die Mutter gelehrt hat“, nämlich das Vaterunser. So geschah es.

Dann kam eine wichtige Ankündigung. Es wurde mitgeteilt, daß wir noch eine halbe Stunde dableiben würden und für Einzelgespräche zur Verfügung stünden. Diese kleine Phase seelsorgerlicher Nacharbeit hat sich gelohnt. Wir gewannen erschütternde Einblicke in die Problemwelt der Nachkriegsjugend, die sich verirrt hatte oder gestrauchelt war. Da hatte einer neun Einbruchdiebstähle begangen und konnte sich in keiner Zone mehr sehen lassen. Ein anderer hatte beim Überschreiten der Grenze vier Menschen umgebracht, nur um seine Eltern wiedersehen zu können. Der Student, der den Artikel geschrieben hatte, erinnerte sich besonders an einen 19jährigen Fähnrich zur See, der seinen blauen Rock noch notdürftig pflegte und sich nicht an dem Krakeelen beteiligte. Er hatte nach der Entlassung eine zerstörte Wohnung vorgefunden und von den Nachbarn gehört, daß Mutter und Schwester vergewaltigt worden wären und daß der Vater daraufhin mit der ganzen Familie Selbstmord verübt habe. Er hatte zu dem Studenten gesagt: „Hier halte ich es nicht mehr aus . . . in diesem Dreck und Sumpf.“ Einigen wenigen Kameraden ginge es ähnlich. Ihnen alle drohe der Endzustand: „Nach außen zerlumpt und nach innen verdorben.“ „Wir sind Ihnen so dankbar, daß Sie gekommen sind. Sie müssen uns weiterhelfen! Bitte, vergessen Sie uns nicht!“ Einer stellte bewegt fest, daß wir „die ersten gewesen seien, die sich um uns gekümmert haben“. Wieder ein anderer sagte zu mir: „Herr Pfarrer, wissen Sie nicht einen neuen Vater für mich? Ich weiß, daß mir der Vater fehlt!“

Endlich ging die Barriere hoch. Wir bekamen unsere Entlassungspapiere. Das offizielle *Entlassungdokument* hatte folgenden Wortlaut:

„OFFICE OF MILITARY GOVERNMENT FOR BAVARIA

APO 170 26. November 1946

SUBJECT: 71 German Theologians, Former PWs.

TO: Whom It May Concern

This is to certify that 71 German theologians, former PWs in I SEP Center, Rimini, Italy have been cleared by the Refugees Control Office in Berlin in order to continue their theological studies under Bishop Meiser of the Evangelical Lutheran Church in Munich. These seventy-one men forming one unit, after discharge in Camp Dachau and under the leadership of Pastor Jentsch, will return to the Landeskirchenrat, Himmelreichstr. 3, Munich.

R. F. MC GOVERN US Civ. WD empl, Religious Affairs Specialist E & RA Branch, OMGB."

*Kassel – Neuendettelsau*

Nach Verhandlungen, Telefonaten und Besprechungen stob der bisher geschlossene Kreis der Riminesen auseinander. Zwei große Gruppen setzten sich in Bewegung, die eine ziemlich große fuhr nach Kassel in die Zentrale des Deutschen CVJM, der damals noch Reichsverband des *Evangelischen Jungmännerwerks* hieß. Hier wurden sie freundlich vom „Reichswart" *D. Erich Stange* empfangen, zum Teil schon in berufliche Tätigkeiten vermittelt, zum Teil noch weiter für die Praxis geschult.

Die zweite Gruppe begab sich ins fränkische Land nach *Neuendettelsau* (in der Nähe von Ansbach) in die bekannte *Diakonissenanstalt*, die im vorigen Jahrhundert von Wilhelm Löhe, dem großen bayerischen Seelsorger und Liturgiker, gegründet wurde. Da an der Universität Erlangen schon damals ein Numerus clausus herrschte, ergriff die bayerische Kirchenleitung die Chance und legte mit den unerwarteten zwei Dutzend Studenten aus Rimini und ein paar bayerischen Studienbewerbern den Grundstein zur Augustana-Hochschule. Die Riminesen wurden so zum Gründungsjahrgang der Augustana. Geplant war eine „Kirchliche Hochschule" nach dem Modell von Bethel, Berlin-Zehlendorf und Wuppertal schon länger. Nun kam plötzlich ein Anlaß, ja eine Notwendigkeit, die Initiative zu ergreifen. 1946/47 standen die heutigen modernen Gebäude der Hochschule noch nicht. Unsere Studenten wurden deswegen im Katechetischen Amt der Landeskirche in Heilsbronn untergebracht, wo heute noch ein Schild mit der Aufschrift „Riminizimmer" an diese Gründungsphase erinnert. Auch hier war der Empfang liebenswürdig und hilfsbereit, wie nur Diakonissen sein können. Die Zeit in Heilsbronn und der Studentenkurs am Pastoralkolleg waren ein Übergang. Offiziell wurde die Augustana-Hochschule erst am 10. 12. 1947 eröffnet. Natürlich gab es auch fragende und etwas verwunderte Stimmen. Schließlich erschienen wir als – personell gesehen – ziemlich „bunter Haufen" von Landeskirchlern und Freikirchlern. Das Gütesiegel „lutherisch" brachten nur wenige mit. Einen großartigen Dienst leistete hier der erste Rektor *D. Georg Merz*, der früher in Bethel tätig gewesen war. Er war nicht nur klug und weise, sondern auch ein verständnisvoller Seelsorger und

Brückenbauer. Unterstützung fanden die Riminesen auch durch den Heidelberger Systematiker *Prof. Edmund Schlink*. Er ließ sich etwa so vernehmen: „Die Gefangenschaftskirche ist ungeordnete, nicht geordnete Kirche gewesen, aber man muß zugeben, sie ist Kirche gewesen."

Dazu kam eine kleine erleichternde Begebenheit am Rande. Jemand in der Diakonissenanstalt (die Oberin?) hatte bemerkt, daß der Artikel über Person und Werk Wilhelm Löhes in der Schriftenreihe „Deutsche Christuszeugen" von einem gewissen Werner Jentsch geschrieben worden war. So unlutherisch konnten also die Riminesen nicht sein. In der Tat stand ich von innen her Neuendettelsau näher, als manche damals und übrigens auch später ahnten. Hatte doch „Onkel Schröder", seinerzeit Domprediger in Meißen, seinen Urlaub so oft in der Diakonissenanstalt Neuendettelsau verbracht. Immer brachte er von dort etwas mit: Bücher oder besonders schön gestickte Buchzeichen. So hatte ich schon in frühen Jahren etwas von dem Geist der Neuendettelsauer Gottesdienste und Gebete eingeatmet. Sogar eine Seminararbeit über das Amtsverständnis Löhes hatte ich während meines Leipziger Studiums geschrieben. Einige der Riministudenten hatten aus persönlichen Gründen ihr Studium gleich zu Beginn an anderen Universitäten aufgenommen. Auch die Neuendettelsauer blieben nicht die ganze Studienzeit dort, sondern setzten ihr Studium anderswo fort. Zusammengehalten wurden sie alle durch die Bruderschaft, die sich nach der Entlassung und unter den Bedingungen der Heimatkriche bzw. der schwierigen Aufbaujahre als tragfähiges Fundament und als bergendes wie anregendes Band erwies.[37]

## 3. Politische Seelsorge I

### *Die Riccione-Eingabe*

Die Erfahrungen und Dokumente aus meiner Italienzeit wären unvollständig wiedergegeben, wenn sie nicht jenen wichtigen und schwierigen Bereich berührt hätten, den ich mit dem Stichwort „politische Seelsorge" bezeichnen möchte. Schon früh hat mich dieses Anliegen sehr berührt. Ich fühlte mich als ehemaliger Standortseelsorger in Berlin nach dem Zusammenbruch und nun hinter Stacheldraht zu einer Art „Nachsorge" verpflichtet. So war das Verhör beim Secret Service in Abano Terme im Sommer 1945 auf meine Initiative zustande gekommen. Die beiden schriftlichen Eingaben bzw. Erklärungen waren bis zum Spätherbst ohne Antwort geblieben. In Bellaria hatte niemand in dieser Sache nach mir gefragt. Auch durch die Verlegung nach Rimini, wo ich zunächst Lagerpfarrer in Lager 4 war, rührte sich nichts. Um so mehr rührte sich etwas in meinem Herzen. Irgendwie empfand ich Unruhe und Ungeduld. Ich ergriff erneut die Initiative und wagte einen zweiten Vorstoß.

Der Auslöser war eine öffentliche Anfrage, die von außen, von den alliierten Siegermächten, kam. So erklären sich Absender und Adressat meines *Schreibens vom 30. 10. 1945*. Ich hatte gerade die Lagerseelsorge auf dem Flugplatz in Rimini übernommen. Im Kopf des Briefes heißt es ausdrücklich „Ev. Lagerpfarrer 4". Das Schreiben wurde auf dem deutschen Dienstweg – daher der Zusatz „Dt. H.Q. Rimini-Miramare" – eingereicht und über die britische Kommandozentrale für die Kriegsgefangenen in *Riccione*/Rimini weitergeleitet. Adressat war der Generalsekretär des „Internationalen Gerichtshofes in Nürnberg". Der Text des relativ kurzen Briefes lautete:

„Veranlaßt durch die Proklamation des Internationalen Militärgerichtshofes in Nürnberg, in der zu Zeugenaussagen beim Kriegsverbrecherprozeß aufgefordert wurde, erlaube ich mir, folgendes mitzuteilen. – Am 16. 7. 1945 habe ich auf dem Wege über den für mich zuständigen Kriegspfarrer der 21. brit. Tankbrigade, Rev. *C. E. B. Cranfield*, eine ausführliche schriftliche Erklärung zu ehemaligen Mitgliedern meiner ehemaligen Berliner Gemeinde abgegeben, zu der ich mich um der Wahrhaftigkeit willen und aus seelsorgerlicher Verantwortung verpflichtet fühlte. Ich war vom September 1939 bis April 1943 ev. Standortpfarrer für die Einheiten der Luftwaffe in Berlin. Es handelt sich dabei um den ehemaligen Reichsmarschall *Hermann Göring* und seine Frau *Emmy Göring*, den Oberreichskriegsanwalt Generalrichter *Dr. jur. Kraell*, Frau *Eva v. Schröder* (ehemalige Reichsleitung der NSV) und den Ministerialdirigenten *Dr. jur. Leonhard Böttger* aus dem Ministeramt des Reichsmarschalls. – Da ich bisher nur weiß, daß diese Information an das englische Kriegsministerium in London weitergeleitet wurde, wiederhole ich ausdrücklich meine Bereitschaft, für diese Ausführungen, falls es gewünscht wird, mündlich als Zeuge einzutreten. – gez. Werner Jentsch."

Vermutlich sorgte der Brief sowohl bei der deutschen als auch bei der britischen Dienststelle für die nötige Aufregung. Zumindest fand er ein gesteigertes Interesse. Aus meinen Zeilen geht nicht hervor, ob ich dem Brief, der über Riccione nach Nürnberg ging, noch einmal Kopien meiner beiden Abano-Erklärungen beigefügt habe. Es ist möglich, daß ich das absichtlich nicht getan habe, um die Sache nicht zu komplizieren oder mein „Pulver" nicht vorzeitig zu verschießen. Worum ging es?

*Die erste Abano-Erklärung (E. Göring)*

Die erste Erklärung von Abano ist am 25. 6. 1945 abgefaßt. Sie beginnt mit den Sätzen: „Veranlaßt durch die Rundfunkmitteilungen über die gegenwärtigen Gerichtsverhandlungen gegen die Familie *Göring*, erlaubt sich der Endunterzeichnete San.Uffz. *Werner Jentsch* z. Zt. evang. Standortpfarrer im deutschen Kriegsgefangenenlazarett in Abano Terme (Italien) das folgende nach bestem Wissen und Gewissen zu erklären." Nach einer kurzen Angabe meiner früheren Position in der seelsorgerlichen Betreuung der Luftwaffeneinheiten in Berlin schreibe ich: „Meine Hauptaufgabe in diesem Amt war die schlichte Evangeliumsverkündigung und die persönliche Seelsorge an Soldaten. Durch diese Tätigkeit lernte ich auch Frau *Emmy Göring* kennen, die als Ehefrau des Reichsmarschalls zu meinem Seelsorgebezirk gehörte. Wenn meine Gespräche mit Frau Göring auch nur relative Bedeutung trugen, so scheinen mir bestimmte Handlungen und Worte von ihr doch so wichtig, daß ich mit ihrer Bekanntgabe an die alliierte Behörde, soweit das Beichtgeheimnis dadurch nicht verletzt wird, aus Gewissensgründen nicht länger zögern darf. Es ist nicht das Amt des Pfarrers, ein juristisches Gutachten zu geben. Meine Mitteilungen wollen daher nicht entschuldigen, was nicht entschuldbar ist, sie sollen vielmehr nur ein besseres Verstehen ermöglichen, welches durch Verschweigen der Tatsachen erschwert werden könnte. Frau Göring hat mehrfach für die Anliegen des Christentums wärmstes Verständnis gezeigt und sich, soweit es in ihren Kräften stand, tapfer und nachdrücklich dafür in einer Umgebung eingesetzt, die weithin das Christentum bekämpfte oder mindestens höchst kritisch ihm gegenüberstand."

Um nicht früher Gesagtes unnötig zu wiederholen, werden im folgenden die in der Erklärung vorgetragenen acht Punkte nur auszugsweise zitiert. Das Verfahren einer Gliederung nach Punkten hatte ich der Übersichtlichkeit halber und unter Berücksichtigung der britischen Mentalität gewählt, die an eine solche Art der Aufzählung gewöhnt ist. Einleitend heißt es: (1) „In einer Zeit, in der die meisten Regierungs- und Parteistellen für die Vertreter der Kirchen nicht mehr zu sprechen waren, hat sie den Mut besessen, mich als Pfarrer dreimal zum Vortrag ernster kirchlicher Sorgen und Nöte zu empfangen. Ich konnte mich offen aussprechen, zum Beispiel was das totale Druckverbot für christliche Schriften und die zunehmende Entchristlichung des Rundfunks anbetraf. Genauso freundlich hat sie meine mehrfachen schriftlichen Eingaben beantwortet oder empfehlend weitergeleitet.“ Dann folgt die Angabe von konkreten Dingen: Frau Göring habe sich (2) für den Empfang evangelischer Pfarrer beim Reichsmarschall verwandt, sich schon bei Kriegsbeginn (3) für den Aufbau christlicher Soldatenheime durch das Evangelische Jungmännerwerk (CVJM) eingesetzt und nicht zuletzt (4) die Einrichtung einer hauptamtlichen evangelischen und katholischen Lazarettseelsorge für die Luftwaffenlazarette in Front und Heimat befürwortet (durch Weiterleitung einer Denkschrift), da dieser Dienst nur nebenamtlich oder gar nicht ausgeübt würde. Selbstredend wurden die beiden eklatanten Seelsorgefälle vermerkt, in dem sich die Frau des zweiten Mannes im Reich so wagemutig und tatkräftig engagiert hatte, in der Sache des zum Tode verurteilten religiösen Kriegsdienstverweigerers Dr. Stöhr (5) und für die Söhne zweier Bekenntnispfarrer (Bischof Rentorff und Pfarrer Reichmuth), die ein Bild des Reichsführers SS Himmler „verunglimpft“ hatten (6). Schließlich wies meine Erklärung auf die überzeugte Kirchlichkeit von Frau Göring hin; sie habe sich öffentlich zur Konfirmation und meinen Konfirmanden bekannt und (7) ausdrücklich die kirchliche Trauung mit ihrem Mann und die christliche Taufe ihrer Tochter Edda gewünscht (8). Im übrigen vergaß ich nicht zu erwähnen, daß Frau Göring ein „mütterliches Herz“ gehabt habe; ihr sei es nicht nur um die materielle, sondern auch um die seelische Betreuung der Soldaten gegangen. Dieser Hinweis sollte deutlich machen, daß sie in erster Linie ein fraulicher Mensch, nicht aber eine politische Frau gewesen sei.

Zur Person *Hermann Görings* äußerte ich mich in der Abano-Erklärung nur kurz. Es war nicht meine Aufgabe, seine Person und sein Verhalten im allgemeinen zu beurteilen, sondern nur das hervorzuheben, was er zu meinem ureigensten Anliegen, nämlich zu der Seelsorge in der Luftwaffe, geäußert hatte. Wörtlich lautete der Text der Erklärung: „Hermann Göring selbst hat auf eine Eingabe zur Einführung einer hauptamtlichen luftwaffeneigenen Seelsorge mir durch seinen

Chefadjutanten (General Bodenschatz) antworten lassen, er könne im Augenblick nichts tun, da Adolf Hitler sich in der Religionsfrage noch nicht endgültig entschieden habe. Er (Göring) wünsche aber volle Glaubensfreiheit in der Luftwaffe, auch für die einzelnen Konfessionen, und jeder Angehörige der Luftwaffe könne sich den Heeresgeistlichen oder Zivilpfarrer wünschen, welchen er wolle."

Bei dieser ersten Verlautbarung an den britischen Geheimdienst mußte ich mich auf die Hauptperson konzentrieren, die sich für meine Seelsorgetätigkeit eingesetzt hatte, und das war zweifelsohne Frau Göring. Über ihren Mann, der in Nürnberg als prominentester Vertreter der Regierung auf der Anklagebank saß, konnte ich aber nicht einfach schweigen, obwohl ich sonst nicht direkt mit ihm zu tun hatte. Ich beschränkte mich auf seine Stellungnahme zur Seelsorge in der Luftwaffe. Sie war nicht befriedigend, aber für die damaligen Verhältnisse des totalitären Staates wenigstens „wohlwollend". Nicht unerwähnt lassen möchte ich die Brückenbaufunktion des Ziviladjutanten im Ministeramt, des Ministerialdirigenten Dr. Böttger, der „jederzeit im Rahmen seiner Möglichkeiten die Empfänge und Briefe vermittelte". Ich bescheinigte ihm tatkräftige Unterstützung und persönliches Bekenntnis.

In einem Nachwort verwahrte ich mich gegen ein eventuelles „Mißverständnis" einer Verwechselung mit dem Reichsbischof Müller, der als Wehrmachtpfarrer früher eine vorübergehende Rolle im Hause Göring gespielt habe. Die Erklärung endet mit den Worten: „Ich betone ausdrücklich, daß ich meine obenstehende Aussage mache, obwohl ich als 1937 infolge meiner Beteiligung an einem Fürbittgottesdienst für Pfarrer Niemöller inhaftiert war und durch Betätigung für das Evangelische Jungmännerwerk (deutsche Bezeichnung für YMCA) in Danzig landesverwiesen wurde. Ich gebe diese Erklärung allein um der Wahrhaftigkeit willen und aus seelsorgerlicher Verantwortung ab."

*Die zweite Abano-Erklärung (Kraell – v. Schröder)*

Schon in Abano ließ mich die abgegebene Erklärung für Frau Göring nicht in Ruhe. Nachträglich wurde mir bewußt, daß sie es nicht allein war, die meine Arbeit in Berlin unterstützt hatte. Eine Reihe von Helfern und Helferinnen hatten mir zur Seite gestanden. So schob ich drei Wochen später, nämlich am 16. Juli 1945, eine zweite Erklärung nach.

Sie war mit der Überschrift *Information* versehen und an Rev. *C. E. B. Cranfield* gerichtet. Was dieser Militärgeistliche mit diesem längeren Schriftstück im einzelnen gemacht hat, entzieht sich meiner Kenntnis. Es kann sein, daß er dem britischen Secret Service den Inhalt oder sogar den Wortlaut mitgeteilt hat. Es besteht auch die Möglichkeit, daß er den innerkirchlichen Dienstweg eingehalten hat und auf diese Weise seine höchsten Vorgesetzten unterrichtete. In meinem Schreiben an das britische SEP-Center in Riccione gehe ich davon aus, daß meine beiden Erklärungen in das Londoner Kriegsministerium weitergeleitet worden sind. Aufschlußreich sind meine drei einleitenden Bemerkungen:

„In Ergänzung meines Schreibens vom 25. 6. 1945 darf ich Ihnen das folgende erklären:

1. Ich bitte Sie dafür Sorge zu tragen, daß Frau Göring von der Abgabe meiner Deklaration unterrichtet wird. – 2. Es ist mein Anliegen, daß Frau Göring und die anderen von mir genannten Gemeindeglieder von deutscher Seite seelsorgerlich betreut werden. – 3. Ich bin jederzeit bereit, für meine schriftlichen Ausführungen vor einem alliierten Gerichtshof mündlich als Zeuge einzutreten."

Diese zweite Erklärung hat insofern einen gewissen Wert, weil sie eine Reihe von Einzelheiten enthält, an die ich mich heute – nach fast einem halben Jahrhundert – kaum noch erinnern kann. Sie sind bereits in dem Berliner Teil meiner Erfahrungen und Überlegungen eingearbeitet worden und müssen nicht noch einmal aufgezählt werden. Es genügt, in dem vorliegenden Zusammenhang auf die Namen der Personen hinzuweisen, für die ich mich einsetzen wollte, und den Hauptsachverhalt zu bezeichnen, der den Grund der Befürwortung bildete. Dazu sollen bisher nicht erwähnte Einzelheiten angesprochen und eine Gesamtwürdigung der betreffenden Persönlichkeiten versucht werden. Der Text der Erklärung liegt noch ungekürzt vor.

Das Schriftstück beginnt mit zwei ehemaligen Gemeindegliedern, die hohe Positionen in Wehrmacht und Partei bekleideten und möglicherweise inhaftiert waren. Bei dem ersten handelt es sich um den Oberreichskriegsanwalt Generalrichter *Dr. Kraell*, der zuletzt der höchste Ankläger des Reichskriegsgerichtes gewesen ist. Als Vater einer meiner Konfirmandinnen und als überzeugter Christ war er „stets bereit, von mir als zu hart beanstandete Urteile nachzuprüfen". Kraell nahm in der Tat sein „Amt als Richter auch vor Gott ernst und bemühte sich, innerhalb der engen, vom NS-Staat gesetzten Grenzen, rechtlich zu sein". Er war es, der in der Sache meiner Denkschrift für die Kriegsdienstverweigerer aus religiösen Gründen die Initiative ergriff und dafür sorgte, daß ich sie nach meiner Einberufung als Soldat fertigstellen konnte. Zusammen mit Gesinnungsverwandten und wohl mit stiller Billigung des Präsidenten des Reichskriegsgerichtes, Admiral Bastian, suchte er die Vollstreckung der Todesurteile hinauszuzögern, damit auch die Seelsorger Gelegenheit hatten, auf die Verweigerer entsprechend einzuwirken. Konnten sie doch bis zu einer halben Stunde vor der Exekution durch die Guillotine mit einer Unterschrift ihren Kopf retten. Daß diese Denkschriftaktion Dr. Kraell, dem hohen Offizier, und dem kleinen Gefreiten wegen Einmischung in einen Führerbefehl Kopf und Kragen gekostet hätte, wenn sie herausgekommen wäre, versteht sich von selbst. So wird meine abschließende Würdigung verständlich: „Durch . . . Dr. Kraells persönlichen Einsatz hatte die Kirche also in der Stille die Kriegsdienstverweigerer wirklich seelsorgerlich betreuen und maßgeblichen juristischen Kreisen die Stellung des Evangeliums zu diesen Problemen deutlich machen können."

Der andere Fall, den ich Rev. Cranfield zur weiteren Betreuung anvertraute, war Frau *Eva von Schröder.* Sie gehörte zwar nicht unmittelbar und formal zur Standortgemeinde Berlin II, wohl aber zu meiner „Personalgemeinde". War ich ihr doch im Rahmen eines von mir gehaltenen Gottesdienstes im Luftwaffenlazarett begegnet. Als Leiterin des Amtes Soziale Arbeit, Wohlfahrt und Jugendfürsorge der NSV hatte die Witwe eines hohen Marineoffiziers zahllose und wichtige Verbindungen. Sie fühlte sich offenbar durch die Predigt und die anschließende persönliche Unterredung so angesprochen, daß sie mir in einer ganzen Reihe von schwierigen Lagen und Fragen tatkräftig half, ob es sich um Papierbeschaffung, einen regelmäßigen Dienstwagen, die Beerdigung der Mutter eines Rundfunkstars oder um die seelsorgerliche Betreuung von jungen Menschen im Jugendgefängnis handelte. Sie war eine resolute und kreative Frau, eine starke und einfallsreiche Persönlichkeit, die sich durchzusetzen wußte. Sie tat das alles mit einer inneren Selbstverständlichkeit, nicht obwohl, sondern gerade weil ich Pfarrer war. Wörtlich heißt es in der Erklärung: „Sie ist mit wirklichem Idealismus bei der NSV tätig gewesen und hat sich dabei stets zu ihrem evangelischen Christentum bekannt." Ihr ging es um ein „praktisches Christentum der Tat". „Sie war eine von den wenigen, die den Satz des Parteiprogramms ‚Gemeinnutz geht vor Eigennutz' ernst nahm."

Wenn man heute meine damaligen Zeilen liest, muß man sich vergegenwärtigen, daß sie nur kurze Zeit nach Kriegsschluß, hinter Stacheldraht und für britische Leser geschrieben worden sind.

Ich war Rechenschaft für meine Motivation schuldig. Sie mußte offen und überlegt, instruktiv und konstruktiv zugleich sein: „Ich zitiere diese beiden genannten Fälle, weil sie für die Einstellung gewisser führender Persönlichkeiten des NS-Staates typisch sind, die trotz ihrer gehobenen Stellung das Anliegen der Kirche nicht vergaßen, sondern bis zur Gefahr der Selbstaufopferung den wegen ihrer Einstellung Verfolgten halfen." Ich wollte den alliierten Behörden nichts verschweigen, sondern „der Christenpflicht Rechnung tragen" „sich aller Gefangenen anzunehmen". „Ich habe während des Dritten Reiches den vom NS-Staat Verfolgten geholfen, wenn sie würdig waren oder zu Unrecht im Gefängnis saßen. Ich muß deshalb jetzt als Pfarrer auch den Deutschen helfen, die vor der Welt angeklagt sind, soweit mein christliches Rechtsempfinden das ermöglicht. Die genannten Persönlichkeiten erinnern an die parallelen Gestalten im römischen Staat; auch damals gab es in hohen Stellungen heimliche Christen, die in ihrem Amt verblieben, um wenigstens das Schlimmste zu verhüten."

Darüber hinaus habe ich in der Erklärung das Thema *Fallschirmjäger* zur Sprache gebracht. Ich hatte in Abano erfahren, daß die Angehörigen dieser Truppe wie die SS-Leute behandelt werden sollten. Da ich selber bei einer Fallschirmjägereinheit gedient hatte, lag mir am Herzen, hier aufklärend und helfend einzugreifen, wenn ich auch nach dem verlorenen Kriege in meiner damaligen Stellung mehr oder weniger ohnmächtig war. So machte ich darauf aufmerksam, daß die Fallschirmjäger keinen Sonderverband darstellten, sondern ein Teil der regulären Truppe bzw. der Luftwaffe waren und daß nach der Auskunft von General Bodenschatz (s. o.) in dieser Waffengattung „völlige Glaubens- und Gewissensfreiheit" geherrscht habe. Als exemplarische Zeugen führte ich den Chefarzt des Luftlandefeldlazaretts *Dr. Fischer* an, der mir in eigener Verantwortung die Bücherbetreuung, Gespräche mit Patienten, eine Ansprache vor versammelter Mannschaft und christliche Beerdigungen ermöglicht hatte, und General *Heidrich*, der kommandierende General der Fallschirmjäger in Italien (nicht zu verwechseln mit dem SS-Obergruppenführer Heidrich im Protektorat Böhmen). Der letztere war Patient in unserem Lazarett und nach einer Unterredung ausdrücklich damit einverstanden, daß ich im Lazarett von Bett zu Bett ging, um die Verwundeten auf meine Weise zu betreuen. Nicht zuletzt wußte Oberfeldarzt Dr. Fischer von meiner Absicht, in der Sache der Kriegsdienstverweigerungs-Denkschrift abschließend zu verhandeln und ließ mich trotzdem auch zu diesem Zwecke in einen Kurzurlaub in die Heimat fahren. Die Erklärung hob die Tatsache hervor, daß die Fallschirmjägertruppe kein weltanschaulicher Verband im Sinne der NS-Ideologie gewesen sei. Nach meiner Information habe „General Reincke in Afrika einen evangelischen Brigadepfarrer eingestellt". Ich selbst hätte den Dienst unter den Fallschirmjägern gern getan, zumal die meisten Angehörigen dieser Truppe junge Menschen gewesen sind.

Der Rest der Erklärung besteht in Angaben zu meiner Person bzw. zu Lebenslauf, Ausbildung und Berufstätigkeit. Außerdem werden Leumundzeugen aus Kirche, Wissenschaft und YMCA genannt. Interessanterweise erwähne ich vom Weltbund Dr. Davis, der auf einer meiner Seminarwochen gesprochen hatte, und Dr. Tracy Strong, der mich in Berlin kennengelernt hatte, als er Verhandlungen wegen der englischen Kriegsgefangenen zu führen hatte. Im letzten Abschnitt dieser leidigen, aber notwendigen „Selbstvorstellung" (die Engländer kannten mich überhaupt nicht) führe ich die Schwierigkeiten auf, die ich mit der Gestapo gehabt habe. Die Erklärung schließt mit meinem Wunsch, in der Heimat ein Gemeindepfarramt zu übernehmen, und mit der Versicherung, daß ich meine Aussagen im Interesse ehemaliger Gemeindeglieder „als Rest einer Amtspflicht" betrachte. Der Tenor dieser Begründungshinweise zielt nicht nur auf die britischen Militärdienstellen, die meine Erklärung empfangen würden, sondern auch auf Leser in britischen Kirchenkreisen. Schließlich war Rev. Cranfield der unmittelbare Adressat.

Vergleicht man nachträglich meine Abano-Erklärungen mit der späteren Entwicklung der „politischen Seelsorge", die ich etwa noch bis 1948 auszuüben hatte, scheinen zwei Entlastungszeugnisse zu fehlen, nämlich die für den Inspekteur des Sanitätswesens der Luftwaffe, Dr. Schröder, und für den deutschen Botschafter im Vatikan, Freiherr von Weizsäcker. Das hat seine Gründe. Damals, im Sommer 1945, ahnte ich noch nichts von einer Gefährdung bzw. Verhaftung der beiden Herren. Ich hatte keinen Anlaß, damit zu rechnen. So erwähne ich Dr. Schöder nur beiläufig in dem Fall Dr. Kraell, während Herr v. Weizsäcker überhaupt nicht vorkommt. Später habe ich das nachgeholt. (Davon wird noch die Rede sein.)

Zurück nach Rimini. Meine Eingabe vom 30. 10. 1945 an den Internationalen Militärgerichtshof in Nürnberg, die durch das britische Zentralkommando für die Kriegsgefangenen in Riccione weitergeleitet wurde, bezog sich auf die beiden im Vorstehenden referierten und interpretierten Erklärungen. Die Antwort fiel recht dürftig aus. Unter dem 10. 11. erhielt ich ein Kurzschreiben der Behörde in Riccione. Der Absender lautete: „218 Special Area. – A/1875/1/ – (in deutscher Übersetzung): „Betr. Kriegsverbrechen. An Deutsches Hauptquartier Bezug: Abt. II a/b Nr. 476/45. – Der SEP Werner Jentsch wird zum Kriegsverbrecher-Prozeß *nicht benötigt.* gez.: Gompertz, Capt., für Lt-Col, AA". Damit waren mir zunächst einmal Grenzen gezogen. Letzten Endes war ich nur ein rechtloser Kriegsgefangener. Ich mußte dankbar sein, daß meine Schreiben angekommen und behandelt worden waren.

Aber ich gab nicht auf. Vielmehr wandte ich mich nun an den *Ökumenischen Rat* in *Genf*, weil ich mir von den kirchlichen Kanälen und der ökumenischen Bewegung mehr sachliches Verständnis und tatkräftige Förderung versprach. Dankbar denke ich an die Beratung und Unterstützung durch den deutschen Kommandeur General Dr. Polack. Er teilte meine Ansichten, stellte mir seine Beziehungen zum britischen Hauptquartier in Riccione zur Verfügung. Es spricht für die Fairneß der Engländer, daß ich dort mit meinem seelsorgerlichen Anliegen verstanden wurde und daß man mir sogar einen entsprechenden Transport nach Mailand ermöglichen wollte, damit ich meinen Brief nach Genf dem Beauftragten des Ökumenischen Rates für Kriegsgefangene Pfarrer *Wabnitz* übergeben konnte. Damals war ich schon offiziell als Oberpfarrer im deutschen Hauptquartier in Rimini/Miramare tätig. Der Brief trägt das Datum vom 20. Dezember 1945 und ist an die beiden deutschen Mitarbeiter des Ökumenischen Rates Pfarrer *Freudenberg* und Direktor *Dr. Schönfeld*, gerichtet. Auch hier kommt es auf den Wortlaut an:

„Sehr verehrte Herren!

Mit Genehmigung meiner englischen Dienststellen und durch Vermittlung Ihres Beauftragten, Herrn P. Wabnitz, erlaube ich mir, Sie um Ihre gütige Hilfe zu bitten. – In der Anlage überreiche ich Ihnen die Abschrift einer Eingabe an den Secret Service, die englische Kirche (Rev. Cranfield) und das Generalsekretariat des Nürnberger Kriegsgerichtes. Mein Anliegen ist es nun, daß diese Schriftstücke so schnell wie möglich in die Hände von Bischof D. Wurm und in den Besitz des Generalsekretärs, der Verteidiger und der Angeklagten kommen. Am wichtigsten erscheint mir die Übermittlung der Schriftstücke an Herrn Rechtsanwalt Dr. Stahmer, den Verteidiger Hermann Görings, und an Frau Emmy Göring selbst zu sein. Ich verfolge mit der ganzen Sache keinen politischen, sondern nur einen rein seelsorgerlichen Zweck. In meinem letzten Privatbrief nach dem 20. Juli 1944 habe ich Frau Göring geschrieben, daß die Christen Deutschlands einmal nicht vergessen würden, was sie alles für sie getan hätte. Gleichzeitig habe ich ihr noch einmal bezeugt, was der gekreuzigte und auferstandene Christus für Tod und Schicksal, geschweige denn für die Schuld bedeute. Wenn Frau G. erfährt, daß ich mich für sie und ihren Mann eingesetzt habe, könnte das, was für mich eine schlichte Selbstverständlichkeit meiner christlichen Haltung ist, für sie ein ‚Anstoß zu einer ewigen Bewegung' werden, zumal sie in den Dingen des Glaubens einer letzten Entschiedenheit und Klärung bedarf. Das gleiche gilt für die anderen Angeklagten. – Da ich nicht weiß, ob die anderen überhaupt verhaftet sind, bitte ich um Überprüfung der Sachlage. Vielleicht übergeben Sie die ganze Angelegenheit einem deutschen Vertrauensmann, der sich des Falles gründlich annimmt. Mir sind hier die Hände gebunden. Ich weiß, daß meine Eingabe nicht viel helfen wird. Eins steht aber fest: Ich vermag als Christ vor dem Nürnberger Forum zwar nicht das Schlechte gut zu machen (das kann nur Christus), ich vermag aber das Gute gut zu nennen. Hierzu fühle ich mich um des Gewissens willen verpflichet. Da Nürnberg und die Angeklagten bis heute noch nichts von der Sache wissen – der englische Dienstweg dauert eben zu lange –, bitte ich Sie herzlich, sich meines Anliegens anzunehmen. Es geht ja doch um Menschenleben. – Ob Herr Bischof D. Wurm bereits etwas getan hat oder nicht, weiß ich nicht. Ich versuchte ihn durch einen Heimkehrer zu orientieren. Er kennt aber meine Bitte um Weitergabe der Denkschrift an Dr. Stahmer nicht, weil S. damals noch nicht ernannt war. Für alles sage ich Ihnen im voraus meinen aufrichtigen Dank. Für eine Antwort und laufende Unterrichtung über Bruder Wabnitz wäre ich sehr verbunden. Mit den besten Empfehlungen bin ich Ihr ergebener W. J."

Was man kaum für möglich gehalten hätte – geschah wirklich. Die Engländer schickten mir ein Dienstfahrzeug und einen Soldaten als Eskorte. Damit fuhr ich nach Mailand. Dort konnte ich mit Pfarrer Wabnitz alles besprechen. Der Brief ging ab und erreichte sein Ziel. Was die Genfer vom Ökumenischen Rat damit getan haben bzw. wieweit sie meine verschiedenen Wünsche erfüllen konnten, entzieht sich meiner Kenntnis. Vieles mußte damals noch vertraulich und im verborgenen geschehen. Wie sich aber später herausstellte, war dieser Nachrichtenweg von Rimini über Genf nach Nürnberg nicht umsonst.

Meine Frau, die nach *Sachsen* in Altmörbitz, in der Nähe von Frohburg, evakuiert war, teilte mir mit, daß sie in einer *Zeitung* der sowjetischen Besatzungszone gelesen hatte, daß ein „Pastor Jentsch in Italien" sich für Frau Göring eingesetzt habe. Nach dem Besuch meines Abano-Freundes Pfarrer Säuberlich war diese Nachricht ein neues Lebenszeichen. Da uns der Briefwechsel für lange Zeit nicht erlaubt war, wurde ihr so die Gewißheit bestätigt, daß ich lebe und sogar wieder im Sinne meines Dienstes tätig war. Nach meiner Entlassung erhielt ich von einem ehemaligen Gemeindeglied (oder Konfirmanden?) eine entsprechende Zeitungsmeldung, nämlich aus dem *Oberbayerischen Volksblatt* (Rosenheim) vom 26. 3. 1946. In dem Bericht aus dem *Internationalen Militärgerichtshof Nürnberg* hieß es da wörtlich: „Einen Brief, den der evangelische Pfarrer Werner Jentsch über Göring und dessen Frau am 30. Oktober 1945 an das Internationale Militärgericht in Nürnberg gerichtet hatte, las *Dr. Stahmer* (Görings Rechtsanwalt) einen Teil vor." So lange – fünf Monate! – hatte es also gedauert, bis meine Eingabe publik wurde. Immerhin hatte ich dafür Grund, dankbar zu sein. Das um so mehr, als im Anschluß daran der amerikanische Hauptankläger *Robert H. Jackson*, wie die Zeitung berichtete, den Antrag stellte, „die Verteidigung solle sich darauf beschränken, ihre Dokumentenbücher dem Gericht nur zu überreichen, ohne sie zu verlesen. Ein großer Teil des aus Büchern und Zeitungsstücken bestehenden Beweismaterials sei der Weltöffentlichkeit schon bekannt. Die Verteidigung solle deshalb, wenn notwendig, erst im Schlußplädoyer zu den Dokumenten Stellung nehmen." Zwar beschloß dann das Gericht, es bei dem bisherigen Verfahren zu belassen, aber beinahe wäre meine Erklärung unter den Tisch gefallen. Es war nicht selbstverständlich, sondern ein Geschenk, daß mein Text in diesem internationalen Prozeß vorgelesen werden durfte.

### *Die Sache Weizsäcker*

Der frühere Außenamtsstaatssekretär und letzte Vatikanbotschafter Ernst Frh. v. Weizsäcker stand mir nahe. In seiner „Sache" habe ich mich noch in Italien schriftlich geäußert, und zwar in einer Erklärung vom 9. 4. 1946. Sie hat ihre eigene kleine Vorgeschichte. Dazu muß ich etwas ausholen.

*Besuch im Vatikan:*

Im Zuge meiner Dienstfahrten für die YMCA-Kriegsgefangenenhilfe quer durch Italien kam ich mehr als einmal durch Rom. Dieser Umstand brachte mich auf den Gedanken, das Ehepaar Weizsäcker, dem ich soviel zu danken hatte und das meiner Information nach im Vatikanstaat interniert war, zu besuchen und persönlich zu sprechen. Wir hatten gehört, daß sich im Vatikan etwa sieben oder acht ehemalige deutsche Soldaten aufhielten, die vermutlich geflohen waren, in der Ewigen Stadt Zuflucht gesucht hatten und sie dort auch fanden. So erschien uns der ehemalige Botschafter Ernst Freiherr von Weizsäcker wie ein „Privatgefangener" des Papstes, natürlich auf höherer Ebene. Wie ich es geschafft habe, die Besuchserlaubnis zu bekommen, weiß ich nicht mehr. Jedenfalls werden mir die Engländer geholfen haben. Meine offizielle Position als Leiter der Kriegsgefangenenhilfe kam mir dabei zugute. Ich hatte nicht nur ein Recht, sondern auch die Pflicht, die gefangenen Deutschen zu betreuen und zu besuchen. So geschah es, wahrscheinlich im Frühjahr 1946, daß ich mit meinem Fahrer Hans Backhaus im offenen Wagen zum Eingangsportal des Vatikanstaates fuhr. Es liegt, wenn man vor dem Petersdom steht, auf der linken Seite, wo heute das Postamt ist. Da unser Wagen, der schon erwähnte Opel-Super-6, noch ganz gut in Schuß war und sogar einen Stander mit dem roten Dreieck hatte und weil ich die damals vorgeschriebene Uniform der Lagerpfarrer (schwarze Panzerjacke, Dienstmütze, Amtskreuz mit Kette) trug, bekam die Schweizer Garde den nötigen Respekt und präsentierte mit ihren Hellebarden. Ich trug dem diensthabenden Offizier mein Anliegen vor und wurde dann von einem Geistlichen in den Palazzo des Tribunale geführt. Es kam zu einem bewegenden Wiedersehen.

Nach Kriegsende war der Botschafter zunächst in der Villa Bonaparte, wo ich ihn 1944 besucht hatte, interniert, bis ihn der Papst in das neutrale Gebiet des Vatikanstaates als „Gast" aufnahm. Bei einer Tasse Kaffee konnten wir das beiderseitige Schicksal, aber auch die großen Fragen, die die Deutschen damals beschäftigten, freimütig und vertraulich erörtern. Ich entsinne mich, daß Herr von Weizsäcker mir damals erzählte, er arbeite an dem Entwurf einer neuen Reichsverfassung. Ich gewann den Eindruck, daß Kreise der Alliierten Interesse an diesem Bemühen hatten, zumal es sich bei ihm um einen erfahrenen Politiker handelte, der aus reifer Überlegung und christlicher Verantwortung dachte und handelte. Vielleicht hatte man mit ihm gewisse Pläne für morgen und übermorgen. Damals waren die späteren Entwicklungen in Nürnberg noch nicht vorauszusehen. In seinen „Erinnerungen" hat Weizsäcker selbst gesagt, daß er eine „demokratisch-föderalistische" Verfassung im Auge gehabt habe. Es versteht sich von selbst, daß ich dem Ehepaar auch ein persönliches Wort als Pfarrer sagte und sie dem Segen Gottes empfahl. Von den unendlichen Schönheiten der Vatikanischen Gärten habe ich nicht viel mitbekommen. Ich stand nicht nur unter Zeitdruck, sondern war auch viel zu sehr von dem Gespräch bewegt. Die Wiederaufnahme des Kontaktes und das Gespräch unter vier Augen sollte noch seine Früchte tragen.

*Briefe aus Rom:*

Anfang April 1946 bekam meine persönliche Beziehung zur Familie von Weizsäcker eine neue Dimension. Der Botschafter in Rom wurde im Lauf der folgenden Jahre zum „Fall Weizsäcker" in Nürnberg. Sein Schicksal und besonders das seiner Frau wurden für mich zu einer seelsorgerlichen Herausforderung. Am 4. 4. 1946 erhielt ich durch Kurier einen vertraulichen Brief des ehemaligen Staatssekretärs aus dem Vatikan: „Sehr verehrter Herr Pastor, heute komme ich mit einem Anliegen in eigener Sache. Es scheint, als nähere sich unser Verbleib im Vatikan schnell seinem Ende; daher bin ich etwas in Eile. Wir erfuhren, daß wir in Deutschland uns ‚nicht voller Freiheit würden erfreuen können', anscheinend auch die Frauen. Aber nicht nur das. Wir hören vom Los von Kollegenfrauen, die wegen ihrer bisherigen Verpflichtungen nachträglich Demütigungen und Schädigungen ausgesetzt sind, wie ich sie bei meiner Frau völlig unberechtigt und unerträglich fände. Dem vorzubeugen halte ich für meine Pflicht. – Sie kennen die Sinnesrichtung meiner Frau seit langem aus intimen Gesprächen . . ." Nach kurzen ergänzenden Bemerkungen über das christliche Engagement seiner Frau von der sozialen Arbeit im kleinen Kreis bis hin zum offenen Zeugnis vor hohen und höchsten NS-Größen fährt der Absender fort: „Und nun kommt mein Wunsch. Ich wäre sehr froh, wenn Sie Ihrem früheren *Angebot* entsprechend sich entschließen wollten, einer Ihnen zugänglichen Stelle, z. B. dem Ökumenischen Rat oder Bischof Wurm oder einer ähnlichen geeigneten Persönlichkeit, einen Brief zu schreiben, der dazu beitragen würde, meiner Frau zu helfen, wenn sie seiner zum Nachweis ihrer früheren Haltung und Betätigung bedarf." Ich hatte bei meinem Besuch im Vatikan nicht nur von meinen Abano-Erklärungen erzählt, sondern auch angeboten, mich jederzeit genauso mit einem persönlichen Zeugnis zu äußern, wenn es jemals notwendig sein sollte. Weizsäcker schrieb am Schluß seines Briefes, er habe „konträre Gefühle“, wenn er seine Zeilen „pro domo“ schreibe. „Aber ich bin der Verantwortliche. Ohne meine amtliche Stellung wäre meine Frau nie in Situationen gekommen, wie sie ihr jetzt möglicherweise bevorstehen.“ Ich verstand die sauberen Motive, die hinter diesem Brief standen. Hier schrieb ein Mann, der seine Frau liebte und ihr unverdienten Schaden ersparen wollte.

*Erklärung für das Ehepaar v. Weizsäcker:*

Ich schaltete sofort. Wenige Tage später, nämlich am 9. 4., verfaßte ich eine neue „*Erklärung*“, und zwar für das „Ehepaar Marianne und Ernst von Weizsäcker“. So hatte der Botschafter nur um ein Zeugnis für seine Frau gebeten, aber ich fühlte mich verpflichtet, auch für ihn öffentlich und schriftlich einzutreten, zumal ich ihm vieles zu verdanken hatte.

Eine eigentliche Adresse hat die Erklärung nicht. Abgesehen von den ökumenischen und landeskirchlichen Dienststellen war sie von vornherein, wie es in der Einleitung heißt, „für alle zuständigen alliierten und deutschen Dienststellen bestimmt“. Zu Beginn teilte ich mit, daß ich die Familie von Weizsäcker seit 1935 kenne, und zwar auf dem Wege über den Sohn Carl-Friedrich, den Studienfreund aus Leipzig. Während meiner Berliner Amtszeit seien beide Weizsäckers meine Vertrauensleute gewesen. Da der Staatssekretär aus dienstlich-technischen Gründen oft nicht erreichbar war, hatte ich es in der Regel mit seiner Gattin zu tun.

Marianne von Weizsäcker war in den schweren Verfolgungszeiten, die der YMCA/CVJM und die Bekenntniskirche während des NS-Regimes durchzumachen hatte, oft der einzige Mensch, an den man sich hilfesuchend wenden konnte. Und sie half auch! Dann folgen Belege für dieses Feststellung: „Sie war es, die mir den Start ermöglichte und die Türen zur Luftwaffe öffnete, die bis 1939 für die Kirche geschlossen waren.“ Sie habe den Kontakt mit Frau Göring hergestellt und sei schon im ersten Kriegsmonat mit mir nach Carinhall gefahren, um dort meine Anliegen für die Soldatenseelsorge vortragen zu können. Dabei verwies ich ausdrücklich auf das Charisma der Staatssekretärsgattin, in schwierigen Gesprächssituationen vermittelnd und dem Partner (in diesem Falle mir) beizustehen. „Systematisch hat sie auch in diesen Gesprächen Brücken gebaut, wenn Hemmungen und Mißverständnisse eintraten.“ Anfänglich hätten wir beide gedacht, „etwas erreicht zu haben“. Aber die Lage der Christen sei im

Dritten Reich immer schwieriger geworden. Der NS-Staat habe nun zum „Totalangriff" auf die Kirche angesetzt. Frau von Weizsäcker habe bei dem von ihr arrangierten zweiten Carinhall-Gespräch, bei dem auch die Frau des Generaloberst Stumpf zugegen war, eine Gelegenheit geschaffen, die neu aufgetretenen Schwierigkeiten offen zu erörtern, etwa im Blick auf die Presse- und Rundfunkpolitik, die Luftwaffenseelsorge und die Evangelische Frauenhilfe. Sie habe mir durch ihren Mann den „Zugang" zu Großadmiral Raeder und seiner Frau geschaffen. Raeder habe mir damals ein Gespräch mit dem Oberbefehlshaber des Heeres, Generalfeldmarschall von Brauchitsch, vermitteln wollen; dafür aber sei es zu spät gewesen, weil Hitler diesen hohen Offizier abgesetzt habe. Dankbar bekenne ich in der Erklärung, daß ich als amtlicher Seelsorger zuweilen auch ein Stück echte Laienseelsorge erfahren hätte: „Immer hat man mir im Hause W. den Rücken gestärkt, wenn ich selbst als junger Pfarrer unter den Lasten der NS-Bedrückung müde zu werden drohte." Zusammenfassend heißt es von Frau von Weizsäcker: „Sie war für mich und viele Gegner der nazistischen Weltanschauung eine Art Hilfsbüro. Wir konnten kommen, wann wir wollten. Sie war immer für uns da – ob es sich um Pfarrer, KZ-Häftlinge, Juden oder andere handelte – und machte sich dadurch bei Himmler und Goebbels unbeliebt." Nicht zuletzt erwähne ich die Geldspenden, die sie zum Teil unaufgefordert für soziale Härtefälle gab. Schließlich wird betont, daß sie Deutschland geliebt hätte, so wie eben Engländer England und Amerikaner Amerika lieben.

Was den Staatssekretär Ernst von Weizsäcker betrifft, habe ich mich relativ kurz gefaßt. Einmal lag der Schwerpunkt der Erklärung in dem von mir angebotenen und nun von ihm erbetenen Zeugnis für seine Frau. Dann aber stand er ja im Hintergrund der Tätigkeiten, die sie für die Kirche im allgemeinen und für mein Seelsorgeamt im besonderen ausgeübt hatte. Wohlabgewogen, aber sachlich zutreffend liest sich der Satz: „Soweit es in seiner Macht stand – er war kein Nationalsozialist, sondern nur unser bester Fachdiplomat der alten Schule, auf den das Dritte Reich nicht verzichten konnte –, half er der Kirche und dem YMCA. Unter schwersten Kämpfen hat Herr v. W. . . . das Schlimmste zu verhüten versucht. In manchen seelsorgerlichen Gesprächen habe ich etwas von der Tragik seines Ringens zu spüren bekommen." Er habe Leute des 20. Juli geschützt und „unter der Decke" der Bekenntniskirche geholfen. „Es wäre eine Katastrophe gewesen, wenn er vorzeitig gegangen wäre." Als Vertreter der jungen Generation bemerkte ich, daß er für uns so etwas wie die „Verkörperung jener stillen reifen deutschen Werte" gewesen sei, „die auch von den Feinden Deutschlands in der Welt anerkannt" wurden „und die selbst der Nationalsozialismus nicht zu zerstören vermocht" habe. Dann führe ich einzelne Fakten auf, über die ich in meinem Berlin-Kapitel berichtet habe. Das Evangelische Jungmännerwerk dankt ihm die Ausreiseerlaubnis für die letzte Delegation zu der CVJM/YMCA in Indien und die Erhaltung des CVJM-eigenen Hospiz in Danzig. Durch ihn war es mir möglich, Staatsminister Meißner (Präsidialbüro) und Staatssekretär Muß (Kirchenministerium), Reichsjugendführer Axmann und andere zu sprechen. Auch für meine Denkschrift über die religiöse Situation der Kriegsjugend habe er sich eingesetzt.[38] „Innerhalb der Regierung war v. W. der einzige Christ, der stets etwas für die Kirche tat, ja der etwas riskierte, was ihn Kopf und Kragen kosten konnte." Schließlich verzeichne ich die wichtige und große Hilfe, die er der christlichen Kirche und mir persönlich dadurch erwiesen hat, daß er meine Denkschrift über die Kriegsdienstverweigerung aus religiösen Gründen im Vatikan bekannt gemacht hat.

Wohlgemerkt, im April 1946 war mir noch nichts bekannt von den Anschuldigungen, die später gegen den Staatssekretär erhoben wurden. So bringt das Zeugnis nur das zur Sprache, was ich damals hinter Stacheldraht zu denken und zu schreiben vermochte. Noch im April war Weizsäcker mit freiem Geleit nach Nürnberg gefahren, um dort vor dem Internationalen Militärgerichtshof ein mündliches *Entlastungszeugnis* für Großadmiral *Raeder* zu geben. Dabei hatte er auf Befragen des Verteidigers von Rudolf Heß auch etwas über das Zusatzprotokoll, das im August 1939 zwischen der Sowjetunion und dem Deutschen Reich bezüglich der Teilung Polens und der baltischen Staaten mitgeteilt. Der Vertreter der Sowjetunion hatte gegen diese Aussage protestiert. Sie war aber zugelassen worden, ein Tatbestand, der die Russen gewiß nicht freundlicher gestimmt hat, als es später um die Person Weizsäckers selbst ging. Der Entlastungszeuge kehrte wieder in den *Vatikan* zurück. Im August 1946 erhielt ich dann unmittelbar hintereinander am 18. und 19. *zwei Handschreiben* des Botschafters, weil sich ein Brief von mir mit dem seinen gekreuzt hatte. Weizsäcker teilte mir die endgültige Abreise und Heimreise nach Deutschland, und zwar nach Lindau am Bodensee, mit. Da heißt es: „Das große Geschenk, Sie hier in der Nähe zu wissen, in segensreicher Arbeit wieder, Sie sogar bei ihrem Blitzbesuch zu sehen, wieder zu sprechen – das bleibt uns als ein Stück unseres Rom-Aufenthalts lebhaft im Gedächtnis." Der andere Brief schließt mit den Worten: „Ihre

Freundschaft erwidern wir von ganzem Herzen als Ihre M. und E. Weizsäcker." Der warme Ton dieser Schreiben, der sich auch in der Sorge meiner wegen Überarbeitung gefährdeten Gesundheit äußerte, freute mich sehr. Dieses Echo der politischen Seelsorge, die bei den vielen Menschen und schwierigen Fällen manche Mühe machte, hat mir wohlgetan und Mut gemacht.

### *Wenn ich an Rimini denke*

Wenn ich an Rimini denke, erfüllt mich tiefe Dankbarkeit. Ich habe dort in einzigartiger Weise neu erfahren, was Schwäche und Schuld, aber auch was Vergebung und Hoffnung ist. Ich durfte trotz meiner Grenzen und Fehler ein Zeuge Jesu Christi sein. Das Echo blieb nicht aus, mündlich, schriftlich und künstlerisch. Die ukrainischen Gefangenen schenkten mir ein selbstgefertigtes Holzkästchen. Es hatte ein sorgfältig geschnitztes russisches Muster mit Kreisen und Sternen. Es war über und über mit kleinen Glasringen wie mit Perlen besetzt. Ich gebrauche es heute noch. Von einem jungen Maler bekam ich eine Reihe von wunderschönen Aquarellen, die heute im Treppenflur unserer Wohnung hängen. Das eine zeigt das Lager Rimini mit einem Blick auf San Marino. Ganz im Vordergrund sieht man die braunen Wellblechbaracken und den Wachturm mit dem polnischen Posten. Den Hauptteil des Bildes nimmt der Dächerwald der Zelte ein. Man gewinnt den Eindruck eines Meeres von sandfarbenen, straffgespannten Zeltdächern. Dazwischen entdeckt man die Lagerstraßen. Gelegentlich ist noch ein Farbtupfer mit einer braunen Baracke dazwischen. Den Hintergrund bildet die liebliche Landschaft mit der einen oder anderen Casa, meist Wiesen, Felder und einige Bäume. Ganz tief dahinter sieht man den großen Felsen der kleinen Republik San Marino. Er wirkt wie ein alpines Massiv. Darüber spannt sich der blaue Himmel Italiens mit einigen weißen Wölkchen. Alles ist in Licht und Sonne getaucht. Die Helligkeit überstrahlt den sonst trostlosen Flugplatz und das Lager hinter Stacheldraht. Etwas schmuckloser ist das andere Bild mit unserer YMCA-Baracke. Dieser Sammelname umgreift das graue Holzhaus mit den beiden Türen, die zu den Verwaltungs- und Unterbringungsräumen führten. Ein kleiner Holzmast läßt erkennen, daß die Baracke an das Telefonnetz angeschlossen ist. Dieses „Haus" war auf Kommunikation eingestellt. Dafür zeugen auch die schlichten Baracken im Hintergrund, die das Material bargen. In der Ferne sieht man die Masten der Eisenbahnstrecke, ein Stück Landschaft und wieder darüber der freundliche Himmel. Nur der Kundige weiß, daß sich hier die Spende- und Sendezentrale der YMCA-Kriegsgefangenenhilfe für ganz Italien befand.

Fast noch mehr als die Bilder bleiben die Verse in Erinnerung, in denen junge Menschen hinter Stacheldraht ihre neue Begegnung mit Christus zur Sprache bringen. Mit einem Beispiel, dem „Gebet" eines ehemaligen jungen SA-Führers, mag dieser Bericht schließen:

„Gott, laß mein Leben sein wie ein Gebet,
An dessen Anfang ist der Schrei: ‚Hilf, Herr!',
In dessen Mitte dir zum Lobe steht:
‚Ich glaube dir und liebe dich, mein Gott!'
Und dessen Ende einst übergeht
Zum Flüstern: ‚Dank für dieses Leben, Herr!'
Das ‚Amen' aber, Vater, sage du."

# VII. IN ÖKUMENISCHER MISSION NACH GROSSBRITANNIEN

Als ich mit den Riminesen im Münchener Landeskirchenamt eintraf, fand ich dort einen Brief vom Weltbund der YMCA vor. Ich kann ihn nicht mehr nachweisen, aber der Inhalt ist mir gut in Erinnerung. Der Absender – Generalsekretär Dr. Tracy Strong oder der Weltbundbeauftragte für die Kriegsgefangenenhilfe in Großbritannien, John Barwick – bat mich, noch ein Jahr freiwillig hinter Stacheldraht nach England zu gehen, um dort als Zivilist die Leitung des Religious Department der YMCA-Kriegsgefangenenhilfe, d. h. die Aufgaben des schwedischen Pastors Birger Forell, zu übernehmen. Die Entscheidung war nicht einfach. Einerseits reizte mich die von Vertrauen getragene Herausforderung. Andererseits war die erneute Trennung von Heimat und Familie zu bedenken. Im Bewußtsein meiner missionarischen Verpflichtung und der ökumenischen Verantwortung sagte ich zu. Die Männer hinter Stacheldraht brauchten Hilfe, und ich verstand durch die Arbeit in Italien etwas von der Sache. Nach meiner Meinung blieb mir gar nichts anderes übrig. Freilich konnte ich nicht ohne weiteres in den nächsten Zug nach London steigen. Eine Zeit zur Vorbereitung und Übergabe war vorgesehen. Außerdem wollte ich meine Frau und die Kinder wenigstens wiedersehen. So ging es mir eher wie dem Passagier eines Flugzeugs, das mehrmals in einer Art Warteschleife über dem Flugplatz kreisen muß, ehe es landen darf. Diese Warteschleife hieß für mich Willingen im Sauerland.

## 1. Warteschleife Willingen

In dem kalten Winter 1946/47 bot die Sekretärschule des Reichsverbandes (heute „Gesamtverband“) eine notdürftige, aber doch bergende und warme Unterkunft. Das Evangelische Jungmännerwerk

(CVJM) sorgte umfassend, menschlich und beruflich, für die Riminesen. Es dauerte nicht lange, bis alle von Kassel, soweit möglich und vorhanden, in ihre Familien zurückkehrten und einen neuen beruflichen Anfang in einem der örtlichen CVJM machen konnten.

### *Wiedervereinigung mit der Familie*

Anfang Januar fielen wir uns in die Arme. Meine Frau kam mit einem Köfferchen aus der „Ostzone" im Bahnhof *Kassel-Wilhelmshöhe* an. Sie hatte tapfer und treu die ganze Zeit seit meiner Einberufung in der sächsischen Evakuierung ausgehalten. Als eine Mutter, wie sie im Buche steht, hatte sie ganz allein unsere Kinder aufgezogen sowie unser aus den Bombennächten in Berlin gerettetes Hab und Gut nach Sachsen gebracht und sorgsam bewahrt. Als sie kam, brachte sie meinen Wintermantel und die Dissertation mit. Welch ein Gottesgeschenk, dies Wiedersehen nach so langer Zeit! Leider währte es nur kurze Zeit. Dann mußte meine Frau wieder zurück in den Osten, um die Kinder und das Notwendigste an Kleidung und Sachen zu holen. Mit bewundernswerter Energie hat sie das trotz der Besatzungsschwierigkeiten – Papierkrieg, verzögerte Genehmigungen, drei Nächte Warten vor der Zonengrenze in Eisenach – geschafft. Sogar einen Güterwagen hatte sie organisiert. Dank der rührigen Unterstützung meines Rimini-Schülers Gerhard Haase und der Inneren Mission in Bebra gelang dann die abenteuerliche Flucht bzw. Übersiedlung nach Kassel. Beglückt begrüßte ich die Kinder, die inzwischen groß oder mindestens größer geworden waren. Mit ihren Zöpfen sahen sie wirklich liebenswert aus. Diese beiden Töchter konnte man vorzeigen. Ich war richtig stolz auf sie. Ich war und bin bis heute unendlich dankbar für das, was meine Frau in den Evakuierungsjahren geleistet und gelitten hat.

Zuerst wohnten wir in der Sekretärschule. Wir rückten in den kleinen Zimmern zusammen. Enger ging es nicht. Aber wir waren wieder eine Familie. Da läßt sich viel ertragen. Wenig später ging es dann nach *Willingen* im Waldecker Land. Damals war der Ort noch relativ unbedeutend und unbekannt. Nur Kenner wußten, was dieses Kleinod des Sauerlandes wirklich wert war. Später sollte der Ort bundesweite, ja weltweite Bedeutung bekommen. Heute ist Willingen nicht nur als Kurort, sondern als Wettkampfstätte für den Skisport in aller Munde. Mit der Weltmissionskonferenz des Jahres 1952 hat sich Willingen fest und unvergeßlich in die Geschichte der ökumenischen Bewegung eingetragen. Die Zentrale des Jungmännerwerks in Kassel hatte die günstige Gelegenheit, die sich mit ehemaligen Freizeit- und Betreuungsheimen der Wehrmacht und anderer Organisationen bot, benutzt und ein Haus am Waldhang in dem schönen Ortsteil Stryck erworben. Hier entwickelte sich im Laufe der Zeit das *Eichenkreuzheim* Willingen, das als Pflege- und Bildungsstätte des Deutschen CVJM für evangelische Jugendmusik einen hohen Ruf bekommen hat. Der führende Kopf und Heimleiter war unser ehemaliger Studentenpfarrer von Rimini, Pastor *Hans Mrozek.* In seinem Amt als Singe- und Posaunenwart des Reichsverbandes hat er Wesentliches zur Sammlung und Veröffentlichung des Liedgutes der Evangelischen Jugend getan und die Posaunenmusik des Jungmännerwerks geprägt. Er verstand es, das geistliche Zeugnis mit musikalischer Kultur zu verbinden. Man muß ihn erlebt haben, wie er auf Kirchen- und Jugendtagungen die Menge musikalisch zu beschwingen und zu bändigen vermochte und auf welch liebenswürdige, fast lustige Art und Weise er in kleinem Kreis gestandene Männer, nicht zuletzt würdige Theologen, aus dem Stand heraus zum Kanonsingen brachte.

Hinter allem, was in Willingen geschah, wirkte eine kreative und aktive Hand, die für die Betreuung der aus den Kriegsgefangenenlagern kommenden Heimkehrer Entscheidendes getan hat. Der Initiator dieses einmaligen Hilfswerks, des *CVJM-Heimkehrerdienstes,* war der zum Stab des Reichsverbandes gehörende Generalsekretär *Oskar Schnetter.* Wir waren seit unserer gemeinsamen Arbeit im Ostwerk miteinander befreundet. Schnetter kümmerte sich um die abgekämpften, manchmal heimatlosen, hoffnungslosen und hilflosen Männer, ob sie aus den Hungerlagern Rußlands oder aus den Massenlagern des Westens kamen, um ihre brüderliche Aufnahme und um ihr praktisches Fortkommen. Die Dorfgemeinde Willingen wurde durch diesen Dienst ein diakonischer Ort ersten Ranges. Er trug zusammen mit den anderen leitenden Mitarbeitern in den einzelnen Bünden des Jungmännerwerks auch Sorge für unsere Rimini-Leute.

Wir wohnten zunächst im *Eichenkreuzheim.* Manches war damals einfach und bescheiden, heute würde man sagen, etwas „primitiv". Aber unsere kleine Familie war wieder zusammen. In dem Holzbau, wo es zuweilen knarrte und knisterte, fühlten wir uns geborgen, ja wir waren auf unsere Weise glücklich. Später zogen wir in ein Haus an der anderen Seite von Willingen, in der Nähe des Bahnhofs; es gehörte Familie *Behle,* deren Name im Skisport noch Bedeutung erlangen sollte. Im engeren Sinne waren wir Untermieter der Familie *Kesper* im

1. Stock, wo wir in zwei Zimmern und einer Kammer schließlich mit fünf Personen Unterschlupf fanden. Herr Kesper reiste viel als Vertreter in Wäschesachen: eine prachtvolle, mit Väterlichkeit und Humor ausgestattete Natur. Er und seine Frau nahmen sich unser rührend an. Dazu kam das freundschaftliche Verhältnis mit dem Ortspfarrer *Martin Hülsekopf*, dem ehemaligen Landesjugendwart von Danzig, und seiner Frau, mit denen wir ebenfalls durch das Ostwerk verbunden waren. Wir waren zwar in der Fremde, aber nicht ohne Freunde, also nicht ganz allein. Dieser Tatbestand war tröstlich, stand doch die erneute zeitweise Trennung durch den Englanddienst vor der Tür.

### *Sonderlehrgang Jugendsekretärschule*

Wenn man bedenkt, daß zwischen der Rückkehr aus Italien und dem Einsatz in Großbritannien nur eine relativ knappe Zeit zur Verfügung stand, ist es im nachhinein gesehen erstaunlich, was alles in diesen Wochen geschah und getan werden konnte. Einerseits schien der Zwischenaufenthalt in Willingen bzw. meine „Warteschleife" für England sehr kurz, andererseits wieder lang genug, um die Arbeitskraft bzw. die spezifische Erfahrung des Heimkehrers für den Wiederaufbau der Jugendarbeit im CVJM „zu nutzen". Kurzerhand wurde ein Grundkurs für evangelische Jugendarbeit eingerichtet. Dadurch konnten Heimkehrer, die haupt- und nebenamtlich in der Jugendarbeit tätig werden wollten, eine zeitlich geraffte und sachlich konzentrierte Aus- oder Fortbildung erhalten. Der Lehrgang fand vom 6. 1. bis 14. 3. statt. Teilgenommen haben 33 Jugendleiter aus den verschiedensten Gegenden der drei Westzonen. Auch einige „Riminesen" waren dabei. Da die Verwendung der Kursteilnehmer in den CVJM-Ortsvereinen oder Kirchengemeinden eine Beurteilung nach Eignung und Leistung erforderlich machte, wurde zum Abschluß auch eine kleine Prüfung mit Benotung durchgeführt. Testate bedeuteten damals, wenn auch nicht alles, so doch vieles. Die unterschiedliche Herkunft und Vorbildung machte in diesem Lehrgang viele Einzelgespräche notwendig. Wie von selbst bekamen sie eine seelsorgerliche Dimension. Brachte doch jeder sein persönliches Kriegs- oder Gefangenschaftsschicksal mit. Außerdem löste die gemeinsame Arbeit an den biblischen Texten manche private Frage im Blick auf Glaubenszweifel oder Schulderfahrung aus. In einem handgeschriebenen Notizbuch habe ich einige detaillierte Beurteilungen von Übungen der Lehrgangsteilnehmer vermerkt. Der ganze Lehrgang bedeutete für beide Seiten, für die erwachsenen Schüler wie für den Lehrer, Maßarbeit.

Inhaltlich standen bibelkundliche Darbietungen an. Den Mittelpunkt bildete die Auslegung des Matthäusevangeliums, insbesondere die Bergpredigt. Die Behandlung dieses Evangeliums lag nahe, weil 1946/47 nach dem Bibelleseplan das „Matthäusjahr" war und der von Reichswart D. Stange entworfene „Werkplan", der die Bibellese, den Monatsspruch, das Monatslied, das Monatsthema und den Christuszeugen miteinander verband, von den Texten des 1. Evangeliums bestimmt und durchstrahlt wurde. Die Ausarbeitung in dem noch erhaltenen Vorlesungsheft zeigt nicht nur die Benutzung der Kommentare einschließlich des NT Deutsch, sondern läßt auch eine überlegte Untergliederung mit leicht merkbaren Überschriften erkennen. Dabei lag die Bezugnahme von der jeweiligen Perikope zum Ausbildungsziel des Lehrgangs, nämlich der haupt- und ehrenamtlichen Mitarbeit im christlichen Jugenddienst, nahe. So wurde im Kapitel 4 tröstlich von der „Anfechtung des Heilands" und in Kapitel 9/10 von der „Amtsträgerordnung" gesprochen. Aus der Bergpredigt wurden vier Postulate für die junge Generation herausgearbeitet: Bekenntnismut, Radikalität, Ruhe und Tat.[39] Im übrigen unterrichtete ich in alt- und neutestamentlicher *Bibelkunde* und hielt eine geraffte, allerdings durch Gegenwartsfragen gelockerte Vorlesung über das Thema „*Der christliche Glaube* nach dem Apostolikum und neutestamentlichen Texten". Die Formulierung zeigt schon, wie sehr mir an einer Integrierung von Dogmatik und Exegese lag. Ich bin zeitlebens ein Anwalt der „biblischen" Theologie gewesen. Dabei kamen die Bekenntnisschriften der Reformation als Interpretations- und Denkhilfen für die biblischen Texte zur Sprache. Schließlich betreute ich zwei wesentliche Fächer der praktischen Jugendarbeit, nämlich *Jugendbibelarbeit* und *Jugendseelsorge.*

Glücklicherweise war ich in meiner Lehrtätigkeit nicht allein, sondern konnte mich eines kleinen Dozentenkollegiums erfreuen[40]. Nach einer schriftlichen und mündlichen Prüfung bestätigten die Zeugnisse Teilnahme und Kenntnisse. Der Kursus fand im Rahmen des offiziellen Ausbildungsinstituts statt, das dem Deutschen CVJM zur Verfügung stand, nämlich der Sekretärschule. Dementsprechend lautete die offizielle Bezeichnung „*Sonderlehrgang der Evangelischen Jugendsekretärschule Kassel-Wilhelmshöhe*". Damit erhielt er einen gewissen „amtlichen" Charakter.

Der Bedarf an Mitarbeiterschulung für die Jugendarbeit unmittelbar nach dem Krieg war groß. Die normalen „Lehrgänge“ reichten nicht mehr aus. Nicht zuletzt in der Pfarrerschaft war ein neues Interesse an den Grundsatzfragen der christlichen Jugendarbeit entstanden. Aus diesem Grunde plante man eine „Theologische Woche für evangelische Jugendarbeit“. Sie stand unter der persönlichen Leitung von Reichswart D. Erich Stange und fand vom 14.–18. 4. 1947 statt. In dieser Woche arbeiteten Professoren und Praktiker, in- und ausländische Referenten mit. U. a. wurde auch ich gebeten, ein größeres Referat über eines meiner Spezialgebiete, nämlich die Seelsorge, zu halten. Das handschriftliche Manuskript des Referats ist noch erhalten. Das Thema lautete: *„Das seelsorgerliche Gespräch mit dem jungen Deutschen“*. In Norton Camp habe ich das Referat für den Druck aufbereitet[41]. Anhand von Franz Werfels Roman „Die Geschwister von Neapel“ sprach ich in der Einleitung das gespannte Verhältnis der Generationen an. Jugend sei heute eine *„Welt ohne Vater“*. Man komme mit ihr kaum noch ins Gespräch, obwohl sie sich danach sehne. Die Einleitung schloß mit der Frage: „Oder sollte etwa die Kirche und ihre Jugendseelsorge mit dem jungen Menschen ins Gespräch, ja sogar in ein fruchtbares Gespräch kommen?“ In dem ersten Abschnitt, der vom *„Gesicht des jungen Menschen“* handelt, suchte ich sieben Merkmale aufzuweisen. So ließen sich einerseits „frühreife Knaben“, andererseits „unfertige Figuren“, sowohl „Jongleure des Lebens“ als auch „krimineller Durchschnitt“ beobachten. Die Frage stellte sich, ob man von einer „unpolitischen“, „unbewegten“ oder „ungeistlichen“ Jugend sprechen müsse.

Der zweite Abschnitt untersuchte die *„Jugendseelsorge als theologisches Problem“*. Hier wurden zwei Analysen gegenübergestellt. Die eine war dem „Bezug“, die andere dem „Vollzug“ der Seelsorge gewidmet. Unter dem Aspekt *„Bezug“* wurden die Begriffselemente wie Seele, Sorge und Jugend erläutert sowie eine „Definition“ der Jugendseelsorge versucht: Sie sei „die von der Kirche vorgenommene Heimsuchung des jungen Nächsten auf seiner Ebene“. Dann machte die Definition auf die zentrale Bedeutung des Christusevangeliums für den Bezug zwischen Seelsorger und Seelsorgekind (Ratsuchenden) aufmerksam. In Verbindung mit 1 Kor 9,20–22 sprach sie von einer „Kondeszendenz“ (Herabkommen) des Seelsorgers. Er solle brüderlich „allen alles werden“: „Die Solidarität mit dem ‚verlorenen Sohn‘

(Lk 15) und dem ‚sterbenden Knaben' (1 Mose 21,16) ist der Ermöglichungsgrund des seelsorgerlichen Gesprächs"[42].

In der Analyse über den *„Vollzug"* der Seelsorge gab es Anlässe, gegen eine Überbetonung des „Zuchtgedankens" (Thurneysen), gegen eine falsche „Vergeistlichung" (Asmussen) und gegen eine einseitige Auslieferung der Seelsorge an „humanistische" Psychotherapien zu votieren. Statt dessen plädierte ich für ein Verstehen und Verkündigen aus der Nähe. Die „seelsorgerliche Kategorie des einzelnen" und die „funktionale Seelsorge" durch die Bruderschaft müßten ernst genommen werden.

Im dritten Teil machte ich Vorschläge für die *Praxis des geistlichen Gespräches*, insbesondere für den Kontakt, die Aussprache, den Seelsorgebrief und die Jugendbeichte. Noch ganz unter dem Eindruck des Kampfes der Bekennenden Kirche gegen den totalitären Staat und wenige Monate nach der Entlassung aus der Kriegsgefangenschaft stand das Referat im Zeichen der Wiederentdeckung des „Wortes Gottes". Die meisten aus meiner Generation, die das Buch von Eduard Thurneysen „Die Lehre von der Seelsorge" (1946) lesen konnten, waren von diesem dialektischen Theologen beeindruckt. So stand in meinem Referat das Moment der „Verkündigung", das sogenannte „Kerygmatische", im Vordergrund. Gleichwohl hatte ich damals schon Bedenken gegen die Formulierung Thurneysens vom „Bruch" im Gespräch. Mir kam es darauf an, daß in einem normalen lockeren Gespräch mit einem jungen Ratsuchenden liebendes Verstehen geübt und die Botschaft von Christus auf den konkreten Einzelfall hin bezeugt wurde. Ich schlug deswegen statt des Wortes „Bruch" die Bezeichnung „Verwandlung" vor.

### *Korrespondenz*

Die *Korrespondenz* hat in meiner ganzen Lebensarbeit eine große Rolle gespielt. Ich mußte viele Briefe schreiben, ich schrieb aber auch oft und gern von mir aus Briefe: um seelsorgerlichen Kontakt zu suchen oder ihn zu pflegen, um brieflich gestellte Fragen brieflich zu beantworten oder um Briefberatung durchzuführen. Auch in den wenigen Übergangswochen zwischen Italien und England war das so. Es mußte auch „dienstliche" Post erledigt werden, etwa innerhalb des CVJM oder mit dem Weltbund oder mit kirchlichen Behörden. So wurde mir vom Jungmännerwerk ein *Büro* zur Verfügung gestellt. Als

Schreibkraft diente mir, wenigstens stundenweise – die übrige Arbeitszeit gehörte dem Eichenkreuzheim –, der uneigennützige, geistlich engagierte und verwaltungsmäßig versierte Diakon *Kurt Neumann.* Körperlich etwas behindert, setzte er sich mit seiner ganzen Person für die ihm zugedachte Aufgabe ein. Mit staunenswerter Akkuratesse schrieb und sammelte er die Briefe. Er war schlichtweg eine treue Seele. Später ist er in der Diakonie tätig gewesen und leider einem schweren Leiden erlegen.

Was war zu schreiben? Die Nacharbeit des missionarischen Dienstes hinter Stacheldraht zog eine entsprechende Korrespondenz nach sich. Die Mission wurde in Seelsorgebriefen fortgeschrieben, Adressaten waren ehemalige Studenten oder frühere Lagerpfarrer. Gleichzeitig meldeten sich ehemalige Konfirmanden und Konfirmandinnen aus meiner Zeit als Standortpfarrer in Berlin zu Wort. Zum großen Teil trugen sie ihre eigenen Erfahrungen und Fragen vor. Es finden sich auch Briefe von den jeweiligen Eltern, die sich in der Nachkriegszeit mitten in einer Berufs-, Familien- oder Personenkrise an ihren ehemaligen Pfarrer wandten. In der Zeit, in der der „Fragebogen" regierte und die Denazifizierungsverfahren manche Familien vor die Existenzfrage stellten, brauchte man Dokumente, Bestätigungen, Erklärungen und Empfehlungen, sogenannte „Persilscheine" von kirchlicher Seite. Sie machten bei den alliierten Behörden oder bei den neuen deutschen Dienststellen und Gerichten einen gewissen Eindruck. Man konnte dabei manche Fehler machen, z. B. das Gute übertreiben und das Schlechte verheimlichen. Manche Bittsteller kämpften beschwörend um ihre „Wurst". Falsche Gutmütigkeit konnte aber Unheil anrichten. Gefragt war wirklich Liebe, politische Nächstenliebe. Mir ist das alles nicht leichtgefallen, da ich eine weiche Stelle in meinem Herzen habe. Die ganze Willinger Korrespondenz war ein Stück brieflicher Seelsorge, wie ich sie schon im Dritten Reich, im Krieg und in der Gefangenschaft geübt hatte. Gewiß haben diese Erfahrungen mit dazu beigetragen, daß ich Jahrzehnte später (1976) die „Evangelische Briefseelsorge" ins Leben gerufen habe.

Ergänzend sei noch der Briefwechsel mit dem Hamburger Verlag Reich & Heidrich erwähnt, der etwas aus meiner Rimini-Arbeit veröffentlichen wollte. Dafür kam eine überarbeitete Fassung meines Vortrags „Die geistige Situation der Zeit und die kommende Kirche" in Frage. Kurz vor meiner Abfahrt nach England reichte ich dem Verlag das erbetene Manuskript ein. Es wurde unter dem Titel *Die deutsche Fieberkurve. Gedanken eines Pfarrers hinter Stacheldraht* veröffentlicht und erschien in hoher Auflage. Die Formulierung kam an, sowohl unter den Kriegsgefangenen als auch in der Heimat. Etwas Vergleichbares gab es im Frühjahr 1947 noch nicht.

### *Gruß- und Sendungsworte*

Wie so oft in meinem Leben mußte ich auch in dem Übergangsvierteljahr in Willingen „auf mehreren Klavieren spielen". Neben der Lehrgangsarbeit, der Betreuung von Ehemaligen, der vielschichtigen Korrespondenz und des zeit- wie kraftraubenden Engagements in der politischen Seelsorge liefen die direkten Vorbereitungen für die Englandmission. Da waren Reisevorbereitungen zu treffen, Verhandlungen zu führen und Besuche zu machen. Die Berufung zu der neuen Aufgabe war vom Weltbund der YMCA in Genf im Einvernehmen mit dem britischen Kriegsministerium erfolgt. Da stand einiges auf dem Spiel. Die Verantwortung war groß. Langfristige Planung tat not. Es ging um mehr als um einen Besuch der Kriegsgefangenen, wie ihn verdienstvollerweise mein früherer Ostwerkleiter und Freund Pfarrer *Arnold Dannenmann* in seiner Eigenschaft als offizieller Verbindungsmann des deutschen Werkes zum Weltbund gemacht hatte. Er hat sich besonders für den Ausbau der Bildungseinrichtungen von Norton Camp im Sinne einer Lagerhochschule eingesetzt, d. h. für die Theologische Schule, die Lehrgänge und das Anliegen der Mitarbeiterschulung, die später in dem von mir gegründeten Jugendleiter-Seminar Gestalt gewann. Dannenmann war schon vom 9.–22. November vierzehn Tage in verschiedenen Kriegsgefangenenlagern und in Norton Camp gewesen, um die Männer hinter Stacheldraht zu grüßen, zu ihnen zu reden und ihre Anliegen entgegenzunehmen. Jetzt sollte ich ein ganzes Jahr als gerade erst entlassener Kriegsgefangener und als eine Art Missionar in Großbritannien verbringen. Dabei ging es vor allem um Verkündigung und Seelsorge, um die Gründung von CVJM-Gruppen und um die theologisch-pädagogische Ausbildung von Jugendleitern.

Obwohl im einzelnen noch nicht feststand, was programmatisch und methodisch getan werden mußte, erschien das Projekt so bedeutungs- und verantwortungsvoll, daß die offiziellen Stellen sich auch amtlich darauf einlassen mußten. So erklärten sich die *Sendungsworte*, die ich von verschiedenen Stellen empfing, die ich im Gepäck mit nach England brachte und die mir mit den Autoritäten, die dahinter standen, bei den Engländern, vor allem aber bei den deutschen Kriegsgefangenen geholfen haben. Hier kam nicht jemand in eigener Sache, sondern als Beauftragter, Gesandter einer ökumenischen Bewegung wie der des Weltbundes der YMCA, eines großen deutschen Jugendverbandes wie dem des CVJM und der im Begriff der Neuordnung befindlichen Evangelischen Kirche in Deutschland. Dazu kam der Umstand, daß Rev. *Birger Forell*, der bisher die religiöse Arbeit des YMCA geleitet hatte, seine Arbeit beendete und ich nun zumindest einen Teil seiner Aufgaben übernehmen mußte.

In diesem Kontext war ein Besuch mit meiner Frau in Schwäbisch-Gmünd von hoher Wichtigkeit. Hier befand sich der erste Sitz der Kirchenkanzlei der EKD. Ihr Präsident war *Hans Asmussen*. Er empfing mich liebenswürdig und hilfsbereit, ein Mann mit Konzeption und Vision, mit Strenge und mit Freundlichkeit. Als Propst von Kiel war er ein führender Mann der Bekenntniskirche gewesen und mir durch sein berühmt gewordenes Buch „Die Seelsorge" bekannt[43]. Bei dem Empfang gab es ein fruchtbares und konstruktives Gespräch über die Zusammenarbeit zwischen Kirche und CVJM, über die Situation der Kriegsgefangenen und über das Programm meiner Arbeit in Großbritannien. Der Präsident sicherte mir seine Unterstützung zu und versprach mir zweierlei: ein bischöfliches Wort des ersten Ratsvorsitzenden der EKD Landesbischof Th. Wurm an die deutschen Kriegsgefangenen in Großbritannien und ein persönliches Sendschreiben des Kanzleipräsidenten für meine eigene Person.

Der Text von Bischof Wurm lautete: „Liebe Brüder und Freunde! Noch immer hat Ihre ‚Knechtschaft' im Sinne von Jes 40,2 kein Ende. Aber, was im selben Kapitel im letzten Vers steht, das erbitten wir für Sie alle: Die auf den Herrn harren, kriegen neue Kraft! Wir erbitten das auch für uns; denn eine gewisse Stagnation liegt auch über unserem Leben, über dem Geschehen in der Kirche. Gerade in solchen Zeiten ist nichts nötiger als das unentwegte Harren auf Gott, das Rechnen mit ihm als der alles überragenden Wirklichkeit, das unbedingte Vertrauen darauf, daß er sein Wort einlöst. Es macht uns frei. Hier durch die Vergebung, dort durch die Vollendung, aber nur wenn wir das biblische ‚Heute' hören: Heute ist die Schrift erfüllt, heute ist diesem Hause Heil widerfahren, heute, so ihr seine Stimme hört, so verstockt eure Herzen nicht. – Ich freue mich, Ihnen durch Bruder Jentsch diesen Gruß auf Pfingsten senden zu dürfen und bleibe in der Verbundenheit des Glaubens (gez.) D. Theophil Wurm."

Das war ein geistliches Wort, wie es von diesem großen schwäbischen Kirchenführer nicht anders zu erwarten war. Besonders eindrücklich ist die Art, wie Wurm den Männern hinter Stacheldraht Mut macht, indem er nicht bloß an ihre Selbstbestimmung appelliert, sondern auf das Wort Gottes in Christus hinweist, das allein Verheißung hat. Ausdrücklich solidarisiert er sich als Leiter der Heimatkirche mit den Glaubenszweifeln und Müdigkeitserscheinungen der Brüder in der Gefangenschaftskirche. Das erweckliche „Heute" spricht den Leser direkt an. Dankenswert war die abschließende Erwähnung des deutschen Sendboten, dem er gleichzeitig eine Art spezifischen Missionsauftrag erteilte, nämlich einen „pfingstlichen" Gruß zu überbringen.

Das Sendungswort von Präsident *Asmussen* war offizieller, amtlicher und rechtlicher formuliert. Das war die Handschrift des erfahrenen und gewandten Kirchenpolitikers, der wußte, was er wollte, und der diese kirchliche Entsendung nach allen Seiten abzusichern versuchte. Es hat folgenden Wortlaut:

„Im Einverständnis und mit Willen der Kanzlei der Evangelischen Kirche in Deutschland und nach Fühlungnahme mit Herrn Landessuperintendent Lau in Dresden folgt Herr Pfarrer Lic. Werner Jentsch einem Ruf der YMCA nach London. – Wir bitten Herrn Pfarrer Jentsch, besonders die Lagerpfarrer in ihrer Arbeit zu unterstützen und sie durch Inanspruchnahme der von der YMCA bereitgestellten Hilfsmittel für ihren Dienst vorzubereiten. – Wir setzen dabei voraus, daß das Verständnis zwischen der YMCA und der Kirche in seiner Arbeit in England nach den Grundsätzen geregelt wird, wie sie zwischen CVJM und Kirche in Deutschland üblich sind. Asmussen DD."

Die Erwähnung von Landessuperintendent Lau, dem damaligen Leiter der Evangelisch-Lutherischen Landeskirche Sachsens, signalisierte meine landeskirchliche Zugehörigkeit. Während des Kirchenkampfes hatte ich mich, wie schon berichtet, von meiner sächsischen Heimatkirche, die seinerzeit ein DC-Regime hatte, losgelöst und mich als Pfarrer des Ostdeutschen Evangelischen Jungmännerwerks bzw. als „Vereinsgeistlicher" in die Berlin-Brandenburger Provinzialkirche aufnehmen lassen. Nach meiner Entlassung aus der Gefangenschaft und der Wiederaufnahme meiner Dienste im Evangelischen Jungmännerwerk hatte ich die Rückkehr bzw. Wiedereingliederung in die Heimatkirche betrieben. Ich konnte allerdings nicht unmittelbar nach Sachsen, das zur sowjetischen Besatzungszone gehörte, zurückkehren, weil ich zu eng mit den Engländern und Amerikanern zusammengearbeitet hatte und infolge der Genfer Berufung in ökumenischer Mission und mit ausdrücklicher Billigung des britischen Kriegsministeriums für ein Jahr nach England gehen sollte. In der ganzen Angelegenheit wurde ich von Reichswart D. Stange hervorragend beraten und unterstützt. Als kundiger Kirchenmann kannte er sich in den kirchenrechtlichen Dingen aus, und als Sachse hatte er gute Beziehungen nach Dresden. Bischof *D. Hugo Hahn* hatte Verständnis für meine besondere Situation, und *Lic. Lau* gab seine Zustimmung.

Aus dem Text des Sendschreibens von Asmussen geht hervor, daß die EKD den „Ruf" des Weltbundes anerkannt hat, sich aber gleichzeitig *im Einverständnis und mit Willen* an der Entsendung beteiligte. Demzufolge wurde mir auch der spezielle Dienst an den Lagerpfarrern anbefohlen. Ich sollte nicht nur als Reise- und Sozialsekretär – als freischaffender Künstler – durch die Lager fahren, sondern wie ein abgeordneter Amtsbruder zu Amtsbrüdern. Daß sich die Mission nicht in der Bereitstellung von „YMCA-Hilfsmitteln" erschöpfte, sondern Verkündigung und Seelsorge einschloß, verstand sich von selbst. Klug und wohlüberlegt, aber auch beschützend und ermutigend ist der Schlußabsatz des Schreibens. Hier sieht man wieder die kirchliche Strategie des Kanzleipräsidenten. Es lag ihm am Herzen, daß mein Dienst nicht ins Unverbindliche abrutschte oder gar einen antikirchlichen Akzent bekäme. Ich war ein CVJM-Pfarrer, der sich zu seiner Kirche bekannte und ihr dienen wollte. Beim Aufbau einer deutschen CVJM-Arbeit, sei es durch CVJM-Gruppen oder durch das CVJM-Jugendleiterseminar, sollte diesem prokirchlichen Trend Rechnung getragen werden, ohne daß die Eigenständigkeit des Evangelischen Jungmännerwerks verlorenginge. Das Sendschreiben des Kanzleipräsidenten Asmussen war auch ein *Politikum*, eine gesamtkirchliche Richtlinie, die mit ihrem ausdrücklichen Ja zur Arbeit des CVJM als eines freien Werkes in der Kirche in jener Zeit gar nicht hoch genug eingeschätzt werden konnte.

Dem Deutschen CVJM bzw. dem *Evang. Jungmännerwerk* verdanke ich zwei Dokumente; es sind Gruß- und Sendungsworte an die deutschen *Kriegsgefangenen in England* und an mich persönlich. Der Tenor des Wortes an die Männer hinter Stacheldraht klingt unmittelbar brüderlich, erwecklich und seelsorgerlich, wie das in CVJM-Kreisen in jeder Generation immer wieder neu zur Sprache kommt:

„Die Tatsache, daß unser Bruder, Pastor Lic. Werner Jentsch, zu Euch kommt, Ihr Brüder in England, soll Euch nicht nur sagen, daß unsere Gedanken, Wünsche und Gebete bei Euch sind, sondern er soll Euch ein lebendiger Brief von dem Einen sein, was uns alle in diesen dunklen Tagen verbindet: ‚Bekümmert Euch nicht, die Freude am

Herrn ist Eure Stärke.‘ (gez.) Christian Ebert, D. Erich Stange, P. Johannes Busch.“

Unterschrieben war das Wort somit vom Präses des Reichsverbandes, vom Reichswart und vom Bundeswart des Westbundes. Nachträglich wurde mir bewußt, daß ich hier im Sinne von 2 Kor 3,3 als *Brief* bezeichnet werde. Damals wußten weder die Unterzeichner des Grußwortes noch ich selber, welche Rolle einmal die „Briefseelsorge“ in meinem Leben spielen würde. Entscheidend war bei diesem Gleichnisbegriff, daß es sich bei meinem Auftrag nicht um irgendeinen Brief, sondern um den „Brief Christi“ handelte und daß dieser Brief eigenhändig mit dem Einsatz der ganzen Person übermittelt werden mußte. Kürzer und schöner hätte man es kaum formulieren können, um was es eigentlich ging.

Das andere Gruß- und Sendungswort des Jungmännerwerks an mich persönlich war von dem „Vorsitzenden“ (Chr. Ebert) und dem „Reichswart“ (D. Erich Stange) unterzeichnet. Es präzisierte meine Funktion als „Sendung“ durch das deutsche CVJM-Werk und meinen Auftrag als „Sammlung“ unter dem Wort Gottes[44].

Schließlich ist noch das Sendungs- und Bevollmächtigungswort der *Kriegsgefangenenhilfe* des *Weltbundes der YMCA* anzuführen, das der Leiter des Werkes in Großbritannien, mein neuer „Chef“, in englischer Sprache an alle, die es anging, richtete, an die britischen und deutschen Dienststellen in den Lagern und an die Männer hinter Stacheldraht. Wir lesen hier: „We have invited Pastor Jentsch to come to England to take charge of the religious work of the War Prisoners' Aid of the YMCA. We commend him to the chaplains in the camps and regions and rejoice with you that such an able man has been permitted by the authorities to come here for this important work. – London, 24. 5. 1947, John Barwick.“

Der relativ kurze Schriftsatz sagt sehr viel aus. Der Unterzeichner geht als pragmatischer Amerikaner dem etwas komplizierten Rechtsstatus aus dem Weg und sagt statt dessen: „Wir haben Pastor Werner Jentsch (nach England zu kommen) eingeladen.“ Gemeint ist damit die „Berufung“; das Wort „Einladung“ klingt weniger rechtlich, dafür mehr warmherzig. Genau wird der Auftrag umschrieben: „Übernehmen und Wahrnehmen der religiösen Arbeit“ der Kriegsgefangenenhilfe. Dann kommt die Empfehlung (commend). Sie richtet sich in erster Linie an die Lagerpfarrer, aber auch an die Regionalpfarrer (gemeint sind wohl die deutschen Auslandspfarrer). Geschickt verbindet er sich mit den Adressaten: „*Wir* freuen uns mit Ihnen, daß ein so befähigter Mann von den (britischen) Autoritäten die Erlaubnis erhalten hat, nach hier zu kommen, um diese bedeutende Arbeit zu tun." Das liebenswürdige Lob war vorweggenommen. Es beruhte auf dem freundlichen Echo, das meine Tätigkeit in der YMCA-Kriegsgefangenenhilfe in Italien, in der Heimat und im ökumenischen Raum gefunden hatte. Dieses kleine Empfehlungswort hat mir Tür und Tor geöffnet, nicht nur bei meinen Landsleuten, sondern auch bei den britischen Lagerkommandanten und Behörden, sei es in London oder in den verschiedenen Bereichen Großbritanniens.

Die Gruß- und Sendungsworte tragen alle Daten von Anfang Mai 1947: (5.: Wurm, 6.: Asmussen, 12.: Stange). Die YMCA-Empfehlung (Barwick) schloß am 24. 5. die Reihe ab. Alle Worte wurden gedruckt und veröffentlicht, sogar den Lagerpfarrern zur Kanzelabkündigung übersandt. Wenn man bedenkt, wie mühsam ich mir in Italien selbst die Wege bahnen und Türen öffnen mußte, wird die veränderte Atmosphäre in Großbritannien deutlich. Der Ansatz in England war durchweg günstiger. Das machte mir die Sache auf der einen Seite leichter, auf der anderen Seite auch schwerer. Sind doch Chancen für einen Christenmenschen um so größere Verpflichtungen.

## 2. Der Start in London

Ende April, Anfang Mai war es soweit. In den „Nachrichten des Evangelischen Jungmännerwerks Deutschlands" wird nachträglich am 1. 7. berichtet, daß Pfarrer Jentsch „zur Betreuung unserer Kriegsgefangenen in England in Zusammenarbeit mit der Kriegsgefangenenhilfe des Weltbundes . . . von der Leitung des Evangelischen Jungmännerwerk Deutschlands abgeordnet" worden sei: „Am Himmelfahrtstag traf er mit dem Flugzeug in London ein." Ob die Wortwahl mit einem journalistischen Schmunzeln getroffen worden ist oder nicht, jedenfalls muß das den Tatsachen entsprochen haben. Die Abreise aus Deutschland erfolgte wegen der ökumenischen Mission und dem britischen Reiseziel in der britischen Zone in Bad Salzuflen. Hier hatte Rev. Luther Harshbarger, ein enger Freund Barwicks und seinerzeit offiziell für den Weltbund der YMCA in Deutschland tätig, alles arrangiert. Man darf nicht vergessen, daß ich damals ein staatenloses Subjekt war.

Die Bundesrepublik Deutschland gab es noch nicht. Einen Paß konnte ich nicht besitzen, dem Wohnort nach gehörte ich zur amerikanischen Besatzungszone, aber arbeiten sollte und wollte ich im britischen Mutterland. In diesem Labyrinth von Zuständigkeiten half Harshbarger gelassen und zielklar hindurch. Ich bekam britische Dokumente, Personalausweis und Fahr- bzw. Flugkarte.

### *The King and the Pastor*

Unvergeßlich ist mir dieser erste Flug in meinem Leben. Natürlich saß man noch nicht so bequem wie in einem modernen Jet. Aber der Eindruck von dem Flug über den Wolken, wo die Freiheit weht, war derselbe. Unter mir lagen die zerstörten deutschen Städte, der majestätisch dahinrauschende Kanal und die landschaftlich so vielfältige britische Insel. Ich flog nicht mehr „gegen Engeland", sondern wirklich „nach England". Beim Eintreffen in der City überwältigte mich die Atmosphäre dieser Großstadt. Ich kannte zwar Berlin, Paris und Rom, aber so eine „Weltstadt" hatte ich noch nicht erlebt. Offenbar hatte sich London verkehrsmäßig gut erholt. Die Zahl der Autos war für mich mit meinem Stacheldraht- und Provinzhorizont ganz schön aufregend. Manche Taxen wirkten auf mich vorsintflutlich. Besonders beeindruckte mich der Freiraum, der direkt neben dem Fahrer für das Gepäck des Fahrgastes vorgesehen war. Mein Ziel war die Zentrale der YMCA-Kriegsgefangenenhilfe, mit der Adresse 37/38, Strand, London, W C II. Es hieß einfach „das Strand-Office". Es lag ganz in der Nähe des Trafalgar-Square, jenes berühmten Platzes in der City von London, der an den Seesieg Englands unter Nelson gegen die spanisch-französische Flotte erinnert.

Unterwegs muß es passiert sein: Es kam zu Stauungen im Verkehr. Die Massen drängten an die Straßenränder. Offenbar wurde eine bekannte Persönlichkeit erwartet, die man neugierig sehen oder, wie das bei Fans üblich ist, begeistert begrüßen wollte. Plötzlich wurde mir alles klar. Nicht irgendein Filmheld oder Schlagerstar, nicht ein berühmter Politiker oder Sportler, sondern der König selbst kam mit seiner Frau direkt aus Südafrika wieder zurück in die Heimat und seine Residenz London. Es ging alles sehr schnell. Haften geblieben sind mir der Prunk der königlichen Kutsche, die phantastischen Pferde und die echte nationale Begeisterung, die aus den Zurufen der Bevölkerung kam. Hier war die Monarchie noch unumstritten. Würdig saß der König auf seinem Sitz, die Königin winkte huldvoll, man mußte sich persönlich gemeint fühlen. Der König war Georg VI., der seinem Bruder Edward VIII., später als Herzog von Windsor bekannt, der wegen seiner Ehe mit der geschiedenen Amerikanerin Mrs. Simpson abgedankt hatte, auf dem Thron gefolgt war. Die Königin ist noch bis in die jüngste Zeit als hochbetagte alte Dame (Queen-Mom) weithin bekannt und beliebt. Die heutige Königin Elisabeth II. befand sich als 21jährige in ihrer strahlenden Jugend. Die völlig unerwartete Begegnung des kleinen deutschen Sendboten aus Willingen mit dem britischen Königshaus blieb nicht ohne Folgen. Man witzelte später im Strand-Office: „The King is coming – Pastor Jentsch is coming." Man sagt den Engländern kühle Distanz nach und den Amerikanern handfeste Geschäftigkeit. Um so mehr war ich bewegt, wie warmherzig ich von beiden Seiten empfangen wurde. Wenn auch als Zivilist und Weltreisender etwas unerfahren, fühlte ich mich bald zu Hause, zumindest angenommen und verstanden.

*John Barwick*

Ähnlich wie in Rimini spielte auch in London bzw. Norton Camp der Kreis der Personen eine wesentliche Rolle. Sie bildeten den Rahmen meiner Arbeit und prägten als Partner durch ihren jeweiligen Einfluß die Möglichkeiten und Grenzen der neuen Aufgabe. Die Mittelpunktsfigur war *John Barwick* selbst. Er war das, was man in der ganzen Welt eine „Persönlichkeit" nennt. Seine Mitarbeiter und Mitarbeiterinnen nannten ihn einfach den „Boss". Gelegentlich war die Rede von „the big Boss". Äußerlich war er hochgewachsen, hatte ein energisches Gesicht mit einem klaren, fast strengen Blick. Die Brille stand ihm gut, er hätte auch der Direktor eines großen Industrieunternehmens sein können. Gelegentlich trug er eine flotte Fliege, und gerne trug er blaue Anzüge. Einen habe ich „geerbt". Als ehemaliger Kriegsgefangener und Nachkriegsdeutscher verfügte ich über keine große Garderobe. Er wollte aber, daß ich die Arbeit der Kriegsgefangenenhilfe einigermaßen anständig repräsentierte. Barwick hatte ein gutes Herz. Er war ein engagierter Christenmensch und Mitarbeiter einer kleinen, aktiven nordamerikanischen Freikirche, der „Brethren Church", der „Brüderkirche", nicht zu verwechseln mit der Herrnhuter Brüdergemeine, die in den USA „Moravians" (die Mähren) heißen. Sie sind vor allem in Pennsylvania zu Hause. Die BC-Leute legen weniger Wert auf Amt und Kultus, um so mehr auf Brüderlichkeit und Dienst. Es ist staunenswert, was diese kleine Kirche während und nach dem Krieg geleistet hat. Uns Deutsche beeindruckte besonders die Sendung einer ganzen Herde von Kühen, um dem Notstand in Europa abzuhelfen.

Barwick war ein Mann, von dem Strahlungen ausgingen. Er kam jeden Tag mit einer neuen Idee ins Büro. Dabei war er impulsiv, unter Umständen „bis zum Gehtnichtmehr", aber seine Impulse rissen die Mitarbeiter mit. Er gab ihnen – auch mir – ein gehöriges Stück Freiheit und duldete auch Widerspruch, wenn er begründet war. Das Budget der Kriegsgefangenenhilfe war nicht gering. Barwick verstand etwas von Finanzen. Er war kein Theologe, aber ein christlicher Laienaktivist. Als Chef eines Reisebüros hatte er gelernt, mit großen Zahlen und weltweiten Planungen umzugehen. Jetzt stellte er sein fachliches Können in den Dienst der YMCA-Kriegsgefangenenhilfe. Wenn man von kirchlicher Seite bemerkte, der Barwick sei früher Reisemanager gewesen, schwang ein etwas süffisanter und ungewollt arroganter Unterton mit. Wer an dieser Vergangenheit Anstoß nahm, der unterschätzte die Mission und das Format des mündigen Laien im amerikanischen YMCA. Diese Laienmitarbeiter sind in der christlichen Jungmännerbewegung der Neuen Welt nicht selten bedeutender und kreativer gewesen als die dazugehörigen Berufsarbeiter, die sogenannten „Sekretäre". Barwick hatte ein Charisma, das ihm die Türen zu den britischen Behörden und Militärs öffnete. Es erlaubte ihm, ganze Strategien für die Betreuung der deutschen Kriegsgefangenen zu entwerfen und das zutiefst – niemand sollte das vergessen –, meist unausgesprochen, im Evangelium verwurzelt war.

### *Birger Forell*

Der „kirchliche Mitarbeiter" und „Partner" Barwicks war der schwedische Pastor *Birger Forell.* Ohne diese beiden Männer sind die Anfänge und das Aufblühen der YMCA-Kriegsgefangenenhilfe in Großbritannien nicht zu denken. Auch Forell war eine interessante, in seiner Art hochkarätige Persönlichkeit. Er hat sich bereits in die jüngste Kirchengeschichte eingezeichnet. 1893 in einer Kleinstadt geboren, in einfachen Verhältnissen mit Kleinbauern, Holzarbeitern und Fischern aufgewachsen, empfing er von seiner Großmutter geistliche Anstöße. Der junge Mann fand aus seiner kleinen Welt zum Theologiestudium an der Universität Uppsala und trat von dort aus seine Reise in die große Welt der Ökumene an. An der theologischen Fakultät geriet er unter den wegweisenden Einfluß von *Nathan Söderblom*, den späteren Erzbischof und Pionier der ökumenischen Bewegung. Dieser war es, der 1925 die erste Weltkirchenkonferenz für Praktisches Christentum in Stockholm einberufen sollte. Söderblom war es auch, der in Deutschland Erich Stange, den späteren Reichswart des Evangelischen Jungmännerwerks, als jungen Mitarbeiter für die Zusammenarbeit der europäischen Kirchen anzog und gewann. Söderbloms akademisches Spezialgebiet war die Religionsgeschichte und Religionsphilosophie.

Kein Wunder, daß der junge Forell sein dadurch angeregtes Interesse für das Phänomen des Religiösen – wie so viele schwedische Theologiestudenten – an einer deutschen Universität zu vertiefen und zu erweitern suchte. Hier bot sich der schon berühmt gewordene Religionswissenschaftler *Rudolf Otto* in Marburg an, dessen Untersuchung über „Das Heilige“ 1917 den jungen Mann in seinen Bann schlug. Er war im wahrsten Sinne des Wortes „fasziniert“. Da ich selbst als Student auf meiner „Bildungsreise“ mit Prof. Joachim Wach den großen Forscher kennengelernt habe, kann ich es gut verstehen, wie sehr Birger Forell von dem Mann in seiner Glanzzeit beeindruckt war. Aus der Lehrer-Schüler-Beziehung wurde ein persönliches Verhältnis. Otto wollte Forell als Sekretär des von ihm ins Leben gerufenen „Religiösen Menschheitsbundes“ anwerben. Forell wollte aber erst seine Studien abschließen und ließ sich dann als schwedischer Auslandspfarrer in Rotterdam einsetzen, wo er sich seelsorgerlich um die Angehörigen der Handelsflotte kümmerte. Mit Otto nahm er an der Ökumene-Konferenz in Stockholm teil und begleitete ihn auf einer Reise nach Indien. Während Forell bei Söderblom vornehmlich für die innerkirchliche und innerchristliche Weltverständigung aufgeschlossen wurde, lernte er bei Otto die Perspektive des Interreligiösen kennen und lieben. Starken Eindruck hat auf ihn *Gandhi* gemacht, der Anwalt des gewaltlosen zivilen Ungehorsams und der Befreiung Indiens. In seinem einzigen Buch „From Himalaya till Ceylon“ (1929) hat er anschaulich von seinem persönlichen Gespräch mit Gandhi berichtet. Er hat ihn bewundert und von dessen Geist der Liebe viel für seinen eigenen Kampf um den Frieden und sein soziales Engagement gelernt. Das sollte sich in seinem Dienst an den deutschen Kriegsgefangenen auszahlen. Freilich, alles an Gandhi konnte ihm nicht gefallen, z. B. dessen scharfe und einseitige Kritik der „Mission“, die durch das Trauma des Kolonialismus bestimmt war.

Im Jahre 1929 übernahm Birger Forell die wichtige Aufgabe des schwedischen Gesandtschaftspfarrers in *Berlin*. Hier wurde er zu einem Kirchendiplomat ersten Ranges. Sah er sich doch von den weltanschaulichen Ansprüchen der heraufziehenden NS-Bewegung und dann von dem totalitären NS-Staat herausgefordert, so daß er sich öffentlich und heimlich für die Anliegen der Bekennenden Kirche engagierte. Der Bischof von Chichester, Dr. Bell, und Dietrich Bonhoeffer verkehrten in seinem Hause. Unter dem Schutz des diplomatischen Status konnte er zahllosen Menschen helfen, Deutschland rechtzeitig zu verlassen oder aus der Gestapo-Haft befreit zu werden. Er war nicht nur ein lutherischer Monsignore, er verstand auf seine Weise auch etwas von dem, was ich „politische Seelsorge" genannt habe. Das alles ging bis 1942. Dann wurde er in die Heimat zurückgerufen und erhielt das Pfarramt in Boras (Südschweden).

Gegründet in lutherisch-skandinavischer Tradition, geschult mit ökumenischem Weitblick und bewährt als Auslandsseelsorger unter den Bedingungen des Dritten Reiches, erhielt Forell unerwartet den Ruf von Bischof *Dr. Bell*, nach England zu kommen, um dort die deutschen Kriegsgefangenen zu betreuen. Im April 1944 trat er diesen Dienst, und zwar im Rahmen der YMCA-Kriegsgefangenenhilfe, an. Hier gab es erfreulicherweise kein Kompetenzgerangel. Es ist den britischen Kirchen hoch anzurechnen, daß sie sich dieses ökumenischen Werkes an den jungen Männern hinter Stacheldraht bedienten, und es ehrt Birger Forell, daß er sich als lutherischer Pastor diesem Rahmen einfügte. Gewiß haben bei den durch den Krieg gebeutelten Kirchen auch finanzielle Überlegungen eine Rolle gespielt. Entscheidend aber war die Würdigung der Erfahrung und der Leistung, die der Weltbund YMCA auf diesem Gebiet vorzuweisen hatte. Forell entwickelte eine segensreiche Tätigkeit, indem er von Lager zu Lager fuhr und durch seine Besuche („Inspektionen"), die mit Ansprachen und Aussprachen verbunden waren, die Nöte der Kriegsgefangenen vor Ort kennenlernte. Darüber berichtete er dann an höheren Stellen und suchte durch persönliches Eingreifen Einzelnöte zu lindern oder interne Lagerkonflikte zu lösen.

Das Zusammenspiel mit dem in manchen Dingen ganz anders gearteten *Barwick* gelang ihm gut. Er besaß die nötige Dosis Humor und beide, Barwick wie Forell, der Amerikaner wie der Schwede, hatten die britische Tugend, die in dem Prädikat „cooperativ" zur Sprache kommt. In Forells Tagebuch lesen wir über sein Verhältnis zu dem Partner von Übersee die Notiz: „Außerdem ist es befreiend, mit jemandem reden zu können, der sowohl daran denkt, was man möchte, und es gleichzeitig versteht, Geldschränke zu öffnen." Diese Notiz beweist, daß Forell nicht nur ein guter Christ, sondern manchmal auch (vielleicht gerade deswegen) ein Schlitzohr sein konnte.

Leider war das Verhältnis zwischen John Barwick und Rev. Dr. *Herbert Hartwell*, dem Assistenten und engsten Mitarbeiter Forells, nicht genausogut. Hartwell hieß ursprünglich Hirschwald und hatte das unselige Schicksal eines rassisch Verfolgten zu ertragen gehabt. Er war gelernter Jurist und schon in jungen Jahren Richter am Berliner Kammergericht gewesen. Er gehörte zu Pastor Niemöllers Gemeinde in Berlin-Dahlem und war dort ein eifriges Mitglied der Bekennenden Kirche gewesen. Das letzte Emigrantenschiff brachte ihn nach England. Dort studierte er Theologie in Oxford und wurde nach Forells Berufung dessen rechte Hand. Mit großer Treue und innerer Hingabe kümmerte er sich um den Dienst an den Kriegsgefangenen und insbesondere um die Lagerpfarrer. Mit Barwick kam er nicht zurecht. Aber auch umgekehrt hatte Barwick seine Schwierigkeiten mit Hartwell. Die beiden Mentalitäten waren einfach zu verschieden. Der eine war zu unbefangen „amerikanisch", etwas weitmaschig und impulsiv, der andere dachte noch zu „deutsch" (er war nun einmal „preußischer Beamter" gewesen), korrekt und sensibel in einem. Mein persönliches Verhältnis zu Hartwell war nicht schlecht, sondern sachlich und normal. Natürlich stand ich im Schatten des von ihm nicht gemochten Barwick, der mich berufen hatte und mein „Boss" war[45]. Hartwell, dessen stiller und fleißiger Dienst für die deutsche PWs unvergessen bleibt, ist über 90 Jahre alt geworden. Er starb 1989.

Zwischen Pastor Forell und mir gab es ein Übernahmegespräch. Wir lernten uns dabei zum ersten Mal richtig kennen. Ich habe ihn noch gut in Erinnerung; er wirkte auf mich wie ein männlicher Mann aus dem Norden. Er verkörperte den etwas dunkelhaarigen Typ eines Schweden. Seine Art war eine eigentümliche Verbindung von Gelassenheit und Leidenschaft. Er konnte gut zuhören, aber auch gut zupacken, wo es not tat. Von kleinlichen Animositäten war er frei. Er machte nichts aus sich, aber er stellte etwas dar. Äußerlich fiel mir seine fast leuchtendblaue Cordjacke auf, die er über dem anglikanisch-schwedischen Dog-Collar trug. Zur Pflege weiterer Beziehungen ist es zwischen uns nicht mehr gekommen. Jeder hatte seine eigene Aufgabe, die ihn voll erfüllte. Nach der Arbeit in Großbritannien ist Birger Forell der große Initiator des deutschen Flüchtlingszentrums in Espelkamp geworden. Die Unterstützung für dieses Projekt gewann er durch ein von ihm gegründetes schwedisches Komitee. Schließlich wurde er Leiter der deutsch-schwedischen Flüchtlingshilfe in Köln-Nippes. 1958 ist er heimgegangen.

### *Sir Frank Willis und andere*

Es verstand sich von selbst, daß ich bei dem Nationalsekretär des englischen YMCA meinen Antrittsbesuch machte. *Sir Frank Willis* war durch den König geadelt worden, womit seine Verdienste um die Betreuung der jungen Generation in der Kriegs- und Nachkriegszeit gewürdigt werden sollten. Auf diese Weise kam ich in das große Gebäude des bekanntesten YMCA in der Welt an der Great Russel Street in London. Hier grüßte mich ein Stück Geschichte. Hatte doch der berühmte YMCA-Leiter George Williams in London den ersten Großstadt-CVJM ins Leben gerufen. Auch er war geadelt worden und liegt heute in der Gruft der St. Pauls-Cathedral begraben. An diesen Ort wird jeder CVJM-Besucher in der britischen Hauptstadt geführt. Auch ich absolvierte diesen Gang, ehrfürchtig und gern. Sir Frank machte nicht unmittelbar den Eindruck eines Jugendführers. Eher erinnerte er an einen Oberstudiendirektor oder auch – trotz seines betonten Laienstandes – an einen kirchlichen Diplomaten. Während meines Englandjahres bestand zwischen uns respektvolle, aber auch freundliche Distanz. Ich kam als Vertreter des CVJM eines Landes, mit dem Großbritannien noch vor kurzer Zeit in einem schweren Krieg gelegen hatte. Auch gehörten wir verschiedenen Generationen an. Ich entdeckte bei Sir Frank das, was man die Kühle eines Engländers nennt. Sie war nicht als Affront gemeint, sondern abwartend und sachlich. Erst viel später in der gemeinsamen Arbeit beim Weltbund der YMCA in Genf und in dem dortigen ökumenischen Komitee lernten wir uns beide näher kennen und schätzen. Die Beziehungen des englischen Generalsekretärs zu hohen und höchsten Stellen des Vereinigten Königreichs waren bekannt. Auch im Kreis der Kirchenführer genoß er hohes Ansehen. Mit sichtlichem Vergnügen konnte er kleine Anekdoten und Erlebnisse erzählen, meistens geheimnisvoll und flüsternd, so daß man ihn kaum verstehen konnte. Manche Proben seines offenkundigen britischen Humors habe ich zwar angehört, aber nicht alle verstanden. Wenn das Geld für die YMCA-Kriegsgefangenenhilfe vor allem aus Amerika und der Schweiz kam, halfen auch die weniger gut betuchten Briten so gut sie konnten. Ich selbst habe viel dafür zu danken, daß mir der britische YMCA durch die Vermittlung von Sir Frank Willis die Motorisierung meines Dienstes gestattete. Davon soll später die Rede sein.

Von den Frauen, die mir in London begegneten, seien zwei genannt: Die eine war Mrs. *Barwick,* eine zierliche Frau, die von ihrem großen und starken Mann sichtlich überragt wurde, die aber nicht ohne Einfluß auf ihn war. Mir gegenüber verhielt sie sich mütterlich-schwesterlich. Sie nahm mich in ihr Haus wie einen lieben Gast auf. Ich habe mich bei ihr immer geborgen gefühlt. Nachträglich wird mir klar, daß sie mich in ihrem Verhältnis zu Barwick an die Gestalt der Nancy Reagan erinnerte. Die andere Frau, mit der ich dienstlich zu tun hatte, war die Chefsekretärin von John Barwick, Miss *Maisie Gardener.* Auch sie war eine schlanke, sensible Person. Sie stammte von einer der beiden normannischen Inseln vor der Küste Frankreichs. Mit dem Charme ihrer klaren, manchmal sogar piepsenden Stimme einerseits und einem enormen Organisationstalent andererseits wurde sie zu einer unersetzlichen Mitarbeiterin von Barwick. Sie verstand es gut, mit den Deutschen und den Lagerpfarrern umzugehen. Die Kriegsgefangenen haben ihr direkt und indirekt viel zu verdanken.

Von London habe ich nicht viel gesehen. Ich war durchweg beschäftigt, ein Missionar, der immer im Dienst war. Gleichwohl hat sich mir die City mit dem Buckingham-Palast, den öffentlichen Gebäuden und den großen Plätzen, der unglaublich rege Verkehr und die kleinen Fish and Chips-Buden eingeprägt. Ich ging an der Themse entlang, staunte über das große Parlamentsgebäude und hörte den Big Ben schlagen, der mir bis dahin nur aus den Geheimsendungen des BBC-Rundfunks während des Krieges bekannt war. Zwar residierte der Boss in London, aber der Schwerpunkt der YMCA-Kriegsgefangenenarbeit lag in Norton Camp. Davon soll jetzt die Rede sein.

## 3. Zentrale in Norton

Das Kriegsgefangenenlager 174 war einerseits ein Camp wie alle anderen, andererseits hatte es eine eigene Note. Im Herbst 1944 hatte Pastor Forell dem Kriegsministerium vorgeschlagen, diejenigen PoWs, die sich in Großbritannien befanden und das Studium der

Theologie aufnehmen oder fortsetzen wollten, in einem Sonderlager zu sammeln. Im War Office fand er offene Ohren. John Barwick, der Leiter der YMCA-Kriegsgefangenenhilfe, wurde beauftragt, das ganze Projekt zu organisieren, zu finanzieren und zu kontrollieren. Umfassende Vorbereitungen waren notwendig, zumal auch ein Institut für Lehrerbildung und eine weitere Einrichtung für den Erwerb des Abiturs geplant waren, von Ressourcen zur Verschickung von YMCA-„Material" bis hin zur Herstellung bzw. Verschickung von Druckschriften völlig zu schweigen. Dazu war ein gewaltiger Verwaltungsapparat notwendig. Norton lag in der Nähe der kleinen Ortschaft Cuckney und im Bereich der Liegenschaften des Herzogs von Portland. Die benachbarte Stadt war Mansfield in der Grafschaft Nottingham.

*Privat in Cuckney*

Untergebracht war ich in einer Privatpension. Mrs. *Wardle,* deren Mann bei der Handelsmarine tätig war und die zu einer begüterten Farmersfamilie gehörte, hatte ihr Cottage zum Gästehaus des YMCA umfunktioniert. Außer mir wohnte dort noch Walter Kilpatrick, dem die Verwaltung in Norton Camp unterstand. Im übrigen war das Haus ein Absteigequartier für die verschiedenartigsten Gäste der YMCA-Kriegsgefangenenhilfe, die aus dem In- oder Ausland nach Norton kamen. Ich hatte ein sehr geräumiges, nettes Zimmer. Es blickte auf den Hof und die freundliche Dorflandschaft. Es gab einen Tisch zum Arbeiten und auch eine Sitzgelegenheit für die, die mich besuchen oder sprechen wollten. Jeden Morgen, den der liebe Gott werden ließ, wurde ich durch ein zartes Klopfen an der Tür geweckt: „Good morning, Mr. Jentsch, your tea!" Mit der englischen Küche konnte ich mich nicht besonders anfreunden. Die Gerichte schmeckten manchmal recht fad, weil sie erst nach der Herstellung gewürzt und gesalzen wurden. Es gab aber auch hervorragende Ausnahmen, etwa in einem besseren Restaurant oder bei einer privaten Einladung. Im übrigen mußte man berücksichtigen, daß es sich 1947/48 noch um die unmittelbare Nachkriegszeit handelte. In einem Punkte aber waren damals und sind heute noch die Engländer unübertroffen, in der Bereitung ihres Tees! Im Mutterland der Teatime habe ich die verschiedenen Sorten differenzieren gelernt. Seitdem bin ich ein verwöhnter Teetrinker, allerdings nicht immer: Als geborener Sachse blieb der Kaffee bei mir das tägliche Getränk Nr. 1. Die Hausherrin, Mrs. Wardle, versorgte ihre Gäste mit betonter Liebenswürdigkeit. Man konnte sich bei ihr zu Hause fühlen.

Im Anfang hat mir nur ein Punkt peinliche Probleme bereitet: ausgerechnet das Klo. Man mußte die Leine kräftig ziehen, was ich aber nicht wußte. So blieb nur eine diskrete und elegante Anfrage übrig. Die aber war schwierig. Als alter Fürstenschüler aus Meißen war ich gelernter Humanist, aber kein Spezialist für Englisch. So mußte ich alle meine begrenzten Sprachkenntnisse aufbieten, um mein Anliegen bei der Dame des Hauses entsprechend vorzutragen. Es gelang mir mit einigen Windungen und Umschreibungen, bis ich endlich den Mechanismus kapierte. In Verbindung damit lernte ich den gehörigen Respekt vor dem britischen Hang zur Tradition. Konservativ, wie die Engländer waren, liefen auch in Cuckney die Wasserrohre außerhalb des Hauses. Ein Umstand, der bei einem harten, kalten Winter die dazugehörigen Folgen des Einfrierens hatte. Dahinter stand offenbar die Weltanschauung: Wie Kartoffeln in den Keller gehören, ist der legitime Ort von Wasserrohren nicht innerhalb, sondern außerhalb des Hauses. Ich schätze, daß in dieser konservativen Meinung inzwischen ein Wandel eingetreten ist.

### *Der Lagerkommandant: Boughton*

Aber nun zum Lager selbst. Das Gesicht des PoW-Camps wird durch den Kommandanten geprägt. Das ist in allen Kriegsgefangenenlagern der Welt so. Und so war es auch in Norton Camp. Der leitende Offizier des Lagers 174 war ein Original. Sein Name und Titel lautete: Major *J. Boughton.* Er muß damals etwa 55 Jahre alt gewesen sein. Ursprünglich hatte er in der indischen Armee gedient, war dann beruflich in der Möbelbranche tätig gewesen, bis er in Verbindung mit dem Krieg wieder zur Armee zurückkehrte. Hier betreute er zunächst italienische Kriegsgefangene, als die Italiener noch unsere „Bundesgenossen" waren. Nun hatte man ihm die schwierige und verantwortungsvolle, aber auch herausfordernde und schöne Aufgabe übertragen, das neue Lager 174 aufzubauen und zu führen. Er mußte die Autorität der britischen Armee verkörpern, mit jungen Menschen deutscher Mentalität umgehen können und last not least eine Antenne für Theologie und Theologen haben. Das war viel verlangt. Major Boughton hat diesen Auftrag auf seine Weise straff, geschickt und schöpferisch erfüllt. Er war nicht mehr der Schlankeste, aber immer noch ein ansehnliches Mannsbild, das natürliche Autorität ausstrahlte. Sie wurde durch die gutsitzende Uniform und durch das Offiziersstöckchen des britischen Stabsoffiziers wirksam unterstrichen. Ein Tatbestand bedarf besonderer Erwähnung: Major Boughton war überzeugter und praktizierender Katholik. Er nahm seine Konfession bitter ernst. So konnte er fasten, bis ihm beim Autofahren übel wurde. Er machte aus seiner Überzeugung keinen Hehl und engagierte sich als Laienbruder beim Benediktinerorden. Demonstrativ ließ er über dem Lagertor die vielsagende Inschrift anbringen: „Fide non armis" (Durch Glauben, nicht durch Waffen). Natürlich war er kein Pazifist, sondern wollte sagen, daß dieses Lager im Zeichen des Glaubens stehe, der allein die Welt überwunden hat.

Sein Humor trug gelegentlich grimmige Züge, obwohl er im Grunde ein gutes Herz hatte. Wie alle weicheren Männer wich er zuweilen in Ironie aus. So pfiff er die Lagerinsassen, die nachts heimlich zum Baden ausgebrochen waren, mit einer Kurzansprache an, die den alten Indienexperten verriet: „Sie wissen, ich bin ein Panther. Ich habe gewisse Erfahrungen mit Panthern. Sie tun einem nichts, solange man ihnen nichts tut . . . Sie haben mir etwas getan . . ." Dieser Kommandant hatte bei den deutschen Gefangenen ein gutes Echo. Zu seinem Geburtstag wurde ihm ein kunstvoll geschriebenes Dokument überreicht: „Vaterschaftsurkunde: Dem Kommandanten des Lagers 174, Herrn Major Boughton, wird hiermit die Vaterschaft über 486 Kinder zuerkannt und für die treue Erfüllung seiner Vaterpflichten Dank und Anerkennung ausgesprochen. Die Kinder des Lagers 174. Chuckney, 3. Februar 1947."

### *Der YMCA-Administrator: Kilpatrick*

Die „geistliche" und „weltliche" Abteilung waren in der YMCA-Zentrale äußerlich fein säuberlich getrennt, innerlich aber bildeten sie eine gute Einheit. Die Kooperation zwischen *Walter Kilpatrick* und mir mußte nicht mühsam erlernt, sondern konnte leicht eingeübt werden. Der Chef der Verwaltung war ein ranker und schlanker Amerikaner. In seinen Bewegungen war er langsam, zuweilen etwas schlaksig. Man brauchte aber nur das Spiel seiner Hände zu betrachten, um festzustellen, daß er ein behutsamer Mensch war, der alles sorgfältig registrierte und administrierte, der den Partner zu verstehen suchte und sich beim

Argumentieren Mühe gab, sich verständlich zu machen. In langem Umgang mit den Deutschen hatte er sich angewöhnt, bedächtig und artikuliert zu sprechen. Seine Handschrift war – es sei freundschaftlich geklagt – schwer zu lesen. Dafür aber um so leichter sein Gesicht: Mit seinen dunklen Haaren, hellen Augen und glatten Zügen sprach es eine offene und freundschaftliche Sprache.

Damit kein Mißverständnis entsteht: Walter Kilpatrick hatte auch seine eigene Meinung. Er konnte sie sogar ganz schön zäh verteidigen. Mußte er sich doch auch mit unserem großen Boss in London auseinandersetzen, was bestimmt nicht immer ein Kinderspiel gewesen ist. Unvergeßlich ist mir ein Abend in unserem Cottage. Wir hatten unser Tagewerk hinter uns und saßen bei einem Glas Wein am Kamin und tauschten Gedanken miteinander aus. Ich liebte diesen Platz, obwohl englische Kamine bei all ihrer Schönheit nicht selten auch eine unangenehme Seite haben. Sie wärmen den vor ihnen Sitzenden von vorne wohltuend, der Rücken aber bleibt in dem sonst kalten Raum kühl. Warum wohl viele Engländer und Kaminbesitzer unter Rheuma leiden! Unser Gespräch kreiste um den Sinn unseres sozialen Dienstes in der YMCA-Kriegsgefangenenhilfe. Als einer, der aus dem deutschen CVJM kam, also aus jener Bewegung, die einmal aus der Erweckungszeit des 19. Jahrhunderts erwachsen war und bis in die Gegenwart wesentlichen Wert auf Evangelisation und Seelsorge legte, konnte ich einen leisen Zweifel nicht unterdrücken. Worin lag der Unterschied zwischen dem Typus des angloamerikanischen YMCA und einer rein humanitären Wohlfahrtsorganisation? Genügte es, Bücher und Fußbälle, Musikinstrumente und Schreibzeug zu verteilen sowie Härtemaßnahmen an Gefangenen zu mildern? Wo blieb das Adjektiv „christlich“ in diesem Dienst der „christlichen“ Vereine junger Männer? Ich erhob keinen Vorwurf und wollte kein theologischer Besserwisser sein, aber ich ließ – im vollen Freundesvertrauen – den Partner an meiner Fragenot und Unsicherheit teilhaben.

Der amerikanische Freund respektierte mein Problembewußtsein und stieß gleichsam einen Türspalt auf, so daß ich das Wesen und den Wert (die „philosophy“) des amerikanischen Bruderwerkes tiefer begreifen konnte. Er erläuterte das, was man vielleicht das *schweigende Christentum* nennen könnte, seine Motivation und seine Chance. Ein wenig erregt in der Stimme – ich habe es gut in Erinnerung – stellte er die Gegenfrage : „Glaubst du, daß wir diesen wortlosen, stillen Dienst am Nächsten tun, ohne zutiefst von der Liebe Christi am Kreuz durchdrungen und bestimmt zu sein? Muß der Christ immer, wenn er liebt, gleichzeitig sagen, warum und wozu er liebt?" Dieses Gespräch war ein Ernstfall. Mir wurde plötzlich bewußt, daß die Liebe, die in der YMCA-Kriegsgefangenenhilfe zur Sprache kam, ein Stück *Feindesliebe* war, wie sie der Bergprediger von Jüngern Jesu erwartet. Sie verstand sich nicht von selbst. Sie hatte in dem Gekreuzigten und Auferstandenen ihr letztes Motiv. Was in der Kriegsgefangenenhilfe geschah, war jener berühmte „Becher kühlen Wassers", den wir Christen dem schulden, der Durst hat. Den deutschen Kriegsgefangenen wurde das gespendet, was zum leiblichen, seelischen und geistigen Leben als unbedingt notwendig erschien. Die im Namen Jesu geliebte Liebe bedarf in der Tat nicht eines im selben Augenblick gesprochenen Kommentars. Ausgerechnet der deutsche Reformator Luther hatte gesagt: „Ein Christ soll nicht viel Wort, aber viel Tat machen." Diesen Aspekt hatte man in deutschen CVJM-Kreisen wenn nicht vergessen, so doch zuweilen ein wenig vernachlässigt. Und das, obwohl das deutsche Werk aus dem diakonischen Dienst an Handwerksgesellen hervorgegangen war und später durch die Einrichtung der „Häuser des jungen Mannes" in den Großstädten eine neue Blüte erlebt hatte. Außerdem hat der NS-Staat die sozialen Aktivitäten des CVJM eingeschränkt und zum Teil radikal verboten.

Umgekehrt durfte ich darauf aufmerksam machen, daß die Tat, das Werk im christlichen Bereich nicht bloß um der Tat willen und um des Werkes willen getan bzw. verrichtet werden darf. Nur zu leicht entsteht sonst eine Werkgerechtigkeit, die am Kreuze Christi vorbeiliebt. Dieses *Ausrufezeichen der Reformation* bleibt gültig.

Unser Gespräch führte zu einer wechselseitigen Verständigung. Wir waren für das Anliegen des anderen aufgeschlossen, und das war gut so. Im Laufe der kommenden Jahrzehnte hat Walter Kilpatrick immer mehr Verständnis für die geistlichen Postulate des deutschen CVJM-Werkes gewonnen. Ich selbst entdeckte damals erneut, was ich zwar theologisch wußte, aber nicht immer praktisch realisierte: *Glaubenszeugnis* wird erst durch das *Tatzeugnis* glaubwürdig. Ich hatte mit meinen Anfragen nicht völlig unrecht. Es gab Schwachstellen im angloamerikanischen YMCA; da war manches theologisch unterentwikkelt oder in einen liberalen Humanismus abgerutscht. Niemand konnte das leugnen, auch mein Gesprächspartner nicht. Wir lernten beide, daß weder das „schweigende" Christentum, noch das „redende" Christentum auf die Dauer selig macht. Mir wurde an jenem Abend und später, wo ich meine Erfahrungen hinter Stacheldraht zu Papier brachte, unmißverständlich klar, welche Chance mit der Materialverteilung und den sozialen Tätigkeiten der YMCA-Kriegsgefangenenhilfe verbunden war. Unsere jungen Männer waren während des Dritten Reiches mit Reden überstrapaziert worden. Es genügt, an den Namen Goebbels zu erinnern. Bei einer ganzen Reihe von Gefangenen kamen neue Reden einfach nicht an. Auch die Engländer mit ihren Umschulungskursen lernten im Laufe der Zeit einsehen, daß wenig Bedarf an neuer „Schulung“ vorhanden war. Was überzeugte, waren handfeste Taten und greifbare Dinge, die man im Alltag brauchte. Just das brachte die YMCA-Kriegsgefangenenhilfe. Ich selbst hatte zwar in Italien gute Erfahrungen mit den Vorträgen und Evangelisationen gemacht. Aber das waren keine Schulungskurse, sondern Ausnahmeveranstaltungen mit Themen, die die Hörer interessierten. Vor allem ging schon damals die missionarische Rede mit der missionarischen Tat einher. Als ich durch die Lager in Italien zog, rollten die ersten Transporte mit den zu verteilenden Materialien an. Was im Zeichen des „roten Dreiecks des YMCA“ geschah, war mit der Vorstellung von uneigennütziger Hilfe, von Liebe ehemaliger Feinde und von wirklicher Praxisnähe verbunden. Die von mir als einem Vertreter des Deutschen CVJM eingebrachte missionarische Verkündung wurde zu einer Art *Kommentar* einer vorauslaufenden oder nebenhergehenden sozialen Aktion, einer Liebestätigkeit, die die Gefangenen besuchte und ihren praktischen Mangelerscheinungen abhalf, „die hart am Winde der Sache blieb“.

Zum Stab der YMCA-Zentrale in Norton Camp gehörten eine Reihe deutscher *Mitarbeiter*, die, jeder in seiner Art, ganz wesentlich zum Gelingen meiner ökumenischen Mission in Großbritannien beigetragen haben. Ein stiller, unscheinbarer, aber treuer Helfer sei zuerst genannt. Ich meine *August Bayerwald*. Wie der Name sagt, kam er aus dem Freistaat im Süden unseres Vaterlandes. Er war in der Luft des fränkischen CVJM aufgewachsen und hatte unter den Theologiestudenten der Norton-Schule zwei CVJM-Freunde, die später in den bayerischen Kirchen Dienst taten. August war ein hervorragender Verwaltungsmann und hat für mich zahllose Briefe, Artikel und Schriftsätze geschrieben. Wieder hatte ich Glück, wie einst mit Kurt Neumann in Rimini und dann später mit dem anderen Kurt Neumann in Willingen. Dieser prachtvolle Bayerwald war ein gläubiger Christ und ein engagierter Anhänger der Sache des CVJM. Ich konnte mir keinen besseren Helfer in meinem Sekretariat wünschen. Die Schriftsätze wurden flott erledigt. Die Registratur der vielschichtigen Korrespondenz klappte vorzüglich. Ihm verdanke ich auch wesentlich die

Zusammenstellung des „Wartime Log“. Hier hatte er Dokumente, Einladungen, Presseberichte, Programme, Glückwünsche, Fotos und charakteristische Details des englischen Lebens in jenen Tagen wie Zigarettenreklame, Zollerklärungen, Quittungen u. a. gesammelt. Die Widmung charakterisiert den Sammler; sie bedarf keines Kommentars, aber sie verpflichtet mich zu bleibendem Dank: „‚Ich will euch trösten, wie einen seine Mutter tröstet.‘ – ‚Das mütterliche Herz Gottes‘, das wir alle brauchen und das Gott sei Dank immer für uns schlägt. Ich denke immer an Dich, mein lieber Werner, Deine letzte Predigt in Cuckney am 25. April 1948 und an den obigen Segensspruch, den Du uns zuriefst, als wir bei dem Heiligen Abendmahl vor dem Altar knieten. Dein August.“

### *Die Riminesen unter den Nortonen*

Zur Unterstützung meiner Arbeit in Großbritannien kam mir die entsprechende Dienststelle innerhalb des britischen Kriegsministeriums sehr entgegen. Dabei hatte die YMCA-Kriegsgefangenenhilfe des Weltbundes der YMCA, und hier konkret die Vermittlung von John Barwick, dem dafür Beauftragten, wesentlich geholfen. Ich konnte einige meiner bewährten Mitarbeiter in Rimini/Italien sogar nach England verlegen lassen. Es gelang, meinen dortigen Haupthelfer *Kurt Miethke* auch in Norton Camp einzusetzen. Man kann sich heute kaum vorstellen, was das damals für unsere deutsche CVJM-Arbeit und für mich persönlich bedeutete. Der Transport erfolge im Rahmen der Verlegung der letzten deutschen Kriegsgefangenen von Italien in das Mutterland England. Die Angeforderten mußten eine lange Reise von Rimini nach Norton antreten. Ein Kriegsschiff brachte sie durch das Mittelmeer und die Meerenge von Gibraltar bis zu einem britischen Hafen.

Miethke und ich waren aufeinander eingespielt. Es bedurfte keiner langen Überlegungen, wo und wie er am besten eingesetzt wurde. Er übte vier Funktionen aus. Einmal war er *persönlicher Referent* von mir und geschäftsführender Vertreter, wenn ich auf Dienstreisen war. Er wußte in fast allen Dingen Bescheid und hatte einen wendigen Instinkt für vorläufige Entscheidungen und Zwischenlösungen, die in meinem Sinne lagen. Miethkes ausgezeichnete Englischkenntnisse machten seine zweite Aufgabe aus. Er half uns bei *Übersetzungen,* ob es sich um seelsorgerliche Korrespondenz oder um größere Schriftsätze, Eingaben und Berichte an britische Dienststellen handelte. Im Laufe der Zeit lag das Schwergewicht von Miethkes Tätigkeit in einem dritten Bereich, in der *Redaktion* der YMCA-Zeitschrift *Bereitschaft.* Dieses wichtige und in den Lagern weitverbreitete Publikationsorgan war die „Neue Folge" des schon zwei Jahre bestehenden früheren „Monatsbriefes", der zur Zeit Birger Forells erschienen war. Der neue Schriftleiter, der sich schon um die Gestaltung der „Bereitschaft" in Italien verdient gemacht hatte, vermochte auch ein neues Konzept zu entwikkeln. Die meisterliche Handschrift des gelernten Journalisten ließ sich unschwer erkennen. Wer sich einmal in die 1947/48 erschienen Hefte vertieft, wird schnell einsehen, daß dieses Blatt Arbeit machte und Zeit kostete, neue Ideen und geschicktes Layout erforderte. „Kuno", wie wir ihn aus einem unerfindlichen Grunde gern nannten, hatte alles. Schließlich kam eine vierte Funktion hinzu, in der Miethke sein pädagogisches Talent, er wollte ursprünglich Lehrer werden, beweisen konnte: Er wurde nach Gründung des Jugendleiterkursus einer von dessen begabtesten und beliebtesten *Dozenten.*

Ein weiterer „Riminese", den ich angefordert hatte, war der junge Mitarbeiter aus der YMCA-Materialverteilungsstelle in Rimini, *Bernhard v. Watzdorf.* Auch er hatte sich für die Mitarbeit in meiner neuen ökumenischen Mission in Großbritannien freiwillig entschieden. Ich hatte mich darauf gefreut, daß der „Pflegesohn" wieder in erreichbare Nähe käme und „mit von der Partie" sein würde. Da kam der unerwartete Ernstfall. Unterwegs war Bentho, wie er genannt wurde, schwer erkrankt und mußte nach der Ankunft in England nach erfolgter ärztlicher Untersuchung sofort in ein britisches Lazarett. Ich besuchte ihn, so schnell ich konnte, in York. Dort erfuhr ich durch die Ärzte von dem Ernst der Erkrankung. An einen Einsatz in England bzw. in der YMCA-Kriegsgefangenenhilfe war nicht mehr zu denken. Noch heute vergesse ich nicht, wie tapfer und geradesitzend, wie ein Reiter auf seinem Pferd, der junge Mann die schwere Nachricht von mir entgegennahm, obwohl sie ihn niederschmettern mußte und zutiefst betroffen machte. Ich tat mein Bestes, um ihm über die vermutete Mauer hinwegzuhelfen. Springen mußte er selber, auch und gerade als Christenmensch. Er tat es. Bentho wurde sofort repatriiert. Die Ausheilung erfolgte in der Heimat. Beglückenderweise fand er seine Gesundheit wieder und konnte sich ganz einer schönen beruflichen Karriere widmen, die ihn über Musikverlage bis hin zur Publikationsabteilung des Zweiten Deutschen Fernsehens führte.

Der Dritte im Bunde war *Helmut Ost.* Auch er hatte sich freiwillig gemeldet. Ich hatte ihn im Fallschirmjägerlazarett Abano Terme kennengelernt, wo er Krankenkraftfahrer war, wie übrigens auch unsere YMCA-Fahrer in Rimini Hans Backhaus und Robert Pögel. Nach seinem Zwischenaufenthalt im Lager Tarent trafen wir uns wieder bei einer Lagerevangelisation in Rimini. Seitdem half er in der YMCA-Baracke. In England konnte der gelernte junge Schriftsetzer nicht in der Druckerei tätig werden, besuchte aber als regelrechter Studierender den Jugendleiterkurs. Immerhin hat er die schön gelungenen Zeugnisse dieses Seminars setzen können. In der Heimat war er erst im Hamburger CVJM als Jugendleiter eingesetzt, bis er dann wieder in seinen Beruf zurückging. Hier übte er in einem der größten Druckhäuser Deutschlands eine verantwortliche Tätigkeit, u. a. als Betriebsratsvorsitzender, aus.

Auf andere Mitarbeiter bzw. den Männerchor von Heribert Beutel komme ich noch zu sprechen. Die vorstehend Genannten können exemplarisch deutlich machen, daß ich mit meiner ökumenischen Mission nicht im luftleeren Raum agierte, nicht isoliert war, sondern von vornherein in ein Netz von verschiedenartigen Personen und Kräften verwoben war und damit die Chance bekam, in meinem neuen Ernstfall von einer Reihe von hilfreichen Mitarbeitern, alter und neuer Art, umgeben zu sein. Worin bestanden die Aktivitäten des „Religious Department“, das mir anvertraut worden war?

## 4. Inselweite Vermittler

Mission heißt soviel wie Sendung und Ausbreitung. Die Tätigkeitsfelder meines Arbeitsbereiches erstreckten sich in der Tat auf das ganze Königreich, auf die von den Weltmeeren umspülte große Staatsinsel. Auch wenn ein wesentlicher Teil der Arbeit in der Zentrale Norton Camp erledigt werden mußte, blieb sie doch dort nicht stecken. Ich konnte mich auch nicht in mein Kämmerlein zurückziehen, sondern alles mußte „heraus“. Auch ich selber mußte heraus! Ehe ich aber auf das Persönliche zu sprechen komme, möchte ich zwei Aspekte des Programms erläutern, bei dem ich zwar anregend und wegweisend, aber nicht immer direkt aktiv engagiert war. Ich meine die Sache mit dem gedruckten Wort und die Sache mit dem gesungenen Lied.

*Das gedruckte Wort („Bereitschaft")*

Ähnlich wie in Italien hat auch die YMCA-Kriegsgefangenenhilfe in Großbritannien starke Aktivitäten mit Druck und Presse, mit selbsthergestellten Schriften, Büchern und Zeitschriften entwickelt. Die Herstellungseinrichtung war die Dragon-Press Ltd., 49–51, John Street, Luton WC. Hier wurden allein für den Gebrauch der Kriegsgefangenen ganze Romane, Novellen und Erzählungen in deutscher Sprache gedruckt und dann in den Lagern an die PoW verteilt. Man war daran interessiert, die Männer hinter Stacheldraht in geeigneter Weise zu unterhalten und kulturell zu bilden. Die Auswahl war begrenzt. Immerhin merkte man, daß sie von fachkundigen Händen besorgt worden war. Wenn man die Titel überblickt, fällt auf, daß darunter eine Reihe Autoren sind, die unter den damaligen Deutsch-Studienräten und in der bündischen und christlichen Jugend beliebt waren, in den letzten Jahrzehnten vor lauter „Modernen" ein wenig in Vergessenheit geraten waren und erst jetzt wieder entdeckt werden: Hermann Hesse und Ernst Wiechert.

Eine zentrale Rolle für die Kommunikation zwischen Norton Camp und den Lagerpfarrern, Lagergemeinden und Lager-CVJM-Gruppen spielte unsere Zeitschrift *Bereitschaft*. Wir nahmen damit die gute Tradition des bisherigen YMCA- und Lagergemeindeorgans, das den schlichten Namen „Monatsbrief" trug, auf und markierten durch die Wahl eines neuen Titels die zweite Phase der YMCA-Kriegsgefangenenhilfe, die durch Entsendung eines eigenen deutschen Sekretärs ausdrücklich eine Brücke zum Heimat-CVJM schlagen sollte. Wir griffen zu dem Titel „Bereitschaft", der bereits in Italien so gut angekommen war. Es sollte sich zeigen, daß er auch in England, wo man von dieser Bezeichnung nichts wußte, seine Wirkung nicht verfehlte. Die erste Nummer erschien im November 1947. Das neue Format war bewußt kleiner gehalten (16 : 11). Auf dem Titelblatt erschien im oberen Drittel ein breites schwarzes Band mit der künstlerisch gut geschnittenen weißen Titelbezeichnung „bereitschaft" (mit kleinem „b" und „t" in Kreuzform). Rechts unten blieb als kleiner Untertitel die Bezeichnung „Monatsbrief". In der ersten Nummer versuchte der programmatische Leitartikel zu sagen, was wir wollten. Als Herausgeber wurde die „YMCA-War Prisonners Aid", 37/38 Strand, London WC 2, genannt. Der Schriftleiter Kurt Miethke und ich selbst als „Hintermann" blieben anonym, abgesehen von den eigenen Beiträgen bzw. Artikeln. Das Geleitwort „Bereitschaft" spricht für sich selbst.

Es beginnt so: „Der letzte Abschnitt der Kriegsgefangenschaft in Großbritannien beginnt. Manch einer von uns brennt vor Sehnsucht nach Hause und kennt nur noch einen Gedanken: ‚Entlassung'! Manch einer aber ist müde geworden, lebt stur in den Tag hinein und glaubt überhaupt nichts mehr. Hat dieses lange Warten hinter Stacheldraht noch irgendeinen positiven Zweck? Wir antworten: Jawohl! Der Sinn des deutschen Lagerlebens auf der Britischen Insel heißt im Sinne des alten Hamletwortes: ‚Bereit sein ist alles!'" Dann wird dieses „Bereitsein" in vier Thesen näher erläutert: „Bereitschaft, sich für den Neuaufbau der Heimat einzusetzen." – „Bereitschaft, innerlich einmal reinen Tisch zu machen." – „Bereitschaft, der Heimat einmal zu sagen, welchen letzten Ertrag die PoW-Zeit gebracht hat." – „Bereitschaft ist besonders eine Sache der jungen Generation." Am Schluß heißt es anschaulich und ermutigend zugleich: „Wir sammeln uns auf dem Rübenacker und in den Baracken als eine Gemeinde der Hoffenden. Die Zeit der Kriegsgefangenschaft soll nicht vergebens gewesen sein. Wir können es nicht lassen, zu hoffen und davon in ernster Stunde freudig Zeugnis abzulegen; denn wir haben den alten Gottesruf hinter Stacheldraht neu gehört: ‚Seid allezeit bereit zur Verantwortung gegen jedermann, der Grund fordert der Hoffnung, die in euch ist.'"

Weder Kurt Miethke noch ich haben das Geleitwort unterschrieben. Gedankenführung und Formgebung lassen aber deutlich erkennen, daß wir beide daran gebastelt haben. Daß ich mehr am Inhalt und der Zielsetzung interessiert war und daß der neue Schriftleiter hier die Gelegenheit fand, eine erste Probe seiner Gestaltungskraft zu liefern, liegt auf der Hand. Unter den Artikeln befinden sich eine ganze Reihe wertvoller Beiträge über Grundfragen des Glaubens und des Lebens, über die Probleme der Männer in den Lagern und ihren künftigen Aufgaben beim Wiederaufbau in der Heimat, auch einige Beispiele aus der „schönen Literatur". Die Zeitschrift gibt nicht nur Antworten, sondern stellt auch offene Fragen, über die der einzelne Leser selbst nachdenken soll. An Kritik wird nicht gespart, ob es sich um die Kriegsgefangenschaft, die Gesellschaft oder die Kirche handelt. M. B. Sullivan moniert an dem früheren „Monatsbrief", er sei zu sehr an der protestantischen „Innerlichkeit" orientiert gewesen und habe in der Gefahr gestanden, „neuromantische" Tendenzen zu verursachen[46]. Sullivan hat da wohl manches mißverstanden, vor allem aber versäumt er es, auf die „Neue Folge" bzw. die „Bereitschaft" hinzuweisen. Von deren Heften kann man mit Bestimmtheit sagen, daß sie sich um Wirklichkeitsnähe bemühten; wirklichkeitsfremd waren sie nicht. Für den Willen zur Realität sorgten nicht zuletzt die Holzschnitte und Zeichnungen, die Miethke mit sicherer Hand suchte und sammelte, sichtete und auswählte. Ein besonderes Verdienst lag darin, daß die „Bereitschaft" am Ende immer eine Anzahl prägnanter und interessanter „Nachrichten" brachte, u. a. auch Briefe. Ohne aufdringlich zu sein, kam die Verkündung der christlichen Botschaft z. B. durch Aufsätze von E. Brunner oder H. Thielicke zum Zuge. Ganz wesentlich waren die in der „Bereitschaft" veröffentlichten Gedichte. Nicht alle waren voll ausgereift, in jedem Falle aber glaubwürdig. Sie trösteten, aber sie vertrösteten nicht. Sie erregten, aber sie verstörten nicht. Das neue Zeugnis mit dem gedruckten Wort in der zweiten Phase der Kriegsgefangenschaft war beides: bibelorientiert und problemorientiert.

Meine eigenen Möglichkeiten zur Mitarbeit waren durch den Umfang meiner übrigen Pflichten begrenzt. Ein besonderes Gewicht hatte der Artikel vom Januar 1948 *Abbau des Stacheldrahtes*, in dem ich die destruktiven und konstruktiven Wirkungen der Kriegsgefangenschaft zu beschreiben suchte[47].

Das Januarheft der „Bereitschaft", in der meine kleine Besinnung über den Stacheldraht abgedruckt wurde, hatte einen ökumenischen Glanzpunkt: Es war mir gelungen, Kardinal *Faulhaber*, der einst die Riminesen in München so freundlich empfangen ließ, für ein Grußwort an die deutschen Kriegsgefangenen in England zu gewinnen. Es war eingerahmt von einem Wort des Ratsvorsitzenden der EKD, Landesbischof D. Wurm, und dem Direktor der Kriegsgefangenenhilfe, John Barwick. Eine wahrhaft ökumenische Seite. Vertreter der Landeskirche, der katholischen Kirche und der Freikirche vereinten sich brüderlich zu einem Wort an die Männer hinter Stacheldraht. Bemerkenswert ist, wie sich die römische Stimme in den Dienst der Seelsorge einfügt: „Die Heimat betet und steht mit offenen Armen in Bereitschaft, die Heimkehrer zu begrüßen . . . Herr, ‚Dein ist der Tag und Dein ist die Nacht'. Dein war die Nacht in der Gefangenschaft, Dein ist der Tag in Freiheit und neuem Leben."

### *Das gesungene Lied (Beutel-Chor)*

Neben dem gedruckten Wort war es das gesungene Lied, das vom italienischen Stiefel auf die britische Insel herübertönte. Eine ganze Gruppe von Helfern aus Rimini stand zur Verfügung. Wir sprachen abgekürzt vom *Beutel-Chor.* Unter der Leitung von *Heribert Beutel* hatte er bereits in Italien einen mehrstimmigen Dienst in den verschiedenen Lagern tun können. Dazu gehörte auch *Eduard Adorjan,* der spätere Leiter des Eichenkreuz-Musikheims in Willingen. Das Ganze kam so: Anfang Juni 1947 wurden die letzten Kriegsgefagenen aus Italien nach Großbritannien verschifft. Das Liberty-Boat, auf dem meine Mitarbeiter aus der YMCA-Baracke fuhren, brachte 400 Waffen-SS-Offiziere, meist Volksdeutsche aus Südosteuropa, einige hundert Ukrainer und etwa 50 ehemalige Generäle der Wehrmacht von Venedig durch das Mittelmeer nach England. Unter den Fahrgästen waren mehrere Mitglieder des Beutel-Chors, die nicht repatriiert werden konnten. Das Schiff kam in Southampton an. Ich kann mich nicht mehr genau erinnern, wann und wie ich die Mitglieder des „Deutschen Männerchors Rimini" beim britischen Kriegsministerium auf dem Weg über den Direktor der YMCA-Kriegsgefangenenhilfe für Großbritannien, John Barwick, angefordert habe: ob schon in der Zeit, als sie noch in Italien waren, oder im Zuge ihres Eintreffens in England. Die Leute in London hatten ein offenes Ohr. Heribert Beutels musikalische Leitung in Rimini war unüberhörbar. Er bekam den Auftrag, einen neuen Männerchor zusammenzustellen. Diesmal ging es um einen hochqualifizierten Auswahlchor. Nur ein Dutzend Männer wurden ausgesucht, darunter waren ein Opernsänger und ein ehemaliger Thomaner aus Leipzig. Stationiert wurde der neue *German-Male-Voice-Choir* in Norton Camp. Rechtzeitig zu Weihnachten 1947 waren die Vorbereitungen beendet. Im Vordergrund des Programms stand die „Musica sacra". Aber auch das deutsche Liedgut im allgemeinen, Volkslied wie Kunstlied, wurden gepflegt. Die Auftritte erfolgten während des Gottesdienstes, in eigenen Kirchenkonzerten, in Lagerhallen oder öffentlichen Konzertsälen. Sowohl die Lagergemeinden als auch die britischen Kommunalbehörden waren begeistert. Ein kleines, geschmackvoll gesetztes Konzertprogramm mit weihnachtlicher Musik läßt deutlich erkennen, daß diese Musikgruppe von Kriegsgefangenen Mitte und Maß hatte. Neben den reinen Chorvorträgen gab es Soli, z. B. ein Baritonsolo von Brahms. Mit Recht werden die Mitglieder und Solisten des Chores einzeln und namentlich aufgeführt. Sie waren eigentlich alle „Solisten", bildeten gleichzeitig aber eine integrierte Sängergemeinschaft. Gelegentlich kam es zum Zusammenspiel mit dem ebenfalls neugegründeten YMCA-Streichquartett. Wie eng und schön das Verhältnis zwischen dem Chor und mir, zwischen seiner Musik und meiner Mission war, geht aus einem Weihnachtsglückwunsch hervor, den alle Chormitglieder persönlich unterschrieben haben. Heribert Beutel hat darüber die Überschrift gesetzt: „Gesegnete Weihnachten wünschen Deine Sängerknaben."

Den Geist, der die Mitglieder des Chores beseelte, zeigt die persönliche Zuschrift eines seiner Glieder, die eine Art *Bekenntnis* darstellt. Der Schreiber trat als Schüler in die Waffen-SS ein, weil ihm als jungen „Volksdeutschen" (im Unterschied zu den „Reichsdeutschen") keine andere Wahl blieb. Er war kein ideologisch überzogener Ultra-Nazi, gehörte aber eo ipso zu der Einheit, die damals als „R"-Männer bzw. „Widerspenstige" eingestuft waren. Deswegen wurde er zuerst in das harte Lager nach Tarent geschickt, wo den Waffen-SS-Angehörigen, Fallschirmjägern und Marinekampfschwimmern besondere Entbehrungen auferlegt wurden, „damit ihr wißt, wie es im KZ war". Später in Rimini fand der Bildungswillige und Kunstbegeisterte zum Beutel-Chor. Bezeichnenderweise heißt es in der Niederschrift: „Das alltägliche Näherkommen des Wortes Gottes aufgrund der musikalischen Darbietungen bei Andachten, Lagergottesdiensten und Kirchenkonzerten taten ihre Wirkung." Er findet zum Glauben und erwirbt die Mitgliedskarte des CVJM. Anschaulich erzählt er, wie er in den ersten Monaten nach der Ankunft in Southampton zum ersten Mal wieder „richtig arbeiten" durfte, wenn auch nur als Straßenarbeiter (road-cleaner) und Holzfäller (forest-worker). Gleichzeitig erfährt er unmittelbare Nächstenliebe der britischen Ortsgemeinden, insbesondere der Baptisten: „Deutsche ‚Kriegsverbrecher' wurden zu englischen Familien und in die örtlichen Gemeinden eingeladen." Das war damals eine Sensation. Glaubwürdiger konnten die Engländer nicht mit dem „Evangelium von der Liebe Christi" Ernst machen. Ausdrücklich zitiert der Schreiber Mt 25: „Ich bin in der Fremde gewesen, und ihr habt mich aufgenommen" (V. 35). Es ist bemerkenswert, wie deutlich der Schreiber den inneren Sachzusammenhang zwischen der Chorarbeit und der Missionsarbeit in der YMCA-Kriegsgefangenenhilfe sieht. Die Musik war für diese Chorgemeinschaft nicht ein kulturelles Anhängsel, sondern eigenständiges Instrument der Verkündigung: „Das Engagement zu diesem Auftrag wurde bewußt eingegangen, der Bezug zur geistlich-seelsorgerlichen Mitarbeit an den Kameraden trat wesentlicher hervor, und die führenden Stimmträger des Chores waren verantwortungsbewußte Stützen der neuen Chorgemeinschaft. Das Hineinschauen in die neue Aufgabenstellung verschaffte jedem Chormitglied ein Selbstbewußtsein, das bereits eine missionarische Dimension ahnen ließ, die vielleicht damals als solche nicht in dieser Weise empfunden wurde." Zu dieser unbewußt „missionarischen" Dimension ist noch eine unbewußt „politische" Dimension getreten: dienten doch die Chorkonzerte und die sich anschließenden persönlichen Gespräche mit der Bevölkerung bzw. den Gemeindemitgliedern der Verständigung und Versöhnung ehemaliger Feinde.

## 5. Von Wales bis Schottland: Unterwegs in Sachen YMCA (Vorträge und Evangelisationen)

### *Das grüne Licht von Nottingham*

Im Blick auf das, was man in Genf und London von mir erwartete, aber auch so, wie ich nun einmal gebaut war, konnte meines Bleibens in Norton nicht lange währen. Ich wohnte in Cuckney und hatte lagerinterne Aufgaben. Aber es zog mich fast jede Woche heraus. Die Kriegsgefangenenlager waren über ganz Großbritannien verbreitet. Wenn ich meiner ökumenischen Mission gerecht werden wollte, mußte ich hautnahe Berührung vor Ort gewinnen. Mein Leitgedanke war das Wort Wilhelm Löhes: „Die Mission ist nichts als die Eine Kirche Gottes in ihrer Bewegung." Zu dieser „Bewegung" gehörte schon 1947 in der Regel ein Auto. Bis jetzt hatte ich es relativ bequem gehabt, weil mir in Italien ständig ein Dienstwagen mit Kraftfahrer, meinem unvergeßlichen Hans Backhaus, zur Verfügung stand. In Großbritannien unter der Regie eines modernen amerikanischen „Managers" im Reiche Gottes, wie es nun einmal John Barwick war, lief so nichts mehr. „Selbst ist der Mann", dachte der Boss, vermittelte mir einen Wagen durch Sir Frank Willes und verlangte von mir, daß ich auf der Stelle das Fahren erlernte, also den britischen PKW-Führerschein erwarb. Da ich technisch nicht sehr begabt bin, grauste mir ein wenig, aber ich biß unverdrossen in den harten Apfel. Sicher waren dabei ein Stückchen Abenteuerlust und der bei Männern nicht selten verdrängte Spieltrieb vorhanden. Als rollenden Untersatz bekam ich, wenn ich mich recht entsinne, zwei Wagentypen, einmal ein kleines schwarzes Personenauto Marke „Standard" und dann eine Art Kastenwagen mit viel Holz und Kunststoff, um

YMCA-Material oder Fahrgäste mitnehmen zu können. Möglicherweise war es ein Ford.

Während des Fahrunterrichts und bei den Übungen mußte mein Wagen ein weithin sichtbares rotes großes *L* = *Learning* führen. So wußte jeder Verkehrsteilnehmer: Das ist ein Lernender, ein Anfänger. Auf diese Weise war man ein Kfz-Idiot, ein staatlich legitimierter „Blödmann". Nach der Prüfung war es damit vorbei. Die Polizei wachte streng über die Einhaltung der Verkehrsregeln, und die Briten richten sich gewöhnlich willig danach. „Höflichkeit" wird in England großgeschrieben. Schon in London bei meiner Ankunft kam ich aus dem Staunen nicht heraus, wenn ich sah, wie die Leute artig und geduldig bei den Bus-Haltestellen waren. Keiner drängelte nach vorn. Jeder wartete, bis er drankam. Auch sonst erfuhr ich in England ein Stück Umerziehung in Sachen „Umgang": Wie fair gaben sich die Autofahrer durch bestimmte Gesten Zeichen, wohin sie wollten, etwa nach links; sie bedankten sich mit höflichem Winken, wenn ein Überholungsmanöver durch Rücksichtnahme des Partners geglückt war. Wir Deutschen hatten eine härtere Umgangssprache, waren nicht sparsam mit verbalen Unmutsäußerungen und Schimpfkanonaden. Unsere „Gesten" waren eher das „Vogelzeigen" als eine kreisende Bewegung mit der Hand. Die neue „Demokratie" begann mir damals zu imponieren.

Der Unterricht erfolgte in *Nottingham*, einer Großstadt inmitten des Industriegebietes. Das Ganze war eine echte Strapaze, mußte ich doch alle technischen Zeichnungen in der ungewohnten englischen Sprache erlernen und mich auch mit dem Fahrlehrer auf englisch unterhalten. Dieser Kfz-Lehrer brachte meinen Fremdsprachenunterricht auf Vordermann. In beschämender, aber auch beglückender Weise ist mir die Prüfung für die „driving license" bzw. für den Führerschein in Erinnerung. Alles war gut gelaufen, die theoretische Überprüfung und auch die Übungen an den Straßenecken oder den Kreuzungen, das Zurücksetzen des Wagens und sein „Einparken", bis dann das schockierende Schlußerlebnis eintrat: Wir standen vor einer Kreuzung, ich starrte auf die Verkehrsampel – sie stand auf *Grün*. Aber ich fuhr nicht. Im Gegenteil, mit einer unglaublichen Beharrlichkeit stand ich und stand und stand. Schließlich gab mir der Fahrlehrer einen Schubs, ließ mich auf der anderen Seite anhalten und hielt eine Kurzansprache, die ich mein Leben lang nicht vergessen werde: „Mr. Jentsch, wie ich weiß, sind Sie Pastor und haben es mit dem lieben Gott zu tun. Deswegen händige ich Ihnen den Führerschein aus, allerdings nur aufgrund der Hoffnung, daß ‚all fourteen angels may be with you' (daß alle vierzehn Engel mit Ihnen sein mögen)." Sie waren offenbar mit mir.

Der Wunsch des Mannes aus Nottingham ist bis auf eine Ausnahme, von der ich noch erzählen will, in Erfüllung gegangen. Allem Anschein nach wurde ich bald ein gewandter Fahrer, der auf der „Rennstrecke" zwischen dem Lager Norton und dem Dorf Cuckney alles aus dem kleinen Wagen herausholte, was drin war. Der Bobby runzelte manchmal die Stirn, wenn er mich vorbeiflitzen sah. Gleichwohl wurden meine Anfängerwünsche nach zügigem Fahren durch verschiedene Umstände glücklicherweise gedämpft. Einmal waren es die vielen Straßenwindungen, die man damals auf der Insel meistern mußte. Befand sich irgendwo ein ehrwürdiger alter Baum in der Fahrtrichtung, bauten die traditionsbewußten Engländer die Straße ehrfürchtig darum herum. Ähnliche Schonungen erfuhren bestimmte alte Gebäude, die im Wege standen. Man mußte, ob man wollte oder nicht, das Tempo zurücknehmen, um die Kurve zu kriegen. Ein weiteres Problem stellte die Verkehrsdichte in der Weltstadt London dar. Niemand schonte mich, weder die Verkehrspartner noch mein Boss John Barwick, der mich bald nach bestandener Fahrprüfung zu einer Dienstbesprechung nach London beorderte und sich nicht den Kopf darüber zerbrach, wie dieser Anfänger durch den Stadtverkehr der City hindurchkam. War man da drin, war man drin. Nur dem Kundigen und Wendigen gelang der Ausbruch in eine Nebenstraße. Schließlich hatte mein Autofahren noch einen Feind, nämlich den Nebel. Wenn man in den Übergangsmonaten, vom Winter völlig zu schweigen, durch das schottische Moor oder an der Küste entlangfuhr, um ein abgelegenes Lager zu erreichen, mußte man sich durch den Nebel hindurchkämpfen.

Eines Abends war ich in Schottland auf einer Nebenstraße unterwegs. Ich stand unter Termindruck, da ich in den Lagern immer auf einer Veranstaltung zu sprechen hatte. Es war Winter, die Straße war spiegelglatt, dichter Nebel behinderte die Sicht – trotz Nebellampen konnte man nur wenige Meter weit sehen. Um nicht im Straßengraben zu landen, mußte ich Schritt fahren. Aber auch das war noch lebensgefährlich. Wie ich das geschafft habe, ist mir heute noch ein Rätsel. Ich mußte – in England fährt man ja links – die Wagentür öffnen und mit dem linken Fuß bremsen bzw. Richtung halten. Ein Bild des Jammers! Normalerweise sind Autos Instrumente der Bewegung und nicht der Bremsung. Es muß sehr komisch ausgesehen haben, obwohl mir gar nicht komisch zumute war. Oft habe ich mir einen Beifahrer, etwa einen Theologiestudenten, mitgenommen, um in einem solchen Ernstfall, in dem es nicht nur um Pünktlichkeit und Zuverlässigkeit des Gastredners, sondern auch um Leben und Tod ging, nicht ganz allein zu sein.

*Interview auf einer Pfarrkonferenz (Camp Tiverton)*

Ein verhältnismäßig frühes Dokument meiner Tätigkeit in Großbritannien bildet das Interview, das ich am 18. 6. 1947 anläßlich einer Pfarrerkonferenz für Lagerseelsorger in Tiverton gegeben habe. Hier in der Grafschaft Devonshire, deren Hauptstadt das berühmte Exeter ist, trafen etwa 50 evangelische Lagerpfarrer aus Süd- und Westengland für zwei Tage zusammen, um die Probleme der Verkündigung und Seelsorge an Kriegsgefangenen zu besprechen. Vermutlich sollte ich, gerade nach Übernahme meines neuen Dienstes, die Lage vor Ort studieren. Es ist anzunehmen, daß ich auch persönlich ein Wort gesagt habe. Jedenfalls wußte der Reporter von den „Devon & Somerset News", wer ich war, daß ich bestimmte Erfahrungen gemacht hatte und zur Wahrnehmung eines religiösen Sonderauftrags für die Kriegsgefangenen nach England gekommen war. Die Überschrift des Interviews ließ sofort erkennen, daß in dem medienkundigen Großbritannien auch die Provinzpresse attraktiv und provokativ zu schreiben verstand: „Problem of What is Wrong With Germany." Was der Reporter und die Leser wissen wollten oder sollten, waren also die schlechten Seiten des gegenwärtigen Deutschland. Als Kernsatz meiner Antworten wurde eine Aussage wörtlich notiert: „This is the greatest obstacle to all Christian work. It is hard to believe in Christianity while beeing hungry" (Dies ist das größte Hindernis für alle christliche Arbeit. Es ist schwer, an das Christentum zu glauben, wenn man hungrig ist). Das provozierendste Wort des ganzen Artikels ist die Rede vom „leeren Magen", der die Verkündigung unmöglich mache. Um meinem Statement den rechten Nachdruck zu geben, wurde ausdrücklich angemerkt, daß ich als Angehöriger der Bekennenden Kirche und als CVJM-Sekretär Schwierigkeiten mit der Gestapo gehabt und daß ich in Italien positive Erfahrungen mit der Kriegsgefangenenseelsorge gemacht hätte. Auf die Frage nach der Haltung der deutschen Jugend nach dem Kriege machte ich besonders auf die Tatsache aufmerksam, daß die jungen Deutschen jetzt eine „Jugend ohne Vater" (youth without fathers) sei. Die Väter seien entweder gefallen oder hinter Stacheldraht abgestellt. Ich vergaß nicht zu erwähnen, daß die intellektuelle Jugend in der Gefahr stände, sich infolge der Nachkriegsskepsis von der Welt zurückzuziehen und sich auf einer „geistigen Insel" als Inselmenschen anzusiedeln. Positiv wurden die im Zeichen des YMCA/CVJM ermöglichten Begegnungen zwischen britischer und deutscher Jugend erwähnt.

*Das Zug-Thema (Camp 51 Allington)*

Unter den verschiedenen Themen, die ich den Lagerpfarrern und CVJM-Gruppenleitern anbot, war eins, das besonderes Interesse fand und oft gut ankam: *Der gegenwärtige Deutsche vor seiner letzten Frage.* So war es auch in dem Lager 51. Dieses Camp hatte ein eigenes Nachrichtenblatt „Lagerpost". In der Nr. 32 vom 5. 12. 1947 wird ausführlich über meinen Vortrag berichtet. Diesem Bericht verdanke ich die Erinnerung an den Inhalt des Gesagten, ist doch das Manuskript meiner Ansprache verlorengegangen. Vielleicht wurde es zu oft benutzt. Man kann natürlich verschiedener Meinung sein, ob man einen bestimmten Vortrag mehrmals halten soll oder nicht. Erfahrene Pfarrer warnen davor, eine Predigt ohne weiteres zu wiederholen, etwa mit der lästerlichen Bemerkung, es sei nicht gut, „einen alten Hirsch wieder aufzubraten". Für Reiseprediger, Evangelisten, regionale Jugendleiter, aber auch für hochwürdige Dekane oder noch hochwürdigere Bischöfe muß man hier doch teils sachliche, teils barmherzige Einschränkung machen. In unserer hektischen Zeit ist es oft gar nicht möglich, stets eine neue Ansprache auszuarbeiten, wenn man deren mehrere in einer Woche an verschiedenen Orten zu halten hat. Dann die schlichte Regel, lieber das Gute und einmal Gelungene mehrmals zu sagen, als eine ehrgeizig neu formulierte, aber eilig hingehauene und deswegen schlechtere Rede zu halten. Es versteht sich von selbst, daß der Redner je nach Situation und Hörerkreis verschiedene Akzente setzt, so daß doch so etwas herauskommt wie eine neue Rede.

Der Bericht von Allington bringt die wesentlichsten Gesichtspunkte, die mir am Herzen lagen, zur Sprache. Danach ist die „letzte Frage" nichts anderes als die Frage nach dem *Menschsein des Menschen.* Sie ist die Frage, in der es um „Sein oder Nichtsein" geht. Dieses Menschsein sei heute durch zwei Möglichkeiten gefährdet: Entweder mache sich der Mensch durch Übersteigerung seines Ichs zum Götzen, oder er werde durch Versturung zum Tier. Mensch werde der Mensch nur im Horizont Gottes, in der Anerkennung seiner Allmacht. Es ist interessant zu beobachten, wie stark schon die anthropologische Wende in der Theologie auf dem Missionsfeld hinter Stacheldraht Platz greift. Im einzelnen suchte ich die Frage nach dem Menschsein dreidimensional aufzuweisen. Ich unterschied die drei menschlichen Dimensionen des Schuldbewußtseins, der Schicksalserfahrung und der Todesbegegnung. Bei der *Schuldfrage* wurden alltägliche Dinge wie Untreue, Diebstahl und Schwarzhandel angesprochen. Wie leicht wurde in der Nachkriegszeit die Grenzzone der Kriminalität erreicht. Oder war alles *Schicksal*? Die menschliche Verantwortung läßt sich nicht einfach abschieben! Es gibt Situationen, die nicht mit Swing oder Zigaretten zu meistern seien: „Das ist das Traurige: die Unempfindlichkeit gegenüber dem Schicksal; mit den anderen ist nicht mehr zu reden. Deutschland hat nicht nur den Krieg verloren, sondern auch sein Herz." Noch deutlicher bzw. seelsorgerlicher: „Wir müssen das Schicksal als Anfrage Gottes wieder ernst nehmen; wer das nicht kann, ist kein Mensch mehr." Schließlich stellte sich das *Todesproblem*, wörtlich heißt es: „Wir haben so unglaublich schnell vergessen, daß wir alle angesichts des Todes Gott ins Auge geschaut haben." Als einer, der aus der Heimat kam und dort in die Wirklichkeit geschaut hatte, konnte ich meinem Publikum die Feststellung nicht ersparen; „Wir in Kriegsgefangenschaft hören nur am Rande vom Tode; doch in Deutschland wird wieder gestorben, wird viel gestorben und anders als früher: durch Hunger. Das Thema Tod ist akut." Allem Anschein nach war ich im Gebrauch von Bibelworten sparsam. Am Ende meiner Ausführungen muß ich doch auf die Quelle meiner Überzeugung hingewiesen haben. Jedenfalls vermerkt der Berichterstatter, daß der Vortragende seine Auffassung bzw. „seinen Standpunkt auf das Neue Testament, das weniger ein Buch über Gott sei als vielmehr über den Menschen, das einzige Buch, das zeige, was am Menschen sei", gegründet habe.

### *Stolpersteine (Camp 18 Featherstone Park)*

Es lief nicht immer alles „wie geschmiert". Wieso auch? Kriegsgefangenenlager sind keine Kinderspielplätze. Nicht jeder britische Offizier war ein Deutschenfreund. Pfarrer sind auch Menschen. Ich mußte mich an die Lagergeistlichen gewöhnen und sie sich an mich. Jedes Lager hatte sein eigenes Klima, und das Wetter ist bekanntlich in England recht abwechslungsreich, was sich nicht zuletzt auf die Stimmung der Leute hinter Stacheldraht auswirkte. Auch begegneten mir unerwartete Situationen, die man nicht vorausberechnen konnte. Sie seien pauschal als „Stolpersteine“ bezeichnet. Man konnte ihnen nicht immer aus dem Wege gehen, sondern mußte aufpassen, um nicht unversehens zu fallen. Ein hingefallener Pastor wäre keine gute Werbung für den YMCA und seine Kriegsgefangenenhilfe gewesen.

Eine solche Situation traf ich in dem Offizierslager Featherstone Park an. Das Camp war am Fluß Tyne gelegen. Die Engländer hatten es mit den „Parks“. Neben dem berühmten Umerziehungslager in Wilton Park befand sich auch Norton Camp in der Nähe eines herzoglichen Parks. Das Lager Featherstone Park war abgelegen und steckte voller Probleme. Befanden sich doch hier Hunderte von deutschen Offizieren „auf einem Haufen“, und bekanntlich haben es Vorgesetzte immer schwer, untereinander auszukommen. Manche sind einfach zu gescheit oder glauben es zu sein, jeder weiß es besser. Auch die Generationenfrage spielte eine Rolle. Das Umdenken fiel den durch den verlorenen Krieg und die gescheiterte Staatsideologie frustrierten Männern schwer. Es gab vernünftige Ältere, aber auch stürmische Rebellen jüngerer Jahrgänge.

In mancher Beziehung war es ein Glücksfall, daß sich im Laufe der Zeit ein Trio zusammenfand, das den Geist des Lagers prägte: Oberstleutnant *Vickers*, der aus dem Mannschaftsstand hervorgangen war, Captain *Sulzbach*, ein emigrierter deutscher Jude aus einer begüterten Frankfurter Bankiersfamilie, später Abwehroffizier, und der deutsche Luftwaffengeneral *Heim*, der sich in Stalingrad geweigert hatte, noch einen Angriff mit einer total abgekämpften und demoralisierten Truppe zu führen, und verhaftet worden war. Der erste war der Kommandant, der zweite der Einstufende und der dritte der deutsche Lagersprecher. Sulzbach wurde hochgerühmt, weil er ein außerordentlich gebildeter und erzieherisch begabter Mann war, der mit Menschen, eben gerade mit diesen Offizieren, einfühlsam und zielstrebig umgehen konnte, und das alles, obwohl er Jude war und der Holocaust gerade hinter ihm lag. Auch Heim war ein kluger Kopf und hielt Vorträge, etwa über das Thema: „Wie kam es zu Stalingrad – ein Blick hinter die Kulissen.“ Die drei Männer verstanden sich untereinander ausgezeichnet. Die Schlüsselfigur war zweifelsohne Sulzbach, eine Art rechtsorientierter Gesinnungsfreund des linksorientierten Verlegers Victor Gollancz. Ähnlich wie J. Boughton in Norton Camp und H.

Koeppler in dem politischen Umerziehungs- und Bildungszentrum Wilton Park übte Sulzbach wesentlichen Einfluß auf die Lagerinsassen aus, indem er westliche Demokratie und britischen Stil („die feine englische Art“) zu verkörpern suchte.

In religiöser Beziehung war das Offizierslager Featherstone nicht unproblematisch. In diesem Lager bekam man soviel geistig, politisch und kulturell angeboten, daß die christliche Botschaft keinen natürlichen Vorsprung hatte. Vielleicht waren auch die Lagerpfarrer nicht die geeignetsten Vertreter der Kirche, weil sie zwar hervorragende Gemeindepfarrer waren, aber mit dieser Masse von enttäuschten und kritischen, meistens gebildeten Leuten nicht immer zurechtkamen. Pastor Niemöller hatte man ausgebuht. Angekommen waren Pastor Forell und der spätere Bischof Lilje. Ich selbst kam zunächst gewissermaßen als Fremdkörper in das Lager, ohne besonderen militärischen oder kirchlichen Rang, noch jung und den meisten dem Namen nach unbekannt. Man hat Featherstone das „Lager des Vertrauens“ (Camp of trust) genannt, weil es vornehmlich Sulzbach gelungen war, ein Klima des Verstehens und der wechselseitigen Achtung aufzubauen. Andererseits hätte man aber auch von einem Lager des „Mißtrauens“ sprechen können, hatte sich doch hier sowohl unter den Älteren als auch unter den Jüngeren eine Art Vorstufe der „skeptischen Generation“ gebildet. Man betrachtete jeden, der von außen kam und noch dazu, direkt oder indirekt, das Etikett „Kirche“ trug, mit Abstand, Abwarten, äußerster Sensibilität oder mit verhaltener Skepsis. Auch von General Heim bekam ich nicht die erwartete unmittelbare Unterstützung, obwohl ich ihn – nach Sullivan[48] – während seiner Haft in Berlin-Moabit als Standortpfarrer besucht haben soll (Ich selbst kann mich daran nicht mehr erinnern). Ich brauchte ganze drei Tage, um endlich eine Gruppe zu finden und zu sammeln, zu der ich sprechen konnte. Die zähe Geduld und die Hingabe an die aufgetragene Sache waren die einzigen Möglichkeiten, mit den „Stolpersteinen“ zurechtzukommen. Ein ungünstiges Klima kann man nicht auf Anhieb verändern. Da ist behutsame Maßarbeit erforderlich. Ganz ohne Erfolg war das Bemühen nicht. Es gab fruchtbare Gespräche und bleibende Kontakte. Später konnte mit einer Gruppe in Erlangen Verbindung aufgenommen werden. Auch in den Kriegsgefangenenlagern wirkte Seelsorge nicht nur unmittelbar, sondern langfristig.

## *Dank der Heilsarmee (Camp X Richtung Südost)*

Den Namen des Lagers weiß ich nicht mehr. Jedenfalls war es eine ganz große Veranstaltung in einem Theatersaal. Der Raum war gerappelt voll. Auf der ganzen Linie sah ich mich konfrontiert mit Erwartungen: bei dem Lagerpfarrer, der sich etwas von dieser Evangelisation versprach, auch bei den zahlreichen Kriegsgefangenen, die wegen des angekündigten Themas gekommen waren, oder aus purer Neugier, weil ein Gastredner aus Deutschland sprechen sollte. Verständlicherweise war mir selbst etwas mulmig zumute. In meiner Bibel stand zwar der Satz: „Uns ist bange, aber wir verzagen nicht“ (2 Kor 4,8), aber so etwas liest sich leichter, als daß man es vollzieht. Da rettete mich, der ich schon zum Rednerpult gehen wollte, ein ungeheueres Getöse, als wären es die Posaunen von Jericho. In Wirklichkeit war es die Music-Band der Salvation Army, der Heilsarmee, die flotte Märsche spielte. Selbst die Melodie des Deutschlandliedes mußte herhalten (Welch ein naives Wagnis in dieser Stunde nach dem verlorenen Kriege!). Sicher geschah das alles in bester Absicht. Man wollte die Evangelisation und den Evangelisten unterstützen und die christliche Botschaft bei dieser Art von Publikum „schmackhaft“ machen. Sämtliche theologischen Einwände, die man erheben könnte, verstummen, wenn man sich der Wirklichkeit stellt, die nun einmal gegeben war. Ganz automatisch bewegten sich die Knie, Beine und Füße der ehemaligen Soldaten, die einmal mit Hilfe der Militärmusik gelernt hatten, zackig zu marschieren. Der ganze Saal „wippte“, die Begeisterung stieg von Minute zu Minute. Ich fühlte mich sichtlich getragen und gestärkt und konnte gesammelt, gefaßt und zuversichtlich meine Ansprache beginnen. Dank der Heilsarmee!

Seit dieser Zeit weiß ich, was es um die seelsorgerliche Hilfe ist, die ein mannhaft mit brausender Orgelbegleitung gesungener lutherischer Choral für den Prediger darstellt, der ein wenig ängstlich auf der Kanzel steht und unter Auftrittsangst leidet. Die Posaunenchöre des CVJM-Westbundes, des Evang. Jugendwerkes Württemberg und des bayerischen CVJM sind nicht mit Gold zu bezahlen, wenn es heißt, in einer Open-air-Evangelisation, aber auch in einer Zeltveranstaltung das Wort zu sagen, das schärfer schneidet als ein zweischneidiges Schwert und das gleichzeitig tröstlich sein kann, wie einen seine Mutter tröstet. Natürlich macht es die Lautstärke nicht, es müssen nicht immer Posaunen sein. Auch eine Flöte schafft Sammlung bei den Hörern und holt Zuversicht für den Redner. Kein Zweifel, das ist die Bilanz meiner Predigterfahrung: Gott liebt die Musikt und benutzt sie. Die Vorstellung von den musizierenden Engelchören ist sachlich angemessen und durchaus glaubwürdig. Die Erfahrungen, die ich hinter Stacheldraht gemacht habe, können das bezeugen.

### *Vor dem „Schwarzen Korps" (Camp 165 Watten)*

Weit im schottischen Norden war das Lager 165 errichtet worden, wenige Kilometer von Wick entfernt. Das abgelegene Camp war berüchtigt, man konnte es nur auf Nebenwegen erreichen. Die Moorlandschaft, die man durchfuhr, ließ unwillkürlich den Gedanken an ein NS-Konzentrationslager aufkommen. In diesem Camp waren SS-Leute und einige U-Boot-Fahrer untergebracht. Sogar eine Baracke für psychiatrisch Kranke gab es. Das Ganze war eine Ansammlung von Ernstfällen. Natürlich fanden sich solche und solche. Auch junge Männer, deren schwärmerischer Idealismus und deren Deutschland-Gläubigkeit aufrichtig gemeint war, konnte man antreffen. Als Lagerkommandant fungierte Colonel *Murray*. Schon manche Besucher hatten sich um die Lagerbedingungen oder einzelne Lagerinsassen zu kümmern versucht. An der Schwierigkeit dieser Einrichtung hinter Stacheldraht und der dazugehörigen Atmosphäre ließ sich wenig ändern. Ich war vorgewarnt.

Gleichwohl machte ich in diesem besonderen „Ernstfall" überraschende Erfahrungen. Da war zunächst der deutsche Lagersprecher, den jeder Zeitungsleser, der das Dritte Reich miterlebt hat, nur zu gut kannte: *Gunter d'Alquén*. Jahrelang hatte er das Hausorgan der SS, die bekannte Wochenzeitung „Das Schwarze Korps", redigiert. Er war blond, hochgewachsen und superintelligent, entsprach dem Schönheits- und Heldenideal des Ordens, an dessen Spitze Heinrich Himmler stand. Der hugenottische Name sprach für sich selbst. Der Vater war ein Fabrikant aus dem Ruhrgebiet. Ausgerechnet bei einem halbarischen Redakteur lernte er das journalistische Handwerk. Nach einem ersten größeren Engagement im „Völkischen Beobachter" schuf er sich mit Himmlers Unterstützung in dem „Schwarzen Korps" ein eigenes Blatt, das fast eine Million Auflage hatte. Dem Rang nach war er Standartenführer (Oberst). In Italien war er in Kriegsgefangenschaft gekommen und auf dem Weg über London und Featherstone Park im Camp 165 gelandet. Dort begegnete er Captain Sulzbach, der ihn, obwohl er ein Top-Nazi war, schätzte und wohl auch mochte.

Das beruhte auf Gegenseitigkeit. Beide standen zu ihrer Überzeugung und gingen höflich miteinander um. Als d'Alquén dann nach Watten verlegt wurde, war es fast kein Wunder mehr, daß dieser noch relativ junge Mann, der eine Führungsgabe besaß, fair handelte und elegant erschien, zum deutschen Lagersprecher gewählt wurde.

Das Thema meines Vortrags lautete: *Was hast du aus dem verlorenen Krieg gelernt?* Man schrieb Dezember 1947. Gleichwohl war von Advent und Weihnachten nicht ausdrücklich die Rede. Ganz abgesehen davon, daß einige SS-Leute ein Ersatz-Weihnachten in Gestalt einer Julfeier vorbereiteten, empfahl es sich bei dieser Hörersituation, ganz problemorientiert vorzugehen, d. h. die Fragen zu behandeln, die diese im schottischen Hinterland abgestellten und von der Welt abgeschlossenen Männer bewegte. Durch den Lagerpfarrer war ich über die Stimmung orientiert. Da hatte sich manche Reserve, ja Kritik angestaut. Die Nachrichten, die die Gefangenen über das Verhalten der Kirchen nach dem Krieg empfangen hatten, waren auf weitgehendes Unverständnis gestoßen. Das Gerechtigkeitsgefühl dieser Männer bäumte sich beispielsweise gegen das „kollektive" Schuldbekenntnis auf, das man hinter der Stuttgarter Erklärung witterte. Von dem alliierten Militärgericht in Nürnberg, wo die SS als Organisation verurteilt wurde, erwartete man nichts anderes. Aber mußte denn die Kirche in dasselbe Horn stoßen? Schließlich war man in einem SS-Lager, und in dieser Männergemeinschaft hielt man noch etwas von Ordnung und Ehre. In der Tat hatten hier Schwarzhandel und Bestechung keinen Platz. Ich sprach zwar vor dem „Schwarzen Korps", aber nicht vor einem Haufen von „Kriegsverbrechern", sondern vor Männern, die auch noch hinter Stacheldraht anständige Kerle und gute Kameraden sein wollten und, wie mir bestätigt wurde, auch tatsächlich waren.

Da den richtigen Ton zu finden, war schwer. Offenbar gelang es mir mit Gottes rätselhafter und unbeschreiblicher Güte. Die „weltanschauliche Verkrampfung" konnte aufgebrochen werden. Soweit ich das zu beurteilen vermag, lag das daran, daß ich das ehrliche Wollen der Hörer anerkannte und die neuralgischen Punkte ihrer heimlichen Fragen und verborgenen Zweifel traf, ob es sich um gescheiterte Idealismen, verbitterte Einsamkeit oder das große Defizit an Sinn und Liebe handelte. Ich konnte nicht mit der Tür ins Haus fallen, aber vortasten durfte ich mich, auch gegenüber dem Schuldproblem. Im Laufe der Jahre hatte ich gelernt, mit jungen Männern der Kriegsgeneration das Gewissen zu thematisieren, ohne emotional falsche Schuldgefühle zu erzeugen. Mir ging es um die gemeinsame Einsicht von Redner und

Hörer in die Realität der „wahren" Schuld. Nur so war es dann möglich, etwas von der Vergebung in Christus zu bezeugen. Dabei halfen mir die anschaulichen Beispiele, die ich auf dem politischen Parkett von gestern oder in der Hinrichtungszelle erlebt hatte. So hatte meine Ansprache nach Sullivans Urteil „Erfolg". In einer Notiz von Gunter d'Alquén selbst heißt es: „beste Predigt, die ich je gehört habe"[49]. Wenn man bedenkt, daß dies der frühere Herausgeber des „Schwarzen Korps" geschrieben hat, will das etwas heißen. In meinem eigenen Bericht von der Veranstaltung ist noch eine bemerkenswerte Tatsache festgehalten: „D'Alquén erklärte zum Schluß zur allgemeinen Verwunderung des Lagers, daß er vorschlage, die gewohnte Diskussion nach dem Vortrag nicht durchzuführen, er sei selbst kein Christ, das sei bekannt, die Ausführungen des Redners seien ihm aber dermaßen durchs Herz gegangen, daß er es für richtig halte, jeder sollte für sich das Gesagte überlegen." Nach seiner Repatriierung mußte D'Alquén zum Nürnberger Prozeß. Er wurde in seiner Denazifizierung verhältnismäßig milde eingestuft und hat sich dann als kaufmännischer Angestellter betätigt.

## 6. Das Netz und seine Knoten: Aufbau von CVJM-Gruppen

Als Vertreter des Deutschen CVJM bestand meine Aufgabe nicht nur darin, diplomatische Kontakte zwischen der britischen YMCA-Bewegung und dem deutschen Werk herzustellen und allgemeine missionarische Arbeit hinter Stacheldraht zu tun, sondern auch im engeren Sinn des Wortes den Versuch zur Bildung von richtigen CVJM-Gruppen zu machen sowie die entsprechende Ausbildung von Jugendleitern in Gang zu bringen. Abgesehen von der organisatorischen Leistung, die hier zu investieren war, mußte zunächst die Situation der jungen Kriegsgefangenen eruiert werden. Die Engländer hatten dafür ein Angebot, es lag zum Greifen nahe. Ein besonderes Jugendlager in der Mitte der Insel.

Das britische Kriegsministerium, die Kommandanten der Gefangenenlager und erzieherisch oder seelsorgerlich interessierte Persönlichkeiten haben sich staunenswerte und zähe Mühe gegeben, die sogenannte „Umerziehung" (reeducation) der Deutschen in die Wege zu leiten, durchzuhalten und auszuwerten. Gewiß spielt das bekannte Camp 300 in *Wilton Park* eine entscheidende Rolle. *Heinz Koeppler* (später: Sir Heinz), ein hochbegabter akademischer Lehrer, der seine geistigen Anstöße in Berlin, Heidelberg und Kiel bekommen hatte und als Emigrant in Oxford zu beträchtlichem Ansehen gelangt war, hatte das Lager, unterstützt von einem Stab begabter Mitarbeiter, aufgebaut. Motiviert war er durch das tiefbohrende Interesse für die Frage nach den geistigen Ursachen des deutschen Dramas. Er übertrug das Tutorensystem der Universität Oxford auf das Lager und konnte so eine gewisse Maßarbeit in Erziehung und Bildung durchführen, zumal die Lagerangehörigen bzw. die Teilnehmer der sechswöchigen Kurse vorher sorgfältig ausgewählt wurden. Praktisch war Wilton Park eine Lager-Hochschule, eine „Akademie". Ich selbst hatte mit Wilton Park weder dienstlich noch persönlich näher zu tun. Um so mehr wurde das Jugendlager für mich von Bedeutung.

Auch das Lager 180 in *Radwinter* wurde geistig und erzieherisch von einem Emigranten geleitet. Es war dies *Charles Starnbrook* (Karl Stanberg), dem der Kommandant volle Betätigungsfreiheit einräumte. Im Unterschied zu Wilton Park wurde in Radwinter der Teilnahme keine Beschränkung auferlegt. Ich nehme damit Bezug auf die Klassifizierung der Kriegsgefangenen, die die Briten der besseren Übersicht halber und im Zuge des Reeducation-Systems vorgenommen hatten. Danach gab es drei *Klassen*: die *A-Leute* bzw. die Weißen, bei denen die „positive" Grundgesinnung gewährleistet schien, die *B-Leute* bzw. die Grauen, die in der „Grauzone" zwischen belastet und unbelastet lagen, aber in jedem Falle wandlungsfähig waren, und die *C-Leute* bzw. die „Schwarzen", die durch die NS-Ideologie schwer belastet oder sogar „schwerst"-belastet waren und dann noch den Zusatz C- + bekamen. Mit dieser Einteilung waren Gefahren und Fehler verbunden. Mögliche Ungerechtigkeiten, oberflächliche Pauschalverurteilungen und einseitig blockierte Entwicklungen lagen auf der Hand. Im Jugendlager Radwinter war das anders. Hier traute man auch den durch die weltanschauliche NS-Erziehung belasteten jungen Menschen eine Wandlungsmöglichkeit zu. Capt. Starnbrook tat sein Bestes, um durch beratende Einzelgespräche oder durch verständnisvolle Gruppenarbeit Wege zu einer neuen staatsbürgerlichen Einstellung und zu demokratischem Verhalten zu ebnen. Bezeichnend ist die Inschrift, die er an der Eingangstür zu seinem Informationsraum anbringen ließ: „Jeder soll den Mut zu seiner eigenen Meinung haben." Im übrigen war es Starnbrook gelungen, auch unter den Deutschen geeignete „Mitarbeiter" zu gewinnen, die ihrerseits von dem Jesuitenpater *Theo Lotz* entsprechende Denkanstöße bekommen hatten. Sie waren von ihm veranlaßt worden, kleine Aufsätze über ihre pädagogisch-„missionarische" Arbeit an den jungen Kameraden, die in das Jugendlager geschickt wurden, niederzuschreiben. Was Sullivan darüber berichtet, ist bemerkenswert[50]. Der Einfluß des katholischen Lagerseelsorgers (Lotz war übrigens, obwohl katholischer Theologe, auch noch Offizier) ist unverkennbar. Schreibt doch einer: „Man müsse Ohren und Herzen für alle offenhalten." Ein anderer schlägt vor, „über sein eigenes Leben zu sprechen". Weiter bekam das Jugendlager Unterstützung von außen, etwa durch eine Quäkerin, die ihr Haus nicht nur für die amerikanischen Flieger, sondern auch für die deutschen Kriegsgefangenen offenhielt. Besonderen Erfolg hatte das Jugendlager dadurch, daß es die jungen Deutschen in die britische Demokratie einübte. Die jungen Männer wählten barackenweise ihre Abgeordneten für das „Unterhaus". Die Engländer selbst spielten die Rolle des „Oberhauses".

Aber man durfte sich nicht täuschen. Es gab auch erhebliche Schwierigkeiten, nicht nur durch die Nachwirkungen der kollektiven NS-Erziehung der Hitlerjugend, sondern auch durch die Länge der Kriegsgefangenschaft, die für die freiheitsdurstigen jungen Leute nur schwer zu ertragen war. Wie bei den älteren Kriegsgefangenen, die durch das lange Warten apathisch und resigniert geworden waren, erlahmte auch bei den Jüngeren das Interesse für Geistiges, Vorträge oder Diskussionen. Diejenigen, bei denen die Repatriierung bald bevorstand, beherrschte nur noch ein Gedanke: „heim!" Da hielt man sich nicht mit „Veranstaltungen" auf, wenn sie auch noch einen „religiösen" Unterton hatten. Mich erwartete im Jugendlager wieder ein Ernstfall. Aber da mußte ich hindurch, wenn ich den Kontakt zur jungen Generation finden wollte. So wurde im Juni 1947 ein Aufenthalt im Jugendlager vorgesehen. Wie ging der Vertreter des Deutschen CVJM vor?

Es begann damit, daß ich eine Gruppe von ungefähr 100 Jugendlichen sammelte. Es war Vormittag, und die Besucher der Veranstaltung waren geistig noch frisch. Ich machte nichts anderes als das, was bei jungen Leuten immer zieht: Ich *erzählte*, natürlich etwas Interessantes, Spannendes und Selbsterlebtes. Dabei kam mir der Umstand zu Hilfe, daß ich meinen jungen Zuhörern nahestand, einer von ihnen war. Ich kannte ihre Gefühle und sprach ihre Sprache. So erzählte ich einfach von meinen Erfahrungen hinter Stacheldraht in Italien. Ich war Gefangener gewesen und hatte Gefangene betreut. Beide Perspektiven schienen interessant zu sein. Zur Auflockerung erzählte ich von der teils heiteren, teils ernsten Rückkehr der Studenten des Theologischen Seminars Rimini, über die ich oben berichtet habe. Die Verwechslungskomödie betreffs Deutsche und Italiener, Katholiken und Protestanten rief Lachsalven hervor und erzeugte eine wohlgesonnene Stimmung bzw. Hörbereitschaft. Da ich inzwischen in Deutschland gewesen war, fuhr ich fort und berichtete über die Fragen und Nöte, die die jungen Deutschen zu Hause umtrieben. Da sank das Stimmungsbarometer wieder. Mußte ich doch auf einige Grundfragen der menschlichen Existenz eingehen und die dazu korrespondierenden Grundanworten skizzieren, die die Christen in der offiziellen Kirche oder in den freien evangelischen Jugendwerken zu geben versuchten. Doch hier stieß ich auf verstopfte Ohren; nur wenige beteiligten sich mit Informationsfragen an der sich anschließenden Diskussionsphase. Die Schwerhörigkeit der jungen Zuhörer erklärte sich daraus, daß sie nach der jahrelangen Schulung in der NS-Weltanschauung und deren totalem Scheitern prinzipiell mißtrauisch und argwöhnisch gegenüber jeder neuen weltanschaulichen Offerte waren, wenn sie zu direkt oder gar von oben herab offeriert wurde. Der Ernstfall spitzte sich zu. Mir blieb ein neuer Einfall als letzte Chance, um den gerade mühsam gewonnenen Kontakt nicht wieder zu verlieren.

Ich griff zu einem *Psycho-Test*, und zwar zu einen „Traumtest", wie man abgekürzt den psychologischen Test nennen könnte, den ich während meines Studiums in der Universität kennen- und ausprobieren gelernt hatte. Dort herrschten damals gestalt- und ganzheitspsychologische Einsichten bzw. die Krüger-Schule. Wie schon erwähnt, verdanke ich in diesem Bereich besonders viel dem Psychologen A. Vetter, der seinerzeit seine ersten wissenschaftlichen Untersuchungen anstellte. Ich verteilte also Zettel und ließ die Zuhörer den Anfang einer kleinen Geschichte aufschreiben, die sie vollenden sollten. Man konnte Selbsterlebtes oder Selbstbedachtes schreiben. Der Text gehört zu dem sogenannten *Wartegg-Erzähltest.* Den hatte ich für meine Zwecke abgewandelt und auch später immer wieder neu überdacht. In seiner letzten Ausformung (1973) lautet er: „Ich lag in meinem Schlafzimmer mit den nachts so halbgrauen Wänden; es mochte eine geraume Zeit vergangen sein, seit ich mich hingelegt hatte, als ..."[51] Die jungen Kriegsgefangenen hatten alle eine solche oder ähnliche Erfahrung gemacht. Nun hatten sie die Möglichkeit, einmal niederzuschreiben, was sie bei solchen Gelegenheiten erlebt, geträumt, gemacht oder überlegt hatten. Das Wunder trat ein. Die jungen Männer schrieben und schrieben, als ob sie endlich einmal eine Chance hätten, etwas Persönliches auf dem Papier loszuwerden. Vermutlich spielte auch die bekannte Neugier erwachsener und junger Menschen eine Rolle, etwas über sich selbst, über Charakter und Persönlichkeit, über Unbewußtes oder Unterbewußtes in Erfahrung zu bringen. Als die zur Verfügung gestellte Zeit, etwa eine Dreiviertelstunde, vorüber war, beging ich ein Wagnis: Ich griff kurzerhand sechs Texte heraus und las sie vor, ohne daß ich eine Ahnung hatte, was darin stand. Da mein „psychologisches Auge" etwas geschult war, erkannte ich sofort einige auffällige und typische Akzente, die sich voneinander abhoben. Ich versprach, eine eingehendere Analyse vorzunehmen und beim nächsten Treffen vorzutragen. Das Eis war gebrochen. Eine lebhafte Diskussion begann. Ich hatte den realen Fragehorizont der jungen Menschen getroffen und ihr Problembewußtsein wecken können. Da alles anonym geschah, ging es nach dem erprobten Grundsatz: „Vertrauen gegen Vertrauen." Ich hatte sie ernst genommen, und nun nahmen sie mich ernst.

Bei der Auswertung des Textes ging es zunächst darum, ob zuerst das Auge oder das Ohr reagiert, ob der Text mehr Nachdenklichkeit oder Tatendrang erkennen läßt; etwas vereinfacht ausgedrückt: Ob es sich mehr um einen „Besinnungstyp" (B) oder um einen „Handlungstyp" (H) handelt. Dabei ist es interessant, zu untersuchen, wieweit sich Traum und Wirklichkeit voneinander abheben oder ineinander übergehen. Das klare Ergebnis bestand darin, daß die Mehrheit der Befragten ihre Gedanken, Überlegungen und Grübeleien niederschrieben. Jedenfalls überwog das Gedankliche, im Unterschied zu den Texten, die man sonst von Jugendlichen und jungen Erwachsenen bei diesem Test bekommt, die oft gern von Geräuschen und von tatkräftigen, erregenden Gegenmaßnahmen berichten. Dieser „projektive Gestaltungstext" regte die Phantasie an. Weniger richtige Träume als vielmehr Träumereien stehen im Mittelpunkt. Die echten Träume wiederum tragen den Charakter von Wunschträumen, Ersatzträumen und Angstträumen. Das Wort „Gedanken" kehrt in diesen Niederschriften immer wieder.

Die Texte lassen sich nach der *Zeitperspektive* gliedern. Geht der

„Blick zurück“ in die *Vergangenheit*, kommt u. U. richtiges Heimweh zur Sprache. Ein junger Matrose, „Nichtgläubiger“ und „Kirchengegner“ hat beim Untergang der „Scharnhorst“ in letzter Not „die Hilfe Gottes angefleht“. Nun erinnert er sich und fragt: „Weshalb hat er gerade mich als einen der 36 von 2000 gerettet? Ich kann mir selbst nur die Antwort geben: daß ich nach meiner Rückkehr zu ihm eine Mission habe.“ Anders klagt ein junger Mann aus erfahrenem Lebensschmerz heraus: „Wer gibt mir Antwort?“ Viele denken besorgt im Sinne eines „Was nun?“ an die *Zukunft*, vornehmlich in beruflicher Beziehung: „Ob ich wieder in meinem Beruf anfangen kann?“ Noch vor dem Test hatte ich in der Diskussion zu erfahren gesucht, „wer denn wüßte, was er beruflich werden wollte“. Zwei Drittel wußten es nicht. So träumen sich manche Testschreiber in eine „andere“ (bessere) Welt hinein. Schließlich meldet sich die *Gegenwart* mit ihren Belastungen zu Wort. Da äußern sich junge Inselmenschen, die sich eingeigelt haben, Verbitterte, die sich von den Engländern ungerecht behandelt fühlen, Ängstliche, die im Kriege naiv-tapfer gewesen sind, frühe Skeptiker usw. Selbstverständlich klingt auch die Sexualfrage an, sei es durch die traumhafte Gestalt eines Mädchens oder ganz allgemein. Wie akut dieses Problem war, machte die lebendige Aussprache deutlich, die sich an die Verlesung eines Briefes von einem PoW anschloß; er hatte sich mit der Frage des vor- und außerehelichen Geschlechtsverkehrs befaßt. Hier konnte dann auch ganz offen über das Verständliche und das Gefährliche der Selbstbefriedigung oder über falsches Schuldgefühl und echtes Schuldbewußtsein und nicht zuletzt über die Vergebung gesprochen werden.

Neben den Gedanken begegnen in den Niederschriften die *Geräusche*, z. B. das Pfeifen eines Zuges, das Klingeln des Telefons, das Knarren des Bettes sowie Tierlaute in und an der Baracke von Hund, Katze und Maus. Gleichwohl, selbst dort, wo zunächst das Ohr reagiert, etwa beim Schlagen einer Turmuhr, kann der Text bei den jungen Kriegsgefangenen umschlagen in ein Spiel von Gedanken. Die introvertierten Züge überwiegen gegenüber den extrovertierten. Damit mag es auch zusammenhängen, daß die politischen und sozialen Aspekte in den Testen zurücktreten. Diese jungen Männer waren fast bis zur Bewußtlosigkeit politisch geschult und gedrillt worden. Nach dem Zusammenbruch des NS-Systems hatten sie die Nase voll von Schulung. Das gut gemeinte Programm der Reeducation kam deswegen nur zum Teil an. Die Erwartungen waren pädagogisch zu hochgespannt. Die jungen Menschen ließen sich nicht an ihren eigenen

Problemen vorbei erziehen oder umformen. Man konnte die nationalsozialistische Ideologie nicht einfach durch eine humanistisch-demokratische ablösen.[52]

Da es bei diesen jungen Menschen um den Menschen ging, beschloß ich, die Ergebnisse meiner psychologischen Analyse, so bescheiden und vorläufig sie notgedrungen waren, den zuständigen Autoritäten zugänglich zu machen. Ich verfaßte ein relativ knappes *Memorandum*, das an John Barwick und das britische *Kriegsministerium* in London ging. Ich informierte auch Prof. *Alexander Mitscherlich*, den bekannten Psychotherapeuten, der damals schon einen Namen hatte, weil er sich im Nürnberger Ärzteprozeß engagiert hatte. Er stammte aus der Heidelberger Schule der Psychotherapie (L. Kehl, V. v. Weizsäcker) und war vom Weltbund der YMCA mit einer Untersuchung der seelischen Lage der Kriegsgefangenen in Großbritannien beauftragt worden. Er nahm meinen Bericht mit der betreffenden Analyse interessiert zur Kenntnis. Barwick war ohnehin für solche Überlegungen offen. Wie die britischen Behörden im einzelnen reagiert haben, weiß ich nicht. An sich nehmen Engländer kritische Stimmen fair und wohlwollend zur Kenntnis. Hier aber ging es indirekt auch um eine *Infragestellung* der Grundprinzipien der *Reeducation*. Daher war mein Memo ein nicht ohne weiteres leicht zu verdauender Brocken. Es erfolgte aber kein Widerspruch, so daß ich meine Erkenntnisse gut und konstruktiv in der Praxis umsetzen konnte. Im Grund genommen hatte ich die „Wahrheit" auf meiner Seite. Hinter Stacheldraht war in der zweiten Phase der Kriegsgefangenschaft nicht die Stunde, bloß *politische Ideologien*, Denk- und Verhaltensweisen zu ersetzen, sondern zuerst grundlegend und weiterbegleitend den *ganzen Menschen* in seinem Personkern zu *ändern* oder glaubwürdige Voraussetzungen für eine solche Änderung zu schaffen.

### *Handreichung für Mitarbeiter*

Hatte mir das Jugendlager die Augen für die Situation der jungen PoWs geöffnet, galt es nun zu handeln. Ich konnte mir keine Vorbereitungsphase leisten. Die Zeit drängte. So faßte ich kurzerhand den Entschluß, die vervielfältigte „Handreichung", die ich für den Aufbau der CVJM-Gruppen hinter Stacheldraht in Italien abgefaßt hatte, zu überarbeiten, an der Situation in Großbritannien auszurichten, an der einen oder anderen Stelle zu ergänzen, im übrigen aber sofort drucken zu lassen und an die verschiedenen Lager zu verschicken. Das geschah unverzüglich und wirklich gut. Die Druckerei lieferte ein ansehnliches Heftchen von nur 16 Seiten, sachlich konzentriert und praktisch brauchbar. Selten ist mir eine solche Zusammenfassung auf wenigen Seiten gelungen. Ich darf das ohne Übertreibung sagen. Jedenfalls läßt sich das aus dem positiven Echo schließen. Ähnlich wie in Italien hatte ich einen Abschnitt (Teil B) *Zur seelischen Lage der jungen Kriegsgefangenen* beigesteuert. Hier ist auf 1 1/4 Seiten alles gesagt, was man für die Situation der Nachkriegsjugend hinter Stacheldraht sagen konnte. Da das Ganze nicht in der Beschreibung steckenbleiben sollte, sondern auf Begegnung und Umgang abzielte, war von „pädagogischen Winken" die Rede. Nach dem Zusammenbruch seien die jungen Menschen „systemkritisch" geworden. Wer früher „Mitläufer" gewesen wäre, verfalle heute leicht neuen Verführungen. Als missionarische und seelsorgerliche Aufgaben gegenüber den durch den Zeitgeist von gestern geformten jungen Kriegsgefangenen nannte ich: das Herauslösen des „Inselmenschen" aus seiner Isolation und seine Würdigung als „Bruder Mensch" sowie das In-Frage-Stellen der jungen Männer, die von sich aus keine Fragen mehr hatten. Im übrigen sei der junge PoW nicht nur ein Spezialfall, sondern auch ein ganz normaler junger Mensch, ein Wesen des „Übergangs". Eigentum und Disziplin seien zwar nach Kriegsende für einige wacklige Begriffe geworden, aber sonst seien dies Adoleszenten wie eh und je, Kritiker und Aktivisten, Radikale und Romantiker.

Die Handreichung beginnt mit einem Teil A, der die Überschrift *Allgemeines* trägt. Hier werden zunächst die *Konzeption* der YMCA-Arbeit kurz dargestellt. Dabei werden die kulturellen und sozialen Aspekte etwas pauschal mit „praktisches Christentum" bezeichnet, was mißverständlich klingen konnte, aber von den deutschen, britischen und amerikanischen Lesern richtig verstanden worden ist. Gemäß der Linie der deutschen CVJM-Arbeit, die seit jeher die Verbindung zwischen CVJM und Kirche pflegt, hebt die Handreichung die Zusammenarbeit mit den evangelischen Lagerpfarrern hervor, betont aber gleichzeitig die „ökumenische Bruderschaft" zu den katholischen Kameraden. Der CVJM sei vornehmlich eine „Laienbewegung" und wollte der „Neuformung" der jungen PoWs dienen, aber nicht im politischen Sinne: „Er weiß, daß allein Christus neu machen kann."

Im zweiten Abschnitt des Teils A habe ich die sechs Aufgaben des *Religious Departement* kurz umrissen. Zuerst wurde dabei nur der *Außendienst* (1) angeführt: Lagerbesuche, Evangelisationen, Vorträge und Sprechstunden. Als Ziele wurden „erweckliche Verkündigung", „verstehende Seelsorge" und „wirkliche Pfarrerbruderschaft" genannt. Als nächste Aufgabe stellte ich den Aufbau von *CVJM-Gruppen* (2) für 17- bis 25- (z. T. 30-)jährige heraus. Sie sollten möglichst von Laien (also nicht von Pfarrern!) geleitet werden.

Weiter kündigte die Handreichung den Beginn des *Jugendleiterkursus* (3) zum 1. November an. In ihm sollten Jugendleiter für die Lagergemeinden und die Heimat ausgebildet werden. Das Angebot einer eigenständigen *Briefseelsorge* (4) fußte auf der Erfahrung, die ich mit dem Jugendbrief im Dritten Reich und mit dem Feldpostbrief im Kriege gemacht hatte und die unbewußt ein Vorläufer der bundesweiten „Evangelischen Briefseelsorge" war, die ich später in München 1976 gegründet habe. Sie war für „weltanschauliche, private, berufliche und soziale Fragen" gedacht. Außerdem wurde eine *Fachberatung* (5) im Bereich Schrifttum, Musik und Schul- bzw. Studienwahl offeriert. Schließlich erfolgte die Bekanntgabe der Kooperation des Religious Departement mit den damals schon vorhandenen sieben *YMCA-Camp-Visitors* (6), die von Schottland (Rev. Dr. Golzen) bis South-West-England (Rev. Karle) Lager besuchten, zum Teil Vorträge hielten und Berichte lieferten.

Ein besonderes Wort zum *Aufbau* der CVJM/YMCA-Gruppen bringt ein dritter Unterabschnitt von Teil A. Zwei Treffen pro Woche, d. h. ein Bibelabend und ein Heimabend, werden vorgeschlagen. Die Gruppenobmänner sollten ihre pädagogische Funktion nicht zuletzt als seelsorgerliche Berater verstehen (Heimatsorgen, Sexualfragen, Weltanschauungsprobleme). Sie können „Mitarbeiter" und „Assistenten" des jeweiligen Lagerpfarrers sein. Bei aller Verbindung zur evangelischen Lagergemeinde soll die CVJM-Gruppe interkonfessionell offen sein. Auch der katholische Bruder darf und soll darin seinen Platz haben.

Den Gruppenleitern werden die thematischen und methodischen Winke der Handreichung ans Herz gelegt. Die Themenreihen zu den *Evangelisationen* und *Vorträgen* (Teil C) sind hier nicht näher zu erläutern, weil das bereits zu der italienischen Erstausgabe gesagt worden ist. Das gleiche gilt für die Themen der *Heimabende* (D) und das Material für die *Bibelarbeit* einschließlich der Einführung in das Neue Testament (E).

Im August hatte ich an alle evangelischen *Lagerpfarrer* die „Handreichung“ verschickt. Am 2. September wandte ich mich mit einem persönlichen Schreiben an die Geistlichen. Der *Rundbrief* trug den Charakter eines Anrufs. Die Verschickung war „in der Hoffnung“ geschehen, „in Ihnen (den Lagerpfarrern) für unseren weiteren seelsorgerlichen Dienst an der jungen Gemeinde Mitarbeiter zu finden“. Die „Sammlung“ von jungen Deutschen unter das Wort Gottes „gehöre doch zu dem ureigensten Aufgabenbereich“ des Lagerpfarrers. Wo es schon Jugendgruppen im Lager gab, konnte die Handreichung neue Hilfen für die Arbeit an der Bibel und für die allgemeinen Aktivitäten wie Diskussion und Bildung, Sport und Spiel, Musik und Unterhaltung bieten. Wir wollten das Bestehende, sofern es gut war, nicht unnötig und zwangsweise verändern. Wir hatten nur die Hoffnung, daß sich diese Gruppen in das Gesamt einer CVJM-Gruppenarbeit hinter Stacheldraht integrieren möchten. Ich versprach mir, daß auf dem Weg über die christliche Jugendgruppenarbeit hinter Stacheldraht der Austausch zwischen dem Religious Department und den Lagerpfarrern lebendig würde und das amtsbrüderliche „Band“ auf dem „Missionsfeld“ sich mehr und mehr festigen könnte. Dies schien mir für den missionarischen Dienst draußen wie auch später beim Aufbau in der Heimatkirche dringend nötig. Neu war an diesem Anruf der Vorschlag, die Betreuung der jungen Generation stärker gruppenmäßig, d. h. verbindlicher, aufzuziehen und der Versuch, den Dienst an der jungen Generation in den Lagern landesweit über die ganze britische Insel strategisch zusammenzufassen.

In dem genannten Schreiben wurde schließlich ein *Fragebogen* eingefügt, der uns in Norton über den „Stand der Arbeit“ informieren sollte. Die vier Fragen, die gestellt wurden, sind es wert, wörtlich zitiert zu werden:

„1. Ist eine christliche *Jugendgruppe* in Ihrem Lager *vorhanden*, und welches Arbeitsprogramm hat sie?
2. Welchen *Laienmitarbeiter* haben Sie für den CVJM-Dienst oder benötigen Sie dringend jemand?
3. Wie beurteilen Sie die *geistliche Lage* der jungen Generation in Ihrem Lager?
4. Welche *Vorschläge* machen Sie für den Aufbau der CVJM-Gruppen und die volksmissionarische Lagerarbeit im allgemeinen?“

Das Rundschreiben schließt mit der Erklärung, es gehe heute

darum, „weder Betrieb zu machen noch müde zu werden". Als ermutigendes Leitwort wurde Luther zitiert: „Ein Christ heißt einer nicht daher, daß er viel tue, sondern darum, daß er von Christus was nehme, schöpfe und lasse ihn nur geben."

Wie war es um das *Echo* bestellt? Die Rundfrage fand vielfältigen Widerhall, nüchtern bis skeptisch, aber auch wohlwollend, ja interessiert.

Man kann die Antworten nicht in gute und schlechte Berichte aufteilen. Jeder Bericht enthält Plus und Minus. Gleichwohl fallen einige auf, bei denen der eine oder der andere Akzent stärker ausgeprägt ist. Unter den *kritischen* Stellungnahmen begegnet öfter das Wort „Gleichgültigkeit". Sie reiche bis zur „Teilnahmslosigkeit", aber auch von „Spott" und „Blasiertheit" ist die Rede. Einer befürchtet bei der Gruppenarbeit „Konventikelbildung" und plädiert für eine „offene und einladende" Haltung. Die Lagebeurteilung war zuweilen etwas „binnenhaft". Der Maßstab des Gottesdienstes ist sichtlich zu eng. Eine andere Gruppe von Berichterstattern gibt eine *gemischte* Stellungnahme ab. Einer, der sich kritisch äußert, erkennt gleichzeitig die Chancen, die etwa in einem Vortrag über ein religiöses Thema „außerhalb der Kirche" oder in einem „Schwarzen Brett" mit Zeitungsausschnitten liegen. Noch ist der Horizont der Fragen, die die Jugendlichen selbst bewegen, nicht immer ausdrücklich entdeckt. Immerhin bemerkt ein Lagerpfarrer: „Grundsätzlich ist ein Fragen vorhanden, wenn es auch versteckt ist." Unter den *positiven* Antworten waren einige, die mir Mut machten. Einer macht fast „zackig" Meldung: „Da bisher in unserem Lager noch keine derartige Jugendgruppe bestand, haben wir wunschgemäß am Mittwoch eine solche gegründet." Ein anderer Pfarrer, der wohl einem gesunden Pietismus nahestand, berichtet, daß in seinem Lager „eine kleine Anzahl gläubiger Jungen" wären. Mit ihnen könnte man etwas anfangen, wenn ein geeigneter Jugendführer zur Verfügung stünde. Dann bekennt er: „Wenn ich ständig am Ort wäre – ach, wie gern würde ich mich so richtig reinknien in die Jugendarbeit. Sie haben nämlich wirklich Vertrauen zu mir. Das ist meine beste Hilfe, die Gott mir hier schenkt, das Vertrauen der jungen Gemeinde." So wirkte der Rundbrief als Initialzündung und als Lernverstärker.[53] Auf Anruf und Echo folgten *Auswertung* und *Planung* (Evaluation und Organisation). Ein schriftlicher Niederschlag der entsprechenden Bemühungen wird aus meinem *zweiten Brief* an die Lagerpfarrer vom 10. November 1947 ersichtlich. Ich hatte einen Gesamtüberblick und konnte erkennen, „was möglich ist und was nicht möglich ist".

*Auswertung* (Evaluation): Die Analyse beginnt mit dem schlichten, aber vielsagenden Satz: „In 15 Lagern sind bereits regelrechte *CVJM-Gruppen* (1) aufgebaut worden." Sie führten Bibel- und Heimabende durch und wurden von einem *christlichen Laien* (2) als Helfer des Lagerpfarrers geleitet. Darüber hinaus hätten andere Lagerpfarrer damit begonnen, die CVJM-Arbeit neu aufzunehmen. Kennzeichnend für die *geistliche Situation* (3) war der aus den meisten Lagergemeinden kommende Ruf nach Volksmission bzw. Evangelisation, und zwar gerade dort, wo es sich um einen „harten Boden" handelte. Vielsagend war auch das Bedauern über den späten Zeitpunkt der Errichtung von CVJM-Gruppen. Die Hörermentalität gab den Predigern Probleme auf. Die Länge der Gefangenschaft hatte die Männer hinter Stacheldraht „noch sturer gemacht", als sie es ohnehin schon waren. Die neue Fraternisierung mit der Zivilbevölkerung wirkte sich nicht günstig aus. Manche treuen Amtsbrüder waren durch die Dauer der Gefangenschaft selber müde geworden und zeigten nicht ohne weiteres Begeisterung und Wille zum Anpakken, von der theologischen Skepsis und den Kirchenkampfnarben völlig zu schweigen. Ich mußte also in meinem zweiten Rundbrief die Einwände auffangen und Mut machen.

Den Vorwurf der Vereinsmeierei wies ich zurück. Der Name CVJM sei nicht tabu. Es ginge nicht um eine Firma, sondern um die Sammlung junger Männer für das Evangelium. Man könne die Gruppe auch auf 40jährige ausdehnen. Wo schon ein Bibelkreis vorhanden sei, könne man ihn ausbauen und wenigstens einen Verbindungsmann zum Heimat-CVJM und zum Religious Department in Norton Camp einsetzen. In schwierigen Lagen erinnerte ich an die Zweier- und Dreierzelle im Namen Jesu (Mt 18,20) und das Wort von der „Offenen Tür" aus dem Munde des Ökumene-Führers John Mott. Schließlich könnten die neuen CVJM-Gruppen „kleine Brücken" von der Insel zur Heimat werden.

*Planung* (Organisation): Der Absatz beginnt mit einem Wunsch: „Bitte helfen Sie, beiden (den Laien und den jungen Männern) das eigenständige Heimatrecht in unserer Kirche (zu) geben, das sie seit Jahrzehnten hie und da vermißt haben. Im letzten Grunde helfen Sie damit dem Pfarramt selbst, jedes geschenkte Vertrauen bekommen wir doppelt zurück." Die CVJM-Gruppen könnten zusammen mit den Verbindungsleuten einen Beitrag zu einem „gesamtkirchlichen Gespräch" leisten. Praktisch zielte der Rundbrief auf die Gründung von Gruppen und die Stellung eines Verbindungsmannes. Neben Gastrednern aus der Heimat bot ich mich selbst für die erste Hälfte jeden Monats zu einem Reise- und Rededienst an, da ich die andere Hälfte in Norton Camp bleiben mußte, um das Jugendleiterseminar leiten zu können. Weiter orientiere ich die Pfarrer, daß ich jeden Monat immer nur ein bestimmtes Gebiet (Region) besuchen könnte und daß bei Anfragen immer zwei Terminvorschläge gemacht werden sollten, damit ich entsprechend auszuwählen vermochte. Der Brief klingt aus mit Psalm 62, 9 f.: „Hoffet auf ihn allezeit, liebe Leute, schüttet euer Herz vor ihm aus; Gott ist unsere Zuversicht."

## 7. Kontroverse mit London und Genf: „95 % vernachlässigt?"

Die bisherige Schilderung könnte den Eindruck erwecken, daß meine Arbeit in Großbritannien mit eitel Harmonie gesegnet gewesen sei. Aber so war es nicht. Schon die Denkschrift an das Waroffice gab mir Gelegenheit, Farbe zu bekennen und offen Kritik an der Überschätzung der Reeducation zu üben. Nicht genug damit. Auch im innerkirchlichen Bereich, nicht zuletzt innerhalb des Weltbundes der YMCA, gab es gewisse Beanstandungen. Sie bezogen sich weniger auf meine Person als auf die Arbeitsweise des CVJM-Werkes, das ich offiziell zu vertreten hatte.

*Barwicks Brief* (Kritische Anfrage an den deutschen CVJM)

Der ganze Konflikt kam zum Ausbruch in einem Brief vom 13. 1. 1948, den John Barwick an mich schrieb. Er war im Ton freundschaftlich. Barwick gab zu, einen „unverlangten" (unsolicited) Rat zu erteilen, gab sich aber der begründeten Hoffnung hin, daß ich ihn bestimmt annehmen würde, und zwar in dem Geist, in dem er geschrieben sei, nämlich rein aus dem Wunsch heraus zu helfen (only a desire to help). Ausgelöst worden war der Brief durch meinen persönlichen Bericht, den ich an den Generalsekretär des Weltbundes der YMCA, Dr. Traca Strong in Genf, geschrieben hatte und der von den Grundzügen meiner Arbeit und der Konzeption des Youth Course handelte. Wie es sich gehörte, hatte ich Barwick davon eine Kopie übersandt.

Vermutlich hatte ich nach meiner persönlichen Begegnung mit Strong bei der Weltkonferenz in Edinburgh einen ersten Arbeitsbericht zu seiner Orientierung geschickt. Barwick fand, daß dieser Bericht zu sehr auf Einzelheiten und unmittelbare Interessen konzentriert gewesen sei. Er vermißte offenbar die Entfaltung weiterer Aspekte, so etwas wie eine „Vision", die Barwick bekanntlich besonders liebte. Ob nun Strong mit Barwick ohne mein Wissen Fühlung genommen hatte oder nicht, jedenfalls nahm Barwick den nach Genf gerichteten Bericht zum Anlaß für seine – in der Form liebenswürdige, aber dem Inhalt nach handfeste – kritische „Anfrage". Worum ging es?

Der einleitende Satz sagt alles: „The thing that worried all of us outside of Germany is a tendency of both Church and CVJM to fight over 5 % of the German youth, leaving 95 % totally neglected" (Die Sache, die uns alle außerhalb Deutschlands umtreibt, ist eine Tendenz von Kirche und CVJM, nur um 5 % der deutschen Jugend zu kämpfen, die verbleibenden 95 % aber total zu vernachlässigen). Damit nicht genug. Barwick dreht den Hahn noch etwas weiter auf und meint, daß der CVJM und die Jugendpfarrer, wenn sie nicht entschieden den Kampf um die 95 % aufnähmen, innerhalb von fünf Jahren zweifelsohne weggewischt, „ausgebootet" (wiped out) bzw. erledigt sein würden. Der Briefschreiber räumt ein, daß ich die Dinge als deutscher Insider selbst beurteilen kann. Er und andere („wir") hätten jedoch sehr viele Berichte bekommen, die eine echte Basis für die kritische Feststellung böten. Ziemlich abrupt und selbstbewußt heißt es: „We cannot be mistaken in this matter" (In dieser Angelegenheit ist ein Mißverständnis ausgeschlossen). Praktisch stellte mich Barwick vor die Alternative, entweder dem Hauptteil der Masse (bulk), der deutschen Jugend, zu helfen oder nur einer kleinen Minderheit (small minority) in der Kirche: „Du kannst darauf ebensogut wie ich antworten."

In einem neuen Absatz trägt dann der Londoner „Boss" eine weitere „sehr ernste Überlegung" vor. Er habe nicht ein Mitglied der Besatzungsmächte, auch nicht einen einzigen Kirchenführer oder sonst jemand aus dem Kreis der Sachkundigen getroffen, der Vertrauen zu der Leiterschaft des deutschen CVJM, insbesondere zu D. Stange habe. Es sei leicht für mich und andere, den CVJM zu verlassen, aber auch die Kirche würde (herein-) fallen und einen Fehler machen (fall and fail), und zwar im Blick auf ihren eigenen Nutzen, wenn sie den CVJM niedergehen und verfallen ließe. Wenn ich mit vereinten Kräften einen neuen Versuch, ausgehend von der Leiterschulung, unternehmen würde, dann würde das das Beste sein für beide (CVJM und Kirche).

Im letzten Absatz des Barwick-Briefes gesteht der Schreiber ein, daß er sich die „Freiheit“ genommen habe, mich auf „diese weiteren Zielsetzungen“ (the wider objectives) hinzuweisen. Dann appelliert er noch einmal an mein Gewissen, nicht ohne einen anerkennenden und werbenden Unterton: „In Deiner Position und mit Deinen großen Chancen (promisses), nüztlich für Deutschland zu werden, solltest Du ‚erstrangige Dinge zuerst erwägen‘ (first things first).“ Beiläufig teilt er mir mit, daß er noch in derselben Nacht nach Deutschland fahren würde. Er tue das mit Befürchtungen (misgivings), weil es schwierig sei, in die inneren Angelegenheiten des CVJM einzugreifen, obwohl er in tiefem Mitgefühl an ihnen Anteil nehme. Der letzte Satz lautet: „Ich hoffe und bete, daß Du die rechte Entscheidung triffst“ (I hope and pray you will reach the proper decision).

Dieser Brief war eine echte Herausforderung. Es ist erstaunlich, was Barwick mir alles auf einer Schreibmaschinenseite sagt, in welcher geschickten Form und mit welcher Herzlichkeit. In mancher Beziehung ist der Brief ein „harter Brocken“. John Barwick spricht aus, was andere im Weltbund nur hinter vorgehaltener Hand ausdrückten oder im stillen dachten. Natürlich kannte er wichtige Führungskräfte des deutschen CVJM nicht aus eigener Begegnung oder nicht persönlich genug. Das galt auch für die Beziehung zu Erich Stange, dem damaligen „Reichswart“ (Generalsekretär). Woher sonst Barwicks Informationen stammen, weiß ich nicht. Einige Gedanken und Formulierungen trafen mich (um eine heutige Redensart zu gebrauchen) wie ein „echter Hammer“. Die Amerikaner lieben zwar Superlative, aber auch wenn man diesen Umstand einkalkuliert, waren die Vorwürfe und die Anregungen doch immer noch eine Provokation. Schließlich klang das Urteil „95 % vernachlässigt“ niederschmetternd. Auch die despektierliche Nennung von Stange war mehr als delikat. Immerhin war er der Nationalsekretär, der mich nach England entsandt hatte, also eine Art Vorgesetzter. Der Brief erschien indirekt wie ein Aufruf zur Rebellion. Das Spiel mit der Idee, den CVJM zu verlassen und die deutliche Aufforderung, mit meinem Jugendleiterkurs und darüber hinaus die Initiative zu einer Änderung der CVJM-Arbeit in Deutschland zu übernehmen, waren Impulse, die an den Nerv meiner „ökumenischen Mission“ rührten. Sicher war es nicht die Absicht von Barwick, mich zu einer Illoyalität gegenüber dem Heimatwerk zu verführen. Er wollte wirklich „helfen“. Daß der Brief so ausfiel, wie ich ihn referiert habe, lag an der mangelnden Information über die Zentrale in Kassel und die Bünde in den einzelnen Ländern sowie an dem Maßstab, den

Barwick als angloamerikanisch geprägter YMCA-Sekretär mitbrachte. Für diese Offenheit mußte ich dankbar sein. Es kam zur Sprache, was mir sonst niemand sagte und was ich doch wissen mußte. Die ganze Angelegenheit zeigt im übrigen, daß meine Tätigkeit in Großbritannien nicht nur die Gründung von ein paar CVJM-Gruppen hinter Stacheldraht und die geraffte Ausbildung von Jugendleitern für die Heimat umfaßte, sondern daß ich nolens volens „Botschafter" bzw. offizieller Vertreter des deutschen CVJM war. Ich hatte, ohne es zu wissen, hohen Kredit bei den Weltbundleuten und wurde in meiner Legatenrolle ernst, vielleicht zu ernst genommen. Jedenfalls bin ich mehr als einmal auf einer solchen „diplomatischen Ebene" angesprochen und gefordert worden. So galt es auch hier, wie ein Diplomat Stellung zu nehmen und auf dieses „Meisterstück der ökumenischen Herausforderung" wenigstens mit einem ökumenischen „Gesellenstück" aus deutscher Feder zu antworten.

*Meine Antwort* (Zu Basis, Kirche und Sekretärschaft)

Der Antwortbrief war ein Memorandum zu den angesprochenen Grundsatzfragen. Es ging mit einer Kopie an Dr. Strong in Genf, d. h. an den Weltbund und an Sir Frank Willis in London (englischer YMCA). Barwicks Brief war ja durch mein Schreiben an Tracy Strong veranlaßt, und es war anzunehmen, daß auch in den Kreisen des britischen YMCA ähnliche Einwände die Runde machten. Diese Adressierung hatte zur Folge, daß ich mich streng auf die Sachprobleme konzentrieren mußte und beispielsweise nicht auf die vertraulich gedachte kritische Erwähnung der Person von D. Stange einging. Natürlich fühlte ich mich meinem „Reichswart" verpflichtet. Nur wenige im Ausland kannten und verstanden das hochkarätige Talent dieses Theologen, Predigers und Praktikers, der sich mit jüngeren begabten Mitarbeitern zu umgeben wußte. Jedenfalls glaubte ich Stange am besten damit helfen zu können, daß ich das Sachliche in den Vordergrund rückte. Wahrscheinlich habe ich das übrige zu seiner Person mit Barwick unter vier Augen zur Sprache gebracht. Im Anfang des Antwortbriefes danke ich Barwick für das „Interesse, das Du den Problemen des deutschen CVJM zuteil werden läßt". Seine Vorwürfe deckten sich zum Teil mit anderen Bedenken, die ich auch sonst im Ausland gehört hätte. Ausdrücklich betone ich, daß das Memo meine Privatmeinung sei, daß ich als ein Vertreter der jüngeren Generation spräche und den Vorzug hätte, schon länger in der YMCA-Kriegsgefangenenhilfe tätig zu sein. Bewußt griff ich aus dem Brief drei *Grundvorwürfe* heraus. Sie seien wörtlich zitiert: „a) Die Basis des deutschen CVJM ist zu schmal. – b) Die kirchliche Bindung des deutschen CVJM ist zu stark. – c) Es mangelt dem deutschen CVJM an einer geeigneten Sekretärschaft." Unter Verzicht auf Vollständigkeit sollen im folgenden die entscheidenden Argumente wiedergegeben werden.

a) Die *Basis:* Hier ist gleich zu Beginn festzustellen, daß ich mit meiner Meinung nicht hinter dem Berge hielt. Unser Briefwechsel war wirklich so etwas wie eine „Kontroverse", allerdings eine zwischen Freunden, ja Brüdern, die eine christliche Grundkonzeption tief miteinander verband. Wie ich meine Partner aus dem Weltbund-YMCA kannte, fing ich gleich mit ganz praktischen Dingen an. Die Voraussetzung unserer Grundsatzdebatte bildete die nicht sehr glückliche, aber damals gängige Unterscheidung der „Breiten"-Basis des amerikanischen YMCA mit seinen weiten sozialen und kulturellen Aktivitäten und die angeblich „schmale Basis" der europäischen CVJM-Verbände, die vornehmlich den religiösen Aspekt mit Bibelarbeit, Evangelisation und Seelsorge zu betonen schienen. Ich versuchte einerseits der Denkweise meines amerikanischen Gesprächspartners entgegenzukommen und andererseits von vornherein die für Deutschland unüberwindbaren Grenzen jeder Art von Basisverbreiterung deutlich zu machen (vgl. Mt 7,13 f.). Ich nannte das die „*Materialfrage*" (1). Man wäre in der Heimat schon bereit, „die Basis breiter zu machen", aber die Verhältnisse seien nicht so, wie sie sein müßten. Es fehle an CVJM-Häusern bzw. -Räumen; der Krieg habe fast alles zerstört. Die Flüchtlinge und die Arbeiterschaft würden skeptisch auf den Neubau von CVJM-Häusern reagieren und darauf hinweisen, daß erst einmal Wohnungen gebaut werden sollten, ehe man Clubräume, Schwimmbassins, Turnhallen usw. errichtete. Sportliche Aktivitäten seien bei der Zuteilung von 700–800 Kalorien pro Tag schlecht in Gang zu bringen. Die Handwerkskisten und Bibliotheksbücher, die man für die YMCA-Kriegsgefangenenhilfearbeit gespendet habe, fehlten zu Hause. Anträge, sie dorthin weiterzuleiten, seien abgelehnt worden. Gastfreundschaft, wie sonst im YMCA üblich, sei zur Zeit nicht möglich. In Kassel sei beispielsweise von den 20 Gästezimmern nur eines benutzbar, da die 19 anderen von Flüchtlingen belegt wären.

Dann spreche ich die *Teilung Deutschlands* (2) an. Wir seien in einen östlichen und einen westlichen Bereich gespalten. Für die

(CVJM-) Jugendarbeit im Osten, d. h. in der sowjetisch besetzten Zone, seien alle sportlichen, musischen und kulturellen Tätigkeiten verboten. In diesem Absatz fällt auch das Wort von der „Einheit Deutschlands“, die uns als Christen tief bewegte. „Wir dürfen nicht dazu helfen, daß sie zerstört wird.“ CVJM und Kirche bildeten noch die einzige „Brücke“ zwischen den beiden Hälften Deutschlands. Der Briefschreiber konnte nicht ahnen, daß es mehr als 40 Jahre bis zur Wiedervereinigung dauern würde. Als einer, der das Gestapo-Gefängnis von innen kannte, erinnerte ich an die Erfahrungen mit einem totalitären System, die einige deutsche CVJM-Sekretäre gemacht hatten. Diese Erfahrungen hemmte die angloamerikanische YMCA-Arbeit nicht. Sie war ihnen erspart worden. Diese Tatsache machte die Verständigung schwierig, weil die Kritik an der zu „schmalen“ Basis des CVJM die entsprechenden Vorkenntnisse vermissen ließ. Zur Zeit des Briefes (1948) hatte die DDR noch keine Gestalt angenommen. Deswegen drängte ich in meinem Memorandum auf die Solidarität mit den Brüdern auf der anderen Seite der Demarkationslinie. Im Blick auf die „Arbeitsformen“ sei Rücksicht auf die Brüder im Osten zu nehmen, die ihre Jugendarbeit nur auf „schmalster“ Basis betreiben dürften. Auch bei gutem Willen zu einer Verbreiterung seien „Kompromisse“ erforderlich. Die CVJM-Sekretäre drüben hätten nur überleben und weiterarbeiten können, weil sie in die sogenannte „schmale Basis“, die spezifisch religiöse Arbeitsform, eingeübt gewesen wären. Niemand, auch nicht unsere ausländischen YMCA-Freunde, könnte verlangen, daß wir die Fehler der Nazizeit zum zweiten Mal machten, nämlich indem einige von uns die geistliche Arbeit zugunsten einer breiteren Basis vernachlässigt hätten.

Am Ende des Basisabschnittes gehe ich auf den Vorwurf ein, daß die Deutschen „zu grundsätzlich“ dächten und wären, wenn man auch im Ausland ihre Forschung und Technik sowie ihre unstillbare Liebe zur Wahrheit achtete. Diese unsere *nationale Eigenart* (3) habe sich in den Strukturen des deutschen CVJM ausgewirkt. Ökumenisch hätten wir dabei ein gutes Gewissen. Sichere doch die Pariser Basis den angeschlossenen Nationalverbänden ausdrücklich ihre Eigenständigkeit – heute würden wir sagen: ihre „Identität“ – zu (wenn nur der Sammlungs- und Sendungsauftrag im Namen Jesu gemeinsam festgehalten werde). Sogar auf die „Menschenrechte“ weise ich hin. Um es ganz unmißverständlich deutlich zu machen, heißt es wörtlich: „Es ist unmöglich, den deutschen YMCA zu amerikanisieren.“ Wohl bringt das Memorandum Verständnis für die Forderung der „breiten Basis“ auf, freilich aus „christlichen Gründen" (Missionsbefehl, Nächstenliebe). Im Grunde sei die strenge Scheidung zwischen dem amerikanischen Typus der „breiten" Basis und dem kontinentalen Typus der „schmalen" Basis längst „überholt". So wird die Forderung nach einer „Studien-Kommission" aufgestellt, in der Vertreter beider Seiten ihre Erfahrungen austauschen und für ihre Länder das beste Modell herausfinden könnten. Beide Grenzmodelle hätten ihren Sinn: das amerikanische „von der Peripherie zum Zentrum" und das europäische „vom Zentrum zur Peripherie". „Das wichtigste Anliegen der YMCA-Arbeit ist ja dies, daß der junge Mensch zu Christus findet, nicht die Methode, sondern das Ziel ist das Entscheidende." Die jungen deutschen Sekretäre seien für eine echte Reform aufgeschlossen.

b) *Die Kirche:* An diesem Punkte lag bei Abfassung des Briefes ein besonderes Informationsbedürfnis der nichtdeutschen Adressaten vor. Bei der Beurteilung des deutschen Werkes vergaß man zu leicht die Tatsache, daß das deutsche Volk in *zwei Hauptkonfessionen* geteilt ist (1). Deswegen heißt es in dem Brief, wir hätten zwei, nicht zweihundert Konfessionen wie in Amerika: „Wir können das Rad der Geschichte nicht 400 Jahre zurückdrehen." Erschwerend kommt und kam noch die Tatsache hinzu, daß der deutsche Protestantismus in „vier theologische Richtungen" zerfällt, auf Lutheraner strenger und milder Observanz, Reformierte und Unierte. Leider vergaß ich – sicher nicht absichtlich, aber unentschuldbar –, die Freikirchen (Methodisten, Baptisten u.a.) zu erwähnen. Die katholische Kirche bemühe sich um ihren eigenen katholischen Jugendverband und verhalte sich dem CVJM gegenüber „grundsätzlich ablehnend". Der Gebrauch des Prädikats „feindlich" wäre nicht angemessen gewesen, da Kardinal Faulhaber ein Grußwort für unsere Zeitschrift „Bereitschaft" geschrieben hatte. Realität war eben der Umstand, daß beide Organisationen, die katholische wie die evangelische Jugendarbeit, in „getrennter Küche" arbeiteten. Erst im Laufe der nächsten Jahrzehnte ging man enger, brüderlicher und grundsätzlicher aufeinander zu. Was mir in meinem Memo am Herzen lag, war zuletzt die Erklärung unseres deutschen Namens „Evangelisches Jungmännerwerk". Schon in der Erklärung aus dem Jahre 1948 forderte ich indirekt die Umbenennung in „CVJM". Jedenfalls bedauert das Memo das Ausbleiben einer Namensänderung, da die vier Buchstaben YMCA den deutschen Kriegsgefangenen, die aus dem Westen nach Hause zurückkehrten, gut bekannt waren.

Auch auf die innerevangelischen Spannungen, um nicht zu sagen „Querelen", mußte das Memo eingehen (2). In diesem Zusammenhang stellte ich den Typus des *verbindlichen* Vereins und den Typus des *offenen* Kreises einander gegenüber. Der letztere Typus sei während des Dritten Reiches notwendig gewesen und bleibe in der Sowjetzone weiter unvermeidlich. Im Westen hätten sich manche Pfarrer so sehr an die Vorstellung einer offenen Gemeindejugendarbeit gewöhnt, daß sie mit dieser Arbeitsform weiter auf die Nachkriegsjugend zugehen wollten. So sei es zu der merkwürdigen Entwicklung gekommen, daß die offene Methode, die einst von den DC-Pfarrern (Deutsche Christen) nachdrücklich propagiert worden war, nunmehr von BK-Pfarrern (Bekenntnis-Pfarrern) in den drei Westzonen vertreten und angewandt würde. Gleichwohl respektierte ich die unumstrittene Tatsache, daß in der neueren Gemeindejugendarbeit „beste Kräfte" am Werke wären.

Dieser Gedanke wurde noch in einem besonderen Punkt unterstrichen: Ich brachte die Erfahrung der YMCA-Kriegsgefangenenhilfe ins Spiel. Sie habe gelehrt, „daß die Firma nicht entscheidend ist, sondern die Sache". Deshalb sei die brüderliche *Zusammenarbeit* (3) zwischen Kirche und YMCA in Deutschland ein hervorragendes „Gebot der Stunde". „Wir können es uns nicht leisten, angesichts der verlorenen deutschen Jugend Kompetenzstreitigkeiten durchzuführen." Natürlich lehnte das Memo eine „Klerikalisierung" des Laien-CVJM durch eine überbetonte Verkirchlichung als falschen Weg ab. Dagegen wurde ein gemeinsamer „Feldzug" (Offensive) im Ringen um die sogenannten „95 Prozent" befürwortet. Der CVJM könne hier aufgrund seiner missionarischen Erfahrung eine gewisse „Führungs"-Rolle übernehmen.

c) *Sekretärschaft:* Das letztgenannte Anliegen des Barwick-Briefes bedurfte einer besonderen Antwort. In diesem Absatz wies ich darauf hin, daß im Lauf der Geschichte des deutschen CVJM das Studium der Theologie die einzige Möglichkeit einer *akademischen* Ausbildung für leitende hauptamtliche „Sekretäre" (Reichswart, Bundeswart, Referenten usw.) gewesen sei. Nun stehe eine Erneuerung an. Ich machte deshalb den Vorschlag eines „akademischen YMCA-Colleges" (1). Im Blick auf die Schwierigkeiten, YMCA-Mitarbeiter, die hinter Stacheldraht gewonnen worden seien, im deutschen Werk unterzubringen, empfiehlt das Memo ein „*Komitee*" (2), in dem über die Einstellung von „Heimkehrern" im „Heimatwerk" zu befinden sei. Abschließend wird der Weltbund um *Unterstützung* für ein größeres Ausbildungsinstitut gebeten (3).

## 8. Die Theologische Schule

Wer Norton Camp verstehen will, muß nicht nur etwas vom YMCA, sondern auch von der Theologischen Schule wissen. Die letztere hat Norton besonders in kirchlichen Kreisen bekannt gemacht. Schließlich war dieses Lager von Anbeginn mit dem Projekt eines Sonderlagers für Theologiestudenten verbunden. Die Idee dazu hatte *Birger Forell.* Er hatte seine Vorstellung bereits 1944 dem Waroffice unterbreitet. Am 8. bzw. 16.8.1945, bald nach Kriegsende, wurde der geplante Ausbildungslehrgang als „Theologische Schule" eröffnet. Als Leiter der religiösen Arbeit der YMCA-Kriegsgefangenenhilfe und als Anreger der Schule hielt Forell den Eröffnungsgottesdienst unter dem Predigtthema „Die Wahrheit wird euch frei machen". Zur Verwirklichung der Idee gehörten beträchtliche Geldbeträge und geeignete Lehrer. Die Finanzen und die technische Einrichtung besorgte der Chef der YMCA-Kriegsgefangenenhilfe *John Barwick.* Als Dozenten wirkten die Deutschen selber. Da sich unter ihnen kein Universitätsprofessor der Theologie befand, wurden akademisch ausgewiesene und lehrmäßig begabte Theologen gesucht und gefunden. Über die Entwicklung des Instituts hat zuerst *Ernst Dammann* berichtet. Jüngst laufen eingehendere Untersuchungen[54].

### *Konzept*

Das Ganze stand unter dem Gemeinschaftsgedanken. Man studierte zusammen, wohnte zusammen, aß zusammen und betete zusammen. Unterbringung und Unterricht (bzw. die Vorlesungen) erfolgten in Blechbaracken (Nissen-Hütten). Die äußeren Umstände machten nicht nur Einschränkungen notwendig, sondern waren auch der Sache selbst förderlich. Dammann formulierte mit Recht: „Die vita communis, die zwangsläufig durch die Kriegsgefangenschaft geboten war, wurde zu einer geistlichen Gemeinschaft." Manches in der Konzeption erinnerte an die geistlichen Erfahrungen der Kirchlichen Hochschulen wie Bethel. Die Gemeinschaft war fundiert im gemeinsamen Gottesdienst und in den Morgen- und Abendandachten. Mitgebrachte Erfahrungen und neue Einflüsse durch die Lehrkräfte, so etwa die Dialektische Theologie, das Luthertum, der Neupietismus, die Gruppenbewegung, die Wiederentdeckung der Liturgie, der bleibende Einfluß des CVJM, wurden – soweit möglich – integriert. Als Lagerpfarrer fungierte *R. Halver*, als Berneuchener ein Anwalt des Liturgischen. Wissenschaftlich wurde intensiv gearbeitet. Das akademische Niveau war beachtlich, nicht nur wegen der möglichen Konzentration, sondern auch dank der ausländischen Gastdozenten. Natürlich gab es auch Probleme, wie sie in jeder theologischen Fakultät und bei allen Theologiestudenten immer wieder auftreten, etwa über das Spannungsverhältnis von Glauben und Denken, überliefertem Bibeltext und privaten bzw. gesellschaftlichen Problemen, freier Theologie und kirchlicher Autorität. Im Lauf ihrer dreijährigen Geschichte suchte und fand die Hochschule in Norton Camp ihre die angedeuteten Probleme übergreifende Mitte in dem Glauben an Christus. Vermutlich ist dieser Tatbestand dem Nichttheologen Sullivan in seiner sonst wertvollen und instruktiven Darstellung nicht recht klar geworden. Seine Vorhalte, in dem Norton-Institut habe zu viel „Innerlichkeit“ geherrscht, auch ein paar „preußische“ Tupfer seien bei dem Personal noch bemerkt worden und „die Christen in Norton“ seien „keine Suchenden, aber noch weniger Existentialisten“ gewesen, treffen den Kern der Sache nicht, obwohl die Schule in Norton wie jede andere theologische Ausbildungsstätte ihre Schwachstellen hatte[55].

### *Dozenten*

Wer lehrt, der prägt seinen Schüler. Von Anfang an wurde großer Wert auf die Auswahl geeigneter Dozenten gelegt. Die Engländer bestanden auf der politischen Zuverlässigkeit der in Frage kommenden Personen. Hier mußte Forell gelegentlich nachhelfen und Mißverständnisse abbauen. Bei der laufenden Betreuung der Theologischen Schule und der dabei zu leistenden Detailarbeit für die Dozenten und die Studenten half ihm sein Sekretär Dr. Hartwell, der sich um die Detailfragen kümmerte.

Besondere Bedeutung hatte der jeweilige *Leiter* des Instituts. Durch die anlaufende Repatriierung wechselte das Amt in den drei

Jahren viermal. Der erste Leiter war der Wehrmachtsoberpfarrer *Damrath*, der früher Standortpfarrer an der Alten Garnisonkirche in Berlin und damit einer meiner hauptamtlichen Amtsvorgänger gewesen war. Ich habe ihn persönlich nie näher gekannt, aber viel Gutes von ihm und seiner Arbeit gehört. Ihm folgte Superintendent *Schnuis*, aber nur für kurze Zeit. Zu meiner Zeit in Norton lag die Leitung in den Händen von *Dr. Gerhard Friedrich*. Er brachte Universitätserfahrung mit, weil er, ein begabter Neutestamentler aus der Schule von Julius Schniewind, wissenschaftlicher Assistent bei Prof. Gerhard Kittel (Tübingen) gewesen war. Mit diesem Ostpreußen verstand ich mich gut. Er wurde später Ordinarius in Kiel, Erlangen und wieder in Kiel. Seine größte wissenschaftliche Leistung besteht in der Fortführung des großen Kittelschen „Theologischen Wörterbuches zum Neuen Testament", das bleibenden und internationalen Ruf erworben hat. Noch wenige Jahre vor seinem Tode habe ich mit ihm korrespondiert, um seinen Fachrat bei der Interpretation bestimmter biblischer Texte zur Sache der „Seelsorge" einzuholen. Als letzter Leiter war *Dr. Ernst Dammann* tätig. Auch er kam aus der akademischen Welt. Noch vor dem Krieg war er Universitätsdozent in Hamburg, und nach dem Krieg wurde er Professor in Berlin und schließlich in Marburg. Seine Spezialgebiete waren Afrikanistik und Religionsgeschichte.

Unter den hauptamtlichen *Dozenten* gab es eine Reihe bemerkenswerter Gestalten. In den exegetischen Fächern war es Magister *H. Frey*, früher Dorpat, der das Fach Altes Testament übernahm. Später wurde er Professor an der Kirchlichen Hochschule Bethel und machte sich einen Namen durch mehrere Bände in dem bekannten gemeinverständlichen Auslegungswerk „Die Botschaft des Alten Testaments". Die Wissenschaft vom Neuen Testament lag bei Dr. G. Friedrich in guten Händen. Gastvorlesungen des Baseler Neutestamentlers *Prof. D. K. L. Schmidt* taten ein übriges. Als Kirchengeschichtler fungierte der aus Gießen stammende Privatdozent *Lic. J. F. Laun*, ein Original. Er war nicht nur kundiger Patristiker, sondern auch engagierter Anhänger der Oxford-Gruppenbewegung. Sein freundlich gemeinter Spitzname „Justus atque Ferdinandus" sprach für ihn. In der Systematischen Theologie bildeten die längeren Gastvorlesungen des schwedischen Professors *Dr. Nygren* den Höhepunkt, der später Bischof von Lund und Präsident des Lutherischen Weltbundes wurde. Für die Praktische Theologie sorgte Pastor *Friedrich von Bodelschwingh*, der nicht nur Träger eines berühmten Namens war, sondern etwas von der Sache verstand. Nicht zuletzt hatten die Besuche namhafter Kirchenführer nachhaltige Wirkung. Neben *Lilje* und *Niemöller* ist hier der Berliner Bischof *Dibelius* zu nennen.

Die Theologische Schule hatte ein umfassendes Programm. Sie bildete nicht nur direkt Theologiestudenten aus, sondern bereitete interessierte junge Kriegsgefangene auf das Studium vor und betreute nachsorgend bereits Ausgebildete, unter ihnen die Amtsbrüder im Lagerpfarramt, soweit es möglich war. Ein eigener humanistischer *Abiturientenlehrgang* wurde eingerichtet. Hier half ein direkter Draht nach Hamburg. Oberschulrat (später Prof.) *Merck* kam 1946 eigens auf die Insel, um die Bedingungen und Leistungen bzw. die Qualität von Ausbildung und Prüfung zu überprüfen. Erfreulicherweise wurde das Abitur von der Hamburger Schulbehörde anerkannt. Gleichzeitig erhielt die Theologische Schule das Recht, das *erste und zweite theologische Examen* abzunehmen. Einzelne Landeskirchenbehörden zeigten sich hier entgegenkommend. In diesem Zusammenhang sei festgestellt, daß die Theologische Schule in Norton Camp Privilegien hatte, die durch die Nähe zur Heimat und die Höhe des Bekanntheitsgrades in der kirchlichen Öffentlichkeit zu Hause mitbedingt waren. Weder das Theologische Seminar Rimini, das hinter der Alpenbarriere in einem stockkatholischen Land lag, noch die Theologische Schule von Ägypten, die in der nordafrikanischen Wüste ihren Sitz hatte, konnten sich derartiger Rechte erfreuen. Man darf auch nicht vergessen, daß der Nationalrat der britischen Kirchen und die ökumenische Autorität des Schweden Birger Forell in dem weithin protestantischen Land Norton eine bemerkenswerte Rückendeckung und Förderung zuteil werden ließen. Dafür gebührt ihnen entsprechender Dank.

Beliebt waren die *Refresher-Courses*, die im Sinne eines Pastoralkollegs der geistlichen und theologischen Auffrischung der Lagerpfarrer dienten. Darüber hinaus kümmerte sich die Fakultät um die sogenannten *Austauschpfarrer*, die freiwillig als Zivilisten aus der Heimat kamen, um älteren oder kränklichen Lagerpfarrern die Repatriierung zu ermöglichen. Bei dieser vom Waroffice eingeleiteten Aktion waren weniger gekommen, als man erwartet hatte. Unter ihnen waren einige, die keine Erfahrung mit einem Kriegsgefangenenlager hatten und/oder keine englischen Sprachkenntnisse besaßen. Da waren Einführungen und Handreichungen erforderlich.

*Studenten*

Die etwa 150 Studierenden, zu denen auch Vikare und Hospitanten gehörten, stellten im Blick auf Ausbildungsgrad, Lebensalter und Frömmigkeitsrichtung eine nuancenreiche Gruppe dar. Eine große Rolle spielte der Jahrgang der jungen Männer, die 1937 Abitur gemacht hatten und noch keine Berufswahl treffen konnten. Die Situation der Studenten war trotz des Stacheldrahts relativ gut, wenn nicht sogar in mancher Hinsicht besser als die der Kommilitonen in der Heimat. Die jungen Theologen wurden nicht abgelenkt, sondern konnten sich konzentrieren. Die Studienzeiten waren zwangsläufig, aber auch förderlicherweise geregelt. Die Begegnung mit den prominenten Gastdozenten aus der Heimat und aus dem Ausland hob das Niveau des Instituts und erweiterte den Horizont der Studierenden.

Wie stand es um die *Gedanken-, Gefühls- und Traumwelt* dieser Studenten? Mich interessierte diese Frage als Seelsorger überhaupt und als Lehrer der Seelsorge an der Schule besonders. Im Rahmen der mir übertragenen Vorlesungen führte ich deswegen den schon in Cambridge angewandten *Erzähltest* auch mit den Studenten durch. Ihre Texte hatten natürlich ein höheres Niveau, wiesen mit ihren Reaktionen aber ähnliche Einstellungen und Vorstellungen auf, wie sie nun einmal ein junger Erwachsener hinter Stacheldraht zu haben pflegt. Noch deutlicher als im Jugendlager überwog bei der Erzählung („Ich lag in meinem Schlafzimmer . . ., als . . .") der Nachdenkens- bzw. Besinnungstyp. Er ist unter den 31 Texten, die abgegeben wurden, fast durchweg zu beobachten. Die „*Geräusche*" werden zuweilen meditativ dargestellt, z. B. die „erlösende" Schulklingel oder die „Stille", die „laut zu tönen begann". In einem Angst- und *Prüfungstraum* erlebt ein Student eine Gerichtssitzung, bei der „acht Männer im weißen Kittel" mit ihren Instrumenten, „die wie verbogene Hörrohre aussahen", bedrohlich auf den Prüfling eindringen. Vielleicht haben sich da Erinnerungen an das Abitur oder das Screening (Verhör) niedergeschlagen. Die Studenten waren hoch sensibilisiert. Die Teste zeigen, daß sie ihre menschlichen Sehnsüchte und ihre leiblichen Anfechtungen intensiver erlebten, als es sonst bei jungen Erwachsenen üblich ist. Besonders belastet hat die „letzte Einsamkeit, die keiner mit mir teilt, auch keiner teilen kann". Einige Texte lassen das deutlich werden, was wir heute mit *Selbsterfahrung* bezeichnen. Daraus spricht *Kritik*, aber ebenso *Dank*. Ein Schreiber beklagt „die Welt voll äußerer Gegensätze" in der Schule (Offiziere

– Nichtoffiziere, Preußen – Bayern usw.) und die vielen „theologischen Streitigkeiten“: „Ist das alles? Wo bleibt die Liebe? . . . Vor lauter Theologen findet man keine Christen. Was ist mit den ‚neuen Menschen‘? Die Wirklichkeit ist hier ganz anders. Wo sie es doch eigentlich an allen vier Zipfeln haben sollten! Vielleicht muß ich das alles erlernen, um zu erfahren, daß Christentum kein Ideal, sondern Realität ist.“ In einem anderen Test wird gefragt: „Hier bin ich allein mit mir. Bin ich ein ‚Ich‘?“ Offenbar hat das Studium in Norton mit zu einer „christlichen Identitätsfindung“ geholfen. Charakteristischerweise schließt ein Student mit der Doppelfrage: „1. Was habe ich persönlich von der Zukunft zu erwarten und zu erhoffen? 2. Was ist der Wille Gottes, den ich tun soll? Was ist die mir von Gott gestellte Aufgabe?“ [56]

Von den damaligen Studenten sind viele gute Pfarrer geworden. Andere wurden andere Wege geführt. Allein in der bayerischen Landeskirche sind zwei Nortonen Oberkirchenräte geworden. Vier Ehemalige lehrten später selbst Theologie als Hochschulprofessoren: der Kirchenhistoriker *J. F. Goeters*, der Alttestamentler *R. Henschke*, der theologische Religionsphilosoph und -psychologe *U. Mann* und der Systematiker *Jürgen Moltmann.* Der letztere, der durch seine „Theologie der Hoffnung“ bekannt geworden ist, hat sich ausdrücklich zu „der ersten Beschäftigung mit den Fragen des christlichen Glaubens und der Theologie in der Existenz eines Kriegsgefangenen hinter Stacheldraht“ bekannt [57].

## *Eigene Vorlesungen und Predigten*

Da das Religious Department, dem ich vorstand, in Norton leitete und ich dort gleichzeitig den Jugendleiterkurs durchführte, lag es nahe, mich als „Fachmann für Jugendseelsorge“ (so E. Dammann) mit einem Lehrauftrag für dieses Gebiet zu versehen. Ich nahm diese Gelegenheit freudig wahr und las über „*Evangelische Jugendverkündigung – evangelische Jugendseelsorge*“. Hier ging es um theologische Grundfragen, aber auch um seminarartige praktische Übungen. Von der Thematik her lag es nahe, daß Aspekte der Katechetik und der allgemeinen Seelsorgelehre in die Vorlesung einflossen. Dabei konnte ich im mündlichen Vortrag das Niveau meiner Darlegungen erhöhen, weil ich Studenten vor mir hatte, die des Lateinischen, Griechischen und Hebräischen kundig waren. Hier wurde ich meine Sache einmal so richtig los, ohne auf Allgemeinverständlichkeit und Nichttheologen Rücksicht nehmen zu müssen.

Im Einleitungsparagraph 1 *„Das biblisch theologische Wort zum Jugenddienst“* trug ich fünf ausführliche *Leitsätze* vor. Die wörtliche Formulierung sollte den Studenten helfen, das für die meisten bisher fremde Sachgebiet zu verstehen und zu behalten, weil es für sie von besonderer Bedeutung werden sollte. Viele von ihnen mußten später in der Heimat mit jungen Menschen umgehen, und kaum einer hatte sich vorher mit einer biblisch-theologischen Grundlegung der Jugendarbeit beschäftigt. Damals war sie weithin als Anhängsel des Pfarramts, als eine rein praktische Angelegenheit, und ein Sondergebiet für Diakone, Jugendwarte und ehrenamtliche Laienmitarbeiter. Nur einige kannten den CVJM aus eigener Erfahrung. Der 1. Abschnitt (Leitsatz) begann deshalb mit der These: „Der Dienst an der Jugend ist sowohl Gegenstand der Praktischen Theologie als auch der Theologischen Ethik.“ Dabei hatte ich manche pragmatischen Jugendführer als auch theologischen Erziehungsethiker im Auge, die beide meinten, ohne eine biblische bzw. exegetische Vorbesinnung auszukommen. Von hier aus entfaltete ich das biblische Erziehungsdenken als eine vom „Herrn“ bestimmte Erziehung (Eph 6,4) in Auseinandersetzung mit dem griechischen Bildungsgedanken (Paideia). Der Paragraph 2 handelte vom *Katechumenat und Jugendwerk.* Hier suchte ich die Linie vom Kinderkatechumenat zum Jugendkatechumenat auszuziehen. Die Sache des Jugendwerkes wurde im Lichte seiner spannungsvollen Geschichte und im Sinne seines „eigenständigen“ Dienstes „in“ der Kirche interpretiert. Der Rest der Vorlesung galt den Hauptfragen der Jugenddienstpraxis und war mit Übungen verbunden.

Da ich ungeachtet meiner Sonderstellung zur Lagergemeinde gehörte, wurde ich als Pfarrer zu Gottesdiensten, *Predigten* und Andachten herangezogen. Sie wurden in der Dorfkirche von Cuckney oder im Lager selbst gehalten. Erhalten geblieben ist mir das Manuskript zu dem *Silvestergottesdient* 1947. Ich hatte einen nicht sehr leichten Text gewählt, nämlich *Prediger 3,1–15.* Der Verbindungsgedanke zwischen Text und Tag war das Problem der „Zeit“, das alle Kriegsgefangenen bewegte, sonderlich wenn es sich um die Jahreswende handelte. Bei dem großen akademischen Hörerkreis konnte ich das Niveau etwas anheben, gab mir aber Mühe, mich auch den „anderen“ verständlich zu machen. Die Predigt ging von *Caspar David Friedrichs „Landschaft mit dem Regenbogen“* aus, die er nach einem furchtbaren Sturm bei der Überfahrt von Stralsund nach Rügen gemalt haben soll. Der Text brachte mich darauf: „Ein jegliches hat seine Zeit, und alles Vorhaben unter dem Himmel hat seine Stunde: geboren werden hat seine Zeit, sterben hat seine Zeit . . . ER hat alles schön gemacht zu seiner Zeit, auch hat er die Ewigkeit in ihr Herz gelegt; nur daß der Mensch nicht ergründen kann das Werk, das Gott tut, weder Anfang noch Ende." Der „Prediger der Landschaft" mit seinem Bild zwischen Tod und Leben, Vergänglichkeit und Verheißung, Verstörung und Versöhnung ermöglichte mir den Brückenschlag zu dem „Prediger" des Alten Testamentes und seiner dunklen, aber tröstlichen Botschaft „zwischen den Zeiten". Dieser schreibt – so wörtlich – „kurz vor dem Untergang des Morgenlandes". „Wir, die Teilhaber am Untergang des Abendlandes, sollten auf ihn hören."

Den vielschichtigen Text stellte ich unter das Thema *„Zeit im Zwielicht"*. Nach dem Gedanken der *„zahllosen Wiederkehr"* (1) machte ich zunächst auf die Zwielichtigkeit der Welt, auf ihr Werden und Vergehen aufmerksam. Im Blick auf die Ding-, Eigen- und Mitwelt konnten die Hörer wahrnehmen, daß sie selber mit ihren täglichen Problemen in dem Text vorkamen. Sie kannten die beiden Schlüsselsätze „Ein jegliches hat seine Zeit" und „Alles ist eitel" aus eigener Erfahrung. Der monotone Stundenschlag war ihnen hinter Stacheldraht vertraut. Der Text wurde „gleichzeitig": „Der Prediger hat die Dialektik von Zeit und Ewigkeit zu Ende gedacht. Hier ist einer über den Reiz des Dialektischen todmüde geworden." – Dann versuchte ich, das andere Anliegen dieses alttestamentlichen Zeugen, nämlich die These von der *zählbaren Einmaligkeit* (2) der Zeit, herauszuarbeiten. Der Prediger kenne zwar das Phänomen der „Zeitwalze" (Albert Welti), die alles plattdrücke, aber er wolle nicht die „Zeit aus der Zeit erklären" (wie Heidegger), sondern glaube sie umgriffen und gesteuert von Gott, dem „Herrn" der Zeit, dem Steuermann der Geschichte: „Gott tut alles fein zu seiner Zeit, jagt den Flugsand der Geschichte und legt dem Menschen Ewigkeit ins Herz." Fazit: „Wir können zwar die Ewigkeit nicht ausdenken, aber wir können daran denken." – Die Aufgabe des letzten Teils der Predigt bestand darin, den *zielklaren Gehalt* (3) bzw. die Bestimmung der Zeit aufzuzeigen. Der Prediger kenne Christus, den hellen Morgenstern, noch nicht. Er sei ein „frommer Skeptiker", der am Vorabend des Untergangs des Morgenlands sein Zeugnis ablege. Auf die Frage nach dem „Woraufhin" der Zeit antworte er mit der verblüffenden Forderung der Furcht Gottes und des fröhlichen Lebens. Schuld sei beides: „mangelnde Gottesfurcht" und „mangelndes Gottvertrauen". Der „Essay aus der Abenddämmerung des Morgenlandes" habe ein Ziel: „Wir brauchen etwas von der Morgendämmerung der Ewigkeit." Im Lichte des Evangeliums von Christus schloß die Predigt zur Jahreswende vor den Kriegsgefangenen mit dem Zitat des mir gerade erst bekannt gewordenen Gedichtes von *Gerhard Fritzsche* „Einmal öffnet sich die Tür", wo es heißt: „Klage nicht, mein Herz, vertrau, / einmal wird sich alles wenden. / Einer hält, / wie alle Welt, / so auch mich in Seinen Händen." [58]

## 9. Der Jugendleiterkursus

Die Vorgeschichte des Jugendleiterseminars in Norton ist kurz erzählt. Es liefen zwei Gedankenströme aufeinander zu. Einmal hatte der Weltbund mich zum Dienst in der Kriegsgefangenenhilfe für Großbritannien berufen, weil er von meiner Arbeit in Rimini gehört hatte und dem deutschen CVJM eine Chance geben wollte. Weil das Theologische Seminar, d. h. ein Ausbildungsinstitut zum Kernstück der YMCA-Kriegsgefangenenhilfe in Italien gehörte und das Leadershiptraining (Leiterschulung) eins der Hauptprobleme der Nachkriegsarbeit sowohl in den Lagergemeinden als auch im Heimatwerk bildete, bestand in dieser Richtung eine große Aufgeschlossenheit. Man wollte Multiplikatoren für eine neue Generation heranbilden. Ich erinnere nur an den Briefwechsel mit J. Barwick. Auf der anderen Seite konnte ich mir meine ökumenische Mission nicht ohne einen Ausbildungsprozeß in einem Institut denken. Als Vertreter des deutschen CVJM mußte ich daran interessiert sein, neue junge Mitarbeiter für den Dienst im Heimat-CVJM zu gewinnen. John Barwick, der „Boss", gab mir sofort grünes Licht. Er stellte mir alle nur denkbaren Hilfsmittel für eine solche Ausbildungseinrichtung hinter Stacheldraht zur Verfügung. Er ließ mir – ähnlich wie das schon R. W. Jones in Rimini getan hatte – für das Programm, die Auswahl der Dozenten, die Praxis der Vorlesungen, Übungen und Prüfungen völlig freie Hand. Geplant wurde der Jugendleiterkursus für die Zeit vom 1. 11. 1947 bis zum 30. 4. 1948. Die Ausschreibung erfolgte im Juli 1947 im Pfarrerblatt für die evangelischen Lagergemeinden, also mitten im Sommer und ziemlich bald nach meinem Eintreffen in England. Die neue Einrichtung erhielt den schlichten Namen „Jugendleiterkurs", der eine wörtliche Übersetzung des im Angloamerikanischen gebräuchlichen Wortes „Youthleader Course" war. Praktisch handelte es sich aber nicht bloß um einen „Lehrgang", der nach deutschem Verständnis meist nur einige Wochen dauert, sondern um ein richtiges Institut, ein Jugendleiterseminar, zumindest um ein Semester eines solchen Seminars mit vollständiger Lern- und Lebensgemeinschaft.

*Programm auf Prüfstand und Probe*

Der Jugendleiterkursus war ein gewagtes Unternehmen, fast ein Abenteuer. Ich brachte Erfahrungen mit, hatte ich doch in Rimini nicht nur Theologen, sondern auch Jugendleiter ausgebildet. Das neue Programm konnte auf das bewährte alte Programm von Italien zurückgreifen. Andererseits waren die Verhältnisse in England in manchen Punkten anders. Ich brauche nur darauf hinzuweisen, daß der neue Lehrgang im Spätstadium der Kriegsgefangenschaft stattfand und nicht in die Theologische Schule integriert war, sondern als selbständige Ausbildungsstätte angelegt war. Das Riminimodell stand auf dem *Prüfstand.* Würde es sich bewähren, oder mußte es an dieser oder jener Stelle neu strukturiert werden? Wie es sich im Lauf der Zeit zeigte, konnte ich viel von dem übernehmen, was ich in Rimini entworfen hatte, besonders im Inhalt der Vorlesungen; manches ließ sich ohne weiteres ausbauen und vertiefen. Es stand viel mehr Zeit zur Verfügung.

Auf der anderen Seite mußten neue Perspektiven bedacht werden. Die Teilnehmer in Norton sollten ja nicht in erster Linie Pfarrer werden, sondern christliche Jugendleiter. Zumindestens sollten sie die Kompetenz erreichen, als Christen mit jungen Menschen umzugehen. So war der Jugendleiterkursus ein ausgesprochenes Laieninstitut. Das Theologische mußte noch mehr in das Allgemeinverständliche übersetzt werden. Dazu kam eine Arbeitsbedingung, die ich in Rimini noch nicht zu beachten hatte. Der Strategie des Weltbundes der YMCA entsprechend, sollte das ökumenische Prinzip konsequenter durchgeführt werden als bei der Theologischen Schule, die nur eine evangelische und keine katholische Fakultät hatte. Beim Jugendleiterkursus stand von vornherein fest, daß auch die Katholiken in diesem YMCA-Institut hinter Stacheldraht gebührend und gleichberechtigt zum Zuge kommen sollten. In diesem Sinne war mein Programm auch ein Programm auf *Probe*. Ich mußte eine neue Form finden, mittels derer beide Konfessionen zu einem Miteinander in der Ausbildung kommen konnten. Nicht zuletzt galt es, die neuen Erfahrungen, die der Heimat-CVJM nach dem Kriege gewonnen hatte, zu berücksichtigen. Schließlich war es unsere Absicht, Nachwuchskräfte für dieses Jugendwerk zu gewinnen, zu schulen und zum Einsatz zu bringen. So formte sich das Programm wie von selbst durch die Bezugnahme auf das Gestern und auf das Morgen. Es war ein Programm auf Prüfstand und Probe.

In der Ausschreibung des Lehrgangs werden Begründung und Zielsetzung wie folgt umschrieben: „Die Lage der deutschen Jugend in der Heimat macht die Ausbildung von geeigneten Jugendleitern doppelt notwendig. In Anbetracht der schwierigen Aufgabe, die der äußeren Not des jungen Menschen möglichst gründlich helfen und vor allem einer inneren Neuformung der deutschen Jugend dienen soll, wird von vornherein auf eine eindeutig *christliche Fundierung* des Lehrgangs Wert gelegt." Praktisch hieß das: Dieses Seminar hinter Stacheldraht mußte eine Einführung in die *theologischen Grundfächer* geben und wesentliche Kenntnisse in den *Humanwissenschaften* vermitteln. Natürlich beanspruchten die theoretischen Vorlesungen viel Zeit und Kraft. Gleichwohl wurde der Praxis der ihr gebührende Rang eingeräumt. Manchmal gingen *Vorlesung* und *Übung* ineinander über. Man kann es offen sagen: Den Studierenden wurde sehr viel abverlangt.

Sehr viel kam uns auf einen *verbindlichen Abschluß* des Jugendleiterkurses an. Die Interessenten und Bewerber mußten dazu so genau wie möglich Bescheid wissen, wohin die Reise gehen sollte und ob sie sich selbst der Sache gewachsen fühlten oder nicht. In der offiziellen Mitteilung hieß es: „Der Kursus wird mit einer Prüfung abgeschlossen. Die Teilnehmer erhalten am Schluß eine Beurteilung, in der sie zur weiteren besonderen Ausbildung und zum praktischen Einsatz in der Heimat überwiesen werden. Selbstverständlich kann die jeweilige Eignung erst am Ende des Kurses festgestellt werden. Die Einsatzmöglichkeiten sind haupt- und nebenamtlicher Art." Als „Berufszweige" wurden genannt: Großstadt-CVJM, Gemeindejugendarbeit, Jugendfürsorge, Diakonie usw. Dann folgte eine spezielle Notiz für den CVJM-Dienst: „Die Ausbildung zum *hauptamtlichen* CVJM-Mitarbeiter in Deutschland beträgt 2 Jahre theoretische Schulung und 2 Jahre Praxis. Das Semester in Norton wird auf die Ausbildung in der Heimat angerechnet. Bei besonderer Eignung kann die Ausbildung verkürzt werden."

Die *Anmeldefrist* wurde für den 15. September festgesetzt. Dieser Termin wurde dann später auf den 1. September vorverlegt. Die Zeit war knapp. Nicht nur die äußere Unterbringung mußte geregelt, sondern auch das entsprechende Lehrmaterial besorgt werden. Dann galt es, die speziellen *Dozenten* zu gewinnen und sie in ihre Tätigkeit einzuweisen. Schließlich war jeder Bewerbungsfall einzeln zu bearbeiten. In einer zweiten Mitteilung an die Lagerpfarrer wurde, offenbar aufgrund von Erfahrungen mit unerwartet aufgetretenen Problemen, noch besonders auf zwei Punkte aufmerksam gemacht: Einmal sollten die Bewerbungen nicht an das YMCA-Office, sondern an den Lagerkommandanten des PoW-Camp 174, d. h. an Major Boughton, gerichtet werden. Die ganze Sache stand letzten Endes unter britischer Aufsicht. Unter Umständen konnte die *politische* Einstufung des Bewerbers eine Rolle spielen. In jedem Falle mußte der Transport von dem bisherigen Lager, nicht selten von weit her (Schottland, Wales), nach Norton organisiert werden. Um den Bewerbern etwaige Illusionen zu nehmen und um die *Motivationen* so lauter wie möglich zu erkennen, mußte ich noch einen Zusatz machen: „Die Teilnehmer ... stehen nicht im Arbeitsverhältnis und haben darum keinen Anspruch auf Entlohnung in Lagergeld oder englischer Währung. Hilfeleistung finanzieller oder materieller Art während des Kurses kann nicht zugesagt werden." Das war deutlich.

Die Durchführung der Seminararbeit erforderte einige Überlegungen grundsätzlicher Art. Wir mußten die Tatsache in Rechnung stellen, daß trotz aller Ökumenizität die Eigenständigkeit der Konfessionsgruppen gewahrt wurde. Außerdem war die Zahl der Kursusteilnehmer zu bedenken. So wurde der Kurs laut Ausschreibung in *drei „Klassen"* gegliedert, und zwar nach dem Prinzip der Ausbildungsrichtung. 1.) „*CVJM-Sekretäre* und *evang.* Jugendwarte". Die Leitung hatte hier Pastor Dietrich *Stange*. 2.) „*Katholische* Jugendarbeit". Die Leitung lag in den Händen des katholischen Lagerpfarrers Pater *Wahler* OSB. 3.) „*Christlich-soziale* Jugendarbeit (soziale Arbeitszweige des CVJM und kirchliche Jugendfürsorge)". Als Leiter war *Kurt Miethke* vorgesehen. Wir hatten mit einer ganzen Reihe von Interessenten an der Ausbildung gerechnet, waren aber dann doch freudig überrascht, daß es zum Schluß 70 evangelische und 24 katholische Seminaristen wurden, insgesamt also fast 100. Aus diesem Grunde wurde dann die Zählweise der Klassen geändert: I und II waren evangelisch, III war katholisch.

Das *Seminargelände* bildete einen geschlossenen Block von neun Nissenhütten (Baracken), die wie ein Haken bzw. ein großes griechisches Gamma angelegt waren. In der Nähe befanden sich die katholische Lagerkapelle, der ‚Musentempel' (der Zeichen-, Musikraum und Puppenspiel beherbergte) und zwei Baracken für die Abiturientenlehrgänge. Der Block des Jugendleiterkurses umfaßte vier Wohnbaracken, in denen die Studenten untergebracht waren und schlafen konnten, und drei Arbeitsbaracken, in denen sie studieren, d. h. Vorlesungen nacharbeiten, lesen und schriftliche Arbeiten anfertigen konnten. Dazu kam der *Lehrsaal*. Hier wurden die Hauptvorlesungen gehalten. Einige (nichttheologische) wurden von evangelischen und katholischen Studenten gemeinsam besucht. Eine letzte Nissenhütte, nämlich die Baracke 19, war für praktische und technische Zwecke gedacht, sie trug deswegen den Namen *Werkraum*. Die wenigen Andeutungen zeigen, um welch weitgespanntes und vielschichtiges Unternehmen es sich bei unserem Jugendleiterkursus handelte. Hier bedurfte es einer zentralen Steuerung. Der Ordnung halber sei deswegen noch einmal der Ausschreibungstext zitiert: „Die Gesamtleitung des Kursus liegt in den Händen von Lic. theol. Jentsch, dem Vertreter des deutschen CVJM, der für die religiöse Betreuung der YMCA-Kriegsgefangenenhilfe Großbritanniens eingesetzt ist."

Ich brauche nicht ausdrücklich zu betonen, wie schwer diese Verantwortung auf mir lag, aber auch welche Freude mir diese einmalige Gelegenheit bot, junge Männer für den Dienst in der christlichen Jugendarbeit gründlicher als je zuvor auszubilden, und dies ausgerechnet hinter Stacheldraht. Weitere Einzelheiten zum Programm sollen in dem folgenden Abschnitt über die einzelnen Lehrkräfte behandelt werden.

### *Lehren zwischen Geben und Nehmen (Dozenten)*

Zwar trug ich die Hauptverantwortung für die Seminarleitung und damit auch für den Lehrbetrieb, aber Durchführung und Erfolg standen und fielen mit den Dozenten. Sie hielten nicht nur ausgezeichnete Fachvorlesungen und Übungen, sondern berieten mich auch in den Sitzungen des *Dozentenkollegiums*, so daß ich echte, gediegene und geschickte Mitarbeiter bekam. Noch heute bin ich allen dafür aufrichtig dankbar. Der Dozentenrat übte gleichzeitig die Funktion aus, die in Rimini dem sogenannten Kuratorium zugedacht war. Wie in Italien, so berief ich auch in Norton hauptamtliche und nebenamtliche Dozenten. Die letzteren waren Gastdozenten bzw. Besucher, die eine einmalige Fachvorlesung (manchmal auch mehrere) mit Diskussionen hielten. Der *engste* Kreis meiner *Berater* waren die Leiter der beiden Ausbildungsgänge Pastor Stange und K. Miethke. Natürlich standen die Vorlesungen und Übungen über „evangelische Jugendarbeit" im Vordergrund. Sie wurden auch im Zeugnis zuerst aufgeführt. Das hing mit der Zielbestimmung des Kurses zusammen. Es sollten Jugendleiter ausgebildet werden. Da ich diese Aufgabe selber wahrnahm, will ich weiter unten darüber berichten. In diesem Abschnitt geht es zunächst einmal um die anderen Dozenten.

Hier ist an erster Stelle *Dietrich Stange* zu nennen, ein Pastor, dem man die Bekanntschaft mit Wasser und Wind anmerkte. Er stammte aus Schleswig-Holstein und war im Kriege Marinepfarrer gewesen. Dabei war er nicht nur ein guter lutherischer Christ, sondern ein ausgesprochen gütiger Mensch. Mit intensiver Sorgfalt verrichtete er seine Lehraufgaben, und mit einem einfühlsamen Verstehen kümmerte er sich um die einzelnen Studenten. Auf seine Treue konnte ich mich verlassen. Seine Hauptaufgabe bestand in der Einführung in die biblische Text- und Gedankenwelt. So war er für die Bibelkunde des *Neuen Testamentes* und mit mir zusammen für die Bibelkunde des Alten Testamentes verantwortlich. Ausführlichere Auslegungen brachte er zum Markusevangelium, zu 1. Samuelis und Hosea.

Lag die Exegese bzw. die Biblische Theologie in guten Händen, so galt das ebenso für die Dogmatik. Sie wurde unter dem Titel *Laiendogmatik und Sozialethik* gelesen. Die Bezeichnung erklärt sich daraus, daß unser Seminar nicht Theologen, sondern Nichttheologen ausbildete, jene „Laien", wie sie Dietrich Bonhoeffer, O. Hammelsbeck und R. v. Thadden-Trieglaff im Auge hatten. In diesem Doppelfach waren zwei Dozenten eingesetzt, die einander gut ergänzten. Der eine war Pfarrer *Wilhelm Burkert,* der in den beiden „Laienlehrgängen" der Theologischen Schule leitend tätig war. Seine besondere Begabung lag darin, daß er die Lehre der Kirche überschaubar und anschaulich darstellen konnte. Er hat später eine führende Aufgabe in der Volksmission, der Männerarbeit und Erwachsenenbildung der Rheinischen Kirche innegehabt. Pfarrer *Dr. Hans-Joachim Thilo* kannte ich vom Studium in Leipzig her. Er hatte ein systematisches Talent und konnte es gut – gedeckt durch eigene Lebenserfahrungen – in den Unterricht vor den für soziale Fragen besonders aufgeschlossenen jungen Hörern einbringen. Später war er Auslandspfarrer (Genf) und bekam neue Denkanstöße durch den Berliner Professor Otto Haendler, der seine Praktische Theologie eng mit der Psychologie verband. Thilo bildete sich in der Psychoanalyse weiter und wurde ein

Anwalt der psychotherapeutisch orientierten Seelsorge. Sein bekanntestes Buch ist die „Beratende Seelsorge". Am Ende seiner beruflichen Arbeit lehrte er als Professor für Praktische Theologie in Hamburg. In die *Kirchengeschichte* (zusammen mit Pfarrer *Schröder*) und in die Lehre von der *Inneren Mission* führte Pfarrer *Schulze* ein. Er arbeitete schon in der Theologischen Schule mit und nahm in den folgenden Jahren eine führende Position als Landessuperintendent in der hannoverschen Landeskirche wahr. Soviel zu den theologischen Fächern.

Die *humanwissenschaftlichen* Aspekte des Programms standen im Zeichen der Praxis. Die *Pädagogik* war kein eigenes Lehrfach im engeren Sinne des Wortes, sondern bildete die Grundlage für eine Reihe von Vorlesungen und Übungen, die Kenntnisse und Fähigkeiten für die Jugendarbeit selbst vermitteln sollten. Sie kam an allen Ecken und Enden vor. Als wesentlicher Vermittler fungierte dabei *Kurt Miethke*, der Pädagogik studiert hatte. Das Pädagogische umfaßte hier die Bereiche von Erziehung und Bildung. Gerade die letztere war ein Schlüsselproblem des Jugendleiterkurses. Die Vorbildung der einzelnen Studierenden wies in dem einen oder anderen Falle Lücken oder Unterbrechungen auf. Um das Bildungsniveau der Hörer einigermaßen anzugleichen und für die spätere Berufsfortbildung zu intensivieren, war Miethke der richtige Mann. Angesichts dieser Vorbildungslage und dank seiner reichhaltigen und hervorragenden Kenntnisse und Interessen, wurde er ein Spezialist für Allgemeinbildung. Das Thema seiner Hauptvorlesung hieß: „*Allgemeine Kulturkunde* (Literatur und bildende Kunst)". Begreiflicherweise konnten nur exemplarische Denkanstöße gegeben werden. Sie haben sich, wie ich weiß, auf das spätere Selbststudium der Seminaristen als äußerst fruchtbar ausgewirkt. Die andere Vorlesung betraf eine eminent wichtige Seite der praktischen Jugendarbeit. Ihr Thema lautete *Heimabend und Technik des Erzählens.* In meiner „Handreichung" für die CVJM-Gruppenarbeit waren eine ganze Reihe von Themenvorschlägen für die Gestaltung von Heimabenden geboten worden. Miethke half seinerseits mit sachlichen und methodischen Hilfen für die Durchführung dieser Heimabende. Als erfahrener Journalist und freier Schriftsteller verstand er etwas von der Kunst des Erzählens, wie wir sie früher von Hemingway und heute von Siegfried Lenz her kennen. Diese Kunst mußte und muß ein CVJM-Sekretär bzw. Jugendwart verstehen, wenn er mit Jungen im Jungscharalter in Kontakt kommen will oder in einer Andacht bzw. einer evangelisatorischen Ansprache eine Beispielsgeschichte verwenden will. Die Kurzgeschichte war und ist in der christlichen Jugendarbeit gefragt.

Es war ein Glücksfall, daß wir in Norton Camp den Beutel-Chor hatten. *Heribert Beutel* selbst und *Heinrich Heun* nahmen sich der musikalischen Ausbildung an: *Musikunterricht und Singleiterausbildung*. Für das Fach *Sport* zeichnete der Vertrauensstudent Siegfried Falke verantwortlich, der das dazu erforderliche Training besaß.

Die Einführung in die *Psychologie* mußte auf einen bestimmten Aspekt, nämlich die „Jugendpsychologie" eingegrenzt werden. Ich behandelte diese Thematik im Zusammenhang mit meiner Seelsorgevorlesung. Darüber hinaus gab es eine kleine Arbeitsgemeinschaft „Sinn und Grenzen der Psychologie", die von Heinrich Boland, einem der Studierenden mit den dazu gehörigen Vorkenntnissen geleitet wurde.

Schließlich ist die *Soziologie* zu nennen. Eine besondere Vorlesung über die Sozialwissenschaften hätte damals die jungen Hörer überfordert. Dieses Wissensgebiet wurde auf mancherlei Wegen dargeboten, was besonders diejenigen Studierenden interessierte, die sich für die Studienrichtung „Christlich-soziale Jugendarbeit" entschieden hatten. Zunächst ist daran zu erinnern, daß es unter den theologischen Vorlesungen das Fach *Sozialethik* gab. Eine besonders gute Hilfe bot der amerikanische Leiter der Administration im YMCA-Office, *Walter S. Kilpatrick* M. A., der Sozialwissenschaften studiert hatte. Er las über *Soziale Einrichtungen der Gegenwart in Amerika und Europa*. Eine weitere Bereicherung für das Kursusprogramm bot der Berufsschulpädagoge und spätere Studiendirektor *Jürgen Laabs*. Da ein CVJM-Sekretär und Jugendleiter es nicht nur mit Schülern, sondern vor allem mit jungen Berufstätigen zu tun hat, erfuhren die Studierenden hier Wissenswertes über das Arbeitsfeld, das auf sie in der Heimat wartete. Das Thema der sozialpsychologisch und seelsorgerlich instruktiven Vorlesung lautete: *Die Welt des Arbeiters und Handwerkers*. Nicht zuletzt mußten die Studierenden auf juristische und kriminalpsychologische Probleme aufmerksam gemacht werden, die vor allem mit der Jugendsozialarbeit und dem Großstadt-CVJM verbunden sein können. Hierfür wurde als Fachmann der Amtsgerichtsrat *Meller* gewonnen. Sein Thema war: *Rechtsfragen und Jugendkriminalität*.

Es war ein Geschenk, daß wir diese Dozenten hatten. Sie gaben ihr Bestes. Das, was wir gaben, war nicht nur eine originale Anfertigung aus Eigenproduktion. Wir schöpften aus den Gaben, die Gott uns anvertraut hatte. Wir dozierten als Beschenkte. Wir, die Lehrer, gaben letzten Endes nur im Sinne des *Weitergebens*. Und noch mehr: die Lehrer des Jugendleiterkurses nahmen nicht nur ihre Erkenntnisse und Darbietungen aus Gottes Güte, sondern sie nahmen auch viel von den Lernenden, von den Studierenden. Manche haben ausdrücklich bekannt, wie glücklich sie waren, diesen Dienst hinter Stacheldraht in der Lehrbaracke tun zu dürfen. Die jungen Männer waren lernwillig, sachlich und persönlich am Lehrgegenstand interessiert und schenkten den Dozenten viel Vertrauen. Ich selbst kann bezeugen, daß wir *aus Gebenden* mehr und mehr *zu Nehmenden* geworden sind. Gewiß hatte ich diesen Vorgang schon früher in Rimini oder in Bellaria und in Berlin erlebt, aber die erneute und länger dauernde Erfahrung in Norton war besonders intensiv. Sie lautete kurz zusammengefaßt: „Lehren ist Geben und Nehmen."

Neben den hauptamtlichen Dozenten gab es eine Reihe von *Gastdozenten*: Engländer und Deutsche und unter diesen sogar einige aus der Heimat. Es waren fachkundige Persönlichkeiten, zum Teil in hohen Positionen. Die Studierenden erfreuten sich auf diese Weise wie die Theologiestudenten einer Horizonterweiterung, die ähnlichen Instituten in der Heimat unter den Bedingungen der Nachkriegszeit nicht vergönnt war. Meistens kamen sie als Besucher und nahmen die Gelegenheit wahr, einen Einzelvortrag bzw. eine Gastvorlesung zu halten. Unter den Engländern war der höchste Gast des Jugendleiterkurses der Bischof von Chichester, *Dr. Bell*, der sich um die Bekennende Kirche während des Dritten Reiches verdient gemacht hat und das besondere Interesse der britischen Kirchen für die seelsorgerliche Arbeit an den Kriegsgefangenen wachhielt. Er sprach über *Kirche und Jugend in Großbritannien.* Auch der für die Arbeit an den Kriegsgefangenen zuständige Militärgeistliche des Londoner Kriegsministeriums, *Rev. Johnston*, stattete dem Kursus einen Besuch ab. Das Thema seiner Vorlesung lautete: *Die Bedeutung kirchlicher Jugendarbeit.* Höchst informative und ganz praktische Erkenntnisse vermittelte den Studierenden der Generalsekretär des großen YMCA von Nottingham, *James Edgar*, mit dem ich später gelegentlich im Weltbund als Delegierter zusammengearbeitet habe („*Einführung in die britische YMCA-Arbeit an der Industriejugend*").

Von deutscher Seite sind zunächst die Gastdozenten zu nennen, die im Lager selbst zur Verfügung standen. Hier bot *Dr. med. Haesler* die für Jugendleiter so notwendige Beratung in „Medizinischen Fragen". Pater *Wahler* unterrichtete die evangelischen Studierenden über „Die soziale Frage in katholischer Sicht". Als Auslandsdeutscher und Senior der evangelischen Auslandspfarrer referierte Dekan *J. Rieger*, London, über das Thema: „Der Laie im Neuen Testament". Rieger war damals durch sein Buch über „Die schweigende Kirche" („The silent Church") bekannt geworden. Zurückgekehrt nach Deutschland wurde er Superindendent in Berlin und hat immer ein Herz für die „Nortonen" gehabt.

Besonders begrüßt wurden die Besucher und Gastdozenten aus der Heimat. So las *Dr. Ing. H. Kölle*, Stuttgart, über „Das Weltbild der Antike bis zur Gegenwart" und trug damit zu unseren Bemühungen um die Aufstockung der Allgemeinbildung bei. Vom Reichsverband in Kassel kam Generalsekretär *Oskar Schnetter.* Seine Ausführungen fanden offene Ohren, weil er ein kreativer Praktiker war, der eine Fülle von Ideen und Methoden mitbrachte. Er sprach speziell über „CVJM-Lagerarbeit" und schloß damit eine Lücke, die wir sonst hätten offenlassen müssen, was bei dem hohen Stellenwert der Freizeitarbeit nach dem Krieg bedauerlich gewesen wäre.

Eine besondere Note trug der Besuch bzw. der Vortrag des bekannten Schriftstellers und Evangelisten *Gustav Adolf Gedat.* Er war gelernter CVJM-Generalsekretär und hatte schon bald im Dritten Reich Redeverbot bekommen. Diese Erfahrungen bildeten den Hintergrund seines Referats „Praktische Berufsfragen im CVJM". Hier ging es um das Ethos des Berufsarbeiters und um Winke für dessen Alltag. Gedat stellte sich zu einer Rundreise in den Lagern zur Verfügung, wo er jeweils in seiner fesselnden, weltoffenen und missionarischen Weise zu den Kriegsgefangenen sprach. Mit den Erzählungen von seinen Weltreiseerlebnissen und mit der Schilderung von ergreifenden Menschenschicksalen eroberte er die Aufmerksamkeit seiner Hörer im Sturm. Manchmal hat er dadurch innerlich nach vorn helfen können. Ich durfte ihn begleiten. Dabei kam es zu einem lustigen Zwischenfall, den ich nicht verschweigen möchte. Als wir eines Morgens in der Gästebaracke des Lagers früh aufstanden und ich bei der „Morgentoilette" etwas vermißte, fragte ich ihn: „Gustav, kannst Du mir mal Deinen Kamm borgen?" Er erwiderte etwas überrascht und schockiert nur: „Aber, Werner, . . .!" Er hatte nämlich eine blankpolierte, sorgsam gepflegte Glatze, die es mit Benito Mussolini und Yul Brunner aufnehmen konnte. Wir boten mit unseren langen Unterhosen, die wir bei der Kälte tragen mußten, kein besonders reizvolles Bild. Schließlich mußten wir beide laut und lange lachen. Er war humorvoll und hat mir meine naive und unüberlegte Frage nicht übel genommen. Gedat war ein überzeugter Christ und ein wirklicher Mensch.

Zum Ausbildungsprogramm gehörten schließlich noch *Arbeitsgemeinschaften.* Sie waren freiwillig und doch gut frequentiert [59].

Vor mir liegt ein ziemlich dickes schwarzes Wachstuchheft. Ich muß es mir in England gekauft haben; das geht aus der Herstellerfirma hervor. Die reichliche Hälfte ist mit Notizen aus meiner Zeit in Norton Camp gefüllt. Im einzelnen sind es Stichwortentwürfe für meine Lagervorträge, Anschriften von jungen und älteren Männern, mit denen ich seelsorgerliche Gespräche geführt habe, zum Teil mit entsprechenden Anmerkungen, um mich der Person oder des Falles wieder erinnern zu können, und seitenlange Listen persönlicher Angaben, die den Jugendleiterkurs betreffen. Daraus geht hervor, daß ich mit jedem der 70 Studierenden ein persönliches Gespräch geführt habe. Bei einigen der Seminaristen haben solche Gespräche mehrmals stattgefunden. Sie waren nicht alle seelsorgerlicher Natur, aber einige trugen diese spezielle Note. Oft waren die Unterredungen thematisch vom Studium her bestimmt, oder sie hatten es mit „Berufsberatung" für die weitere Entwicklung in der Heimat zu tun. Von Anfang an stand der ganze Lehrgang unter dem Doppelzeichen eines konzentrierten Studiums und einer seelsorgerlichen Lebenshilfe. Das Sachliche und das Persönliche waren in diesem Kursus nicht zu trennen, im Gegenteil, der Personbezug diente der Sache und der Sachbezug der Person. Auf diese Weise lernte ich die einzelnen Studierenden näher kennen und konnte so den gesamten Lehrgang und meine eigenen Vorlesungen entsprechend ausrichten.

Ich entdeckte dabei, daß es sich in diesem Sonderlehrgang in Norton Camp um einen eigentümlichen Lernprozeß zwischen *Suchen* und *Finden* handelte. Die Studierenden bildeten auf den ersten Blick einen ziemlich „bunten Haufen". Die Motivation der Teilnahme war nicht unmittelbar zu erkennen. Auch die mitgebrachten Papiere und Befürwortungen gaben nicht in jedem Fall exakten Aufschluß. Manche kamen aus dem engeren Kreis der „Gemeinde Jesu", hatten vielleicht sogar schon einem evangelischen Jugendkreis angehört. Andere waren mehr oder weniger auf der richtigen Spur, aber noch völlig Suchende. Mancher wußte gar nicht, auf welches Risiko er sich durch diese Ausbildung einließ. Gleichwohl brachte diese gemischte Zusammensetzung einen unschätzbaren Vorteil mit sich. Diejenigen, die schon gefunden hatten, stellten diejenigen in Frage, die noch suchten. Und die Sucher wiederum stellten die Finder in Frage. So ergab sich ein fruchtbarer wechselseitiger Lernprozeß, bei dem auch die Lehrer laufend etwas dazulernen konnten. Die Studierenden kamen aus allen Himmelsrichtungen. Die einen im Westen hatten die Heimat noch, die anderen im Osten hatten sie verloren. Manche Probleme gab die verschiedenartige Vorbildung auf. Auch die Herkunft aus den britischen Gefangenenlagern differierte zum Teil erheblich. Da kamen die einen aus Schottland, die anderen aus Wales, manche kannten mehrere Lager aus Erfahrung (Kanada!), einer stammte sogar aus einem ägyptischen Lager. Hier in Norton aber waren alle unterschiedslos „Lernende", die sich einer gemeinsamen Sache widmen bzw. einem Herrn dienen wollten und sich gegenseitig kameradschaftlich, ja brüderlich ergänzten.

Die Einteilung in *Klassen* zahlte sich im Laufe des Studiums aus. Sie ermöglichte eine intensive und überschaubare Gruppenarbeit. Eine Schlüsselstellung bekam in diesem Zusammenhang der jeweilige *Hüttensprecher*. Er konnte Anliegen seiner Gruppe bei der Kursusleitung geltend machen und umgekehrt für das Verstehen von Entscheidungen der Kursusleitung in der Gruppe Sorge tragen. In Hütte 13 war *Fritz Rau* als Sprecher tätig. Er kam von derselben Fürsten- und Landesschule in Meißen, deren Schüler auch ich gewesen war. So brachte er eine gute Vorbildung mit und kannte den Internatsbetrieb aus eigener Erfahrung. In Hütte 18 waltete *Hans Böttcher* seines Amtes. Seine Stärke war die stille Hingabe an die Sache, um die es ging, und die Mitstudenten, die ihm anvertraut waren. Er hatte vorher schon den pädagogischen Hochschullehrgang besucht, was für sein theoretisches und praktisches Interesse am Thema „Erziehung" sprach. Die Hütte 25 stand unter dem liebenswürdigen „Kommando" von *Hans-Georg Lindner*. Als ehemaliger Offizier hatte er ein Führungstalent, das er aber nicht mißbrauchte. Im Gegenteil, er stellte es in den Dienst seiner Gruppe. Auf gute Formen bedacht, klappte bei ihm alles wie am Schnürchen. Da er ein gutes Herz hatte, gewann er Vertrauen und verstand es, Brücken zu bauen. Neben den drei evangelischen Hüttensprechern gab es noch einen vierten, der die Baracke mit den *katholischen* Studierenden vertrat.

Es versteht sich von selbst, daß ich nicht alle täglich anstehenden Kursusfragen mit den vier Sprechern einzeln behandeln konnte. Es bedurfte eines Sprechers, der die gesamte Studentenschaft vor dem Dozentenkollegium und dem Kursusleiter vertreten konnte. Zu dieser gewiß nicht leichten und verantwortungsvollen Aufgabe wurde *Siegfried Falke* ausgewählt. Er war damals 25 Jahre alt, machte schon einen ausgeglichenen Eindruck. Man merkte, daß er etwas von echter Führung verstand. In großer Ruhe und Gelassenheit, mit einem Gespür für die ihm anvertrauten Menschen und ihre Probleme, war er der richtige

Mann für diesen Lenkungs- und Vermittlungsjob. Er hatte in der Heimat zwei Jahre eine Lehrerbildungsanstalt besucht, war durch den Krieg und die Zeit danach kritisch gegenüber dem früheren System geworden, hatte im Lager ein Semester Pädagogik studiert und war nun offen für die Jugendarbeits-, Erziehungs- und Christentumsaspekte unseres Jugendleiterkurses. Er und die vier Hüttensprecher bildeten ein gutes Team. Es war eine Lust, mit diesen jungen studentischen Mitarbeitern zusammenwirken zu können.

Da wir uns mit vielen psychologischen Grenzfragen beschäftigen mußten, führte ich auch mit den Studierenden des Jugendleiterkurses den *Wartegg-Erzähltest* durch. Verglichen mit den Testen im Jugendlager und an der Theologischen Schule fällt besonders auf, wie geschickt und anschaulich, spannend und besinnlich die kleinen Erzählungen gestaltet waren. Ob das schon die Unterrichtsfrucht der Erzählungsübung von Kurt Miethke oder ein typisches Merkmal jener Art von Studenten war, die sich für Jugendarbeit und Erziehung interessieren, vermag ich im Einzelfall nicht zu entscheiden. Beides ist möglich.

Von den 70 Testpersonen reagierten 27 unmittelbar mit dem *Ohr*; irgendein *Geräusch* im Schlafzimmer veranlaßte die Schreiber, einen gruseligen Vorgang zu schildern, wobei sie sprunghaft etwas unternahmen oder sich wie gelähmt unter der Bettdecke verkrochen. Da knarrte, kratzte, klingelte, schlich, tröpfelte und prasselte es nur so. Die Grubendetonation zu Hause und die Bombenexplosion im Kriege vereinigen sich in der Phantasie. Da ist von der „tückischen“ Turmuhr und dem „lauernden“ Wecker die Rede. Einer hört, wie andere im Schlaf murmeln oder ganze Sätze sprechen: „Noch niemals hörte ich so viele Menschen des Nachts sprechen wie in den letzten Jahren der Gefangenschaft . . . Was ist der tiefere Grund?“ Vielleicht waren es die Länge der Gefangenschaft oder die im Traum wahrgenommene Chance, sich im Kollektiv des Lagers einmal unmittelbar und ungezwungen als Individuum äußern zu können. Unter den *Träumen* finden sich wieder viele Tagträume, aber auch Bedrängungs-, Hemmungs- und Angstträume („Da ein Löwe – ich lief und lief, aber kam nicht fort“) oder Flug-, Sehnsuchts- und Ehrgeizträume („immer höher, immer höher. Fort alle Erdenschwere ins Unendliche hinein. Wohin wird der Flug gehen?“). Diese Phantasien brachten die Existenz unserer kriegsgefangenen Studenten zwischen Irrealität und Realität, zwischen Wunsch und Wirklichkeit in die Sprache des Traumes[60].

Von den Mischtypen abgesehen reagierten etwa 30 Seminaristen ausdrücklich mit dem *Auge* und entfalteten so ihre *Gedanken*. Finder und Sucher rücken hier nahe aneinander. Manche Niederschriften wirken wie indirekte seelsorgerliche Anfragen an den Bearbeiter bzw. Dozenten. Es fällt auf, wie sehr sich die Gedankenwelt des Lehrgangs in den Texten widerspiegelt, sei es als Interesse oder Streß. Da kann einer vor Grübeln „nicht einschlafen", oder ein anderer hat „etwas vergessen" zu lernen. Einer reagiert seinen Frust ab, weil er keinen Freund findet für einen gemeinsamen „Kampf um Reinheit": „Keiner, bei dem ich es versuchte, ging darauf ein." Verständlich klingt auch die Klage: „Wann hörte ich zuletzt die Stimme des geliebten Mädchens?" Im Nachdenken gehen einem Schreiber „zwei Wahrheiten" auf: „1. Ich weiß, daß ich nichts weiß. 2. Bei Gott ist nichts unmöglich." Ein Mitstudierender hat die Wahrheit Wilhelm Raabes entdeckt, daß zu hoch Aufgetürmtes „plötzlich zusammenbricht wie ein Kartenhaus"[61].

Betrachtet man im *Vergleich* die *drei Erzählteste*, die ich in Großbritannien durchgeführt habe, so tragen die Niederschriften der jungen Kriegsgefangenen viele gemeinsame Züge. Die Texte der Jugendleiter kommen etwa zwischen die mehr allgemeinen und „weltlichen" Aussagen von Cambridge und den mehr studentischen und theologischen Stimmen der Theologischen Schule zu stehen. Die Erzählungen und Überlegungen aus dem Kreis der Jugendleiter zeigen ein außerordentlich buntes Bild und fallen durch ihre persönlichen Zeugnisse und ein höheres schriftstellerisches Niveau auf.

Ähnlich wie in Rimini wagte ich mich auch in Norton an eine *Kirchenrundfrage* heran. Sie war recht ergiebig. Eine Stellungnahme ist mir unvergeßlich. Sie lautet: „Ich bin in vielen Lagern gewesen, und nie hat mich ein Mensch angesprochen. Ich bin kein Suchender gewesen, ich hatte eher Scheu davor, in das Kirchenzelt und später in die Kirchenbaracke zu gehen. Und doch war ich ein Wartender. Die Christen, das war ein Klub für sich! Sie schlossen sich nach außen ab. Es war eine Wand zwischen ihnen und den anderen. Es war so, als wenn sie etwas Besonderes, Geheimnisvolles zu verwalten hätten und niemand anderen heranlassen dürften. Ich habe in meiner Gefangenschaft nie einen Pfarrer in meinem Zelt oder in meiner Hütte gesehen . . . Ich habe ein gutes halbes Jahr zwischen lauter Christen gelebt, evangelischen und katholischen. Über mir, neben mir schliefen sie. Ich war der einzige Heide unter ihnen. Ich habe auf das Wort gewartet, und es ist nicht gesprochen worden." Sicher darf man diese Niederschrift nicht verallgemeinern, aber sie trifft in nicht wenigen Fällen die Wirklichkeit. Manche Chance ist einfach verpaßt worden. Insgeheim waren viele junge Männer offen für ein Gespräch, wenn sie nur einer von den Christen angesprochen hätte.

Angesichts solcher Erfahrungen und Aufzeichnungen ist mir das Konzept einer *missionarischen Seelsorge* zum Herzensanliegen geworden. Ich habe es auch theologisch zu durchdenken versucht. „Ansprechen" muß nicht heißen „aufdrängen"! Wir hatten es hinter Stacheldraht mit einer bemerkenswerten Anzahl von Vereinsamten und Verstörten zu tun. Sie waren enttäuscht und wären glücklich gewesen, wenn sie einen Mitmenschen, einen sogenannten „Nächsten", gehabt hätten. Man kann sich vorstellen, wie dankbar die jungen Männer waren, die sich im Jugendleiterkursus plötzlich in einer richtigen „Gemeinschaft" vorfanden, in der ein neuer Geist der Zusammengehörigkeit, des wechselseitigen Mit-tragens und Mit-freuens herrschte, weil man in den Baracken von Norton gemeinsam betete: „Komm, Heiliger Geist, kehr bei uns ein und laß uns deine Wohnung sein."

Selbstverständlich war auch im Bereich der Studierenden nicht alles Gold, was glänzt. Wo soviel Licht war, konnte der *Schatten* nicht ausbleiben. Eines Tages fehlten ein paar Winterhandschuhe. Sie waren einem Mitstudierenden entwendet worden. Bei der Kälte war das schon ein schwerer Verlust. Wie konnte so etwas unter Christenmenschen geschehen! Verlegene Gesichter überall. Die ganze Gemeinschaft schien in Frage gestellt. Eine Vorlesungsstunde über 1 Joh 3,15, wo der Lieblose ein Totschläger genannt wird, warf den Täter um. Auch er hatte gefroren und sich nichts dabei gedacht. Nun erkannte er, daß er zum Totschläger der Gemeinschaft geworden war. Er beichtete einem der Lehrer unseres Kurses. Da war der Bann weg. Dozenten und Studierende konnten miteinander beten und entdeckten wirkliche Bruderschaft, die ja zuletzt in der wechselseitigen Vergebung der Schuld besteht. Wenn eine Gemeinschaft so etwas erfährt und erträgt, wächst sie um so tiefer und nachhaltiger im Geiste der Versöhnung.

In dieser Atmosphäre waren wir immer wieder als fröhliche Leute zusammen. Besonders dankbar erinnere ich mich an die von dem ganzen Kursus ausgerichtete Geburtstagsfeier meines Sohnes Peter, den mir meine Frau im Januar 1948 schenkte. Der kleine Junge war lange ersehnt worden und beglückte natürlich den Vater genauso wie die siebenjährige Kristin und die vierjährige Annette, die nun ein richtiges Brüderchen hatten. Die Studenten gaben mir eine Art Tea-Party und schenkten dem Neugeborenen eine Flasche Lebertran, damals eine Kostbarkeit. Ich weiß nicht, wie die Kriegsgefangenen sie sich außerhalb des Lagers besorgt hatten. Das „Organisieren" hatten wir im

Kriege und in der Gefangenschaft gelernt. Selten ist ein Vater in Abwesenheit von Kind und Mutter, die sonst im Mittelpunkt stehen, so gefeiert worden, wie ich im letzten Jahr der britischen Kriegsgefangenschaft, und zwar in einer Baracke des Jugenleiterkursus.

*Was ist aus den Studierenden geworden?* Diese Frage liegt nahe, weil sich unser Kreis sehr bunt zusammensetzte und das Bildungsziel nicht eng, sondern weit angelegt war. Gewiß sollte grundsätzlich und in erster Linie die Kompetenz erworben werden, im Heimat-CVJM mitzuarbeiten. Wir dachten auch an eine Verwendung in der kirchlichen Gemeindejugendarbeit. Wir hofften, daß einige sich weiter als hauptberufliche CVJM-Sekretäre weiterbilden lassen würden. Wir freuten uns aber auch darüber, wenn einige sich entschlossen, einen anderen Beruf zu wählen und neben- bzw. ehrenamtlich im CVJM mitzuarbeiten. Noch konnten wir nicht sehen, daß ein paar Seminarteilnehmer als Christen einen Beruf ganz weltlicher Art ergreifen würden, in dem sie das Studium am Jugendleiterkursus gut nutzen und mit einem christlichen Berufsethos arbeiten konnten. Unter Verzicht auf Vollständigkeit sei ein Dutzend Laufbahnen herausgegriffen, um die Weite und Fruchtbarkeit der Nortonausbildung zu veranschaulichen.

Eine ganze Reihe der Absolventen des Kurses ging direkt in den Dienst des CVJM. Bei dem Weiterstudium an der CVJM-Sekretärschule in Kassel-Wilhelmshöhe kam das Heimatwerk den Bewerbern sehr freundlich entgegen. Einer von ihnen (Jegodzinski) wurde später Generalsekretär des Gesamtverbandes für den speziellen Dienst an jungen Männern. Ein anderer bekam ein reiches Betätigungsfeld als Bundesgauwart und Bundessekretär im CVJM-Westbund (Hallier). Andere gingen bald oder später in den unmittelbaren Kirchendienst als Pfarrer (Rau). Nach einem Praxiseinsatz als CVJM-Sekretär in Esslingen und Münster nahm ein Absolvent das Studium der Sozialpädagogik auf, promovierte zum Dr. phil. und wurde schließlich Professor an der Kirchlichen Fachhochschule in Düsseldorf und an meinem Fachhochschulstudiengang in München (Böttcher). Andere reussierten im Schuldienst, so ein Oberstudiendirektor (Ahlers) und Religionslehrer an Berufsschulen (Woll). Einer engagierte sich in der Erwachsenenbildung des Ruhrgebietes, nämlich als Direktor der Volkshochschule in Oberhausen (Pfalzgraf), wo ich später einmal ein Referat halten durfte. Auch in der Welt der Technik fanden unsere Nortonen ein fruchtbares Betätigungsfeld. Einer wurde Dipl.-Ing. und interessierte sich zeitlebens für die Grenzfragen zwichen Technik, Physik und Naturwissenschaften einerseits und den christlichen Glauben bzw. die

Theologie andererseits (Petermann). Bei einem der späteren Nortonentreffen hörten wir von ihm ein sachkundiges und wegweisendes Referat. Ein anderer machte „Karriere“ als Werkzeugmacher, erwarb durch seine Erfindungen Patente (Schindler), blieb aber der Sache, die uns geistlich miteinander verband, treu.

Von einem der ehemaligen Studierenden, der sich eine leitende Position im Versicherungswesen erarbeitet hatte, bekam ich jüngst einen Brief, der ein beglückendes Licht auf die indirekten Wirkungen des Jugendleiterkurses wirft und der wohl keines Kommentars bedarf: „. . . Im Rückblick möchte ich sagen, daß es für mich die richtige Entscheidung war (Versicherungswesen). Und, was hierbei von Bedeutung ist, das Erlebnis ‚Norton Camp‘, hat mir doch sehr viel gegeben. Im Versicherungsaußendienst, von 1950–1988, steht der Umgang mit Menschen ständig an. Da waren einfache Leute, da waren Fabrikanten, da waren Beamte, da waren Geschäftsleute, da waren der Adel, eine kunterbunte Mischung. Hier verkaufte ich Versicherungen und regulierte Schäden, war stets Helfer und Berater. Meine Kontakte zu ihnen erstreckten sich über eine lange Zeit, es entstanden daher auch menschliche Kontakte und Beziehungen. Plötzlich gehörte ich hier und da zur Familie, wurde einbezogen in Konflikte und Nöte. Wie oft habe ich bei Kunden am Krankenbett gesessen, habe mich hier von ihnen verabschiedet, dort brannte der Hof, ringsherum ein Chaos, ich konnte die Menschen in meine Arme nehmen und . . . trösten . . . Ohne Norton Camp hätte mir sicher etwas für diesen Beruf gefehlt, dies steht unumgänglich fest. So war ich über diese lange Zeit nicht nur der ‚Versicherungsmann‘, ich war auch ‚Seelsorger‘ und ‚Schuttabladeplatz‘ . . . Alles war ich gern.“

Am Ende dieser Reihe gedenke ich noch meiner ehemaliger Schüler, denen im Ausland eine bedeutende Lebensleistung gelang und die, noch in den besten Jahren stehend, heimgegangen sind. Der eine ist *Hans-Georg Lindner,* ehemaliger Offizier und einer der Hüttensprecher des Kurses. Wir merkten damals schon, daß er durch Krieg und Gefangenschaft als Persönlichkeit gereift war und von Gott besondere Führungsqualitäten geschenkt bekommen hatte. Nach der Heimkehr wurde er in einem der bedeutendsten CVJM, nämlich in Hamburg, eingesetzt, wo er mit glücklicher Hand die Arbeit an den jungen Männern dieser Großstadt gestaltete, mit organisatorischem Geschick, mit programmatischer Inititative und auf klarem geistlichen Fundament. Bald interessierten sich die Amerikaner für ihn, so daß er sich entschloß, in den Dienst des YMCA-Werkes in der Neuen Welt zu treten.

Er studierte dort noch einige Semester Sozialwissenschaften und schloß dadurch die amerikanisch-akademische Ausbildung zum YMCA-Sekretär ab. Sein Arbeitsfeld blieb die Großstadt. In seinem letzten Lebensabschnitt war er Direktor des berühmten New York-Bronx-YMCA-Centers. Ein Herzversagen setzte seinem arbeitsreichen Dienst ein Ende. Nun ruht er in Frieden und in den Händen seines Herrn.

Der andere, an den ich bewegt denke, ist *Wilfried Zibell*. Er gehörte einer Freikirche an und nahm als ein engagierter junger Christ an dem Jugendleiterkursus teil. Seine weitere Entwicklung stand unter dem Leitgedanken des Missionarischen. Einmal wurde er wegen seiner Sprachbegabung und seiner inneren Einstellung der deutsche Dolmetscher des bekannten Evangelisten Billy Graham. Vielleicht hat er manchen Anstoß dazu schon in Norton Camp bekommen, wo das Postulat der „erwecklichen Verkündigung" großgeschrieben wurde. Später ist Zibell in Amerika selbst Missionar geworden, und zwar unter den Eskimos. Hier hat er sich ein bleibendes Verdienst dadurch erworben, daß er das Neue Testament in die Eskimo-Sprache übersetzte. Auf einem Flug im missionarischen Dienst stürzte er ab. Im Sinne seines Jesusglaubens wissen wir, daß auch für ihn das Psalmwort gilt: „Nähme ich Flügel der Morgenröte und bliebe am äußersten Meer, so würde auch dort deine Hand mich führen und deine Rechte mich halten" (139,9f.).

### *Selbst am Lehrpult*

Wir waren keine Professoren. Auch hatten wir keinen außerordentlichen Lehrstuhl. Aber einen „Stuhl" hatten wir, und sogar ein kleines „Lehrpult". Der Lehrende bzw. der Dozent saß oder stand zwar vorn, aber er integrierte sich auf seine Weise in die Schar der Studierenden. Freilich hielt es mich selber nicht immer auf diesem Platz. Mein Sitzfleisch und Stehvermögen waren noch nicht so hoch entwickelt, das Temperament um so mehr. Bei erregenden Stellen der Vorlesungen oder zu Veranschaulichungen auf der Tafel stand ich auf, wenn ich saß, oder begann auf und ab zu wandern, wenn ich stand.

Als einem Fachmann für Jugendarbeit fielen mir die beiden Vorlesungen über „Jugendbibelarbeit" und „Jugendseelsorge" zu. Da Gastdozenten wie G. A. Gedat und O. Schnetter in die ganzheitliche Praxis der evangelischen Jugendarbeit einführten (Heimabend, Freizeit), konnte ich mich auf das Kernstück des Jugenddienstes konzentrieren, nämlich Wesen und Weg der Darbietung des biblischen Wortes. In der Vorlesung bzw. Übung *Jugendbibelarbeit* konnte ich die Willinger Vorlesung „Jugendbibelarbeit" benutzen und ausbauen. Die Nachschrift eines Studierenden (H. Boettcher) läßt erkennen, daß ich versucht habe, sorgfältig zu gliedern, so daß die Hörer sich anschauliche und merkbare Notizen machen konnten. Deutlich ist der Zug zur Vereinfachung und Zuspitzung der Problemstellung. So lautet der Paragraph 1 im Willinger Konzept „Wortoffenbarung und Bibelarbeit". In Norton Camp hieß derselbe Paragraph „Verkündigen und Verstehen". Einen erheblichen Teil der Vorlesungen bildeten die „Übungen". Die „Studierenden" mußten lernen, eine Andacht anzufertigen und vorzutragen. Sie wurde dann besprochen und beurteilt.

Die Seelsorgevorlesung trug den bezeichnenden Titel *Jugendseelsorge und Jugendpsychologie.* Hier bemühte ich mich, meine damaligen Kenntnisse der Entwicklungspsychologie und der seinerzeit aktuellen Charakterologie einzubringen. Im Rahmen der Vorlesungen wurde auch der oben erwähnte Psychotest durchgeführt. Im übrigen hielt ich mich an das theologische Konzept der Seelsorge, wie es in Rimini und dann in Willingen entwickelt worden war. Verstärkt lag der Ton auf den biblischen Vorfragen des Seelsorgeverständnisses. Wohl mit beeinflußt durch meine Wiederbegegnung mit der Lage in der Heimat, fügte ich Abschnitte über das „Gesicht der evangelischen Jugend" und über die „Konfirmandenseelsorge" ein.

Dietrich Stange und ich teilten uns die *Bibelkunde* des *Alten Testamentes.* Was davon auf mein eigenes Konto kommt, weiß ich nicht mehr. Gewiß habe ich den Gesamtaufriß, prophetische Bücher und Weisheitsschriften behandelt. Ausführlicher nahm ich die Auslegung des *1. Johannesbriefes* vor, der mir seit den schweren Erlebnissen in der Berliner Todeszellen so ans Herz gewachsen war[62].

Soweit noch Zeit für die eigene wissenschaftliche Arbeit blieb, suchte ich sie zu nutzen, etwa bei dem Jugendlagerbesuch in Cambridge im Blick auf die Fragen meiner Dissertation über das *urchristliche Erziehungsdenken.* Ich vermutete, daß ich in diesem akademischen Zentrum etwas über das neutestamentliche Begriffsverständnis, die Parallelen in der griechischen Stoa bzw. in den rabbinischen Quellen in Erfahrung bringen könnte. Tatsächlich half mir der damalige Rektor, *Canon Raven DD. Dr. Regensburger* stellte mir sogar seine Privatbücherei zur Verfügung. Viel konnte ich nicht tun, aber schon das „Etwas" machte mich glücklich. Darüber hinaus war ich mit kleineren, aber nicht unwichtigen *Publikationen* befaßt. Für den Aussaat-Verlag wurden die Broschüren „Erweckliche Verkündigung" und „Das seelsorgerliche Gespräch mit dem jungen Deutschen" druckfertig gemacht. Dazu kamen Beiträge für die „Mitarbeiterhilfe" („Was man von den Christen erwartet": Bergpredigt) und in der „Handreichung zur täglichen Morgenwache" („Letzte Worte eines zum Tode Verurteilten: Abschiedsreden").

Im Laufe des Lehrgangs erfolgte eine *Zwischenprüfung*. Die Abschlußprüfung fand in der Zeit zwischen 15.3. und 24.3.1948 statt. Die Leistungen in den Hauptfächern wurden aufgrund des Gesamteindrucks während des Lehrgangs und der mündlichen Abschlußprüfung erteilt. Drei Klausuren mußten geschrieben werden: „Auslegung des Gleichnisses vom barmherzigen Samariter", eine dogmatische Arbeit und eine Niederschrift über das Thema „Persönlichkeiten der Renaissance". Im engeren Sinne auf die Jugendarbeit bezogen waren folgende Aufgaben: Der Entwurf einer Jugendandacht über . . . (Text) vor . . . (Altersstufe), ein Aufsatz und die Skizze eines Heimabends. Die Jugendandacht mußte auch mündlich vorgetragen werden. Die „Technik des Erzählens" wurde gesondert bewertet.

### *Leitsätze zum „Brudersein"*

Mit der Prüfung ging der Lehrgang zu Ende. Mitte April starteten die Farewell Parties für die Theologische Schule, den Abiturkursus und den Jugendleiterkursus an (15.4). Am Freitag, den 16. April 1948 fand unter dem Vorsitz von Sir Frank Willis die offizielle *Abschiedsfeier* für alle Bildungsinstitute von Norton Camp statt. Dabei sprach ein hoher britischer Offizier, nämlich der Brigadier R. V. Hume, der Direktor der Erziehungsabteilung der britischen Zone. Auch John Barwick sagte ein Grußwort. Im Anschluß daran wurden die Studenten in die Offiziersmesse zum Tee eingeladen. Dabei sprachen die Bischöfe Hunter (Sheffield) und Ellis (Nottingham).

Eine verbindliche *Bruderschaft* mit einer eigenen Ordnung, wie wir das bei der Michaelskette und dem Theologischen Seminar Rimini erfahren hatten, hat sich in Norton Camp nicht gebildet. Diese beiden Kreise waren in einer bestimmten Phase der frühen Gefangenschaft und im Zuge einer besonderen geistlichen Bewegung entstanden. So etwas konnte man nicht einfach wiederholen, schon gar nicht in der Spätphase der Kriegsgefangenschaft. Es mag sein, daß auch im Unterschied zu Italien die etwas kühlere Atmosphäre der britischen Insel dazu beigetragen hat. Möglicherweise wirkten sich auch theologische Grundüberzeugungen aus dem Kreis der Dozenten an der Theologischen Schule und am Jugendleiterkursus aus. Waren doch dort gewisse Elemente der Dialektischen Theologie und die nüchterne Mentalität des norddeutschen Luthertums in Geltung. Man hatte etwas Sorge, es könne in einer festeren Verbindung der Geist der Gesetzlichkeit einziehen und ein Konventikeltum entstehen. Um so mehr freute ich mich, daß es zu den drei *Leitsätzen des Bruderseins* kam. Bildet doch das Brudersein die geistliche Voraussetzung jeder echten Bruderschaft.

Die Sätze waren in der Gestalt eines Vademecum formuliert. Bei näherem Zusehen sind die Anliegen der Michaelskette und der Rimini-Bruderschaft aufgenommen, nur etwas zurückhaltender formuliert: „Wir sehen, wir dürfen, wir wollen." Der Wortlaut spricht für sich selbst:

Die Leitsätze beginnen mit einem doppelten *biblischen Motto*. Die beiden Verse zeigen, wie christozentrisch und wie bruderorientiert der Geist von Norton war:

> „Wer den Sohn Gottes hat, der hat das Leben; wer den Sohn Gottes nicht hat, der hat das Leben nicht" 1 Joh 5,12.
>
> „Und dies Gebot haben wir von ihm, daß, wer Gott liebt, daß der auch seinen Bruder liebt" 1 Joh 4,21.
>
> – „Wir sehen in Jesus Christus unseren Herrn und Meister, wie er uns im Alten und Neuen Testament bezeugt ist.
>
> – Wir dürfen dankbar bekennen, daß Jesus Christus unter uns lebendig geworden ist und uns den Weg zur Bruderschaft gewiesen hat.
>
> – Wir wollen uns bemühen, die im Jugendleiterkurs erfahrene Gemeinschaft in Fürbitte, Bibellese und durch die Tat weiterzuleben."

Die Schlichtheit der Sätze hat etwas für sich. Sie haben auch ihre bleibende Bedeutung behalten. Noch bei der 40-Jahr-Feier der Nortonen bzw. des Gesamtkreises der ehemaligen Studenten von Norton-Camp (einschließlich der Theologischen Schule) wurde empfehlend auf die Sätze hingewiesen. *Vergleicht* man die drei Texte miteinander, ergibt sich folgendes Bild:

Die Ordnung der *Michaelskette* kommt aus der unmittelbaren Erfahrung und hat etwas Spontanes an sich. Außerdem schwingt das lokale Moment, das Symbol des Erzengels Michael aus der Michaelskapelle im Pferdestall von Bellaria mit.

Die Regel von *Rimini* ist theologisch reflektierter und umschließt die jungen Studenten und die älteren Dozenten gemeinsam. Man spürt, daß in diesem relativ großen Kreis (70 gegenüber den 20 der Kette) der Brudergedanke weiter durchdacht worden ist und daß in diesem Theologischen Seminar der Aspekt der „Kirche“ deutlicher zum Tragen kommt.

Die Leitsätze von *Norton* haben etwas von einem brüderlichen Denkanstoß, von einem konkreten Anstoß zum Glauben an sich. Auch wenn sie keine ausdrückliche Verpflichtung auflegen, wirken sie doch in ihrer Art verpflichtend.

## 10. Unter ökumenischem Horizont

Mein Dienst in England war eine ökumenische Mission. Er geschah im Auftrag des Genfer Weltbundes der YMCA. Aber ich lebte auch auf der britischen Insel unter einem ökumenischen Horizont. Er wurde mir greifbar in der interkonfessionellen Atmosphäre des Alltags und gewann einen Höhepunkt durch die Teilnahme an einer Weltkonferenz.

### *Ökumene vor Ort*

Der Weltbund der YMCA ist die älteste ökumenische Weltorganisation (1855). Die YMCA-Kriegsgefangenenhilfe war eine ihrer weitgreifensten Aktivitäten. In einer Krisenzeit, wie sie ein Krieg, der auf Weltebene geführt wurde, darstellte, konnte man sich keine konfessionelle Führung leisten. Im Gegenteil, die ökumenische Kooperation gehörte zum Herzstück dieses Notdienstes. Hier wurden Brücken gebaut und begangen, wie sie in manchem Nationalverband des YMCA gar nicht vorstellbar waren. Gewiß stand der Deutsche CVJM für junge Katholiken offen, aber er war in seinem Mitgliederbestand und in seiner Mitarbeiterschaft weitgehend evangelisch. Im angloamerikanischen YMCA hatte man schon weitere Wege beschritten. In der Kriegsgefangenenhilfe standen die Türen weit offen, und die Brücken verstanden sich von selbst. Anderenfalls hätten die militärischen Gewahrsamsmächte dem YMCA auch nicht ein so umfassendes Tätigkeitsfeld eingeräumt. Daß man auf die deutschen Verhältnisse Rücksicht nahm und dem überwiegenden protestantischen Moment im CVJM Rechnung trug, ja sogar in meiner Person einen evangelischen Pfarrer als offiziellen Vertreter des Heimatwerkes berief (auch Birger Forell war lutherischer Pastor), zeigt, daß die Ökumenizität des YMCA nicht einen wirren Mischmasch darstellte, sondern eine geistlich begründete Gemeinschaftsarbeit von eigenständigen Kirchen bedeutete.

Ein ganzes Jahr lang erfuhr ich Ökumene vor Ort. In Norton Camp existierten eine evangelische und eine katholische Lagergemeinde nebeneinander und miteinander. Die Theologische Schule war evangelisch strukturiert. Im Jugendleiterkursus gab es drei evangelische Klassen und eine katholische. Das gottesdienstliche Leben fand an verschiedenen Orten statt. Dafür pflegte man Gemeinschaftsveranstaltungen, wenn es sich um Vorträge, musische Abende oder Begegnungen mit hochgestellten Besuchern aus dem In- und Ausland handelte. Man lernte einander kennen und achten. Norton Camp war das Symbol einer Gemeinschaft von Männern und jungen Männern, die einen katholischen Lagerkommandanten, aber überwiegend evangelische Ausbildungseinrichtungen hatte und die gleichwohl gemeinsam singen konnte: „Großer Gott, wir loben dich."

In Norton selbst, auch bei meinen Lagerbesuchen und vor allem bei den dienstlichen Aufenthalten in London lernte ich neue theologische Kollegen oder höchst aktive Laien-Mitarbeiter aus den verschiedenen Kirchen kennen. Das begann schon in den YMCA-Zirkeln selbst. Durch Walter Kilpatrick und John Barwick bekam ich ein bemerkenswertes Bild von den hervorragenden Laienkräften, die in den amerikanischen Kirchen bzw. Freikirchen (Denominationen) verborgen sind. Ähnlich ging es mir mit den Engländern. Im Britischen Rat der Kirchen konnte ich das gute Miteinander der verschiedenen Denominationen beobachten, angefangen von den Anglikanern mit ihrem reichen liturgischen Brauchtum, bis hin zu den nüchternen, aber tatkräftigen Freikirchen. Methodisten und Baptisten waren in der Heimat kleinere Kirchengemeinschaften. In Großbritannien spielten sie eine größere Rolle. Dafür waren die Lutheraner in der Minderheit. Zwei Ereignisse sind mir besonders im Gedächtnis haften geblieben. Das war einmal ein ökumenischer Gottesdienst in *Westminster Abbey.* In dieser traditionsreichen Kirche Londons, in der die besonderen gottesdienstlichen Handlungen des Königshauses stattfinden, feierte ein großer Kreis von Kirchenvertretern aus allen Denominationen einen ökumenischen Gottesdienst. Ich bekam eine Einladung und durfte im Ornat bzw. im schwarzen lutherischen Talar daran teilnehmen. Es war ein Gottesdienst des Friedens und der Verständigung. Unvergeßlich der feierliche Ein- und Auszug der Geistlichen; Sieger und Besiegte gaben Gott die Ehre. Im Mittelpunkt standen das biblische Wort, das Gebet und das Loblied. Die andere ökumenische Erfahrung wurde mir durch einen Empfang beim Bischof von Chicester, *Dr. Bell*, zuteil. Die Norton-Camp-Leute waren dazu eingeladen. An Einzelheiten erinnere ich mich nicht mehr, wohl aber an die Begegnung als solche und den eindrucksvollen weißhaarigen Kopf des Bischofs.

### *Die YMCA-Weltkonferenz in Edinburgh*

Die Weltkonferenzen des Weltbundes der YMCA stehen der Rangordnung nach auf der höchsten Ebene. Während die Exekutive öfters tagte, lag zwischen den Weltkonferenzen ein längerer Zeitraum. Zu der am 12. August 1947 beginnenden Konferenz war ich in Begleitung von zwei deutschen Kriegsgefangenen eingeladen worden. Das britische Kriegsministerium hatte seine ausdrückliche Genehmigung erteilt. Wenn ich mich recht erinnere, fuhren Kurt Miethke als Dozent und Siegfried Falke als Student in ihrem Battledress mit. Die Konferenz setzte sich aus 250 Delegierten aus 40 Nationen zusammen. Geleitet wurde sie von dem greisen Präsidenten *Dr. John Mott*. Beim Abschied wurde er als der große Pionier der Ökumene dankbar und stürmisch gefeiert. Die Wahl seines Nachfolgers fiel auf den schottischen Industriellen *Forester Paton*. Er war ein hervorragender Wirtschaftler, dabei ein ganz überzeugter und demütiger Christenmensch. Ich sehe noch heute sein freundliches Gesicht mit den gütigen Augen vor mir. Man erzählte, daß er täglich in seinem Betrieb mit den Angestellten und Arbeitern eine Morgenandacht hielt. Er war der rechte Mann für die geistliche Erneuerung des Weltbundes. Was die Einzelarbeit der Konferenz und die Aktivitäten des Weltbundes über die ganze Erde betraf, hatte die Genfer Organisation einen begabten Steuermann, den Generalsekretär *Dr. Tracy Strong*. Er kam aus der Praxis, war schon Boyswork Sekretär des Weltbundes gewesen, hatte Niveau und Vision, besaß Energie und verstand etwas von Diplomatie. Zur Seite stand *Mag. Hugo Cedergren*, gelernter schwedischer Pädagoge, mit einzigartigen Sprachkenntnissen und verheiratet mit einer schwedischen Prinzessin. Beiden Männern, mit denen ich in meinem Leben viel zusammengearbeitet habe, begegnete ich in den damaligen Tagen zum ersten Mal.

Ein immenses Arbeitsprogramm wartete auf uns. Grundlegende Referate kamen von indischer und Schweizer Seite. Während früher unter der kundigen und beharrlichen Initiative des deutschen Reichswarts D. Erich Stange die entsprechenden theologischen Anregungen bzw. Einwände kamen, waren nach dem Kriege sozusagen die „anderen" dran. Eine führende Rolle spielte der theologische Berater des Weltbundes *Prof. Dr. Emil Brunner*, Zürich, der in einem Referat die kommunistische Weltanschauung kritisch-konstruktiv untersuchte. Im übrigen lag der Hauptakzent der Tagung auf den Arbeitsgruppen. Mich interessierte das alles sehr, weil ich selbst ein Programmfachmann im kleinen war, sei es bei den Seminarwochen des Berliner Seminars für evangelische Jugendarbeit oder bei dem Entwurf bzw. der Gestaltung der von mir geleiteten theologischen und jugendpädagogischen Lehrgänge in Rimini, Willingen und Norton. Die Arbeitsthemen der *Gruppen* lauteten: 1. Die christliche Botschaft und die Bedürfnisse der Jugend. – 2. Das Aufgebot der Jugend in dem CVJM. – 3. Unsere Verantwortung unter Völkern und Rassen. – 4. Unser Verhältnis zu christlichen und anderen Verbänden. – 5. Eine christliche Weltstrategie für Erneuerung und Fortschritt. – 6. Die wachsende Verantwortung des Weltkomitees.

Die *deutsche Delegation* befand sich in keiner einfachen Lage. Es war das erste Mal nach dem Kriege, daß wir als Vertreter eines Landes an einer ökumenischen Konferenz des YMCA teilnehmen konnten, wo doch sattsam bekannt war, welche „Kriegsverbrecher" vor dem Nürnberger Gericht standen, wieviel Millionen Juden vergast worden waren und welches unsagbare Leid der Rußlandfeldzug und die Bombardierungen im Westen ausgelöst hatten, von Hitler ganz zu schweigen. Wir alle gingen mit Hemmungen nach Edinburgh. Nicht zuletzt wir drei Vertreter der Kriegsgefangenen hinter Stacheldraht. Natürlich gab es gewisse Vorbehalte bei Delegierten aus Ländern, die länger unter der deutschen Besatzung gelitten hatten. Aufs Ganze gesehen aber kam es anders, als wir erwartet hatten. Das zeigte sich gleich am ersten Tage, als wir aus Norton Camp mit Verspätung eintrafen und uns aus Verlegenheit im Hintergrund der Konferenzhalle zu verkrümeln suchten. Ausgerechnet zu dieser Zeit fand die Begrüßung der Konferenzteilnehmer statt. Jede Delegation mußte sich erheben. Unvermeidlicherweise wurden auch die drei Delegierten der Kriegsgefangenenhilfe aufgerufen. Nun mußten wir wohl oder übel aufstehen.

Die ganze Versammlung drehte sich um, um dieses seltsame ökumenische Ereignis, das noch nie dagewesen war, ins Auge zu fassen. Plötzlich standen wir im Mittelpunkt, ohne daß wir es wollten.

Zur offiziellen deutschen Delegation gehörten als Leiter der Reichswart *D. Erich Stange* und als Mitglieder der Bundeswart des CVJM-Westbundes *P. Johannes Busch*, der Leiter der süddeutschen CVJM-Zentrale und Verbindungsmann zur Kriegsgefangenenhilfe *P. Arnold Dannenmann*, der Schriftsteller *Gustav Adolf Gedat*, der Vorsitzende der Arbeitsgemeinschaft der Großstadt-CVJM *Prof. Dr. Ing. Emil Sörensen*, der Bundeswart des CVJM-Nordbundes *Rudolf Klammt* und das Mitglied des Nationalkomitees, Fabrikant *Friedrich Wilhelm Nielen* sowie ich selber. Die beiden Nortonen hatten Gästestatus.

Die Rolle, die wir Deutschen auf der Weltkonferenz 1947 spielten, kann ich nicht besser beschreiben und zusammenfassen als mit den Sätzen, die ich in meinem offiziellen Bericht formuliert habe: „*Wir hatten eine Stimme. – Wir gingen sparsam damit um. – Wir haben gelernt zu hören.*“[63] Das bedeutete folgendes: Wir wurden nach dem Kriege nicht zurückgestuft. D. Stange blieb Mitglied der Exekutive mit vollem Stimmrecht. Ein Kriegsgefangener wurde von dem Britischen Rundfunk (BBC) aufgefordert, in der großen Usher-Hall ein Wort an die Jugend der Welt zu richten. Das alles in einer Zeit, in der Deutschland nicht zur UNO gehörte und auch nicht an der nächsten Olympiade mitwirken durfte! Gut, wir hatten eine Stimme, aber gleichwohl hielten wir uns zurück, im vollen Bewußtsein, daß wir Deutschen in der Vergangenheit zu oft und zu laut gesprochen hatten. Spürten wir es doch, wie schwer es war, mit Holländern, Polen und Tschechen ins Gespräch zu kommen. *Unser Schweigen* wurde die *beste Predigt*, die wir halten konnten. Für meine Freunde und mich bot die Weltkonferenz die einzigartige Gelegenheit zu einem Lernprozeß. Wir Deutschen kamen aus einer Zeit, in der die Führer geräuschvolle Reden hielten und die Volksmassen ihre Zustimmung mit geschrieenen Sprechchören zum Ausdruck brachten. Nun war es an der Zeit, statt des Mundes das Ohr aufzumachen. Jetzt wurde uns von den anderen Brüdern das Wort Gottes in Christus gesagt. Wir hatten es bitter nötig. Es war ein hartes, aber tröstliches, ja ermutigendes Wort. Es ging in die „Botschaft“ der Weltkonferenz ein: „Nur ein wirklich wiedergeborener CVJM kann die Verantwortung tragen, die auf ihn gelegt ist, und kann die vielen neuen Völker erreichen, die offen vor uns liegen. Ohne mich könnt ihr nichts tun.“

Edinburgh war eine echte Weltkonferenz. Der englische König sandte eine Grußbotschaft. Zum ersten Mal wurde die *„afrikanische" Frage* auf YMCA-Ebene diskutiert. Die junge Generation eines ganzen Kontinents stand auf der Tagesordnung des Weltbundes. Wie überhaupt die *Dritte Welt* in den kommenden Konferenzen von Jahrzehnt zu Jahrzehnt immer mehr an Bedeutung zunahm und zum Hauptgegenstand des Weltbundprogramms wurde. Unvergeßlich war die Feier, die zur „Befreiung" bzw. *Unabhängigkeit* des großen *Indien* veranstaltet wurde. Mit einer „standing ovation" stimmten alle Delegierten in den Jubel über die Selbständigkeit ein, die dieses Volk wesentlich seinem großen Führer Gandhi zu verdanken hatte.

Auf der Tagesordnung der Weltkonferenz stand nicht zuletzt die *deutsche Frage*. Wir hielten uns zunächst zurück. Wir wollten uns nicht in eigener Sache vordrängen. Dafür engagierten sich in beschämender und bewundernswerter Brüderlichkeit nichtdeutsche Delegierte. Sie hatten während des Krieges zum Teil unmittelbar unter den Deutschen gelitten. Jetzt erwiesen sie sich als brüderliche Freunde Deutschlands. So sprachen der amerikanische Senior-Representativ Vertreter *Davis*, Pastor *Carlson*, der Direktor der Kriegsgefangenenhilfe in Belgien, der britische Nationalsekretär *Sir Frank Willis* und Pastor *Birger Forell*. Dann konnten wir nicht länger schweigen. Pastor *Johannes Busch* ergriff stellvertretend für die Delegation das Wort. Angesichts der bewegenden und erschütternden Bilder, die die vorhergehenden ausländischen Brüder von der hungernden und nihilistischen Jugend Deutschlands gezeichnet hatten, bekundete er unseren tiefgefühlten Dank für das brüderliche Verständnis und die tatkräftige Hilfe, die wir von den außerdeutschen YMCA-Freunden erfuhren. Dann fügte er noch einen schlichten Satz hinzu, der Bekenntnis und Mahnung zugleich war: Die Welt sehe jetzt, wie weit es mit einem Volk kommen könne, wenn es den Kontakt mit dem lebendigen Gott verloren habe. Das war alles, was wir in diesem Augenblick zu sagen hatten. In meinem Bericht notierte ich: „Tiefes Schweigen begleitete diese wenigen Sätze, und dann brach der Beifall durch." Im übrigen haben wir Deutschen auf der Konferenz keine Vorträge gehalten oder lange Erklärungen abgegeben. Vielmehr bevorzugten wir das Gespräch von Mensch zu Mensch. Die Ökumene wächst nicht nur durch Diskussionen und Sitzungen, sondern ebenso gut, wenn nicht noch besser durch kleine Dialoge in Gruppen oder unter vier Augen. Zu einem schönen Zusammenspiel zwischen unserer Kriegsgefangenengruppe und anderen Delegierten aus Fernost kam es im Lager 16, wo ich anläßlich der

Edinburgher Konferenz die Predigt hielt. Im Anschluß daran sprach *Pierre Bèle,* ein junger französischer Delegierter aus Indochina. Das war noch vor dem Vietnamkrieg. Er berichtete von den damals schon vorhandenen Spannungen und Kämpfen in seinem Land und versicherte den zuhörenden Kriegsgefangenen, daß er ihre Lage verstehe. „Ihr leidet wahrscheinlich aus zahlreichen Gründen, aber ich möchte euch hier sagen, daß es vor Christus keinen Unterschied der Rasse gibt und daß die Einigkeit der Völker nicht nur möglich ist, sondern auch wirklich ist in seinem Namen." [64]

Nebenbei sei bemerkt, daß es auf der Weltkonferenz nicht nur feierlich und hochtrabend zuging, sondern auch ganz menschlich. Ich erinnere mich, daß ich mir beim Anzünden mit den winzig kleinen Streichhölzern, die man in England verwendet, durch Ungeschicklichkeit eine Verletzung meiner Hand zuzog. So entstand dann der ironisch-scherzhafte Eindruck: „W. J. hat sich auf der Weltkonferenz die Finger verbrannt!"

Ein anderes Beispiel: Einer von uns hatte durch das lange Sitzen im Auto und während der Konferenz Schwierigkeiten mit der Verdauung bekommen. Da es wirklich bedrückend war, trug er sein Anliegen in der Apotheke in gebrochenem Englisch vor: „I like to get something to make it easier." Der Apotheker nahm sich des „Leidenden" mit ausgesuchter schottischer Liebenswürdigkeit an und verabreichte ihm verständnisvoll ein Laxativ.

Der bleibende Eindruck der Konferenz war ermutigend: „In Edinburgh fand *eine Weltkonferenz* statt, *auf der nicht gelogen wurde.* Hier wurde eine Gemeinschaft im Geist des Christus praktiziert, und dieser Geist forderte logischerweise von seinen Trägern Wahrheit und Liebe." Hier quälte man sich nicht, wie das sonst bei manchen interkonfessionellen Veranstaltungen der Fall ist, mit kleinsten theologischen Formulierungen, sondern hier ging man, wenn auch fundiert im biblischen Wort, theologisch durchaus durchdacht und diskussionsbereit, direkt auf die missionarische, seelsorgerliche und diakonische (soziale) Praxis zu. Es war die Weltkonferenz einer ökumenischen Jugendbewegung. Dazu kam die beeindruckende Funktion der *Laien.* Wir erlebten es erstmalig, was es bedeutet, wenn die großen Weltprobleme der jungen Generation von Kaufleuten, Ärzten, Juristen, Arbeitern und Naturwissenschaftlern besprochen und behandelt wurden. Da wir noch jung an Jahren waren, imponierte es uns nicht wenig, wie in Edinburgh Farbe bekannt und Farbe ertragen wurden. So erklärt sich auch aus der unmittelbaren Erfahrung dieser Konferenz, daß der junge Kriegsgefangene in der erwähnten BBC-Sendung die Jugend in der Heimat grüßte: „Seid fröhlich in Hoffnung, geduldig in Trübsal, haltet an am Gebet."

## 11. Vermächtnis und Anstoß

Die christliche Arbeit in den Lagergemeinden und CVJM-Gruppen hinter Stacheldraht ist, im nachhinein betrachtet, ein echtes Erbe. Daraus waren und sind noch heute Konsequenzen zu ziehen. Man darf ohne Zögern von einem *Vermächtnis* reden. Es bildet eine Verpflichtung für diejenigen, die dabei gewesen sind und heute noch leben. Manches droht in Vergessenheit zu geraten. Deswegen habe ich versucht, an meinem Teil etwas festzuhalten. Vielleicht können Gefangenschaftskirche und Kriegsgefangenenhilfe für die heutige bzw. für die kommende Generation *Anstöße* für das Verständnis der Kirche und die Praxis des CVJM geben. Es waren jedenfalls Erfahrungen gottgeschenkten Segens und eigenen Versagens. Aus beidem läßt sich lernen.

### *Italien und England: Eigenart und Vergleich*

Durch den Einsatz auf *zwei Feldern* der YMCA-Kriegsgefangenenhilfe habe ich den Vorzug, beide Felder miteinander vergleichen zu können. In Rimini bzw. *Italien* schoß der Dienst der Kriegsgefangenenhilfe wie ein Pilz aus der Erde. Aus einem *Nichts* mußte ein *Etwas* werden. Hier waren, um das anspruchsvolle Wort Kreativität zu vermeiden, Erfindungsreichtum und Schlagfertigkeit erforderlich. Durch Gottes freundliche Fügung hatte ich das Glück, begabte Mitarbeiter zu finden, die mir in hervorragender Weise halfen, Leerstellen auszugleichen und eigene neue Akzente zu setzen. In Norton bzw. Großbritannien war schon etwas da. Ich durfte und mußte das Vorhandene übernehmen, ergänzen, notfalls verändern und, wo möglich, neue Impulse einbringen. Ich hatte starke Vorgänger und eigengeprägte Persönlichkeiten als Kollegen aus anderen Arbeitszweigen. Ein wesentlicher Unterschied bestand auch im Zeitpunkt. Der Dienst in Italien fand in der *Frühphase* der Kriegsgefangenen statt, wo spontane Einfälle gefragt waren, die Arbeit in Großbritannien mußte in der *Spätphase* an zum Teil abgebrühten oder verbitterten Kriegsgefangenen geleistet werden[65].

Unbestritten ist die jeweilige Auswirkung von *Mentalität* und *Konfessionalität* der Zivilbevölkerung. In Italien herrschten südländisches Temperament und katholische Kirche, in England gelassene Kühle und anglikanisches wie freikirchliches Christentum. Im Anfang warfen einige „Ithaker" noch mit Steinen nach uns, während später manche Engländer uns einluden. Die in Italien notwendige „Pionierarbeit" erforderte Konzentration. Das führte dort zu einer umfassenden *Ausbildungsstätte.* Das Seminar diente künftigen Theologen und kirchlichen Mitarbeitern. In Großbritannien gab es eine eigene Theologische Schule. Der Jugendleiterkursus mußte neu gegründet werden und bekam dabei ein höheres Niveau. Schließlich waren die *Verantwortungsstrukturen* in beiden Feldern anders akzentuiert. In Italien ließ mir Jones völlig freie Hand. Damit fielen mir Vorteil und Last der großen Freiheit zu. In Großbritannien war Barwick glasklar der Boss, aber eine nette Variante dieses Typus. Während des Italiendienstes war von einem Druck aus Genf keine Rede. Auf der britischen Insel bekam ich etwas deutlicher zu spüren, was man in Genf wollte. Hier entstanden gewisse Spannungen zu dem Kurs des Heimat-CVJMs, der mich entsandt hatte und dem ich mich geistlich verpflichtet fühlte. Sie bezogen sich aber nicht auf die Person, sondern auf die Konzeption. Ich hatte niemals Grund, über Kontrolle zu klagen, sondern konnte mich mit sachlichen Argumenten und mit dem Ertrag der Arbeit durchsetzen. Der nicht immer leicht zu tragende Klimawechsel von Italien nach England war letzten Endes eine segensreiche Erfahrung.

### *Gefangenschaftskirche und Heimatkirche*

Ob man hoch vom Amt des Pfarrers denkt oder eher den Tendenzen einer Demokratisierung der Kirche huldigt, eins läßt sich nicht leugnen: Der *Person des Pfarrers* hinter Stacheldraht fiel eine Schlüsselrolle zu. Als es nach dem verlorenen Krieg um den Aufbau der Lagergemeinden ging, mußte einer den Anfang machen. An jemand mußten sich die Engländer als Gewahrsamsmacht halten. Die britischen Militärpfarrer brauchten einen deutschen Partner. Da hielt man sich der

Tradition entsprechend an die vorhandenen kriegsgefangenen Pastoren. Diese waren nicht in jedem Falle darauf vorbereitet. Die einen waren vom Kirchenkampf erschöpft. Die anderen waren durch die Strapazen des Krieges am Ende ihrer Kräfte. Diejenigen Pfarrer, die sich auf die Schwärmerei der Deutschen Christen eingelassen hatten, sahen sich durch den Zusammenbruch des Nationalsozialismus betrogen und beschämt. Es ist ein Wunder, daß es trotzdem zu einer lebendigen Gefangenschaftskirche gekommen ist. Gewiß wuchsen im Anblick von Hoffnungslosigkeit und Verzweiflung neue Kräfte. Aber das allein kann es nicht gewesen sein. Der Aufbruch der Lagergemeinden und der Einsatz der Lagerpfarrer lassen sich zuletzt nur durch das überraschende und barmherzige Wirken des Geistes Gottes erklären, der bekanntlich weht, wann und wo er will. Ich kann es bezeugen: Er hat in den Lagern von Italien und Großbritannien geweht! Unwillkürlich kam es zu einer geistlichen Neubesinnung über das Amt des Pfarrers. Die normalen Stützen der Volkskirche fehlten hinter Stacheldraht. Da war keine treue Frauenhilfe, kein Helferkreis, und die regelmäßigen Amtshandlungen wie Taufe, Konfirmation, Trauung und Beerdigung, die uns sonst in einen lebendigen Kontakt mit den Gemeindemitgliedern brachten, fielen aus. Wir mußten von vorn anfangen.

Im Zuge dieser Entwicklung kam es zu einer Wiederentdeckung des Urauftrages, den der Herr Christus seinen Jüngern und Dienern gegeben hat, nämlich *Menschenfischer* zu sein. Die Lagerpfarrer hatten weder eine Stammgemeinde noch eine Personalgemeinde. Sie mußten sich ihre Predigtzuhörer und Gemeindemitglieder selbst zusammensuchen. Sie waren wieder vor die missionarische Aufgabe gestellt. In nicht wenigen Fällen wurden sie – wie in der alten Geschichte vom Fischzug des Petrus Lk 5,1–10 – überrascht von dem plötzlichen Zustrom der Besucher. Nicht alle Lagerpfarrer waren erfolgreiche Menschenfischer. Es gab einige begnadete Vertreter der Bekennenden Kirche, die mit Vollmacht aus dem Zentrum des Evangeliums direkt auf den konkreten Menschen zugingen. Andere hatten Schwierigkeiten, mit den Menschen in Kontakt zu kommen. Sie hatten zwar im Kirchenkampf gelernt, korrekt zu bekennen und sich tapfer von Christentumskritikern und Gottgläubigen abzugrenzen, aber es mangelte ihnen an Einfühlungsvermögen in die Mentalität des Gegners und an der Gabe des Verständlichmachens des Evangeliums. Zuweilen waren ehemalige deutsche Christen missionarisch zupackender. Nun mußte neu gelernt werden, daß Bekennen immer auch ein Bekennen vor jemandem und für jemanden (ad hominem) ist.

Nicht zuletzt entdeckten eine Reihe von Lagerpfarrern erneut die geistliche Chance, die sich dem Amtsträger als *Beichtiger* in der evangelischen Privatbeichte bietet. Manche wollten nach dem verlorenen Krieg die eigene Vergangenheit in Ordnung bringen und einen neuen Anfang machen. Da war direkt und indirekt ein heimlicher Hunger nach verbindlicher Vergebung. Die Lagerpfarrer wurden nun herausgefordert, von der großen Erlaubnis zur Erteilung der privaten Absolution in freier oder liturgischer Form Gebrauch zu machen (Joh 20, 23).

Wenn die Lagerpfarrer in der *Heimatkirche* ihr altes Pfarramt wieder übernahmen oder die Theologiestudenten nach Abschluß ihres Studiums Vikare in einer Gemeinde waren, erwarteten sie viele und schwierige neue Probleme. Die Niedergeschlagenheit war tief, und die Hoffnung auf eine frohe Botschaft war groß. Es war gut, daß die Pfarrer der Gefangenschaftskirche frischen Wind in die Heimatkirchen mitbrachten. Sie trugen auf ihre Weise zu einer Neubesinnung auf das „Missionarische" bei. Das alte Wort „Evangelisation" bekam neues Leben. Auch die neue Seelsorgebewegung ist von der Gefangenschaftskirche mitbeeinflußt. Hatte man doch dort gelernt, daß das Einzelgespräch oft das einzige Mittel darstellt, die Relevanz des Evangeliums für die persönlichen Probleme aufzuzeigen. Natürlich brachte die ungewohnte Gemeindearbeit zu Hause auch Rückfälle in den alten Trott oder Enttäuschungen mit sich. Schmerzhafte Lernprozesse blieben nicht aus.

Ein zweiter Aspekt in dem Verhältnis von Gefangenschaftskirche und Heimatkirche war die Laienarbeit. *Der Laie als Fachmann und Mitarbeiter* hatte im Rahmen der Gefangenschaftskirche einen hohen Stellenwert gewonnen. In einigen Lagern stellten sich Laien freiwillig dem Pfarrer zur Verfügung. In anderen Lagern wiederum waren aktive Laien Mangelware. Es rächte sich, daß sich die evangelische Christenheit in der Heimat zu sehr als „Pastorenkirche" entwickelt hatte und daß man sich oft recht einseitig auf die evangelischen Frauen verließ, während die evangelischen Männer weder hinzugezogen noch zur Mitarbeit ausgebildet worden waren. Das wurde nun in Rimini (Lagerschule und Seminar) und Norton (Laien- und Jugendleiterkursus) nachgeholt. Der Laie war ja eigentlich Fachmann. Die Kirche konnte nur zu gut Juristen als Vorsitzende von Kirchenvorständen, Ärzte als Fachberater in bestimmten Seelsorgefällen, Kaufleute als Berater der kirchlichen Finanzen, Handwerker bzw. Architekten als kirchlich engagierte Helfer in Bauangelegenheiten usw. gebrauchen. Laien vermögen ihre fachlichen „Gaben“ in die Gemeinde einzubringen (1 Petr 4,10) und im Bedarfsfall als gleichberechtigte und vollmächtige „Mitarbeiter Gottes“ (1 Kor 3,9) den Pfarrer vertreten, bis hin zur Verwaltung der Sakramente. Auf diese Weise hat die Gefangenschaftskirche die Laienbewegung in der Heimatkirche, auf Kirchen- und Gemeindetagen, in den Akademien und in der Erwachsenenbildung befruchtet. Das Modell des „mündigen Laien“ (Bonhoeffer) kam erst hinter Stacheldraht und dann in der Heimat vorbildlich zum Zuge. Gerade in der Gefangenschaftskirche haben viele Laienchristen gelernt, daß es nicht nur ein Recht des Laien, sondern auch eine Pflicht des Laien gibt. Dieser Gedanke kommt heute bei den zahllosen Protesten, Demonstrationen und Kritiken innerhalb unseres modernen Kirchentums manchmal zu kurz. Die Zeit des Pfarrherrn ist vorbei, aber sie sollte nicht durch den Laien als Besserwisser abgelöst werden.

Es fällt nicht leicht, das Selbstverständnis der Gefangenschaftskirche auf einen Nenner zu bringen. Die Zusammensetzung der Pfarrerschaft und der Kerngemeinden in den Lagern war nicht einheitlich. Da gab es Kirchentreue und Pietisten, Kirchensteuerzahler und Feiertagsbesucher, Kirchenkritiker und Neuchristen, von den verschiedenen theologischen Strömungen zu schweigen. Mit Bestimmtheit kann man sagen, daß innerhalb der Pfarrerschaft die guten Elemente der Bekenntniskirche zum Tragen kamen, so Verkündigung und Gemeindeaufbau. Eher waren die Methoden der Umsetzung des Gotteswortes in den Gefangenenalltag diskussionswürdig. Hier wurden manche Fehler gemacht und Schwächen gezeigt. Immer dort, wo hinter Stacheldraht das Ineinander von Bekenntniskirche und Missionskirche praktiziert wurde, traten segensreiche Nachwirkungen in den Heimatgemeinden ein. Zwei Aspekte seien herausgegriffen, nämlich das Ineinander von *Gebetsgemeinschaft* und *Tatgemeinschaft* im Sinne des benediktinischen „Ora et labora“ (Bete und arbeite). Viele PoWs, die im Dritten Reich das Beten verlernt hatten und im Blick auf eigene Probleme oder das Schicksal der Familie im Osten (Fürbitte) wieder beten wollten, bekamen in den Lagergottesdiensten und Andachten Anregung und Halt. In kleinen Kreisen fand man sich zur freien Gebetsgemeinschaft. Jeder durfte sein eigenes Anliegen vortragen und wurde von dem gemeinsam gesprochenen „Amen“ wirksam unterstützt. Im Zusammenhang mit dieser Entwicklung grub man die alten Schätze der kirchlichen Liturgie aus. Das Wechselgebet der Psalmen kam zu Ehren und erwies sich in der Lage hinter Stacheldraht als seltsam aktuell. Die gesungene oder gesprochene Liturgie in den Gottesdiensten wurde auf diese Weise zu Gebetshilfen für das „Kämmerlein" zu Hause oder unter der Bettdecke im Lagerzelt. Das korrespondierende Element zur Gebetsgemeinschaft bildete die Tatgemeinschaft. Sie verdankt sich zwei zeichenhaften Impulsen. Einmal war es der Aufbau der Lagergemeinde. Alles mußte aus dem Boden gestampft und mit einfachen Mitteln in Gang gebracht werden. Hier schlug die Stunde der Praktiker und Pragmatiker. Der andere Impuls bestand in der Kriegsgefangenenhilfe selbst. In ihr begegneten die Lagerpfarrer einem Tatchristentum, das damals seinesgleichen suchte. Davon soll jetzt die Rede sein.

### *YMCA-Kriegsgefangenenhilfe und Deutscher CVJM*

Hier ist zunächst der Ort für eine notwendige Zwischenbemerkung. Die westlichen Alliierten gaben dem Weltbund der YMCA vollen Spielraum. Die Sowjetunion untersagte dagegen jede Art von Aktivität. So mußten die deutschen Kriegsgefangenen in Rußland zur Selbsthilfe greifen. Es ist staunenswert, was auf diese Weise die Lagergemeinden mit ihren Pfarrern und freiwilligen Mitarbeitern geleistet haben. Unglaubliches ist hier gelitten und geliebt worden. Auch aus solchen Erfahrungen sind Segensströme in die Kirchengemeinden und CVJM-Gruppen der Heimat geflossen. Im Vergleich dazu können wir Deutschen, die hinter britischem, amerikanischem und französischem Stacheldraht leben und arbeiten durften, nicht konkurrieren. Wir haben es einfach besser gehabt. Das gilt es demütig zu bekennen. Aber natürlich gab es auch in den westlichen Gefangenenlagern Probleme und Konflikte, Nöte und Schwierigkeiten, ob sie physischer oder psychischer Natur waren. In dieser Hinsicht hat die YMCA-Kriegsgefangenenhilfe einen wirksamen und unvergeßlichen Dienst getan. Für Italien und Großbritannien kann ich das aus eigener Erfahrung bezeugen. Dafür schulden wir Deutschen aus meiner Generation zeitlebens Dank. Was das im einzelnen bedeutet hat, mag im folgenden skizziert werden.

*Der Jugendleiter als Bote und Berater:* Die Jugendleiter, die während der Gefangenschaft Anstöße zu einem ewigen Leben und zu einem brüderlichen Handeln bekommen haben, stammten zumeist aus den Ausbildungsstätten Rimini oder Norton. Andere empfingen direkte Impulse in den Lagergemeinden oder CVJM-Gruppen. Wer für die

Sache Jesu gewonnen war und schon in den Lagern erste Erfahrungen als Mitarbeiter im Reiche Gottes gemacht hatte, kannte das schwierige Klima vor Ort. Die Deutschen waren nach dem Kriege weder kirchen- noch CVJM-freundlich. Im Gegenteil, man war unter dem NS-Regime dazu erzogen worden, in der Kirche bzw. im Christentum einen Fürstenknecht zu wittern. Andere entdeckten nachträglich in den Deutschen Christen „Naziknechte". Wer von den Pfarrern oder „praktizierenden Christen" sich allzu freundlich an die Engländer in der Heimat oder hinter Stacheldraht anpaßte, geriet in den Verdacht, ein „Besatzer/Sieger-Knecht" zu sein. Die Lagerpfarrer hatten es manchmal schwer, diese Zweifel zu zerstreuen und neues Vertrauen zu gewinnen. Da hatten die YMCA-Leute einen gewissen Vorteil. Sie kamen nicht als „Amtsträger", sondern als Freiwillige und Laien. Sie wußten von Anbeginn ihrer Tätigkeit, daß sie *Boten* waren. Sie konnten nicht damit rechnen, daß die Männer und jungen Männer in Scharen zu ihren Gruppenveranstaltungen kamen. Hier mußte von Mann zu Mann einzeln geworben werden. Damals haben wir Pfarrer wieder das Laufen gelernt (Lk 9,60a), das Zu-den-Leuten-Gehen, weil dieselben Leute nicht mehr zu uns kamen. Um wieviel mehr traf das auf die CVJM-Mitarbeiter hinter Stacheldraht zu. In diesem Dienst mußten Nummern angesprochen werden. Jeder Kriegsgefangene war Träger einer Nummer. Vorher hatte er die Nummer seiner Erkennungsmarke um den Hals getragen, und noch früher war er vielleicht Besitzer einer Parteibuchnummer gewesen. Jetzt wurde er als er selbst angeredet. In den Evangelisationen und in den Gruppenstunden kamen die „privaten" Themen am ehesten an. Man hatte im Dritten Reich, im Kriege und in der Gefangenschaft fast seine Identität verloren. Jetzt kamen diese CVJM-Leute, die mit ihrer Botschaft gerade diese Identität ernst nahmen.

Es ging uns darum, den einzelnen Adressaten wirklich zu erreichen, uns mit seinen persönlichen Problemen zu solidarisieren und gezielt die uns aufgetragene frohe Botschaft von Christus zu übermitteln. Dabei ging uns das Ineinander des Missionarischen und des Seelsorgerlichen auf. Wir waren nicht nur Boten, sondern auch *Berater.* Wenn die „Predigt auf den Dächern" (Mt 10,27) trotz aller Mühe auf taube Ohren stieß, blieb immer noch das seelsorgerliche Gespräch als ein evangelischer Weg zum Menschen. Da waren angefochtene Gewissen zu trösten und lähmende Ängste vor der Zukunft zu bewältigen. Wo immer so etwas wie eine „Erweckung" eintrat, war es eine Entkrampfung und Befreiung. Jeder Seelsorger weiß, daß die „Bekehrung“ von Männern eine seltene Sache ist und harte Arbeit kostet. Etwas anders war das mit den jungen Männern. Junge Erwachsene sind noch flexibler und bringen eher den Mut auf, den Sprung über die Mauer zu wagen, um noch einmal einen neuen Anfang zu machen. In diesem Sinne haben eine ganze Reihe von Angehörigen der jungen Generation hinter Stacheldraht das Abenteuer des Glaubens gewagt. Es mußte ihnen nur angeboten und abgefordert werden. Die Mitarbeiter des CVJM und die ihnen verbundenen Pfarrer haben sich bemüht, geistlich nicht zu drängeln. Je sachgemäßer und fallbezogener die seelsorgerliche Beratung verlief, um so stärker wurde ihr Gewicht. Noch kannten wir nicht die Regeln von Rogers und das vielfältige Instrumentarium der modernen Psychotherapie, aber wir taten unser Möglichstes, um unsere damaligen psychologischen Kenntnisse und die bereits gemachten seelsorgerlichen Erfahrungen in die Gespräche hinter Stacheldraht einzubringen. Freilich ließen wir es nicht dabei bewenden. Vielmehr übten wir uns in einer missionarischen Seelsorge. Gelegentlich mußte nicht nur brüderlich mitgefragt, sondern deutlich geantwortet werden. Für unsere Auffassung von Seelsorge gehörten das Verstehen und das Verkünden unauflöslich zusammen. Als Boten und Berater waren wir Anwälte einer eindeutigen und unverwechselbaren Botschaft. Gewiß mußten wir bei unseren intellektuellen oder einfachen Zuhörern bzw. Gesprächspartnern auf tausend und abertausend komplizierte Probleme theologischer, philosophischer, sozialer und praktischer Art eingehen. Aber durch die Umstände der Stacheldrahtsituation wurden wir gezwungen, fundamental zu verfahren und elementar anzufangen. Uns blieb nicht viel Zeit. Wir mußten konzentriert vorgehen. Hier kam uns das Evangelium von Jesus Christus selbst zu Hilfe, lautete doch das erste urchristliche Bekenntnis einfach und klar: „Jesus ist Herr“ (kyrios Iesus: 1 Kor 12,3). Wir hatten es erfahren und sagten es nun weiter: Wo Jesus herrscht, ist das Alte vergangen, und alles kann neu werden. Seine Vergebung schafft Veränderung. Christen haben Zukunft.

Im *Heimat-CVJM* war man für diesen deutschen Typus der YMCA-Kriegsgefangenenhilfe aufgeschlossen. Er entsprach den langjährig bewährten Grundprinzipien des Evangelischen Jungmännerwerkes. Wir konnten sogar neue Anstöße für eine freiere Art der Jugendevangelisation geben und frischen Mut zu einer Jungmännerarbeit der über 18jährigen machen. Andererseits mußten die Jugendleiter aus Italien und England umlernen. Es standen Berufs-, Bildungs- und Familienfragen zur Diskussion. Themen wie Schwarzhandel, Denazifizierung, Ami-Liebchen, Nihilismus und Sektiererei rückten auf die Tagesordnung. Dieser Themenwechsel hält in immer neuen Fortsetzungen bis heute an. Darum sollte der Deutsche CVJM auch nicht müde werden, immer neue Antworten vom Evangelium her zu suchen.

*Die soziale Initiative im CVJM:* In der YMCA-Kriegsgefangenenhilfe hatten viele Mitarbeiter des CVJM-Lagerdienstes, junge Laien, interessierte Studenten und erfahrene Pfarrer, eine Liebespredigt durch Liebestat, ja Akte der Feindesliebe erfahren. Nicht wenige hielten es für eine Selbstverständlichkeit, nach der Entlassung in der Heimat auf die widerfahrene Hilfe dankbar zu reagieren. Sie wurden ehrenamtliche Mitarbeiter eines Orts-CVJM oder sonst unterstützende Mitglieder. Die in Rimini und Norton Ausgebildeten setzten ihr Spezialstudium in der Sekretärschule fort und kamen früher oder später zum Einsatz. Sie alle verband die Parole der „Bereitschaft", nämlich der Bereitschaft zu einem Dienst am anderen. Zur Eigenart des CVJM gehört, daß er neue „soziale Initiativen" ergreift, wann und wo immer ein Notstand herrscht. In der zerstörten Heimat, inmitten der Ruinenwelt, waren erfinderische Leute zu gebrauchen. Wie der Weltbund seine Kriegsgefangenenhilfe und seine Flüchtlingsarbeit aus dem Stand heraus ins Leben gerufen hat, packten die CVJM-Heimkehrer im Verbund mit den örtlichen Gruppen und Vereinen bzw. mit den alten Mitgliedern, die überlebt hatten, und mit dem jugendlichen Nachwuchs die unmittelbar notwendigsten Projekte an. So sind manche Impulse aus der Kriegsgefangenenhilfe in die wiederaufgebauten CVJM-Häuser in den Großstädten eingegangen. Schon kleinere Aufgaben wie die Einrichtung eines einzigen Zimmers für die Versammlungen der neuen Jugendgruppen wurden unversehens zum großen Christusauftrag. Im Unterschied zu manchen kirchlichen Hilfsinstitutionen, wo man nur Anträge stellen mußte und dann etwas zugeteilt bekam, wurden hier nach dem Modell des roten Dreiecks hinter Stacheldraht eigene *soziale Initiativen* des CVJM entwickelt. Man packte mit eigenen Händen an und sammelte auf eigenen Füßen die dazu gehörigen Gelder durch Besuche und Vorsprachen. Dann kam u. U. auch ökumenische (amerikanische) Hilfe dazu. Gelegentlich hat es Konflikte in Sachen Zuständigkeit gegeben. Aber die vom YMCA hinter Stacheldraht trainierten CVJM-Leute konnten sich meistens durchsetzen. Sie besaßen kein amtliches Recht, dafür aber das, was ich die *Kompetenz des Einfalls* nennen möchte. Ihnen war eingefallen, anderen Menschen zu helfen, so wie sie es hinter Stacheldraht gelernt hatten. Da war nicht viel Zeit zum Verhandeln, Abstimmen und Akten wälzen. Die Zeit drängte, und die Not des unter die Mörder Gefallenen war zu groß. Zu dieser sozialdiakonischen Initiative gehört ein bestimmtes Tempo der Liebe.

In der Pariser Basis des Weltbundes, die auch das Leitprinzip der Kriegsgefangenenhilfe war, heißt es, daß die jungen Männer des YMCA bzw. des CVJM „in ihrem Glauben und Leben seine (nämlich Christi) Jünger sein wollen". Nun galt es, damit Ernst zu machen. Wer der ökumenischen Kriegsgefangenenhilfe aus Genf etwas nähergekommen war, hatte ihren Leitgedanken erfaßt: Der Christ ist ein Nothelfer oder er ist es nicht. Einerseits ging es um die *Reihenfolge* bzw. den Start. Die Amerikaner und Briten, die Schweizer und Schweden hatten es uns hinter Stacheldraht vorgemacht und unbewußt ein Exerzitium der Nächstenliebe vermittelt. Im Ernstfall wird erst gehandelt und dann geredet. Christlich gesehen ist in der Stunde der Not die sach- und fallbezogene Liebe das Wichtigste. Später mag die Erklärung folgen, was denn mit der geliebten Liebe eigentlich gemeint sei. Die Vertreter des YMCA hatten zunächst ihr Hilfsmaterial gebracht und uns Deutschen, die wir arm waren wie eine Kirchenmaus dann Raum gelassen, den „Kommentar" zu dieser Liebe zu geben. In diesem Sinne haben wir dann gepredigt und evangelisiert, Sakrament gefeiert und Seelsorge geübt.

Ähnlich sind die Heimkehrer in ihren Gruppen und Gemeinden vorgegangen. Nur aus dem Ineinander von Glaube und Tat, Liebe und Auslegung der Liebe erklärt es sich, daß der CVJM in wenigen Jahren wieder ein so lebendiges Werk geworden ist. Andererseits schlug in der Praxis des Heimat-CVJM die Stunde des Unmittelbaren, des Spontanen. Da durfte nicht lange gefackelt werden. So sind aus der Begegnung mit einer konkreten Notlage soziale Initiativen wie der Heimkehrerdienst, der Heimatlosenlagerdienst und nicht zuletzt das Christliche Jugenddorfwerk entstanden. Sie hatten zwar ihre eigenen Initiatoren wie A. Dannenmann, J. Busch und O. Schnetter, aber in diesen sozialen Initiativen wehte ein ähnlicher Wind wie in der YMCA-Kriegsgefangenenhilfe. Hier fühlten sich unsere Leute wohl, verstanden und angenommen. Manche fanden sogar ein neues Wirkungsfeld, gerade auch als Laienmitarbeiter, die Freude an selbständiger Arbeit hatten. Durch die Tätigkeit der Kriegsgefangenenhilfe hatten sie in den Lagern erlebt, was es bedeutet, wenn einem jemand an der Stelle hilft, wo der Schuh drückt. Nun sahen sie, daß unter den Millionen Heimkehrern immer wieder *drei Fragen* aufbrachen: 1. Wie kriege ich einen Beruf? – 2. Wie werde ich möglichst schnell denazifiziert? – 3. Wie komme ich mit meiner Ehe und Familie zurecht? – An diesen drei Problemen kam keiner vorbei. Ihrer nahm sich der CVJM in seinen verschiedenen Arbeitszweigen an. Da konnte man seine Erfahrungen aus der Kriegsgefangenenhilfe loswerden und praktische Anregungen geben. Dieser Schuß Pragmatismus hat dem deutschen CVJM von damals gutgetan.

*Bruderschaft und Brudersein:* Es kann kein Zweifel darüber bestehen, daß der Aspekt des Brüderlichen bzw. des Geschwisterlichen[66] in der vom Genfer YMCA und vom deutschen CVJM geprägten Kriegsgefangenenhilfe eine Rolle gespielt hat. Es war der Geist der Brüderlichkeit, der zu dieser Hilfsaktion geführt hat. Es gab auch unter den Deutschen selbst gewachsene spezifische Sammlungen im Sinne eines Bruderkreises mit einer eigenen Ordnung oder zumindest mit bestimmten Leitworten. In Italien und England waren sie gekoppelt mit den Ausbildungsstätten der Kriegsgefangenenhilfe, also mit dem Theologischen Seminar in Rimini und dem Jugendleiterkurs in Norton Camp. Dabei darf nicht vergessen werden, daß es die Michaelskette in Bellaria war, die den ersten Anstoß zu einer solchen Sammlung vermittelt hat. Diese Gruppe fand sich noch vor dem Beginn der YMCA-Kriegsgefangenenhilfe zusammen. Allerdings stand die Kette der evangelischen Jugendarbeit nicht nur nahe, sondern erklärte den Dienst an der Jugend ausdrücklich als eines der Hauptanliegen ihrer Ordnung. Schließlich kann ich nicht leugnen, daß ich als Leiter des Bellaria-Lehrgangs aus dem CVJM kam und mich bereits für den Gedanken eines Kernkreises engagiert hatte. Beispiele dafür sind die vereinbarte Gebetsgemeinschaft (mit Löhe-Gebeten in der Leipziger Studentenzeit), der „Arbeitskreis“ im Berliner Konfirmandenunterricht und das Programm einer „Dienstschar“ in der evangelischen Jugendarbeit unter den Bedingungen des Dritten Reiches, das ich in meinem Buch „Das Jugendwerk der Kirche“ entwickelt hatte. Entscheidend war, daß die jungen Menschen in Bellaria, Rimini und Norton selbst von dem Brudergedanken ergriffen wurden und ihn in eigenständiger Weise umzusetzen verstanden. In Rimini kam es im engeren Sinne zu einer *Bruderschaft*. Sie hatte – ähnlich wie in der Michaelskette – Freude an und Willen zu einer gewissen Verbindlichkeit. Man wollte kein neues Gesetz aufrichten, sondern der Freiheit dienen, der des anderen und der eigenen.

In Norton Camp vermied man das Wort „Bruderschaft“. Hier ging es vornehmlich um das *Brudersein*. Im Unterschied zu der Ordnung der Riminesen beschied man sich hier auf Leitsätzen. War dort der

Kreis verbindlicher, so war er hier lockerer zusammengefügt. Hatte man in Rimini gewagt, von Verpflichtung und Bindung zu sprechen, so war hier alles auf Erwartung und Anstiftung angelegt. Ein großes Gewicht hatte in Bellaria, Rimini und Norton Camp die Feier des *Sakraments* eingenommen. Es wurde das Fundament und das Leitbild der Bruderschaft und des Bruderseins.

Als die Angehörigen der drei Gruppen in die Heimat kamen, wurden sie freundlich aufgenommen, aber auch nüchtern ermahnt, ihr Gemeinschaftserlebnis nicht emotional höher zu bewerten, als es der Glaube zuläßt. Ausdrücklich wurden sie vor „Strohfeuer" gewarnt. Aber es ist anders gekommen. Seit fast 50 Jahren führen die drei Kreise regelmäßige Treffen durch. Zahllose Rundbriefe wurden bis heute geschrieben. Besondere Fürsorge galt den Brüdern in der ehemaligen DDR. Fragt man nach der *Bedeutung* dieser hinter Stacheldraht gegründeten Bruderkreise *für den deutschen CVJM*, so liegt sie mehr im Indirekten als im Direkten. Gewiß haben die Mitglieder bzw. die Ehemaligen, sofern sie hauptamtliche oder ehrenamtliche Mitarbeiter des Heimat-CVJM wurden, den Geist der Bruderschaft weitergetragen in die Gemeinden und Ortsvereine, in die Bünde und in die Arbeitsgemeinschaft der Großstadt-CVJM. Aber sie haben nicht am laufenden Bande neue Bruderschaften gegründet. Zum Werden eines Bruderkreises gehört eine einmalige und unverwechselbare Geschichte, ein eigenständiger Anlaß. So etwas kann man nicht einfach verpflanzen oder organisieren. Es muß als „Erweckung" geschenkt werden und dann wachsen. Aber es hat ähnliche Bewegungen und Entwicklungen gegeben, die auch zu einer mehr oder weniger verbindlichen Gruppenbildung geführt haben. Im Grunde genommen war das Phänomen des Kernkreises bzw. der Tatgemeinschaft nichts Neues. Seit der Gründung des CVJM Berlin-Wilhelmstraße unterschied man, entsprechend dem Typus des angloamerikanischen YMCA, den engeren Kreis der *tätigen* Mitglieder, die sich auf die Pariser Basis verpflichteten, und den Kreis der *eingeschriebenen* Mitglieder, die an bestimmten Aktivitäten des Vereins teilnahmen, aber kein ausdrückliches religiöses Bekenntnis ablegten. Im ganzen Evangelischen Jungmännerwerk und seinen Bünden herrschte seit jeher ausgesprochen oder unausgesprochen das Prinzip einer „Mission von jungen Männern an jungen Männern". Die jeweilige CVJM-Gruppe wurde getragen von einem Kern überzeugter und engagierter junger Christen, die gleichwohl offen waren für alle jungen Männer, um ihnen zu helfen und sie ohne Zwang für die Sache des Reiches Gottes zu gewinnen. So verstand es sich auch von selbst, daß unsere Bruderschaften in den Lagern nicht einen bloßen Selbstzweck darstellten, etwa im Sinne der Abkapselung und der Eigenkultur. Im Gegenteil, jeder Bruder sollte an seinem Platz im Sinne der Bruderschaft *für die anderen da sein.* Im übrigen zeigt die jüngste Geschichte des CVJM in den letzten Jahrzehnten, daß es immer wieder einmal neue Varianten derselben Grundbewegung gibt. Es sei nur an die Bildung von charismatischen Gruppen oder an die Entstehung eines geistlichen Zentrums wie den sogenannten „Mitarbeiterkreis" in dem Großstadt-CVJM München erinnert.

Im übrigen hat sich das Selbstverständnis der YMCA-Kriegsgefangenenhilfe besonders fruchtbar im Blick auf die Brückenbildung nach außen und nach innen ausgewirkt. Im Heimat-CVJM fand in den folgenden Jahrzehnten eine verstärkte, vom Brudergedanken erfüllte *Außenwendung* statt. Einmal wuchs das Interesse an internationalen Begegnungen. Die Zeit der Rassenideologie des Dritten Reiches war vorbei. Der Bruder Mensch in den verschiedenen Kontinenten, in der Dritten Welt der farbige Bruder und allen voran der jüdische Bruder, wurden wiederentdeckt. Gleiches galt für die interkonfessionellen, ökumenischen Beziehungen. Neue Brücken entstanden zu den Konfessionsverwandten in anderen Ländern und zu den Mitchristen in den anderen Konfessionen, Freikirchen und Verbänden. Die Kriegsgefangenenhilfe hat die ökumenische Ausrichtung des deutschen CVJM wesentlich beflügelt. Weniger auffällig, aber mit stiller Intensität kam es auch zu einer vertieften *Brückenbildung nach innen.* Der deutsche CVJM ist in seiner Geschichte nie ganz frei gewesen von immanenten Spannungen, so zwischen dem Reichsverband und den Bünden oder der AG der Großstadt-CVJM im Großen und zwischen den örtlichen Vorständen und Sekretären im Kleinen. Da mag manch einer, der hinter Stacheldraht die Bruderschaftserfahrung gemacht hat, vermittelnd und versöhnend eingegriffen haben. Es gibt keine Chronik, die so etwas verzeichnen und belegen könnte. Aber es ist anzunehmen, daß sich auch in dieser Hinsicht die draußen gemachte Erfahrung drinnen umgesetzt hat: Wer den Bruder Jesus verkündigen will, der muß sich auch brüderlich verhalten. Nicht umsonst sagt der johanneische Christus: „Daran wird jedermann erkennen, daß ihr meine Jünger seid, wenn ihr Liebe untereinander habt" (Joh 13,35).

Die *Bilanz* der Erfahrungen, die ich in der Gefangenschaftskirche und in der YMCA-Kriegsgefangenenhilfe gemacht habe, ließe sich noch fortsetzen. *Gefangenschaft* ist seit der babylonischen Gefangenschaft und den Gefangenschaften des Apostels Paulus ein unerschöpfliches Thema. Aber ich will mich nicht unnötig wiederholen. Einiges habe ich öffentlich vorgetragen, anderes literarisch publiziert. Es begann mit dem Heft *Die deutsche Fieberkurve.* Gedanken eines Pfarrers hinter Stacheldraht (1947), das in den Lagern Großbritanniens verteilt wurde. Hier wurde die geistige Situation der Zeit analysiert und ein Entwurf für die kommende Kirche vorgelegt. Die Schrift *Das geistliche Vermächtnis der Gefangenschaftskirche* ist in Norton Camp selbst niedergeschrieben worden. Eingerahmt von missionarischen und seelsorgerlichen Überlegungen steht im Mittelpunkt der Gedanke von der „Bruderschaft der Ernstgenommenen" (1948). Sechs Jahre später wurde ich aufgefordert, auf dem Stuttgarter Kirchentag im Neckarstadion ein Referat über das Thema *Der geistliche Ertrag und Auftrag der Gefangenschaftskirche* zu halten. Die Versammlung stand unter der Leitung von Kirchenpräsident *D. Stempel,* der auf die Bedeutung des Sakraments für die Kriegsgefangenen aufmerksam machte. In der Aussprache wies Bischof *D. Heckel,* der sich mit seinem Hilfswerk um die Rußland-Kriegsgefangenen verdient gemacht hat, auf die Erfahrungen in der Spätphase der östlichen Kriegsgefangenschaft hin: auf die Erkenntnis der geistlichen Freiheit gegenüber der täglichen Gebundenheit und auf die Einsicht in das Spannungsverhältnis zwischen Gerechtigkeit und Barmherzigkeit. Mein Stuttgarter Vortrag ist im selben Jahr im Druck erschienen[67]. Das wesentliche Anliegen meines Vortrags war der Aufweis von zwei Chancen, die der Gefangenschaftskirche zuteil geworden waren: einmal das Geschenk der Intensivierung und dann das Geschenk der Extensivierung. Daraus leitete ich den Auftrag für das Hier und Heute ab, sowohl die tiefgreifende Sorge um den einzelnen Menschen und seine Fragen als auch die ausgreifende Sorge um die Masse und ihre Nöte. Jahrzehnte später habe ich mich noch einmal zur Sache geäußert. Den Anlaß bot das 40jährige Jubiläum der Augustana-Hochschule in Neuendettelsau. Hier hatten seinerzeit die Riminesen freundliche Aufnahme gefunden und den Gründungsjahrgang der Hochschule gebildet. In dem Sammelband „Eine Denkwerkstatt der Kirche – Augustana-Hochschule 1947–1987" stellte ich meinen Beitrag (S. 12–24) unter den Titel „*Etwas begann in Rimini*".[68]

In den genannten Veröffentlichungen habe ich immer von der Gefangenschaftskirche und der YMCA-Kriegsgefangenenhilfe gesprochen. Beides ließ und läßt sich nicht fein säuberlich trennen, beides griff ineinander. Die YMCA-Kriegsgefangenenhilfe stand während der Stacheldrahtzeit oft im Vordergrund. Sie war von den Alliierten ausdrücklich als Betreuungsorganisation für die Gefangenen autorisiert und genoß durch ihr umfangreiches Hilfsmaterial eine Vorzugsstellung. Ohne sie hätte die Gefangenschaftskirche in den Lagergemeinden nicht arbeiten können, wie sie es getan hat. Umgekehrt stand nach der Heimkehr wieder die offizielle Kirche mit ihren Landeskirchen, Kirchentagen und Diakoniewerken im Blickpunkt der Öffentlichkeit. Hier waren eine jahrhundertelange Tradition und eine staatlich geschützte Institution vorhanden. Hier gab es eingefahrene Geleise und ausbaufähige Einrichtungen. Das CVJM-Werk befand sich erst mitten im Wiederaufbau. Getreu seinem Grundsatz, weder gegen noch neben der Kirche, sondern in ihr und mit ihr eigenständig zu arbeiten, ergab sich von vornherein ein Zusammenspiel zwischen Kirche und Werk. In dieser Hinsicht hat sich das Miteinander von Gefangenschaftskirche und YMCA-Kriegsgefangenenhilfe förderlich ausgewirkt. Daß es dabei auch Konflikte und Probleme gab, davon soll u. a. in dem zweiten Band meiner Lebenserinnerungen berichtet werden.

Noch ein Wort zum *Abschluß* meines Berichts über das, was ich in der Kriegsgefangenschaft erlebt und gedacht habe. Die Erfahrungen hinter Stacheldraht haben mich subjektiv in meinem Leben sehr bewegt und geprägt. Vielleicht ist aber auch objektiv gesehen deutlich geworden, was die Gefangenschaftskirche und die Kriegsgefangenenhilfe für Kirche und CVJM zu Hause bedeutet haben. Ich möchte es in zwei Bibelworten umschreiben. Der matthäische Jesus sagt (Mt 25,36): „Ich bin im Gefängnis gewesen, und ihr seid zu mir gekommen." Das haben wir an der YMCA-Kriegsgefangenenhilfe mit eigenen Augen gesehen. Im johanneischen Zeugnis heißt es (1 Joh 3,14): „Wir wissen, daß wir aus dem Tode in das Leben gekommen sind; denn wir lieben die Brüder." Das haben wir in der Gefangenschaftskirche gelernt, einmal und für das ganze Leben.

## 12. Politische Seelsorge II

Die Niederschrift des ersten Bandes meiner Erfahrungen und Überlegungen kann nicht abgeschlossen werden, ohne noch eines wichtigen Themenkreises zu gedenken, der mich in meinem Dienst an den Kriegsgefangenen sehr bewegt und in Anspruch genommen hat. Ich meine die seelsorgerlichen Verpflichtungen, die aus meiner Berliner Zeit herrührten. Ich knüpfe damit an den Schlußabschnitt des Rimini-Kapitels an. Die folgenden Ausführungen gehören sinngemäß an das Ende des Norton-Kapitels. Lag doch ein Schwerpunkt dieser nachgehenden Seelsorge speziell in der Zeit, als ich aus meinem Status als Kriegsgefangener entlassen war und mich besser um die ehemaligen Mitglieder meiner Berliner Standortgemeinde kümmern konnte. An einigen Stellen greife ich über den selbstgesteckten Zeitrahmen hinaus, was an der jeweiligen Sache bzw. der betroffenen Person liegt. Die Vorkommnisse aus späteren Jahren haben ihren Wurzelgrund in der Zeit des Krieges, der Kriegsgefangenschaft und der unmittelbaren Nachkriegszeit.

### *Mehr als „Persilscheine": Zeugnisse einer Dankesschuld (Eva v. Schröder u. a.)*

Schon in Abano Terme hatte ich mich in meiner Erklärung an den britischen Militärgeistlichen Rev. Cranfield für Frau *Eva von Schröder*, die leitende Mitarbeiterin der NSV und Bearbeiterin von Bittgesuchen an den „Führer", eingesetzt (Juli 1945). Im Herbst 1946 hat Frau von Schröder an mich nach Rimini geschrieben und mir ihre damalige Lage geschildert, die nach dem Zusammenbruch sehr mißlich war. Ob sie damals schon durch britische oder ökumenische Stellen von meiner Erklärung wußte oder ob ich sie ihr erst danach zugeschickt habe, weiß ich nicht mehr. Jedenfalls konnte ich von Rimini aus nichts unmittelbar tun. Was ich in Abano Terme geschrieben hatte, war mehr als ein „Persilschein", wie man seinerzeit die kirchlichen oder politischen Ehrenerklärungen nannte, die der „Reinwaschung" eines früheren Parteigenossen dienten. Meine Erklärung sollte und wollte das persönliche Zeugnis einer aufrichtig empfundenen Dankesschuld sein. Ich fühlte mich als Christenmensch und als Amtsträger der Kirche dazu verpflichtet. Um von meiner Situation hinter Stacheldraht aus wenigstens etwas zu tun, schrieb ich zunächst am 9. 8. an den Deutschen CVJM, z. Hd. von *D. Stange, A. Dannenmann* und *G. A. Gedat* und bat sie, ihr in irgendeiner Form zu helfen. Dabei schwebte mir die Vermittlung einer sozialen Tätigkeit im Hilfswerk, im YMCA oder anderen Einrichtungen vor. In ähnlicher Weise wandte ich mich am gleichen Tage an den damaligen Oberlandeskirchenrat *Dr. H. Lilje* in Hannover. Hier wies ich besonders auf die Tatsache hin, daß sich Frau von Schröder in mehrfacher Weise tatkräftig um kirchliche Belange gekümmert habe. Wörtlich heißt es in dem Schreiben: „Ich bitte Sie also sehr herzlich: Nehmen Sie sich dieser unserer ‚Schwester' – anders kann ich sie nicht nennen – brüderlich an."

In beiden Briefen erwähnte ich zwei Vorgänge, die mir vorher nicht bekannt waren und die mir Frau von Schröder nach dem Kriege mitgeteilt hatte. Einmal war das ein hervorragendes Zeugnis des Leiters der Betheler Anstalten, Pastor *F. von Bodelschwingh*, vom 11. 10. 1945. Hier heißt es wörtlich: „Auf Grund ihrer christlichen Überzeugung hatte sie (Eva von Schröder) immer ein Auge und ein Herz für alle kirchlichen Fragen. Die Erhaltung evangelischer Frauenarbeit gegenüber dem wachsenden Druck der Partei ist wesentlich ihr zu verdanken." Weiter erwähnt Bodelschwingh in seinem Votum, daß Frau von Schröder die Freilassung einer aus politischen Gründen zu vier Jahren Zuchthaus verurteilten Frau erwirkt und die schwer Erkrankte zur Sicherung ihrer Zukunft in Bethel untergebracht habe. Der andere Vorgang, den ich meine Briefpartner wissen ließ, bezog sich auf *Martin Niemöller*, den Leiter des Pfarrernotbundes, der jahrelang im Konzentrationslager saß. Auch hier hatte sich Frau von Schröder dadurch engagiert, daß sie für Frau Niemöller eine Sprecherlaubnis durchsetzte.

Durch meinen Brief an den CVJM fühlte sich der Schriftsteller und Evangelist *Gedat*, später Vizepräsident des Jugenddorfwerkes und Bundestagsabgeordneter, besonders angesprochen. Frau von Schröder hatte sich ja für sein gefährdetes Buch und für die Aufhebung des Redeverbots verwandt. So veranlaßte er im kalten Februar 1948, daß in seinem Auftrag ein CVJM-Mitarbeiter mit dem Auto „zwei Säcke mit gutem Torf, trockenem Brennholz und einigen Briketts" brächte, die dessen junge Männer für die frierende Frau von Schröder gesammelt hatten. In einem Brief an Gedat, den dieser mir schickte, antwortet sie in großer Dankbarkeit: „Ich habe mich darüber außerordentlich gefreut und sehe, wie weit Ihr Arm reicht." Über einen Brief Gedats äußerte sie in einem Handschreiben, sie sei es „so wenig gewöhnt, daß sich jemand ernsthaft um mich kümmert, daß mich Ihre Zeilen wie eine Seite aus einem Märchenbuch anmuten". Daraus geht hervor, wie sehr sie sich nach einem Austausch und Kontakt mit denjenigen sehnte, denen sie früher selbst geholfen hatte. So kann ich die Enttäuschung begreifen, die sie über das Ausbleiben einer stärkeren Fühlungnahme und Unterstützung seitens der Kirche empfand. Auch von mir war sie enttäuscht, weil ich sie nicht besucht habe. In meinem kurzen Zwischenaufenthalt nach der Entlassung aus Italien und vor dem Einsatz in England war ich so überlastet mit der Nachbetreuung der Riminesen, der Vorbereitung für England, dem Kursus in Willingen und der „politischen" Seelsorge an anderen führenden Persönlichkeiten von gestern, daß es mir an Zeit und Kraft fehlte. Mein Angebot, sie durch einen jüngeren Menschen besuchen zu lassen, lehnte sie ab. Allem Anschein nach hat sie meine damalige Position und meine Einflußmöglichkeiten in Kirche und Staat überschätzt. Gleichwohl hätte ich vielleicht doch diese Mehrbelastung auf mich nehmen müssen. Wahrscheinlich hätte ich ihr nicht mehr helfen können, als ich es durch meine schriftliche Erklärung, die Briefe und die Bemühungen bei Gedat und Lilje schon getan hatte. Aber es wäre zu einem Besuch, einem Anhören, einem Gespräch gekommen. Bestimmte Zeichen der Liebe und des Dankes lassen sich nicht delegieren. Es fehlte der I-Punkt. Hier empfinde ich bis heute meine Schuld.

Eine lange Geschichte hat meine Erklärung zugunsten des Ministerialrats *Dr. jur. Leonhard Böttger*, des Chefdolmetschers im Reichsluftfahrtministerium (Ministeramt), gehabt. Bereits in meiner Eingabe an die Engländer in Abano Terme in Sachen Emmy Göring hatte ich einen kleinen Abschnitt hinzugefügt, der sich mit der Person Böttgers befaßte. Ich erwähnte darin ausdrücklich dessen „Verdienste um die Sache des christlichen Glaubens . . ., indem er jederzeit im Rahmen seiner Möglichkeiten die Empfänge und Briefe (nämlich an Frau Göring) vermittelte und selber so tatkräftig half, daß er seine Stellung riskierte". Erst nach mehr als zwei Jahren gelang es, mit Böttger Kontakt zu bekommen und ihm eine ausführlichere „Erklärung" zuzustellen, die ich für ihn schon längere Zeit vorbereitet hatte. Darin waren in neun Punkten die Dinge aufgelistet, die er für meine seelsorgerliche Arbeit getan hatte. Dabei betonte ich besonders sein Eintreten für politische Häftlinge und Juden, die Vermittlung meiner Denkschrift über die Luftwaffenseelsorge und die vertraulichen Gespräche betreffs der Überlegungen meines Beraterkreises. Die endgültige Fassung meiner Erklärung trägt das Datum vom 27. 11. 1947.

In einem Privatbrief an Dr. Böttger vom 25. 10. 1947 findet sich ein Absatz, der die *Motivation* meiner verschiedenen Erklärungen und Entlastungszeugnisse charakteristisch umschreibt. Sie mag theologisch und sprachlich nicht voll ausgefeilt sein, ist aber bezeichnend für die damalige Problemstellung und für die *Möglichkeiten* und *Grenzen* einer *„politischen Seelsorge"* in der Nachkriegszeit: „Nachdem ich im Dritten Reich nicht nur ‚gesessen' habe, sondern auch, wie Sie ja aus eigener Erfahrung wissen, in Berlin mein Amt verlor, habe ich weiß Gott keinen Grund, den Dingen der Vergangenheit irgendwie freundlich gegenüber zu treten. Andererseits predige ich als Pfarrer ein Evangelium der Wahrhaftigkeit und der Liebe. Ich kann nicht an den Forderungen der Gerechtigkeit vorbei und muß also gut nennen, was wirklich gut war, das Herausfinden des Schlechten ist das Amt von Euch Juristen. Es ist das Amt von uns Theologen, die andere Seite herauszuhören, in welchem System es auch immer war. Ich nehme an, daß wir hier völlig gleich denken. Wir haben damals den politisch und religiös Verfolgten geholfen, so gut es ging. Wenn ich heute eine Gelegenheit sehe, durch die einem Menschen wieder Unrecht zugefügt wird, dann bemühe ich mich selbstverständlich darum, ihm zu helfen, soweit ich kann. Es würde ja sonst das, was früher getan wurde, völlig unglaubwürdig werden. In diesem Sinne werden Sie nun recht verstehen, was ich wenige Wochen nach dem Kriegsschluß von Italien aus für Familie G. getan habe. Ich wußte, daß es nicht viel hilft, was ich zu sagen hatte. Aber es mußte heraus, weil es wahr war. Und weil es in der Öffentlichkeit bestritten wurde, mußte es auch öffentlich wieder berichtigt werden."

Während meines Zwischenaufenthaltes in Willingen kam der verlorengegangene Kontakt mit dem Schauspieler *Heinz Goedeke*, dem früheren Ansager der Wehrmachtswunschkonzerte, wieder zustande. Ein hilfreicher Student, der in die Ostzone gefahren war, hatte seine Adresse ausfindig gemacht. Ende Februar 1947 konnte ich ihm eine ausführliche „Erklärung" zustellen. Sie bescheinigte ihm, daß er seine Mutter durch mich kirchlich beerdigen ließ und auch sonst gegenüber dem Propagandaministerium kirchliche Belange wahrnahm. Goedeke zeigte sich überaus beglückt und dankbar. Er schrieb mir einen langen persönlichen Brief, so daß ich noch Einzelheiten seines Schicksals erfuhr. 1944 hatte er sein weltweit wirkendes Amt verloren und war als Panzerschütze eingezogen worden. Nach kurzer Kriegsgefangenschaft wurde er verhaftet, weil er „SS-Führer und Parteifunktionär" gewesen sei. Später warf man ihm vor, er habe als „politischer Kommentator von Dr. Goebbels im Propagandaministerium" gearbeitet. Er hatte viele Freunde, die ihm halfen, diese Beschuldigungen der britischen und deutschen Dienststellen zu entkräften. Hatte er doch nicht nur armen Familien finanziell geholfen, sondern auch Juden in seiner Wohnung Unterschlupf vor der Gestapo gewährt. Schließlich ließ man ihn frei und legte ihm nach Stufe III entsprechende Beschränkungen auf. Nur mühsam konnte er sich durchschlagen. In seinem handgeschriebenen Brief vom 6. 3. 1947 hieß es am Schluß: „Ich habe oft in der vergangenen Zeit gerade besonders stark an Sie denken müssen, wenn ich im Zuchthaus und im Lager die Gottesdienste miterlebt habe. Ich wünschte damals oft, mich mit Ihnen über dieses Gebiet unterhalten zu können." Dieser Briefwechsel fand statt, als ich noch in England war. Erst eineinhalb Jahre später, im Dezember 1948, ist es zu einem persönlichen Gespräch gekommen. Ich hielt damals Evangelisationsvorträge im CVJM Braunschweig. Er erschien dort. Im Anschluß konnten wir ein vertrauliches Gespräch führen. Später habe ich versucht, ihm durch einen Mittelsmann beim Kulturausschuß beruflich weiterzuhelfen, wie ich das auch in anderen Fällen getan habe[69].

Jahre später wurde ich in der Sache von *Rudolf Heß* seelsorgerlich angesprochen. Dieser Fall gehört nur indirekt zum Themenkreis meiner Entlastungszeugnisse, ist aber wenigstens erwähnenswert. Ich bin dem „Stellvertreter des Führers" nie begegnet und zu keinem Dank verpflichtet. Meine Schwester Ruth von Törne kannte durch ihr Studium die Schwester von Heß, aber das lag schon lange zurück; die Beziehung bestand nicht mehr und hatte mit dem Vorgang, der während meiner Zeit als Leiter der Evangelischen Akademie in Hofgeismar spielte, nichts zu tun. Der Sohn *W. R. Heß* von Rudolf Heß hatte wohl von meiner Mitarbeit in der ökumenischen Bewegung gehört und sich an mich gewandt, ob ich nicht durch meine Verbindungen etwas für seinen in Spandau lebenslänglich einsitzenden und gesundheitlich geschädigten Vater tun könne. Heß war während des Krieges eigenmächtig nach England geflogen, um mit den Engländern zu verhandeln. Die Westmächte waren bereit, den letzten „Kriegsverbrecher" von Spandau zu begnadigen. Aber die Russen stellten sich in den Weg. Ich habe mit einem der führenden Männer des Weltbundes der YMCA, der auch eine Zeitlang Präsident des Weltbundes war, mit *David Robinson*, in Genf gesprochen. Er, ein einflußreicher britischer Reeder, war sofort bereit, seine Möglichkeiten und Verbindungen ins Spiel zu bringen. Er hat besonders mit dem Führer der Liberalen Partei, die in jener Zeit eine stärkere Position hatte, verhandelt. Das Ergebnis fiel negativ aus. Mir wurde versichert, daß die Briten einer Begnadigung aufgeschlossen wären, daß alle Bemühungen in dieser Richtung aber an der starren Haltung der Sowjets scheiterten. Eine politische Seelsorge muß mit solchen Fehlschlägen rechnen. Mir blieb nichts anderes übrig, als dem Rechtsanwalt W. R. Heß den negativen Ausgang meiner Bemühungen so verständnisvoll wie möglich mitzuteilen.

### *Im Ärzteprozeß vor dem Nürnberger Gerichtshof (Sanitätsinspekteur Oskar Schröder)*

Der Name des Inspekteurs des Sanitätswesens der Luftwaffe, Generaloberstabsarzt Prof. Dr. Oskar Schröder, ist bereits in meiner zweiten Abano-Erklärung erwähnt, und zwar im Zusammenhang mit den Angaben über meine Denkschrift zur Kriegsdienstverweigerung aus religiösen Gründen. Nach meiner Heimkehr habe ich ihm bereits im Dezember 1946 ein ausführliches Entlastungszeugnis ausgestellt. Hatte man ihn doch als den höchsten Sanitätsoffizier der Luftwaffe verhaftet, um ihm am Nürnberger Internationalen Gerichtshof den Prozeß zu machen. Er war als „Kriegsverbrecher" in dem sogenannten Ärzteprozeß angeklagt. Endlich bekam ich Kontakt mit den Rechtsanwälten *Dr. Tipp* und *Dr. Marx* sowie mit der Ehefrau, der ehemaligen Oberschwester des Lazaretts Berlin-Reichssportfeld. Durch Frau *Erna Schröder* erfuhr ich von dem erschütternden Tod des Sohnes *Hans*, meines ehemaligen Konfirmanden, der in mancher Beziehung die Seele unseres Arbeitskreises (AK) im Wehrmacht-Jugenddienst gewesen war. Er war bereits am 20. Oktober in einem norddeutschen Lazarett an einer schweren septischen Darmerkrankung verstorben. Die Eltern hatten das erst Monate später erfahren. Natürlich versuchte ich der Mutter einen tröstlichen Brief zu schreiben. Das fiel mir nicht leicht, denn es war der zweite Sohn, den sie verlor. Der ältere Bruder war an einer ähnlichen Erkrankung schon als Kind gestorben. Hans hatte sich die tödliche Krankheit geholt, als er in dem ungeschützten Gefangenenlager der bitteren Kälte ausgesetzt war. Dazu der geliebte Mann auf einer internationalen Anklagebank! Ich schrieb: „Es ist kaum zu tragen. Ich weiß es. Und doch existiert jemand, der es tragen hilft, der Kreuz, Hölle und Tod noch ganz anders kennt als wir Menschen und der doch das alles wie keiner gemeistert hat: unser Herr und Heiland Jesus Christus. In dessen Hände befehle ich meinen lieben jungen Freund, der mir in den Berliner Jahren wie ein kleiner Bruder war."

Aus dem Gefängnis bekam ich dann ein langes *Schreiben* von *Prof. Schröder* selbst. Es war einer der bewegendsten und schönsten Briefe, die mich damals erreichten. Er war gefaßt und hatte ein gutes Gewissen. Was bei medizinischen Versuchen versäumt worden war und was zum Mißbrauch von Menschen geführt hatte, das hatten andere zu verantworten. Aber er war nun einmal der Luftwaffensanitätschef gewesen und fühlte sich verpflichtet, für andere durchzuhalten und „aufzuzeigen, wie die Denkweise des deutschen Arztes ist". Ihm ging es um die Ehre des Sanitätsoffiziers. Ergreifend ist zu lesen, was er über seinen Sohn schreibt. Der Vater war beeindruckt von der tiefen Verwurzelung des Jungen im christlichen Glauben. Am Schluß des erwähnten Briefes legt der angeklagte Inspekteur ein persönliches *Bekenntnis* ab. Es ist wert, wörtlich festgehalten zu werden: „So schwer eine solche Zeit auch ist, lieber Herr Jentsch, sie hat auch ihre guten Seiten, man kommt einmal in der Einsamkeit der Zelle zur Besinnung, man muß sich ganz klar und eindeutig mit seiner Stellung zu Gott auseinandersetzen, und es ist beglückend, wenn man dann zu der Überzeugung kommt, man hat diesen Glauben, in Gottes Hand zu stehen, nicht verloren, dann ist es leicht, sein Geschick in Ruhe zu tragen und es ganz in Gottes Hand zu legen. Ich habe hier viel und gern in der Bibel gelesen, ich wäre Ihnen dankbar, wenn es möglich ist, mir durch Herrn Marx einiges geistliches Schrifttum zugänglich zu machen, die Probleme der Zeit, aber auch der christlichen Lehre betreffend."

Meine am 28. 12. 1946 abgegebene schriftliche Erklärung für Schröder schien die Rechtsanwälte so zu beeindrucken, daß sie mich als „voluntary witness for the defendent Oskar Schröder" bzw. als mündlichen Zeugen der Verteidigung vor den Internationalen Gerichtshof luden. Am 25. 2. 1947 fuhr ich etwas aufgeregt nach *Nürnberg.* Als ich an der Reihe war, führte man mich in den *Zeugenstand* des großen Gerichtssaales, wo die Richter auf der linken Seite auf einem höheren Podest saßen und die Angeklagten mit ihren Verteidigern auf der rechten Seite scharf bewacht Platz genommen hatten. In der Mitte sah ich die Protokollanten und Dolmetscher. Die Rechtsanwälte hatten mir einen Fragenkatalog zusammengestellt, den ich heute noch besitze. Die Vernehmung dauerte 1½ Stunden. Wahrscheinlich sprach ich in der Erregung etwas schnell, so daß mir ein Beamter einen Zettel auf das Zeugenpult schob, auf dem in Großbuchstaben stand: „LEGEN SIE BITTE EINE KLEINE PAUSE NACH DER FRAGE

DES VERTEIDIGERS EIN, DAMIT DER DOLMETSCHER MITKOMMT." Aus einem Berichtsbrief an Frau Schröder geht hervor, daß der Staatsanwalt und der zweite Richter „mit mir besonders freundlich gesprochen hätten". Ich war der erste Pfarrer, der in Nürnberg aufgetreten ist.

Der Verlauf des Verhörs läßt sich am besten aus dem *Fragenkatalog* entnehmen. Des zeitgeschichtlichen Interesses halber sei er wörtlich zitiert:

„1. Herr Zeuge, Sie heißen Werner Jentsch? – 2. Wann und wo sind Sie geboren? – 3. Wo wohnen Sie gegenwärtig? – 4. Welchen Beruf haben Sie? – 5. Welche Tätigkeit üben Sie gegenwärtig aus? – 6. Wollen Sie nun bitte mit Ihren eigenen Worten dem Hohen Gericht einen kurzen Abriß Ihres beruflichen Werdegangs geben? (A: Die Antwort verweist kurz darauf, daß der Zeuge politisch verfolgt wurde). – 7. Herr Zeuge, können Sie dem Gericht etwas mehr darüber sagen, wie die evangelische Kirche und insbesondere Sie als Geistlicher während der Hitlerzeit verfolgt worden sind? (A: Hier bringt der Zeuge den Namen Prof. Schröder) (Von mir während der Verhandlung mit Bleistift hinzugefügt: x Gestapo, Briefe, Telefon, Gefängnis, Landesverweisung). – 8. Herr Zeuge, wann und bei welcher Gelegenheit haben Sie Herrn Schröder kennengelernt? (Bleistift: Weihnachten Lw. Lazarett). – 9. Wie gestalteten sich nun Ihre Beziehungen? (A: Der Zeuge bringt sein Verhältnis zu Prof. Schröder bis zu dessen Abgang als Chef des Stabes von L I N 14) (Schwester Erna, Kfd. Hans, nächstes Wort unleserlich, A K, Gespräche über – unleserlich). – 10. Können Sie dem Gericht nun bitte schildern, welche Verbindung Sie zu Prof. Schröder hatten, als er als Flottenarzt der Luftwaffe II im Fronteinsatz war? (A: Der Zeuge schließt mit seiner Ablösung als Geistlicher und seiner Einziehung zur Luftwaffe am 1. 4. 1943) (Lw. Laz. Seelsorge, hauptamtlich?). – 11. Sie waren also ab April 1943 Sanitätssoldat der Luftwaffe? – 12. War Ihre Verbindung zu Herrn Prof. Schröder dadurch unterbrochen, oder hatten Sie auch in der Folgezeit noch Verbindung zu ihm? (A: Hier schildert der Zeuge den Einsatz Prof. Schröders für die Bibelforscher). – 13. Als Abschluß bitte ich Sie, Herr Pastor, aufgrund Ihrer Erfahrungen dem Hohen Gericht ein allgemeines Bild von Herrn Prof. Schröder zu geben.

Die Bleistiftnotizen sind natürlich unvollständig, ich habe viel mehr gesagt. Vor allem betonte ich seine warmherzige Unterstützung meiner Standortseelsorge und den riskanten Einsatz für meine Denkschrift in Sachen Kriegsdienstverweigerung aus religiösen Gründen, der ihn „Kopf und Kragen“ kosten konnte. Die Notizen waren reine Gedächtnisstützen. Hieß es doch in diesem Ernstfall vor einem internationalen Forum die Nerven bewahren. In dem Berliner „Telegraph“ vom 27. 2. 1947 erschien unter der Überschrift „Der Ärzteprozeß“ ein bezeichnender Bericht: „... die Zeugenvernehmung in der Sache (Prof. Oskar Schröder) wurde unterbrochen, als der Pfarrer der evangelischen Bekenntniskirche Werner Jentsch seine Aussagen machte. Er betonte mit großem Temperament die moralischen Qualitäten und die tiefe Religiosität des früheren Luftwaffensanitätschefs. Er habe in Schröder einen Mann kennengelernt, der sich trotz des damit verbundenen Risikos nicht gescheut habe, ihm seine Unterstützung angedeihen zu lassen. Prof. Schröder habe sich seinerseits unter anderem im Jahre 1942 energisch für die Einführung einer hauptamtlichen Luftwaffenseelsorge ausgesprochen. Am Schluß seiner Aussage betonte der Zeuge, er traue Prof. Schröder nicht zu, was ihm in der Anklageschrift vorgeworfen werde.“

Leider konnte ich den Angeklagten nicht persönlich sprechen. Wohl aber hatte ich die Möglichkeit, mit dem amerikanischen Chaplain zu reden, der mir versprach, sich um ihn seelsorgerlich zu kümmern. In meinem Brief (5. 4.) an Schröder, den ich noch vor der Abreise nach England schrieb, bedauerte ich die versperrte Möglichkeit einer persönlichen Begegnung, fügte aber hinzu: „... aber wir waren ja durch manchen Blick (im Gerichtssaal), durch die Freundschaft mit Hans und zutiefst im Gebet miteinander verbunden.“ Nach der Vernehmung konnte der Kontakt mit Prof. Schröder wenigstens schriftlich festgehalten werden. So erhielt ich nach England gesandte *Briefe* von ihm im Mai und im August. In dem einen Schreiben wandern seine Gedanken wieder zu dem so früh verstorbenen Sohn. Er habe sich seinerzeit die Frage der Berufswahl seines technisch interessierten *Sohnes* durch den Kopf gehen lassen: „Habe ich mir oft gedacht, er möge Geistlicher werden, denn in diesem Beruf liegt heute mehr denn je die Aufgabe der Menschenführung“. Seine Liebe zur Technik hätte ihm zusätzliche Lebensnähe vermitteln können. Jedenfalls hatte er erkannt, daß sein Sohn „ein gefestigter Christ“ war und gewiß auch so gestorben sei. In dem anderen Brief erklärt er, er habe in seinem *Amt* stets versucht, „die auferlegten Pflichten nach Wissen und Gewissen zu erfüllen“. Dieses Gewissen habe ihm die Fähigkeit vermittelt, in dem Prozeß durchzuhalten. Im Oktober fiel dann die Entscheidung. Sie war niederschmetternd. Er wurde wegen seiner hohen Stellung doch mit *Haft* bestraft. Trotz der anderen Entlastungszeugen und meiner eigenen Fürsprache wurde er verurteilt. Ich konnte zwar das Urteil mildern, aber nicht verhindern. Am 8. 10. ließ ich ihm von Norton Camp aus durch seinen Rechtsanwalt einen seelsorgerlichen Brief zustellen, aus dem meine damalige Betroffenheit, aber auch meine bleibende Verbundenheit hervorgeht: „Ich bin nicht in der Lage, von hier aus mir ein Urteil über die getroffenen Entscheidungen zu bilden. Was ich tun kann, ist allein dies, Ihnen ein Doppeltes zu versichern, einmal, daß Sie jetzt mit Ihrem ganzen Leben und mit Ihrem ganzen Schicksal in den Händen eines barmherzigen Gottes ruhen. Es gibt keinen Grund, in Ihrer Lage an die Liebe Gottes zu glauben, wenn man nicht dem Umweg der Freundlichkeit Gottes über das Kreuz Christi verstanden hat. Gott möchte Ihnen in Ihrer Einsamkeit die Augen dafür öffnen. Das andere ist dies: Es steht mir als Pfarrer nicht zu, ein letztes Wort über Gut und Böse, über gerecht und ungerecht zu sagen, darum bleiben Sie trotz allem, was zwischen uns steht, für mich der Mensch und Christ, dem ich vieles zu danken habe und dem ich, soweit ich es darf, weiter brüderlich und menschlich verbunden bin. Vielleicht hat ein späteres Gnadengesuch Erfolg. Ich möchte es Ihnen von Herzen wünschen." Da ich damit rechnen mußte, daß der Brief von der Militär- und Gefängniskontrolle gelesen wurde, mußte ich alles besonders vorsichtig formulieren, damit er den Adressaten wirklich erreichte.

Später ist Prof. Schröder entlassen worden. Tragischerweise erkrankte seine Frau schwer und starb früh. Er hat noch einmal geheiratet und ein spätes kurzes Glück erleben dürfen. Dann starb auch er.

### *Denazifizierung und Beerdigung von Emmy Göring*

Anfang Januar 1947 wandte ich mich an den Rechtsanwalt von H. Göring, Dr. jur. *Stahmer* in Kiel, und zwar mit der Frage, was denn aus meiner Abano-Erklärung geworden sei und ob ich in irgendeiner Weise auch Frau Göring helfen könne. Der Anwalt schrieb sehr freundlich zurück: „Ihre Erklärung aus Italien wurde mir von dem Internationalen Gerichtshof seinerzeit zugeleitet und hat mir wertvolle Dienste geleistet." Weiter schlug er mir vor, „der Spruchkammer in München eine ausführliche Darstellung über Ihre damaligen Feststellungen und über das Verhalten von Frau Göring, insbesondere auch über ihre Einstellung zur Kirche" zu schicken. Sein eigener Eindruck, den er aus dem persönlichen Verkehr mit Frau Göring im Laufe des Prozesses gewonnen habe, lasse ihn versichern, „daß Frau Göring einer Unterstützung würdig" sei. Schließlich gab er mir die Adresse, an der mir besonders lag. Sie wohne jetzt in Sackdillingen in der Oberpfalz. Die Görings erlebten das Kriegsende in Österreich. Der *Reichsmarschall* wurde noch von der SS verhaftet, dann befreit und schließlich nach dem Versuch einer Kontaktaufnahme mit dem amerikanischen General Eisenhower nach Nürnberg gebracht, wo ihn der Kriegsverbrecherprozeß vor dem Internationalen Militärgerichtshof erwartete. *Emmy Göring* selbst wurde nach einem Zwischenaufenthalt in Burgvelden bei Neuhaus in das *Zuchthaus Straubing* überführt, das damals den Amerikanern unterstand und ihren Zwecken diente. Ihr wurde eine ungeheizte Zelle mit Pritsche und Strohsack zugewiesen. In andere Zellen wurde ihre Schwester und das Personal der Familie eingeliefert. Von der seinerzeit siebenjährigen Tochter Edda, die ich in Carinhall als kleines Kind kennengelernt hatte, wurde sie getrennt. Erst später ließ man das Kind zu der Mutter. Beide verbrachten gemeinsam die nächsten Monate in der Zuchthauszelle. Erst als die eisige Kälte dem Ischias der gefangenen Frau zu sehr zusetzte, bekam sie einen Raum, der geheizt werden konnte. Im Februar 1946 wurde Frau Göring endlich entlassen und fand in Sackdillingen, in einer schlichten Jagdhütte, Unterschlupf, die ihr Mann, der ein passionierter Jäger war, gelegentlich benutzt hatte. Es war natürlich eine primitive Unterkunft, aber sie lag mitten in einem schönen Wald in der Nähe eines Forsthauses. Die neue Unterkunft brachte für sie einen Vorteil, weil sie nicht weit von Nürnberg entfernt war, wo sie ihren Mann noch ein paarmal durch eine Glasscheibe getrennt und in Gegenwart eines Wachtpostens sehen und sprechen konnte.

Nachdem mir die Adresse bekannt geworden war, beschloß ich sofort, Kontakt mit Frau Göring aufzunehmen. Infolge meiner Verpflichtungen in Kassel und Willingen sowie durch die Vorbereitung meiner Englandmission fehlte es an Zeit für einen direkten Besuch. Glücklicherweise konnte ich zwei junge „*Kuriere*" finden, eine ehemalige Berliner Konfirmandin und einen meiner Studenten aus Rimini. Sie machten sich auf die beschwerliche Reise und drangen tatsächlich bis zu der verborgenen Hütte durch, um einen persönlichen Brief von mir zu übergeben. Auf diese Weise wurde sie über meine Abano-Erklärung näher informiert und bekam Kenntnis von meiner ausführlichen Eingabe an die Spruchkammer München, die ich in Kassel ausgefertigt hatte. Ich war dankbar, daß die beiden jungen Leute sich zur Verfügung stellten, weil ich meinen Brief unter den damaligen Bedingungen nicht der Post anvertrauen wollte. Die Freude bei Frau Göring war groß. Der Kontakt war wieder geschlossen. Die Verbindung hat bis zu ihrem Tode gehalten.

Ich war mir der hohen seelsorgerlichen Verantwortung bewußt, die ich seit den Berliner Jahren dieser Frau gegenüber übernommen hatte, war ich doch relativ jung und mangelte es mir doch in mancher Hinsicht an gereifter geistlicher Erfahrung. Erst viele Jahre nachher wurde mir bekannt, daß Frau Göring schon im Zuchthaus Straubing mehrmals den Gottesdienst besucht hatte und in der ganzen schweren Zeit bemüht war, ihr Kind zum Glauben an Gott im christlichen Sinne zu erziehen. Der amerikanische Gefängnisgeistliche am Internationalen Militärgerichtshof in Nürnberg, Rev. *Gericke*, hatte sie in ihrer Zelle aufgesucht und betreute sie auch von Nürnberg aus weiter. Vor der Vollstreckung des Todesurteils durfte sie noch einmal eine Stunde lang *Hermann Göring sprechen.* Es war der Abschied für immer. Gewiß war der Reichsmarschall kein „Himmler", kein „Bormann", kein „Goebbels", wenn es zum Schwur kam, war er mehr Soldat als Nationalsozialist. Er genoß noch am ehesten Sympathien in der Bevölkerung. Selbst Alliierte hatten Respekt vor seiner männlichen Haltung auf der Anklagebank. Aber natürlich war er eingebunden in das Wertesystem des Dritten Reiches. Er hatte dem „Führer" gläubig angehangen, obwohl ihn dieser zum Schluß absetzte und verstieß. Gewiß gab es Dinge in dem politischen Handeln Görings, die einer demokratischen Rechtsauffassung nicht standhielten und die vor den von Anfang an kritisch eingestellten Richtern der Siegermächte keine Gnade finden konnten. Da sich Göring dazu bekannte, der „zweite Mann im Staate" gewesen zu sein und die Verantwortung für sein Handeln übernahm, hatte er sich gleichsam selbst das Todesurteil gesprochen. Da halfen auch gutgemeinte Entlastungspunkte nicht mehr, obwohl sie wahr waren. So war er auf der einen Seite unerbittlich streng, auf der anderen Seite wieder überraschend gutmütig. Da wurde, wie wir nach dem Kriege erfuhren, die grauenhafte „Endlösung" der Judenfrage vornehmlich von Hitler und Himmler praktiziert, auf der anderen Seite machte Göring erregende und beweisbare Ausnahmen. Man munkelte damals nicht ohne Grund, er habe gesagt: „Wer Jude ist, bestimme ich!" Ich selber mußte und konnte feststellen, daß er die von mir erbetenen Hilfsaktionen seiner Frau, die sie aus sozialen und religiösen bzw. christlichen Motiven unternahm, zuließ, unterstützte oder zumindest zu unterstützen suchte, wenngleich manchmal der Ausgang negativ war. Aber das alles zog in der großen Perspektive letzten Endes nicht mehr.

Am 16. Oktober 1946 ist Göring durch eine Giftampulle aus dem Leben geschieden und damit dem ehrlosen Tod am Galgen entronnen. Wer ihm das Gift gegeben hat, ist bis zum heutigen Tage ungeklärt.

Meine Kontaktaufnahme mit Emmy Göring erfolgte nach dem Tode ihres Mannes, noch vor meinem Einsatz in England. Die *Erklärung*, die ich auf den Rat des Rechtsanwalts bei der *Spruchkammer* München einreichte, trägt das Datum vom 4. Februar 1947. Sie umfaßt fünf engzeilig beschriebene Schreibmaschinenseiten. Den acht Punkten dieser Eingabe liegt meine Erklärung aus Abano von 1945 zugrunde. Wunschgemäß wurde sie erweitert, und zwar dadurch, daß ich den in Italien formulierten Schriftsatz näher motivierte und interpretierte. Dabei fügte ich insbesondere einzelne und konkrete Angaben hinzu. Entscheidend ist der Tenor des Textes, der speziell für die deutsche (!) Spruchkammer formuliert wurde. So heißt es in der Erklärung: „Ich bin weder Ankläger noch Verteidiger. Ich bin von Beruf Pfarrer und bemühe mich dem Herzen und dem Leben nach, ein Christ zu sein. Nur in dieser Eigenschaft spreche ich hier und nur von diesen Voraussetzungen aus können die folgenden Ausführungen aufgefaßt und verstanden werden." Weiter unterstrich ich die Tatsache, daß Frau Göring „als Mitglied der evangelischen Standortgemeinde in Berlin zu meinem seelsorgerlichen Sprengel" gehörte. Sie sei „nicht nur dem Papier nach Christin" gewesen, sondern sie habe „ein praktisches Christentum der Tat geübt". Und dann kommt in meiner Erklärung eine wichtige Stelle, die darauf hinweist, welche Bedeutung die Frauen der führenden Persönlichkeiten im Dritten Reich für die Seelsorge der Kirche hatten. Jedenfalls war das in meinem Fall so. Der betreffende Satz lautet: „Als sich die führenden Männer des verbrecherischen Regimes im Dritten Reich für die Vertreter des Christentums beider Konfessionen nicht mehr sprechen ließen, blieb nur noch *der Weg über die Frauen* übrig. Das Faktum, daß Frau Göring mich bereits im ersten Kriegsmonat in Carinhall empfangen hat, um sich die Lage der Kirche und die Nöte der evangelischen Jugend vortragen zu lassen, spricht für sich selbst." Im Blick auf ihre weiteren Hilfsaktionen schrieb ich: „Sie hat ein solches Verständnis für die Anliegen des Christentums gezeigt und sich, soweit es in ihren Kräften stand, tapfer und nachdrücklich dafür in einer Umgebung eingesetzt, die weithin das Christentum bekämpfte oder ihm mindestens höchst kritisch gegenüberstand." Am Schluß der Erklärung suchte ich die innere *Motivation* meiner Entlastungsaussage klarzustellen: „Da ich selbst zu den vom Nationalsozialismus religiös Verfolgten gehörte, habe ich in keiner Weise ein Interesse daran, der Ehefrau eines führenden Nationalsozialisten schön nach dem Munde zu reden. Im Gegenteil, ich weiß sogar, daß ich mich dadurch höchst unbeliebt mache. Als Christ aber kann ich nicht wider die Wahrheit. Nachdem ich jahrelang während des Dritten Reiches politisch und religiös Verfolgten in den Gefängnissen Berlins bis zum Verlust meines Amtes geholfen habe, ist es jetzt meine selbstverständliche Pflicht und Schuldigkeit, einem im demokratischen Deutschland angegriffenen Menschen ein Leumundszeugnis auszustellen." Praktisch war diese Argumentation schon aus dem Tenor der Abano-Erklärung zu ersehen. Bewußt habe ich deswegen bereits in der Einleitung meines Schreibens an die Spruchkammer daran angeknüpft: „Wenn ich anläßlich der Denazifizierung von Frau Emmy Göring heute noch einmal das Wort nehme, so nicht aus dem Grunde, um Schlechtes gutzumachen, sondern wie vor 1½ Jahren nur, um das wirklich Gute auch wirklich gut zu nennen."

Anfang 1947 war das Zeugnis an die Spruchkammer München abgegangen. Dort ruhte es offenbar „still wie der See" zwischen hohen Aktenbergen. Inzwischen war ich voll eingespannt in meine ökumenische Mission unter den Kriegsgefangenen in Großbritannien. Frau Göring selbst wurde aus ihrer Hütte abgeholt und kam zusammen mit anderen Frauen ehemaliger Prominenter aus der Zeit des Dritten Reiches in ein Internierungslager, zuerst nach Göggingen und dann nach Garmisch-Partenkirchen. Langsam kam ihr *Denazifizierungsverfahren* in Gang. Dabei standen ihr zwei Rechtsanwälte zur Seite, einmal der Nürnberger Anwalt *Dr. Strobl* und dann der Jurist und Schriftsteller *Erich Ebermayer.* Der letztere war der Sohn des bekannten Oberreichsanwalts Prof. Dr. Ebermayer, der am Reichsgericht in Leipzig gewirkt hatte. Dieser begabte Sohn hatte Romane geschrieben und war Bühnen- und Filmautor mit beachtlichen Erfolgen. Erst nach meiner Rückkehr aus England, d. h. mehr als ein Jahr nach meiner Eingabe an die Spruchkammer München, fand das Verfahren statt, und zwar in *Garmisch-Partenkirchen.* In Rundfunk und Presse hatte man die Bevölkerung aufgefordert, sich als Belastungs- oder Entlastungszeugen zu melden, falls man etwas in der Sache Emmy Göring vorzubringen hätte. Zur Überraschung der Spruchkammer und der Öffentlichkeit meldeten sich keine Belastungszeugen, dafür um so mehr Entlastungszeugen, darunter nicht wenige sogenannte „Prominente". Ich selbst hatte mich schon 1947 zur Verfügung gestellt und wiederholte meine Bereitschaft zu einem mündlichen Zeugnis noch einmal. Der Verteidigung war das natürlich nur angenehm.

Die Verhandlung bei der Spruchkammer war am 20. Juli 1948 angesetzt. Ich befand mich bei dieser Gelegenheit in guter Gesellschaft. Schon beim Frühstück begegnete ich der großen Komödiantin *Trude Hesterberg*, jenem Berliner Original, das ein bedeutendes Stück deutsches Kabarett verkörperte. Dann kamen *Pamela Wedekind* und *Gustav Gründgens*. Durch seine Darstellungskunst gehörte er zur Weltklasse der Schauspieler, nicht zuletzt durch seine Rolle als Mephisto in Goethes „Faust". Ich wußte, daß er Sinn für und Lust an der Ironie hatte. Deshalb sagte ich ihm bei der persönlichen Vorstellung so etwas wie: „Bühne und Kanzel froh vereint zur Denazifizierung!" Den Pressefotografen entging diese Begegnung nicht. Ein Foto erschien in einer deutschen Illustrierten, ein anderes in einer italienischen Zeitung, die einen ausführlichen Bericht über die Verhandlung brachte.

Gründgens bezeugte in seiner Aussage, wie sehr er in den vielen Jahren gemeinsamer Arbeit die Persönlichkeit der Schauspielerin Emmy Göring schätzen gelernt habe und was sie alles – zum Teil mit ihm selbst – für jüdische Kolleginnen und Kollegen getan habe. Mehrfach wurde in der Verhandlung bestätigt, daß sich die „Frau Betroffene" hervorragend für politisch Verfolgte eingesetzt habe. Mich beeindruckte am meisten die mündliche Erklärung von *Trude Hesterberg*. Sie erzählte dem Gericht, daß ihr Mann von der Gestapo wegen seiner politischen Einstellung (SPD?) in der Prinz-Albrecht-Straße verhaftet worden sei. Sie habe sich damals an ihre ehemalige Kollegin Emmy Sonnemann, nunmehr die Frau Hermann Görings, gewandt und um Hilfe gebeten. Tatsächlich wäre ihr Mann durch die Fürsprache von Frau Göring bzw. das Eingreifen Hermann Görings gerettet worden. Er konnte (nach England?) emigrieren. Sie, Trude Hesterberg, habe darauf einen privaten Brief an Frau Göring geschrieben und sich dafür bedankt, daß diese „ihren liebsten Menschen gerettet" habe. Dann etwa wörtlich: „Ich bin Ihnen lebenslang zu großem Dank verpflichtet. Sollten Sie jemals in eine ähnliche Verlegenheit kommen, können Sie sich auf mich verlassen. Ich werde für Sie einstehen. Ihre Trude Hesterberg." Dann schloß sie: „Ich bin heute hierher gekommen, um mein Versprechen einzulösen. Das ist alles, was ich dem Gericht zu sagen habe." Sprach's, ging auf Frau Göring zu, die auf dem Stuhl der Betroffenen saß, umarmte sie und gab ihr einen Kuß auf die Stirn. Im Saal herrschte atemlose Stille. Dies war wohl einer der eigenartigsten und schönsten „Auftritte", die die große Hesterberg gehabt hat. Es war ein „Ernstfall"!

Schließlich kam ich an die Reihe. Es wurde ein langes Verhör. Inhaltlich hielt ich mich bei meinen Aussagen an die acht Punkte der schriftlichen Erklärung, die ich bereits über ein Jahr zuvor der Spruchkammer zugeleitet hatte. Ich brauche sie hier nicht unnötig zu wiederholen. Nur an ein kleines Detail erinnere ich mich, das bezeichnend für die damalige Grundstimmung in den Spruchkammerverfahren gegenüber sogenannten „Prominenten“ war. Als ich über meinen ersten Besuch in *Carinhall* berichtete, unterbrach mich der Vorsitzende Richter. Er hakte nach und wollte wissen, was es denn da Schönes zu essen gegeben hätte. Aus dem ironischen Ton der Anfrage wurde deutlich, worauf er hinaus wollte. Ich sollte ihm ein Beispiel für den legendären Luxus liefern, den man den Görings nachsagte. Aber da mußte ich ihn enttäuschen: „Es gab nur ein gewöhnliches Stück Pflaumenkuchen (‚Zwetschgen-Datschi‘) und eine Tasse Kaffee“, gab ich dem verblüfften Präsidenten zurück. Im Lauf des Verhörs konnte man spüren, daß er langsam meine Auskünfte ernst nahm und entsprechend würdigte. Am Ende meiner Zeugenaussage bekräftigte ich noch einmal deren innere Beweggründe, indem ich auf den Unterschied zwischen dem Amt des Richters und dem Amt des Seelsorgers hinwies. Es gehöre zu dem spezifisch seelsorgerlichen Auftrag, den „Nächsten“, insbesondere das Gemeindeglied, wie Luther im Kleinen Katechismus sagt, zu „entschuldigen, Gutes von ihm reden und alles zum besten kehren“.

Emmy Göring erhielt ein *Schlußwort.* Bewegt, aber gefaßt, trug sie ihr Selbstverständnis vor. Dabei fiel der bemerkenswerte Satz: „Ich habe immer geglaubt, daß Liebe eine Gnade sei. Ich habe niemals gewußt, daß man dafür bestraft werden kann.“ Ich zitiere diese Worte nach ihrer Selbstbiographie[70], die sie mir mit einer persönlichen Widmung geschenkt hat. Nichts kennzeichnet diese Frau besser als das damalige Schlußwort und der Titel ihres Buches. Sie war, ich kann es nur bestätigen, keine politische Frau, sondern eine liebende Frau, die ihrem Mann die Treue hielt und ihrem Kind eine gute Mutter war.

Dann wurde das *Urteil* verkündet. Emmy Göring wurde überraschenderweise in die Gruppe II, „minderbelastet“, eingestuft. In der Begründung wies der Präsident ausdrücklich darauf hin, daß die Aussage des Pfarrers zu dem relativ „milden“ Urteil beigetragen habe. Unter den Presseleuten wird sich mancher gewundert haben. Die meisten Zuhörer atmeten auf. Mir selbst fiel ein Stein vom Herzen. Hatte ich doch Grund genug, Gott dafür zu danken, daß die Erklärung von Abano, die ich drei Jahre vorher als Kriegsgefangener abgegeben hatte, doch noch ihre Frucht trug.

Nach der wiedergewonnenen Freiheit hat Emmy Göring noch etwa 25 Jahre in *München* gelebt, und zwar in einer kleinen Privatwohnung, nicht weit vom „Haus der Kunst". Dort konnte ich sie besuchen und persönlich sprechen. Einmal lud sie ausdrücklich meine Frau dazu ein. Seit dem Spruchkammerverfahren bis zu ihrem Tode hat sie mir regelmäßig zu Weihnachten mit ihrer großen Handschrift geschrieben. Sie vergaß nie, was ich für sie zu tun versucht hatte. Seit ihrem Heimgang hat ihre Tochter Edda diese aufmerksame Gewohnheit übernommen. In den letzten Jahren ist Frau Göring noch schwer krank gewesen. Am 13.6. 1973 ist sie gestorben. Ich durfte ihr auf dem Waldfriedhof in München den letzten Dienst tun. Sie hatte es sich so gewünscht. Eine Fülle von Menschen aus allen Kreisen der Bevölkerung nahm an der Feier teil und zog mit zum Grabe. Ich war damals mit dem Aufbau und der Leitung des Münchener Fachhochschulstudiengangs für Religionspädagogik beschäftigt und hatte schon lange keine Amtshandlungen mehr durchgeführt. Nun kam plötzlich diese schwierige Aufgabe. Obwohl man von der Familie her alles still, einfach und unauffällig haben wollte, hatte es sich herumgesprochen, so daß das Öffentlichkeitsinteresse groß war. Ich wußte sehr wohl, daß ich mich diesem Ernstfall stellen mußte. Ich konnte mich bei der Ansprache nicht in ein religiöses Getto zurückziehen. Dazu kam die Schwierigkeit, daß der aus verständlichen Gründen gewünschte Bibelvers „Sei getreu bis in den Tod . . ." so bekannt war und in zahllosen Ansprachen während des Krieges gedient hatte, daß es mir nicht leichtfiel, eine neue Variante zu finden, die diesem Ernstfall gerecht wurde und keine unnötigen Mißverständnisse hervorrief. Im Einverständnis mit der Tochter verknüpfte ich deswegen den Vers mit einem anderen Bibelwort, so daß der *Text* schließlich lautete: Gott spricht: *„Ich will euch trösten, wie einen seine Mutter tröstet"* (Jes 66,13) – Christus spricht: *„Sei getreu bis in den Tod, so will ich dir die Krone des Lebens geben"* (Offb 2,10). Es ist dem Ernst der Sache und dem Sinn des vorliegenden Bandes meiner Erinnerungen angemessen, wenn ich im folgenden einige längere Passagen zitiere. Sie ist einer der letzten Ausläufer dessen, was mir als „politische Seelsorge" aufgetragen war. Obwohl sie zeitlich gesehen schon in die Darstellungen meiner zweiten Lebenshälfte reicht und einen Vorgriff darstellt, gehört sie dem inneren Zusammenhang nach hierher. Ich begann mit folgenden Worten:

„Wir nehmen Abschied von einer Frau, von dieser Frau. Ihr Heimgang hat uns wohl alle nachdenklich gemacht: ein ungewöhnliches Leben in einem gewöhnlichen Grab! Einst ein öffentlicher Mensch, jetzt ein verborgenes Ende; leise, fast unbemerkt, ist sie von uns gegangen. Glanz und Elend eines ganzen Reiches hat sie erlebt. Da ist etwas an dieser Stätte, was uns irritiert und zugleich fasziniert. Was sollen wir dazu sagen? Als Bühnendarstellerin verstand sie etwas von Sprache und konnte großartig einzelne Worte artikulieren. Aber sie liebte nicht die allzu vielen und allzu frommen Worte. Sollen wir also schweigen? Nun, der Ernst der Stunde gebietet uns wenigstens ein schlichtes Wort des Dankes, und er erlaubt das Wort zu sagen, das Christenmenschen legitimerweise an Gräbern sagen dürfen: das Wort Gottes. Sie hat es selber in ihrem Testament so gewollt."

Da sonst niemand außer mir sprach, mußte ich angesichts dieses besonderen Lebensschicksals und der gespannt zuhörenden Trauergemeinde bzw. „Öffentlichkeit" etwas mehr über das „Menschliche" der Verstorbenen sagen, als es sonst in einer evangelischen Trauerrede geboten scheint. Nur so war es mir möglich, den Weg zum biblischen Text zu bahnen und ihn verstehbar zu machen. So fuhr ich fort:

„Zunächst ein kurzer *Blick zurück*: Aus einer Hamburger Kaufmannsfamilie stammend, zog es Emmy Göring schon früh zur Bühne. Sie lernte bei Leopold Jeßner, war an mehreren Theatern im In- und Ausland tätig, bis ihre große Zeit im Weimarer Nationaltheater und später als Staatsschauspielerin unter Gründgens in Berlin kam. Ihre besondere Liebe galt den Klassikern, sie war aber auch für die sogenannte Moderne aufgeschlossen. Rührend hat sie sich um das soziale Wohl ihrer alten Kollegen gekümmert. Auch für die Juden unter ihnen hat sie sich tapfer eingesetzt . . ." Weiter heißt es: „Durch die Heirat mit Hermann Göring geriet die Entschlafene, eine in Wahrheit völlig unpolitische Frau, unter die Zwänge der großen Politik. Als Ehefrau des zweiten Mannes im Staate wurde sie zwangsläufig zur ersten Dame des Reiches. Dabei war sie keine Parteiamazone. Vielmehr nahm sie die neue Rolle mit innerer Hingabe an; sie wirkte in einer menschlichen, fraulichen, ja mütterlichen Dimension. Als ihr die Tochter Edda geschenkt wurde, nahm dieser warmherzige Zug ihres Wesens sogar noch zu. Das hat sich bis zum heutigen Tage ausgewirkt: Ich habe selten ein so glückliches Mutter/Tochter- und Tochter/Mutter-Verhältnis gesehen. Frau Göring hat ihren Mann unendlich geliebt, auch dann und gerade dann, als der Glanz seines Namens längst verblaßt war. Wenn der französische Romancier Marcel Proust in der ‚Recherche du temps perdu' sagt, ‚Der Hauptgegner der Liebe ist das Vergessen', dann hat sie diesen Feind total besiegt, sie war essentiell ganz Erinnerung, und existentiell hat sie ihrem Mann die Treue gehalten, weiß Gott bis zum Tode. Ich habe nie ganz verstanden, warum man sie dafür geschmäht . . . hat. Gewiß war sie nicht ohne Fehler. Aber wer unter uns Älteren hat denn während des Dritten Reiches nicht etwas falsch gehofft oder gemacht? Hier gilt wahrhaftig Jesu Wort: ‚Wer unter euch ohne Sünde ist, der werfe den ersten Stein auf sie.' – Ich kann das jedenfalls nicht. Vielmehr habe ich Grund genug, als Mann der Kirche vor Gottes Angesicht zu danken." Zur Begründung meines Urteils erwähnte ich dann kurz, daß ich Frau Göring als zuständiger Standortpfarrer für die Einheiten der Luftwaffe kennengelernt hatte und wie tatkräftig sie mir in seelsorgerlichen Notfällen bei höchsten Staatsstellen geholfen habe.

Von hier aus suchte ich die Brücke zum biblischen Text zu schlagen: „Genug des Rückblicks in dieses Leben, das soviel Schönes und Bitteres birgt: Es kannte Schloß und Zuchthaus, Geselligkeit und Einsamkeit und nicht zuletzt das traurige Ineinander von Schicksal und Schuld. Mitten darin bewies sie Treue und spendete Trost. Sie hatte ein ganz persönliches, fast kindliches Vertrauen zu Gott und besonders zum Gebet. Aus diesem Grunde soll auch Gottes Wort an diesem Grabe das letzte Wort behalten. Die eine, aus dem Trauerhaus gewünschte Stelle: ‚Sei getreu bis in den Tod, so will ich dir die Krone des Lebens geben', ist ihr Konfirmationsspruch und der ihres Mannes, ihr Trauspruch und wieder der Konfirmationsspruch ihrer Tochter. Ich koppele sie mit dem alten Prophetenwort: ‚Ich will euch trösten, wie einen seine Mutter tröstet', weil so im Kontext mit dem Leben der Entschlafenen an diesem in der Verkündigung des Christentums so strapazierten Wort eine neue Seite aufleuchtet, die (Ihnen) nicht nur den Reichtum des Wortes Gottes aufzeigt, sondern vielleicht auch in dieser Stunde etwas ganz Persönliches zu sagen vermag.

*Trost und Trauer:* sie haben beide etwas Gemeinsames.

1. *Sie bewähren sich am Tode.* Treue auf Zeit gibt es nicht. Eine Treue auf Raten wäre ein Widerspruch in sich selbst. Eine Treue, die ihren Namen verdient, muß mit der Elle des Todes gemessen werden können. Dies gilt nicht zuletzt von der Treue des Glaubens, von dem unser Wort in seinem ursprünglichen Zusammenhang spricht. Ist doch dort an den Märtyrertod gedacht, mit dem die kleine, arme und ungesicherte Christengemeinde in der großen, reichen und mächtigen kleinasiatischen Hafenstadt Smyrna zu rechnen hatte. Die Linie von der Treue zum Leben ist nicht so direkt und organisch, wie wir oft meinen. Die Stationen dieser Verbindung lauten vielmehr: Treue–

Tod–Leben. Es ist eine gebrochene Linie; ihre Zäsur ist das Sterben. Aber es ist auch eine zielklare Linie; ihre Krone ist das Leben. Ähnliches gilt vom Troste. Der Prophet des Alten Bundes – die Theologen nennen ihn den Tritojesaja – hat die Verheißung vom Troste Gottes den Heimkehrern aus der babylonischen Gefangenschaft gesagt, etwa um 500 vor Christus, als sie in Jerusalem von vorne anfangen mußten, verzweifelt, verlassen, in wirtschaftlichem Elend und von neuen Todfeinden bedroht. Trost ist nur glaubwürdig, wenn er auch etwas angesichts des Sterbens leistet. In dieser Situation darf ich auch an diesem Grabe das sagen, was ich in Berlin an den Gräbern der gefallenen Angehörigen der Luftwaffe, vom höchstdekorierten Offizier bis zum kleinsten und jüngsten Flakhelfer, sagen durfte: ‚Fall ich, so fall ich in Gottes Arme, ich kann nicht tiefer fallen als einer großen Liebe in die Hände.'

2. *Sie wurzelt in Gott:* Wir wollen es ehrlich zugeben: im Grunde genommen sind wir mit diesem Postulat einer Treue bis in den Tod überfordert. Wer kann das schon so ohne weiteres in der Ehe, im Beruf, im Ernstfall und wenn schon, dann vielleicht in dem einen Falle, aber nicht in jedem Lebensbereich. Da hilft die ‚Gute Nachricht', das eigentliche Evangelium von der vorauslaufenden Treue Gottes, wie sie in dem gekreuzigten und auferstandenen Herrn und Heiland Jesus Christus konkrete Gestalt angenommen hat: ‚Er war getreu bis zum Tode, ja zum Tode am Kreuz', und ‚darum hat ihn auch Gott erhöht und ihm einen Namen gegeben, der über allen Namen ist'. Dieser erhöhte Christus ist es, der in dem apokalyptischen Sendschreiben an die Gemeinde von Smyrna sagt: ‚Ich will dir wie dem Sportler, der in der Arena siegt, die Lorbeerkrone geben.' ‚Ich lebe und ihr sollt auch leben.' Das gleiche gilt vom Trost. Der Prophet gibt ihm das Prädikat des Mütterlichen: ‚Wie einen seine Mutter tröstet', vergebend und ermutigend zu neuen Anfängen. Damit sprengt er – für alttestamentliche Maßstäbe geradezu unvorstellbar – die Tabuzone rund um Jahwe, der sonst immer männlich vorgestellt wird. Ja, so lieb hat uns Gott, daß er uns auch am Grabe gültig zu trösten vermag. Wir müssen nur unser Auge fest auf sein Antlitz richten, wie es der Isenheimer Altar mit dem toten Jesus am Kreuz und dem lebendigen Christus zu Ostern, der Sigmaringer Christus, der seinen Arm verstehend und liebend um den jungen Johannes legt, und der Christus auf dem Abendmahlsbild von Emil Nolde zeigen: ‚Erscheine mir zum Schilde, zum Trost in meinem Tod und laß mich sehn dein Bilde in deiner Kreuzesnot. Da will ich nach dir blicken, da will ich glaubensvoll dich fest an mein Herz drücken. Wer so stirbt, der stirbt wohl.'

3. *Sie weist nach vorn:* Wir denken in herzlicher Anteilnahme besonders an die Tochter, auch an die verehrte Frau Schwester und die Nichte der Heimgegangenen und an alle, die ihr so oder so nahestehen. Wir bleiben ja nun zurück und müssen weiter. Jetzt wird uns die Treue abgefordert. Die Frage stellt sich unausweichlich, ob wir und an wen wir denn glauben und ob unsere Treue für das Sterben ausreicht. Hier ist es wieder die Treue unseres Herrn, die uns ins Offene trägt und nach vorn bringt. Er bleibt, der Gott Jesu Christi. Er hilft, die Resignation zu überwinden und setzt neue Impulse. Er ist ein Gott des Trostes, der immer wieder einen neuen Trost weiß, wenn wir müde werden, wenn uns zum Heulen ist und wenn wir nicht mehr weiter wissen. Sein Trost ist unerschöpflich. Seine Gnade währet für und für. Der katholische Schriftsteller Theodor Haecker, der im Dritten Reich viel durchgemacht hat, beschreibt in seinen ‚Tag- und Nachtbüchern' die Gewißheit des Glaubens so ehrlich und so schön, daß ich mit seinem Wort die Meditation am Grabe unserer Entschlafenen ausklingen lassen möchte: ‚Ich habe Schwierigkeiten und lebe unter einer Wolke, aber ich habe eine unfehlbare Methode: wenn die Schwierigkeiten zu groß werden, stürze ich mich in die Unbegreiflichkeit Gottes. Sie birgt mich, nicht sie allein natürlich, sondern die Gnade Gottes. Sie trägt mich auch in diesem Abgrund.' *Amen.*"

## *Die Glaswand: Zur „Kooperation" Ernst v. Weizsäckers*

Unmittelbar nach der Entlassung aus der Kriegsgefangenschaft hatte ich Anfang November versucht, wieder die Verbindung mit den Weizsäckers aufzunehmen. Belastet durch die damaligen Umstände und die vielen neuen Verpflichtungen, konnte *Marianne Freifrau von Weizsäcker* erst am 22. 1. 1947 antworten. In diesem Brief teilte sie mir mit, daß Emmy Göring an sie geschrieben und mitgeteilt habe: „... daß Herr Pfarrer Jentsch nach Nürnberg geschrieben hat und rührend versucht hat, meinem Mann und mir mit seiner Aussage über unsere Einstellung zur Kirche zu helfen ..." Damit wurden die Fäden wieder geknüpft, die Frau v. Weizsäcker Anfang des Krieges vor sieben Jahren so hilfreich gesponnen hatte. Die Weizsäckers lebten damals auf ihrem kleinen Gut in Lindau am Bodensee. Ihr Mann ließ grüßen. Von ihm berichtete sie am Schluß ihres Briefes: „Wir sind auch beide so in die einfache, aber nötige Landarbeit eingespannt, daß keine Zeit zu was anderem bleibt. Mein Mann schreibt nur neben seiner Arbeit im

Holzstall unzählige Aussagen für alte Freunde und Bekannte, die ihn darum bitten ..." Auch mit Studienfreund *Carl Friedrich* von Weizsäcker kam die persönliche Verbindung wieder zustande. Als Mitarbeiter einer Forschungsgruppe im Kaiser-Wilhelm-Institut, die mit „Uranarbeiten" für das Heereswaffenamt tätig war, hatte er, der kein Nationalsozialist war, eine Gratwanderung zwischen Physik und Politik hinter sich, war dann in Straßburg Professor für theoretische Physik gewesen, nach dem Kriege mit anderen deutschen Atomphysikern ein halbes Jahr in England interniert, bis er 1946 nach Göttingen zurückkehrte. Dort wurde er Abteilungsleiter am Max-Planck-Institut für Physik und Honorarprofessor an der Universität. Hier formte sich die wissenschaftliche Lebensleistung des hochbegabten Physikers aus, der später als Philosoph und Friedensforscher ein Format bekam, das in der ganzen Welt gewürdigt wurde und wird. Es besteht kein Zweifel, daß sein Denken mitgeprägt ist von den eigenen Erfahrungen während des Dritten Reiches und im Krieg, aber nicht zuletzt durch die Auseinandersetzung mit dem Weg und dem Ende seines Vaters. Bewegt und tatkräftig hat er sich für ihn eingesetzt: im In- und Ausland, beim Papst und beim Hochadel Europas, bei hoch und niedrig. Natürlich sind auch wir über die „Sache Weizsäcker" bzw. den Fall des in Nürnberg angeklagten Vaters ins Gespräch gekommen.

Am 25. Juli 1947 wurde der Exdiplomat, der nach dem Brief seiner Frau vor einem halben Jahr noch Entlastungszeugnisse für andere geschrieben hatte, selbst verhaftet und in Nürnberg vor das Militärtribunal gestellt. Dort hatte er noch von Italien aus als *Zeuge* der Verteidigung von Großadmiral *Raeder* gestanden. Nun mußte er sich selbst als *Angeklagter* wegen angeblicher „Verbrechen" gegen den Frieden, das Kriegsrecht und die Humanität verantworten. Das Ganze spielte sich im Rahmen des sogenannten Wilhelmstraßen-Prozesses ab, in dem die höchsten Vertreter von Staat und Partei wie Göring und Heß auf der Anklagebank saßen. Der Auslöser der Verhaftung Ernst v. Weizsäckers war ein einziger *Buchstabe*, nämlich ein großes „W" (die Paraphe seines Namens). Unter den belastenden Dokumenten, nach denen die Anklagebehörde fahndete, wurde dieses „W" auf dem oberen Rand eines Geheimschreibens (Entwurf) entdeckt. Es war von einem Legationsrat aus der Rechtsabteilung ausgefertigt und an den Leiter des Judenreferats im Reichssicherheitshauptamt gerichtet, jenen Mann, den die Israelis später in Südamerika aufgreifen und zum Tode verurteilen sollten. Dabei ging es um den *Transport* von 6000 *Juden* aus Frankreich, die in das Konzentrationslager Auschwitz überführt werden sollten. Weizsäcker hatte im Rahmen des antijüdischen Systems und in der damaligen Situation keine Möglichkeit, den Transport zu verhindern. So half er sich in seiner Ohnmacht mit zwei Textveränderungen. Der Personenkreis sollte auf „polizeilich näher charakterisierte" Menschen begrenzt werden. Er hatte „Kriminelle" im Auge. Weiter veranlaßte er, daß die Formulierung „nichts einzuwenden" ersetzt wurde durch die Erklärung, daß durch das Auswärtige Amt „kein Einspruch geltend gemacht werde". Natürlich hatte er persönlich Einwendungen und Bedenken, aber nach der ihm vorgegebenen Rechtsauffassung konnte das Amt als solches keinen formellen Protest einlegen. Von dem Ziel einer eventuellen Vergasung stand in dem Schreiben nichts. Daß v. Weizsäcker *kein Judenverfolger* war und auch keinerlei Verantwortung für das trug, was in den KZs geschah, ist eindeutig erwiesen. Ob er über die Einzelheiten der „Endlösung" orientiert war, entzieht sich meiner Kenntnis. Jedenfalls war er weder an der Vorbereitung noch an der Verwirklichung der schrecklichen „Endlösung" beteiligt.

Wenn man heute, 50 Jahre danach, das Dokument liest, vergegenwärtigt man sich natürlich die Millionen Juden, die in den KZs vergast und anderswo vernichtet worden sind. Aber davon, von dem Ausmaß und den Einzelheiten, haben die meisten von uns, die wir das Dritte Reich und den Weltkrieg überlebt haben, erst nach dem Kriege erfahren. Selbst wenn v. Weizsäcker mehr davon gewußt hat, so hat er offenbar zum Zeitpunkt der Abzeichnung des Papieres gemeint, seine Bedenken nicht anders ausdrücken zu können. Im Interesse des Widerstandes gab es noch andere Aufgaben. Ein schärferer Protest hätte ihn mundtot gemacht und letztlich vernichtet. Auch ein Rücktritt hätte nichts gebracht, weil das Projekt so oder so durchgeführt worden wäre. Von Weizsäcker ist so lange im Auswärtigen Amt geblieben, als es ihm möglich war, in seiner relativ hohen Stellung als beamteter Staatssekretär des Außenministeriums einerseits den Weltfrieden zu sichern bzw. den Krieg zu verhindern und andererseits nach Ausbruch des Krieges für dessen Beendigung zu sorgen bzw. den Weltfrieden wieder zu gewinnen. Dieses Ziel hat ihm Kompromisse abgefordert und schwere *Gewissenskonflikte* eingebracht. Auch seine erstrebte Versetzung nach Rom als Botschafter beim Heiligen Stuhl hatte den Sinn, von dieser Position aus um das Kriegsende zu ringen und einen raschen Friedensschluß vorzubereiten. In zahllosen politischen Aktionen und diplomatischen Geheimgesprächen auf höchster Ebene und durch eine von ihm beeinflußte Personalpolitik hat er für den Frieden zwischen den Völkern und die Erhaltung von Menschenleben sein eigenes Leben aufs Spiel gesetzt. Dadurch erscheint *die Paraphe „W" in einem anderen Licht.* Die, die ihn persönlich kannten und fachkundig waren, haben stets betont, daß die Kenntnisnahme des Transports nicht die Billigung desselben bedeutete und daß der Stellenwert der Abzeichnung in dem größeren Zusammenhang eines zähen Kampfes um den Frieden gesehen werden muß. Daß dabei immer noch Fragen nach einer Mitschuld und nach den Grenzen der Zusammenarbeit mit einer Diktatur offenbleiben, versteht sich von selbst. Zeitlebens hat der Staatssekretär dafür ein Gespür gehabt. Näheres über das Leben und Wirken Ernst von Weizsäckers erfährt man in seiner besinnlich geschriebenen und nachdenklich machenden Selbstbiographie sowie in der informativen und fairen Darstellung der Familiengeschichte von Martin Wein.[71]

Die *Verteidigung* Weizsäckers lag in den Händen des Rechtsanwalts *Hellmut Becker,* dem Sohn des bekannten und bedeutenden preußischen Kultusministers aus der Weimarer Zeit. Er hat sich später auf kulturpolitischem Gebiet und in der Erwachsenenbildung einen Namen gemacht. Als amerikanischer Verteidiger war *Warren P. Mager* bestellt. Unter den assistierenden Mitarbeitern kannte ich den Legationsrat *Sigismund von Braun* und Weizsäckers Sohn *Richard v. Weizsäcker,* damals im 5. Semester seines Jurastudiums, den späteren Kirchentagspräsidenten und heutigen Bundespräsidenten. Die *Anklage* wurde von *W. Kempner* vertreten. Er war früher preußischer Oberregierungsrat gewesen und emigriert. Sein Versuch, v. Weizsäcker als Zeugen der Anklage zu gewinnen, scheiterte an der vornehmen Grundgesinnung des Staatssekretärs, der nicht gegen seine Kollegen und Mitarbeiter aussagen wollte. Anders war das mit dem Leiter der Rechtsabteilung, *Friedrich Gaus,* der als Intimus von Ribbentrops galt und den Kempner mehr als einmal in einem Verhör auf die Gefahr einer Auslieferung an die Russen aufmerksam machte, also indirekt „drohte". Mir wurde damals das Protokoll dieser Vernehmung vertraulich zugestellt. In Absatz 12 fragte der Ankläger wörtlich: „So einfach ist die Sache nicht. Die Russen interessieren sich für Sie, das ist Ihnen doch klar?" Speziell nach dem Staatssekretär befragt, antwortete Gaus: „Weizsäcker war angeblich ein ganz anderer Mensch als Ribbentrop." Er habe zwar zuweilen etwas „mitgemacht", aber – wörtlich – „ich glaube nicht, daß er ein Unrecht begangen hat". Weiteren Fragen entzog er sich durch ein „das weiß ich nicht". In einem späteren Verhör bekannte er sich ausdrücklich zur „Kollektivschuld", die

die führenden Staatsbeamten auf sich geladen hätten. Darauf ließ man ihn in Ruhe. Diesen leichteren Weg eines Zeugen der Anklage wollte Weizsäcker nicht gehen. Er hat dafür teuer bezahlen müssen.

Die Position des Exdiplomaten war wahrhaftig nicht einfach. Mit den Russen hatte er es verdorben, weil er deren Absicht, einen Teil Polens zu vereinnahmen, zu Protokoll gegeben hatte, und auch mit Kempner war nicht gut Kirschen essen, nachdem er es abgelehnt hatte, als Zeuge der Anklage aufzutreten. Aber er hatte um so mehr Freunde und Fürsprecher. So gab es Entlastungszeugen von Weltformat, wie etwa den Papst, Churchill, den französischen Botschafter François-Poncet, den norwegischen Bischof Berggrav, den Schweizer Historiker und Hohen Kommissar von Danzig C. B. Burckhardt u. a. Unter den Zeugen befand auch ich mich. Ich war, verglichen mit den hochkarätigen Persönlichkeiten, die ich genannt habe, nur eine bescheidene Randfigur, aber ich konnte doch etwas aus dem Erfahrungsbereich der Bekennenden Kirche, der bedrängten Evangelischen Jugend und der mit schwerwiegenden Problemen konfrontierten Wehrmachtseelsorge beitragen. Bei letzterem denke ich besonders an die Förderung der Verbindung zu Frau Göring, den Empfang bei Großadmiral Raeder und die Verwendung für meine Kriegsdienstverweigerungs-Denkschrift im Vatikan. Während meiner Englandmission wurde der Kontakt mit dem Hause v. Weizsäcker aufrechterhalten, soweit es die Zeit erlaubte. Auf Wunsch von Rechtsanwalt Becker wiederholte ich im letzten Englandmonat meine Rimini-Erklärung vom 9. 8. 1946, die ich zugunsten des Ehepaares Weizsäcker an den Ökumenischen Rat geschickt hatte in Form einer „eidesstattlichen Erklärung“, nunmehr speziell auf den Angeklagten bezogen. Das Schriftstück trägt die Datumsangabe „Norton, den 28. April 1948“. Der Rechtsanwalt hat sie erfreulicherweise verwenden können. Leider ist mir das betreffende Schriftstück verlorengegangen. In dem Brief an Becker vom 20. 12. 48 schreibe ich: „Für die Übersendung Ihres Manuskripts (Plädoyer) bin ich Ihnen außerordentlich dankbar. Mit Bewegung las ich die Zeilen, die von meiner Eingabe handeln. Lassen Sie mich Ihnen dafür besonders herzlich die Hand drücken.“

Die *Diskussion* um Ernst von Weizsäcker blieb nicht auf den Gerichtssaal und das Rechtsanwaltbüro beschränkt. Sie wurde auch außerhalb geführt, nicht zuletzt auf internationaler Ebene, sei es in Amerika, Großbritannien oder der Schweiz. Es genügt nur ein einziges Beispiel zu nennen, nämlich den Artikel von *Robert Ingrim* in der Zeitung „Die Weltwoche“ (17. 9. 48). Er trug den Titel „Die Kempners von Nürnberg". Hier wurde die Frage nach der Rechtmäßigkeit und Glaubwürdigkeit des Militärtribunals gestellt. Wurde doch hier nach Gesetzen angeklagt, die es noch gar nicht gab, und saßen schließlich die Sieger über die Besiegten zu Gericht. Auch die Mitwirkung von Emigranten, so bedauernswert ihr Schicksal und so integer ihr Charakter sein mochte, war gegenüber den in der Heimat im Abwehrkampf gegen den Nationalsozialismus verharrt habenden Personen in manchen Fällen nicht unproblematisch. Konnten sie die Situation genügend verstehen? Von Weizsäcker war nicht einfach ein Verbrecher bzw. Krimineller. Robert Ingrim attestierte dem Staatssekretär die gute Absicht, den „Kampf für seine Grundsätze" aufzunehmen und „Deutschland nicht im Stich zu lassen". Dagegen warf er den „Kempners" vor, zu pauschal gegen eine Gruppe vorzugehen: „Indem Sie Junker, Militaristen und Schlotbarone nicht etwa auf Grund individueller Schuld, sondern kollektiv in den Schmutz zerren, wollen sie die Zerstörung der gesellschaftlichen Gliederung des deutschen Volkes vollenden." Wie immer man über diese Sicht der Dinge denken mag, eins steht jedenfalls fest: Weizsäcker hatte im In- und Ausland mehr Freunde und Fürsprecher, als sich das Militärtribunal vorstellen konnte und als er selber ahnte.

Während meines Dienstes auf der britischen Insel konnte ich mich nur in eingeschränktem Maße um den Fall des in Nürnberg Inhaftierten kümmern. Erst nach meiner Rückkehr im Frühjahr 1948 sollte das anders werden. Da zeigte es sich bald, daß es in der „Sache Weizsäkker" für mich mehr oder weniger um die *Person Weizsäcker* ging. Er gehörte zusammen mit seiner Frau in Berlin wenigstens indirekt zu meiner Gemeinde. Er hatte mir in Berlin und in Rom maßgeblich geholfen. Jetzt war ich dran. Ich konnte ihm in meiner relativ bescheidenen Randposition zwar wenig helfen, aber ich wollte ihn wenigstens persönlich *besuchen*. Das hielt ich für meine seelsorgerliche Pflicht. Aber so einfach war das drei Jahre nach dem Kriege nicht. Schließlich saß er als Untersuchungsgefangener auf der Anklagebank des Wilhelmstraßen-Prozesses vor einem internationalen Gerichtshof. Es bedurfte mancher Mühe und Verhandlungen, um die Besuchserlaubnis zu erhalten. In dieser Beziehung habe ich dem Senior-Representative des amerikanischen YMCA für Deutschland, *Dr. Davis*, viel zu danken, aber auch Rechtsanwalt Becker. Dr. Davis konnte seinen weitreichenden Einfluß bei den Behörden geltend machen. Der Besuch muß Anfang Oktober 1948 stattgefunden habe, da Becker in einem noch erhaltenen Brief vom 14. 10. darauf Bezug nimmt.

Ich entsinne mich an einen hohen, etwas düsteren Raum, in den ich geführt wurde. In der Mitte befand sich ein Kasten mit einer großen *Glaswand*. Unwillkürlich dachte man dabei an die Glasscheiben der Post-, Bahn- und Bankschalter in den Großstädten. Dahinter saß der Freiherr als Gefangener. Er trug einen Trenchcoat, natürlich ohne Krawatte. Sein Gesicht war abgemagert und etwas eingefallen, gleichwohl – die feinen Züge mit dem weißen Haar und mit den freundlich, aber fest blickenden Augen – es war unverkennbar dasselbe, das ich seit 1935, von meinem Besuch in der Berner Gesandtschaft her kannte. Neben ihm stand ein bewaffneter farbiger Wachtposten. Mir selbst wurde ein Stuhl vor der Glasscheibe angewiesen, ich bekam aber als Pfarrer keinen Wachtposten. Wer mochte schon alles auf diesem Stuhl gesessen haben, auch Angehörige von den sogenannten Kriegsverbrechern, die einen mühsam erkämpften Besuch abstatten durften oder einen Abschied für immer nehmen mußten, wie ich es von Frau Göring berichtet habe. Nach Überwindung einer gewissen Hemmschwelle am Anfang kamen wir bald in ein gutes Gespräch. Dem Inhalt waren gewisse Grenzen gesetzt. Vielleicht habe ich etwas von meiner Arbeit an den Kriegsgefangenen in England und an den jungen Männern in den deutschen Großstädten erzählt. Unvergeßlich ist mir das *Schuldthema*, auf das wir unwillkürlich zu sprechen kamen. Ernst v. Weizsäcker sagte damals etwa dies: „Vor Herrn Kempner habe ich kein Schuldgefühl. Der junge Soldat neben mir tut mir leid. Es ist etwas anderes, was ich in meinem Gewissen zutiefst als Schuld vor Gott empfinde, da weiß ich mich allein seiner Gnade und Vergebung ausgeliefert und anbefohlen." Ich konnte darauf nur kurz und bewegt erwidern, daß auch ich mein letztes Vertrauen auf Gottes Vergebung in Jesus Christus setzte, in diesem Glauben mit ihm verbunden bliebe in Zeit und Ewigkeit. Am liebsten hätte ich ihm dabei die Hand gedrückt. Aber da war die große Glaswand, die das verhinderte. Jedenfalls versuchte ich ihm so tröstlich und so brüderlich, wie ich es als der viele Jahre jüngere Pastor vermochte, ein Stück Evangelium mitzuteilen und ihn in der Gewißheit der Vergebung zu stärken. Ich besitze kein Stenogramm über dieses Gespräch. Es ist mir aber innerlich tief haften geblieben und bewegt mich immer wieder, wenn ich daran denke. Was für ein biblisches Wort ich eingefügt habe, weiß ich nicht mehr, aber der biblisch-reformatorische Gedanke von Röm 3, 23–24 stand hinter dem, was ich gesagt, gestammelt und gedacht habe: „Denn es ist hier *kein Unterschied*: sie sind allesamt Sünder und ermangeln des Ruhms, den sie bei Gott haben sollten, und werden ohne Verdienst gerecht aus seiner Gnade durch die Erlösung, die durch Christus Jesus geschehen ist." Das Erlebnis mit der Glaswand wurde mir zum Symbol für die ganze Epoche im Dritten Reich, im Krieg und in der Gefangenschaft, in der ich gelebt und gewirkt habe: Gott hat sich durch Jesus, den lebendigen Gekreuzigten, mit uns so oder so schuldig Gewordenen solidarisiert. Ein Christenmensch diesseits und jenseits der Glaswand darf bekennen: „Ich bin gewiß, daß *weder Tod noch Leben*, weder Engel noch Mächte noch Gewalten, weder Gegenwärtiges noch Zukünftiges, weder Hohes noch Tiefes noch eine andere Kreatur *uns scheiden kann* von der Liebe Gottes, die in Christus Jesus ist, unserm Herrn" (Röm 8,38 f.). Wenn wir nirgendwo und nirgendwann von Gottes Liebe geschieden werden können, so kann uns auch eine Glaswand nicht voneinander trennen. Der Solidarität der Liebe Gottes in Christus entspricht die brüderliche Solidarität seiner Jünger untereinander. Sie ist unauflöslich und unschlagbar, weil sie geistlich und beständig ist, Spiritualität und Kontinuität gewährt.

Wenige Wochen später hat v. Weizsäcker in seinem *Schlußwort* vor dem Nürnberger Gericht Sätze gesagt, die seine hinter der Glaswand geäußerte Einstellung zur Schuldfrage mit anderen Worten zur Sprache bringen: „Eine Grenze gibt es, jenseits derer auch der gute Wille die Tat nicht rechtfertigt. Sie liegt da, wo der Eingriff bewußt Menschenleben opfern würde. Ich weiß, daß ich diese Grenze nicht überschritten habe." – „Freilich, immer wird es etwas geben, das man gern noch anders und besser gemacht hätte. Vor seinem eigenen Gewissen wird der Mensch nie voll bestehen." – „Vor einem höheren jenseitigen Richterstuhl sich rechtfertigen zu wollen, wäre Vermessenheit."

Bei meinem Besuch in Nürnberg lernte ich Rechtsanwalt Hellmut Becker persönlich kennen. In dem erwähnten Oktober schrieb er: „Ihr Besuch war für meinen Mandanten wirklich eine große Freude, und ich bin froh, daß er sich hat ermöglichen lassen." Diese Bemerkung hat mich getröstet und für die neuen Aufgaben ermutigt, die in der Seelsorge an der jungen Generation in den Großstädten auf mich warteten.

Im Laufe der Zeit hatte man entdeckt, daß das Thema „Kollaboration" im Wilhelmstraßen-Prozeß ganz allgemein, aber im Falle Weizsäcker ganz besonders eine *theologische Dimension* hatte. Hellmut Becker sprach mich darauf bei meinem Nürnberger Besuch an. Er hatte sogar zwei international renommierte Theologen, nämlich *Karl Barth* und *Helmut Thielicke*, um ein Gutachten gebeten. Beide Professoren hatten die *„cooperatio"* bzw. die Kooperation eines Christen mit einem nichtchristlichen Regime (Diktatur) unter bestimmten Bedingungen für möglich gehalten, argumentierten aber verschieden. So war Becker an einer *Integrierung der beiden Gutachten* interessiert und legte begreiflicherweise Wert auf ergänzende Zitate. Da ich als gelernter Theologe mit der Familie Weizsäcker liiert und mit dem Fall des Exstaatssekretärs befaßt war, erhoffte er von mir eine entsprechende Mitarbeit. In meinen Akten befinden sich noch ein Brief Beckers an Barth und das Gutachten von Thielicke. Ehe ich darauf näher zu sprechen komme, muß ich noch einmal nach England zurückblenden. Dort spielte sich nämlich eine gewisse Vorgeschichte hinsichtlich der Stellungnahme des großen Baseler Theologen ab.

Während seiner Gastvorlesungen an der Theologischen Schule in Norton Camp wohnte der Baseler Neutestamentler *Prof. Dr. Karl Ludwig Schmidt* in dem Gästehaus der YMCA-Kriegsgefangenenhilfe, das auch mein ständiges Domizil war, bei Mrs. Wardle in Cuckney. Als Leiter des Religious Department hatte ich die Honneurs für die ausländischen Gäste zu machen. Eines Abends lud ich Prof. Schmidt in mein Zimmer ein. Bei einem guten Glas südafrikanischen Weines gab es bald ein entspanntes und später ein spannendes Gespräch. Für mich war der Besuch eine willkommene Gelegenheit, den in seinem Fach hochangesehenen Gelehrten persönlich kennenlernen zu dürfen. Ich schätze seinen Artikel über das neutestamentliche Kirchenverständnis („ekklesia") im Kittelschen Theologischen Wörterbuch sehr. Wegen meiner Dissertation über das neutestamentliche Verständnis von „Erziehung" („paideia") war ich an der neutestamentlichen Begriffsforschung sehr interessiert. In irgendwelchen Zusammenhängen kamen wir später auf die Lage der Deutschen während des Dritten Reiches und in der Nachkriegszeit zu sprechen. Sehr aufmerksam hörte er den Erzählungen über das von mir Erlebte zu und stellte seinerseits auch immer wieder neue Fragen. So saßen wir bis in die frühen Morgenstunden zusammen. Während dieses Gespräches fiel auch der Name Ernst von Weizsäcker. Dabei ließ er mich vertraulich wissen, daß sein Kollege *Prof. D. Karl Barth* schwanke, ja hin- und hergerissen werde, ob er für den in Nürnberg angeklagten Baron ein *Entlastungszeugnis* ausstellen solle oder nicht. Natürlich plädierte ich dafür und konnte eine ganze Reihe positiver Argumente vorbringen, die Karl Ludwig Schmidt sichtlich beeindruckten. Er wollte mit Karl Barth noch einmal sprechen und von unserer Begegnung berichten. Im Einverständnis mit Schmidt schrieb ich am 29. 1. 1948 einen längeren Brief an Karl Barth.

In diesem Schreiben an Barth bedankte ich mich eingangs dafür, daß der Adressat sich der Sache und Person Weizsäckers annehme. Ich sah darin „ein Zeichen der brüderlichen Verbundenheit im Namen des Christus". Dann schilderte ich knapp meine verschiedenen Begegnungen mit Weizsäcker und Unterstützungsaktionen, die er mir hatte zuteil werden lassen. Die Zusammenfassung lautete: „Herr v. W. ist wohl ein typisches Beispiel für einen Mann, der während des Dritten Reiches in einer relativ einflußreichen Stellung stand und das Beste für die Untergrundbewegung und das Christentum herausgeholt hat, was er konnte." Dann fuhr ich fort: „Ich weiß, sehr verehrter Herr Professor, daß gerade Sie als einer, der von meinem Vaterland in übelster Weise verfolgt wurde, keinen Grund haben, für einen ehemaligen Amtsträger des deutschen Staates heute einzutreten. Ich weiß aber, daß Sie nicht nur Schweizer und nicht nur ein von den Nationalsozialisten Verfolgter sind, sondern auch Lehrer der Kirche und Bruder in Christus. Herr v. W. gehört zur christlichen Gemeinde und ich bin sein ehemaliger Seelsorger." Diese Bezeichnung war etwas zu hoch gegriffen. Indirekt aber war etwas daran. Jedenfalls hat er meinen Gottesdienst besucht und nahm mich als Pastor ernst. Weiter heißt es dann: „Es muß mein Anliegen sein, daß das Gute, was ich von meinem christlichen Bruder weiß, auch öffentlich ausgesprochen wird. Und deshalb bitte ich Sie, mich in meiner Hirtenpflicht, wenn es in Ihren Kräften steht, zu unterstützen. Kein Mensch wird verlangen, daß Sie sich für einen Menschen einsetzen, den Sie nicht näher kennen. Sie können also nur das Gute aussagen, was Sie von ihm wissen. Mehr ist gar nicht nötig. Wir Deutschen wissen aber, was Ihre Stimme heute in der Welt bedeutet, und deshalb wäre ich Ihnen sehr verbunden, wenn Sie hier helfen würden." Ausdrücklich betonte ich, daß ich auf Grund meiner Zeugenaussage im Nürnberger Ärzteprozeß wüßte, wie wichtig Aussagen über die „Glaubwürdigkeit" und die „Charakterbeurteilung" eines Angeklagten wären. Nachträglich betrachtet habe ich mit meinem Brief damals einiges riskiert. Aber Prof. K. L. Schmidt hatte mir Mut gemacht, und so schrieb ich mir meine Meinung und meine Bitte etwas unbekümmert von der Seele. „Ich schreibe Ihnen das alles so offen, weil ich durch Ihr bisheriges Leben und Lehren der Überzeugung bin, daß Sie eine offene Sprache lieben. Ich kann verstehen, wenn Sie in der ganzen Sache nichts tun wollen, aber ich möchte nicht versäumt haben, Sie um etwas gebeten zu haben, wozu ich mich als evangelischer Pfarrer seelsorgerlich verpflichtet weiß."

Prompt kam am 7. 2. eine ausführliche *Antwort*, die ich glücklicherweise noch in meinen Händen habe. *Karl Barth* ging zunächst auf *Dr. med. Albert von Erlach* ein, von dem mir Prof. Schmidt berichtet hatte, daß ihm an einer positiven Würdigung Weizsäckers gelegen wäre. Dr. v. Erlach sei damals in Bern Weizsäckers „Hausarzt gewesen und sein Freund geworden". Er, Barth, habe kürzlich mit dem Arzt gesprochen und dabei erfahren, daß dieser „längst eine schriftliche Erklärung über seine persönliche Kenntnis des Charakters und der Haltung des Frh. v. W. abgegeben" habe. Dr. v. Erlach habe ihn auf die große Schwierigkeit aufmerksam gemacht, die mit der Abzeichnung jener Stellungnahme des Auswärtigen Amtes zu einem Transport von Juden aus Frankreich nach Auschwitz bestand. Barth spricht hier von einer „Verfügung, die Tausende von Juden das Leben gekostet hat". Das klingt mißverständlich: Inhaltlich bedeutete die Formel „Kein Einspruch" nur, daß außenpolitisch gesehen keine rechtlichen Einwände möglich waren. Kenntnisnahme eines solchen Vorgangs hieß nicht ohne weiteres dessen Billigung. Barth läßt sich in dem besagten Schreiben nicht näher auf diesen Punkt ein, bringt aber einen anderen Umstand wörtlich zur Sprache, dessen Wichtigkeit ihm der Arzt klargemacht hatte: „Dr. v. Erlach hatte aber auch den Bescheid bekommen, daß das, was dem amerikanischen Gericht – demgegenüber ein wie es scheint sehr scharfer ehemaliger Berliner Jude die Anklage vertritt! – allein Eindruck machen könne, seien Zeugnisse, für den Angeklagten sprechende *‚facts'* im Gegensatz zu Mitteilungen psychologischer Ordnung." Hinsichtlich weiterer Schritte in der letztgenannten Richtung sei der Arzt „skeptisch" gewesen.

Barth selbst meinte: „Ich für meine Person wäre *an sich gern bereit*, was ich tun kann, dennoch zu tun. Aber ich kann tatsächlich nur sehr wenig tun. Kenne ich doch Frh. v. W. viel weniger gut, als Dr. v. E. ihn s. Z. gekannt hat. Ich bin nämlich nur ein einziges Mal – vor jetzt 14 Jahren – mit ihm und seiner Frau zusammen gewesen, indem ich, damals noch als ‚deutscher' Professor bei einem Aufenthalt in Bern, in der deutschen Gesandtschaft zum Mittagessen eingeladen wurde. Wir haben eine Unterhaltung über die damalige *Lage der BK* (Bekennenden Kirche) in Deutschland gehabt, die freilich (infolge der Anwesenheit eines miteingeladenen schweizerischen Politikers?) von Frh. v. W. ziemlich zurückhaltend geführt wurde, so daß ich zwar die Sympathie, in der er und besonders seine Frau der Sache gegenüberstand, unmöglich verkennen konnte, etwas, was heute als ‚fact' Eindruck machen könnte, aber nicht zu hören bekam. Der Eindruck von den im besten Sinn vornehmen, von aller Ähnlichkeit mit dem herrschenden

Nazi-Typus natürlich weltenfernen Leuten, habe ich durchaus mitgenommen. Es war die Atmosphäre, die ich dann in den Memoiren des Gesandten von Hassel (in denen Frh. v. W. nun leider gerade nicht so gut wegkommt) wiedergefunden habe. Aus der Erklärung von Dr. v. Erlach, der Frh. v. W. doch soviel besser kannte, konnte ich schließlich auch nicht viel mehr als dies entnehmen, daß die *Haltung* und Rolle von Frh. v. W. in der Nazi-Zeit – man könnte sagen: die *eines ‚Nikodemus' der Widerstandsbewegung* – gewesen ist. Ob dieses Bild, das ja auch durch das, was Sie mir schreiben, ungefähr bestätigt wird, gegen jene – vermutlich in irgendeinem Geschäftsüberdrang (aber es ging um Tausende und Tausende von Menschenleben!) vollzogene – ‚Kenntnisnahme' ins Gewicht fallen wird? Was tun? ‚Affidavit' (melden Sie mir noch genau, was darunter zu verstehen ist) von mir könnte nur in einer etwas blasseren Unterstreichung dessen bestehen, was wohl viele andere längst bezeugt haben. Ich will darin gern so stark reden als ich kann, aber über die oben angedeutete Linie kann ich mit bestem Willen nicht hinausgehen. Um von ‚facts' schon gar nicht zu reden. Wollen Sie mir noch melden, *ob Sie Ihren Wunsch unter diesen Umständen dennoch aufrechterhalten wollen? Ich werde ihn dann sofort erfüllen.* Noch werde ich den Versuch machen, den Mann, der damals mit mir bei von Weizsäckers eingeladen war – er ist jetzt Mitglied der Bernischen Kantonsregierung –, zu erreichen mit der Frage, ob er allenfalls etwas an die mir von Ihnen bezeichnete Adresse schreiben könnte, was gewichtiger wäre als das, was ich schreiben kann. – Mit den besten Empfehlungen und mit freundlichen Grüßen Ihr
gez. Karl Barth."

Ich habe den Brief von Prof. Barth so ausführlich wiedergegeben, weil er ein zeitgeschichtliches Dokument darstellt und zeigt, wie gewissenhaft und seelsorgerlich zugleich dieser bedeutende theologische Denker des 20. Jahrhunderts die Sache Weizsäckers bedacht hat. *Meine Antwort* vom 25. 2. 1948 war kurz, aber zielstrebig. Dahinter stand ein zähes Ringen mit dem mächtigen Lehrer aus Basel für den ohnmächtigen Mann in Nürnberg. Ich war kein ausgesprochener „Barthianer" (eher ein „Lutheraner"), aber ich hatte doch Wesentliches von ihm gelernt und bin wie die meisten Kollegen meiner Generation zweifelsohne von ihm theologisch beeinflußt worden. Ich hatte großen Respekt vor ihm, gab aber den Kampf um meinen angeklagten Helfer nicht auf. So bedankte ich mich für sein Verständnis und bat ihn ausdrücklich, „das Wenige, was Sie aussagen können, zu Papier zu bringen und nach Nürnberg bzw. an den Sohn Weizsäckers zu schikken". „Ich gebe gern zu, daß nur ‚facts' von ausschlaggebendem Gewicht sind, aber die übrigen Leumundszeugnisse sind auch nicht zu unterschätzen. In Zweifelsfällen muß das Gericht doch darauf zurückgreifen, wenn es nichts beweisen kann. Und dann ist es besser, es sind Leumundszeugnisse in genügender Fülle vorhanden als umgekehrt." Am Schluß schreibe ich: „Die ganze Angelegenheit scheint mir ein klassischer Fall für das Ineinander von Lüge und Wahrheit zu sein, in dem man als Christ gegenüber all diesen Kriegsverbrecherprozessen steht. Ich sehe Ihre schwierige Lage nun noch deutlicher, nachdem ich Ihren Brief gelesen habe, und vertraue Ihrer endgültigen Entscheidung, auch wenn sie negativ ausfallen sollte, weil ich mich mit Ihnen in dem gemeinsamen Grundanliegen verbunden weiß." Karl Barth hat geschrieben. Ich bin heute noch Gott dankbar, daß ich dazu ein wenig habe beitragen dürfen.

Im August 1948 wandte sich Rechtsanwalt *Hellmuth Becker* an *Prof. Barth* mit der Bitte um eine Art *theologische Denkhilfe* für sein Plädoyer. Der Gelehrte, der „auf dem Sprung zu der Amsterdamer Weltkirchenkonferenz" war, gab eine konzentrierte Antwort, die seinen Standpunkt gut umreißt. In der mir zur Verfügung gestellten Kopie heißt es: „Sie (Becker) haben recht, wenn Sie nicht in die Theorie vom Zweck, der die Mittel *heiligt*, hineingeraten wollen. Eben darum würde ich aber an Ihrer Stelle die Verteidigung nicht auf die Formel ‚Widerstand *durch* Mitwirkung' aufbauen, sondern von ‚Widerstand *unter* bzw. *trotz* Mitwirkung' reden. *Dadurch, daß* Herr v. Weizsäcker bei den Aktionen der Hitlerregierung mitgewirkt (z. B. bestimmte Papiere unterschrieben, jene Uniform getragen) hat, hat er ja *nicht* ‚widerstanden', sondern zu bestimmten Zwecken im einzelnen Vorschub geleistet. *Widerstanden* hat er hier in denjenigen Unternehmungen, die ihm dadurch möglich wurden, daß er jene ‚Mitwirkung' auf sich nahm: also nicht dadurch, sondern unter bzw. trotz dieser Mitwirkung. Läßt es sich beweisen, daß solche Unternehmungen stattgefunden haben, ja daß die ganze ‚Mitwirkung' des Herrn von Weizsäcker im Rahmen der Hitlerregierung den Sinn hatte, ihm solche gegen diese gerichtete Unternehmungen – evtl. sogar den Umsturz – möglich zu machen, dann muß bei der Beurteilung seiner ‚Mitwirkung' ethisch zweifellos auf's ernstliche ins Gewicht fallen. ‚Geheiligt' wird sie dadurch freilich nicht, d. h. die Verantwortlichkeit bzw. die Schuld, die Herr v. Weizsäcker durch seine Mitwirkung als solche auf sich nahm, wird dadurch, daß er sie im einzelnen wie im ganzen in jener Absicht vollzog, nicht aufgehoben. Es liegt im Wesen einer solchen Situation, daß, wer solche Mitwirkung in letztlich entgegengesetzter Absicht *auf sich nimmt*, zwar im Blick auf diese Absicht vor Gott, vor seinem Gewissen, vor dem billigen Urteil auch seiner Mitmenschen *gerechtfertigt* sein kann und nun dennoch das Odium und die Konsequenzen dessen, was er auf sich genommen, wiederum vor Gott, vor seinem Gewissen und im Urteil seiner Mitmenschen *zu tragen* und in irgendeiner Form zu bezahlen hat. Die evangelische Erkenntnis, daß der Mensch im Glauben ein Gerechter sein darf, *obwohl* er ein Sünder ist, ist nicht ohne das Komplement, daß der Mensch sich als Sünder erkennen und bekennen muß, *obwohl* er sich im Glauben als Gerechter wissen darf."

Die für Barth typischen „Schachtelsätze" machen das Lesen nicht leicht. Barth ist auch in diesem Gutachten ein „dialektischer" Theologe. Beim nochmaligen Lesen aber spürt man das eigentliche Anliegen: „Widerstand trotz Mitwirkung".

Mein Briefwechsel mit Barth erfolgte, ohne daß wir uns kannten. Das Kennenlernen geschah später in der Schweiz. Der französischsprechende Flügel des Schweizer CVJM (UCJG) veranstaltete eine Tagung in *Vaumarcus*, und *Karl Barth* hielt dort einen eindrucksvollen Vortrag über das Thema „*L'église réell*" (Die wirkliche Kirche). Dabei legte er das matthäische Jesuswort 18,20 zugrunde: „Wo zwei oder drei versammelt sind in meinem Namen, da bin ich mitten unter ihnen." Ich selbst war eingeladen worden, über die Erfahrungen der *Gefangenschaftskirche* zu referieren. Das mußte in französischer Sprache geschehen. Ich hatte ein wortwörtliches Manuskript, das mir Kurt Miethke übersetzt hatte. Der französische Weltbundsekretär (Guillon?) traute dem Frieden meiner Aussprache nicht ganz (womit er recht hatte) und nahm mich in einer Pause mit in den Wald, stellte mich unter einen Baum und bezog eine Reihe von Metern entfernt Position. Dann mußte ich ihm das Manuskript vorlesen, laut, deutlich und gut akzentuiert. Dabei habe ich natürlich gehörig geschwitzt. Besaß ich doch nur ein bescheidenes Schulfranzösisch. Manches mußte ich wiederholen. Aber schließlich hat es doch geklappt. Der französische Vortrag wurde absolviert und kam wohl auch an. Als Zuhörer waren Jugendleiter, Pfarrer und junge Erwachsene in großer Zahl zugegen. Ich gewann persönliche Kontakte mit den jungen Menschen und fühlte mich in der damaligen Atmosphäre mit den romanischen, lebhaften und sangesfreudigen Partnern sehr wohl. Selbstverständlich nahm ich die günstige Gelegenheit wahr, mich persönlich bei Barth für seinen Brief und seine Stellungnahme zu bedanken. Es war schon ein Erlebnis, diesem Pfeife rauchenden, scharfsinnig denkenden und wahrhaft menschenfreundlichen Manne zu begegnen. Er war in der Tat nicht nur ein lehrreicher Kirchenlehrer, sondern auch ein väterlicher Kirchenvater des neueren Protestantismus.

Es spricht für die Gediegenheit der Verteidigung durch den Rechtsanwalt Hellmuth Becker, daß er sich so eingehend mit der theologischen Dimension des Falles Weizsäcker beschäftigte und noch einen zweiten Theologen konsultierte, nämlich *Prof. Dr. Helmut Thielicke,* der damals schon weltbekannt war und dessen Beiträge zur theologischen Ethik wegweisende Bedeutung bekommen sollten. In seiner Anfrage an Thielicke hat Rechtsanwalt Becker darauf abgehoben, daß Weizsäcker „hinter dem Rücken Ribbentrops und Hitlers eine friedensbewahrende Politik durchzuführen versucht" habe und daß „Widerstand durch Mitwirkung nicht nur ein mildernder Umstand, sondern ein Rechtfertigungsgrund" sei. Becker bekennt die ihm widerfahrenen Schwierigkeiten, die in der Beurteilung eines solchen Problemkreises durch den Protestantismus liegen, und bittet um eine diesbezügliche Denkhilfe. Auf den am 6. 8. geschriebenen Brief antwortete Thielicke mit einem ausführlichem Votum von engzeilig beschriebenen Schreibmaschinenseiten. Er befand sich zu diesem Zeitpunkt gerade an der Arbeit zu den ersten Bänden seiner „Theologischen Ethik", wo die Grenzprobleme zwischen Kirche und Staat eingehend behandelt werden. So interessant und spannend eine wörtliche Wiedergabe des Dokumentes wäre, muß aus Raumgründen darauf verzichtet werden. Aber schon die knappen Auszüge lassen im wesentlichen den Standort des bedeutenden Ethikers der lutherischen Kirche erkennen.

Im Unterschied zu Barth spricht Thielicke unbefangener von einem *„Widerstand durch cooperatio (Mitwirkung")*. Er geht aber von einer klaren Unterscheidung aus, er fragt nämlich, ob es sich um das Mitwirken eines *kirchlichen* oder eines *weltlichen Amtsträgers* handelt. Damit knüpft er – wenn auch eigenständig – an Luthers Lehre von den beiden Reichen an, dem Reiche Gottes zur Rechten (Kirche) und dem Reiche Gottes zur Linken (Staat). Dabei seien dem *kirchlichen* Amtsträger durch das Wort Gottes eindeutige Grenzen gesetzt. Er dürfe z. B. nicht etwa das Alte Testament aufgeben, bloß um an einer staatlichen Schule Religionsunterricht erteilen zu können. Der *politische* Amtsträger dagegen sei in eine Ordnung eingefügt, die ihre sachgemäßen Methoden habe. Diese *Sachstruktur der Ordnung* habe er zu beachten. Obgleich Luthers Lehre von den beiden Reichen ihre zeitbedingten Grenzen habe, dürfe man sie nicht mißverstehen. Die beiden

Reiche fielen nicht einfach beziehungslos auseinander. „Im Reiche Gottes zur Rechten (Kirche) besteht die unmittelbare Ich-Du-Beziehung, ... im Reiche Gottes zur Linken (im Weltreich) sind zwischen Ich und Du die Ordnungen als Medium zwischengeschaltet." Für Luther sei „die *Liebe* die verbindende *Klammer* zwischen beiden Reichen".

Dann bringt Thielicke die *Bergpredigt* Jesu ins Spiel. Mit ihrem eschatologischen Charakter erinnere sie an den schöpfungsmäßigen *Urzustand* und betrachte die *Welt* vorgreifend im Licht der *Ewigkeit*. Durch ihr „Dazwischenfunken" relativiere sie die Ordnungen; diese seien „Strukturformen der gefallenen Welt", „*Notverordnungen*". Für jeden Menschen, nicht zuletzt für den Politiker, gelte: „Indem ich an den Ordnungen *partizipiere* – und das tue ich ja durch den Vollzug meiner Existenz in dieser Welt –, nehme ich aber zugleich an der Welt-Schuld teil, die hier in jener Überpersönlichkeit deutlich wird, wie sie in Luthers Lehre von der Erbsünde zum Ausdruck gebracht wird."

Von diesen Voraussetzungen her wendet sich Thielicke in seinem Votum dem speziellen *Fall Weizsäcker* zu. Dabei räumt er ein, daß zur Erreichung bestimmter Ziele im politischen Bereich so etwas wie *Macht* mitsamt ihren Spielregeln gehöre. Nur so könne man „Einfluß nehmen" und sich gegebenenfalls „einschalten". Die Problematik des Diplomaten Weizsäcker liege darin, daß er im Dritten Reich gearbeitet habe, also in einer *pervertierten Ordnung*, einer „Unrechtsordnung". Angesichts einer solchen Lage gibt es nach Thielicke nur eine *Alternative*: Entweder muß man „sein Amt niederlegen, *emigrieren* oder privatisieren, um gegenüber der Unrechtsordnung Distanz zu gewinnen". In diesem Fall kann die Distanzierung leicht übersehen, daß „wir alle am Entstehen der Unrechtsordnung mitschuldig sind; das Abspringen in einem bestimmten Augenblick wird also leicht bedeuten können, daß ich den Konsequenzen meines eigenen Mittuns ausweiche und anderen das Auslöffeln der von mir mit eingebrockten Suppe überlasse". Im anderen Falle wird der politische Amtsträger in dem betreffenden System bzw. auf seinem Posten *bleiben* und versuchen, „das Minimum an rettenden Gestaltungsmöglichkeiten herauszuholen". So bleibe man eingeschaltet und könne Einfluß nehmen, dies ist freilich nur „durch *Tarnung* zu erreichen, d. h. durch relative Übernahme der Methoden des Gegners. Diese Tarnung kann nur vollzogen werden in der *Bereitschaft, Schuld auf sich zu nehmen*". In seiner anschaulichen Sprache nennt Thielicke den Staatssekretär v. Weizsäcker, der im Auswärtigen Amt so intensiv für den Frieden gekämpft habe, einen Mann, der „in der Höhle des Löwen und verkleidet mit seinem Fell arbeitete".

Im Anschluß an diesen Gedankengang fügt der theologische Berater des Rechtsanwaltes noch vier Punkte hinzu, von denen die beiden ersten von grundsätzlicher Bedeutung sind. Hier heißt es: „1. Die beiden Möglichkeiten einer Entscheidung (Widerstand durch Rücktritt und Distanzierung auf der einen, sowie Widerstand *durch* tarnende cooperatio auf der anderen Seite) sind nicht gleichwertig, d. h. sie gehören *nicht* einfach zu den ‚*Adiaphora*' (sittlich neutrale Werte), genau so wenig, wie von vorneherein die eine vor der anderen Entscheidung einen grundsätzlichen Vorzug besäße. Es geht in der Ethik immer wieder um ein Abwägen der Quantitäten: d. h. es könnte durch die mitmachende Tarnung ein solches Maß von Schuld (etwa Beteiligung an Folterung, Massenmord usw.) von mir gefordert sein, daß ich mit meinem Rücktritt eine demonstratio zu vollziehen hätte. Ein solcher Rücktritt würde also weniger eine Entziehung gegenüber der Schuld als ein Bekenntnis sein, ein aufgerichtetes *Zeichen*, das andere aufhorchen läßt. Umgekehrt hat ein Mitmachen auch dann, wenn dieser besondere Grad an direkter Schuld nicht von mir verlangt wird, immer wieder die Gefahr, ein System in den Augen vieler – gerade etwa, wenn man einen angesehenen Namen trägt – legitimieren zu helfen. Die Entscheidung angesichts dieser Alternative läßt sich nicht a priori und kasuistisch regeln, sondern bleibt dem persönlichen Wagnis, also dem Gewissen überlassen." – „2. Es ist wichtig, daß man ... weiß, daß man in beiden Fällen im Kraftfeld überpersönlicher Schuld lebt ... Man ist so oder so in den Ordnungen der gefallenen Welt eingeschlossen. Man kann nur *unter der Vergebung* leben, so ähnlich wie es Jochen Klepper mal in seinem Roman über Friedrich Wilhelm I. sagt (Der Vater), daß Könige mehr sündigen müßten als andere Menschen und darum auch der Vergebung bedürftiger seien ..."

Als lutherischer Theologe und Freund eines gesunden Pietismus fand ich in den Worten Helmut Thielickes manchen verwandten Gedanken. Er hat mir sehr zur Klärung meiner Position geholfen. Der Gutachter aus Tübingen redet nicht nur unbefangener als Barth von einem „Widerstand durch Mitwirkung", sondern vertieft diese Sicht noch dadurch, daß er – kurz zusammengefaßt – von einer Mitwirkung aus Bereitschaft, Schuld auf sich zu nehmen, und in der Gewißheit, unter der Vergebung zu handeln, spricht. Gleichwohl habe ich das Ausrufezeichen Barths nicht vergessen, wenn er von einem „Widerstand unter bzw. trotz der Mitwirkung" redet.

In dem Brief Rechtsanwalts Beckers vom 14. 10., in dem er mir die Kopien der Voten von Barth und Thielicke schickte, heißt es: „Falls Sie *selbst* Lust haben, zu diesem Thema etwas zu schreiben, wäre ich Ihnen sehr dankbar. Wichtig wären mir weniger Ansichten als Zitate, aber auch Ansichten sind natürlich wertvoll." Da das Thema der Mitwirkung von Christen in einem nicht- oder antichristlichen System kaum behandelt wird – es wurde erst 1933 akut, und dann konnte man nicht alles drucken, was man dachte – und ich kein Dogmengeschichtler oder Ethiker bin, entschied ich mich, wenigstens *biblische Zitate* zu bringen und im übrigen die *Grundgedanken* soweit möglich integrierend zusammenzufassen, wobei gewisse *Schwerpunkte* herauszuarbeiten waren. Ich machte einen Entwurf und bat im Herbst 1948 einen kleinen Kreis von mir innerlich nahestehenden und örtlich (Kassel) erreichbaren Theologen um Beratung. Hier stellten sich Reichswart *D. Erich Stange*, der Direktor der Sekretärschule, der spätere Betheler Theologieprofessor *Lic. Karl Grzegorzewski* und der damalige theologische Mitarbeiter des CVJM-Reichsverbandes, Pfarrer *Friedrich Samuel Rothenberg*, zur Verfügung. Der Entwurf fand bis auf einen Teil der dritten These (zum Schuldbegriff) und kleine Einzelheiten die volle Zustimmung der Gruppe. Die dritte These habe ich auf den überzeugenden Vorschlag der Gruppe hin umgearbeitet.

Inzwischen ist fast ein halbes Jahrhundert vorübergegangen. Manches würde man (ich eingeschlossen) heute vielleicht anders formulieren. Die theologische Entwicklung ist inzwischen weitergegangen. Doch behält der Schriftsatz einen gewissen Orientierungswert. Er zeigt, wie Mitarbeiter der evangelischen Jugend damals eine Kernfrage ihrer Generation zu beantworten versuchten, und gewinnt im Licht der heutigen Aufarbeitung des Themas *Mitwirkung von Christen im DDR-Staat und bei der Stasi* eine *neue Aktualität*. Den Originalentwurf mit Bleistiftkorrekturen habe ich wiedergefunden. Danach lauten die Thesen:

„1. Bei der Frage nach der theologischen Rechtfertigung politischen Widerstands gegen eine offenbar anti/nicht-christliche Obrigkeit (Regierung) durch Zusammenarbeit mit ihr müssen zunächst zwei mehrdeutige *Begriffe geklärt* werden: das Wesen des Staates und das Wesen der Schuld.

2. Der NS-Staat war nicht weniger eine Obrigkeit als es der neronische Staat war, der die Christen verfolgte und den Paulus Röm 13 zu ehren

befiehlt, oder als es das totalitäre Sowjet-System von heute (1948) ist. Zusammenarbeit mit einem solchen Staat ist für einen christlichen Politiker so lange nötig, solange er nicht persönlich zu eindeutig unchristlichen Handlungen wie Gotteslästerung und Mord gezwungen wird. Der *Staat* dient der Erhaltung der Schöpfung und ist gleichzeitig Bereich der Sünde. Es gibt keinen sündenfreien Staat. Wenn Zusammenarbeit mit dem NS-Staat wegen seiner Sündhaftigkeit strafbar ist, dann ist auch Zusammenarbeit mit einem demokratischen Staat Schuld. Der Schuldcharakter des politischen Systems ist nur graduell voneinander verschieden.

3. Theologisch müssen *zwei Schuldbegriffe* voneinander unterschieden werden:

a) *Sünde* ist die grundsätzliche Trennung von Gott und die aktive Feindschaft gegen Gott, unter der jede menschliche Existenz steht. Sie gehört vor das Forum des Jüngsten Tages und kann in Nürnberg strafrechtlich nicht festgestellt werden. An ihr haben auch die Richter eines Militärgerichtes teil. Gerechtigkeit vor Gott als solche gibt es nur durch Christus (entsteht durch Vergebung).
b) *Schuld* ist konkretisierte Sünde im Sinne einer Verfehlung gegen ein staatliches oder überstaatliches Gesetz. Bürgerliche Gerechtigkeit (iustitia civilis) ist nach Luther erreichbar. Läßt sich ein Verbrechen bei der cooperatio (Mitwirkung) feststellen, so ist sie nach den in dem jeweiligen Staat vorliegenden Gesetzen strafwürdig ... (hier fehlt etwas)

4. Zusammenarbeit mit jedem Staat wird also in jedem Falle unter dem Gesetz der Erbsünde (Welt-Schuld) stehen, aber sie muß nicht in jedem Falle nationale oder internationale Schuld sein, nicht einmal im Falle des antichristlichen totalitären Staates. Legt das unchristliche Handeln eines Staates Widerstand nahe, so ist wiederum ein *vierfacher Widerstand* zu unterscheiden.

a) *Passiver* Widerstand durch Martyrium (nach der Bergpredigt der gegebene Weg für die Kirche: Mt 5,39).
b) Passiver Widerstand durch Emigration oder Rücktritt, was freilich Flucht aus der Verantwortung, also Schuld bedeuten kann.
c) *Aktiver* Widerstand durch Revolution, was Mord und Blutvergießen, also wiederum neue Schuld hervorrufen kann.
d) Aktiver Widerstand durch Tarnung und Mitarbeit, was nicht billi-

ger Kompromiß zu sein braucht, sondern Opfer und Gottesdienst bedeuten kann.

5 *Widerstand* durch cooperatio (Mitwirkung) ist *biblisch* zu begründen (d. h. im Licht des biblischen Wortes zu bedenken. D. Vf.).

a) *Alttestamentlich*

1. Durch 2 Mose 20,13, das fünfte Gebot. Im Grenzfall des Krieges muß ich das fünfte Gebot (positiv) ‚Du sollst am Leben erhalten' dadurch erfüllen, daß ich das fünfte Gebot (negativ = Verbot) ‚Du sollst nicht töten' zu brechen bereit bin. Das Kampfunfähig-Machen des Gegners, der das Leben meiner Angehörigen bedroht, werde ich durch Kampfmittel zu erzielen suchen, die ihn töten können. Das Bleiben und das Handeln in einem politischen Amt ist eine Art kalter, diplomatischer Krieg. Auch ein diplomatischer Kriegsmann kann ‚im seligen Stande leben' (Luther).

2. Durch Jes 7,9: Glauben heißt, nicht weichen (Jer 28,16). Flucht ist, sofern sie einer Entziehung aus der Verantwortung gleichkommt, etwas Gottwidriges.

3. Durch Jer 29, wo Gott die zu Unrecht Exilierten prophetisch auffordern läßt, im gottfeindlichen ‚Staate' Babylon mitzumachen und ‚des Staates Bestes zu suchen'.

b) *Neutestamentlich*

1. Durch Jesu Wort Mt 10,16: Seid nicht nur einfältig wie die Tauben, sondern auch klug wie die Schlangen! Gott will keinen dummen, sondern einen klugen Widerstand.

2. Durch Röm 13,1, wonach jeder, auch der nichtchristlichen Obrigkeit Ehrerbietung zu erweisen ist.

3. Durch die Erörterung über den Berufsstand 1 Kor 7,20. Man konnte durch sein Amt an das NS-System ‚versklavt' sein, aber doch als ‚Freigelassener Christi' wirken.

6. *Abschluß*: Es ist schwerer, mitten in einer konkreten Hölle dem Himmel zu dienen, als von einem imaginären Himmel aus über die wirkliche Hölle zu schimpfen. Christen, die Widerstand durch cooperatio (Mitwirkung) leisten, gehören zu den ‚*Narren um Christi willen*' (1 Kor 4,10). Man kann sie nur verstehen, wenn man ihren Meister versteht, der in die Hölle herabfährt, um Menschen in den Himmel zu bringen."

Da ich mitten in der Aufbauarbeit der Großstadt-CVJM stand und außerdem erkrankte, kamen die Thesen für das Plädoyer von Rechtsanwalt Becker zu spät. Trotzdem schrieb ich am 20. 12. an Becker, er möge doch seinen Klienten Weizsäcker von dem Vorhandensein und dem Ergebnis der kleinen theologischen Arbeitsgemeinschaft unterrichten, und bemerkte ausdrücklich: „Vielleicht können Sie (Becker) sogar noch etwas damit (mit den Thesen) anfangen . . ." Die Diskussion um den Fall Weizsäcker ging weiter, und der Verteidiger hatte ein *Gnadengesuch* vorzubereiten. Nicht einstimmig, sondern nur mit einem Mehrheitsbeschluß wurde der Exstaatssekretär zu sieben Jahren Haft verurteilt. Das Gnadengesuch ging an den Militärgouverneur der amerikanischen Zone, *Mr. McCloy.* Das 61 Seiten lange Dokument bringt am Schluß eine Zusammenfassung, in der die Verteidigung noch einmal auf Weizsäckers vielfältiges Ringen um den Frieden und sein Bemühen, „den totalitären Staat von innen her zu bekämpfen", aufmerksam macht. Wer die Begründung des Urteils genau lese, müsse sagen, „daß dieser Mann nicht in ein Gefängnis gehört". Eindrucksvoll sind die letzten Zeilen: „Als *Mr. Winston Churchill,* einer der drei Unterzeichner der Moskauer Deklaration über die Verfolgung von Kriegsverbrechern im Jahre 1943, am 28. 10. 1948 im Unterhaus den Prozeß gegen Weizsäcker als einen ‚deadly error' (schrecklichen Irrtum) bezeichnete, hat er nicht über juristische Einzelfragen urteilen, sondern vor allem sagen wollen: dieser Mann hat die Freiheit verdient." Das am 12. 5. 1950 vorgelegte Gesuch hatte schließlich *Erfolg.* Von den sieben Jahren, die Weizsäcker absitzen sollte, hat er – Untersuchungshaft eingeschlossen – nur drei Jahre verbüßen müssen. Als er in *Göttingen* bei seinem Sohn Carl Friedrich als freier Mann lebte, habe ich ihn zusammen mit dem amerikanischen Senior-Sekretär des YMCA, *Dr. Davis,* der sich bei McCloy sehr intensiv für die Freilassung eingesetzt hatte, besucht. Es war für mich erneut ein Ernstfall und eine denkwürdige Begegnung. Es sollte das letzte Mal sein, daß ich ihn und seine Frau gesprochen habe. Schon ein Jahr später (4. 8. 1951) ist der Diplomat einem Schlaganfall erlegen. Mit Frau von Weizsäcker gab es gelegentlich einen Briefwechsel. Meine neuen Pflichtenkreise waren so umfangreich, daß ich den direkten Kontakt nicht mehr pflegen konnte. Noch die über 90jährige Frau, die das Autofahren nicht aufgab und ihre letzten Briefe mit „Urahne" unterzeichnete, lud mich nach Lindau ein. Aus Gesundheitsgründen konnte ich der Einladung nicht Folge leisten. 1983 ist sie heimgegangen.

Das Gespräch über Weizsäcker ist nun mehrere Jahrzehnte alt. Es läuft von Margret Boveris Buch „Der Diplomat vor Gericht“ über mehrere „Spiegel“-Artikel bis zu der Biographie von Martin Wein „Die Weizsäckers“. Da ist viel zustimmende Verteidigung, aber auch Kritik. Wein meint: Ernst von Weizsäcker sei „weder ein Trabant Adolf Hitlers . . ., noch ein Opportunist . . ., gewiß kein Held, aber auch kein Feigling“ gewesen. Das ist fair. Ich selbst würde noch einen Schritt weiter gehen. Auf Grund meiner persönlichen Erfahrungen kann ich sagen: *Ernst von Weizsäcker* war ein Christenmensch. Als solcher handelte er wie ein ausharrender „Friedensmacher“ (Mt 5,9: eirenopoioi), der schwierigen Bedingungen ausgesetzt war und sie um des Friedens willen auf sich nahm. Er vermochte für mich Türen zu öffnen und bedächtig zu raten.

In meiner Erinnerung ist er nicht denkbar ohne seine Frau. *Marianne von Weizsäcker* war eine bewußte Christin. Als solche handelte sie wie eine einfühlsame „Brückenbauerin“, die immer bemüht war, auch das zu sehen, „was dem anderen dient“ (Phil 2,4). Sie tat das warmherzig, aber auch fraulich klug. Sie verstand sich darauf, Verbindungen herzustellen und zu pflegen, dabei immer offen und verbindlich zugleich. Sie ergriff für mich als Pfarrer die Initiative und machte auch daraus etwas. Beide Weizsäckers haben mir geholfen. Dafür bleibe ich ihnen dankbar.

### *Wenn ich an Norton denke*

Mit dem Abschnitt über die „Politische Seelsorge II“ mußte ich zwangsläufig schon in die Zeit nach 1948 vorgreifen, weil das die Ausstrahlungen der Ernstfälle vor diesem Jahr verlangten. Dabei soll aber nicht vergessen werden, daß diese seelsorgerlichen Bemühungen ihren Anfang in Norton Camp genommen haben, ja schon in Willingen, wo ich mich auf den Einsatz in Norton vorbereitete. Wenn ich zum Abschluß des vorliegenden Bandes noch einmal an Norton denke, habe ich alles schon in dem Abschnitt „Vermächtnis und Anstoß“ gesagt. Es bleibt nur noch nachzutragen, was die Zeit in England ganz persönlich, für mich, für den weiteren Lebensweg und den Neuanfang in der Heimat bedeutete.

*Der letzte Tag* in England hatte ein für das Land typisches Wetter. Es nieselte. Die Aussicht war trübe. Ich fuhr mit dem Kastenwagen, der sich langsam zum Klapperkasten entwickelt hatte. Das Gefährt mußte in London beim britischen YMCA abgeliefert werden. Die

Dienstzeit war abgelaufen. Das Auto war voll beladen mit meinem Gepäck und drei Begleitpersonen, nämlich Kurt Miethke und noch zwei anderen Kriegsgefangenen. Das linke Fenster funktionierte nicht mehr. Damit es nicht hereinregnete, hatten wir es mit Pappe abgedichtet. Ein richtiges Abschiedswetter. Wir fuhren die oft gewundene Straße bis London, wo ich mich nach einem Jahr schon ganz gut auskannte. Der Verkehr war wie immer aufregend. Doch ich steuerte wie gewohnt relativ sicher durch das Straßennetz. Dann passierte es. Es geschah mitten auf einer Kreuzung. Von links kam ein größerer Lastwagen. Ich saß auf dem rechten Sitz, da in England bekanntlich links gefahren wird. Eine Ampel gab es nicht. Man nahm einfach fair aufeinander Rücksicht. Aber meine Sicht nach links war durch die Pappscheibe behindert. Der Fahrer des LKW dachte, ich würde bremsen. Es kam zum Zusammenstoß. Krach und Schaden waren verhältnismäßig gering, weil beide Fahrzeuge ziemlich langsam fuhren. Mein Partner war natürlich stärker, so daß unser PKW nach rechts kippte, aber von mir gebremst, balanciert und gesteuert geradeaus *auf zwei (!) Rädern* weiterfuhr, bis er vorsichtig und beinahe zielklar wieder nach links kippte und schließlich auf allen vier Rädern stand. Da stand auch schon der Bobby und forderte uns auf, auszusteigen. Zur Verwunderung des königlichen Polizisten und der umstehenden Passanten entstiegen drei deutsche Kriegsgefangene in ihrem braunen Battledress mit der Rückenaufschrift „POW" aus. Spielte sich hier ein Fluchtmanöver ab, und das mitten in London? Jedoch nichts dergleichen geschah. Der Polizist bewahrte die Ruhe und bot mir zum Abschied noch einmal ein schönes Beispiel des englischen „take it easy". Er ließ sich meinen Ausweis und den Paß zeigen, hörte mich geduldig an, schrieb alles säuberlich auf, schimpfte nicht und ließ mich nach der Aufklärung mit einem höflichen Gruß weiterfahren. Die Worte „YMCA", „World Alliance", „Pastor" schienen Ehrfurcht zu wecken und Wunder zu wirken. Der britische YMCA in der Great Russel Street, der Eigentümer des Fahrzeugs, würde schon zahlen: „Goodbye, Sir!" Mir fiel ein Stein vom Herzen.

Nachräglich überdacht: War das Ganze nicht ein Gleichnis meiner Lage? Ich befand mich in einer *Grenzsituation*, auf zwei Rädern, halb oben, halb unten, ungewiß wohin. Mir waren Personen anvertraut. Ich saß am Steuer, der Wagen fuhr, ich konnte nicht einfach aussteigen.

So kam die ganz persönliche Frage auf mich zu: Was habe ich selbst aus dem verlorenen Krieg und der Existenz hinter Stacheldraht gelernt? Welche Konsequenzen ziehe ich für den Neuanfang in der Heimat, beruflich, familiär, privat?

Ein klares Berufsbild hatte ich in Norton noch nicht. Nur soviel stand fest: Ich wurde mir gewisser Gaben und Grenzen bewußt. So erfüllte mich das *Missionarische* mit unmittelbarer Freude. Gott hatte mir Türen geöffnet. Ich hatte eine gewisse rednerische Gabe, die für das Evangelium warb und bei der jungen Generation ankam. Das Missionarische war eng verbunden mit dem *Seelsorgerlichen.* Gern widmete ich mich den seelsorgerlichen Gesprächen nach einer Evangelisation oder auch sonst im Lager. Mich interessierte der einzelne Mensch mit seinen Konflikten. Ihm wollte ich so situativ wie möglich helfen. Dazu kam das *Pädagogische.* Mir lagen die Einrichtung und Durchführung eines Lehrgangs am Herzen. In einem Institut fühlte ich mich wohl. Vielleicht brauchte ich es sogar. Die Umsetzung eines Lehrprogramms und der Umgang mit den Studierenden machten mich glücklich. Dabei vergaß ich die *wissenschaftliche* Weiterarbeit nicht. Im Gegenteil, soweit es der vielfältige und anstrengende Reisedienst zuließ, saß ich oft hinter meinen Büchern. Das Niederschreiben von theologischen und pädagogischen Gedankengängen war mir eine willkommene Mühe. Nicht zuletzt nahm meine Selbständigkeit zu, ich bekam einen gewissen *Weitblick.* Das lag sicher daran, daß ich in einer angloamerikanisch geprägten Welt tätig war, daß man mir eine verantwortungsvolle Aufgabe übertrug und daß ich durch die ökumenischen Begegnungen eine ausgesprochene Horizonterweiterung erfuhr.

Und doch ist das nicht alles. Der Dienst in Norton Camp bzw. in Großbritannien gewährte mir schließlich eine einmalige und gesegnete Zeit der *Selbstbesinnung.* Nicht von ungefähr schließt der Band mit einem längeren Abschnitt über die politische Seelsorge. Im Kontext mit Schuld und Schicksal großer Persönlichkeiten des vergangenen Systems spürte ich, daß eine Epoche zu Ende ging. Auch in meinem noch relativ jungen Leben zeichnete sich ein Einschnitt, eine lebensbestimmende Kerbe ab. Da ging auch bei mir selbst etwas zu Ende. Ein anderes schien sich anbahnen zu müssen. So kehrte ich beispielsweise endlich in den Schoß der Familie zurück. Ich durfte wieder mit meiner Frau zusammen sein. Wir hatten unsere Ehe wenige Wochen vor Kriegsbeginn geschlossen, nun konnte sie noch einmal begonnen werden. Und um die Kinder hatte ich mich bisher viel zu wenig kümmern können. Das mußte und durfte jetzt anders werden. Ich war ihnen viel schuldig. Das Jahr der Selbstbesinnung ließ mich erkennen, daß das Politische und das Private nicht zwei voneinander isolierte Bereiche darstellen. Sie haben vielmehr eine geheime Affinität. So fragte ich nicht nur nach der politischen und privaten Schuld unseres Volkes bzw. der anderen, sondern auch nach der politischen und privaten Schuld im eigenen Leben. Wahrscheinlich sind die hier gewonnenen geistlichen Einsichten die schönsten und segensreichsten Früchte gewesen, die mir Gott in diesem Jahr geschenkt hat.

Ich verstand jetzt das Böse besser. Nicht zuletzt so, wie es ein russischer und ein deutscher Schriftsteller auslegen. *Alexander Solschenizyn* schreibt: „Vom Guten zum Bösen ist's einen Windstoß weit, sagt unser Sprichwort. Demnach auch vom Bösen zum Guten." Und bei *Siegfried Lenz* heißt es: „So seltsam es klingt: Gewiße Verbrechen müssen durch eine Stimmung begünstigt werden. Wir sorgten für diese Stimmung. Darum sind wir schuldig."[72] Aber auch die Gnade, die wirkliche Vergebung von Gott her, wurde mir tiefer begreiflich und gewisser. Ich begab mich aufs neue in den Lernprozeß, den *Luther* in einem Seelsorgebrief an Georg Spenlein (1516) so umschreibt: „Lerne Christum, und zwar den gekreuzigten. Ihn lerne loben und an dir selbst verzweifeln. Und dann sprich zu ihm: Lieber Herr Jesus, Du bist meine Gerechtigkeit, ich aber bin Deine Sünde, Du hast angenommen, was mein ist, und hast mir gegeben, was Dein ist . . . Christus wohnt unter uns Sündern." Nun konnte ich mich ganz an das Wort halten, das mir in Krieg und Kriegsgefangenschaft so groß und teuer geworden war: „Ist jemand in Christus, so ist er eine neue Kreatur; das Alte ist vergangen, siehe, Neues ist geworden" (2 Kor 5,17). Mit 35 Jahren machte ich noch einmal einen neuen Anfang.

# ZEITTAFEL

1913 geboren 3. 4. in Chemnitz, anschließend Ehrenfriedersdorf
1916 Umzug nach Bautzen, Volksschule, Gymnasium
1926 Fürstenschule St. Afra Meißen, Schülerbibelkreis
1931 Abitur. Studium der Theologie Universität Leipzig. Gemeindejugendwart St. Nikolai und Reudnitz, dann Kreisjugendwart Leipzig
1934 Sommersem.: Universität Berlin
Gauwart für Groß-Berlin und (stellv.) für Provinz Brandenburg im Ostdeutschen Evangelischen Jungmännerwerk (Ostwerk).
Wintersem.: Universität Leipzig
Obmann der Studentenarbeitsgemeinschaft (STAG) im Jungmännerwerk
1935 Eintritt in die Evangelisch-lutherische Bekenntnisgemeinde
1936 1. Examen Theol. Fakultät Leipzig (Sächs. Landeskirche), Mitglied des Predigerkollegs St. Pauli Leipzig
Berlin Gemeindejugendwart Moabit und Wedding (Ostwerk), dann Seminarleiter des Seminars für evangelische Jugendarbeit in Berlin als 2. Bundespfarrer im Ostdeutschen Evangelischen Jungmännerwerk
1937 In Berlin in Gestapo-Untersuchungshaft, in Danzig landesverwiesen, Buchbeschlagnahmung
1938 2. Examen Wolfenbüttel, Ordination Berlin Sophienkirche
1939 Aug.: Heirat mit Hildegard Strohmeyer. – Sep.: Kriegsbeginn: Standortpfarrer Berlin II (Luftwaffe). – Sep.: Besuch in Carinhall. – Nov.: Mündliche Prüfung Lic. theol. (1951 Umwandlung in Dr. theol.)
1940 Erste Konfirmation in der Alten Garnisonkirche – Der Fall des Kriegsdienstverweigerers Dr. H. Stöhr
1941 Krieg mit Rußland
1943 Zum 2. Mal ausgebombt. Evakuierung der Familie. Verlust des Standortpfarramts. Eingezogen zum Sanitätsdienst in der Luftwaffe. Denkschrift zur Kriegsdienstverweigerung angefertigt in Saalow (Ausb.-Abt.)

1943 San.-Gefreiter Übergangsdienst. Abordnung als Kurier nach
/44 Rom (Botschafter v. Weizsäcker) und Einsatz im Luftlandefeldlazarett der Fallschirmjäger: Molinella, Abano Terme

1945 Gefangen bei Lazarettverlegung vor Padua. Einsetzung als Lazarettpfarrer der Lazarettstadt Abano Terme durch die Engländer. Lager 6a Bellaria: Die „Michaelskette". Lagerpfarrer Lager 4 Rimini Flugplatz. Senior Chaplain für Norditalien. Lagerschule. Deutsches HQ Miramare

1945 Beauftragung durch den Weltbund als dt. Leiter der YMCA-
/46 Kriegsgefangenenhilfe für ganz Italien. Deutsches YMCA-Sekretariat Rimini. Gründung des Theologischen Seminars Rimini. Ende 46: Heimkehr nach München, Neuendettelsau, Kassel. Neuer Ruf des Weltbundes: England

1947 Leitung des Sonderlehrgangs der Sekretärschule in Willingen. Dann Norton Camp: Leiter der Religiösen Abteilung der YMCA-Kriegsgefangenenhilfe für Großbritannien und Repräsentant des Deutschen CVJM. – YMCA-Weltkonferenz in Edinburgh. Gründung des Jugendleiterkursus.

1948 Rückkehr nach Deutschland. Generalsekretär in der Arb.-Gem. der CVJM Deutschlands (Großstadtarbeit), Kassel

1949 Europa-Konferenz des YMCA in Florenz. Seitdem Mitarbeit im Europa-Komitee

1951 Theologischer Referent im Reichsverband der Evangelischen Jungmännerbünde, Kassel. Lehrer an der Sekretärschule. USA-Reise. Dt. Sekretär für die Vorbereitung der Hundertjahrfeier des Weltbundes in Paris

1954 Pfarrer an der Stadtkirche in Bad Hersfeld

1955 Akademiedirektor der Evangelischen Akademie Hofgeismar

1960 Gastvorlesungen in USA (Luth. Weltbund)

1965 YMCA-Weltkonferenz Tokio. Vorsitzender des Ständigen Komitees für Programm und Leiterschaft (bis 1968)

1965 Dozent am Katechetischen Seminar in Bochum (Westfälische Kirche)

1966 Delegierter bei der Weltkonsultation für interreligiöse Fragen in Kandy (Ceylon)

1967 Berater (prot.) beim Weltkongreß für das Laienapostolat (kath.) in Rom

1968 Präsidialkomitee in Montevideo und Gastvorlesungen in Brasilien

1968 Studentenpfarrer Pädagogische Hochschule München und

Pfarrer an der Himmelfahrtskirche (Bayerische Landeskirche).

1970 Kirchenrat. Leiter der Religionspädagogischen Arbeitsstelle München. Vorsitzender der Katechismuskommission der VELKD (Erarbeitung des Evangelischen Erwachsenenkatechismus)

1972 Abteilungsleiter des Fachhochschulstudiengangs für Religionspädagogik und Kirchliche Bildungsarbeit an der Augustana-Hochschule, Abt. München, Professor.

1976 Gründung und Leitung der Evangelischen Briefseelsorge (bis 1982)

# ANMERKUNGEN

1 Mein Vetter *Kurt Günther*, Sohn von Frieda Günther, geb. Jentsch, hat eine Ahnentafel der Familie erarbeitet. Sie reicht zurück bis in die Reformationszeit. Unter den Vorfahren sind Oberlausitzer Leineweber, früher u. a. auch Buchhändler, Musiker und Pfarrer. Einer hat bei Melanchthon studiert.

2 Anstöße 3/4 1961, S. 99ff.

3 Im 2. Bd. meines „Handbuchs der Jugendseelsorge" (1963), 2. Aufl. 1977, S. 403–408, habe ich die Ergebnisse der damaligen Examensarbeit zum Thema „Bekennen" aufgenommen.

4 Einzelheiten bei *E. Stange:* Er führt uns wie die Jugend, 1957. – *M. Priepke:* Die Evangelische Jugend im Dritten Reich, 1960. – *H. Riedel:* Kampf um die Jugend, 1976.

5 Ganz schön mutig lautete eine Überschrift: „Selbstverständlich – wir arbeiten in der Kirche mit!" Mein eigener Beitrag wollte eine Brücke zum Gottesdienst und zu seiner Liturgie schlagen. In der Sprache der damaligen Zeit lautete die Überschrift: „Ich habe sonntags zwischen 9 und 11 Uhr Dienst!!" Bei der Argumentation kam mir die deutsche Übersetzung des griechischen „leiturgia" = „Dienst" sowie die bekannte Bezeichnung „Gottes-‚dienst'" zur Hilfe. Der Artikel wendet sich gegen die „völlige Unwissenheit darüber, daß ein Christ niemals ‚Urlaub' hat – und erst recht nicht Sonntag früh ‚dienstfrei' ist". Des weiteren wird der Gang des Gottesdienstes im einzelnen erklärt. Man kann darüber streiten, ob diese Bildwahl der Sache, um die es geht, gerecht wird. Damals aber dachte die junge Generation in solchen Kategorien, oder genauer formuliert: sie mußte in diesen Begriffen und Bildern denken. Den heutigen Leser mag das befremden, für manche klingt das sicher viel zu autoritär, ja nationalistisch und militaristisch. Ich muß einräumen, daß Bilder wie „unsere Dienstvorschrift" für die 10 Gebote, der „Führer" des Volkes Israel Mose, „Rekruten" Gottes u. a. zeitbedingt und mißverständlich sind. Mancher meiner damaligen Formulierungsversuche schäme ich mich heute fast. Eins muß ich aber hinzufügen: Wir haben uns große Mühe gegeben, dabei das volle Evangelium nicht zu verraten, sondern in seinerzeit verständlichen Begriffen zu veranschaulichen.

6 Dabei wurden für jeden Monat je vier Stunden, getrennt für beide Altersstufen, vorgesehen. Solche Pläne und Themenformulierungen zu entwerfen, lag mir sehr. Natürlich hatte ich Mitarbeiter für die Ausarbeitung der einzelnen Stunden. Die Themenvorschläge wurden von ihnen meistens akzeptiert oder nur geringfügig geändert. Selbstverständlich steuerte ich auch eigene Beiträge bei, so etwa eine Bibelarbeit über Lukas 8,22ff. „Der Herr der Winde" oder eine Ausarbeitung über das 1. Gebot (Gott und Götzen) unter dem Thema „Fußball, Frühstück, Film und wir" für die 10–14jährigen. Unter den Handreichungen für die 14–18jährigen finden sich Themen wie „Schülermoral", „Tanzstundenfragen" und „Ein Grenzfall (Der Prophet Hesekiel)". Es blieb bei den Ausarbeitungen für das erste Halbjahr. Die Themen für das zweite

Halbjahr waren schon in dem ersten Heft mit abgedruckt. Offenbar bekamen wir für das Heft kein Papier mehr oder sogar ein Druckverbot.

7 Mit J. Braun habe ich in Sachen Evangelisation zusammengearbeitet. Noch 1940 erschien das Heft: *W. Jentsch/J. Braun:* „Du brauchst Christus". Handreichung für eine Jugendevangelisation.

8 Da wird die Fragestellung noch deutlicher beim Namen genannt: Hilft oder schadet eine private Freundschaft der Gemeinschaftsaufgabe des Arbeitskreises? Sie wird meistens mit einem Ja-und-Nein beantwortet. Mit Recht warnen einige, das Wort „Freund" nicht zu oft und zu oberflächlich zu gebrauchen. Eine lokkere und offenere menschliche Beziehung solle man lieber „Bekanntschaft" oder „gute Kameradschaft" nennen. Damals herrschte noch das Bewußtsein von einer „echten" oder „tiefen" oder „wahren" oder „großen" Freundschaft. Dahinter stand sicher der Ernst der Zeit, der enger zusammenrücken ließ und die Werte wie „Treue" und „Liebe" noch oder wieder kostbar machte. In erster Linie dachten die Schreiber an die Freundschaft mit dem gleichen Geschlecht. Was die Freundschaft mit dem anderen Geschlecht anbetrifft, so werden nur zarte Andeutungen gemacht. Nur einer nennt die Dinge beim Namen, wenn er von der schwierigen Frage einer „Freundschaft zwischen einem Jungen und einem Mädel" spricht, die ihre eigenen und „anderen Motive" hätte: „Beide müssen sich über den Sinn dieser Freundschaft klar sein." Deutlich sieht er die Möglichkeit von „Spannungen" und deshalb meint er: „Alle Freundschaften müssen jedoch hinter die Gemeinschaft (des AK) zurücktreten können."

Es wäre eine Überforderung der meist 16jährigen gewesen, wenn sie eine lupenreine Definition von Freundschaft im Sinne eines gesunden Eros und einer Gemeinschaft im Sinne der christlichen Agape hätten geben sollen. Sie standen ja mitten in der Entwicklung, ihre Gefühle und Sehnsüchte waren gesund und ganz natürlich. In rührender Ehrlichkeit bemühten sie sich, ihre privaten Bedürfnisse und Empfindungen in den Dienst der Sache zu stellen, zu der sie sich als junge Christen verpflichtet fühlten. Letzten Endes hielten sie es für möglich und wünschenswert, daß auch die kleinen privaten Freundschaften dem Ganzen der Gruppe helfen könnten.

Deshalb melden sie bestimmte *Postulate* an, eine Art Handreichung für Freunde, die es schon sind oder die es werden wollen. Sehr wird dabei auch an diejenigen Gruppenmitglieder gedacht, die „allein" sind und die weder einen Freund noch eine Freundin haben. Zu den „christlichen" Postulaten der Freundschaft gehört nach diesem AK-Buch das „Einstehen" für den anderen, das den anderen „Ergänzen", das dem anderen „Helfen, seine Fehler zu überwinden", das den anderen „Stärken". Auch die wechselseitige Kritik gehöre zur Freundschaftsliebe. Grundaufgabe einer christlich verstandenen Freundschaft bestehe darin, das eigene Ich zurückzustecken. Bemerkenswert sind die Ausrufezeichen, die einzelne setzen: „Echte Freundschaft redet nicht von sich!" oder „Ich glaube, daß wahre Freundschaft langsam wächst und sich festigt, oft ohne unser Zutun, und daß andererseits der beste Wille zur Freundschaft alleine eine solche nicht schaffen kann!" Auch darüber haben sich die jungen Schreiber Gedanken gemacht, was denn aus dem AK würde, wenn der Pfarrer nicht mehr dabei sein kann. Mit gutem Grund sagt ein Artikel, daß man sich doch „nicht von der Person abhängig" machen dürfe. Jesus habe doch gesagt: „Wer mir will nachfolgen, der verleugne sich selbst und nehme sein Kreuz auf sich und folge ‚mir' (also Jesus und nicht dem Pfarrer) nach" (Mk 8,34). Überzeugend, fröhlich und mutig klingt der Satz: „Ich glaube, und ich möchte fast sagen, ich weiß, daß er (der AK) auch ohne ihn (den Pfarrer) weiter bestehen und etwas leisten kann."

9 *H. Poelchau:* Die letzten Stunden, 1949, S. 55 ff.
10 Nach *H. Höhne:* Kennwort Direktor. Die Geschichte der Roten Kapelle, 1970, S. 234.
11 *H. Höhne,* a.a.O., S. 279.
12 Durch einen Zufall konnte mich Bischof Scharf vor seinem Tode noch etwas näher über den Hintergrund der Sache Bernhard informieren. Er hatte nämlich einen Doktoranden, der über das Problem der Kriegsdienstverweigerung arbeitete, an mich verwiesen. Eine Rückfrage von mir bei Scharf ergab dann die spezielle Auskunft, daß er als Angehöriger des Wachkommandos in jener Nacht – wohl *vor* mir – ein längeres Gespräch mit dem jungen Mann führen konnte. Der junge Mann, ein christlich engagierter Schüler, war nach seinem Einsatz an der Ostfront derart in Zweifel über Recht und Sinn des Wehrdienstes gekommen, daß er sich angesichts der Grausamkeit des Krieges entschloß, als Jünger Jesu den Kriegsdienst zu verweigern und notfalls für den Frieden zu sterben. Name und Familie wußte auch Scharf nicht mehr. So kam es, daß zwei Pfarrer um eine junge Seele gerungen hatten, ohne daß der eine von der Tätigkeit des anderen etwas ahnte: an *einem* Tage und kurz vor der Hinrichtung. Meine Angabe in *W. Jentsch:* Christliche Stimmen zur Wehrdienstfrage, 1952, S. 182, ist entsprechend zu berichtigen. – Vgl. auch *K. Scharf:* Widerstehen und Versöhnen. Rückblicke und Ausblicke, 1987, S. 44 f.
13 Zum Ganzen vgl. *H. Thielicke:* Theologische Ethik, III, S. 419–435.
14 Marahrens war 1934 Mitglied der „Vorläufigen Kirchenleitung der Deutschen Evangelischen Kirche“ (VKL) gewesen. Die Richtungskämpfe zwischen Bruderrat (der BK), dem Lutherrat (der Lutherischen Landeskirchen), dem Wittenberger Bund (Mitte) und dem Rest der Deutschen Christen hatten dazu geführt, daß der Protestantismus in der zweiten Hälfte der dreißiger Jahre und mitten im Kriege zersplittert war. Er konnte daher dem Dritten Reich und seiner Staatsführung nicht als Einheitsfront gegenübertreten. Alle Versuche, leitende Gremien zur Sammlung der evangelischen Kräfte und zur Vertretung ihrer Anliegen gegenüber der Regierung zu bilden, waren früher oder später gescheitert. Gleichwohl besaß Landesbischof Marahrens als Vorsitzender der „Kirchenführerkonferenz“ (16 große Landeskirchen gegenüber 6 ausgesprochenen DC-Kirchen) eine gewisse moralische Autorität. Er hatte am ehesten noch eine Art „offizielle“ Bedeutung. Deswegen wandte ich mich an ihn. Er erinnerte in manchen Punkten an meinen früheren Landesbischof Ihmels in Sachsen. Er war ausgesprochen norddeutsch, gelassen und bedächtig, aber fest im Evangelium bzw. in dessen reformatorischem Verständnis gegründet.
15 Vgl. neuerdings die Stöhr-Biographie von *E. Röhm:* Sterben für den Frieden, 1985, bes. S. 16 f., 26, 51. Röhm hat erst *nach* Erscheinen seines Buches von meinen Bemühungen um Stöhr erfahren.
16 *Alfred Peter* war Archivar beim Berliner Magistrat, Mitarbeiter im Versöhnungsbund, Freund von H. Stöhr, dem Paten seiner Tochter, und kam immer wieder zu meinen Predigten.
17 *J. C. Fest:* Hitler. Eine Biographie, 5. Aufl. 1973, S. 771 f.
18 *C. F. v. Weizsäcker:* Zum Weltbild der Physik, 2. Aufl. 1944, S. 124–166, bes. 163 f., 165 f.
19 *W. Jentsch:* Theologie der Jugendseelsorge, Hdb. der Jugendseelsorge II, 1973, (2. Aufl. 1977), S. 233 ff.
20 *J. C. Fest:* a.a.O., S. 802.
21 *M. Proust:* Auf der Suche nach der verlorenen Zeit, VII, Die wiedergefundene

Zeit, 1962, S. 276f., 289. – *D. Bonhoeffer:* Widerstand und Ergebung, 1952, S. 231 f. (Besuch v. Hase), 276 (Von guten Mächten).

22 *S. Lenz:* Zeit der Schuldlosen, 1962, S. 62f. – *W. Jentsch:* Konflikte. Theologische Gedanken im Werk von Siegfried Lenz, in: Zeitwende, 1966, S. 174ff., 247ff., 316ff.

23 Es versteht sich von selbst, daß man den Wehrdienst nicht allein mit dem Hauptmann von Kapernaum in einer falsch verstandenen Apologetik „christlich" begründen kann. Ich mußte damals nur auf die Offiziersgeschichten des NT eingehen, weil die Leser bzw. meine Gesprächspartner oft biblizistisch argumentierten. Auf die historischen Probleme bin ich in meiner Arbeit „Christliche Stimmen zur Wehrdienstfrage" (1952) näher eingegangen. Zur heutigen Fragestellung vgl. *W. Jentsch:* Art. „Krieg/Waffen", in: Brockhaus: Biblisches Wörterbuch, 1982, S. 227–229.

24 Charakteristisch für den seelsorgerlichen Tenor der Lazarettpredigten in Abano ist der „anthropologische" Akzent, der etwas aus der Predigt über Hiob 25,4–6 und Apg 13,38f. hervorgeht. Das Thema heißt hier bezeichnenderweise nicht „Zurück zu Gott", sondern „Zurück zum Menschen!" (1. Menschlich-Allzumenschliches, 2. Der Menschensohn, 3. Der neue Mensch). – Die „Gedanken an der Demarkationslinie" wurden anhand von Apg 16,8–15 entwickelt. „Das Abendland kann nicht zurück (etwa zu den Griechen). Das Abendland kann nicht vorbei an Christus. Das Abendland kann nur vorwärts mit Christus." Mit ihm hat Europa noch eine Chance. Die Christen bekommen eine neue Aufgabe.

25 Der Leitgedanke der *Neujahrspredigt* über Ps 90 „Das magische Jahr" (im Sinne von Hans Carossa). Dabei wurden Alternativfragen gestellt. „Ein Jahr des Wortes und (oder) ein Jahr des Geschwätzes?" – „Ein Jahr des Zornes (Gottes) und (oder) ein Jahr der Freundschaft (Gottes)?" – An persönliche *Kriegserfahrungen* erinnerte die Predigt über Offb 1,7, wo mit einem „Siehe" das „A und O" bzw. der wiederkommende Christus angekündigt wird. Angeregt durch Ernst Jünger versuchte ich mich in der Einleitung ein wenig mit Lautmalerei, um das Interesse der Hörer zu gewinnen. So nannte ich den ersten Schrei des Neugeborenen und den gurgelnden Schlußlaut des Sterbenden das I des Ekels und das E der Verlegenheit. Dadurch konnte ich das A und das O des griechischen Urtextes erläutern. Weiter verschaffte ich meinen Hörern und mir selbst einen Zugang zu dem apokalyptischen Text, indem ich das Ineinander von Auge und Ohr, Sehen und Hören in der Offenbarung des Johannes hervorhob. Die Lagergemeinde sollte eine Einführung in den Stil der Apokalypse mit ihren dröhnenden Auditionen und strahlenden Visionen bekommen und konnte sich an die krachenden oder die blendenden Feuerwalzen aus dem Kriege erinnern. Wir alle hatten Bekanntschaft mit dem Tode gemacht. Unter dem Thema „Der letzte Augenblick" gliederte ich so: 1. Wir können ihn nicht verhindern. 2. Er läßt uns alles sehen. 3. Wir sollten mit ihm rechnen. Fazit: „Wir sind Wanderer und Er (Christus) ist Wanderer. Eines Tages müssen sie sich begegnen. Er kommt auf uns zu."

26 So referierte Pfarrer *Oehlmann* über „Die Norm für Gerechtigkeit in der Welt" anhand von Emil Brunners Sozialethik. In seinem Referat „Säkularistische und evangelische Deutung des Todes" ließ sich Pfarrer *Bloche* von Helmut Thielikkes „Tod und Leben" anregen. Mitgeprägt von den Erfahrungen des Kirchenkampfes war der Vortrag des Oberpfarrers (Senior-Chaplain) *Neumann*, der in Bari stationiert war, über das Thema „Die Restgemeinde". Hier hatte einer verstanden, was es um die alttestamentliche Botschaft vom „Rest" ist und was sie für die neue Lage der Kirche nach dem Kriege bedeuten könne. Der Kulturprotestantismus sei gescheitert, aber man dürfe vom biblischen Glauben her Mut

zur „kleinen Herde" machen. Eine Erweiterung des Horizonts brachte das Referat von Pastor *Wabnitz*, der die Teilnehmer in die große Thematik und Problematik der ökumenischen Nachkriegsarbeit einführte. Abgesehen von dem Informationswert seiner Ausführungen stieß der Referent mit seiner Interpretation, die Ökumene setze nicht auf Vergeltung, sondern auf Vergebung, auf Zustimmung. Bewußt hatte ich das Konferenzprogramm so angelegt, daß auch Nicht-Theologen gebührend zu Wort kamen.

*Dr. Junghans* hielt eine Vorlesung über „Die sozialistischen Bewegungen als Frage an die Kirche". Besonders die Pfarrer aus der „Ostzone" hörten hier mit beiden Ohren zu. General Dr. Polack, der als Kommandeur wie kein anderer die Stimmung in den Lagern kannte, trug „Gedanken eines Laien zur Lagerseelsorge" vor. Schließlich hörten wir aus berufenem Munde ein Referat des Mediziners *Dr. Waldemar Morgen*, das „Die sexuellen Nöte in der Kriegsgefangenschaft" zum Thema hatte. Die Kammermusik des Quartetts im deutschen Konzert- und Symphonieorchester Schneider sowie die Besichtigung der Mosaiken von Ravenna unter der fachkundigen Leitung von Dr. Pappenheim verschönten die Konferenz auf ihre Weise. – Was das „Praktische" betrifft, so sprachen Pfarrer *Oehlmann* über die Presse, Pfarrer *Mrozek* über „Die Zucht im Leben des Pfarrers" und ich selber über die CVJM-Handreichung.

27 Zur Reihenfolge: Aus seelsorgerlichen Gründen wurde im Thema das „subjektive" Moment = colloquium (Gespräch), aus theologischen Gründen in der Analyse das „objektive" Moment = congregatio (Sammlung) vorangestellt.

28 Als Interpretationshilfe griff ich auf *Melanchthons* Apologie VII, 8, 20 zurück, wo der Sozietätsgedanke der Kirche zum Ausdruck kommt. Danach würde das Sammeln zu den Merkmalen („notae") der Kirche gehören. – Dann heißt es wörtlich: „Die Kirche ist entweder congregatio oder sie ist nicht. Es ist erschütternd, daß die Bruderliebe das Monopol eines Verbandes wie der Inneren Mission zu sein scheint." Das „Bruderschaftliche" sei als sektiererische Verirrung und Abwegigkeit in Mißkredit geraten. Manche christliche Sondergemeinschaft wäre nicht entstanden, wenn die verfaßte Kirche sich mehr um die brüderliche congregatio bemüht hätte. Es war nicht von ungefähr, daß ich mich so des congregatio-Gedankens angenommen habe. Sicher haben meine Erfahrungen in der evangelischen Jugendarbeit (Stichwort: „Lebensgemeinschaft"), in der Bekennenden Kirche und die theologische Begegnung mit M. Doerne und seiner Interpretation des Kirchenbegriffs bei Luther und im Luthertum dazu beigetragen.

29 Die Interpretation der *consolatio fratrum* bemüht sich, die Eigenart dieses Trostes, der sich von anderen Trostweisen oder Tröstungen unterscheidet, darzulegen. Es ist ein Vergebungstrost und ein brüderlicher Trost, der das Vergangene vergangen sein läßt und alles, nicht nur etwas, erneuert. Für eine kritische Anmerkung bestand begründeter Anlaß: „Wir behalten zu wenig. Wir glauben Dauervorschuß auf Erlassen zu haben." Weil es um wirklichen Trost geht, wird den Amtsbrüdern Mut zur „Privatbeichte" gemacht. Darüber hinaus erhalten sie den tröstlichen Hinweis auf die „Geborgenheit bei den Brüdern" bzw. auf das Wunder einer „funktionalen Seelsorge" durch die Bruderschaft.

Die grundsätzlichen Ausführungen finden ihren Abschluß in einer Analyse des *mutuum colloquium*, des wechselseitigen Gesprächs. Da ist von Chance, aber auch von Appell die Rede. Ausgehend von der spezifisch menschlichen Kommunikation durch das „Wort", frage ich nach dem „Ermöglichungsgrund" des wechselseitigen Gesprächs, egal ob es von Nichttheologen oder von Pfarrern geführt wird. Er liege zutiefst in dem „Reden Gottes mit uns", obwohl wir es gar nicht wert seien. Wir lebten nicht in einer luftdicht abgeschlossenen „Halle“, in der man nur unsere eigenen Schritte hallen hört, sondern in einem offenen „Raum“, in dem Gott einmalig und doch mit einem vielfältigen „Echo“ spricht. Im Grunde genommen gehe es um eine Frage und eine Zusage, um das „Wort des Gerichtes“: „Adam wo bist du?“ und das „Wort der Gnade“: „Fürchte dich nicht, ich habe dich erlöst; du bist mein.“ Das bedeute: Gottes Wort in Christus statuiert Gemeinschaft. Weil wir Angeredete des Evangeliums sind, sind wir gewiesen, auch den anderen im Gespräch zu suchen. Deutlich spricht das Referat von der „rabies theologorum“, jener pastoralen Streitsucht, deren Ursprung aber nicht einfach der Dämon des Zänkischen sei, sondern eben der Mensch als Empörer und Rebell Gottes, jenes „selbstherrliche Theologen-Ich“, das dem Menschen die Ehre nimmt und Gottes Namen mißbraucht. „Kritik untereinander muß sein, aber nicht aus destruktiven Tendenzen, sondern um dem anderen zu helfen.“ Viele Amtsbrüder seien einsam und verzweifelt, aber sie fänden keinen Gesprächspartner oder schämten sich, jemand anzusprechen. Unmißverständlich lautet die Forderung: „Wir müssen das Brüderliche im Begriff des Amtsbruders wieder entdecken.“ Der Abschnitt klingt aus mit der Beherzigung der These des Psychotherapeuten Paul Tournier: „Es gibt zwei Dinge, die man nicht allein tun kann: Heiraten und Christ sein.“

30 Ich ging von *Apg 2,42* aus und gewann so vier Teile, die ich mit den Begriffen des griechischen Urtextes überschrieb: 1. *didache* (Lehre), 2. *klasis tu artu* (Brotbrechen), 3. *proseuchai* (Gebete) und 4. *koinonia* (Gemeinschaft). Unter 1. heißt es in dem Entwurf noch: „Es soll keine Woche vergehen, ohne daß jeder von uns etwas theologisch gearbeitet hat.“ Bei 2. wird neben der Ordination auch an die Taufe erinnert. Die relativ knappe Formulierung zu 3. (Gebet) ist im Entwurf ausführlicher erhalten. Da heißt es: „Er (der Pfarrer) muß Erfahrungen im Umgang mit Jesus haben ... Die ihm anvertraute Gemeinde wird Gegenstand seiner täglichen Fürbitte sein ... Der Pfarrer braucht das Kämmerlein und das brüderliche Beten.“ Ausdrücklich ist auch von der „Gebetsgemeinschaft“ die Rede. Der 4. Teil (Gemeinschaft) empfiehlt (wohl unter Rückgriff auf das grundsätzlich Ausgeführte) „Wege zum mutuum colloquium und zur consolatio fratrum“. Wurde schon unter dem Abschnitt „Brotbrechen“ die „Gelegenheit zur Privatbeichte“ genannt, so heißt es hier verbindlicher: „Jeder Amtsbruder muß einen Confessionator haben.“ Natürlich wird vorausgesetzt, daß die evangelische Beichte kein Zwang ist, sondern freiwillig geschieht. Schon der Entwurf fordert: den „Bruder in Christus ernst nehmen, hören können und verstehen wollen“.

31 Pfarrer *Dahlgrün* referierte über „Die UNA SANCTA: Aufgabe und Verheißung“. Die damals brennende und heute immer noch aktuelle Frage des Verhältnisses zwischen der „Evangelischen Kirche in Deutschland“ und den „Konfessionen“ behandelte Pfarrer *Karcher.* Interessanterweise stand auch die durch den Kirchenkampf im Dritten Reich aufgebrochene Frage nach dem Öffentlichkeitsdienst des Amtsträgers auf der Tagesordnung. Pfarrer *Bührlen* sprach über das Thema: „Der Pfarrer und seine politische Verantwortung“. Von der „Studentenseelsorge hinter Stacheldraht“ berichtete Pfarrer *Mrozek* unter dem Leitgedanken „Aus dem Leben des Theologischen Seminars“.

32 Ich habe diese Anregung natürlich begrüßt und ihre Realisierung durch Interviews und Beratung unterstützt. Das Projekt steht unter der Leitung von Archivdirektor *D. Dr. G. Schäfer* und hat einen Beirat aus ehemaligen deutschen Mitarbeitern der Kriegsgefangenenhilfe. Sekretär dieses Archivs ist *M. Weindl.* Relativ reichhaltiges Material findet sich in der humorvoll sogenannten

„Jentsch-Kiste“, die ich dem Deutschen CVJM anläßlich seiner 100-Jahr-Feier zur Archivierung und Auswertung übergeben habe. Ich kann deshalb im folgenden auf viele Einzelheiten verzichten.

33 Noch lebten wir in einer geistigen Situation, in der man Vorträge anhören konnte. Wir hatten auch genug Zeit dazu. Die Hauptsache war, daß die referierenden Fachleute ihre Sache interessant oder gar spannend darstellen konnten. Eine größere Rolle spielen in den Programmvorschlägen die Dichter und Schriftsteller, also die Literaturabende. Dazu wurden wir durch die vom YMCA gelieferten Bücher angeregt. Der Vortragende konnte sie benutzen, der Zuhörer war in der Lage, das Vorgetragene nachzulesen. So stehen Hölderlin, Claudius, Rilke, C. F. Meyer, russische Erzähler u. a. auf der Liste. Wir benutzten die Heimabende auch, unsere besonderen Anliegen zur Sprache zu bringen, etwa im Blick auf die religiöse Lyrik, die Tätigkeit des YMCA oder die ökumenische Bewegung. Bezüglich der speziellen *Diskussionsabende* mahnte ich zu straffer Leitung, daß der „rote Faden“ nicht verlorengehen dürfe. Die vorgeschlagenen Themen zeigen, welche Fragen damals besonders aktuell waren: „Warum bin ich aus der Kirche ausgetreten?“, „Sozialismus und Neues Testament“, „Einzelschuld und Kollektivschuld“.

Als Alternative zum ersten Thema nannte ich die Frage: „Worin irrte Rosenberg?“. Das zweite Thema griff auf die umstrittene „Gütergemeinschaft“ von Apg 2,42 ff. zurück. Die Schuldfrage sollte im Horizont der Einzelverantwortung während des Dritten Reiches erörtert werden. Manche Männer innerhalb und außerhalb der Lagergemeinde hatten sich über die Stuttgarter Schulderklärung der Evangelischen Kirche erregt.

Über die Auflistung und Kommentierung der Themen für den Heimabend hinaus konnte auf andere Möglichkeiten der Programmgestaltung aufmerksam gemacht werden, etwa auf die Leerung und Besprechung der in einem „Fragekasten“ eingegangenen Fragen, Gesellschaftsspiele, sportliche Übungen und gemeinsames Singen bzw. Musizieren.

34 Die Gedankenführung von „Erfordernisse des geistlichen Amtes“ verlief wie folgt:

1. *Autorität und Hingabe:* Das Amt, auf das hin in dem Seminar studiert werde, sei „nichts in sich selbst“, es gewinne vielmehr seine Vollmacht allein von Gott her. Nach 2 Kor 5,18 sei es „das Amt, das die Versöhnung predigt“. Es sei ein Christusamt. Dieses Amt bedeute Gabe und Aufgabe. Der geschenkten Autorität entspreche die gebotene Hingabe, und zwar im Sinne von 1 Kor 12,4–7: Die verschiedenen Charismen wurzelten in dem einen Geist, die einzelnen Ämter seien Dienste und hätten in Christus ihren einzigen Herrn. Der Pfarrer sei nicht Chef, sondern „Bruder“.

2. *Schönheit und Gefährdung:* Hier ging ich von 1 Tim 3,1 aus, wonach das Bischofsamt ein hohes, ein köstliches, ein schönes Amt sei: „Wir dürfen Gott helfen“. Auf der anderen Seite lebe der Amtsträger der Kirche gefährlich. Die Schönheit des Amtes werde durch den Inbegriff des Bösen bedroht. Wer Theologie studieren und in den Dienst der Kirche treten wolle, müsse nach 2 Kor 6,3 darauf achten, daß er keinen unnötigen „Anstoß“ gebe und sein Amt von dem Lästerer (dem Teufel) „verlästert“ werde.

3. *Bindung und Bewegung:* Hier geht es darum, den Studierenden und Zuhörern den Doppelaspekt des christlichen Amtes und des dazugehörigen Studiums deutlich zu machen. Der eine Pol dieses Gedankenganges war der Hinweis auf die *„Bindung“*. Nach Mt 9,13 laute sie: *„Hingehen und lernen!“*, nämlich die im Namen Jesu geübte Barmherzigkeit dem Sünder gegenüber. Wörtlich hieß

es: „Es kann nicht jeder reden, was er will. Es gibt in der Kirche keine Amateure und keine theologische Halbbildung." Darum müsse im Seminar gründlich gearbeitet werden. Eine gesunde „dogmatische Bindung" habe einen guten Sinn. Der andere Pol des Doppelaspekts, der der Bindung korrespondiere, sei die „*Bewegung*". Sie laute nach Mt 28,19: „Hingehen und lehren!" Das Ziel der Vermittlung des Evangeliums dürfe nicht bloß auf rein „schulische Weise" angestrebt werden. Christus habe seine Jünger zu einer „Bewegung" aufgefordert, d. h. ihnen eine „missionarische" Aufgabe gestellt. Wahrscheinlich wollte diese Betonung auf eine Nebenwirkung des Kirchenkampfes aufmerksam machen, die in der Gefahr einer zunehmenden Verschulung bestand, und Mut zu missionarischen Aktionen machen, zu denen sich die Gefangenschaftskirchen hinter Stacheldraht unmittelbar herausgefordert sahen. So wird auch die etwas massivere Sprache verständlich, mit der der Abschnitt ausklingt: „In der kommenden Kirche werden die Füße eine Rolle spielen, aber nicht das Benzin. Jesus ist gekommen, ein Feuer anzuzünden, nicht aber mit einem stillen Ofen zu wärmen." Damals konnte der Referent noch nicht ahnen, welch eine Bedeutung die Motorisierung der Pfarrer einmal haben würde.

35 Unter den nichttheologischen Dozenten, die alle engagierte Christenmenschen waren und ihr Fachgebiet hervorragend beherrschten, sind zu nennen: *Dr. rer. pol. Polack*, der sich glänzend in Volkswirtschaft und Politikwissenschaft auskannte und deren Probleme interessant darzustellen wußte, *Dr. phil Junghans*, den ein hohes kulturelles Niveau auszeichnete, der sich als Spezialist für die Grenzfragen zwischen Philosophie und Christentum erwies und etwas von gutem Journalismus verstand, *Dr. phil. Wilhelm*, Altphilologe von Format und ein vorbildlicher Lehrer, der den Theologiestudenten die nötigen Kenntnisse in der lateinischen und griechischen Sprache beibrachte, später Lehrbeauftragter an der Kirchlichen Hochschule Wuppertal und leider früh verstorben, Stud.-Ass. *Bunge*, ein vielversprechender Naturwissenschaftler und Mathematiker, und schließlich Inspektor *Seifert*, der durch seinen kirchlichen Beruf die nötigen theoretischen Einsichten und praktischen Erfahrungen besaß, um die Studierenden in die wichtige und oft vernachlässigte Aufgabe der kirchlichen Administration einzuführen.

36 Bemerkenswert ist die Tatsache, daß die Rimini-Ordnung anders als die Bellaria-Ordnung statt eines Nachwortes ein Vorwort hat. Offenbar wollte man von vornherein ein theologisches Mißverständnis abwehren und eine gültige Interpretationsmöglichkeit sicherstellen. Gedanklich wird kein neuer Inhalt gebracht – schon die Michaelskette lehnte das „Gesetzliche" ab – wohl aber bietet die neue und ausführlichere Formulierung eine echte Verstehenshilfe. Wir dachten an die kritischen Augen, mit denen man in der Heimatkirche oder in den Fakultäten diese Ordnung lesen würde. So heißt es: „Wir geben uns diese Ordnung als Bekenntnis zu unserem Herrn Jesus Christus, der uns zu Brüdern im Glauben gemacht hat. Die Ordnung ist kein starres Gesetz; sie dient uns vielmehr als Hilfe, Christus nachzufolgen, richtet sich stets am Evangelium aus und kann darum jederzeit durch einen brüderlichen Beschluß geändert werden. Die Bruderschaft ist aufgeschlossen für Bruderschaften und einzelne Brüder gleicher Gesinnung." Mit diesen einleitenden Sätzen wurde unmißverständlich und wegweisend zwischen „Gesetz" und „Evangelium" unterschieden. Die biblische Botschaft erschien als das letzte Leitprinzip („norma normans"). Die Möglichkeit zur Revision des Textes war eingeplant. Diese Bruderschaft war für den Ernstfall auf „Veränderung" angelegt. Aufmerksamkeit verdient auch der abschließende Satz. Die Riminibruderschaft wollte kein Getto werden. Sie war

nach dem „Prinzip der Offenheit" verfaßt. Ihr ging es weniger um das Abgrenzen, sondern eher um das Einladen. So kam es später zu einer brüderlichen Kooperation mit der Michaelskette und dem Ehemaligenkreis von Norton Camp. Im Laufe der Jahre sind auch neue Einzelmitglieder hinzugekommen.

37 Zum Theologischen Seminar Rimini vgl. auch *W. Jentsch:* „Etwas begann in Rimini" (S. 12–24) und *B. Walter:* Vom theologischen Seminar zur theologischen Hochschule (S. 26–31), in: *G. Monninger:* Eine Denkwerkstätte der Kirche. Augustana Hochschule 1947–1987, 1987. – Eine Vergleichsuntersuchung von *M. Weindl* über die drei Theologischen Schulen in Ägypten (Bittersee), Italien (Rimini) und England (Norton) befindet sich in Vorbereitung.

38 Die Erklärung vom 9.4.46 spricht tatsächlich von „Empfängen" bei Muß und Axmann. An diese beiden Fälle kann ich mich nicht mehr erinnern. Waren es nur vermittelte Eingaben? Die Denkschrift über die religiöse Lage der Kriegsjugend ist nicht mehr auffindbar.

39 Diese Auslegung der *Bergpredigt* hat ihren literarischen Niederschlag in der *„Mitarbeiterhilfe"* gefunden. Sie erschien dort unter dem Titel *„Was man von den Christen erwartet"* (Vier Bibelarbeiten für 14–18jährige). Die „Mitarbeiterhilfe" war die neue Leiterzeitschrift des Deutschen CVJM. Sie wurde von O. Schnetter unter Mitarbeit von Pfarrer F. S. Rothenberg herausgegeben. Es war seinerzeit das einzige und ist heute noch ein bedeutendes Organ für die Grund- und Praxisfragen der christlichen Jugendarbeit. Mein Beitrag erschien bereits im 2. Jahrgang 1947 (Blatt A 58–A 63).

40 Reichswart *D. Erich Stange* stellte sich zur Verfügung, und zwar mit einer Vorlesung „Geschichte des Jungmännerwerkes" und mit „Katechetischen Übungen". Pfarrer *Samuel Rothenberg*, sein damaliger Referent, legte den „1. Petrusbrief" aus und betreute das „Singen". Die „Kirchengeschichte" lag bei Pfarrer *Kühne* in kundigen Händen. Meine früheren Ostwerkkollegen *Oskar Schnetter* (Gesamtarbeit) und *Walter Schinzer* (Jungscharexperte), beide damals beim Reichsverband in Kassel, unterstützten mich bei der Werkpraxis mit ihren reichen Erfahrungen. Als Gastdozenten wirkten mit: Bischof *D. Adolf Wüstemann* (Die Lage der Kirche) und *Dr. med. Rohrbach* (Die sexuellen Probleme).

41 *W. Jentsch:* Das seelsorgerliche Gespräch mit dem jungen Deutschen, 1948, (52 S.). Das Büchlein denkt das Seelsorge-Kapitel von „Das Jugendwerk der Kirche" (1938) im Horizont von Kriegs- und Gefangenschaftserfahrung weiter und ist unbewußt eine Vorstudie zu der späteren Monographie „Gesprächsseelsorge" (1986).

42 Die Gedanken der „Kondeszendenz" und der „Solidarität mit dem Verlorenen" sind in der Seelsorgelehre später thematisiert und vertieft worden, der erstere durch *M. Seitz* in seiner Untersuchung: Hermann Bezzel (1960), der letztere durch *H.-O. Wölber* in seinem Buch: Das Gewissen der Kirche (1963: „Das Verlorene erhält den Vorrang").

43 *H. Asmussen:* Die Seelsorge, 1933. Das Buch des lutherischen Dialektikers war damals ein echter Ruf zur Sache und ein Paukenschlag gegen die Liberalisierung und Psychologisierung der Seelsorge. Das begrüßte ich. Aber ich erkannte auch die Grenzen dieses Entwurfs. Schon 1938 schrieb ich im „Jugendwerk der Kirche" (S. 210): „Die Verwirklichung des Wortes in der Liebe und die ‚vor'-evangelische Hinführung zum Wort gehören in den Raum echter Seelsorge. Man kann daher bei aller richtigen grundsätzlichen Scheidung zwischen Gesetz und Evangelium ‚Seelsorge' und ‚Seelenführung' nicht so wie Asmussen ... auseinanderreißen."

44 „Das *Evangelische Jungmännerwerk* Deutschlands, als Deutsches Nationalko-

mitee im Weltbund der YMCA, entsendet Sie im Einverständnis mit dem Kriegsgefangenendienst des Weltbundes nach England mit dem Auftrag, in den dortigen Kriegsgefangenenlagern unter unseren Brüdern den Gruß herzlicher Verbundenheit zu überbringen und das Werk der Sammlung um das Wort Gottes, wie es die Grundlage der Evangelischen Jungmännerbünde daheim ist, dort tatkräftig zu fördern. – Wir erbitten Ihnen dafür die Vollmacht und den Segen unseres Herrn und gedenken Ihrer in treuer Fürbitte."

Interessant ist die betonte Verwendung des Gedankens der Entsendung („entsendet"). Ich wurde vom deutschen Werk zwar nicht finanziell unterhalten, wohl aber „moralisch" zur Verfügung gestellt. Ich fuhr nach England nicht in eigener Sache, sondern im Auftrag des Evangelischen Jungmännerwerks Deutschlands. Nicht ohne Absicht ist im Kopf und dann auch im Text des Schreibens vermerkt, daß dieses Jungmännerwerk „Mitglied" des Weltbundes ist und sein Nationalkomitee darstellt. Charakteristisch ist die sachliche Fundierung des Auftrags, mit der Recht und Grenze der Mission festgelegt sind, nämlich in der „Sammlung unter dem Wort Gottes". Diese Bibelorientierung der Entsendung spricht Bände. Wird doch erklärend hinzugefügt, daß die Sammlung unter dem Wort „die Grundlage der Evangelischen Jungmännerbünde daheim" ist. Ich sollte hinter Stacheldraht jungen Menschen den Weg zur Bibel ebnen und um eine „Jugend mit der Bibel" ringen. Alles andere, das Organisatorische und Sozialdiakonische, das Methodische und Pädagogische sollte sich von dieser Mitte des Dienstes her ergeben. Es konnte gar nicht weltweit genug und problemorientiert sein, es sollte aber eine eindeutige Basis haben, die Sammlung unter dem Wort.

45 Es ist bezeichnend, daß *Hartwell* die von dem Autor des britischen Buches über die deutschen Kriegsgefangenen („Thresholds of Peace", 1979; dt. Übs. „Auf der Schwelle zum Frieden", 1984), *Matthew Barry Sullivan*, ganz allgemein und unbefangen gebrauchte Formulierung, Jentsch sei der „successor" (Nachfolger) von Forell gewesen, beanstandete und präzisiert haben wollte. Obwohl es schon in der englischen Ausgabe an anderer Stelle genauer heißt: „Successor to Forell in his YMCA – post" (1979, p. 208), wurde dann in der deutschen Ausgabe (1984, S. 238) ausdrücklich folgendermaßen formuliert: „Jentsch, der Pastor Forells YMCA-Funktion übernommen hatte (Dr. Hartwell übte die andere aus)". Mit „andere Funktion" war die britisch-kirchliche und ökumenische Aufgabe Forells gemeint. Vgl. auch p. 296 mit S. 329. Das Ganze sind nur Quisquillien. Sie zeigen aber, wie die Spannungen von damals im stillen noch weiter zitterten. Natürlich konnte ich nicht der Nachfolger Forells im qualitativen Sinne des Wortes sein. Das verbot schon der Respekt, den dieser Mann verdiente. Er war mir an Alter und Erfahrung um 20 Jahre überlegen (54 zu 34). Sein kirchliches, ökumenisches und soziales Engagement war weltweit bekannt. Für Hartwell war er ein beschriebenes, ich ein unbeschriebenes Blatt. Andererseits war ich tatsächlich als neuer Leiter der religiösen Arbeit der YMCA-Kriegsgefangenenhilfe und dazu als offizieller Vertreter des Deutschen CVJM berufen worden, so daß ich wesentliche Aufgaben von Forells YMCA-Mission hinter Stacheldraht übernehmen mußte. Die Kurzformel vom „Nachfolger" erklärt sich ganz einfach: Forell ging und Jentsch kam. Das ist alles.

46 *M. B. Sullivan*, a.a.O., S. 296 f. Für Sullivans Buch habe ich übrigens auf seine Bitte hin selbst einiges Material (Dokumente, Schriftstäze) zur Verfügung gestellt.

47 Das Jahr 1948 schien für die Kriegsgefangenen in Großbritannien eine Wende anzukündigen. Deshalb heißt es zu Beginn: „Nein, Sektpfropfen knallen dies-

mal nicht überall in der Welt, wenn das Jahr zu Ende geht. In Niederländisch-Indien und in Indochina bellen noch ein paar heisere MGs. In den Ruinen der deutschen Heimat und in den Baracken hinter Stacheldraht ist es ganz still. Sekt ist hier Mangelware! ... Der PoW hat den ‚Kanal voll', – er hat es nicht nötig, ihn noch voller laufen zu lassen. Beim Beginn des neuen Jahres denkt jeder deutsche Kriegsgefangene nur *einen* Gedanken: Das ist das letzte Mal hinter Stacheldraht! Die Alliierten haben versprochen, daß wir nächstes Neujahr zu Hause sind." – Weiter versucht der Aufsatz das Symbolwort „Stacheldraht" im Horizont dieser Jahreswende zu analysieren: „Dieser Draht hat *destruktive* und *konstruktive*, zerstörende und aufbauende Wirkungen." Drei *negative* Folgeerscheinungen werden notiert: Dieser Stacheldraht „versperrt die Aussicht", „verletzt das Gemüt" und „verdrängt den Trieb". Damit wird u. a. auf die Mangelhaftigkeit der Information und die Kurzsichtigkeit der Innenschau, auf die Sensibilität der deutschen Seele, die es unter den eingesperrten Männern trotz Bärenfell und Stiernacken immer noch gibt, und auf die Störungen im Körperhaushalt bei Gefangenen aufmerksam gemacht. Ermutigender klingt das dreifach *positive* Fazit: Der Stacheldraht „entbindet Einsicht", „entwickelt Nüchternheit" und „entfaltet Bruderschaft". In der Tat sind manchem erst in der Gefangenschaft die Augen für die Ewigkeit aufgegangen. „Irgendwie haben wir Deutsche auf unseren Lagerinseln Gott besser, genauer und konkreter gesehen als damals, wo uns scheinbar noch die ganze Welt gehörte." In der Begründung der Thesen wird die „Vorsicht" der jungen Generation gegenüber neuen Ideen einerseits begrüßt, andererseits in Frage gestellt: „Ihr sogenannter ‚Nihilismus' ist eine Verlegenheitslösung. Das hält aber das klassische Volk Mitteleuropas gar nicht so lange aus." Zur Zeit gebe es kein Deutschland, vielleicht auch morgen noch nicht, „aber nüchterne Deutsche von übermorgen, die wird es geben, und die werden vielleicht wieder in der Welt von sich reden machen, ohne daß sie selber viel sagen". Die ganze Tragik unserer damaligen politischen Lage bildet den Hintergrund dieser beinah bitteren Einschätzung, aber auch unentwegten Hoffnung: Wir hatten nur vier Zonen, noch nicht einmal zwei Staaten, geschweige denn die Wiedervereinigung. Dazu bedurfte es noch vier Jahrzehnte! Schließlich gewinnt der Hinweis auf den Bruder im Kontext mit den Erfahrungen der Kriegsgefangenen in Großbritannien besondere Bedeutung. Neue Gemeinschaft unter den Deutschen könne zwar nicht in der „stumpfen Schicksalsgemeinschaft der Rübenackerkollegen" entstehen, aber durch die Begegnung mit dem Evangelium – mit dem großen Bruder Christus – und durch die Erfahrung der „brüderlichen Hilfe" des Weltbundes der YMCA. So hätten hinter Stacheldraht „Menschen desselben Glaubens wieder zueinander gefunden, ihr Herz für andere aufgemacht", so daß es hie und da zu regelrechten Bruderschaften gekommen sei. Der Artikel endet mit der Aufforderung aus der Jahreslosung „Bereitet dem Herrn den Weg!" (Mk 1,3).

48 M. B. Sullivan, a.a.O., S. 212ff., bes. 238.

49 A.a.O., S. 338 (zu d'Alquen).

50 A.a.O., S. 347f.

51 *E. Wartegg:* Gestalt und Charakter, 1939. – *R. Behnisch:* Charakter und Persönlichkeit, 1939. – *W. Jentsch:* Hdb. der Jugendseelsorge, 4. Bd. = III, 2, 1973, S. 463–543: Testanweisung in einer seelsorgerlichen Analyse unter Haupt- und Realschülern.

52 Die *Teste* sind in einem Sonderband geheftet, numeriert und erhalten. Belege für die Vergangenheit: Nr. 3 und 12; für die Zukunft Nr. 7 und 13; für die

Gegenwart Nr. 46 und 50. – In Nr. 54 heißt es: „Während dieser Zeit (im Krieg) machte ich mir zum ersten Mal Gedanken über das Leben."

53 Eine Auswahl der *Antworten* ist belegbar. Sie sind nach Lagernummern geordnet. Im Text sind zitiert: „kritisch": 266, 141. – „gemischt": 72, 48 – „positiv": 89, 67.

54 *E. Dammann:* Die Theologische Schule für deutsche Kriegsgefangene in Norton, in: Festschrift für W. Zeller, 1976, S. 415–424. – *M. B. Sullivan:* a.a.O., S. 293 ff. – In Vorbereitung sind die Arbeiten von *M. Weindl* (Vergleichsuntersuchung, s. o. Anm. 37) und *K. Loscher* (Schwerpunkte: Th. Schule, B. Forell).

55 *M. B. Sullivan:* a.a.O., S. 296. Bezeichnend für diese Mißverständnisse ist die Verwechslung des „Wahlspruchs" der Theologischen Schule mit dem Titel der W. Zeller-Festschrift „Traditio – Krise – Renovatio", in der E. Dammann dem Kollegen seinen Norton-Beitrag widmete (zu S. 297).

56 Belege der zitierten *Teste:* Nr. 67, 68, 72, 74, 75, 77, 88, 94. Die Teste mit den auffälligen Wendungen, wie „Kobold im Nacken" (90), „von der Lust totgepeitscht" (88) bis zum „Gedanken an den Tod, an das ‚Danach'" (84), lassen erkennen, daß die Studenten nicht mehr dieselben jungen Männer waren wie vor dem Kriege und vor der Gefangenschaft. Sie waren durch harte Erfahrungen geprägt, hatten zum Teil Entwicklungsstaus, waren aber auch reifer geworden.

57 *J. Moltmann:* Der gekreuzigte Gott, 2. Aufl. 1972, S. 7.

58 *G. Fritzsche:* Vor der Tür, in: *F. S. Rothenberg* (Hg.): Lob aus der Tiefe, 1947, S. 137. Rothenberg hatte mir ein Exemplar mit Widmung geschickt; es war am Silvestertag bei mir eingetroffen.

59 Die bildungshungrigen und lernwilligen jungen Männer, die den Jugendleiterkursus besuchten, waren mit den Haupt- und Gastvorlesungen immer noch nicht ausgelastet und zufrieden. So bildeten sich *Arbeitsgemeinschaften* und Kleinkreise, die in der vorlesungsfreien Zeit ganz informell zusammenarbeiteten. Ein lebhaftes Interesse bestand für die sprachliche Fortbildung. Es gab Kurse für *Englisch* (Stud.-Rat Larsen, Lagersprecher) und *Latein* (Pfr. Stange). Auch bestimmte Zweige der praktischen Jugendarbeit kamen so zum Zuge, etwa Kleinkreise wie das *Zeichnen* (H. Klingst) und *Basteln* (J. Labs). Neben dem schon genannten Kleinkreis für Psychologie wurde sogar eine theologische Arbeitsgemeinschaft angeboten: *„Die Bergpredigt als Frage an die Gegenwart"* (H. Ditthardt). Einige sangen im *Kirchenchor* des Lagers mit, der Lagerpfarrer selbst leitete einen Kleinkreis für Laienspiel (Halver).

60 Testbelege für die *Geräusche*: Nr. 121, 23, 131; für die *Träume:* Nr. 132, 159. Gruselige Träume erinnern an Edgar Alan Poe, Sehnsuchtsträume an Jean Paul.

61 Testbelege für *Gedanken:* Nr. 140, 146; 130, 143. – Im Konflikt zwischen Lernen und Lenken bekennt ein Barackenältester, der beim Erarbeiten eines Rilke-Gedichtes ständig durch technische Fragen seiner Kameraden gestört wird: „Zu intensivem Arbeiten ist einfach keine Muße vorhanden, vor allem wenn man ‚hutspeaker' ist." (Nr. 138)

62 Der *1. Johannesbrief* diente mir besonders als Paradigma für die *„Übersetzung"* biblischer Texte in die Sprache unserer Zeit. Großen Wert legte ich dabei auf die Formulierung von *Überschriften*, z. B. „Die Beichte in der Sonne" (1,5–10), „Der Offizialverteidiger" (2,1–2), „Die Zerreißprobe der Verkündigung" (4,1–6), „Das Potential der Liebe" (4, 7–10), „Das Ende der Angst" (4,17–21) usw.

63 *W. Jentsch:* Die deutsche Stimme im Gespräch der Christenheit. Kriegsgefangene auf der YMCA-Weltkonferenz 1947, in: bereitschaft 1/1947, S. 3–13.

64 A.a.O., S. 11 (Busch), 13 (Bèle).

65 Im Februar schrieb ich nach Hause: „Zur Zeit herrscht große Bewegung in den Lagern Englands. Die letzte Repatriierungswelle ist im Gang. Bis zum Juli soll der Hauptschub aller Gefangenen zu Hause sein. Dieser Tatbestand bringt noch einmal die berühmte nervliche PoW-Krise mit sich. Sie macht die Seelsorge doppelt schwer, aber sie bringt jedenfalls ein beglückendes Ergebnis: Die Heimkehr!"

66 Damals war der CVJM noch eine reine Jungmännerbewegung. Heute sind auch Mädchen und junge Frauen Mitglieder. Bezeichnend ist die Namensänderung in „Christlicher Verein junger *Menschen*." Außerdem gebrauchte man seinerzeit unbefangen die überlieferte biblische Sprache, die unter den Bedingungen des patriarchalischen Zeitalters oft exemplarisch von „Bruder" spricht. Schließlich handelte es sich bei den Kriegsgefangenen tatsächlich um junge Männer und Männer.

67 Pastoralblätter 12/1954, S. 683–700.

68 Etwas begann in Rimini, in: Eine Denkwerkstatt der Kirche, 1987, S. 12–24.

69 Es würde zu weit führen, auf alle schriftlichen Entlastungszeugnisse einzugehen, die ich in Rimini, Kassel/Willingen und Großbritannien ausgestellt habe. Nur zwei Namen seien noch erwähnt, die einmal teils Partner, teils Gegenspieler waren. Der eine ist Oberreichskriegsanwalt *Dr. Felix Kraell.* Wegen seines persönlichen Einsatzes in Sachen Kriegsdienstverweigerer aus religiösen Gründen hatte ich schon in meiner Abano-Erklärung an die britischen bzw. alliierten Behörden Fürsprache für ihn geleistet. Nach meiner Entlassung hatte ich ihm noch ein besonderes Zeugnis ausgestellt. Man konnte ihm zwar nichts Schlimmes vorwerfen, aber er hatte eine hohe Stellung beim Reichskriegsgericht bekleidet. Das galt damals bereits als „schlimm". Von Norton Camp aus schrieb ich dem in Germersheim/Rhein Inhaftierten einen für meine politische Seelsorge bezeichnenden Brief, in dem es hieß: „Auch ich hoffe, daß der Gedanke der Liebe, der jetzt im Frieden Gelegenheit hat, sich zu entwickeln, sich durchsetzt. Je länger ich im Ausland tätig bein, je mehr finde ich täglich neue Gelegenheiten, für eine Völkerverständigung im Sinne der Wahrhaftigkeit, der Liebe und der Gerechtigkeit tätig zu werden. Wir leben jetzt in einer Welt voller Mißverständnisse; es ist nicht leicht, an das Licht der Sonne zu glauben, wenn es in einem selbst Nacht ist. Aber vergessen Sie den Christus nicht, der es so oder so dem Aufrichtigen gelingen läßt. Er weiß, was Nacht ist, und für ihn gibt es keine Dunkelheit, die er nicht hell machen könnte. Ich vergesse Ihnen nicht, was Sie während des furchtbaren Dritten Reiches Positives für die Kirche und die religiösen Kriegsdienstverweigerer getan haben. Sie erreichen mich jederzeit über meine neue Adresse."

Bei dem anderen Fall handelt es sich um den ehemaligen Generalrichter *Dr. Manfred Roeder.* Von seinem Kampf gegen die Rote Kapelle und seiner Vermittlung eines im Zusammenhang damit zur Erschießung verurteilten Offiziers habe ich bereits berichtet. Aus dem Gefängnis des Internationalen Militärgerichtshofs in Nürnberg schrieb er an mich nach England und bat um ein Affidavit (10. 11. 47). Die Stimmung des Schreibens war gefaßt, aber besorgt und voller Zweifel. Am Schluß schrieb er: „Daß wir hier mit Sorge und wenig Hoffnung auf London (?) schauen, wird jeder nach den bitteren Erfahrungen der letzten 2½ Jahre verstehen, und die Ansätze zu einer Vernunft sind so schwach, daß sie in dem Orkan der Weltpolitik leicht wieder verweht werden können." Hier tat seelsorgerliche Klärung und Ermutigung not. In einem von England aus an Frau Roeder gerichteten Brief fällt ein Satz auf, der meine damalige Lage treffend kennzeichnet: „Durch meine frühere Stellung in Berlin bin ich geradezu überschüttet mit gewissen Anfragen, und Sie werden begreifen, daß jedes neue Wort meinerseits von Mal zu Mal immer tiefer der Überlegung bedarf, wenn es nicht billig werden soll . . .“ Roeder wurde wieder auf freien Fuß gesetzt und konnte eine Tätigkeit als Rechtsanwalt ausüben. Seine Kenntnisse über die Hintergründe der Roten Kapelle waren den Amerikanern wertvoll. Noch 1963 lief ein Ermittlungsverfahren beim Berliner Kammergericht in Sachen „Rote Kapelle“. Ich mußte in diesem Zusammenhang noch einmal über den mir von Roeder seelsorgerlich anvertrauten Fall des Oberleutnants Gollnow berichten. In den Jahren nach 1948 habe ich dann keine Verbindung mehr zu Roeder gehabt.

70 *E. Göring:* An der Seite meines Mannes. Begebenheiten und Bekenntnisse, 1967, S. 255–332, bes. 326 (Schlußwort).

71 *E. v. Weizsäcker:* Erinnerungen, 1950, S. 367, 391, bes. 389 f. (Schlußwort). – *M. Wein:* Die Weizsäckers, Geschichte einer deutschen Familie, 2. Aufl. 1989, S. 204–340, bes. 310 (Marianne v. Weizsäcker), 323 ff. (Nürnberg).

72 *A. Solschenizyn:* Der Archipel Gulag, Bd. 1, 1974, S. 167. – S. Lenz: Zeit der Schuldlosen, a.a.O. S. 69.

# PERSONENREGISTER

# Weitere Bücher von Werner Jentsch
(Auswahl)

Brendow Verlag, Moers
**Der Seelsorger.** Beraten – Bezeugen – Befreien.
Grundzüge biblischer Seelsorge.
4. Aufl., 10. Tausend, 350 S., ISBN 3-87067-180-7

»Auf dieses Buch haben wir wie auf eine Befreiung gewartet. Endlich einmal erscheint ein umfassendes Seelsorgewerk, das wieder vom biblischen Zentrum ausgeht . . .«

*Professor D. Dr. Helmut Thielicke*

Gütersloher Verlagshaus Gerd Mohn
**Handbuch der Jugendseelsorge**

| | |
|---|---|
| Teil I (1): | *Geschichte der Jugendseelsorge*<br>2. Aufl., 542 S. |
| Teil II (2): | *Theologie der Jugendseelsorge*<br>2. Aufl., 528 S. |
| Teil III, 1 (3): | *Praxis der Jugendseelsorge: Mittel*<br>*Information und Interpretation*, 597 S. |
| Teil III, 2 (4): | *Dokumente und Analysen*, 518 S. |
| Teil IV, 1 (5): | *Praxis der Jugendseelsorge: Wege*<br>*Stufenseelsorge.*<br>Seelsorge an Kindern, Jugendlichen und jungen Erwachsenen, 676 S. |
| Teil IV, 2 (6): | *Gesprächsseelsorge*, 1 144 S. |
| Teil IV, 3 (7): | *Briefseelsorge in Geschichte und Gegenwart*<br>(in Vorbereitung) |

R. Brockhaus Verlag, Wuppertal
**Schreiben befreit**
Einführung in die Briefseelsorge
R. Brockhaus Taschenbuch Bd. 317, 140 S.